동양학의
현재와 미래

風水 / 人相 / 命理 / 四柱

동양학의
현재와 미래

천인호 · 허영훈 · 김덕동 · 김헌철 · 정다은 · 박보빈 · 김대우
지영학 · 신현주 · 이출재 · 손진수 · 김동영 · 임병술 · 서춘석
최승규 · 박선영 · 성낙권 · 김은숙 · 김은선 · 노희범 지음

한국학술정보

서문

그동안 미신이나 민간신앙의 영역에 머물러 왔던 풍수, 사주명리, 인상(관상) 등 술수학 분야의 연구가 제도권 학문으로 진입한 지 근 20여 년이 흘렀다. 2000년대에는 일부 대학에 관련 학과가 신설되었고 대학원 과정에서도 관련 전공이 신설되었으나 여러 가지 사정으로 오래 지속되지는 못하였다.

2010년대에는 일부 사이버(디지털)대학과 4년제 대학에 동양학과나 동양문화학과가 신설되었고 대학원의 석사와 박사과정에도 전공이 신설되어 오늘에 이르고 있다. 대체로 제도권에서는 풍수, 사주명리, 인상 등의 술수학을 동양학과나 동양문화학과에서 전문적으로 연구하고 강의하고 있다. 이에 따라 과거의 '술수학'은 '동양학'이라는 새로운 명칭으로 학문적 영역을 개척하면서 새로운 전통을 만들어 나가고 있다.

이 중 풍수지리는 제도권 학문으로 진입하였지만 여전히 완전한 학문으로서의 위상을 자리 잡지 못하고 있다. 또한 사주명리, 인상(관상) 분야는 제도권에서 연구가 활발하게 진행되고 있지만 아직도 제도권 학문으로서 인정받지 못하고 있는 현실이다.

동양학 분야의 연구가 제도권 학문으로 진입하지 못하고 있는 이유는 첫째, 동양학 분야 연구가 그동안 비제도권, 특히 재야에서 주로 이루어진 관계로 통일된 이론이나 법칙이 규명되지 않아 학문적 체계가 확립되지 않았기 때문이다. 둘째, 동양학을 학문으로서 연구하기보다는 점복과 예언의 기능을 중심으로 전개되어 왔고 이에 따라 실증적·과학적으로 규명하는 것이 한계가 있었기 때문이다. 따라서 학문의 기본조건인 실증성, 객관성, 과학성, 논리성이 결여된 상태로서는 제도권 학문으로 진입하기는 매우 어려웠다.

　필자가 재직하고 있는 동방문화대학원대학교는 설립 초기부터 동양학 분야의 연구를 주력 전공으로 삼았고 이에 따라 많은 실력 있는 박사들이 배출되었다. 특히 필자와 이 책의 공동 저자들 모두 비제도권의 '술(術)'을 '학(學)'의 영역으로 끌어들여 공통의 이론이나 법칙을 규명하고자 하였으며, 점복과 예언의 기능 대신 학문의 가장 중요한 조건인 실증성, 객관성, 논리성, 합리성, 타당성, 과학성을 바탕으로 한 연구를 하고자 하였다.

　이러한 학문적 노력에도 불구하고 학계에서는 동양학 분야의 연구결과를 쉽게 받아들이지 못하였다. 일부 재야의 '술사'들과 제도권에 들어왔지만 여전히 '술(術)'에서 벗어나지 못한 사람들은 우리들의 학문적인 노력을 폄하하기도 하였고, 제도권의 '학자'라고 자처하는 일부 사람들의 이해할 수 없는 시기와 질투 그리고 견제도 있었다. 또한 타 학문 전공자들의 '동료평가'라고 하는 학술지 심사에서도 유독 동양학 분야의 연구는 심사조차 거절당하거나, 학문으로 인정하지 못하겠다는 비아냥을 받기도 하였다. 이처럼 제도권 학문으로의 진입 과정은 필자뿐만 아니라 공동 저자들 역시 고난과 인고의 세월이었다.

　본서의 저자들은 모두 필자와 함께 이러한 시간을 같이 거치면서 동양학이라는 학문의 영역에서 동고동락하면서 지내온 분들이다. 일반적으로 말하면 사제지간이 되겠지만 이분들의 경력이나 연령 등을 생각하면 '사제지간'이라기보다는 '학문적 동반자'라는 단어가 더 어울릴 것 같다. 줄탁동시(啐啄同時)한 그 어려웠던 세월을 생각하면 필자는 이분들의 지도교수가 아니라 '학문적 동반자'로서 행복하였고 또한 가슴 가득한 존경과 찬사를 보내고 싶다.

　20여 년간 같이 줄탁동시한 '학문적 동반자'들과 이번에 각자의 다양한 경험과 연구를 토대로 학술적이면서 일반인들도 쉽게 접근하여 읽을 수 있는 학술교양서를 출간하게 되었다.

　이 학술교양서는 다음과 같은 점에 특히 유의하면서 집필하였다.

　첫째, 학술논문의 형식을 취하되, 서술 내용은 일반인들도 쉽게 읽을 수 있는 교양서의 내용이 되도록 하였다. 각기 학문의 영역이 다르고 문장의 서술 방식도 다르겠지만

통일성을 기하기 위해 노력하였고 동양학에 기본 지식이 없더라고 쉽게 읽을 수 있도록 하였다

둘째, 일반인들이 동양학에 쉽게 접근하기 어려운 여러 가지 이유가 있겠지만 그중 가장 큰 부분은 한자로 된 전문용어들이다. 따라서 각 학문 분야의 전문용어들은 그 의미가 크게 변하지 않는 범위 내에서 쉽게 풀어 설명하고자 하였다. 또한 한글세대들을 위해 내용은 한글 전용으로 하지만 한글만으로 이해가 어려운 경우 한자를 병기하였다.

셋째, 동양학은 일정 부분 직관에 의존하기도 하고, 주관적인 요소가 강하지만 이 책에서는 이를 모두 배격하고 동양학의 각종 고전 내용을 바탕으로 실증적인 결과 및 객관성에 근거한 글이 되도록 하였다.

이 책이 나오기까지 많은 분들의 도움이 있었다. 특히 재정적인 문제에 대해 특별하게 기여한 이출재 박사, 논문의 기획과 총무를 도맡아 희생정신을 발휘한 허영훈 박사의 노력이 지대하였다. 또한 자신의 글이 책이 될 수 있도록 기꺼이 교정하고 편집한 공동 저자들의 노력이 없었다면 이 책의 출판 역시 불가능하였을 것이다.

또한 출판계의 어려운 사정에도 불구하고 동양학이라는 소외학문 분야에 대한 출판을 허락해 주신 한국학술정보 채종준 대표님과 가치 있는 책으로 편집해 주신 출판사업부 담당자분들께 깊은 감사를 드린다.

아무쪼록 이 책을 시작으로 필자와 '학문적 동반자'들 그리고 후학들에 의해 동양학에서 새로운 분야로의 학문적 개척과 진전, 발전이 있기를 그리하여 동양학이 진정한 제도권 학문으로서의 위상을 제고할 수 있기를 기대한다.

2024년 12월

저자를 대표하여 천인호

목차

제1부 동양학의 현재를 진단하다

제2부 동양학의 미래를 설계하다

동양학의 현재를
진단하다

오키나와의 비보풍수:
석감당 이야기

I. 서론

풍수는 바람을 가두고 물을 얻을 수 있는(藏風得水) 땅을 찾고자 하는 동양의 전통적인 입지론이다. 그러나 풍수원리와 완전하게 일치하는 땅이란 사실상 없다고 볼 수 있다. 따라서 풍수의 부족한 부분에 대해 이를 보완하는 풍수기법을 비보(裨補)라고 한다.

중국에서 발생한 풍수가 한국과 일본, 오키나와 등 동아시아국가에 전파되었고 이 과정에서 비보풍수도 발전하게 되었다. 그러나 비보풍수가 모든 국가에서 동일한 형태로 적용된 것은 아니었다.

비보의 유형은 나무, 숲, 돌(石)을 이용한 형세적인 보완방법과 아울러 특정 방위의 불길한 기운을 차단하고자 하는 방위적인 보완방법이 있었다. 이 중 한국의 비보는 형세적인 보완방법이 대부분이었고, 일본 본토의 경우 북동쪽과 남서쪽이 귀신이 출입하는 흉한 방위라는 『황제택경』의 원리에 따라 '귀문(鬼門)회피'라는 방위적인 보완방법이 대부분이었다.

오키나와(沖繩)는 현재 일본의 영토이지만 19세기까지 류큐(琉球)라는 독립적인 왕조로 중국, 조선, 일본 등과의 중계무역을 통해 발전한 나라이며, 또한 독자적인 문화를 가지고 있었다.

---

*   동양문화융합학회 회장, 동방문화대학원대학교 교수

12 동양학의 현재와 미래

오키나와의 풍수는 중국, 특히 푸젠성(福建省)에서 유래된 것으로 알려져 있다. 류큐 왕국의 역사기록서인 『구양(球陽)』에는 삿토왕(察度王,1337-1398) 43년 "민인(閩人) 36성(姓)을 하사받았는데, 음악과 법도, 예법을 제정하고 풍습을 고치고 교육을 담당하게 하였다."[1]고 기록되어 있다. 민(閩)이란 현재 중국의 푸젠성을 의미한다. 명나라 황제 홍무제(洪武帝)는 오키나와에 푸젠인들을 집단적으로 이주시켜 이들로 하여금 각종의 문물을 가르치게 하였다.

이들은 나하(那覇) 인근의 구메촌(久米村)에 집단적으로 거주하면서 이후 류큐국의 중추적인 인물들을 배출하게 되었다. 그중 대표적인 사람이 사이온(蔡溫,1682~1761) 이다. 그는 푸젠성에 유학하면서 각종의 학문과 아울러 특히, 풍수를 배워 귀국한 후 고위관료를 지내면서 농업발전에 이바지한 동시에 각처에서 풍수를 전파하여 국책으로 시행하게 되었다.

이후 류큐왕국에는 풍수의 형세론 및 방위론에 입각한 다양한 풍수이론과 문화가 전파되고 보급되기 시작하였다. 또한 비보의 방법 역시 마을의 지맥과 산기(山氣)를 보호하기 위해 나무와 숲을 조성하는 포호(抱護)와 특정한 도로와 집이 부딪치는 것을 막기 위한 석감당(石敢當), 돌담(힌풍), 집 지붕이나 담벽 위에서 불길한 기운을 막기 위해 설치한 석사자(石獅子) 등의 방법이 적용되는 등 한국과 일본 본토와는 다른 풍수가 적용되었다.

오키나와의 석감당은 액막이(魔除)의 하나로서 이시간토우(いしがんとう), 이시간도우(いしがんどう), 세간토우(せっかんとう) 등으로 읽힌다. 또한 '敢當石', '石散黨(当)', '石将軍' 등의 호칭이 있다.[2] 석감당은 중국 민간에서는 일종의 집안의 액운을 물리쳐 제압하는 물건으로 전해온다. 중국에서는 당송(唐宋) 이래 집의 문어귀나 큰길, 작은 길 어귀에는 항상 작은 돌비석 위에 '石敢當'이라는 3글자를 새겨 불길함을 막을 수 있다고 믿었다.[3]

---

1 球陽研究会編, 『球陽 読み下し』, 角川学芸出版, 2011, 107면. 察度王 43年

2 林良雄・佐々木重雄・上田晴彦, 「野外調査における'情報技術の利用方法に関する検討―秋田市内の石敢常の調査を例にして―」, 『秋田大学教育文化学部研究紀要. 自然科学』, 66, 秋田大学教育文化学部, 2011, 30면.

3 魯宝元, 「石敢当―日本沖縄所見中国文化留存事物小考」, 『唐都学刊』, 75(19), 北京外国语大学国际交流学院, 2003, 17면.

오키나와 석감당은 오키나와에 유입되었던 중국의 양택 풍수이론에 근거하고 있으며, 중국의 원형과는 다른 발전적 형태도 있었다. 그러나 한국이나 일본 본토는 석감당 문화가 거의 존재하지 않았다. 그 이유는 바로 중국에서 석감당 문화가 한국과 일본에는 전파되지 않았기 때문이다. 한국으로의 풍수유입은 나말여초 도선국사에 의해서라는 것이 일반적인 시각이다. 물론 백제 성왕 당시 양나라의 천문, 지리 문화가 유입되었다는 『삼국사기』와 『양사(梁史)』의 기록이 있고, 『일본서기』에도 백제에서 천문, 지리가 들어왔다는 기록 등으로 보아서는 그 이전에 한국과 일본에도 풍수문화가 유입되었다는 추론이 가능하다.

이후 한국에 들어온 풍수는 주로 음택풍수 중심이었고, 일본의 경우 『작정기』에서도 볼 수 있듯 양택풍수 중심이었다. 그러나 푸젠성에서 오키나와로 전래된 풍수이론은 음택서와 양택서는 물론 방위론 등의 복합적인 풍수였다. 이때 석감당 풍수가 같이 유입된 것으로 보인다.

풍수를 구분할 때 중국 강서지방에서 유행한 이론을 강서파라고 하고 주로 산천의 모양과 형태로 판단한다. 반면 중국 복건지방에서 유행한 이론을 복건파라고 하고 주로 방위론 등으로 판단한다. 따라서 오키나와 풍수의 특징은 중국 남쪽 복건성(푸젠성) 등의 풍수가 복합적으로 유입되었다는 점에서 한국과 일본 본토의 풍수와는 또 다른 측면을 가진다고 할 수 있다.

Ⅱ. 석감당이란 무엇인가?

중국의 석감당은 태산석감당, 태산석, 석장군, 태산석감당장군 등으로 표현되고 있다. 석감당은 〈그림 1-1〉과 같이 돌에 문자, 부호, 동물그림, 사람모양을 새겨 집이나 마을을 도로에서 보호하고, 다리 등을 통해 들어오는 액운을 막기 위한 목적이다.[4]

---

4   李绪民, 「泰山石敢当山石信仰刍议」, 『黑龙江史志』 239期, 西华师范大学历史文化学院, 2010, 62면.

(a) 溫州省石敢当　　　　(b) 四川省 石敢当　　　　(c) 閩南地区 石敢当

그림 1-1. 중국 본토의 다양한 석감당

출처: (a), (b) https://zh.wikipedia.org, (c) https://kknews.cc/culture/bpeakmn.html

　석감당이라는 용어는 당나라 대 『급취장주(急就章注)』에 "석(石)씨 성을 가진 일족 중 석감당이라고 불리는 사람이 있었다. 감당(敢當)이란 당할 적(敵)이 없다는 것이다. 세상에서 이것을 이용하는 것은 안전을 기원하는 의미이다."[5]라고 하였다.

　이는 석감당이라 용사(勇者)의 이름에 의거한다는 설명이다. 석감당의 의미는 당 태종 5년(770)에 푸젠성 푸텐현에서 발견된 비석에는

　　석감당은 모든 귀신들을 진압하고 재앙을 막으며, 관리와 국민의 복과 건강을 지켜주며, 백
　　성을 착하게 가르치고 예법과 음악을 널리 성하게 한다(石敢當, 鎭百魂, 厭災殃, 官吏福, 百
　　姓康, 風敎盛, 禮樂張. 唐大曆五年縣令鄭押字紀).

라고 기록되어 있어 이미 당나라 대에도 석감당이 널리 성행하고 있음을 추정할 수 있

5　顏師古, 『急就章注』, "衛有石·石買·石惡。鄭有石癸·石制, 皆爲石姓。周有石速·齊有石之紛如。其後亦以命族。敢當、
　言所當無敵也。拠所説, 則世之用此, 亦欲以爲保証之意", 高畑常信, 「石敢當の歷史, 起源と變遷」 『德島文理大学研究
　紀要』 87, 德島文理大学, 2014, 1면, 재인용.

다.[6]

이후 송나라 때에는 석감당이 인격화되기 시작하고, 각 지역 민간신앙과 결합하여 석장군(石將軍), 석대부(石大夫) 등이 출현하기도 하였다.

송대『계고총편(継古叢編)』에는

> 오지(吳地: 蘇州)의 민가에는 도로의 교차점에는 반드시 석인(石人)이나 편석(片石)을 둔다. 또한 석감당이라는 석판(石版)을 세워 악령을 막는다.[7]

라고 하였다. 이는 송나라에서는 석감당이 액운과 악귀를 막는 부적과 같은 의미로 사용되었다는 점을 보여주고 있다.

그리고 명(明)대『철경록(綴耕録)』에는

> 사람 사는 집의 정문이 도로나 다리를 넘어온 길이 부딪칠 때 장군 형상의 석인을 세우던지 혹은 작은 석비(石碑)를 세우고 그 위에 석감당이라고 새긴다. 이로써 재앙을 물리친다.[8]

고 하였다. 석감당은 남방으로 전파되는 도중 푸젠성 연해에서 사자와 결합하여 돌 조각 위에 사자상을 새겨 태산석감당 혹은 석감당이라 하고 더 다양한 기능을 수행할 수 있었다. 푸젠의 석감당은 진먼(金門)열도를 통해 타이완(臺灣)에 전해졌다. 타이완인들은 석감당을 평안의 상징으로, '소리없는 보호자(無聲保鏢)' 및 '살(煞)'을 막고 복을 구하는(止煞祈福)' 만능 신으로 보았고, 무사평온하고 평화로운 소망을 비는 타이완인들의 간절한 소망이 반영된 것이다.[9]

석감당 문화는 푸젠성, 진먼도, 타이완을 거쳐 류큐(琉球)왕국으로 전래되었고 가고시마(鹿児島)를 거쳐 일본 남부지역을 중심으로 전파되었다. 일본에 있는 석감당의 조

---

6   김지영, 「중국 산석신앙-태산석감당-」, 「남도문화연구」 22, 순천대 남도문화연구소, 2012, 67면.

7   施清臣, 「継古叢編」, "吳民廬舍, 遇街衝, 必設石人, 或植片石, 鐫石敢當以鎮之, 本急就章也."

8   陶宗儀, 「綴耕録」, "今人家正門適當巷陌橋道之衝, 則立一石將軍, 或植一小石碑, 鐫其上曰石敢當, 以厭禳之."

9   蔣鉄生·呂継祥, 「泰山石敢当研究论纲」, 「民俗研究」 4期(浙江省温州市社会科学院, 2005), 195면.

립된 장소나 조립 목적 등은 중국과 유사하다. 즉, 도로의 막다른 곳에 놓아 액운을 피하고자 하는 것인데 석감당 신앙은 오키나와에서 가장 강하다.[10]

석감당 신앙은 오키나와뿐만 아니라 말레이시아, 베트남 및 화교 거주 지역 곳곳에서 쉽게 볼 수 있는 민간신앙으로 그 지역과 민족적 특성에 맞게 석각 모양이나 형태는 조금씩 다르다.[11] 특히 일본 본토의 석감당은 총 645개가 조사되었고, 가장 많은 곳은 가고시마(鹿児島)현인데 모두 502개가 있다고 한다.[12] 오키나와 전역에서 1만 개 이상으로 보고 있다.[13]

오키나와에서 흔히 발견되는 석감당의 형태는 〈그림 1-2〉와 같이 문패형과 음양각형, 돌사자인 시샤와의 혼합형, 비석형 등으로 구분할 수 있다.

문패형

(1) (2) (3) (4) (5)

음양각형

(6) (7) (8) (9) (10)

10 周星, 「中国と日本の石敢当」, 『比較民俗研究』7, 筑波大学比較民俗研究会, 5, 1993, 14면

11 김지영, 「중국 산석신앙-태산석감당-」, 『남도문화연구』 22, 순천대 남도문화연구소, 2012, 71면

12 蔣鉄生 · 聶立申, 『泰山文化十八講』(吉林大學出版社, 2009), 285면, 김지영, 「중국 산석신앙-태산석감당-」, 『남도문화연구』 22, 순천대 남도문화연구소, 2012, 71면 재인용.

13 林良雄 · 佐々木重雄 · 上田晴彦, 「野外調査における'情報技術の利用方法に関する検討—秋田市内の石敢常の調査を例にして—」, 『秋田大学教育文化学部研究紀要. 自然科学』, 66, 秋田大学教育文化学部, 2011, 30면.

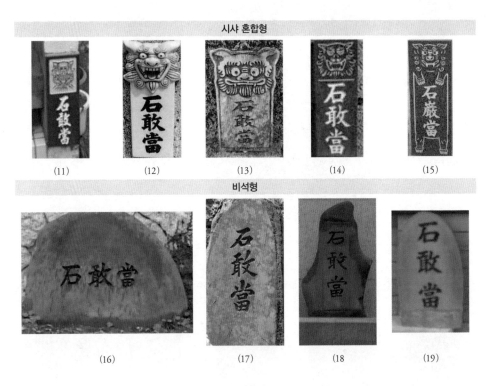

그림 1-2. 석감당의 형태

출처: 필자(2018년 1월). (8), (10), (12), (15), (16), (19)는 인터넷 자료임.

Ⅲ. 석감당은 어떤 장소에 설치하였을까?

석감당은 주로 도로에 설치되었다. 즉, 사방로택지(四方路宅地), '十'자형 도로, '工'자형 도로에 세운다. 사방로택지란 주택의 사방이 교차하는 도로를 의미하며, '十'자형 도로는 4거리의 곡각지를, '工'자형 도로는 집이 앞에 있는 도로와 충돌하는 경우이다.

오키나와 석감당의 설치 유래는 중국의 양택풍수서에 의한 것으로 보인다. 즉, 중국 양택서인 『양택집성(陽宅集成)』에는

또 도로를 논하자면, 직진하는 도로는 기운이 오는 것을 끊어버린다. … 문이 집의 뼈라면 도로는 살이다. 뼈와 살이 서로 붙어있어야 혈맥이 고르다. 만약 길한 문에 나쁜 도로가 있

다면 신맛 나는 음료가 식초가 되어 버려 요리하기 어려운 것과 같다.[14]

고 하였다. 이는 도로가 직진하여 집과 부딪치게 되므로 피해야 한다는 의미인데 도로와 집 대문의 위치가 부딪치는 형태가 될 때 흉하다는 의미이다.

이러한 의미에서 『영조택경(營造宅經)』에는 "교차하는 도로에 문이 있으면 집안에 사람이 살 수 없다. 여러 도로가 문을 찌르듯 하면 집안에 노인이 없다."[15]고 하여 4차로에 대문이 마주하고 있는 것을 흉한 것으로 보고 있다.

그리고 『양택십서(陽宅十書)』에는

> 집이 사방이 교차하는 도로에 있으면 주인에게 재앙이 있다. 재앙이 집안에 생기더라도 어
> 찌할 방법이 없다. … 동서로 직선 도로가 있어 가슴을 찌르는 듯하면, 주인은 중풍, 질환으
> 로 상하거나 재앙이 있다. … 북쪽에 큰 도로가 있어 가슴을 찌르는 듯하면, 도둑이 빈번하
> 게 들어 재산이 남지 않는다.[16]

라고 하여, 4차로, 직선도로 등이 대문을 쏘듯이 부딪칠 경우 모두 흉한 것으로 보고 있다.

또한 도로의 모양에 따른 길흉의 판단 방법은 『양택집성』에서 보다 구체적으로 설명하고 있다.

> 앞뒤의 도로를 자세하게 살펴야 한다. 반드시 가로로 굽어 안고 지나거나, 혹은 복두나 반
> 달 모양이거나, 활시위처럼 굽은 모양이어야 한다. 좌우로 궁자(弓字)의 반대이거나, 팔자
> (八字), 차자(叉字), 십자(十字) 모양이거나, 혹은 날카롭게 쏘거나, 혹은 곧장 찌르거나, 띠
> 를 두르는 것이 갈고리와 같으면 모두 통하지 않는 것이며, 양쪽이 가로로 일직선이면 시체
> 를 마주 드는 것과 같다.…정자(丁字)의 도로는 잔병을 앓고, 정자(井字)의 도로는 젊을 때

---

14 『陽宅集成』 卷四, 「道路」, "又論道路, 直朝者作來氣斷.…門爲宅骨路爲筋, 筋骨交連血脈均, 若是吉門兼惡路, 酸漿入酪不堪斟"

15 『周書秘奧營造宅經』, 「門戶」, "交路夾門, 人口不存. 衆路直衝, 家無老翁." 『양택집성』에도 동일한 구절이 있다.

16 『陽宅十書』, 「陽宅外形吉凶圖說」, "四面交道主凶殃, 禍起人家不可當…東西有道直衝懷, 定主風病疾傷災…北有大道正衝懷, 多招盜賊破錢財"

망한다. 을자(乙字)나 지자(之字)의 도로는 부귀가 있으며, 일자(一字)의 도로는 입고 먹고 살 수가 없다.[17]

문 앞에 팔자로(八子路)는 좋지 않다. 패역하는 사람이 나와 집안을 깨뜨린다. 문 앞의 도로가 반궁(反弓) 모양이면 굽는 것이 (안이 아니라) 밖으로 향한 것이다. 과부가 음란하고 방당해지며, 관재를 당하고 재물이 줄어든다. 그렇지 않으면 밭두렁이 도로가 되어 버린다. 만약 도로가 정자(井字) 모양이라면 스스로 목을 매어 타향에서 죽는다. 을자(之字)나 현자(玄字) 모양이면 큰 부귀를 누린다. 도로가 집을 돌아보는 모양이면 전택(田宅)이 나날이 더해진다. 만약 도로가 지렁이 모양과 같으면 몸이 점점 쇠약해진다. 도로가 천자(川字)로 곧바로 부딪치면 매년 도적으로 인해 구설에 오른다. 도로가 칼이 교차하는 것 같으면 목을 베는 것으로 자인(刺人)을 막아야 한다. 문곡(文曲)방향의 도로는 어린아이가 타향에서 귀하게 된다. 만약 도로가 직거하여 머리를 돌아보지 않으면 영원히 고향에 돌아올 수 없다.[18]

이상의 종합할 때 대문과 도로의 관계에 있어 길한 도로의 모양은 복두모양, 반달모양, 활시위처럼 굽은 모양, 활(弓字)의 반대 모양, '乙'자모양 및 '之'자모양 등은 모두 주택에 대해 굽어 도는 도로 모양임을 의미한다. 이와 반대로 흉한 길 모양은 '八'자와 '叉자' 및 '丁'자와 같은 3차로, '十'자 및 '井'자와 같은 4차로, '一'자와 '川'자의 직선도로처럼 도로가 대문을 직사(直射)하는 모양을 의미한다.

이상과 같은 도로의 흐름은 음택풍수의 물의 흐름의 길흉과 유사하다. 즉 혈에 대해 둥글게 감싸고 흘러가는 경우를 길한 것으로, 혈에 대해 쏘는 듯한 경우를 흉한 경우로 구분하고 있는데 각 고전별 내용은 다음과 같다.

산이 머리를 조아리고 물이 굽어들면 자손이 번성하나, 산이 달아나듯 하고 물이 직류하면

---

17 『陽宅集成』卷四,「街岸」, "細端詳, 前後路, 必須橫抱灣曲過, 或如幞頭半月形, 或如弓弦文曲象, 左右相反如弓字, 人字叉字十字樣, 或尖射, 或直沖, 如帶如鉤俱不通, 兩橫一直號扛屍.…丁字之街主殘疾, 井字之街主少亡, 乙字之字街富貴, 一字街無衣食."

18 『陽宅集成』卷四,「道路」, "門前不宜八字路, 悖逆人家破. 門前路如反弓樣, 而灣灣外向者, 主孤寡淫佚, 官非退財, 或田塍及路, 若井字樣者, 主自縊外亡, 之玄字樣者大富貴. 路回顧宅, 進益田宅. 若蚯蚓者主瘠死. 川字直沖者, 年年因盗口舌. 交劍形字者主刜, 防刺人. 文曲方路, 主兒孫離外發貴. 若直去不回頭, 永不歸鄉."

남의 종이 되어 얻어먹고 살 것이다.[19]

산이 오고 물이 감돌아들면 복록이 스스로 따를 것이고, 산이 나아가 버리고 물이 흘러가 버리면 쇠하고 여위어 근심과 걱정이 있게 된다.[20]

물이 혈을 뚫거나, 자르듯 흐르거나, 화살처럼 쏘듯 한 곳은 피하는 것이 마땅하다.[21]

이상의 음택풍수서에도 공통적으로 좋은 물의 흐름은 굽이굽이 돌아 들어오거나, 앞에서 둥글게 감싸는 모양을, 나쁜 물의 흐름은 혈에 대해 쏘는 듯하거나 직류하는 경우로 보고 있다. 따라서 이러한 측면에서 볼 때 음택풍수에서의 물이 양택풍수에는 도로로 대체되고 있음을 알 수 있다.

오키나와에서 석감당과 관련한 기록은 『북목산풍수기(北木山風水記)』에서 찾아볼 수 있는데 석감당을 세우는 방법과 글자 새기는 방법, 세우는 날짜 및 제사 방법 등을 소개하고 있다.

각 집은 도로와 부딪칠 때 태산석감당을 세우고 이를 제압한다. 이 법은 높이가 4척 8촌, 넓이 1척 2촌, 두께가 4촌이며, 묻어 땅에 들어가는 것이 8촌이다. 위에 돌을 뚫어 호랑이 머리를 세우고 다시 태산석감당 다섯 글자를 새기고, 그 돌을 세운다. 반드시 동지가 지난 후 육신(六辰), 육인(六寅)의 날을 선택하면 길하다. 섣달그믐날에 이르러 생고기 3편으로 제사를 지내고, 신정(新正)의 인시(寅時)에 세운다.[22]

『북목산풍수기』의 내용을 종합해 보면,
첫째, 도로로 둘러싸인 집이 흉하다고 본 것은 공통적으로 "사방이 도로로 둘러싸인

19 『靑烏經』, "山頓水曲, 子孫千億, 山走水直, 從人寄食."
20 『狐首經』, "山來水回, 福祿自隨, 山向水流, 枯稿憂愁."
21 『雪心賦』, "穿割箭射, 四凶合避."
22 『北木山風水記』,「新川村風水記」,「石垣村風水記」, "各家、道路来沖者、立泰山石敢当、可以制之. 其法、高四尺八寸、闊一尺二寸、厚四寸、埋人士八寸. 上鑿石起虎頭、再鑿泰山石敢当五字. 其鑿石起工' 須択冬至後六辰六寅日用之、則吉。 至除夕以生肉三片癸(祭)之、新正寅時竪立."

집은 주인이 정신병에 걸린다."[23]고 하였다.

둘째, '十'자로에 입지한 집이 흉하다고 본 것은 "十字로 문을 대하면 부부간의 이별할 해가 있다."[24]고 하였다. '十'자로의 형태는 대체로 사거리의 곡각지에 해당한다고 볼 수 있다.

셋째, '工'자형의 경우의 경우는 공통적으로 "工자에 해당하는 도로는 반드시 양쪽 집을 상하게 한다. … 마땅히 빨리 고쳐야 길하다."[25]고 기술되고 있으며, 이를 극복하기 위해서는 "마땅히 각자 그 한편의 한 방향을 끊어야 길하다."[26]고 하였다.

오키나와의 석감당은 원래의 목적과 부합하도록 막다른 길에 설치되어 있는 것은 동일하다. 그러나 실제로 설치 장소는 주로 '十'자로, '丁'자로, 'T'자로, 'Y'자로(3차로)에 설치되어 있다.

> 석감당은 '丁'자로와 '三叉'도로에도 발견되고 있다. 이는 마물(魔物)은 시중을 배회하는데, 직진하는 성질이 있다는 것이다. 즉, '丁'자로에는 '丁'자 아랫길을 곧장 가다 막다른 집에 부딪쳐 그 집에 재앙을 가져다줄 것으로 생각하는 것이다. 따라서 마물이 석감당에 부딪침으로써 재앙을 막기 위해 설치한 것이다.[27]

오키나와 현지조사에서 석감당의 형태는 〈그림 1-3〉에서 보는 바와 같이 (a)는 T자형에 위치한 석감당, (b)는 Y자형의 가운데 위치한 건물의 석감당, (c)는 '十'자형, 즉 사거리의 곡각지에 위치한 석감당, (d)는 3차로에 위치한 석감당이다. 그리고 (e)는 90도로 꺾어지는 L자형의 곡각지에 설치한 석감당이다. 이와 같이 현재에도 오키나와 각 지역에는 T, Y, L, 사거리, 삼거리에 대부분 석감당이 설치되어 있다.

---

23 「天平村風水記』, "四方有路囲宅者' 主世出癲瘋之人。"

24 「竹富村風水記』, "十字対門. 恐有夫妻難存之妨"

25 「新川村風水記』, 「天平村風水記』, "当工字路者, 必有両家傷分之坊.…宜速改開, 乃吉."

26 「天平村風水記』, "宜各見其便而塞断其一方, 乃吉."

27 林良雄・佐々木重雄・上田晴彦, 「野外調査における'情報技術の利用方法に関する検討ー秋田市内の石敢常の調査を例にしてー」, 『秋田大学教育文化学部研究紀要. 自然科学』, 66, 秋田大学教育文化学部, 2011, 30면.

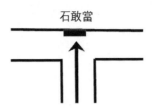

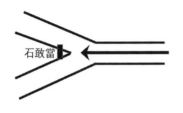

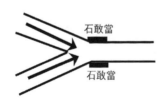

그림 1-3. 도로 유형과 석감당 설치방법

실제 현존하는 오키나와 지역의 석감당은 그 존재 형태가 다양하다. 즉, 〈그림 1-4〉와 같이 오키나와 본도 및 도서지역 모두 T자형이 비교적 많이 분포하고, 다음으로 4차로, Y자로, 3차로, L자형으로 분포하였다.

(a) 나하 首里城 부근

(c) 石垣島 登野城 부근

(b) 나하 真嘉比 부근

(d) 久米島

그림 1-4. 오키나와 각 지역별 석감당 분포도

주: ●(T자형), ◆(Y자형), ✚(4차로), ▲(3차로), ★(L자형)
출처: 구글 어스를 참고로 예비 조사 후, 현지 방문 조사함. (2018년 1월)

반면 도로가 건물을 찌르는 곳임에도 불구하고 석감당이 설치되지 않은 경우도 있었다. 이는 대부분 〈그림 1-5〉에서 보는 바와 같이 나대지, 차고, 빈 공간 등으로 사용되어 석감당을 설치하지 않아도 되는 장소 등이다. 즉 (a)는 T자로이나 막다른 곳은 1층을 주차장으로 사용하고 있으며, (b), (c), (d), (e)는 석감당을 설치해야 할 장소를 비워두거나, 주차장 등으로 사용하고 있음을 볼 수 있다. 따라서 오키나와의 현재 석감당 설치 장소는 실제로 도로가 건물을 직접적으로 찌르거나, 찌를 우려가 있는 지역에 설치되고 있으며, 찌르는 곳이라도 주차장이나 공터의 경우 석감당을 설치하지 않은 것을 볼 수 있다.

(a) T자형   (b) Y자형

(c) 4차로   (d) 3차로

(e) L자형

그림 1-5. 석감당 미설치 지역 유형

출처: 필자(2018년 1월)

Ⅳ. 오키나와 석감당의 특징

중국의 풍수석은 크게 풍수탑(風水塔)과 태산석감당(泰山石敢當), 석사자(石獅子) 등으로 구분할 수 있다. 그러나 한국에서는 석감당과 석사자는 발견되지 않고 있으며,

풍수탑은 비보탑의 형태로 전승되었다. 또한 오키나와 지역에서는 풍수탑은 거의 발견되지 않고 있으며 석감당과 석사자의 형태로 전승되었다.

한국 풍수에서는 풍수석은 풍수림과 거의 유사한 기능을 하고 있기 때문에 풍수석으로서의 돌탑에 한정한 연구는 제한적이지만 주로 마을로 들어오는 액, 질병, 살(煞), 호환, 화기 등을 제압하기 위한 것이자, 마을의 허한 지형의 방위를 보완하기 위한 것으로 이해할 수 있다.[28] 구체적인 사례로서 충남 금산의 경우 화기 제압을 위한 기능, 마을의 질병 등 액운을 막기 위한 기능, 마을 앞의 허결함을 막기 위한 돌탑 등이 있었고,[29] 강원도의 경우 형국보완을 위한 기능, 마을 재앙 방지를 위한 기능의 돌탑 등이 있었다.[30] 그리고 지리산 인근의 경우 수구막이 기능, 형국보완 기능, 마을 액운 방지 기능, 음풍(淫風)방어 기능 등이 있었고,[31] 경남 도서지역은 형국 보완 기능 및 조산 기능의 돌탑이 있었다.[32]

반면 오키나와의 석감당은 주로 집과 도로의 관계로 규정할 수 있다. 즉, 도로가 집을 찌르는(沖) 지역에 석감당을 설치함으로써 살(煞)을 방지하고자 하는 것이다.

결국 중국에서 발생하여 각국에 전파된 풍수석이 한국과 오키나와에서는 서로 다르게 적용된 것이다. 이러한 이유는 기본적으로 유입된 풍수이론의 차이에서 기인한다고 볼 수 있다. 한국의 풍수는 나말여초 중국의 풍수가 유입되면서 시작되었다고 보는 것이 학계의 기본 시각이다. 특히 당시 도선국사의 풍수는 국역비보가 주종을 이루었고, 조선 중기 이후에는 비보풍수가 마을 단위로 확산되었다. 그러나 기본적으로 중국의 음택풍수서를 위주로 한 형세풍수가 주류를 이루었으며, 이러한 풍수 판단에 근거하여 문제가 있는 장소에 비보물을 설치한 것이고, 돌탑도 마찬가지이다.

반면 오키나와의 석감당은 중국의 양택풍수서에 근거하고 있다고 볼 수 있다. 앞서의 중국 양택서에는 각종의 도로의 형태에 따른 길흉을 판단하고 있다. 중국의 양택서

28 이창언 · 양종렬, 「도서지역 돌탑유적의 현황과 보존」, 「동아인문학」 34, 동아인문학회, 2016, 275면.

29 강성복, 「금산의 탑신앙」, 금산문화원, 1999, 관련기사를 요약 정리

30 김의숙, 「강원도 자료조사 보고서」, 「강원문화연구」 13, 강원대 강원문화연구소, 1994. 및 김의숙, 「강원도의 돌탑신앙」, 「강원민속학」 9, 강원도민속학회, 1992.의 관련기사를 요약 정리

31 지리산권문화연구단, 「지리산권 민속풍수 자료집 ―남원 · 구례 · 하동 · 산청 · 함양―」, 선인, 2016, 18면.

32 이창언 · 양종렬, 「도서지역 돌탑유적의 현황과 보존」, 「동아인문학」 34, 동아인문학회, 2016, 286~287.

는 도로의 모양이 '八字', '叉字', '丁字', '十字', '井字', '一字', '川字' 모양의 도로를 흉한 것으로 보고 또한 이 길들이 대문에 대해 찌르는(沖) 경우 더욱 흉한 것으로 보고 있으며 이는 오키나와의 적용사례와 동일하다. 그러나 오키나와에서는 이에 추가적으로 '工字', '四方路' 등에서 길이 집을 찌르는 경우 흉한 것으로 보고 있다. 결국 한국의 비보돌탑과 오키나와의 석감당은 적용된 풍수이론의 차이에서 나타난 것으로 볼 수 있다.

오키나와 석감당의 중요한 특징은 다음과 같다.

첫째, 중국이나 한국의 돌탑은 제의기능을 포함한 신앙의 대상이기도 하지만 오키나와의 석감당은 신앙의 대상이 아니라는 차이점이 있다. 『북목산풍수기』에는 석감당을 조성할 때 제의 방법에 대해 서술하고는 있지만, 이는 석감당을 세울 때의 제의일 뿐, 조성 후의 제의기능에 대해서는 서술하지 않고 있다. 따라서 오키나와에서는 중국과 한국의 돌탑과 유사한 형태는 발견할 수 없다. 다만 풍수의 '돌'문화와 관련하여 석감당은 특히 도로가 집을 찌르는 형상을 극복하기 위한 기능만을 하고 있다.

둘째, 형태상으로는 한국의 돌탑의 경우 다른 비보물과 같이 조성하는 복합적 양식을 보이나, 오키나와는 돌 위에 석감당이라는 글자를 새겨 넣는 단순 양식을 보인다. 따라서 한국의 돌탑은 풍수의 다양한 기능을 복합적으로 수행하지만 오키나와의 석감당은 앞서 분류한 바와 같이 문패형, 음양각형, 시샤혼합형, 비석형으로 그 형태에서만 약간의 차이만 있을 뿐이다.

셋째, 한국의 돌탑은 마을이나 입지를 풍수의 형세론이나 형국론 등에 근거한 판단에 따른 설치인 반면, 오키나와 석감당은 개별 주택을 중심으로 도로와의 관계에 따라 설치하고 있는 차이가 있다. 따라서 한국의 돌탑 조성에는 형세론이 적용되어, 비보돌탑이 대부분 마을입구나 수구처에 세워진 반면, 오키나와는 개별 주택과 도로가 충하는 곳에 석감당이 세워져 있는 차이점이 있다.

넷째, 한국의 돌탑은 마을 전체의 차원에서 이루어졌지만, 오키나와 석감당은 개별주택 위주로 전개되었다는 점이다. 즉, 한국의 돌탑은 마을 전체의 풍수 구조 속에서 풍수적으로 허한 부분을 보완하기 위한 형태였다. 따라서 마을에 돌탑이 건립되면 그 영향은 마을 전체가 받게 된다. 그러나 오키나와 석감당은 개별 주택의 특정한 지점에 설치되었다. 따라서 한국의 돌탑이 '집단풍수'차원의 공동체 의식이 반영되었다면, 오키나

와 석감당은 '개별풍수'차원의 개인적 의식이 반영된 것으로 판단할 수 있다.[33]

다섯째, 오키나와 지역은 섬이라는 지리적 특징 때문에 석감당의 "지풍지살(止風止煞)"기능이 중요시되었다. 사방이 바다로 둘러싸인 경우 해안에서 지속적으로 바람이 불어오기 마련이고 이 바람은 골목을 따라 들어오게 된다. 즉, 길이 바람길이 되어 바람이 살(煞)이 되는 형태인 것이다. 따라서 이 바람은 풍살(風煞)이 되는데, 이를 방어하는 기능이 중요한 풍수의 역할이 된다. 석감당은 바로 이 길을 따라 들어오는 풍살을 제어하는 기능을 함으로써 외부의 악기에 대한 방지기능을 수행한다. 따라서 한국의 돌탑은 내부의 기운 누설 방지와 외부의 악기 유입을 방지하는 양면적인 특징이 있지만, 오키나와 석감당은 외부에서 들어오는 악기를 방지하고자 하는 단면성이 특징이다.

여섯째, 일본의 석감당은 중국과는 다른 특수성도 있다. 즉 중국의 석감당에서 보이는 사자머리(獅頭)나 팔괘, 북두칠성 등의 도형 및 '止煞' 등의 문자, 또 신앙 대상으로 한 기능은 수용하지 않고, 석감당 혹은 태산석감당의 문자를 쓴 피사물(辟邪物)로서의 기능만을 선택적으로 수용하고 있는 것이다. 반대로 중국의 석감당에는 볼 수 없는 특이한 문자나 기호를 병기 하는 등, 독자적인 석감당을 만들어 내고 있다.[34]

또한 중국 푸젠성에 있는 석감당과 석사자의 조합은 밀접한 관계가 있다. 그러나 오키나와의 경우는, 기본적으로 사자와 석감당은 따로 구별되는 분담 역할이 존재한다. 즉, 사자는 지붕을 지키고, 석감당은 길가에 서있는 차이가 있다.[35]

Ⅴ. 결론과 시사점

풍수에서의 해당 입지의 부족하거나 지나친 부분을 제어하는 기법인 비보는 중국과 한국, 오키나와 전역에 적용되었다. 그러나 중국에서의 풍수석과 관련한 비보는 풍수탑, 태산석감당, 석사자 등으로 다양하지만 이 중 한국에서는 풍수탑의 일종인 비보탑

---

33 다만, 한국의 마을숲(비보숲)과 오키나와의 抱護는 사실상 동일한 집단비보에 속하지만, 이는 본 연구의 목적이 아닌 관계로 논의하지 않는다.

34 山里純一,「石敢當覺書」,「日本東洋文化論集」9, 琉球大学, 2003, 55면.

35 小熊誠,「石敢当小考」, 載福田アジオ編,「中国江南の民俗文化」, 国立歴史民俗博物館,1992, 周星,「中国と日本の石敢当」,「比較民俗研究」7, 筑波大学比較民俗研究会, 5, 1993, 14면. 재인용.

과 돌탑이 전승되었고, 오키나와에는 태산석감당이 석감당으로 석사자는 시샤(シーサー)로 전승되었다.

중국에서는 예로부터 주로 집안의 안녕을 기원하기 위한 부적 혹은 수호신의 개념으로 돌에다 '泰山石敢當'이라는 문자를 새겨 담 아래, 골목길, 마을입구 등에 세웠다. 석감당의 기록은 중국에서는 고대 문헌에 기록이 나타나고 당(唐)대에는 실제로 적용·설치된 기록이 나타난다. 그리고 송(宋)대에는 민간신앙과 결합하여 인격화되기 시작하였고, 명(明)대에는 전국적으로 전파되었다.

오키나와의 석감당은 명(明)의 홍무제가 류큐왕국에 민인(閩人: 푸젠성의 중국인)을 집단 거주시켰는데 이들의 자제들이 명나라에 유학하고 귀국하면서 유입된 경로와 푸젠성(福建省) → 진먼도(金門島) → 타이완(臺灣) → 오키나와로 유입된 경로 등이 조사되었다.

본 연구는 오키나와의 풍수석인 석감당의 유래와 적용과정과 사례를 한국의 돌탑과 비교함으로써 풍수는 '절대적'인 적용이 아니라 '상대적'인 적용에 있다는 점과 아울러 이를 통해 중국의 풍수가 각국의 다양한 환경에서 서로 다르게 적용되었음을 논증하고자 하였다.

본 연구를 통해 얻을 수 있는 풍수적 시사점은 다음과 같다.

첫째, 오키나와의 석감당은 중국의 석감당과는 기능적인 차이가 있다는 점이다. 오키나와의 석감당은 중국의 '泰山石敢當'에서 '泰山'을 제외한 '石敢當'이라는 문자만을 사용하고 있으며, 또한 중국과는 달리 특이한 문자나 기호를 병기하는 등의 발전적인 양상을 보이고 있다. 또한 중국의 경우 석감당과 석사자는 동일한 역할을 하는 것이나, 오키나와의 경우 석감당은 도로에, 석사자는 지붕 위에 세우는 차별적인 양상이 있다. 이는 중국에서 전래된 석감당이 오키나와 현지화한 것이라고 볼 수 있을 것이다. 따라서 현지 유입된 풍수가 현지의 상황에 따라 변형된 것이라 볼 수 있다.

둘째, 한국에서 석감당과 비슷한 역할을 하는 것은 풍수 돌탑이라고 할 수 있다. 그러나 한국의 돌탑은 풍수의 형세론에 따라 마을 전체를 보호하고 액운을 물리치려는 용도인 반면 오키나와 석감당은 주로 개별 건물에 한정하고 있다는 점이다. 특히 석감당은 도로를 통해 들어오는 좋지 않은 현상을 막고자 하는 것이 주된 목적이다.

현대 주택이나 건물 등에 있어서도 외부의 좋지 않은 기운을 막고자 하는 다양한 풍수적 방책 등이 시행되고 있는데, 대체로 역사적·이론적 근거보다는 개별적인 경험에 의존하고 있다. 만약 석감당이라는 풍수문화가 실제적인 작용보다는 인간의 심리적 안정을 도모할 수 있는 방법이라면 현대의 도로와 부딪치는 각종 건물, 주택 등에 쉽게 적용할 수 있을 것으로 보인다. 또한 중국일부와 오키나와 등지에서는 절대적인 신념처럼 적용된 석감당 문화가 한국에서는 거의 적용되지 않은 것은 중국에서 유입된 풍수가 각 국, 각 지역의 실정에 맞도록 선택적이고 차별적으로 적용되었음을 의미한다.

따라서 중국에서 발생하여 동아시아 각국에 전파된 풍수석 문화는 유입된 풍수서의 차이와 아울러 지리적, 문화적 차이에 의해 차별적이고 선택적으로 적용되고 발전되었음을 의미한다. 이는 풍수가 '절대적인 적용'이 아닌 각국의 상황에 따른 '상대적인 적용'이 되었음을 의미하는 것이다.

〈참고문헌〉

1. 고전

陶宗儀,『綴耕錄』
顏師古,『急就章注』
施清臣,『継古叢編』,
『雪心賦』
『陽宅十書』
『陽宅集成』
『周書秘奧營造宅經』
『青烏經』
『狐首經』

2. 한국문헌

강성복,『금산의 탑신앙』(금산문화원, 1999)
김의숙,「강원도 자료조사 보고서」,『강원문화연구』13, 강원대 강원문화연구소, 1994
김의숙,「강원도의 돌탑신앙」,『강원민속학』9, 강원도민속학회, 1992

김지영, 「중국 산석신앙-태산석감당-」, 『남도문화연구』 22, 순천대 남도문화연구소, 2012.

이창언·양종렬, 「도서지역 돌탑유적의 현황과 보존」, 『동아인문학』 34, 동아인문학회, 2016, 275면.

지리산권문화연구단, 『지리산권 민속풍수 자료집 -남원·구례·하동·산청·함양-』, 선인, 2016, 18면.

3. 일본문헌

高畑常信, 「石敢當の歷史,起源と變遷」, 『德島文理大学研究紀要』 87, 德島文理大学, 2014.

球陽研究会編, 『球陽 読み下し』, 角川学芸出版, 2011.

『北木山風水記』

山里純一, 「石敢當覺書」, 『日本東洋文化論集』 9, 琉球大学, 2003.

『新川村風水記』

林良雄·佐々木重雄·上田晴彦, 「野外調査における'情報技術の利用方法に関する檢討-秋田市内の石敢常の調査を例にして一」, 『秋田大学教育文化学部研究紀要. 自然科学』, 66, 秋田大学教育文化学部, 2011.

小熊誠, 「石敢当小考」, 載福田アジオ編, 『中国江南の民俗文化』, 1992.

『竹富村風水記』

周星, 「中国と日本の石敢当」, 『比較民俗研究』 7, 筑波大学比較民俗研究会, 5, 1993.

『天平村風水記』

4. 중국문헌

鲁宝元, 「石敢当-日本冲绳所见中国文化留存事物小考」, 『唐都学刊』, 75(19), 北京外国语大学国际交流学院, 2003.

李绪民, 「泰山石敢当山石信仰刍议」, 『黑龙江史志』 239期, 西华师范大学历史文化学院, 2010.

蒋铁生, 「泰山石敢当习俗的流变及时代意蕴」, 『泰山学院学报』 28(2), 泰山学院. 2006.

蒋铁生·聶立申, 『泰山文化十八講』, 吉林大學出版社, 2009.

바닷가 어촌마을에도 풍수는 있다

허영훈[*]

Ⅰ. 바닷가 어촌마을의 주거 환경

어촌마을이 입지하고 있는 해안지역의 특성상 내륙지에서 적용되는 풍수적 기준으로 평가할 경우 혈이 결지(結地)될 수 없는 곳이 많아 그 적용 자체가 무의미할 수도 있다. 그러나 어촌 역시 인류 역사가 시작되면서부터 사람들이 계속 거주해 왔기 때문에 나름대로 해안지역의 열악한 환경에 적응하기 위한 독특하고 다양한 풍수적 특징이 있을 것으로 추정된다.

삼면이 바다로 둘러싸인 우리나라는 서남해안에 대규모의 간척사업이 진행되기 전인 20세기 초에 도서를 제외한 반도만의 해안선이 8,693km이며, 도서를 포함한 전체 해안선은 17,269km로 전체 해안선의 길이는 무려 적도의 절반에 이른다. 상대적으로 긴 해안선은 수산업 발달에 유리한 조건을 제공해 주고 있다.[1] 지구 둘레(40,192km) 비교 시 43%에 이르고 있다. 이처럼 해안선은 바다와 접하는 접점이 되므로 그 길이의 장단(長短)은 수산업과 밀접한 관련이 있다는 것을 알 수 있다. 2018.12.31 현재 전국 해안선을 따라 행정구역 또는 경제권을 중심으로 2,039개의 어촌계[2]가 조직되어 있고, 이 어촌계는 3,857개의 자연마을, 즉 어촌마을로 구성되어 있다.[3]

---

[*] 동양문화융합학회 상임이사, 철학박사
[1] 권혁재, 『韓國地理』, 법문사, 2007, 88면.
[2] 어촌계는 어민이 어촌지역의 행정구역이나 경제권 등을 중심으로 조직되며, 어업 생산성을 높이고 생활 향상을 위한 공동사업을 수행하는 것을 목적으로 하고 있다.
[3] 수협중앙회, 『어촌계 분류평정 및 현황』, 2019, 44~45면.

풍수는 중국에서 동아시아 각국으로 전파된 것으로 알려져 있는데 대체로 고전 풍수는 내륙지의 음택 중심이며, 양택은 음택 이론을 동일하게 적용하고 있다. 그러나 어촌은 내륙지 풍수를 그대로 적용하기는 어렵다. 그 이유는 풍수는 산과 물을 중심, 즉 장풍(藏風)과 득수(得水)를 중심으로 이론이 전개되는 반면, 어촌은 한 면이 바다와 면해 있어 내륙지의 풍수이론을 그대로 적용하기가 곤란할 뿐만 아니라 그 적용 자체도 무리일 수 있기 때문이다.

『의룡경(疑龍經)』에서는 "도읍지는 넓은 들판에 많이 들어서 있는데 바닷가는 산이 다하여 바람이 지기를 쓸어서 흩어지게 한다."[4]라고 하여 바닷가는 장풍(藏風)이 취약하여 취락의 입지에 적합하지 않은 곳으로 설명하고 있다. 또한 어촌은 지형적인 특성상 산을 뒤로하고(坐;좌) 바다를 바라보는(向;향) 배산임해(背山臨海)의 형태로 입지하는 경우가 많다. 이는 사신사(四神砂) 중에서도 주작(朱雀)에 해당하는 안산(案山)이나 조산(朝山)이 존재하지 않는다는 것을 의미한다. 어촌마을의 경우 다도해나 해안선이 복잡한 지역을 제외하고는 대부분 앞면이 열려 있으므로 조산은 물론이고 안산 자체가 없어 사신사를 완벽하게 갖춘 풍수 국면이 나타나지 않는다. 즉 내륙지 위주의 기존 풍수이론으로 볼 때 어촌마을은 혈이 맺힐 수 있는 명당은 희소할 수밖에 없다.

어촌을 자연지리적인 관점에서 살펴보면, 『택리지(擇里志)』에서는 "실제로 바닷가는 바람이 많아 얼굴이 검어지기 쉽고, 각기, 수종, 학질과 같은 질병이 많다. 물을 얻을 수 있는 샘이 부족하고 토질 또한 갯벌이라 혼탁한 바닷물이 밀려오면 깨끗한 정취가 잠시 사라져 버린다."[5]라고 하여 바닷가에 입지한 어촌은 시냇가나 강가보다 생활하기가 어려운 주거공간으로 보고 있다.

우리나라는 전통적으로 중국과 밀접한 관계를 유지하게 됨에 따라 대륙 중심의 세계관에 종속되었고, 이러한 대륙 중심의 세계관으로 인하여 바다와 해양의 이용과 개발에는 소극적일 수밖에 없었다. 게다가 잦은 왜구의 침입은 어업활동의 장이 되는 바다에 대한 접근성마저 제한이 된다. 결국 중국 중심의 세계관, 농업중심의 경제구조, 사농공상(士農工商)의 사회적 신분제도는 우리나라의 어업 발전을 가로막았고, 왜적으로부터

---

4 『疑龍經』,「上篇」. "京都多是在中原 海岸山窮風蕩散."
5 『擇里志』,「卜居總論」. "其實則海上多風人面易黑 又多脚氣水腫瘴瘧之疾 水泉旣乏土地且瀉濁水潮至淸韻絶少."

의 침입에 수동적인 방어를 하면서 바다에 대한 접근성을 스스로 차단하여 해양은 폐쇄적 공간으로 축소되었다.[6]

이와 같이 중국 중심의 세계관, 농업중심의 산업, 해안지역의 접근성 차단은 풍수 사상에도 크게 영향을 미쳤을 것이다. 육지와 비교해서 상대적으로 바다(水界;수계)에 관한 중요성이 떨어지게 됨에 따라 육계(陸界)만을 대상으로 하는 정책을 펼치게 되다 보니 바닷가라든지 섬에 위치하는 어촌마을에 대한 풍수적 관심은 소홀해질 수밖에 없었을 것이다.

고려 중기(1123년) 송나라 사신으로 온 서긍(徐兢)이 고려에 한 달 남짓 머물면서 견문한 내용을 귀국하여 기록한『고려도경(高麗圖經)』에는 어촌에서 거주하는 어민의 생활상이 그대로 나타나 있다.[7] 이 내용은 고려시대 어업의 전반에 관하여 답사·분석하여 기록한 것도 아니며, 그 내용이 간략하여 당시 특정 지역 어촌마을의 어느 한 단면만을 보여주고 있다. 그러나 수산물을 생산하기 위하여 어민들이 원시적인 어구·어법으로 고된 노동을 하고 있음을 알 수 있다. 어촌에서의 삶이 매우 힘들고 정주 여건 역시 열악함에 따라 어촌으로의 자발적인 정착을 기피하였을 것으로 미루어 짐작할 수 있다.

어업활동의 수행 장소가 유동성을 가진 수계(水界)이다. 어업은 수계가 가지는 자연적 조건과 기상적 조건 등으로 인하여 위험성이 매우 높다. 그 위험성의 요인은 인위적인 요인과 자연적인 요인으로 구분할 수 있는데 자연적인 요인이란 주로 폭풍, 풍랑 등에 의한 것으로서 우리나라에 있어서는 인위적인 요인보다 지연적 요인으로 인한 피해가 더 크다.[8] 반대로 농촌의 경우 고정된 육지에서 활동이 이루어지기 때문에 바다보다는 상대적으로 위험성이 낮다.

---

6   최영준, 「국토와 민족생활사」, 한길사, 1997, 78-80면.

7   『高麗圖經』, 「第二十三 雜俗二 漁條」, "고려 풍속에 양과 돼지가 있지만 왕공이나 귀인이 아니면 먹지 못하며, 가난한 백성은 해산물을 많이 먹는다. 미꾸라지, 전복, 조개, 진주조개, 왕새우, 무명조개, 홍게, 굴, 거북이 다리, 해조류, 다시마는 귀천 없이 잘 먹는데, 구미는 돋워주나 냄새가 나고 비리고 맛이 짜 오래 먹으면 싫어진다. 어민의 고기잡이는 썰물이 질 즈음에 배를 섬에 대고 고기를 잡는다. 그물은 잘 만들지 못하여 다만 성긴 천으로 고기를 걸러내므로 힘을 쓰기는 하나 성과가 적다. 다만 굴과 대합들은 조수가 빠져도 나가지 못하므로, 사람이 줍되 힘을 다하여 이를 주워도 없어지지 않는다(國俗有羊豕 非王公貴人 不食細民 多食海品 故有鰌鰒蚌珠母蝦王文蛤紫蠣房龜脚 以至海藻昆布 貴賤通嗜 多勝食氣 然而臭腥味鹹 久亦可猒也 海人每至潮落 矴舟島嶼而捕魚 然不善結網 但以疏布漉之 用力多而見功寡 唯蠣蛤之屬 潮落不能去 人掇拾盡力 取之不竭也)."

8   장수호, 「水産經營學」, 친학사, 1966, 36면.

그래서 어촌에서는 농촌과는 달리 위험을 회피하거나 극복하는 방법으로 서낭신을 모시는 외에도 해신(海神)을 모시는 민간신앙이 존재한다. 해신을 모시는 해신당은 바닷가 어촌마을에만 존재하는 마을제당으로 내륙지역 신앙과는 달리 바닷가 신앙이라는 특성이 강하며, 자연조건과 신앙이 일정한 관계를 지니고 있다.[9] 이와 같이 어촌은 내륙지보다 상대적으로 정주 여건이 열악하며, 내륙지와는 다른 차원의 입지 여건이 형성되고 있다. 그러므로 내륙지의 농촌과는 달리 어촌만이 지닌 다양하고 독특한 풍수적 특징이 존재하리라는 점을 예상할 수 있다.

Ⅱ. 바닷가 어촌마을의 풍수적 특징

우리나라는 동서남해의 삼면이 바다로 둘러싸여 있는데 동서남해 어촌마을마다 풍수적 특징이 다를 수 있다. 그렇지만 어촌은 내륙지와는 달리 최소 한쪽 면이 바다라는 공통점을 가지고 있으므로 동서남해의 어촌은 공간적으로 다른 장소에 위치하지만 비슷한 유형을 보일 수밖에 없다. 필자는 강원도 동해안 삼척지역 어촌마을을 대상으로 풍수적 분석을 시도해 보았는데 아마 동 분석 결과는 남해나 서해도 크게 다르지 않을 것으로 본다. 따라서 동해안 바닷가 어촌마을의 풍수적 특징을 남해와 서해에 연접한 어촌마을에 적용해도 무방할 것으로 판단된다.

어촌은 육지와 바다라는 이질적인 두 자연적인 요소가 만나는 공간으로써 농촌이나 산촌 등 내륙지와 유사한 점도 있지만 많은 특수성이 있다. 보통 지리적 환경이라고 하면 촌락을 둘러싼 주변의 모든 사물, 즉 산천과 공기, 물 같은 자연물을 말하는데 일반적으로는 이를 자연환경이라고 하였다. 지리적 환경은 인간의 생활에 직접적으로 영향을 미치게 되는데 그중에서도 기후를 가장 중시하고 있으며, 기후요소로는 바람, 온도, 습도, 일조(日照) 등이 있다. 이러한 기후요소에 영향을 주는 기후인자로는 위도, 수륙분포, 지형, 해발고도, 해류와 해양 변동 등이 있다.

어촌 역시 기후요소와 기후인자라는 자연환경에 의하여 내륙지와는 다른 풍수적 특

---

9   김도현, "강원도 영동 남부지역 고을 및 마을신앙", 고려대 박사학위논문, 2008, 169면.

징들이 나타날 수밖에 없으며, 기후와 풍수는 상호 밀접한 관계가 있다. 특히 어촌은 바다를 직접 면하고 있어 경제활동이 해상에서 주로 이루어지고 있으며, 바다에서 발생하는 바람과 파랑, 조석과 해류 등의 기후적인 요소도 어촌의 풍수적 입지에 큰 영향을 미치게 된다. 그래서 어촌에 대하여 풍수의 이론체계인 용혈사수향(龍穴砂水向)과 아울러 비보적인 측면에서 어떠한 특징이 있는지 살펴보았다.

용세(龍勢) 특징으로는 첫째, 어촌의 보국을 형성하는 용맥[10]은 바닷물을 만나도 행룡(行龍)을 멈추지 않고 계속 직진하려는 강한 직진성을 보인다. 그리고 용맥이 충분한 박환(剝換) 과정을 거치지 못하고 용진처(龍盡處;용이 물을 만나 마지막으로 멈추는 곳)에서도 순화되지 않아 거칠고 험한 상태로 나타나고 있다. 이러한 지역은 비단 동해안에서만 나타나는 것이 아니라 서남해안에도 유사한 지형이 형성될 수 있다.

용맥이 물을 만나도 행룡을 멈추지 않고 직진하려는 성향을 보인다는 것은 용맥을 앞에서 막아주는 산(사신사의 주작〈朱雀〉에 해당)이 없기 때문이다. 내륙지의 경우 용맥은 물을 만나면서 멈춰 서게 되는데 물은 지맥과 지맥을 가르는 분지령(分地嶺)으로써 반드시 물 건너에는 다른 지맥(산)이 존재하며, 이 지맥은 사신사의 주작에 해당하는 안산(案山)이나 조산(朝山)의 기능을 하게 된다. 그러나 바닷가는 물을 만나도 육지처럼 다른 지맥이 가로막아 주지 못하여 주작에 해당하는 안산이나 조산이 없는 특이한 풍수 구조를 형성하게 된다. 용맥이 바닷물을 만나 행룡(行龍)을 마치는 바닷가는 용진처라기보다는 외관상 용진(龍盡)한 것으로 만 보일 뿐이다. 비록 용맥이 바닷물에 의하여 깎여 나갔지만 바닷물 속에는 암석으로 형성된 용맥이 계속 이어지고 있음을 볼 수 있다. 해안의 지형에 있어서도 내륙지와 구조적 질서는 똑같이 작용한다. 해안가에 발달해 있는 반도나 섬들의 배열, 만입과 같은 모습들은 육지에서부터 이어지는 산지와

---

10 풍수에서는 산(山)을 용(龍)이라고 한다. 풍수의 이론적 체계 중에서도 가장 먼저 거론되는 것이 용이다. 풍수에서 산을 용이라고 부르는 이유는 산의 모습이 마치 변화가 무궁한 용과 유사하기 때문이다. 즉 산의 흘러가는 모습이 마치 천변만화하는 용과 같은 유기체로 보고 산에다 생명력을 불어넣고 있다. 일반적으로 지기가 흐르는 통로를 산과 용, 그리고 용맥 또는 산줄기(산능선, 산등성이) 등으로 혼용 사용되고 있다. 용맥은 용과 맥이 합쳐져서 붙여진 이름인데 외형상으로 보이는 것이 용이고 그 용의 내부에 지기가 흐르는 통로를 사람의 혈관에 비유하여 맥이라고 한다. 용맥은 체용(體用)의 개념으로도 볼 수 있는데 용은 외관상 보이기 때문에 체(體)가 되며, 맥은 용의 몸속에 있어서 보이지 않고 숨어 있기 때문에 용(用)이라고 할 수 있다.

곡지의 연장선이 된다.[11] 즉 육지의 지형구조가 해안구조에도 그대로 이어진다.

둘째, 섬이 희박한 동해안 지역에서도 육지와 섬을 이어주는 용맥인 도수협(渡水峽)이 존재한다. 바다의 도서(島嶼)에는 '계수즉지(界水則止;용이 물을 만나면 멈춤)'라는 풍수 논리의 예외가 적용되어 도수협(渡水峽;용이 물을 건너는 협[12])을 통하여 지기가 섬으로 이어진다. 남서해안의 경우에는 『택리지』에서 도수협이 해남→진도,[13] 안산 수리산→강화 마니산,[14] 해남 월출산→제주 한라산→유구국[15]으로 이어진다고 하였다. 그리고 『삼척군지(1916)』에서도 삼척시 덕봉리와 하맹방리 사이의 바닷가에 솟아나 있는 덕봉산(德峯山)은 하맹방 구산(龜山)의 지중복맥(地中伏脈)으로 만들어진 것이라고 하여[16] 동해안에서도 과거부터 도수협의 존재를 인식하고 있었다.

혈장세(穴場勢)를 살펴본다. 풍수의 이론체계인 용혈사수향 중에서 혈이 포함되어 있으나 어촌마을과 같은 취락(聚落)에 대하여도 혈증(穴證)으로 풍수적 평가를 한다는 것은 무리가 있다. 왜냐하면 혈은 그 크기가 혈심(穴心) 기준으로 한 두 평에 불과하기 때문이다. 음택(묏자리)과 같은 작은 범위는 혈장세로 분석이 가능할지 몰라도 다수의 양택(건물)이 모여 있는 마을 전체를 하나의 장소로 보고 결혈 여부를 분석한다는 것은 옳지 않다. 그래서 어촌마을 속의 어느 장소라도 결혈 가능성이 있는 여부를 가지고 풍수적 특징을 살펴보았다.

혈장세의 특성으로는 첫째, 어촌은 조종산으로부터 지기가 흘러 들어가지 않는 비혈지(非穴地)가 많다. 용맥이라는 지기의 통로를 통하여 산의 기운이 혈장에 공급이 되어야 하는데 사구(砂丘;모래 언덕)와 해안숲을 배산(背山;산을 뒤로함)으로 삼은 어촌의 경우는 마을까지 산줄기가 연결되지 않기 때문이다. 혈에 생기를 공급해 주는 주산(主山)의 지위를 확보하려면 태조산으로부터 출발한 내룡맥이 선구조(線構造) 형태로 단

---

11 양재혁, "韓半島 南海岸 海岸地形 特色 및 發達科程", 한국교대 박사학위논문, 2007, 6~7면.

12 협(峽)이란 산봉우리와 산봉우리를 이어주는 고개(재)를 말하며, 과협(過峽)이라고 한다. 육지와 육지사이에 끼어 있는 좁은 물길을 해협(海峽)이라고 하는데 과협에 바닷물이 차면 해협이 되는 것이다. 과협은 대체적으로 용맥이 가늘고 낮은 부분에 형성되어 있다.

13 『擇里志』, 「八道總論」, 全羅道篇.

14 『擇里志』, 「八道總論」, 京畿道篇.

15 『擇里志』, 「卜居總論」, 山水篇.

16 심의승 저, 배재홍 역, 『국역 삼척군지』, 2009, 64면.

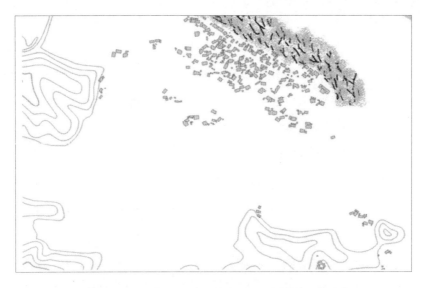

그림 2-1. 사구지형에 입지한 어촌마을 지형도(삼척시 하맹방리)

출처: 랜드맵 전자지도(1/5,000)

절되지 않고 이어져야 한다. 그러나 모래 위에 형성된 사구형(砂丘形) 어촌이 배산으로 삼고 있는 사구산(砂丘山)은 용맥이 직접 이어져 있지 않으므로 풍수에서의 조종산(祖宗山) 지위를 확보할 수 없으며, 혈도 결지되지 않는 비혈지로 평가될 수밖에 없다.

둘째, 해신당은 해황(海況)을 조망할 수 있는 가장 중요한 바닷가 명당으로 평가될 수 있다. 해신당이 위치한 장소는 풍수적으로 혈이 맺힐 수 없는 비혈지이지만 땅의 용도상으로 볼 때 바다를 조망할 수 있는 적지이다. 성황당의 경우는 눈에 잘 띄지 않으면서 조용하고 마을 전체를 조망할 수 있는 마을의 뒷산 중턱이나 정상부에 자리하는 반면, 해신당은 바다에 연접하거나 마을 주변의 바다를 조망할 수 있는 탁 트인 위치에 자리하는 예가 많다.[17] 성황당의 입지는 내륙지 마을의 성격이 나타난다. 하지만 해신당은 위치적으로 내륙지의 성황당과는 다른 입지 분포를 보인다. 해신당은 주로 바다를 조망할 수 있는 곳에 위치에 있으므로 어황을 관찰하는 망대기능(望臺機能)을 하므로 성황당과 차별화된다. 따라서 해신당은 사람들의 거주지 터로서는 부적당할지 몰라도 어민들이 바다에서 일어나는 기후변화나 해황(海況)을 수시로 살피는데 가장 좋은 자

---

17   김도현, "삼척 해안지역 마을신앙 연구", 『역사민속학』, 제21호, 한국역사민속학회, 2005, 193~194면.

리에 위치하므로 바닷가 명당이 된다.

사세(砂勢)의 특징으로는 첫째, 배산우선(背山優先)의 원칙보다는 임수우선(臨水優先)의 원칙이 적용된다. 해안가에 바로 인접한 어촌의 주택은 건축법의 건축선과 같은 '해변건축선'이 존재하고 있다. 건축법에서는 도로와 접한 부분에 건축물을 건축할 수 있는 선, 즉 건축선(建築線)을 지정하고 있다. 건축선이란 도로와 대지의 경계 지점에서 건축물이나 공작물을 설치할 수 있는 한계선을 말한다. 해안가에도 역시 도로의 건축선과 같은 해변건축선이 존재하고 있다. 어촌은 만조(滿潮) 시 파랑(波浪;파도)에 의하여 바닷물이 미치지 못하는 지점으로부터 시작하여 주택이 지어지는 일관성을 보인다. 따라서 바다로부터 파랑의 영향이 미치지 않는 한계 지점을 연결한 선을 '해변건축선'이라 한다. 아래의 사진은 일제강점기인 1930년대 경남 울산항의 어촌마을을 위에서 내려다본 항공사진으로서 '해변건축선'이 해안선을 따라 잘 나타나고 있다. 내륙지의 전통마을은 주로 용맥, 즉 산능선을 타고 자리하고 있으나 어촌은 '해변건축선'을 따라 열촌(列村) 형태로 입지하는 경향을 보인다.

그림 2-2. 1930년대 울산항의 어촌 항공사진

출처: 善生永助, 『朝鮮의 聚落』, 1933, 852면

둘째, 어촌은 택지 선택의 폭이 좁다. 어촌은 내륙지보다 상대적으로 택지가 들어설 공간이 부족하다. 그래서 바다쪽은 파랑으로 인하여 해변건축선을 넘을 수 없어서 항포구 배후의 급경사 지역에 인가가 밀집해 있는 것을 볼 수 있다. 그리고 급경사 지역 외에도 아래의 사진에서 보는 바와 같이 과거에는 파랑의 피해를 입지 않도록 암벽 등의 지형·지물을 최대한 이용하여 가옥이 입지하고 있다. 이는 항포구 주위에 충분한 택지를 확보할 수 없기 때문이다.

그림 2-3. 1960년대 삼척시 장호1리 어촌마을 항포구
출처: 삼척시 장호1리 이기호 씨 소장 사진

셋째, 어촌지역은 내륙지와는 달리 바람과 파랑, 해류 등에 의하여 주변사(周邊砂)의 생성과 소멸이 활발하게 진행되는 역동적인 공간이다. 어촌마을의 주변 지형은 용이 행룡을 마무리하는 종착지로서 물과 토지의 상극작용(相剋作用)에 의하여 계속 침식되고 내만(內灣)에서는 새로운 사(砂;모래)가 활발하게 형성된다. 모래 언덕으로 이루어진 사구지형(砂丘地形)의 경우 바람과 파랑 등에 의하여 사구의 생성과 소멸이 활발하게 진행된다. 해안사구는 가장 역동적인 지형발달의 과정을 보여주고 있는데 바람에 의해 사빈(沙濱;모래해안)의 모래가 퇴적되면 사초(砂草)가 자라면서 모래는 고정된다. 그리고 계속 모래가 쌓이게 되면 해안숲이 형성되기도 한다. 반대로 사초나 해안숲과 같은 사구(砂丘)의 식생이 파괴되면 사구(砂丘)의 침식이 진행되기도 한다. 해안선은 표사(漂沙;바람이나 물에 의하여 흘러내리는 모래) 이동 수지의 불균형에 의해서 형성되는데 표사의 공급 또는 유출 중의 어느 한쪽이 강하면 해안의 모래가 침식되거나 퇴적되는 현상이 발생이 된다.

수세(水勢) 특징으로는 첫째, 바닷가 풍수에서는 물의 흐름에 의한 궁수(弓水;활 모양 형태의 물길)와 반궁수(反弓水)의 개념을 내륙지의 하천과는 반대로 해석하여야 한다. 일반 지리학에서는 물길이 감싸고 있는 곳은 퇴적사면, 즉 포인트바(point bar)가 형성되는 지역이다. 풍수에서는 이런 지역을 금성수(金城水)라고 하는데 혈(명당)을 활모양으로 감싸고 있어서 궁수, 허리띠를 두른 것과 같아서 요대수(腰帶水) 등으로 표현하고 있다. 풍수에서는 궁수 지역을 길지로 여기고 있으나 반대로 공격면, 즉 컷뱅크(cut bank)는 반궁수 지역으로 기피하고 있다. 내륙지에서의 하천은 높은 데서 낮은 대로 일정한 한 방향으로만 물이 흐르나 해양에서는 동서남북, 전후좌우, 상하고저 모든 방향으로 물이 흐르고 있다. 물의 흐름이 다르면 풍수적 해석도 달리해야 한다. 물이 높은 데서 낮은 곳으로 흐르는 하천의 경우에만 궁수 또는 반궁수 여부를 길흉을 판단해야겠지만 바다의 경우는 물의 흐름과 물이 흐르는 공간이 내륙지와는 근본적으로 달라서 아래의 그림과 같이 풍수적 해석 역시 달리 적용해야 한다. 어촌은 물길의 모양이 궁수 형태보다는 반궁수 형태가 어촌의 입지에 유리하기 때문이다.

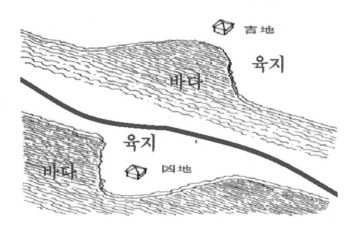

그림 2-4. 만입부와 곶에 입지한 주택의 길흉

주. 득수국(得水局)의 땅은 위의 그림과 같이 만입(灣入)된 부분에 터를 잡으면
기(氣)가 유입되어 재물을 모으며, 아래의 곶의 돌출부에 터를 잡으면 재물(財物)이 흩어진다.
출처: 사라 로스바하 외 3인 저, 최창조 역, 『터잡기의 예술』, 민음사, 1992, 82면

둘째, 바다의 물은 거수(去水:물이 마지막으로 빠져나감) 지점을 가지고 길흉을 판단하는 이기적인 풍수 논리를 적용하는데 한계가 있다. 내륙지의 하천은 물이 정해진 수로를 따라 일정 방향으로 흐르지만 해양에서는 그렇지 않으므로 어느 쪽을 수구(水口)로 지정해야 할지 사실상 판단이 어렵다. 바닷물은 계절에 따라 혹은 수온에 따라 수시로 흐르는 방향이 바뀌게 된다. 수구의 결정은 물이 일정한 방향으로 흐르고 있다는 것이 전제되어야 하므로 물흐름의 방향이 일정치 않을 경우 좌우 어느 쪽에 둘 것인지에 대하여는 정해져 있지 않다. 특히 좌측의 청룡이나 우측의 백호 진처(盡處:끝자리) 중 어느 한 곳에 파구(破口)로 정하였다 하더라도 조수간만(潮水干滿)의 차이로 인하여 파구 부분이 물에 잠겼다가 드러났다가 하기 때문에 물이 최종적으로 빠져나가는 위치가 달라질 수밖에 없다.

수구를 기준으로 길흉을 판단하는 풍수 이기론에 있어서 청룡이나 백호의 끝을 돌아서 물이 최종적으로 빠져나가는 종견처(終見處)를 대개 수구로 정하게 된다. 수구를 어디로 할 것인지에 따라 국(局)과 수구의 향(向)이 달라짐에 따라 길흉화복의 평가 또한 수시로 변하게 된다. 바닷물은 수시로 흐르는 방향이 바뀌고 있어 수구를 어디로 할 것인지에 대하여 풍수 고전에서 정립되어 있지 않다. 장익호는 "해수(海水)가 당도(當到)하면 불론수법(不論水法)이다."[18]라고 하였다. 따라서 바다와 같이 물의 방향이 수시로 바뀌는 지역은 수구를 기준으로 길흉화복을 판단하는 이기론(理氣論)은 적용될 수 없다.

좌향(坐向)의 특징으로는 첫째, 어촌의 입지에 따라 바다를 바라보는 시계향(視界向)으로 하거나 반대로 농경지를 바라보는 시계향으로 하고 있다. 바다를 시계향으로 하든 농경지를 시계향으로 하든 모두 전면에는 개방된 공간이 나타난다. 동해안 어촌지역의 특성상 배산임수 또는 임수배산의 입지를 취하게 되면 자연스럽게 바다를 시계향으로 하게 되는데 이는 바다에서 발생되는 어황을 살필 수 있는 이점이 있다. 모래 언덕 위에 입지한 사구형 어촌은 해안숲과 바다를 등지고 농경지를 시계향으로 함에 따라 바다로부터 불어오는 강한 해풍과 비사(飛沙), 비염[19] 등을 차단하는 이점이 있다. 시계향

---

18   장익호, 「遊山錄:전편」, 백일, 2012, 116면.
19   비염은 "파도가 해안 구조물 등에 충돌하여 생기는 물방울이나 해염용액의 물방울 및 건조한 결정체의 해염미립자"를

을 어느 쪽으로 하느냐에 따라 어업 의존형과 농업 의존형으로 나뉘게 된다.

둘째, 묘(墓)의 좌향은 지형에 따라 절대향(絶對向) 또는 상대향(相對向)을 선택 적용하고 있다. 어촌마을 입지와는 다소 거리가 있는 음택 영역이지만 어촌의 풍수적인 특징을 잘 보여주고 있다. 절대향은 특정 방위를 향하도록 이미 구조화 내지 질서화되어 있는데 우리나라의 경우 북반구에 위치하므로 당연히 태양의 빛이 가장 많이 오래 받게 되는 방향이 남쪽이라 동일한 조건일 경우 남향을 선호하게 된다. 반면에 상대향은 절대향처럼 어떤 절대적인 방향이 미리 정해져 있는 것이 아니라 주어진 상황에 맞게 방향이 결정된다. 사구(砂丘) 위에 묏자리를 쓰는 경우 경사도가 있는 곳은 지표의 경사가 진 방향으로 향하는 지세향(地勢向), 즉 상대향을 따르고 사구의 지형이 평평한 곳은 남향이나 동남향의 절대향을 취하는 어떤 법칙성이 있다. 이 부분 역시 어촌 풍수의 또 다른 특징이다. 굴곡이 있는 사구 위에 조성된 공동묘지의 경우 상대향인 지세향을 따르고 있으나 평평한 사구 위에 조성된 공동묘지의 경우 대부분 절대향인 남향이나 동남향을 따르고 있다.

비보(裨補)의 특징을 살펴보면, 강원도 삼척지역 어촌에서 나타나는 비보풍수는 내륙지와 유사한 점도 발견되고 있지만 어촌 고유의 독특한 비보풍수도 많이 발견되고 있는데 그 대표적 형태는 다음과 같다.

첫째, 해안숲 조성을 들 수 있다. 해안숲이 강한 바닷바람을 갈무리하기 위한 것이라고 볼 때 풍수에 있어 장풍 역할을 하는 것으로서 내륙지 마을숲과 마찬가지로 풍수적 해석이 가능하다. 해안숲이 조성된 마을은 아래의 그림에서 보는 바와 같이 산이 아니라 모래 언덕 위의 사구형 어촌으로 해안숲을 의지하여 입지해 있으며, 마을 앞에는 농경지가 펼쳐져 있다. 해안숲이 주거지와 농경지를 해풍으로부터 보호하고 있는 형국이다.

말한다. 산림청, 「해안방재림 조성 · 보전 · 관리방안에 관한 연구용역 보고서」, 2006, 96면.

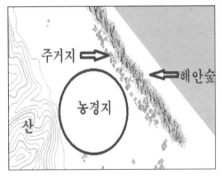 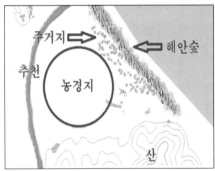

그림 2-5. 삼척시 상맹방리 지형도　　　　그림 2-6. 삼척시 원평리 지형도

출처: 랜드맵 전자지도(1/5000)

　해안은 강한 바람과 파도, 해일, 비염과 같은 불안정한 기후요소로 인하여 내륙지보
다 열악한 환경조건에 노출되어 있다. 사구에 위치한 어촌마을의 경우는 사방이 개방
된 상태가 된다. 그러나 이러한 지리적으로 불리한 거주환경에 적응하기 위한 비보 수
단의 하나가 바로 해안숲이다.

　둘째, 퇴조비(退潮碑) 건립이다. 퇴조비 비보란 조수가 역류하는 것을 방지하기 위해
비석을 세워 이를 압승(壓勝;눌러서 퇴치함)하는 방법이다. 이러한 사례는 척주동해비
(陟州東海碑)와 대한평수토찬비(大韓平水土贊碑) 건립에서 찾아볼 수 있다. 퇴조비 비
보는 신비로운 문장의 힘으로 조수를 물리쳐서 조수가 물러나게 만든다는 조해(潮害)
를 방지하는 비보 유형이다. 퇴조비는 실제 조수를 방지하는 것이라기보다는 일반 백
성들에게 조수의 피해를 방지할 수 있다는 일종의 신념을 부여한 것이라고 볼 수 있다.
실제 내륙지 비보의 다양한 형태 중 사탑이나 사찰, 남근석 등을 설치하는 비보는 실제
그러한 효과보다는 심리적인 측면도 있다는 점을 볼 때 퇴조비도 이러한 선상에서 이해
할 수 있다.

　셋째, 해신당 신앙과 남근 봉납 행위이다. 해신당은 바닷가 마을에만 존재하는 마을
제당으로 내륙지 마을의 신앙과는 달리 바닷가 신앙이라는 특성이 강하다. 이는 바다
라는 자연조건과 신앙이 일정한 관계를 지니고 있음을 보여주는 단적인 자료로 중요하

다.[20] 해신당은 주로 어업활동을 생업으로 하고 있는 어업의존형 마을에 존재하는데 어촌에서는 대개 성황당과 해신당의 양당체계를 가지고 있으며, 성황당은 상당, 해신당은 하당이라고 한다.

어촌은 풍수 구조상 개방성으로 인하여 바다로부터 밀어닥치는 태풍과 파랑, 해일 등의 흉한 기운을 막아야 한다는 큰 부담을 안게 된다. 내륙지의 경우 수구가 넓으면 토지 위에 나무를 심어 수구막이 비보가 가능하나 어촌은 지형적인 특성상 좌우측 헤드랜드(곶)의 거리가 멀어 수구가 벌어진 상태이며, 해변건축선과 바다 사이 폭이 좁아 중간에 바다로부터 침입하는 살기를 막아줄 방풍림이나 기타 비보 장치물들을 설치할 공간이 없다.

따라서 바다를 가장 잘 조망할 수 있는 곳이나 바다의 접점 지역, 마을 또는 항포구 좌우의 청룡과 백호 쪽에 해신당을 설치함으로써 허결(虛缺)한 풍수적 국세를 보완하고 바다로부터 들어오는 각종 재앙을 막기 위한 기능도 동시에 수행하고 있는 것으로 본다. 내륙지 비보에서 사탑이나 조형물 등 여러 가지 비보 상징물을 설치하는 것과 마찬가지로 어촌마을 비보에서는 해신당을 비보 상징물로 설치한 것으로 볼 수 있다.

Ⅲ. 바닷가 풍수의 과제

어촌은 한쪽 방면이 바다를 면하고 있어 내륙지의 전통 마을처럼 풍수적 구조가 제대로 갖추어져 있지 않다. 그래서 풍수 고전 논리를 그대로 적용하기에 한계가 있다. 어촌은 풍수적 구조가 갖추어져 있지는 않지만 나름대로 열악한 환경을 극복하기 위한 다양한 풍수적 방법들이 동원된다. 어촌은 내륙지에 적용되는 풍수 이론에만 근거하여 판단할 것이 아니라 바닷가의 특수성도 고려되어야 한다. 특히 바닷가 기후에 영향을 미치는 해류는 한류와 난류로 구분되어 남북으로 계절별로 교차하면서 움직인다. 달과 태양의 인력에 의하여 하루에 두 번씩 반복되어 발생하는 해수 운동을 조석(潮汐)이라 하고 이 운동의 수직적 범위를 조차(潮差)라고 한다. 만조와 간조가 하루에 두 번씩 반

20 　김도현, "삼척 해안지역 마을신앙 연구", 『역사민속학』, 제21호, 한국역사민속학회, 2005, 172면.

복됨으로써 밀물과 썰물이 생기며, 조차에 의한 수직적 이동도 동시에 일어난다. 여기서 바다의 해류와 육지의 강·하천은 그 흐름에 있어서 근본적인 차이점이 발생하고 있다. 그렇다면 내륙지와 다른 바닷가의 고유한 기후요소나 기후인자를 고려한 바닷가만의 특유한 풍수 이론이 도입되어야 하는 것은 당연하다.

바닷물은 세상의 물 중에 가장 넓고 가장 깊은 범위에 걸쳐 있으며, 지구상 물의 대부분을 차지한다. 달의 인력과의 상호관계를 통하여 만조와 간조, 밀물과 썰물을 만들어내고, 파도를 생산해 내기도 한다. 이런 바닷가의 특성을 고려함과 동시에 시대적 변천에 따른 풍수적 사고의 전환도 요구된다. 과거 중국 중심의 세계관, 농업 중심의 산업, 해안지역의 접근성 차단은 풍수사상에 큰 영향을 끼쳤다. 그러나 현대사회는 농업 위주에서 산업 위주로 재편되어 있으므로 풍수지리도 과거 시대의 고전적인 논리만을 앞세울 것이 아니다. 풍수도 그 시대와 환경에 걸맞은 이론의 정립과 해석이 필요하다. 예를 들면 내륙지 풍수에서 사신사는 장풍(藏風) 역할을 하지만 바닷가 풍수에서는 장풍보다는 파도를 막는 방파(防波) 역할을 하고 있으므로 이를 풍수 이론에 반영시켜야 한다.

교통과 통신이 발달하고 과학과 기술이 첨단화되어 가고 있는 현대사회에서는 풍수 고전에 나와 있는 명당이나 가거지(可居地)가 더 이상 길지가 아닐 수 있다. 어촌과 같이 과거에 흉지나 불가거지(不可居地)로 여겼던 취락입지가 오히려 길지로 평가될 수도 있다. 취락입지는 시대적인 흐름도 많이 반영되어야 한다는 뜻이다. 그리고 풍수 고전의 이론체계인 용혈사수향은 내륙지의 환경에 초점이 맞춰져 있다. 환경이 다른 바닷가 풍수에도 이를 일률적으로 적용해서는 안 된다. 바닷가 풍수는 내륙지 풍수와는 달리 바닷가라는 기후요소에서 많은 차이가 있기 때문이다. 바다, 즉 영해(嶺海)도 우리나라의 국토 공간의 일부이다. 따라서 시대의 변화에 부응하고 우리의 국토 공간인 바닷가만의 고유한 특성을 고려한 신개념의 새로운 풍수 이론의 개발이 요구된다.

Ⅳ. 바닷가의 신개념 풍수이론 제안

1. 육지에는 '건축선', 바닷가에는 '해변건축선'이 있다

건축법상에 건축선(建築線)이라는 용어가 있다. 건축선이란 도로와 접한 부분에 건축물을 건축할 수 있는 선으로서 대지와 도로의 경계선으로 한다고 규정하고 있다. 바닷가에도 유사한 건축선이 있는데 이것은 바로 '해변건축선(海邊建築線)'이다. 이 용어는 법령에 나와 있는 용어가 아니라 필자가 바닷가에 관한 취락입지 연구를 하면서 박사학위 논문에서 처음으로 사용하였다. '해변건축선'이란 바다의 파랑으로부터 피해를 입지 않도록 바다와 일정 거리를 두고 가옥을 건축할 수 있는 한계선이라고 정의할 수 있다. 만조 시를 기준하여 바다의 파랑의 영향이 미치지 않는 육지 쪽의 한계 지점을 연결한 선이 된다. 과거 어촌마을의 가옥은 이 한계선으로부터 건축되는 일관성을 보이고 있었기 때문에 이 선을 '해변건축선'으로 명명하였다. 만약 해변가에 방파제를 축조할 경우에는 그 방파제가 풍랑을 효과적으로 막아줌으로써 '해변건축선'이 바다쪽으로 더 전진하여 가옥, 상가 등의 기타 건물을 축조할 수 있게 된다.

'해변건축선'을 거론하는 이유는 은퇴 후 어촌으로 귀어(歸漁)하거나 전원주택 용도로 토지를 매입함에 있어서 각별한 주의가 필요하기 때문이다. 바닷가는 태풍에 의해 일어나는 강한 파도와 해저의 지각 변동, 해상의 기상변화에 의하여 갑자기 바닷물이 크게 일어서 밀어닥치는 해일 등의 위험에 노출되어 있다. 바다는 다양한 기후요소로 인하여 언제 이변이 일어날지 모르므로 '해변건축선'을 풍수 이론에 도입하자는 의견이다. 해변건축선이 생명과 재산을 보호해 줄 수 있기 때문이다. 바닷가에서는 최근 몇 년간 아무 일이 일어나지 않았다 하더라도 과거 경험칙으로 보아 태풍이 되었든 해일이 되었든 큰 사고가 일어날 개연성이 상존하고 있다는 점을 인식해야 한다.

2. '해중사'를 풍수적 입지의 주요 요소로 삼는다

풍수 이론체계의 하나가 장풍법(藏風法)이다. 그런데 바닷가의 경우 한 면이 개방되어 있으므로 사신사를 모두 갖추지 못한다. 이러한 바닷가의 지형적인 특징으로 인하여 '해중사(海中砂)'를 풍수적 입지의 주요 요소로 삼아야 한다는 의견이다. 해중사는 바닷물 속에 있거나 해수면 위로 드러난 암석을 말한다. 해중사는 바다와 거주지(어촌)의 완충공간 개념이라고 볼 수 있다. 즉 해중사는 외부공간인 바다와 내부공간인 거주지(어촌)를 경계 짓는 역할을 하고 있다. 만약, 이러한 해중사를 제거하게 되면 방파(防波) 기능의 상실은 물론 해류의 변동으로 인한 모래 유실과 파랑(波浪)이 강해져서 바닷가에 입지한 어촌의 거주공간이 위협받게 된다.

내륙지의 청룡, 백호, 안산의 경우는 높이가 낮거나 함몰되어 있으면 장풍 역할을 제대로 할 수 없기 때문에 좋지 않은 것으로 해석한다. 이런 이유라면 해중사도 장풍 역할을 할 수 없으므로 역시 좋지 않게 해석해야 하는지에 대하여는 의문의 여지가 있다. 바닷가는 장풍(藏風)보다는 방파가 더 중요하다. 해중사의 경우 장풍 역할은 어려우나 방파 역할은 할 수 있다. 해중사가 바닷속에 자리하고 있으면 수심을 낮게 할 뿐만 아니라 여기에 파도가 닿게 되면 파도 에너지가 분산됨에 따라 방파 역할이 가능하다. 내륙지 풍수로 따지면 거칠고 살기(殺氣)를 보유한 용맥이 박환(剝換)이 되어 기운이 정제되고 순화되는 것과 유사한 논리이다. 해중사가 많으면 많을수록 '해변건축선'이 바다쪽으로 전진하게 되어 어촌의 택지 확보가 더 유리하게 된다.

2016.10. 4~5 태풍 '차바'의 영향으로 많은 재산과 인명피해를 일으킨 적이 있다. 특히 바닷가에 위치한 지역의 피해는 더욱 심했다. 바닷가의 경우 입지 여건이 만입형, 돌출형 등 여러 유형이 있는데 당연히 바다로 돌출된 지형이 가장 피해가 컸다. 아래의 사진에서 보는 바와 같이 태풍 '차바' 영향으로 부산의 '마린시티' 지역이 큰 피해를 보았다. 이렇게 큰 피해를 입은 것은 지형적으로 바다를 매립한 돌출형 지역이며, 전면에 해중사가 없어서 수심이 깊고 파랑의 힘을 분산시켜주지 못하였기 때문으로 본다. 그래서 관계 당국에서는 전면에 파랑을 막아줄 방파제, 즉 해중사를 축조할 계획이라고 보도된 바도 있다. 파도 에너지를 감소시키거나 흡수시키기 위하여 해안에서 일정 거리 떨어진 곳에 해안과 수평으로 설치하는 방파제를 잠제(潛堤)라고 하는데 이 역시 인공적인 '해중사'라고 할 수 있다. 잠제는 특히 해안침식을 방지하는 데 효과적인 것으로 알려져 있다.

그림 2-7. 부산 마린시티의 태풍 강타 모습(좌) 및 해안방파제 축조계획 모형도(우)

출처: 연합뉴스(https://www.yna.co.kr/view/AKR20161005148700051?section=search)

아래의 사진은 부산 마린시티와 동백섬의 아펙하우스가 있는 바닷가이다. 아펙하우스가 자리하는 곳 역시 바다쪽으로 튀어나온 돌출형이다. 그렇지만 마린시티와는 지형적인 조건이 다르다는 것을 볼 수 있다. 마린시티는 '해중사'가 없지만 아펙하우스는 전면과 좌우에 해중사가 형성되어 있어서 수심이 낮아지고 파랑의 힘을 분산시켜줌에 따라 태풍의 피해로부터 안전하였다는 것이다. 마린시티는 매립하여 해변건축선의 한계를 넘어서 건물을 건축했기 때문에 바닷속에 '해중사'가 없어서 파도로부터 직접적인 타격을 받지만 아펙하우스는 '해중사'가 전면에 있어서 수심을 얕게 하여 완충공간을 충분히 확보해 주고 있다.

그림 2-8. 부산 동백섬 아펙하우스 주위의 해중사

출처: 카카오맵(https://map.kakao.com)

현재로서는 바닷가에 적용되는 풍수이론이 거의 없는 실정이다. 그러므로 해중사와 같은 바닷가의 특징이 반영된 풍수이론이 제시됨으로써 풍수가 자연재해로부터 거주민의 안전 확보와 재산 보호에 절대적으로 필요한 학문임을 부각시킬 수도 있다. 아울러 귀어·귀촌 또는 휴양 목적의 주거지 입지 선정의 판단자료로도 적극 활용할 수 있다.

3. 풍수이론 체계에 '방파법'을 포함시킨다

내륙지 풍수의 이론체계에 장풍법(藏風法)이 있다. 풍수의 이론체계는 용혈사수(龍穴砂水)에 향(向)을 하나 더 추가하게 되는데 여기서 사(砂)가 장풍법에 해당된다. 이 용혈사수향은 내륙지 풍수이론에는 바로 적용할 수 있으나 바닷가 풍수이론으로는 부족한 감이 있다. 그러므로 바닷가 풍수에서는 파랑(波浪)을 막는 '방파법(防波法)'을 이론체계에 포함시켜야 한다. 해중사나 남서해안의 갯벌 등은 장풍(藏風) 효과는 없지만 방파(防波) 효과가 커서 바닷가 주거지 선정 시 필수적으로 고려해야 할 요소가 된다. 최창조는 풍수사상의 논리체계를 경험과학적 논리 측면에서 간룡법, 장풍법, 득수법, 정혈법, 좌향론으로 구분하고 있으며,[21] 무라야마 지준은 간룡법, 장풍법, 득수법, 점혈법으로 구분하고 있다.[22] 내륙지에서는 장풍이 중요하지만 바닷가 풍수에서는 파랑을 막는 방파가 우선시 되고 있다. '장풍법'이 생기가 흩어지지 않도록 바람을 회피하고 갈무리하는 방법이라면, '방파법'은 거주의 안정을 위하여 육지로 밀려오는 파도를 막고 바닷물을 고요하게 만드는 방법이다.

'장풍법'이 바람처럼 보이지 않는 움직임에 대한 방어방법이라면, '방파법'은 움직임이 눈에 보이는 물에 대한 방어방법이다. 내륙지의 풍수는 눈에 보이는 사(砂)를 위주로 판단을 하지만 바다는 눈에 보이지 않는 수면 아래에 있는 수중의 사(砂), 즉 해중사도 풍수요소로써 중요하게 판단하여야 한다. 방파제 축조 행위 역시 장풍을 위한 것이라기보다는 방파를 위한 목적이다. 바닷가 풍수에서 해변건축선이 배산(背山) 원칙보

---

21   최창조, 「좋은 땅이란 어디를 말함인가」, 서해문집, 1990, 178면.
22   村山智順, 「朝鮮의 風水」, 조선총독부, 1932.

다는 임수(臨水) 원칙을 우선시하고 있다. 이와 마찬가지로 바닷가에서는 '방파법'을 내륙지의 '장풍법'보다 우선시하는 것이 타당하다고 본다.

4. 사신사의 길흉 해석은 내륙지와 다르게 한다

바닷가 풍수에서는 거주환경이 내륙지와 판이하게 다르므로 취락(명당)을 호위하는 사신사 모양과 크기에 대한 길흉 해석을 내륙지와 달리해야 한다. 풍수 고전인 『금낭경(錦囊經)』에서는 "현무는 머리를 숙인 듯 하고, 주작은 날아오르면서 춤을 추듯 하며, 청룡은 꿈틀거리며 가는 듯 하고, 백호는 웅크린 듯해야 한다."[23]라고 하여 사신사 각각의 모범적이고 이상적인 태도와 모양을 설명하고 있다.

백호와 관련하여 『호수경(狐首經)』에서는 "백호는 순하게 따라야 한다."[24]라고 한다. 『금낭경』과 동일한 서적이지만 일부 내용과 서술 편재가 다른 『장서(葬書)』에서는 "백호는 순하게 숙여야 한다."[25]라고 되어 있다. 그리고 『雪心賦(설심부)』에서는 "백호가 강하여 머리를 높이 드는 것을 절대 꺼리는 것이며, 청룡이 강하여 질주하는 것도 더욱 막아야 한다."[26]라고 하여 백호가 강하여 머리가 우뚝 솟아 있으면 혈을 무시하고 억압하는 것이며, 청룡이 강한 것도 주인을 미워하고 시기하는 모습이므로 좋지 않다는 것이다.

한편, 『산법전서(山法全書)』는 용호사(龍虎砂)의 경우 "어깨는 높고 머리는 숙이는 것이 격에 맞고, 허리가 끊기거나 머리를 높이 드는 것은 크게 기피한다. 머리를 드는 것은 주인을 업신여기는 것이고, 허리가 끊어진 것은 바람이 들어와 혈을 쏘는 것이다."[27]라고 하여 고개를 들면 주인을 기만하는 것이므로 반드시 숙여야 한다고 지적하고 있다. 그래서 용호의 임무는 주로 혈의 호위와 장풍, 그리고 개장(開帳:산이 장막을 펼치는 듯한 모습)하여 국세를 펼치는 것인데 풍수에서는 용호가 자기의 입장과 본분

---

23 『錦囊經』, "玄武垂頭, 朱雀翔舞, 靑龍蜿蜒, 白虎蹲踞."

24 『狐首經』, "白虎馴順."

25 『葬書』, "白虎順頻)."

26 『雪心賦』, "虎强切忌昂頭, 龍强尤防嫉主."

27 『山法全書』, "以肩高頭伏爲合格, 大忌折腰昂頭. 昂頭則欺主, 折腰則風入射穴也."

을 잊고 머리를 들고 기세 있게 변화하면 좋지 않다고 보는 것이다. 용호 끝이 기봉(起峯;봉우리가 솟아남)을 하여 머리를 들고 있는 형국은 내륙지의 풍수 기준으로는 흉격(凶格)이라 할 수 있다.

그러나 바닷가 풍수에서는 전면이 개방되어 있는 상태에서 산이 바다쪽에 위치하여 머리를 들고 있으면 방풍, 방파, 비염(飛鹽) 방지 등 여러 유리한 입지를 제공해 주므로 바닷가 풍수에서는 내륙지와는 다른 해석이 필요하다. 아래의 위성사진은 강원 양양군 현남면 인구리(좌), 강원 강릉시 강동면 정동진리(우) 마을의 위성지도이다. 바다와 연접하여 섬처럼 산봉우리가 솟아나 있어서 그 주위로 가옥이 밀집되어 있는데 그만큼 입지 여건이 양호하다는 것을 보여주는 사례이다. 바닷가 쪽에 산봉우리 솟아 있으면 그 앞에 있는 마을이 이 봉우리를 보고 입향(立向)을 하고 있으면 사신사 구성에 있어서 그 봉우리는 주작(안산)에 해당이 된다.

그림 2-9. 양양군 현남면 인구리 위성지도　　　그림 2-10. 강릉시 강동면 정동진리 위성지도

출처: 카카오맵(https://map.kakao.com)

『호수경』에서는 "안산이 높으면 높이는 눈썹과 같고, 안산이 낮으면 심장 정도다."[28] 라고 하여 안산의 적정한 높낮이에 대하여 설명하고 있다. 그리고 『인자수지(人子須知)』에서 "무릇 혈 앞의 낮고 작은 산을 이름하여 안산이라 하는데 마치 귀인이 앞의 책

28　『弧首經』,"案高齊眉, 案低捧心."

상을 두고 앉아 있다는 뜻으로 그 산은 마땅히 낮고 작아야 한다."[29]라고 하여 안산의 적정한 높이뿐만 아니라 크기에 대하여도 설명을 하고 있다. 그러나 주작의 경우에 있어서도 마찬가지로 바닷가 풍수는 파랑의 방어가 중요하므로 높낮이에 구애됨이 없이 파랑을 막을 정도의 조건만 갖추면 충분한 역할을 한다고 본다. 크기 면에 있어서도 작은 것보다는 큰 것이 방파뿐만 아니라 장풍, 방풍 효과까지 높일 수 있다. 이러한 이유로 바닷가와 내륙지의 풍수적 해석을 다르게 해야 한다는 의견이다.

5. 수성의 길흉은 내륙지와 반대로 해석한다

풍수에서는 혈이나 명당 앞을 흘러가는 물의 모양을 오행(五行)으로 분류하는데 이를 오성수(五城水)라고 한다. 물줄기가 혈이나 명당을 성곽처럼 에워싸고 있다고 하여 성(城)으로 표현하고 있다. 오성수에는 목성수, 화성수, 토성수, 금성수, 수성수가 있다. 이 중에서도 금성수를 가장 길격(吉格)으로 치고 있으며, 금성수에는 아래의 그림에서 보는 바와 같이 정금(正金;궁수 형태)와 금성배성((金星背城;반궁수 형태)가 있는데 궁수(弓水)는 길격이며, 반궁수(反弓水)는 흉격으로 평가하고 있다. 그러나 바닷가 풍수에서는 바닷물의 오행상으로 생긴 형태, 즉 수성(水城;물길 형태)의 길흉은 내륙지와 다르게 판단하여야 한다는 의견이다.

그림 2-11. 정금(正金)   그림 2-12. 금성배성(金星背城)

출처: 『人子須知』, 「論水城」

---

29 『人子須知』, "凡穴前低小之山名曰案山, 如貴人據案之義其山宜低小."

바닷물의 형세는 해안선이 형태를 보고 확인할 수 있는데 내륙지 풍수 기준으로 금성수(金城水)와 목성수(木城水) 2가지 형태가 많이 나타난다. 해안선이 만입된 지역과 돌출된 지역은 모두 금성수로 분류할 수 있다. 반궁수 모양인 금성배성과 궁수 모양인 정금(正金)의 형태가 각각 나타나며, 해안선이 직선 형태인 경우 목성수(木城水)인데 횡목성(橫木城) 형태가 주로 나타나게 된다. 바닷가는 주로 만입형(灣入形), 즉 해안선이 금성배성(金星背城) 형태인 반궁수 지형에 취락을 이루는 경우가 많다. 다시 말하면 바닷가는 궁수 모양의 돌출된 지역보다는 반궁수 모양의 만입형 지역에 취락이 발달되어 있다.

바닷물은 내륙지 호소(湖沼)의 물처럼 머물러 있지도 않고, 하천의 물처럼 높은 데서 낮은 데로 흐르는 것이 아니라 바람과 해수 온도, 한류와 난류, 조차(潮差) 등의 영향에 따라 유향(流向)이 좌우상하로 불규칙하게 변한다. 우리나라 주변 해류는 한류, 난류, 표층·중층이냐에 따라 해류의 방향이 모두 다르게 나타나고 있다. 이처럼 바닷물이 내륙지 하천처럼 일정한 방향으로 흐르는 것이 아니라 수체(水體)를 움직이는 여러 기후인자에 따라 어떤 방향으로도 흐를 수 있다. 특히 좌우로 흐르는 해류나 상하로 움직이는 만조(滿潮)와 간조(干潮)보다는 외해로부터 밀려왔다 나가는 형태의 전진후퇴 운동을 하는 파랑이 어촌마을의 거주환경에 가장 큰 영향을 끼치고 있다.

어촌에 적합한 해안선 형태는 만입형 해안으로서 내륙지 하천의 형태는 반궁수가 된다. 바닷가에서는 해류의 움직임이 내륙지와 완전히 다른 양상을 보이다. 그러다 보니 파랑을 효과적으로 막아주는 만입형 지역이 길지로 평가된다. 따라서 만입형 지역의 해안선은 금성배성, 즉 반궁수 형태를 띠게 되므로 바닷가 풍수에서는 풍수 고전에서 제시된 오성수의 해석과 반대가 된다.

〈참고문헌〉

『高麗圖經』
『錦囊經』
『山法全書』

『雪心賦』

『疑龍經』

『人子須知』

『葬書』

『擇里志』

『狐首經』

권혁재,『韓國地理』, 법문사, 2007.

산림청,『해안방재림 조성 · 보전 · 관리방안에 관한 연구용역 보고서』, 2006.

수협중앙회,『어촌계 분류평정 및 현황』, 2019.

심의승 저, 배재홍 역,『국역 삼척군지』, 2009.

장수호,『水産經營學』, 친학사, 1966.

장익호,『遊山錄;전편』, 백일, 2012.

최영준,『국토와 민족생활사』, 한길사, 1997.

최창조,『좋은 땅이란 어디를 말함인가』, 서해문집, 1990.

사라 로스바하 외 3인 저, 최창조 역,『터잡기의 예술』, 민음사, 1992.

善生永助,『朝鮮의 聚落』, 1933.

村山智順,『朝鮮의 風水』, 조선총독부, 1932.

양재혁, "韓半島 南海岸 海岸地形 特色 및 發達科程", 한국교대 박사학위논문, 2007.

김도현, "강원도 영동 남부지역 고을 및 마을신앙", 고려대 박사학위논문, 2008.

김도현, "삼척 해안지역 마을신앙 연구",『역사민속학』, 제21호, 한국역사민속학회, 2005.

연합뉴스(https://www.yna.co.kr).

카카오맵(https://map.kakao.com).

외암리 민속마을의 풍수적 입지와 인걸지령

김덕동*

I. 서론

　풍수고전『산법전서』에 산이 맑고 좋으면 우수한 인재가 나고 산이 탁하고 나쁘면 우매한 인간이 난다고 하였다. 우리 속담에 사람이 출사(出仕)를 하려면 논두렁 정기라도 타고 태어나야 한다는 말이 있는데, 이 또한 풍수의 중요성을 함축한 말이다.『설심부』에 지령인걸(地靈人傑) 기화형생(氣化形生)이라 하여 인걸(人傑)은 산천의 신령스러운 기운으로 태어나는데, 산천의 모양이 생기롭고 형(形)이 좋으면 좋은 기(氣)가 화(化)하여 훌륭한 인재(人材)를 배출한다는 것이다.

　풍수지리의 목적은 좋은 땅을 선정하고 나쁜 땅을 회피하고자 하는 것인데, 여기서 '좋은 땅'이란 안정된 삶을 유지하기 위한 기본적인 공간영역 확보, 자연과 유기적인 결합을 통해 거주자의 삶이 지속되고 아울러 건강과 행복이 보장되는 공간으로 인식할 수 있다. 따라서 풍수지리가 한국의 문화, 풍습에 끼친 영향은 지대하다. 주거시설이나 무덤 경관에 끼친 영향은 말할 필요도 없고, 한국인의 땅을 파악하고 다루는 사고방식 전반에 큰 영향을 주어서 한국인의 생활 형태 곳곳에 풍수적인 면이 들어 있다. 사실 풍수설의 영향을 제대로 파악하지 않고서는 한국문화를 이해하기가 거의 불가능하다고 볼 수 있다.[1]

---

* 　동양문화융합학회 부회장, 동양철학박사
1 　윤홍기, "풍수지리설의 한반도 전파에 대한 연구에서 세 가지 고려할 점",「한국고대사탐구」2권, 한국고대사탐구학회, 2009, 96면.

56　동양학의 현재와 미래

한반도에서 풍수를 본격적으로 활용한 시기는 나말여초로 알려져 있다. 고려시대에는 주로 수도입지와 궁궐 조영 등에 반영되었으며, 국역풍수로서의 비보가 행해졌다. 조선시대 초기에는 수도입지에 반영되었고, 왕릉 조성에 있어서 풍수의 영향력은 매우 컸다. 조선중기 이후 풍수가 전국적으로 확산되면서 특히 음택풍수가 성행하였으며, 양택이나 양기의 측면에서는 읍치의 구성뿐만 아니라 마을 조성이나 개별 주택 등에서 풍수가 적용되었다. 즉, 풍수로 대표되는 지리 인식을 응용하여 안락하고 풍요로운 주거 공간과 사회공간을 만들어 왔으며, 물질적 정신적 풍요로운 삶이 생성되지 못하면 좀 더 낳은 곳을 찾아 이동한 것으로 보인다. 이러한 풍수지리 사상을 잘 적용하여 터전을 잡은 사람은 가문이 번창하게 되는 것으로 믿어 왔으며, 대대로 그들만의 고유 전통을 이어가는 집성촌으로 발전하게 되었다.

풍수적으로 좋은 땅으로 여겨지는 곳에 거주지나 마을이 형성되면 주변 지역의 안정적 성장과 지역문화의 발전 및 정신적 풍요로움도 함께 지닐 수 있다고 본다. 좋은 땅은 인간이 살아가기에 필요한 좋은 기운을 지속적으로 공급받게 되어 물질과 정신적인 풍요로움이 거주자의 삶에 긍정적인 영향을 줄 수 있다. 인간이 복을 추구하는 기복적 측면이 강한 음택적인 사고뿐만 아니라 삶에 대한 안정된 열망은 주거공간 및 사회적 공간 곳곳에 나타나고 있다. 이러한 공간분석은 양택풍수와 양기풍수에서 구체적으로 조명되고 있는데 풍수지리의 목적은 좋은 땅을 찾는 것으로, 좋은 땅은 인정(人丁)과 재물(財物)이 보장되는 땅이라는 인식이 강하다.

전통마을은 그 공간을 구성하는 요소가 인위적으로 이루어지기보다는 예부터 자연스럽게 계승, 보존, 유지되어온 역사의 현장이라 할 수 있다. 전통마을은 우리나라의 자연적인 취락형태를 간직한 자연부락으로 역사성과 문화재적 요소가 깃들어 있는 곳으로서 고고학, 건축학, 민속학, 문화인류학 등 학술적인 연구의 가치성을 내포하고 있는 곳이다. 또한 민족 고유의 민속과 민중문화를 대변하는 곳이기도 하다. 특히 씨족으로 형성된 집성촌에서 그들 고유의 전통이 계승, 유지되어온 경향이 더욱 뚜렷하게 나타나고 있다. 우리나라 전통마을 중의 하나인 외암리 민속마을의 경우 마을의 역사가 500년 이상 지속되었으며, '아산 외암마을' 중요민속문화재 제236호로 지정되어 국가에서 보호하고 있다. 또한 2009년에는 세계문화유산 잠정목록에 등록되기도 하였다. 특

히 외암리 민속마을은 약 500년 전부터 예안이씨가 집성촌을 이루어 온 마을로 조선 후
기에 예안이씨 가문에서 걸출한 학자와 관료가 많이 배출됨으로써 세간의 이목을 받는
계기가 되었다. 외암리 예안이씨 가문에서 1735년~1894년 사이 150여 년 동안 과거
에 급제한 사람 12명을 포함하여 지방 관리의 추천이나 사후에 증직된 현감, 군수급 이
상의 벼슬을 한 사람이 32명 이상이 배출된 지역이다. 그러므로 이 지역에 대하여 풍수
정통이론인 형기론[2]으로 접근하여 마을의 입지를 분석함으로써 출생 인물과의 관련성
을 유추해 볼 수 있다.

　풍수지리는 시대를 넘어서 형성된 인간과 자연의 유기체적 결합의 인식 체계가 기본
틀이며, 인간과 자연의 유기체적 결합을 통해 우리 조상들의 삶이 다방면에서 영향을
받아 왔다. 그리고 오랜 기간에 걸쳐 경험하고 축적된 학문의 틀로서 역사와 문화 속에
함유된 공동체적 지리 인식의 체계로 발전되어 왔다. 이러한 사회문화적인 인식 체계
속에서 삶의 터전으로 활용되는 거주지의 선택은 오늘날까지 민감하게 받아들이고 있
을 뿐만 아니라 경험과학인 풍수지리를 활용하는 계기가 되고 있다. 또한 신도시개발,
도시재개발, 농어촌의 전원주택, 문화예술인마을 조성 등 각종 개발을 통한 주거지 선
정과정에서 풍수적 주거공간의 분석과 이상적인 주거입지의 모델 제시는 현대사회에
서도 여전히 그 의미가 크다고 할 수 있다.

Ⅱ. 외암리 민속마을 개요

　외암리 민속마을은 충청남도 아산시 송악면 외암리 169-1번지 외 마을 전체가 민
속마을로 지정되어 있다. 외암리가 속한 아산시는 우리나라 중부지방의 서쪽에 위치
한 충청남도의 북단에 위치한다. 아산지역의 기원은 명확하지 않으나 이 지역이 바다
와 인접해 있으며, 금강유역과 멀지 않다는 점에서 현재까지 발견된 유적과 유물로 볼
때 신석기시대부터 사람들이 거주하였을 것으로 추정되고 있다. 아산시 신창면 남성리
석관묘는 우리나라 청동기 문화의 대표적인 유적지로서 이곳에 청동기시대에 이미 많

2　풍수에서 땅을 보는 여러 가지 관법이 있는데 크게 3가지로 구분하면 형기론(形氣論), 이기론(理氣論), 형국론(形局論)
　이 있다.

은 사람이 거주하면서 일정한 정치적 체계를 형성하고 있었음을 보여주고 있다. 신창면 남성리 외에도 염치읍 백암리, 선장면 궁평리, 음봉면 월랑리 등의 지역에서도 유물이 발견되고 있어 당시 이 지역에 사람들이 광범위하게 분포되어 살고 있었음을 알 수 있다. 유물이 발견된 신창면 남성리, 염치읍 백암리는 아산시 중앙을 동서로 관통하는 곡교천변과 가까이 있으며, 선장면 궁평리는 삽교천변에 위치하여 유물이 발견된 지역이 큰 천(川)의 주변과 인접하고 있어 다른 지역의 고대 유물 발견 장소와 유사한 특징을 가지고 있다. 음봉면 월랑리만이 다른 지역보다 비교적 내륙 안쪽인 아산시 동북쪽에 위치하고 있다. 삼국시대에는 백제의 지배하에 있었다. 백제 문주왕 원년(서기 475년)에 백제가 웅진(熊津. 공주)으로 천도하면서 이 지역의 전략적 비중이 높아져 토착세력의 중앙 진출이 많아지면서 이 지역의 위상이 높아진 것으로 보인다.

외암리 민속마을이 속한 송악면은 아산시 행정구역의 하나로서 13개 법정리와 26개 행정리로 나뉘어 있으며, 세밀하게는 56개 자연부락으로 분할되어 있다. 외암리 마을에 사람이 살기 시작한 시점을 정확하게 알아내기는 어려우나 아산지역에 사람이 살기 시작한 시기를 신석기시대로 추정되는 것으로 보아 그 이후에 사람이 들어와 살았을 것으로 보는 것이 타당하다. 행정구역은 백제시대 탕정군(지금의 온양지역 추정)이 만들어질 때 지역의 인접성으로 보아 탕정군에 소속되었을 것으로 추측되며, 탕정군이 고려 초에 온수군으로, 조선 세종24년(1442)에 온양군으로 명칭이 변경되어 온양군 소속으로 계속 남게 되었다. 현재의 역촌리에 고려시대 온수(溫水)에 속하던 이흥역(理興驛)이 있었고, 조선시대에는 시흥역이 있었다. 지방으로 통하는 큰 도로와 가까운 점 등을 감안할 때 백제시대 탕정군이 만들어진 초기부터 이곳에 사람이 거주하였을 것으로 추측된다. 송악면 소재지인 역촌리는 외암민속마을 서쪽 0.5㎞ 거리에 위치한다. 외암리의 지명(地名) 유래는 정확히 알 수는 없으나 시흥역과 외암리 마을이 인접해 있고, 시흥역에서 관리하는 말을 기르는 곳을 '오양골'이라 하였다. 이 오양골이 '외암'으로 바뀌었다는 구전(口傳)이 마을에 전해지고 있어 외암리 마을의 형성과 발전은 역원의 변천과 밀접한 관련이 있는 것으로 보인다.

외암리 민속마을 주된 성씨(姓氏)인 예안이씨는 전의이씨에서 갈라져 이익(李翊)을 시조로 삼고 안동의 예안을 본관으로 삼았다. 예안이씨 외암리 마을 입향조는 예안이씨 8세 이사종(李嗣宗)으로 그는 참봉벼슬을 한 진한평의 맏사위가 되어 이곳에 연고를 가지게 되었다. 진한평은 평택진씨로 지금의 민속마을 앞쪽 골말에 살았다고 한다. 그는 송악면 일대의 땅을 모두 소유할 만큼 대단한 경제력을 가지고 있었다. 그에게는 딸만 셋이 있었고 이사종이 진한평의 맏사위가 됨으로써 그의 재산을 물려받는 계기가 되었다. 이사종은 혼인 초에는 외지에서 관직 생활을 하다가 명종1년(1546년)에 아버지 이연(李延)의 장례를 치른 후 관직을 그만두고 낙향하여 골말에 정착한 것으로 알려져 있다. 그 후 이사종의 장남 이륜(李崙)이 결혼하여 분가한 곳이 지금의 외암리민속마을이라 한다. 이륜이 처음 분가한 곳이 어디인지는 예안이씨 문중에서도 정확한 위치는 알지 못한다. 다만 전통적인 위계질서로 보아 큰집(종가) 위쪽으로는 새로운 집이 들어서지 않는 반가의 전통이 있어 지금의 종가집(민속마을 제일 위쪽 외암사당 옆에 위치) 부근일 것으로 추측하고 있다.

예안이씨 가문이 향촌 사회에서 본격적인 위상을 떨치게 된 것은 이사종의 증손으로 무과에 급제한 이박(李璞, 1610~1678) 이후로 보아야 할 듯하다.[3] 예안이씨 입향 후 처음으로 무과에 급제한 이박은 이사종의 손자 이진문(李振文, 1581~1624)의 아들로 현종 7년(1666)에 벼슬이 충청수사에 이르렀다. 이박은 모두 6명의 아들을 두었는데, 장자 이태형(李泰亨, 1632~1717)은 숙종 10년(1684) 생원시에 입격하여 부호군에 이르렀고, 차자 이태장(李泰長, 1646~1707)은 무과에 급제하여 통정대부로 부사를 역임하였으며, 3자 이태정(李泰貞 1649~1697)은 무과에 급제하여 군수를 역임하였다. 이박의 직계인 장자 이태형이 후사가 없어 이박의 3자 이태정의 아들 이간(李柬)을 이태형의 양자로 입후하였다.[4] 이박의 손자인 이간이 지금의 외암리민속마을을 대표하는 대

---

3   아산시, 「아산 외암민속마을 종합정비계획」, 2013, 105면. 동 정비계획에 의하면 "예안이씨 가문이 향촌사회에서 본격적으로 위상을 마련하는 것은 이사종의 증손으로 무과에 급제한 이박(李璞) 이후로 보아야 할 듯하다."라고 기록되어 있다. 그러나 필자는 달리 판단하고 있는데 그 근거로는 첫째, 이사종이 입향 전에 이미 관직에 있었고, 장인 진한평이 참봉벼슬을 한 자로 막대한 부를 가져 지역사회의 경제권을 가지고 있었으며, 둘째, 이사종의 사위가 최립이라는 당대의 대 문장가로 명종 때 문과에 장원급제한 인물로 벼슬이 형조 참판에 이르렀다. 입향조의 손녀사위들도 대부분 높은 관직에 오른 것으로 보아 입향조 이사종 역시 학문이 높은 학자로서 명문가와 교류가 많았던 것으로 판단되어 가문의 위상은 입향조 초기부터 지역사회에서 높았던 것으로 판단된다.
4   예안이씨 세보, 「정해보」, 273면.

학자 외암(巍巖) 이간(1677~1727) 선생이다. 이간은 입향조 이사종의 5세손으로 지금의 건재고택 대문 옆에 집이 있었는데 그곳에서 태어나 4세부터 글을 배우기 시작하여 성장하여서는 당대의 손꼽히는 성리학자들을 찾아가 학문을 논하였다고 한다. 이간이 대학자로서의 명성을 얻게 된 계기는 18세기 이후 기호학파 내에서 100여 년 이상 지속된 인성(人性)과 물성(物性)의 동이(同異)에 관한 논쟁에서 인물성동론(人物性同論)의 단초를 개척한 학자였기 때문이다.[5]

조선후기 1700년대 중반에 편찬된 『여지도서』 보유편(補遺篇)의 『온양군읍지』에 외암리가 속한 남하면의 상황에 '외암리(嵬巖里)'에 편호 22호에 인구 106명, 남자는 37명이 있었던 것으로 기록이 남아 있다. 예안이씨 가문이 번창하고 외암(巍巖) 이간(李柬) 같은 훌륭한 대학자와 많은 인재가 배출되었는데, 예안이씨 족보(2007) 『丁亥報』를 살펴보면 이곳 출신으로 외암선생 이후 1735년~1894년 사이 150여 년 동안 과거시험 급제자 12명을 포함하여 현감, 군수급 이상 벼슬한 사람이 무려 32명이나 된다. 예안이씨 과거급제 현황은 아래 표에서 보는 바와 같이 12명이 배출되었다.

표 3-1. 예안이씨 장악원정공파(掌樂院正公派) 과거급제 현황[6]

이 름	생몰 년도	입격 연도	종 류	최종관직
이관병	1707-1735	1735 (영조 11)	증광 진사	사복시 정
이이병	1711-1773	1738 (영조 14)	식년 생원	행영천군수
이하주	1714-1744	1744 (영조 20)	식년 생원	
이의현	1777-1839	1798 (정조 22)	식년 생원	부여현감
이광현	1771-1811	1798 (정조 22)	식년 생원	
이장현	1779-1841	1810 (순조 10)	식년 진사	송화현감
이원효	1804-1859	1822 (순조 22)	식년 생원	
이장렬	1857-1905	1885 (고종 22)	식년 진사	옥천군수
이성렬	1865-1913	1888 (고종 26)	문과	참찬
이중렬	1859-1891	1891 (고종 28)	증광 진사	참봉
이정렬	1868-1950	1891 (고종 28)	문과	참판
이용대	1880-1950	1894 (고종 31)	식년 진사	참봉

---

5   아산시, 『아산 외암민속마을 종합정비계획』, 2013, 107면.
6   아산시, 『아산 외암민속마을 종합정비계획』, 2013, 105면.

Ⅲ. 외암리 민속마을 풍수적 입지 분석

풍수지리에서는 기(氣)를 보는 관법이 형기론(形氣論), 이기론(理氣論), 형국론(形局論) 3가지 유파로 나누어져 있는데, 가장 기본이 되는 것은 형기론(形氣論)으로 형세론(形勢論)이라고도 한다. 형기(形氣)는 땅의 '지형·지세'를 말하는 것으로 그 땅의 모습으로 기의 흐름을 유추하여 기가 모인 혈처를 찾고 길흉을 분석하는 방법이다. 형기론에서 국(局)이란 혈(穴)과 사(砂)의 짜임새 여부를 규모별로 나누기 위해 혈과 사를 합하여 통용되는 용어로, 혈이 입지하고 있는 지형에 따라 사방이 산으로(陰來陽受) 에워싸인 곳을 장풍국(藏風局), 삼면이 큰물로(陽來陰受) 둘러싸인 곳을 득수국(得水局)으로 나누고 다시 규모의 크기에 따라 대국(大局), 중국(中局), 소국(小局)으로 나누기도 한다.

외암리 민속마을은 중부내륙지방의 산악지형으로 산으로 둘러싸여 있는 분지 형태이므로 장풍국으로 분류된다. 『지학(地學)』에서는 "본신룡의 소조산과 조산(朝山)의 소조산으로부터 각각 출맥하여 둘러 호위를 하여 하나의 권역을 형성하면 이를 일러 중국이라 한다."[7]라고 하였으므로 외암리민속마을의 경우 금북정맥에 속한 광덕산이 본신룡(本身龍)의 소조산에 해당되고, 봉수산은 조산(朝山)에 해당되어 외암마을의 규모는 중간 정도의 보국(保局)인 중국(中局)으로 분류할 수 있다. 외암마을에 대한 풍수적인 분석은 형기론의 이론체계인 용혈사수(龍穴砂水)로 하였으며, 형국론(形局論)으로 출신 인물을 유추하여 비교하고, 여기에 더하여 풍수 비보(裨補) 측면도 세밀하게 관찰하였다.

먼저 용세를 살펴보면, 외암리 민속마을의 주산 설화산의 용(龍)은 금북정맥에 속하는 용맥으로 설화산(雪華山)은 설아산, 설라산, 서달산, 오봉산 등으로 부른다. 『대동여지도』와 『외암기』[8]에는 설아산(雪莪山), 『택리지』에는 설라산(雪羅山), 『증보문헌비고』에는 서달산(西達山)으로 기록되어 있다. 마을에서는 문필봉이라 부르기도 한다. 설화

---

7 「地學」, 「尋龍論局」, "自本身之小祖與朝山之小祖 各出纏護合成一圈是爲中局."
8 『외암기』는 1760년(영조 36)에 이간이 세상을 떠난 지 33년 만에 둘째 아들 인계 이이병(麟溪 李頤炳)이 부친의 글을 모아 『외암유고(巍巖遺稿;16권 8책, 목판)』를 간행한 외암의 기록물이다.

산(雪華山)의 이름은 산 정상의 흰 바위가 달빛에 반사되는 모습이 눈(雪)이 쌓인 것처럼 희게 보인다고 하여 설화산(雪華山)이라 부르게 되었다 한다. 또한 봉우리가 다섯 개로 이루어져 오봉산이라 부르기도 하며, 설화산 주(主) 봉우리가 붓끝같이 생겼다고 하여 문필봉이라 한다.

외암리 민속마을의 주산인 설화산으로 들어오는 용맥은 『산경표』에 의하면 속리산 천황봉(1,058m)→보은의 구룡산→청원의 좌구산→음성의 보현산→안성의 칠장산 →칠현산→서운산→천안의 성거산→고려산→연기의 국사봉→차령고개→천안의 갈재고개→광덕산(699.3m)→설화산(441m)으로 이어지고 있다. 설화산으로 이어져 온 금북정맥의 간룡은 천안 광덕 갈재고개까지 속리산부터 250㎞를 금북정맥의 주 간 룡맥으로 이어져 왔다. 설화산으로 유입되는 광덕산 지맥 분기점인 천안시 광덕면 갈 재고개까지 들어오는 금북정맥의 용맥을 아래의 『대동여지도』로 살펴보면 안성시 칠장 산에서 분지하여 금북정맥을 형성한 용맥은 대체적으로 남서쪽을 향하여 내려오다가 천안시 성거산(579m)부터 연기군 고려산, 국사봉(403m)까지는 직진한다. 국사봉에서 서북쪽으로 방향을 틀어 천안시 광덕면과 공주시 유구읍의 경계선을 따라 갈재고개, 각 흘고개, 봉수산(525m)까지는 서북진을 한다. 이 산맥이 금북정맥의 주룡맥(主龍脈)이 된다.

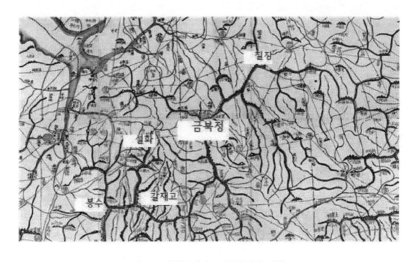

그림 3-1. 『대동여지도』 금북정맥 지형도』

출처: 서울대학교 규장각(http://kyujanggak.snu.ac.kr)

광덕산 지맥이 분기되는 갈재고개까지는 금북정맥의 정맥(正脈)으로 힘 있게 뻗어온 것으로 판단되어 용맥의 힘은 매우 크다 할 수 있다. 금북정맥의 개장과 천심을 살펴보면, 속리산 천황봉에서 출발한 용맥이 천안시 광덕면 갈재고개까지 250 km 를 달려오는 동안 무수히 많은 가지맥을 출맥시켜 그 가지맥의 호위를 받으며 내려오는 형세이다. 따라서 금북정맥의 주 간룡은 무수히 많은 가지룡의 호위를 받으며 이어져 온 중심맥으로 판단할 수 있어 개장천심은 적절하게 이루어진 것으로 볼 수 있다. 설화산으로 이어진 용맥은 금북정맥 분지점(分枝點)인 천안시 광덕 갈재고개부터 설화산까지 오는 광덕산(廣德山)지맥[9]이 되며, 광덕산은 천안, 아산 일원에서는 가장 높이 솟은 산으로 산정상은 평탄한 편이다.

아래의 위성사진은 갈재고개 A지점에서 우측으로 분지한 광덕산 지맥으로서 동북쪽으로 4.4 km 를 직진하여 광덕산 B정상에 도달한다. 광덕산을 지나온 용맥은 계속 직진하여 3 km C지점에서 좌측 서북쪽으로 또 하나의 지맥이 갈라져 약 3.2 km 지점에서 좌측으로 외암리 민속 마을의 내청룡을 출맥시키고, 주룡맥은 약 2.5 km 를 더 진행한 후 D의 설화산 정상에 도달함에 따라 속리산부터 설화산까지 총 길이는 약 263.1 km 가 된다.

그림 3-2. 외암리 마을로 진행하는 용맥도

출처: 국토교통부 브이월드 지도(http://map.vworld.kr)

---

9 광덕산지맥의 광덕산은 충남 천안시 광덕면과 아산시 송악면의 경계에 있는 높이 699.3m의 산으로 주변지역에서 가장 높다. 금북정맥에서 갈라진 맥이 동북쪽 4.4km거리에 높이 솟은 광덕산에서 뻗은 맥이 아산시 배방읍의 망경산(600m), 태화산(455m), 배방산(361m)을 거쳐 온양 성재(247m)에서 끝이 난다. 주맥의 총길이가 17.2km로 비교적 짧은 지맥이다.

『인자수지(人子須知)』에서는 "무릇 소간룡이라 함은 간룡 중의 가지와 같은 것이다. 또한 소간룡으로부터 갈라져 분맥 될 즈음에는 반드시 크고 높은 봉우리가 솟아나는데 이것이 조상산이 된다."[10]라고 설명하고 있으므로 광덕산이 새로운 조종(祖宗)으로서 설화산의 내룡(광덕산부터 설화산)은 금북정맥의 지룡(枝龍)에 해당된다. 입수처로 들어오는 용맥은 부모산(父母山), 태(胎), 식(息), 잉(孕)의 과정을 거치면서 결혈(結穴)하게 된다. 아래의 사진은 외암리민속마을 앞 광장에서 바라본 설화산의 옆모습이다. 설화산으로 들어오는 용맥의 능선 흐름이 과협과 지현변화, 상하변화가 뚜렷하다. 설화산 정상 C가 부모산, 그 아래 봉우리 D는 태(胎), 속기처인 E는 식(息), 다시 솟은 주성의 봉우리 F는 잉(孕), 잉에서 입수하여 혈이 맺힌 곳이 육(育)이 된다.

그림 3-3. 외암리민속마을의 태식잉육의 용맥도

출처: 국토교통부 브이월드 지도(http://map.vworld.kr)

둘째, 혈장세(穴場勢)를 살펴보면, 혈(穴)은 풍수지리에서 요체(要諦)가 되는 장소이다. 『금낭경(錦囊經)』에서는 "털끝만큼의 조그만 차이라도 재앙과 복은 천리의 거리가 있다."[11]라고 하여 정혈(定穴)의 어려움을 강조하고 있다. 외암리 민속마을의 입수룡은 설화산에서 직룡으로 내려오는 용맥인데 조산(朝山) 격에 해당하는 서남방의 봉수산을

---

10   『人子須知』,「論幹龍」, "夫小幹龍者卽幹中之枝也 亦自大幹龍分來分龍之際必有大星辰崇山高壠爲祖宗."

11   『錦囊經』,「氣感篇」, "毫釐之差, 禍福千里."

바라보며 입향(立向)을 하고 있다. 양기(陽基)에서 혈을 논한다는 것은 매우 어려운 부분이다. 양기는 사람이 거주하는 곳으로 사람이 모여 살기 위하여 집단 거주지가 형성되는데 이 과정에서 자연 지형의 변화가 생기게 된다. 이에 따라 양기에서는 혈처를 가늠하기가 매우 어렵다. 확실한 혈처로 단정키 어려울 경우 지역의 중심에 해당되는 곳, 또는 지역을 대표하는 장소, 지역의 상징성이 부여된 곳을 중심 혈처로 보아 분석하는 귀납적인 방법을 사용한다.

외암리 민속마을 건재고택은 마을에서 가장 큰 규모의 집터로 구성되어 있으며, 마을의 중심부에 자리하고 있다. 건재고택은 외암리 마을의 대표적 인물 외암 선생의 생가터로 알려져 있다. 마을의 주택배치가 건재고택 앞쪽과 좌우로 부챗살처럼 퍼져나가는 방사형 형태로 이루어져 건재고택을 마을의 중심으로 볼 수 있다. 우리나라의 집단 거주마을은 대부분 기맥(氣脈)이 현무봉으로부터 입수하여 현무봉 아래쪽에 음택지가 들어서고, 그 아래쪽 혈처에 마을이 들어서게 되며 마을 앞쪽을 감아도는 물길이 있어 기의 누출을 막아주고 마을 앞쪽에 내명당이 펼쳐진다. 내명당 바깥에 내청룡과 내백호가 안쪽으로 마을을 감싸는 형국을 길지로 보고 있다. 그러나 외암리민속마을은 현무봉에서 입수한 기맥이 현무봉 아래 설화리 마을에서 평지맥으로 변하여 민속마을 뒤에 형성된 전답 위로 실선처럼 길게 이어져 외암리민속마을 지형의 끝에 이르러 마을이 조성된 형태이다. 외암리민속마을은 마을 앞의 내명당은 좁고 마을 뒤쪽이 넓은 들판의 농경지로 이루어져 일반적인 마을의 입지 형태와는 차이가 있다.

설화산(441m)에서 중심으로 뻗어 나온 내룡맥(來龍脈)은 한 봉을 일으켜 태(胎)를 만들고 다시 밑으로 떨어져 과협의 식(息)을 만든 후 다시 솟아올라 현무봉(玄武峰) 잉(孕)을 만들었다. 현무봉에서 나온 중심맥이 현무봉의 아래 설화리로 내려와서는 평지맥(平地脈)으로 변하게 된다.

그림 3-4. 외암리민속마을 입수용맥도
출처: 국토교통부 브이월드 지도(http://map.vworld.kr)

위의 입수용맥도 사진에서 보는 바와 같이 건재고택 뒤로 연결되는 내맥은 농지 위의 등고선을 따라 건재고택 뒤 담장에 이르기까지 좌우보다 조금 높게 솟아오른 형상으로 연결되었다. 이 연결 지형이 바로 내룡맥이 되며, 이 용맥을 통하여 기가 유입되는 것이다. 건재고택은 뒤쪽 담장 바깥 지형에 비하여 조금 낮은 지대에 자리하고 있으며, 안채는 마당보다 불룩하게 솟은 높은 곳에 배치되었다. 건재고택의 좌향은 주산인 설화산을 등지고 조산(朝山)인 봉수산을 바라보는 구조로 전형적인 배산임수의 전통가옥과 비슷하다.

그림 3-5. 외암리 민속마을의 수계도
출처: 국토교통부 브이월드 지도(http://map.vworld.kr)

혈형(穴形)에는 와(窩), 겸(鉗), 유(乳), 돌(突)의 4가지가 있다. 외암리 민속마을의 혈형은 마을 앞에서 바라보면 위의 민속마을 수계도에서 보는 바와 같이 마을지형은 앞으로 두 다리를 뻗은 모습을 하고 있으며, 마을 앞으로 흐르는 물길을 경계로 한 지형의 형태가 삼태기 모습을 하고 있어 겸형(鉗形)으로 볼 수 있다. 외암리민속마을의 동쪽은 마을 내수(內水)로 수계를 이루며, 마을 동북쪽에서 마을 서남쪽으로 두 갈래의 인공수로 물길이 만들어져 마을 중심부의 주택은 두 물길 수계보다 조금 높은 곳에 입지한다. 마을 대표적 고택인 건재고택은 현무봉의 기운이 직접 전달되는 것으로 판단되며, 마을 대부분의 주택이 좌우 지형보다 좀더 높은 곳에 위치하여 용맥을 타고 앉은 승생기(乘生氣)의 조건을 갖춘 것으로 판단된다.

셋째, 사세(砂勢)를 살펴보면, 사(砂)의 중요한 역할은 외부의 나쁜 기운으로부터 생기를 품은 혈을 보호하는 데 그 기능이 있다. 혈을 중심으로 주변에 존재하는 모든 사가 혈에 직·간접으로 영향을 주지만, 이 가운데 현무(玄武), 주작(朱雀), 청룡(靑龍), 백호(白虎)의 4방위에 있는 사를 특별히 중요하게 여겨 사신사(四神砂)라 한다. 사신사의 기능은 명당의 혈에 생기를 불어넣고 보호하는 것이다. 따라서 혈이나 명당은 사신사에 의해서 만들어진다고 볼 수 있다. 사신사가 장풍(藏風)의 기능을 제대로 하고 있어야 혈이 맺히는 명당으로 변하게 된다. 외암리민속마을은 서남쪽을 향하여 배치된 지형으로, 마을의 표고는 제일 낮은 곳인 마을 초입은 49m, 제일 높은 곳은 마을 뒤편 외암 사당 주변이 72m, 마을의 중심인 건재고택이 59m이다. 마을 주산인 현무봉(설화산)은 441m, 안산인 면잠산이 170m, 마을 동쪽 능선(청룡) 가장 높은 곳이 420m, 백호 능선은 마을 주거지보다 1~2m 높은 차이로 마을 바깥을 감싸고 나란히 내려오면서 논과 밭으로 되어있어 백호맥이 가장 취약한 모습을 하고 있다. 그러나 마을의 동쪽을 감아 도는 주 용맥이 남쪽의 광덕산을 지나 마을 조산(朝山)인 서남쪽의 봉수산으로 연결되고 다시 북쪽으로 방향을 틀어 마을의 서쪽 월라산(247m)을 만든 후 외암리민속마을 북쪽까지 연결되는 장대한 나성(羅城;명당을 둘러싼 산)을 만들어 송악면 전체를 성곽처럼 둘러싸고 있어 외명당을 포함한 전체지형은 비교적 아늑한 분지의 형태이다. 외암리민속마을은 내청룡과 내백호는 마을과 가깝게 붙어있어 내명당의 국(局)이 매우 협소하고, 나성으로 둘러싸인 분지의 중심에서 동쪽 끝 산 밑으로 치우쳐 있는 형국이다.

사세는 사신사, 즉 현무, 주작, 청룡, 백호를 세분하여 살펴볼 수 있다. 현무를 살펴보면, 외암마을의 현무는 설화산이다. 현무는 혈에 기를 직접 주입시키는 산으로 혈을 둘러싸고 있는 여러 사(砂)중에서 가장 크고 높아 주인의 역할을 할 경우가 가장 이상적인 지세가 된다. 현무의 주된 기능은 외부로부터 불어오는 살기를 품은 바람을 차단하여 혈의 생기가 흩어지지 않도록 보호하는 데 있다. 현무는 머리를 곧추세워 주위를 압도하기보다는 주산으로서의 위엄을 갖추고 그 모양이 장중한 모습으로 좌정(坐定)하여 앞을 내다보는 형세의 산으로 다른 산보다 출중해야 한다. 외암리민속마을의 현무인 설화산은 사신사 중에서 가장 크고 높아 위엄이 있다. 아래의 그림에서 보는 바와 같이 산 정상은 흰 바위로 덮여 있는 하나의 큰 바위산의 형태로 5개의 봉우리로 만들어져 수려하고 웅장한 모습이다. 가장 높은 봉우리는 단단한 바윗덩어리 형태의 석봉(石峯)으로 형성되었는데 마을로 내려가면서 부드러운 흙으로 변화된다. 풍수에서는 이를 박환(剝換)이라고 하는데, 박환과정을 거치면서 거친 기운을 부드러운 기운으로 탈살(脫煞)하게 된다.

그림 3-6. 설화산 정상의 모습   그림 3-7. 설화산 정상 다섯 봉우리의 위치

출처: 국토교통부 브이월드 지도(http://map.vworld.kr)

주작은 혈처(穴處) 앞 내명당 전면에 위치하여 혈로 불어오는 외기를 막아주는 산이다. 내명당 가까이 있는 산을 안산(案山), 안산 넘어 멀리 있는 산을 조산(朝山)이라 하며, 안산과 조산을 총칭하여 주작(朱雀)이라 한다. 안산은 혈전(穴前) 가까이에 있는 작은 산이고 조산은 멀리 있는 높은 산을 말하는 것이며, 혈전 가까이에 안산이 있어야 청룡 백호 안산이 주밀하게 짜여 용이 멀리 달아나지 못하고 멈추어 기가 융취(融聚)되어

결작(結作)하게 된다는 것이다. 외암리민속마을의 안산은 마을 청룡맥 끝에 펼쳐진 중명당을 사이에 두고 마을 앞 맞은편 중앙에 위치한 면잠산(眠蠶山)이 안산에 해당된다. 안산인 면잠산의 높이가 170m로 주산인 설화산(441m)과 조산(朝山)인 봉수산(535m) 사이에서 주인과 객이 책상을 사이에 둔 것 같은 이상적인 높이로, 마을 중심부가 해발 58~60m에 불과하여 마을 앞쪽으로 불어오는 외기를 막아주기에 적절한 높이라 할 수 있다. 안산은 주산에 대해 없어서는 안 되는 필수품 같은 중요성을 가진다. 보통의 양택이나 양기에서는 조산보다는 안산이 더욱 중요하다. 『설심부(雪心賦)』에 "참된 것을 구하고자 한다면 먼 조(朝)는 가까운 조(朝)만 못하다."[12]라고 하여 가까운 안산(案山)이 조산보다 중요하다는 것을 설명하고 있다.

청룡은 백호와 더불어 혈장을 호위하는 역할을 하고 있다. 『금낭경(錦囊經)』에 "대저 기를 뿜어내면 바람이 되어서 능히 생기를 흩어지게 한다. 청룡이나 백호는 구혈(區穴)을 호위하는 것이다."[13]라고 하여 청룡과 백호의 임무가 장풍이 되도록 혈의 좌우에서 호위해야 한다. 또한 "가지(支)로서 청룡과 백호로 삼은 것들의 중요함은 팔꿈치나 팔뚝과 같아서 이를 회포라고 이른다."[14]라고 하여 마치 사람이 양팔로 좌우를 감싸안듯이 하면 좋은 기운이 모인다는 것이다. 그러나 외암리민속마을의 청룡과 백호는 마을 입구에서 사이가 벌어져 부둥켜안은 형세는 이루지 못하였으나 청룡과 백호 사이 벌어진 곳을 안산이 가로막고 있어 외기의 유입 차단에 길한 작용을 하는 것으로 판단된다. 외암리민속마을의 지형은 동북쪽이 높고, 남서쪽의 마을 입구까지 순차적으로 낮아지는 지형이다. 설화산 정상 동쪽 2.5km지점 주 내룡맥 능선에서 갈라져 내려온 분지맥이 마을로 다가와 내청룡이 되었다. 내청룡이 마을 앞을 감아 돌아야 장풍이 되어 길한 형국이 되는데 민속마을의 내청룡은 마을 좌측 끝에 와서 멈춘 형태로써 민속마을 전면을 완전하게 감아 도는 형국을 이루지 못하였다. 내청룡과 안산 사이의 낮은 골짜기를 멀리서 외청룡에 해당되는 광덕산 줄기가 높이 솟아 외기의 유입을 막아주고 있어 이상적인 지형지세를 만들었다. 청룡은 좌에서 우로 길게 꿈틀거리면서 혈장을 감싸고돌아야

---

12 『雪心賦』,「論龍虎」, "欲求眞的, 遠朝不如近朝."

13 신성은 해역, 『錦囊經 · 靑烏經』, 자유문고, 2005. 140면.

14 신성은 해역, 『錦囊經 · 靑烏經』, 자유문고, 2005. 119면.

한다. 외암리민속마을의 내청룡은 마을을 완전하게 감아 돌아 내백호 바깥까지 환포하는 모습을 이루지는 못하였으나 마을 앞 농경지(중명당)로 이어진 여맥(餘脈)이 마을을 완전하게 감싸고 있는 모습이며, 내청룡과 내백호 사이에 있는 안산이 농경지 바깥 외기의 유입을 적절하게 차단하는 역할을 하고 있다.

　백호는 혈처나 입지처(立地處)의 우측을 감싸안아 보호하고 호위하는 역할을 한다. 한반도와 같은 지구 북반부는 지형상 겨울철에는 차가운 북서 계절풍이 심하여 혈에 끼치는 바람의 영향이 매우 크다. 따라서 혈을 보호하기 위해서는 백호가 균형 있는 높이로 가로막아 계절풍의 바람을 차단하는 것이 가장 이상적인 지세가 된다. 백호는 주산에서 오른쪽으로 뻗어나간 산줄기를 백호라 하며, 그 안쪽에 있는 것을 내백호, 바깥에 있는 것을 외백호라 한다. 외암리민속마을의 내백호는 기맥(氣脈)이 마을의 혈처로 들어오기 위해 출맥(出脈)하는 현무봉의 우측으로 뻗은 맥으로, 외암리민속마을 서쪽의 논과 밭 위로 이어져 약 950m지점에서 두 맥으로 갈라져 우측 맥은 외암 선생 묘지로 이어지고, 좌측으로 뻗은 맥이 외암리민속마을 우측의 마을입구 밤동산까지 450m를 더 진행한다. 이 용맥이 외암리민속마을의 내백호이다. 외암리민속마을은 내청룡과 내백호 사이의 안쪽에 자리하고 있으며, 내백호는 내청룡에 비하여 매우 작은 규모로 형성되었다. 마을의 형태가 위에서 아래로 경사면을 따라 조성되었고, 밤동산(백호)부근의 주택은 밤동산보다 1~2m 낮은 저지대에 위치하여 내백호 능선이 외기를 막아주는 울타리 역할을 하고 있으나 내백호 바깥에서 불어오는 외기를 차단하는 역할에는 한계가 있는 것으로 판단된다.

　넷째, 수세(水勢)를 살펴보면, 물은 사람뿐만 아니라 모든 생명체가 살아가는 데 꼭 필요한 필수물이다. 생명을 가지고 있는 모든 유기체는 물 없이는 생명을 유지할 수 없다. 풍수도 "음과 양이 부합하고 하늘과 땅이 교통하고 내기가 생명을 틔우고, 외기가 형을 이루어 내기가 상승하면 풍수는 스스로 이루어진다."[15]고 하여 살아있는 유기체와 동일하게 취급하고 있다. 그러므로 풍수에서 용(龍)은 반드시 물(水)을 만나야 혈이 맺히는 것으로 인식된다. 따라서 물(水)은 산(龍)과 함께 풍수의 기본을 이루는 중요한 핵

15　「靑烏經」, "陰陽符合, 天地交通, 內氣萌生, 外氣成形, 內氣相乘, 風水自成."

심이다. 그 이유는 풍수지리는 음양의 조화가 중요한데, 풍수지리에서는 산을 음(陰)으로 물을 양(陽)으로 취급하여 산수가 조화되면 음양이 조화되어 길지가 된다고 판단하기 때문이다.

외암리민속마을은 마을 뒤 외암저수지 위쪽의 설화산 계곡은 매우 깊고 넓은 골짜기로서 이곳에서 흘러오는 물은 내청룡의 다른 좌, 우 골짜기 물과 합수된다. 이것이 민속마을의 내득수(內得水)이며, 여러 골짜기 물이 모이므로 다득(多得)에 해당된다. 득수되어 흘러온 물은 마을 좌측에서 우측(東出西流)으로 마을 앞을 감아 돌아 마을 우측 백호 끝 약 35m 지점에서 마을 남쪽 광덕산에서 발원하여 내려오는 외암천으로 유입된다. 내백호는 낮은 둔덕 형태로 이루어져 내백호 스스로는 물을 발원시키지 못하였으며, 마을 뒤편 농경지에서 쓰고 남은 물을 흘러 보내는 배수로가 일부 주택 내부를 통과하고 내백호를 감아돈 후 마을입구 외암천으로 흘러가는 물길이 만들어져 있다.

민속마을 남쪽 광덕산 골짜기에서 발원한 외암천 물길이 마을의 안산인 면잠산과 외청룡 사이로 흘러와 마을 전면에서 면잠산 앞을 가로질러 마을 내백호 바깥쪽을 따라 거슬러 흐르는 역수(逆水)가 된다. 이 물은 내백호 우측을 감아돈 후 약 820m를 곧게 흘러 마을 서남쪽 송악저수지에서 흘러오는 온양천과 합수되고 계속 진행하여 금성수의 궁수로 변하여 외파구(外破口)로 빠져나간다.

『설심부』에 "역수(逆水)가 조당(朝堂)에 오면 내당(來堂)의 설기(泄氣)를 불허(不許)하고, 번신(翻身)으로 작혈(作穴)하면 외면(外面)에서 따라와 회두(回頭)함이 간절하다. 관장(關藏)됨이 귀한 바요, 공결(空缺)을 가장 싫어 하니라."[16]라고 하여 물이 거슬러 오는 역수가 되어 혈장 앞으로 다가오면 혈처의 생기가 설기되지 않아 참으로 귀하게 된다는 것이다. 이러한 지형은 대부분 회룡고조(回龍顧祖)로 작혈(作穴) 할 때 이루어지는 것으로 아래의 그림에서 보는 바와 같이 외암리민속마을의 지형과 좌우가 바뀌었을 뿐 매우 흡사한 모습이다.

---

16   신평 역주, 『고전 풍수학 설심부』, 관음출판사, 1997, p.412.

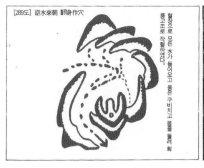

그림 3-8. 역수래조 번신작혈도[17]　　　　그림 3-9. 외암리 민속마을 물길 흐름도

끝으로 외암리 민속마을의 비보적인 측면을 살펴보면, 풍수적으로 생기가 응축된 완벽한 땅은 찾기 어려움으로 환경이 미흡하거나 부족한 부분은 보완하여 더하고(裨補), 넘치고 과한 부분은 덜어내고 누르고 빼어내어(壓勝 또는 厭勝 ; 엽승, 염승, 압승이라고 함) 유용한 환경으로 만들어 사용하게 된다. 이와 같이 자연을 인위적으로 고쳐 균형을 맞추어 사용하는 것을 비보라 한다. 비보란 자연을 변형시켜 균형을 맞추는 것으로 풍수적 조화를 도모하여 인위적으로 좋은 환경을 구축하는 것이다. 비보의 기록은 가장 오래된 경전인 『청오경』에 "나무와 수풀이 울창 무성하면 길한 기운이 서로 따르는데, 이러한 내외의 표리(表裏)는 혹 자연적일 것일 수도 있고 인위적인 것일 수도 있다."[18]라 하여 좌우의 산과 안산, 조대산은 자연적인 것도 있지만 인공적으로 만들 수 있음을 설명하였다.

　외암리민속마을의 비보로는 마을 숲(나무숲), 인공수로, 장승, 당산나무(느티나무), 솟대, 정자(모정), 돌담, 정원숲 등이 있으며, 그중 대표적인 것은 나무숲과 인공수로, 돌담을 들수 있다. 외암리민속마을은 서쪽의 백호 줄기가 낮아 북서계절풍에 가장 취약한 지형을 이루어 예부터 마을 서쪽에 3개의 비보 숲을 가지고 있다. 외암리민속마을의 인공수로는 마을 동북쪽 최상단에서 유입되어 마을 중앙부 위쪽에서 두 갈래로 나뉜다. 하나는 마을의 대표적 건물 건재고택을 경유하여 그 아래 위치한 신창댁 내부를 지나 마을 입구로 내려가고, 다른 하나는 건재고택 뒤쪽을 돌아 서쪽의 교수댁 앞과 감찰

17　신평 역주, 『고전 풍수학 설심부』, 위의 책, p.413.

18　『靑烏經』, "草木鬱茂, 吉氣相隨, 內外表裏, 或然或爲."

댁 뒤쪽을 돌아 마을 입구의 반석교 옆으로 흐르는 형태로 만들어졌다. 인공수로의 물 길이 모두 고택 주변을 경유하는 형태로 만들어져 화재예방과 관련이 깊은 것으로 추측 된다. 인공수로는 외암리민속마을 경관의 특징 중의 하나로 다른 곳에서 좀처럼 찾아 보기 어렵다. 주택 담장 안으로 끌어들인 인공수로가 외암리민속마을처럼 여러 가구를 경유하는 경우는 매우 드문 현상이다. 그러나 외암리민속마을의 인공수로는 주택 내부 마당을 가로질러 흐르게 하거나, 인공적으로 만든 연못으로 유입시키는 등 적극적으로 물을 활용하였다는 점이 매우 특이하다.

돌담은 일반적으로 경계를 표시하는 기능을 가지고 있으나 외암리 민속마을 돌담 의 특징은 두께가 두껍고 높이 또한 높은 편이다. 집의 크기에 따라 다소 차이는 있지 만 대략 너비 1m로 매우 두꺼운 편이며, 높이 1.5~1.7m로 담장 밖에서 안쪽을 들여다 보기 쉽지 않게 만들어져 있다. 외암리민속마을의 담장은 "다른 민속마을의 경우 반가 와 민가에 따라 서로 다른 담장을 만든 것에 비해 외암민속마을은 유사한 담장으로 만 든 것이 특이"[19]하며, 담장의 유형은 상류층과 서민층의 구분이 없는 모두 비슷한 크기 의 돌로 만들어져 있다. 건재고택 일부 담장을 제외한 외암리민속마을 담장은 돌담 한 가지로 통일되어 있어 다른 형태의 담장은 찾아볼 수 없다. 마을 전체의 돌담 길이는 약 5,000m에 달한다. 이곳 외암리민속마을은 백호가 낮아 북서계절풍의 피해가 예상되는 지형적 결함을 가지고 있으므로 바람의 피해를 줄이고자 하는 풍수적 비보 형태로 볼 수 있다.

Ⅳ. 풍수적 입지와 인물 배출의 관련성 비교

풍수고전 『설심부』 산천이기론(山川理氣論)에서 지령인걸(地靈人傑)이라 하였듯이, 사람이 태어나 살아가는 데는 주변 형세와 지리의 영향을 많이 받아 그 기운이 은은히 몸과 마음에 배어 산천 정기를 닮아 간다는 것이다. 『택리지』에서도 인걸(人傑)은 땅의 영기(靈氣)로 태어난다고 하여 산이 수려하고 맑으면 총명한 인재가 배출된다는 것이다.

---

19   아산시, 『아산 외암민속마을 종합정비계획』, 2013, 233면.

외암리 마을의 형기적 분석은 주산이 주변의 모든 산을 능가하는 위엄과 장엄함을 갖추었고, 안산(170m)이 주산(441m)보다 훨씬 낮은 모습으로 주산을 향하여 공손한 모습이다. 조산(朝山, 535m)이 주산보다 높기는 하여도 멀리 거리를 두고 있어 주산을 능가하지는 못한다. 청룡은 마을 가까이에서 높은 능선을 형성하여 동남쪽의 외기를 막아주는 적절한 위치라 할 수 있다. 내백호가 지나치게 낮은 모습으로 사신사 중에서 가장 흠결이 많은 곳이라 할 수 있으나, 민속마을 주택지는 내백호보다 좀 더 낮은 (1~2m) 위치에 입지한다. 외명당을 포함한 전체적인 국세로 볼 경우 민속마을은 동쪽의 높은 산 밑 가장자리에 위치하여 겨울철 북서계절풍의 직접적인 영향보다는 백호가 낮음으로 발생하는 간접적인 영향이 큰 것으로 판단된다. 그러나 서쪽 외명당 건너에 나성(羅城)을 이룬 월라산이 높이 솟아 서쪽의 외기를 차단하는 국세의 균형이 만들어져 전체적인 장풍은 비교적 원만하게 이루어지는 것으로 판단된다. 『산법전서』에 산이 맑고 좋으면 우수한 인재가 나고 산이 탁하고 나쁘면 우매한 인간이 난다고 하였으며, 또 『청오경』에 "산이 오고 물이 돌면 부귀가 가깝고 재물이 풍부해진다."[20]라고 하였다. 외암리민속마을의 주산은 빼어나고 수려하며, 마을 뒤 계곡에서 발원한 물은 마을을 따라 내려와 좌측에서 우측으로 토성수(土城水)의 모습으로 감아 돌고 청룡의 여러 맥은 마을로 다가오는 형세를 이루고 있어 많은 길(吉)한 조건과 부합되는 곳이라 할 수 있다. 현무인 설화산이 수려하고 붓끝처럼 생겨 많은 학자가 배출된 것으로 풍수적 해석을 할 수 있다. 설화산 정상에 아래 사진과 같이 설화산에 관한 안내판이 설치되어 있는데 그 내용은 다음과 같다.

---

20 「靑烏經」,「四神砂」, "山來水回, 逼貴豊財."

그림 3-10. 설화산 정상 표지 안내판

산의 정상이 붓끝 모양으로 뾰족하여 문필봉이라고도 하며, 그 기세가 매우 영특하고 장관
이므로 이 산이 비치는 곳에는 훌륭한 인물이 난다고 전해져 오고 있으며, 실제로 이곳에서
많은 문필가가 배출되었다. 또 이곳에는 칠승팔장(七承八將: 7정승, 8장군)지지의 명당이
있는 산이라고 한다. 설화산의 동서 양쪽 산기슭에는 외암리 민속마을과 중리 맹사성 고택
이 있고, 아산의 인물인 맹사성을 낳기 전에도 그의 어머니가 태몽을 꾸었는데 설화산이 입
속으로 들어오는 꿈을 꾸었다고 한다. 외암리에서도 이간 선생을 비롯하여 많은 대학자들
이 배출되는 등 설화산은 역사와 문화가 함께 살아있는 우리 지역의 명산 중의 명산이며
송악면소재지 방향에서 보면 독수리가 비상을 시작하는 형상을 하고 있다.

풍수서 『동림조담(洞林照膽)』에 "무릇 청룡은 주로 문재와 관직을 주관하고, 백호는
주로 전택과 웅호를 주관한다."[21]라고 하여 청룡이 좋으면 글재주가 뛰어나 관직에 오
른다고 하였다. 그러므로 청룡은 남자, 자손번창, 권력과 지도자의 기운을 주관한다. 따

---

21 「洞林照膽」,「龍虎篇」, "凡靑龍, 主文才官業, 白虎主田宅雄豪."

라서 청룡이 제대로 기능을 다하는 지세에서는 사람들의 건강 상태가 좋고, 자손들이 훌륭하게 되어 고위직 공무원이 되거나 경제적인 부를 이루는 것으로 본다.[22] 또한,『동림조담』에 "청룡이 유방같이 일어나서 백호와 대등하게 솟으면 장남이 녹을 먹고, 청룡 허리가 젖무덤같이 솟으면 중자가 과거에 급제하여 이름을 날리고, 청룡 꼬리에 봉(峯)이 일어나면 소자가 부귀 한다."[23]라고 하여 청룡을 삼등분하여 위치에 따라 장자, 중자, 소자에게 소응함을 예측하고 있다. 외암리민속마을 청룡은 어깨쪽보다는 꼬리쪽 광덕산(少祖山)이 더 높고 웅장하다. 예안이씨 족보(丁亥譜)를 살펴보면, 입향조 이사종은 륜, 급, 단 세 아들을 두었고. 장남 륜의 6대손에 종주, 택주(풍덕군수) 형제가 있는데 택주(무과)가 차남이고, 이사종의 삼남 단은 창문, 진문 두 아들을 두었는데 차남 진문의 후손이 외암 이간이다. 외암은 네 아들을 두었는데 넷째아들이 병사공으로 그 후손이 외암리민속마을을 대표하는 영암댁(건재고택)으로 연결되는 직계가 된다. 이것만 보아도 늦게 출생한 사람, 또는 직계보다는 방계 중심으로 많은 인물이 배출되었으며 가계(家系)가 이어지고 있어 주변 형세와 무관치 않은 것으로 나타나고 있다. 인걸(人傑)은 산천의 기운으로 태어난다는 것이 양택의 인걸지령론(人傑地靈論)인데 외암리 마을이 바로 훌륭한 인재가 태어날 수 있는 입지 여건을 갖춘 것으로 볼 수 있다.

『동림조담』에 "백호는 전택과 웅호를 주관한다."[24] 또 "백호가 청룡과 대등하지 못하면 문장은 풍부하되 재물이 없다."[25]라 하여 백호는 전답과 집이 관련된 부를 상징하고, 백호가 청룡과 대등하지 못하면 문장이 뛰어나도 재물과는 거리가 멀다고 하였다. 외암리민속마을은 반촌(班村)으로 오래된 내력을 가지고 있으나 부촌은 아니었다 한다. 외암 선생이 세상을 떠나기 1년 전(1726년) 편찬된 『종계서』에 "세대가 내려오는 동안 근근이 벼슬을 이어오다가, 종인(宗人)이 드물게 되고 집안의 힘이 미약하게 되어 무덤에 올리는 비석을 세우지 못하고 시제를 거행하지도 못하게 되었다"[26]란 문구를 보면 문중을 이끌어갈 사람과 경제력이 매우 약했던 것임을 확인시켜 주고 있다. 외암리민

---

22 김두규, 『풍수학사전』, 비봉출판사, 2005, 517면.

23 『洞林照膽』, 「龍虎篇」, "靑龍起乳 白虎登對者, 長男食祿也, 左腰起乳者, 中子科名也, 左尾有峯者, 小子富貴也."

24 『洞林照膽』, 「龍虎篇」, "白虎, 主田宅雄豪."

25 『洞林照膽』, "有龍而虎不登者, 富於文章而乏財食."

26 아산시, 『아산 외암민속마을 종합정비계획』, 2013, 106, 재인용.

속마을 백호가 청룡에 비해 지나치게 낮아 가세가 빈약하였음이 풍수지리 이론과 상당 부분 일치하는 것으로 볼 수 있다.

안산인 면잠산은 외암리 마을에서 볼 때 삼각형으로 보여 오성(五星) 분류로는 화성(火星)에 속한다. 길흉화복과 관련하여 화성이 좋으면 학문이 뛰어난 인물 혹은 권력을 잡은 귀한 인물이 나오지만, 반대로 화성이 흉하면 도적, 살벌한 인물 혹은 죽임을 당하는 화를 당할 수 있다.[27] 라 설명하고 있다. 화성의 기본적인 모습은 산 정상이 뾰족한 모양으로 날카로움을 지녀야 한다. 『지학』에서 영기(軍진영의 旗)가 "바로 앞에 머물러 있으면 반드시 대장(大將)이 나오는 안산이다.……영기는 화성(火星)이므로 주로 위엄(威嚴)과 무(武)를 나타낸다."[28]라고 하였다. 외암리 예안이씨 최초로 관에 진출한 사람이 입향조 이사종의 증손자 이박(李璞)으로 무과에 급제한 무인 출신이며, 그의 차자 이태장(李泰長)도 무과에 급제하였으며, 삼자 이태정(李泰貞)도 무과에 급제하였고, 서자 이태관(李泰觀)과 이태하(李泰夏) 도 무과에 급제한 것으로 되어 있다.[29] 이 또한 풍수고전 이론과 상당 부분 일치하는 것으로 볼 수 있다.

V. 결론과 시사점

외암리민속마을의 형기론적 특징으로는 비교적 풍수이론과 적합하게 구성되었다고 볼 수 있다. 먼저 외암리민속마을의 주산인 설화산으로 들어온 용맥의 내룡은 태조산(속리산 천황봉)의 중심맥으로 이어진 주 간룡맥(幹龍脈)으로서 기의 역량은 큰 것으로 판단된다. 설화산은 하늘 높이 우뚝 솟은 지역의 명산으로 풍수서『택리지(擇里志)』에서 설화산은 산세가 빼어나 높은 벼슬을 지낸 사람과 문학을 공부한 사람이 많이 나온 곳이라 하였다. 설화산 정상에 설치된 안내판에 예부터 전해오는 칠승팔장(七承八將)의 명당이 있는 명산이라 설명되어 있으며, 설화산은 금북정맥 대간룡(大幹龍)의 기운

---

27   김두규, 「풍수학사전」, 2005, 605면.
28   허찬구 역, 「地學」, 2001, 324면.
29   아산시, 「아산 외암민속마을 종합정비계획」, 2013, 106면.

이 모여든 곳이라 볼 수 있다.

설화산에서 마을(혈처)로 들어오는 내룡맥은 부모산, 태, 식, 잉의 과정이 뚜렷하여 생룡의 조건에 부합하는 것으로 판단된다. 사신사(四神砂) 중 내백호가 낮은 것이 취약점이 되고 있으나 주산, 주작(案山), 청룡이 짜임새 있게 갖추어져 내백호의 결점을 외백호(外白虎)의 보완으로 마을의 입지는 상대적으로 안정된 입지라 할 수 있다. 민속마을의 내수는 동출서류(東出西流)의 형태로 마을(명당)의 기(氣)가 설기(洩氣)되지 않게 마을 앞을 토성수(土星水)로 감아 돌아 수세(水勢) 또한 마을 입구 합수처까지는 길한 조건에 부합되며, 용세(龍勢)와 사세(砂勢), 수세(水勢)의 이상적인 부합으로 혈장세(穴場勢) 또한 길한 조건과 상당 부분 부합되는 것으로 판단된다. 다만 풍수적 문제점으로서는 내백호가 제 기능을 하지 못하는 지형으로서 합수처 이후 외당수가 외백호와 산수동거(山水同去)하여 서북쪽을 허하게 만들고 있으므로 마을의 내당(내명당)과 마을 밖의 외당(외명당)이 온전한 명당 조건에는 미흡한 것으로 나타나고 있다. 주산, 안산, 청룡, 백호의 규모와 대소로 귀납적인 방법을 적용하여 출현 인물을 분석한 결과 풍수서(동림조담)의 내용과 상당 부분 일치하고 있음을 확인할 수 있었다. 주산이 목성(木星)이면 학문이 높고 관료 진출자가 많다고 하였으며, 청룡이 크고 웅장하면 주로 학문과 문제를 주관한다 하였는데, 아산시 발행 문헌과 예안이씨 세보(족보)에서 외암리민속마을에서 학자와 관료 진출자가 많이 나왔음이 확인되었다.

안산(案山)이 깃발처럼 생겼으면 무관 출신이 많고(인자수지), 백호가 미약하면 문재는 있으나 전택이 약하다(동림조담)는 풍수고전의 내용과도 상당부분 일치한다. 예안이씨 세보에서 무관 출신이 많이 나온 것으로 확인되었으며, 외암 이간이 작성한『종계서』에 가세가 넉넉지 못하였음을 밝히고 있어(백호가 약함) 풍수서와 상당 부분 일치하는 것으로 분석되었다. 풍수지리는 온전한 땅을 찾기 어려움으로 자연의 조건을 생활에 유익하게 만들고자 하는 비보의 방법에서도 외암리민속마을만의 특징인 화재예방을 위한 '인공수로', 북서 계절풍의 바람을 차단하기 위한 '두꺼운 돌담', 북서쪽 바람의 유입속도를 감소시키기 위한 '마을 숲'은 외암리민속마을만의 특징이라 할 수 있다. 외암리민속마을 주변은 자연경관이 뛰어나며, 산(山)과 수(水)가 조화를 이룬 곳으로 풍수서에서 제시하는 완벽한 명당은 아니라 하여도 외명당에 넓은 들판이 존재하여『택리지』에서 말하는 산수, 지리뿐만 아니라 생리(生利)도 충족시키는 비교적 양호한 입지 환경이라 볼 수 있다.

〈참고문헌〉

『錦囊經』

『洞林照膽』

『明山論』

『山法全書』

『雪心賦』

『人子須知』

『地學』

『靑烏經』

『擇里志』

『大東輿地圖』

『山經表』

김두규,『풍수학사전』, 비봉출판사, 2005.

복응천 저, 신평 역주,『古典 풍수학 雪心賦』, 관음출판사, 1997.

신성은 해역,『금낭경. 청오경』, 자유문고, 2005.

심호 저, 허찬구 역,『地學』, 육일문화사, 2001.

아산시,『아산 외암민속마을 종합정비계획』, 2013.

예안이씨 세보,『정해보』

윤홍기, "풍수지리설의 한반도 전파에 대한 연구에서 세 가지 고려할 점",『한국고대사탐구』2권, 한국
    고대사탐구학회, 2009.

국립중앙도서관(http://www.nl.go.kr).

국토교통부 브이월드 지도(http://map.vworld.kr).

국토지리정보원(http://www.ngil.go.kr).

국토지리정보원 국토정보 플랫폼(http://map.ngil.go.kr).

규장각 한국학연구원(http://kyujanggak.snu.ac.kr).

아산시청(http://www.asan.go.kr).

신라 왕도 경주에 반영된 풍수 원형

김헌철*

I. 들어가는 글

신라는 고대 한반도 영남지방의 진한(辰韓)[1] 12개국 중 하나인 사로국(斯盧國, BC 57~)을 모태로 해서 출현한 고대국가이다. 처음엔 경주분지를 중심으로 주변에 자리하였던 육촌(六村)[2]의 연맹으로 출발하였으나 주변의 진한 소속의 여러 부족 국가들을 장악, 통합하면서 팽창 발전하였다. 지정학적으로 한반도의 남동쪽 끝에 치우쳐져 있는 경주분지에서 가장 약소국으로 출발한 신라가 궁극에는 고구려, 백제를 통합하여 중세 한반도의 삼국(三國)을 통일하며 천년왕국을 영위하였다.

고대도시 경주는 사로국이 생기기 이전부터 고대국가인 진한(辰韓)의 중심지였으며, 신라왕조의 시작부터 천여 년 동안 왕국의 수도로 유지된 곳이다. 935년 신라가 망국에 이를 때까지 단 한 차례 다른 곳으로 천도한 적이 없었다. 세계사에서 유례가 드문 이와 같은 사례는 다양한 요인에 기인한다고 볼 수 있으며, 그중에서 천여 년 동안 신라 왕국의 수도로 유지되었던 경주분지의 자연지리적 환경도 크게 영향을 미쳤다고 할 수

---

* 동양문화융합학회 지역이사, 동방문화대학원대학교 박사과정 수료

1   BC 1세기부터 AD 3세기경까지 지금의 경상도 지역에 있던 여러 정치집단이다(네이버, 한국민족문화대백과사전, 한국학중앙연구원).

2   『삼국사기』 권제1 「신라본기」 제1 시조 혁거세 거서간 조. '이보다 앞서 조선(朝鮮)의 유민들이 산과 골짜기에 나뉘어 살면서 6촌(六村)을 이루었다. 첫째가 알천(閼川) 양산촌(楊山村), 둘째가 돌산(突山) 고허촌(高墟村), 셋째가 취산(觜山) 진지촌(珍支村)(혹은 간진촌(干珍村)이라고 한다), 넷째가 무산(茂山) 대수촌(大樹村), 다섯째가 금산(金山) 가리촌(加利村), 여섯째가 명활산(明活山) 고야촌(高耶村)이니, 이들이 바로 진한(辰韓)의 6부이다.'

있다. 그러한 까닭에 고대도시 경주에서는 고대인들이 생활에 필요한 자연환경을 영위한, 고대 풍수의 원형으로 볼 수 있는 유산을 많이 찾아볼 수 있다.

한편 천년 신라사의 흐름 속에서 신라시대 수도인 경주의 왕궁과 왕경지구에 대한 변천 양상을 살펴보면, 자연발생적 상태에서 차츰 이념형으로 바뀌어 갔음을 볼 수 있다. 중고기 이후 불교의 전파, 공인[3]과 함께 궁궐과 신전(神殿)을 중심으로 불교와 함께 전파된 풍수를 포함한 대륙 문화의 이념과 지향이 왕경 계획과 운영에 일부 투영되었다고 볼 수 있다.

II. 경주의 자연지리적 여건

1. 산

고대로부터 한반도인의 산악 인식체계와 산악숭배(山嶽崇拜) 사상은 백두산(白頭山)[4]을 근간으로 하는 '백두대간(白頭大幹)'[5]을 중심으로 한다고 할 수 있다. 신라에도 일찍부터 산악숭배 사상이 있었다. 신라 초기인 일성이사금 5년(AD 138년)[6]과 기림이사금 3년(AD 300년)[7]에 태백산(太白山)에서 천제를 올렸다는 기록이 『삼국사기(三國史記)』에 있다.

『삼국유사(三國遺事)』에는 신라 왕자 보천(寶川)[8]이 오대산에서 승려가 되어 수행하다가 입적할 당시 유언을 남겼는데 "오대산은 바로 백두산의 큰 줄기로 각 대(臺)에는 불보살들이 항상 거주하는 산이다"[9]라고 하는 내용이 들어 있다.

---

3 신라에서 불교가 공인되는 해는 이차돈의 순교와 함께인데, 『삼국유사』에서는 법흥왕 14년(AD 527), 『삼국사기』에서는 법흥왕 15년으로 기록하고 있다.

4 기록상 최초로 백두산이 등장하는 것은 중국 춘추전국시대(BC770-BC221)에 저술된 것으로 추정되는 신화집이자 지리서인 『산해경(山海經)』으로 백두산을 불함산(不咸山)으로 적고 있다. 이후 시대를 달리하여 백두산은 단단대령, 개마대산, 태백산, 장백산, 백산 등으로 불리기도 했다.(김우선 『산경표 톺아 읽기』 민속원. 2021. p42).

5 '백두대간' 개념은 『삼국유사』 제3권 탑상 제4 22. 대산(臺山)의 오만(五萬) 진신(眞身)편 기록에 나온다. 즉 백두대간의 개념은 신라 때부터 있었다고 볼 수 있다.

6 『삼국사기』 권 제1 『신라본기』 제1 일성이사금. 5년. '겨울 10월에 왕이 북쪽으로 순행하여 친히 태백산에 제사를 지냈다.'

7 『삼국사기』 권 제2 『신라본기』 제2 기림이사금. 3년. '3월에 우두주(牛頭州)에 이르러 태백산에 제사를 지냈다.'

8 신라 제31대 신문왕(681-692)의 두 아들 중 둘째로 고증된다.(네이버, 문화원형백과, 국립중앙도서관).

9 『삼국유사』 제3권 탑상 제4 22. '대산(臺山)의 오만(五萬) 진신(眞身)' 조.

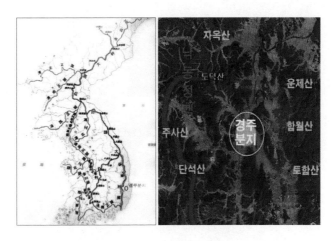

그림 4-1. 낙동정맥과 경주분지

출처: 한국민족문화대백과사전, 네이버지도

한반도에서는 고조선, 삼한(三韓)[10] 시대를 거쳐 오며 백두대간에 의해 자연적으로 국경이 형성되면서 고구려 백제 신라 삼국으로 나누어졌다고 볼 수 있다. 기록상 영남 지방에서 백두대간을 넘는 최초의 고갯길은 포암산(962)과 부봉(925)[11] 사이의 안부에 위치한 하늘재(525m, 계립령이라고도 한다)로 서기 156년(신라 아달라 이사금 3년)에 열렸고,[12] 그다음 죽령은 서기 158년에 열렸다.[13] 이후 계립령과 죽령을 포함한 백두대간의 주요 고개 지역은 삼국시대 동안 항상 영토쟁탈전이 벌어지는 전략적 요충지였다.

경주분지는 한반도의 남동쪽 변방에 위치하며, 백두대간의 태백과 소백산맥의 산들이 북에서 西南으로 전개하며 멀리서 둘러싸듯 하고, 그 안에서 낙동정맥(洛東正脈)[14]

---

10 삼국시대 이전 한반도 중남부지방에 형성되어 있었던 정치집단인 마한, 변한, 진한을 말한다.(네이버, 한국민족문화대백과사전, 한국학 중앙연구원)

11 포암산과 부봉은 둘 다 충북 충주 수안보면과 경북 문경 문경읍의 경계를 이루는 백두대간의 주능선상에 있는 봉우리들이다.

12 『삼국사기』 권 제2 「신라본기」 제2 아달라이사금 3년. '계립령(雞立嶺) 길을 열었다.'

13 『삼국사기』 권 제2 「신라본기」 제2 아달라이사금 5년. '봄 3월에 죽령(竹嶺) 길을 열었다.'

14 강원도 태백시의 구봉산에서 부산광역시 다대포의 몰운대에 이르는 산줄기의 옛 이름이다.(네이버, 한국민족문화대백과사전, 한국학 중앙연구원).

에서 분기한 지맥(支脈)인 주사산맥(朱砂山脈),[15] 금오산맥(金鰲山脈),[16] 동대산맥(東大山脈)[17] 등 세 줄기 지맥이 서부, 중부, 동부를 각각 남북으로 주행하여 산지 지형을 이루고 있다.

그림 4-2. 경주분지 인접 산
출처: 네이버지도

도심을 근접하여 둘러싸고 있는 주요 내산(內山)으로는 북에 소금강산(小金剛山, 143m), 서에 옥녀봉(玉女峰, 215m)과 선도산(仙桃山, 381m), 동에 명활산(明活山, 245m), 남동에 낭산(狼山 104m), 남에 남산(南山, 468m)[18] 등이 있다. 경주분지는 동쪽 동대산맥의 토함산, 함월산 등 비교적 높은 산지가 발달하여 있어, 큰비가 내리면 동대산맥 서쪽 계곡에서 흘러내린 토사(土砂)가 범람하여 형성된 동고서저(東高西低)형[19]

---

15 경주 중심부 서쪽의 부산(富山)·단석산(斷石山)·망산(望山)·서형산(西兄山)·벽도산(碧挑山)·옥녀봉(玉女峰)으로 연결되는 산줄기이다.(네이버, 한국민족문화대백과사전, 한국학 중앙연구원)

16 경주분지 남쪽의, 남에서 북으로 고위봉, 금오봉, 양산, 도당산까지 뻗은 산줄기이다.

17 울산 무룡산에서 경주 삼태봉, 토함산, 추령, 함월산, 포항 운제산에서 호미곶까지 영남 해안지역을 벽으로 연결하는 산맥을 영남지역에서는 동대산맥이라고 한다.

18 경상북도 경주시 남쪽에 위치한 산으로 북쪽의 금오봉(金鰲峰)과 남쪽의 고위봉(高位峰) 두 봉우리에서 흘러내리는 60여 개의 계곡으로 이루어져 있다. 이들 계곡 곳곳에는 신라시대의 유적이 산재해 노천박물관을 이루고 있다. 수많은 불교 유적들은 물론이고, 나정(蘿井), 남산신성(南山新城), 그리고 포석정(鮑石亭)과 같은 유적들이 유명하다.(국립경주문화재연구소, 『경주남산』, 2002).

19 양택 풍수에서 동고서저의 지형은 생기가 융성한다고 했다. 이는 경주분지가 비록 선상지로 이루어 져서 고대에는 주거

선상지이다. 분지 북쪽은 비교적 고도가 낮은 산과 곡 폭이 넓은 하곡이 발달하여 있다.

내산에서 외곽으로 갈수록 높아지는 이들 산은, 경주분지를 이중으로 둘러싸면서 견고한 성벽(城壁) 역할을 하며, 자연적으로 고대 도읍 발달에 필요한 방어 및 군사적 요인에 중요한 역할을 하였다.

2. 하천

경주분지 일대에는 경주분지 서쪽을 지나는 서천(西川), 남쪽을 감싸안는 남천(南川), 분지 북쪽을 갈라 흐르는 북천(北川)과 이들이 합류한 형산강(兄山江)[20]이 북북동류(北北東流)하여 동해 영일만으로 흘러간다.

그림 4-3. 경주분지 내 산과 하천

출처: 네이버지도

에 적합하지 않았지만, 생기가 왕성한 땅이라는 근거가 되는 점이라고 볼 수 있다.

20 길이 61.95km, 유역면적 1,140km², 남한에서 동해로 흘러드는 강 중에서 가장 크고 유역에 형성된 충적평야도 가장 넓다. 본류는 울산광역시 울주군 두서면에서 발원하여 언양 단층선의 북쪽 연장선을 따라 북북동류하다가 경주시 부근에서 지류인 乾川·南川 등을 합류하여 경주시 부근에 넓은 충적평야, 즉 경주평야를 형성한다. 계속 북북동쪽으로 흘러 경주시 안강읍 부근에서 기계천(杞溪川)과 합류하며 이 부근에 다시 분지 상의 안강평야를 만든다. 여기서 유로를 동북동으로 바꾸어 형산제산협곡(兄山弟山峽谷)을 지나 영일만 내에 삼각주성 충적평야인 포항평야를 형성하고 바다로 흘러든다.(네이버, 한국민족문화대백과사전, 한국학중앙연구원).

서천은 형산강의 본류로 울산광역시 두서면 내와리 백운산(白雲山) 동북곡(東北谷)에서 발원하여 북쪽으로 흐르면서 서남산 계곡으로부터 흘러나온 물과 합한다. 그리고 남산과 망산 사이를 지나 북서쪽에서 내려오는 모량천과 합하고, 동쪽에서 흘러드는 남천과 합류하여 경주분지 서편에서 남에서 북으로 흐르다 분지 서북쪽에서 북천과 합류하여 형산강을 이루어 동해의 영일만으로 빠진다.

남천은 토함산에서 흘러내려 내동평야의 수남, 원들을 지나 동남산과 낭산 사이를 흘러 반월성 앞을 지나 서쪽으로 흘러 서천과 합류한다. 그 상류를 사등이천(史等伊川)이라고 하며, 하류를 남천 또는 문천(蚊川), 때로는 사천(沙川)이라고 부른다. 사천은 신라 팔괴(八怪)[21]의 하나인 문천도사(蚊川倒沙)[22]에서 유래했을 것으로 짐작된다.

북천(北川)은 토함산 줄기인 동대봉산 계곡의 물들이 황룡천, 암곡천을 이루어 지금의 덕동호, 보문저수지를 지나면서 흘러내려 경주시 서북쪽에 있는 금장대에서 서천과 합류한다. 이 물길이 바로 고대의 알천(閼川)으로 동쪽에서 경주분지를 둘러싼 토함산 줄기의 서쪽 계곡으로 흐르는 물이 모여 흘러 남천, 서천과는 달리 우천 시 급한 수세로 범람을 거듭하면서 고대로부터 경주분지 선상지를 형성하였다. 『삼국유사』의 건국 설화에 신라 육촌 부장들이 자제들을 거느리고 모여서 '덕이 있는 사람을 뽑아 임금으로 삼고 나라를 세워 도읍을 정하자' 하는 의논을 한 곳[23]이 바로 이곳 알천 옆의 표암봉 위라고 추정하고 있다.[24]

형산강은 다시 현곡천(일명:小見川), 小項川(일명:신당천), 토방천 등을 합하여 굴연천(掘淵川)으로 되어 안강읍의 동남에서 한천과 달성천이 합류되어 동으로 흐르면서 왕신천과 안계천 등을 합류시킨다. 이 지천(支川)들은 온지연(溫之淵)이 된 후 형산(兄山)과 제산(弟山)[25]이 마주보며 형성하는 형산제산협곡(兄山弟山峽谷)을 빠져나가 영일만(迎日灣)으로 들어가게 된다.

---

21 신라(경주)에 있는 8가지 괴상한 풍경을 말한다.
22 문천도사: "문천 곧 南川의 모래는 물위를 떠서 강물을 거슬러 올라간다."라는 의미이다.
23 『삼국유사』「기이」제1, 신라의 시조 혁거세왕 조. '각솔자제(各率子弟) 구회어알천안상(俱會於閼川岸上)'
24 최용주 · 오세윤, 『역사의 땅 경주 아름다운 전설과 함께하다』, 학연문화사 2013 p.63.
25 경상북도 경주시 강동면과 포항시 남구 연일읍의 경계에 있다. 일명 북형산(北兄山)이라고도 한다. 형산강을 사이에 두고 북쪽으로 제산(弟山)과 마주보며 두 산을 함께 엮어 형제봉산(兄弟峰山)이라고 부른다.

그림 4-4. 금장대에서 본 알천과 서천

하천과 관련하여 경주분지는 『삼국사기』 「신라본기」의 홍수기록[26]에서 보듯이 고대
로부터 하천 범람이 잦았다는 것이다. 즉 신라왕도 고대 도읍은 하천이 자주 범람하는
선상지(扇狀地) 지형 위에서 발전하였다. 이로 인하여 서천과 남천, 북천 주변에 하천
범람을 막기 위한 비보숲(裨補藪)이 많이 발달하였다. 경상도 지역의 비보숲에 관한 연
구결과[27]에 의하면 조선시대 비보숲이 가장 많은 곳이 경주지역으로, 총 열다섯 개의 비
보숲이 있었으며, 그중 일곱 개가 '수해방지'에 목적으로 경주분지 내에 있었다.[28] 비보
숲은 자연지형의 약점을 보완하기 위하여 인위적으로 조성하거나 보호하는 숲이다. 고
대로부터 경주분지에서는 하천 범람을 막기 위한 목적의 숲이 많이 조성되었으며, 이는
풍수의 원형으로도 볼 수 있다.

---

26 ① 아달라니사금 7년(AD160년) 여름 4월에 폭우가 내려 알천(北川)의 물이 넘쳐 인가가 표류했고 금성(金城) 북문이
    저절로 무너졌다. ② 유례니사금 7년(AD290년) 여름 5월에 큰물이 나서 월성이 무너졌다. ③ 흘해니사금 41년(AD350
    년) 여름 4월에 큰비가 열흘이나 내려 평지의 물이 3~4척이나 되었고, 관사옥사(官私屋舍)가 표몰 했으며, 산이 13개
    소나 무너졌다. ④ 소지마립간 18년(AD496년) 여름 5월에 큰비가 내려 알천(北川)의 물이 불어나 인가 200여 가가 표
    류했다.(『삼국사기』 「신라본기」 발췌 내용 인용)

27 최원석, "영남지방의 비보", 고려대학교대학원 지리학과 박사학위 논문, 2000, p.260-264.

28 이기봉, 『고대도시 경주의 탄생』, 푸른역사, 2007, p.159.

3. 평야(분지와 선상지[29])

경주분지는 동쪽으로 불국사산맥의 토함산(745m), 서쪽은 구미산(龜尾山 594m), 남쪽은 남산(494m) 등의 산지로 둘러싸여 있고 양산 단층선과 울산 단층선이 교차하며, 단층선이 통과하는 방향, 즉 북쪽, 남동쪽, 양산으로 연결된 남남서쪽으로 크게 열려 있어서 불완전한 분지 형태를 이루고 있다. 그 영향으로 남북 방향으로 열린 분지들이 신광, 안강, 경주, 언양에 분포한다. 이 분지들은 양산 단층선을 따라 조성된 교통로를 통해 연결된다. 이들 분지에는 산지 전면에 합류 선상지가 형성되어 있다.

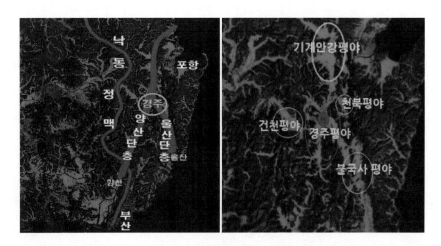

그림 4-5. 단층선과 선상지 평야

출처: 네이버지도

경주지역의 선상지는 단층선과 관계되어 연속적으로 분포하며, 분지에는 지평면의 규모가 커서 큰 촌락이나 도시가 입지 할 수 있고, 또한 교통로에 의해 연결이 되는 특징이 있다.[30] 경주평야를 중심으로 한 내남, 건천, 안강 평야 등 비옥한 평야 지대는 신

---

29   선상지(扇狀地, alluvial fan)는 산간계곡을 흐르던 하천이 산록의 평지로 나올 때 운반력의 약화로 사력물질이 쌓여 이루어진 일종의 퇴적 지형이다. 지형상의 현저한 특징은 등고선이 동심원상(同心圓狀)이면서 평면적으로는 부채를 펼친 형태이고 입체적으로는 밑 부분이 넓고 높이가 낮은 원뿔 모양이다. (윤경철, 김명호, 이강원, 이현직, 『지도 읽기와 이해』, 푸른길, 2008.)

30   황상일·윤순옥, "고대국가 사로국과 신라의 수도 경주의 입지에 미친 지형 특성", 『한국지형학회지』, 제20권 제3호, 2013, p.85.

라 천년 문화의 바탕이 되었다.

4. 해안(海岸)

경주분지는 해안과도 멀지 않은 곳에 있어 고대로부터 해안과의 교류가 편리하였다. 형산강지구대를 따라 북으로는 포항과 연결되고, 남으로는 울산과 연결된다. 그리고 북천의 계곡을 따라 토함산을 넘으면 동해의 감포와도 연결된다. 신라가 일찍부터 강원도 강릉 일대와 함경도까지 진출한 것도 경주에서 동해안으로 나오는 형산강지구대가 있었기 때문에 가능하였다. 동쪽의 토함산맥은 울산에서 장기곶까지 뻗으면서 지형이 험준하여 해안을 따라 조성된 통로를 쉽게 통제할 수 있어 왜구에 대한 군사 방어적 역할도 하였다.

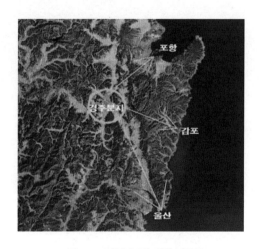

그림 4-6. 경주분지와 해안 접근성

출처: 네이버지도

이와 같은 해안과의 인접성으로 경주분지에서는 일찍부터 해안으로부터 풍부한 소금 및 해산물을 획득이 쉬웠고, 또한 해양을 통해 남방 및 북방의 먼 지역과 물류, 문화의 교류가 많았다.

Ⅲ. 경주분지와 월성의 풍수적 분석

백두대간의 낙동정맥에서 호미지맥으로 분기한 용맥이 토함산에 이르러 서쪽으로 출맥한 지맥이 명활산을 지나 경주분지의 진산(鎭山)인 낭산(狼山)에 이른다.[31]

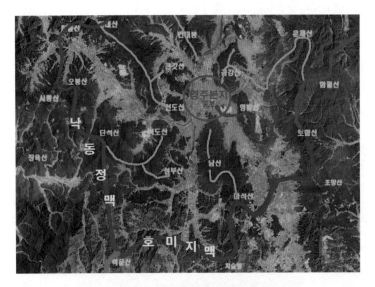

그림 4-7. 경주분지의 용맥도

출처: 네이버지도

이 낭산에서 월성을 거쳐 경주분지의 중앙으로 용맥이 뻗어나가고 있다. 『택리지(擇里志)』에서는 "경주의 읍치는 태백산 좌측 지맥의 중앙에 위치하고 있는데 풍수가들은 '회룡고조형'이라 한다"[32]라고 하였다.

둘째, 사세(砂勢)를 살펴보면, 경주의 진산이 낭산이 되므로 사신사로 배치하여 보면 위의 그림에서 보는 바와 같이 낭산이 현무봉이 된다. 그리고 좌청룡은 남산, 우백호는 소금강, 주작, 즉 안산은 선도산이 된다. 경주지역의 민속향토지리지인 『동경잡기』에서도 경주의 진산은 낭산, 안산은 선도산으로 보고 있다.[33]

---

31   김연호, "한국 전통지리 사상 연구", 영남대학교대학원 박사학위논문, 2008. p.93.

32   『택리지(擇里志)』, 「팔도총론(八道總論)」, "州治在太白山左支中央 形家言回龍顧祖."

33   『동경잡기(東京雜記)』 권1, 「산천(山川)」, "狼山 在府東九里 鎭山…狼山爲鎭以仙桃山爲案.…自狼山爲月城 而一枝

신라 초기에는 천하를 4방으로 보는 지리적 공간 관념에 따라 경주분지를 사방에서 둘러싸고 있는 동의 토함산, 서의 선도산, 남의 남산, 북의 금강산을 사악(四嶽)으로 숭배하였다. 나중에는 중악(中嶽)에 낭산을 추가하여 오악(五嶽)으로 편재하였다.[34] 이 오악은 경주 외곽을 빙 둘러 호위하는 호위사(護衛砂) 역할을 한다.

그림 4-8. 경주의 사세와 수세

출처: 네이버지도

셋째, 수세(水勢)를 살펴보면, 토함산 서남쪽 골짜기에서 발원한 남천은 좌선수(左旋水)로로 분지를 감싸안으면서 흘러간다. 이 하천은 경주분지 서쪽으로 흐르는 서천과 합류하여 북으로 흐르다가, 금장대 앞에서 토함산 서편 계곡에서 발원한 북천과 합수하여 형산강으로 유입된다. 경주의 수세와 내룡맥의 용수배합을 살펴보면 내룡(來龍)은 우선룡(右旋龍)이고, 물은 좌선수이므로 용수(龍水)의 좌우선법(左右旋法)에 의한 용수배합을 잘 이루고 있다.

『감룡경(撼龍經)』 통론(統論)에서 "평지에서는 양쪽으로 물의 흐름을 살펴야 한다.

爲府龍."

34 이는 신라 삼산오악제도의 초기 오악으로, 신라의 정복 확장과 함께 후에 오악은 토함산, 계룡산, 지리산, 태백산, 팔공산(富山, 중악)으로 확대 편재된다.

평지에서는 두 물길을 사이에 두고 있는 곳이 바로 진룡(眞龍)이며, 곁가지 산줄기들이 빙 둘러 있으면 그 가운데 것이 진룡이다."[35]라고 하였는데, 위 그림에서 보는 바와 같이 경주분지는 동쪽의 명활산, 낭산으로 이어지는 용맥이 분지로 들어오고, 용맥의 좌우 양쪽에서 북천, 남천이 흐르는 두 물길 사이 진룡의 형국이다. 산세 또한 동서남북 사방을 산줄기들이 빙 둘러싸고 있는 가운데 있는 진룡의 형국을 하고 있다. 즉 경주분지는『감룡경』에서 말한 전형적인 명당 길지라 할 수 있다.

경주분지에 이어 신라 천년의 왕궁을 보면, 경주의 왕궁은 월성(月城)이다. 월성이 궁성으로 등장하는 것은『三國史記(삼국사기)』에 "파사왕 22년(A.D. 101)에 금성의 동남쪽에 성을 쌓았으며, 월성(月城) 또는 재성(在城)이라 불렀다."[36]라고 하면서이다. 월성은 왕궁으로 사용하기 시작하여 신라 역사가 끝날 때까지 계속해서 국왕의 거처인 본궁으로 역할을 하였다. 월성은 그 형상이 동서로 옆으로 길게 뻗친 초승달과 같다 하여 반월성(半月城)으로도 불린다. 초승달 형태는 성장의 의미를 담고 있다.[37] 월성의 내룡은 경주분지의 진산인 낭산에서 뻗어 나와 월성 동쪽으로 입수하는 것으로 본다. 사세와 수세는 위 경주분지의 풍수적 분석과 동일하게 볼 수 있다.

월성과 관련하여『삼국유사』에 석탈해가 동해에서 서라벌로 이주하면서 꾀를 내어 당시 신라의 관료가 살고 있던 반월성 자리를 빼앗아 차지하는 내용이 나온다.[38] 이와 관련하여 최창조는 이 기록에 나오는 초승달 모양의 집터는 전형적인 운세 상승의 명당이며, 꾀를 써서 그 터를 빼앗았다는 것은 후대에 음택풍수 자리 뺏기에 흔히 쓰이던 늑장(勒葬)의 전형적인 예로 볼 수 있다.[39] 하면서 월성을 전형적인 명당이라 하고, 석탈

---

35 「감룡경(撼龍經)」, 「통론편(統論篇)」, "高山旣認星峰起 平地兩傍尋水勢 兩水夾處是眞龍."

36 「삼국사기」 권제1 「신라본기」 제1. 파사 이사금 22년

37 반달터는 예로부터 집터나 마을의 터 및 도읍지로도 길지로 여겨져 왔는데 백제 부여의 반월성이나 신라 경주의 반월성, 고구려 도읍지 평양의 반월성도 모두 반달이 보름달이 되어가듯 국운이 날로 융성해 지기를 바라는 뜻을 담고 있다 (천인호, 「풍수지리학 연구」, 한국학술정보(주), 2012. p420).

38 「삼국유사」, 「기이」 제1, 21. 제4대 탈해왕 조. '계책을 써서 몰래 그곳에 숫돌과 숯을 묻어두고 이튿날 그 집에 가서 "이곳은 우리 할아버지 대에 살던 집이다" 하며 다툼을 만들고 관에 가서 "나는 본래 대장장이인데, 잠깐 이웃 고을에 간 사이에 그 사람이 차지하여 살고있는 것입니다. 청컨대 땅을 파서 조사해 보십시오."라고 하였다. 그 말대로 하니 과연 숫돌과 숯이 나왔으므로 빼앗아 살았다'

39 최창조 「한국자생풍수의 기원, 도선」, ㈜민음사 2016. p.66.

해를 기록상 최초의 풍수 인물이라 하였다.

Ⅳ. 신라왕도 경주의 풍수 원형

1. 표암(瓢巖)과 천강(天降)신화

표암은 경주분지를 사방에서 둘러싸고 있는, 신라 초기 오악(五岳) 중 하나인 북쪽의 금강산에서 남쪽으로 흘러내린 지맥상의 구릉인 표암봉 하단부의 바위 절벽을 가리키며, 신격(神格)이 강림(降臨)한 성소(聖所)로 전해지고 있다.

표암은 '밝은 바위'라는 의미를 가지고 있다. 신화적 영(靈)이 깃들어 있는 표현으로 사유되며, 상부에 경주이씨 시조로 전해지는 알평공(謁平公)의 탄강처(誕降處)로 전해지는 돌구유 모양의 바위가 있다. 이곳을 광림대(光臨臺)라 한다. 광림대는 '석혈(石穴)'로도 불리며, 석혈 아래 바위에는 이곳이 고대 신앙의 성소임을 말해주는 각종 문양이 있다.

그림 4-9. 표암과 경주이씨 시조 사당

『삼국유사』에서 6부의 조상들이 각기 그 자제들을 거느리고 알천 언덕에 모여 의논하였다고 전해지는"[40] 그 의논 장소가 바로 표암이다. 그래서 이곳을 신라의 만장일치 귀족회의 제도인 '화백회의(和白會義)[41]'의 발상지로도 본다. 『삼국유사』에서는 사로국 초기의 정치 중심지가 '알천안상(閼川岸上)'이라고 기록하고 있다. 그 시기에 알천의 주변, 지금의 황성동, 동천동에는 수백 채의 집들로 이루어진 마을이 존재하였다.[42]

그림 4-10. 표암 상부의 돌구유 형 석혈과 고대신앙 문양이 새겨진 바위

아래 그림은 경주분지에서 표암의 위치이다. 표암과 그 일대의 입지를 풍수적으로 해석하면 용맥은 백두대간에서 분기한 정맥의 하나인 호미지맥의 토함산을 소조산으로 하여 맥이 연결된 소금강산이 주산이 된다. 그리고 경주분지를 동과 서에서 둘러싼 명활산과 선도산을 각각 청룡, 백호로 하며, 남산을 주작으로 한다. 그리고 알천(북천)이 좌선수로 혈장을 감싸 돌아 북의 형산강으로 파구(破口)되는 명당이라 할 수 있다. 실제 표암에 올라서면 남쪽으로 경주분지가 한눈에 들어오는 경주분지 일대에서 요지 중의 요지임을 알 수 있다. 사로국 성립 전 진한시대의 정치 중심지가 되기에 충분한 풍수지리적 요건을 갖춘 곳으로 볼 수 있다.

---

40 『삼국유사』, 「기이」 제1, 신라의 시조 혁거세왕.

41 『신당서(新唐書)』, 권212 열전 제145 동이〈東夷〉. '국가에 일이 있으면 반드시 여러 사람들이 의논하였는데, 이를 화백(和白)이라 하였고, 한 사람이라도 반대하면 논의를 그만두었다'

42 김재홍, "신라 중고기의 저습지 개발과 촌락구조의 재편", 「한국고대론총」 7, 한국고대사회연구소 1995. p.60.

그림 4-11. 표암의 위치

출처: 네이버지도

위 그림의 파란색 원 지역이 위에서 말한 알천 주변 수백 채의 집들로 이루어진 마을이 존재하였다는 지금의 황성동, 동천동에 지역이다.

2. 비보숲(裨補藪)[43]

『삼국사기』 신라본기의 홍수기록[44]에 의하면 경주분지는 고대로부터 범람이 잦은 지역이었다. 이로 인하여 서천과 남천, 북천 주변에 하천 범람을 막기 위한 비보숲이 많이 조성되었던 것으로 보인다. 경주 왕경의 발전 과정을 보면 신라 중기에 이르러서야 황룡사지 조성과 함께 경주분지 중앙 저지대가 주거지로 정비가 시작된다.

---

43 비보숲의 문헌적 명칭은 비보수(裨補藪) 이다.

44 『삼국사기』, 「신라본기」, ① 아달라니사금 7년(AD160년) 여름 4월에 폭우가 내려 알천(北川)의 물이 넘쳐 인가가 표류했고 금성 북문이 저절로 무너졌다. ② 유례니사금 7년(AD290년) 여름 5월에 큰 물이 나서 월성이 무너졌다. ③ 흘해니사금 41년(AD350년) 여름 4월에 큰비가 열흘이나 내려 평지의 물이 3~4척이나 되었고, 관사옥사(官私屋舍)가 표몰했으며, 산이 13개소나 무너졌다. ④ 소지마립간 18년(AD496년) 여름 5월에 큰비가 내려 알천(北川)의 물이 불어나 인가 200여 채가 표류했다.

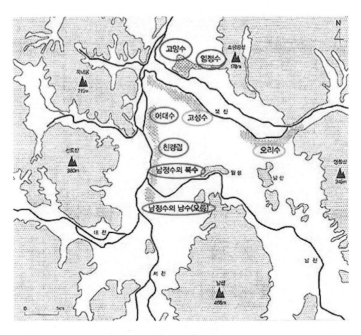

그림 4-12. 경주분지 비보숲

출처: 이기봉, 『고대도시 경주의 탄생』

위 그림은 신라시대 비보 숲 8곳의 위치를 보여준다. 그림 파란색 원의 고양수와 임정수는 경주분지의 북쪽에서 불어오는 바람을 막기 위한 방풍림이다. 고양수는 지금의 경주 황성공원으로 현재는 고성숲이라 부르기도 한다. 노란원의 고성수와 오리수는 알천(북천)의 범람을 막기 위한 목적이며, 빨간원의 어대수 천경림 남정수 남북은 서천 및 남천의 범람을 막기 위한 것이었다. 남정수의 남수는 박혁거세릉으로 알려진 경주 오릉 지역이다.

특이할 점은 대부분이 후일 그 자리에 사찰이 조성되는 전불칠처가람지허(前佛七處伽藍之墟)[45]와 중복 또는 비슷한 위치라는 사실이다. 즉 초기 신라인들이 신성시 여겨 출입과 벌목을 금지하였던 '전불칠처가람지허' 대부분이 하천변에 위치하며 하천 범람

---

45 『삼국유사』 제3권. 「흥법(興法)」 제3. 신라불교의 기초를 잡은 아도(阿道) '그곳 도읍에는 일곱 군데 가람을 세울 자리가 있는데...천경림(天鏡林) 지금의 흥륜사(興輪寺), 삼천기(三川岐) 지금의 영흥사(永興寺), 용궁남(龍宮南) 지금의 황룡사(黃龍寺), 용궁북(龍宮北) 지금의 분황사(芬皇寺), 사천미(沙川尾) 지금의 영묘사(靈妙寺), 신유림(神遊林) 지금의 천왕사(天王寺), 서청전(婿請田) 지금의 담엄사(曇嚴寺)이다.'

을 막아주고, 겨울엔 거센 북풍을 막아주는 비보숲의 역할을 하였다는 사실을 알 수 있다.

풍수에서 비보는 지리비보와 동의어로서, 자연의 지리적 여건에 인위적·인문적인 사상(事象)을 보태어 보완하고 주거환경을 조정·개선함으로써, 이상향을 지표공간에 구성함을 목적으로 하고 있다.[46] 그리고 비보의 역사적 형태로는 불교적 비보와 풍수적 비보가 대표적이며, 비보는 풍수와 결합하여 비보 풍수론으로 발전하였다.[47]

고대로부터 시작하여 신라 땅에서는 경주분지 왕경지구의 범람을 막기 위해 비보숲을 조성하였으며, 그 지역을 토착 신앙의 성소로 삼아 일반인의 출입을 제한함으로써 비보숲을 보호하였던 것으로 보인다.

3. 낭산(狼山)

낭산은 월성 동쪽의 작은 산으로 그 형태가 이리가 누워있는 형상을 하고 있다고 하여 낭산으로 이름 지어졌다고 한다. 이곳은 본래 토착신앙과 깊이 관련된 성소였을 것으로 보인다. 낭산 남쪽 자락에는 신라 '전불칠처가람지허'의 하나인 신유림(神遊林)이 조성되어 있어 신라 초기부터 신성시되었던 산이다. 낭산은 신라인들의 산악숭배의식 국가제사의 대상인 삼산(三山)과 오악(五嶽)에서도[48] 가장 중요한 위치를 차지한다. 대사(大祀)의 대상인 삼산의 중심으로 왕경 내에 있는 산이며, 동시에 통일기 이전까지는 중사의 대상인 오악의 중악으로 숭배한 산이기도 하다.

문무왕 19년(A.D. 679) 삼국통일 후 신라는 호국사찰로 낭산의 신유림 자리에 사천왕사(四天王寺)를 창건하게 된다.[49] 낭산을 신라 불국토의 수미산으로 인식하여 호국불교의 중심이 황룡사에서 사천왕사로 옮기게 된 것이다. 문무왕은 사천왕사를 호국불교

---

46   천인호, 『풍수지리학 연구』, 한국학술정보(주), 2012. p.435.
47   최원석, "영남지방의 비보", 고려대학교대학원 박사학위 논문 2000.
48   삼산(三山)은 신라시대 국가제사 가운데 대사(大祀)의 대상이 되었던 왕도 및 주변의 세 개의 산. 오악(五嶽)은 중사(中祀)의 대상이 되었던 다섯 산악(山嶽)으로 삼국통일 이전에는 경주 주변의 토함산, 금강산, 함월산, 선도산, 단석산이었고, 통일 이후에는 국토의 사방과 중앙에 있는 산악으로 확대되어 토함산, 계룡산, 지리산, 태백산, 팔공산으로 변하였다.(네이버, 한국민족문화대백과사전, 한국학중앙연구원)
49   『삼국유사』 제2권 「奇異」 제2 1. 문무왕(文武王) 법민(法敏) 조.

의 도장으로 삼아 신라 국토 즉 불국토를 지켜내고자 하였다. 낭산이 새로운 호국불교의 중심지로 자리하게 되었다. 낭산은 신성시되기 시작한 이후 여러 차례 변모의 과정을 거쳤다. 신라인들은 어느 시점부터 낭산에 대해 각별하게 여겨 주목하였던 것이다. 낭산 관련 기록이 비교적 이른 시기부터 등장함은 이를 잘 반영해 주는 사실이다. 또 낭산 자락과 그 주변에는 수백 년에 걸쳐서 조성된 신라의 유력한 사적이 적지 않게 분포하고 있음은 그런 실상을 물증해 주기에 충분하다.[50]

그림 4-13. 낭산의 위치

출처: 네이버지도

풍수론적 관점에서 보면 중국 풍수 전래 이래 경주의 풍수를 논하는 여러 문헌에서 낭산을 경주의 진산[51]으로 논하고 있다.[52] 주목할 점은 이러한 분석의 진위가 아니라, 용맥, 사신사 같은 풍수의 도식적 개념이 없었다고 보이는 고대로부터 낭산을 경주분지에서 가장 중요시되는 산(또는 지점)으로 주목하여 일찍부터 신성시하고 보호하여 왔으며, 후일 통일 신라를 수호하는 호국불교의 중심지로도 되는 것이다. 이는 중국 풍수이론 전래 이전에도 자연지리적 입지환경을 경영하는 풍수적 개념이 있었음을 보여주는

---

50 주보돈, "신라 낭산의 역사성", 동국대학교 신라문화연구소, 신라문화 44, 2014. p.1∞27.

51 '주산(主山)은 혈장이 있는 명당 뒤에 위치하기 때문에 後山이라고 하고 그를 진호한다고 하여 진산(鎭山)이라고 할 경우도 있다.' (천인호, 『풍수지리학 연구』, 2012, 한국학술정보, p.194)

52 '낭산은 부의 동쪽 9리에 있다. 진산이다.'(『신동국여지승람(新增東國輿地勝覽)』 권 21, 「경상도 경주부 산천조」)

사례라 하겠다. 즉 신라인들은 어느 시점부터 낭산에 대해 각별하게 여겨 주목하기 시작하였던 것이고, 이는 고대 풍수 시원(始原)의 한 형태라고 볼 수 있다.

4. 고위산(高位山) 천룡사(天龍寺)

경주 남산(南山)은 월성의 남쪽에 있는 남북으로 약 8km, 동서 너비 약 4km의 크기의 산맥을 형성하고 있으며, 산 북쪽의 금오봉(金鰲峰, 468m)을 금오산(金鰲山), 남쪽의 고위봉(高位峰, 494.6m)을 고위산(高位山)으로, 각각 독립된 이름으로 부르기도 한다. 남산에 얽힌 전설과 영험의 사례는 풍부하고 다양하다. 남산은 신라왕조에서 네 곳의 신령한 땅인 사령지(四靈地)[53]의 하나로 이곳에서 모여 나랏일을 의논하면 반드시 성공하였다고 한다.

이 산맥의 정상(頂上)지역에는 반월성과 연계하여 신라 왕실의 군사적 요충지 역할을 하였던 남산성(南山城)의 유적이 아직 남아 있으며, 산성의 망대이던 게눈바위와 연결되어 북쪽으로 반월성과 마주한 도당산(都堂山)에 이르러 남산산맥이 끝난다. 전술한 신라왕조에서 네 곳의 신령한 땅인 사령지의 하나인 우지산에 대한 정확한 기록은 없으나, 향토 사학계에서는 반월성과 남산을 연결하는 아담한 봉우리로, 신라왕실과 연계된 많은 스토리가 있는 도당산을 『삼국유사』에 기록된 우지산으로 보고 있다.[54] 박혁거세(朴赫居世)가 태어난 곳도 남산 서쪽 기슭의 나정(蘿井)이며, 불교가 공인된 528년(법흥왕 15) 이후부터 남산은 부처님이 상주하는 신령스러운 산으로 존중되었으며, 지금도 많은 불교 유적이 남아 있다.

---

53 『삼국유사』 제1권 기이 제1. 33. 진덕왕(眞德王) 조. '신라에 네 곳의 영지(靈地)가 있어 큰일을 의논하려고 하면 대신이 반드시 그곳에 모여서 의논하였는데, 그리하면 그 일이 반드시 성사되었다. 첫째 동쪽의 청송산(靑松山)이요, 둘째 남쪽의 우지산(于知山)이요, 셋째 서쪽의 피전(皮田)이요, 넷째 북쪽의 금강산(金剛山)이다.'

54 남쪽의 우지산(우지암)은 경주 남산 북쪽 끝에 있는 도당산이라는 설이 유력하다. 마을 사람들이 도당산 옆의 왕정골을 우지암골이라 부르기도 한다.(윤경렬 『겨레의 땅 부처님 땅』 1993. p29)

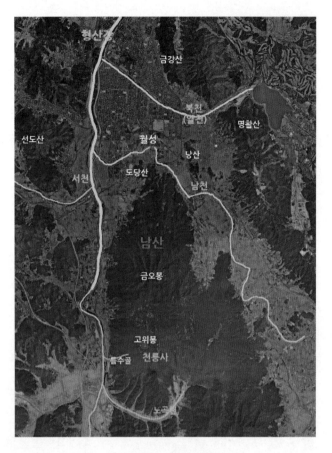

그림 4-14. 경주 남산

출처: 네이버지도

『삼국유사』에 고위산 천룡사에 관하여 "동도(東都, 경주)의 남산 남쪽에 한 봉우리가 높이 솟아 있는데, 세속에서는 고위산이라고 하고, 산의 남쪽에 절이 있는데 세속에서는 고사(高寺) 혹은 천룡사라고 한다. 『토론삼한집(討論三韓集)』[55]에 말하길, "계림(鷄林) 땅에 객수(客水) 두 줄기와 역수(逆水) 한 줄기가 있는데, 그 역수와 객수의 두 근원이 하늘의 재앙을 진압하지 못하면 천룡사가 뒤집혀 없어지는 재앙이 있게 되리라."라

---

55 삼한(三韓)에 관한 논의를 모은 책으로 보인다. 현재 실물이 전하지 않으며 자세한 내용은 알 수 없으나, 『삼국유사』 천룡사조에서 그 내용 일부가 인용되었다. 그 인용된 내용이 지리를 길흉과 관련시켜 설명한 것이어서, 『삼한토론집』 자체도 풍수지리와 도참사상을 바탕으로 만들어진 책일 가능성이 높다. 네이버 지식백과, 토론삼한집.(네이버, 문화원형백과 삼국유사사전/박물지 시범개발, 2007. 문화원형 디지털콘텐츠).

고 하였다. 또 속전(俗傳)[56]에 말하기를, "역수는 주(州)의 남쪽 마등오촌(馬等烏村) 남쪽에 흐르는 개울을 말하고, 또 이 물의 근원이 천룡사에 이르는데, 중국에서 온 사신 악붕귀(樂鵬龜)[57]가 보고 말하기를, '이 절이 파괴되면 며칠 못 가서 나라가 망할 것이다.'라고 하였다."[58] 라는 기록을 찾아볼 수 있다.

그림 4-15. 고위봉과 천룡사지

『삼국유사』에 『토론삼한집』이라는 책의 내용을 인용하여 고위산 천룡사를 설명하며 용어에 '계림', '객수와 역수', '하늘의 재앙'과 같은 말이 나온다. 이 내용을 풀이해 보면 먼저 '계림(鷄林)'은 초기 신라의 다른 이름이기도 하지만 여기서 말하는 '계림 땅'은 신라 왕경 즉 경주분지로 보는 것이 타당하다 할 수 있다. 그리고 전술한 바와 같이 경주분지 일대에는 백운산에서 발원하여 경주를 거치면서 북북동류(北北東流)하여 동해 영일만으로 유입하는 형산강과, 지류인 북천과 남천이 흐른다. 풍수에서 객수는 명당 밖을 흐르는 물, 역수는 명당으로 흘러 들어오는 물을 말한다. 이 기준에 따라 위 내용에서 말하는 '객수와 역수'를 찾아보면, 객수 둘은 형산강의 지류인 남천과 북천으로

---

56 '민간(民間) 사이에 전(傳)하여 내려온'이라는 말이다.

57 『삼국유사』권2 기이2 문무왕법민 조. '고종이 듣고 크게 기뻐하며, 이에 예부시랑 악붕귀(樂鵬龜)를 신라에 사신으로 보내어 그 절을 살피게 했다.'

58 『삼국유사』제3권 탑상 제4, 26. 天龍寺 조.

볼 수 있으며, 역수 하나는 형산강의 본류인 서천으로 볼 수 있다. 또한 이 추론에 근거하면 객수 둘의 근원은 토함산으로, 역수의 근원은 백운산으로 볼 수 있다.

이어서 "속전에 말하기를, '역수는 주의 남쪽 마등오촌 남쪽에 흐르는 개울을 말하고, 또 이 물의 근원이 천룡사에 이르는데, 중국에서 온 사신 악붕귀가 보고 말하기를, '이 절이 파괴되면 며칠 못가서 나라가 망할 것이다.'라고 하였다."라고 하였는데, 『삼국유사』의 기록을 살펴보면, '마등오촌'은 진한 6촌 중 돌산고허촌의 한 마을[59]이다. 속전의 말에 따르면 '마등오촌'의 위치가 아래 그림에서 보는 것처럼 고위산 천룡사 아래의 계곡에 있는 마을이 된다. 지금의 용장리 틈수골[60] 지역이다. '역수는 주(州)의 남쪽에 있는 마등오촌 남쪽을 흐르는 개울'이라고 하고, 근원이 고위산 정상 부근에 위치한 천룡사라 하였는데 아래 그림에서 보는 것처럼 '마등오촌 남쪽을 흐르는 개울'은 천룡사 계곡에서 서쪽으로 흘러 아래 서천과 합류하는 지금의 틈수골 개천으로밖에 볼 수 없다. 이 틈수골 개천의 근원이 천룡사에 이른다는 것은 지형과 일치한다.

그림 4-16. 천룡사지와 마등오촌 입지

출처: 네이버지도

---

59 『삼국유사』 제1권 기이(紀異) 제1, 18. 신라시조혁거세왕(新羅始祖赫居世王) 조. '진한 땅에는 옛날 여섯 마을(六村)이 있었다.(중략) 둘째는 돌산고허촌(突山高墟村)으로 촌장은 소벌도리(蘇伐都利)다. ..(중략) 정씨의 조상이 되었다. 지금은 남산부(南山部)라 하니 구량벌(仇良伐) · 마등오(麻等烏) · 도북(道北) · 회덕(迴德) 등 남촌(南村)이 여기에 속한다'.
60 지금의 행정구역 명칭은 '경북 경주시 내남면 틈수골길'이다.

그런데 "이 절이 파괴되면 나라가 망한다"는 악붕귀의 말은 앞에서 설한 '객수와 역수', 하늘의 재앙'과 같은 사실들과의 직접적인 인과관계를 근거로 하지 않는 주술적인, 즉 풍수적 해석으로 밖에 볼 수 없다. 중국에서 온 사신 악붕귀는 풍수적 개념으로 천룡사의 중요성을 설하였으나 앞에서 설(說)한 실질적인 역수의 근원인 백운산 동북계곡은 정확하게 인지하기가 어려웠을 것으로 사료 된다. 현실적으로 당시 중국에서 사신으로 온 악붕귀가 경주분지를 벗어난 먼 지역, 즉 서천(형산강)의 근원인 백운산까지 답사하지는 못하였을 것이다.

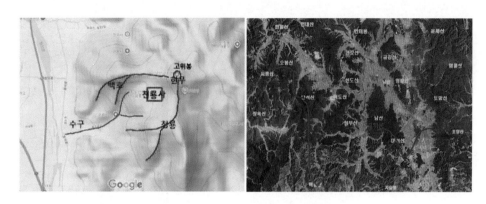

그림 4-17. 천룡사 입지의 사수와 용맥도

출처: 구글지도, 네이버지도

천룡사의 입지의 용사수(龍沙水)를 살펴보면, 용맥은 아래 그림과 같이 백두대간에서 분기한 낙동정맥이 남으로 진행하면서 울산광역시 울주군의 백운산에서 분기한 호미지맥이 동쪽으로 뻗어가다 경주분지의 남쪽에 위치한 마석산에서 주맥은 동해의 토함산으로 계속 진행하고, 갈라진 한 맥이 경주 남산으로 들어와 고위봉을 거쳐 금오봉까지 이어진다. 고위봉이 천룡사지의 현무가 되며, 고위봉에서 좌우로 분기한 산맥이 뻗으면서 청룡과 백호가 잘 발달된 보국을 만들고 있다. 천룡사지 좌우의 내당수는 아래 틈수골에서 합하여 형산강으로 빠져나간다.

천룡사지와 관련된 내용이 사로국 성립(BC 57) 이전의 시대의 기록물로 추정되는 『토론삼한집』에 있었다는 것은 상고 시대에 이미 경주분지의 입지에 대한 풍수적 의미의 길흉을 논하였음을 확인할 수 있는 것이라 볼 수 있다. 다시 말하면 『삼국유사』에서 천룡사와 관련하여 서술한 내용은 천룡사의 입지가 풍수적으로 매우 뛰어난, 의미 있는 자리라는 것을 설하고자 하였던 목적이었다고 할 수 있다.

5. 괘릉(掛陵)

괘릉은 신라 삼국통일 대업을 이룬 무열왕계와의 왕위 다툼에서 승리하여 하대(下代)[61] 신라왕국 정권의 기반을 마련한 신라 제38대(785~798) 원성대왕(元聖大王)의 능으로 알려져 있다. 신라인 최치원(崔致遠)[62]이 찬술한 『사산비명(四山碑銘)』[63]의 하나인 숭복사비문(崇福寺碑文)은 원성왕의 괘릉을 조성한 경위를 찬하는 내용을 담고 있다. 그 자리는 처음 신라 귀족 파진찬(波珍湌)[64] 김원량(金元良)[65]이 절을 지었던 곳인데, 그곳에 원성왕의 유택을 모시게 되는 경위를 설하고 있다.[66] 최치원은 868년(경문왕 8)부터 10여 년간 당(唐)나라에서 유학과 벼슬을 하였던 인물로 당시 중국의 풍수를 이론을 많이 습득한 것으로 보인다. 비문은 최초로 전래풍수의 음택 개념과 용어를 사용한 신라시대 문헌이라 할 수 있다. 그러나 원성왕의 재위기간(785~798)을 고려할 때 능묘는

---

61 『삼국사기』는 신라를 크게 창업부터 28대 진덕여왕까지는 상대(上代), 통일 세력인 29대 태종무열왕(太宗武烈王)부터는 중대(中代), 38대 원성왕(元聖王, 내물왕계)부터는 하대(下代)로 구분한다.

62 최치원(崔致遠)은 857년(헌안왕 1)에 태어나 908년(효공왕 12) 이후까지 활동하였다. 사망 연대는 알려져 있지 않다. 신라의 학자, 문장가, 관료로 자는 고운(孤雲), 시호는 문창후(文昌侯)이다.

63 최치원이 찬술한 비문 가운데 신라의 불교사를 비롯하여 여러 면으로 가치가 높은 네 편을 뽑아 한 책으로 만든 것이다.(최영성 『교주 사산비명』 이른아침 2014. p.24.)

64 신라 17관등 중 제4위로 진골(眞骨) 이상의 출신이다.

65 신라 원성왕의 모후인 소문황후(昭文王后)의 외숙이며, 원성왕의 비(妃)인 숙정왕후(肅貞王后)의 외조부이다.

66 ① "다만 이 땅은 위세가 축두산보다 낮고 지덕(地德)은 용이(龍耳)의 형국처럼 높으므로, 절을 짓는 것보다 왕릉을 마련함이 좋을 것이다"

② "죽은 사람을 장사지내는 것이란, 땅으로서는 돕는 바이지만 하늘로서는 허물하는 바이다. 서로 보익이 되지 못할 것이다."

③ "능묘란 아래로는 지맥을 가리고 위로는 천심을 헤아리며, 반드시 묘지에다 사상을 포괄함으로써 천만대 후손에게 미칠 복을 보전하는 것이니 자연의 법칙이다. 불법에는 주상이 없고 장례에는 좋은 때가 있으니, 땅을 바꾸어 자리함은 하늘의 이치에 따르는 것이다. 단지 청오자 같은 풍수가의 좋은 감정을 따랐을 뿐…"

④ "쓸쓸한 비풍이 잦게 되면 춤추던 봉황과 노래하던 난새의 생각이 격렬해지고, 울창한 숲에 밝은 해가 드러나게 되면, 용이 서리고 범이 걸터앉은 듯한 지세의 위엄을 더하여 주었다."

(최영성, 『교주 사산비명』, 이른아침. 2014. p.251~260 「유당 신라국 초월산 대숭복사 비명 및 서」 내용 발췌).

도선[67] 이전의, 신라에서 풍수지리의 이론이 아직 제대로 성립되지 않았던 때 조성된 것이다.

그림 4-18. 원성왕릉 전경

한편으로는 괘릉이라는 이름은 능의 봉분이 놓인 자리가 원래 작은 연못이라 그 물 위에 궤 모양의 석구조물을 조성하고, 그 위에 왕의 유해를 안치하였기 때문에 붙여진 명칭이라 전해진다. 때문에 사진에서 보는 바와 같이 봉분 외곽에도 물길이 조성되어 있는 모습을 현재까지 볼 수 있다. 괘릉이 조성되었을 때는 이미 중국 풍수가 한반도에 어느 정도 유입된 시기로 볼 수 있으나, 괘능은 중국 풍수의 음택 조건으로는 부합하지 않는, 물이 솟아나는 자리에 묘역을 조성하였다.

---

67   도선은 남북국시대 통일신라의 『도선비기』, 『송악명당기』, 『도선답산가』 등을 저술한 승려이다. 827년(흥덕와 2)에 태어나 898년(효공왕 2)에 사망했다.(네이버, 한국민족문화대백과사전, 한국학중앙연구원).

그림 4-19. 괘릉 좌 · 우 · 후면에 조성된 물길

전술한 바와 같이 원성왕은 하대(下代) 신라왕국 정권의 기반을 마련하였고, 이후 하대의 왕들은 원성왕계로 이어진다. 괘릉은 신라의 왕릉 중 완성도가 가장 높고 보존상태가 뛰어나기로도 손꼽힌다. 괘릉의 십이지신상이나 여러 석물은 그야말로 괘릉의 백미라 할 수 있는 유물들로 이 석상들은 보물 제1427호 '경주 원성왕릉 석상(石像) 및 석주(石柱) 일괄(一括)'로 지정되어 있다. 신라의 능묘로서 가장 완비된 형태의 석물을 갖추고 있을뿐더러 그 조각의 예술성이 매우 뛰어나 이후 신라는 말할 것도 없고 고려와 조선이 왕릉을 조성할 때 본보기가 된 능이다.

V. 나오는 글

필자는 풍수의 시원은 첫째, 인류 문명의 시작과 함께 사람이 살아가기 가장 적합한 자연환경을 찾는 것이며, 둘째 그러한 자연환경을 개인과 집단의 삶에 이롭게 활용하고, 부족한 요소를 보완하기 위한 목적으로 자연환경을 영위하는 행위에서 시작하였다고 본다. 따라서 고대로부터 오랜 기간에 걸쳐 사람들이 집단으로 거주하였던 경주분지와 그 주변의 자연환경에서 그러한 유적을 찾아 지금의 풍수에 비추어 보고자 하는데 의미를 두었다.

경주분지는 주변에서 발견되는 암각화와 석기시대 유물들을 미루어 보아 신석기 · 청동기 시대 이전부터 사람들이 거주하였던 것으로 추정되고 있다. 풍수적 개념으로 경주분지의 진산(鎭山)이라 불리는 낭산 주변에는 청동기시대의 고인돌이 지금도 남아 있다. 낭산 자락 여기저기서 돌도끼며 이른 시기의 토기 조각이 발견되기도 한다. 세계사에서 그 유례가 드문 신라 천년 왕조의 왕도로도 유지되었던 경주분지의 자연환경과 인문 지리적 요인을 고찰하여 그 안에 내재된 풍수의 시원을 찾아보고자 함이다.

역사적 기록이 있는 진한(辰韓) 6부촌의 기원과 화백회의, 백두대간에 대한 인식과 삼산오악제도에서 볼 수 있는 산악숭배 전통, 토착신앙 숭배의 장소로 인식되었던 비보 목적의 천경림을 위시한 하천변 숲의 조성 및 보호, 언제부터인지 주목하기 시작한 낭산의 신성화, 남산 고위봉 아래 천룡사의 유래 같은 사례들은 그들 방식으로 자연지리를 영위한 시원적 풍수의 사례로 볼 수 있었다. 이러한 풍수의 원형으로 확인되는 자연의 영위 행위를 구도적(求道的)인 사상 또는 신앙과 결부하였고, 문자와 정보전달에 한계가 있었던 시대에, 신화나 설화의 형태로 스토리를 만들어 풍수 관점에서 보호되어야 할 주요 자연 형태나 특정 지역을 일반인이 지키게 하였음을 볼 수 있었다.

끝으로 신라왕조와 그 이전 이 땅의 고대인들이 영위한 시원적 형태의 풍수는 대부분 대동(大同)의 공동체를 추구하는 것이 주된 목적이었다는 사실을 주목할 필요도 있다고 본다

〈참고문헌〉

『삼국사기』
『삼국유사』
『택리지(擇里志)』
『동경잡기(東京雜記)』
『감룡경(撼龍經)』
『신당서(新唐書)』
『신증동국여지승람(新增東國輿地勝覽)』
김우선, 『산경표 톺아 읽기』, 민속원. 2021
최용주 · 오세윤, 『역사의 땅 경주 아름다운 전설과 함께하다』, 학연문화사 2013.
최창조, 『한국자생풍수의 기원, 도선』, ㈜민음사, 2016.
이기봉, 『고대도시 경주의 탄생』, 푸른역사, 2007.

윤경철, 김명호, 이강원, 이현직,『지도 읽기와 이해』, 푸른길, 2008.

천인호,『풍수지리학 연구』, 한국학술정보(주), 2012.

윤경렬,『겨레의 땅 부처님 땅』, 1993.

최영성,『교주 사산비명』, 이른아침 2014.

국립경주문화재연구소,『경주남산』, 2002.

최원석, "영남지방의 비보", 고려대학교대학원 지리학과 박사학위 논문 2000.

황상일 · 윤순옥, "고대국가 사로국과 신라의 수도 경주의 입시에 미친 시형 특성",『한국지형학회지』
　　　제20권 제3호, 2013.

김연호, "한국 전통지리 사상 연구", 영남대학교대학원 박사학위논문, 2008.

주보돈, "신라 낭산의 역사성", 동국대학교 신라문화연구소,『신라문화 44』, 2014.

김재홍, "신라 중고기의 저습지 개발과 촌락구조의 재편",『한국고대사론총』7, 한국고대사회연구소
　　　1995.

구글지도(https://www.google.co.kr/maps).

네이버 지도(https://map.naver.com).

네이버 한국민족문화대백과사전(한국학 중앙연구원).

네이버 문화원형백과(국립중앙도서관).

조선 풍수의 산실, 관상감터의 풍수는?

정다은

Ⅰ. 관상감의 연혁

관상감(觀象監)은 천문과 지리 등을 관장하는 조선시대 관청이다. 한양은 새로운 나라 조선을 위해 오랜 풍수적 논의 끝에 선택된 장소이며, 그 천도 과정에는 관상감의 역할이 매우 큰 것으로 알려져 있다. 따라서 우연히 북촌에 자리한 관천대(觀天臺)로 알려진 관상감의 소간의대(小簡儀臺)를 보는 순간 이것은 무엇이며, 용도와 풍수적 입지는 어떠했는가에 대한 호기심이 일어나기 시작했다.

그림 5-1. 소간의대

출처: (좌)『日用便覽』, 조선측후사략(1912), (우) 필자, 2023. 5. 7.

소간의대를 만나며 시작된 궁금증은 그 주변이 관상감이 있던 터라는 사실을 알게 되었고, 관상감에는 풍수지리 분야의 전문가인 상지관(相地官)들이 있었으며, 일의 특성상 대체로 업무지의 변동이 거의 없다는 것도 알게 되었다. 따라서 소간의대가 놓여있는 관상감의 입지에 대해 본격적으로 풍수적 특징을 찾아보게 되었고 이를 위해 풍수의 논리체계인 용혈사수향(龍穴砂水向)을 적용하였다.

관상감 터의 입지에 대한 풍수적 분석에 앞서 관상감의 기본적인 역할과 역사를 먼저 살펴보았다. 관상감의 전 이름은 서운관이며 서운관은 고려 후기에서 조선 초까지 사용하던 명칭이다. 이곳은 현대의 천문과 기상의 역할을 함께 하던 기관으로 천문·지리·역수·측후·각루 등에 관한 업무를 행하였으며, 특히 세종 대에는 과학 기술의 발전과 맞물려 많은 성과를 이루었다.

한양은 민간인을 위한 도시라기보다는 왕과 관료를 위한 도시 기능이 발달하였기에 궁궐 내외에 관청과 이들의 거처가 있는 특징이 있으며, 서운관(당시 명칭) 또한 궐외 각사로서 북부 광화방(현재 계동과 원서동 부근)에 있었다.

서운(書雲)의 뜻은 "『좌전(左傳)』에서 말하기를 무릇 나누고 이르고 열고 닫음에는 반드시 운물을 기록하였다. 분(分)은 춘분(春分)과 추분(秋分)이고 지(至)는 동지(冬至)와 하지(夏至)이며, 계(啓)는 입춘(立春)과 입하(立夏)이고 폐(閉)는 입추(立秋)와 입동(立冬)이니 운물(雲物)은 천기와 물색이 크게 변화하는 것이다."라는 기록에서 유래한 것이다. 운물은 천기의 변화이며 서운은 '변화를 기록한다.'라는 의미로 서운관이란 모든 천문 기상적 현상을 기록하는 곳이라는 뜻이 된다.

관상감은 하늘의 별자리를 연구하는 천문(天文), 땅의 특성을 연구하는 지리(地理), 달력을 만들고 길일을 택하는 역수(曆數), 미래의 길흉화복을 점치는 점산(占算), 천체의 성변(星變)을 관측하는 측후(測候), 물시계를 이용해 시간을 측정하는 각루(刻漏)의 업무를 맡았다. 이는 각종 양택과 음택의 입지를 결정하는 풍수지리 업무와 중요한 제례 및 행사날짜를 정하는 택일, 24절기 달력의 배포, 우량 측정, 기상관측과 별의 관측, 지도 제작과 매일 종각에서 시간을 알리는 업무로써 중요도가 높은 업무에 속했다. 이

---

1 『春秋左氏傳』 卷 5 「魯僖公 五年」 "云: [凡分至啓閉, 必書雲物.] 註云: 分, 春分 秋分也; 至, 冬至 夏至也; 啓, 立春 立夏; 閉, 立秋 立冬也. 雲物, 氣色以大變也."

것은 과거 동중서(董仲舒)의 천인감응(天人感應)에서 시작한 것으로 재이(災異)는 지도자와 관련이 있다고 보았기에 정치적으로 민감한 주제이기도 하다.

우리나라 관상감의 시초는 삼국시대로 거슬러 올라가 신라 성덕왕 17년(718) 누각전(漏刻典)에서 시작되었다. 이것이 고려에 들어와 천문과 역수를 관장한 태복감(太卜監)과 측후와 각루를 관장한 태사국(太史局)으로 나뉜 후 현종 14년(1023)에 태복감이 사천대(司天臺)로 개칭되었다. 이후 고려 충렬왕(1308) 때 서운관이 처음 사용되었고 공민왕 대까지 병합과 분리를 반복하다가 최종적으로 공민왕 21년(1372)에 합쳐지며 서운관이 되었다. 여말선초 태조(太祖)는 서운관에서 보고한 여러 비기의 조짐에 의해 천도를 결심하게 되었고 그 결과 한양으로 천도하기에 이르렀다. 그러므로 태조와 서운관은 매우 밀접한 관계가 있었다. 유교 이념에 따라 건국의 정당성을 확보하고자 천문학과 역법을 발달시켜 재이(災異)를 예방하고자 한 것이다. 이것은 태조의 천상열차분야지도(天象列次分野之圖), 세종의 간의대(簡儀臺) 설립에 이르게 되었다.

서운관의 설립 시기는 정조(正祖)대에 활동한 성주덕(成周悳, 1759~?)의 『서운관지』의 서문에 나와 있다. "서운관은 천문과 수시(授時)를 담당하는 관서다. 왕도(王道)는 역상(曆象)을 중히 여기므로 우리나라에서는 개국 원년에 제일 먼저 이 관서를 세웠다. (…)"[2]라는 설명을 통해 서운관은 1392년에 설립되었음을 알 수 있다. 태조가 같은 해 문무백관의 관제를 정비할 때 서운관의 판사(判事)직 두 명은 정3품이었으나 이것은 후에 정1품 영사(領事)인 영의정이 겸임하였기에 서운관의 영향력은 점차 확대된 것으로 보인다.

이렇게 고려(1308)부터 사용된 서운관은 세조 12년(1466)에 관상감으로 개칭되며 관제가 바뀌게 되었다. 연산 12년(1506)에는 사력서(司曆署)로 바뀌고 경복궁 내의 보루각(자격루가 있던 전각)을 뜯어 창덕궁으로 옮기고 대간의대도 모두 뜯어내게 되었다. 그러나 중종 때 바로 관상감으로 복귀되어 조선 말까지 유지되었다. 서운관과 관상감의 명칭은 조선 말까지 계속 혼용되었으며 이 외에도 영대(靈臺), 청대(靑臺), 운관

---

2 『書雲觀志』序 "書雲觀者 掌天文授時之署也 王道重曆象 我 朝有國之元年 首建是官."

(雲觀)으로도 기록되었다. 1417년 『태종실록』에도 관천대의 축조를 요청하는 기록이 있는데 이것은 20년 후인 세종 대에 이르러서야 완성되었다. 그러나 관천대가 없던 시기에도 일식, 벼락, 폭우 등의 기상관측 보고 기록이 있어 매일 천문관측과 보고를 하였음을 알 수 있다.

자료를 찾아보니 관상감은 한 곳만 있는 것은 아니었으며, 결과적으로 조선시대에는 모두 네 곳이 있었다. 제일 먼저 조선의 건국과 동시에 설립된 것은 북부 광화방 관상감이고, 세종 2년(1420)에 경복궁 안에 내관상감(內觀象監)이 생겨 조선 초에는 두 개의 관상감이 있었다. 『동국여지승람』, 『한경지략』 등 여러 문헌에서 '상의원(尙衣院) 남쪽에 있고 하나는 북부 광화방(廣化坊)에 있는데'라는 부분을 찾아볼 수 있다. 이것은 『세종실록』에서 여러 기물을 발명했을 때 하나는 경복궁 내에 두고 하나는 서운관에 보냈다는 내용으로도 확인할 수 있다. 당시 경복궁 안의 서운관은 내서운관(內書雲觀), 광화방은 외서운관(外書雲觀)으로 불렸다. 관상감으로 바뀐 이후에도 서운관은 계속해 혼용되었으며 내관상감, 외관상감, 내외관상감으로 불리며 이원체제가 유지되었고 임진왜란(1592)으로 경복궁과 창덕궁이 소실될 때까지 유지되었다. 이렇게 이원체제가 유지된 이유는 양쪽에서 관측한 결과를 모두 보고 받아 그 정확성을 높이고자 한 것이었다.

임진왜란 이후 광해군은 1610년 창덕궁을 중건해 사용하기 시작하였고 1617년 경희궁(당시 경덕궁)을 창건해 주로 이곳에 머물렀다. 1623년 인조반정으로 창덕궁이 다시 소실되어 복원되기 시작하면서 경희궁과 창덕궁 양궁 체제가 유지되었다. 이때의 관상감은 창덕궁 금호문 밖과 경희궁 개양문 밖 두 곳에 관천대가 있다는 『영조실록』의 기록으로 확인할 수 있다. 창덕궁이 복원되며 사용된 금호문 밖의 관상감은 위치상 같은 공간일 확률이 높아 초기 광화방의 관상감이 있던 곳에 복원되었을 것으로 추정된다.

고종 2년(1865)에 경복궁 중건이 시작되자 관상감도 다시 궁의 주변에 설치되었는데 『증보문헌비고』에 따르면 영추문 밖으로 기록되어 있다. 『고종실록』에서 1895년에 고종이 근대식 학교 네 곳을 설립할 때 "장동의 학교는 매동(梅洞)의 전(前) 관상감(觀象監)으로(…) 옮겨 설치하라.[3]"라는 기록으로 보아 경복궁이 재건되었을 시기에 영추

---

3 『高宗實錄』 卷 33, 고종 32년(1895) 9월 28일 乙丑 "(…)壯洞은 梅洞前觀象監으로(…)"

문 밖에 다시 관상감이 설치되어 있었음을 알 수 있다. 이 관상감은 1895년에 매동 소학교 설립으로 폐관되었으며, 예조의 관상감은 학무아문(學務衙門)의 관상국(觀象局)으로 체제가 바뀌었다. 1895년에는 관상소(觀象所)로 개칭하며 조선왕조의 천문관측 기관으로서의 사명을 다하게 되었다. 광화방 관상감 터에는 1906년 휘문의숙(徽文義塾: 현 휘문고)이 설립되었다.

경복궁과 창덕궁, 경희궁 및 관청들이 대부분 일제강점기에 훼손되어 사라졌으나 광화방 관상감의 소간의대(小簡儀臺)는 휘문고 담장의 일부로써 보존되었다. 천문은 남쪽 하늘을 바라보며 관찰하므로 계단은 소간의대 북쪽에 설치되었다. 〈그림 5-1〉의 우측사진은 빌딩 공사로 이전 후 1980년대에 재설치된 소간의대의 현재 모습이다. 소간의대의 크기는 가로 폭 약 2.5m(8尺), 세로 2.9m, 높이 4.2m이다. 참고로 경복궁에 있던 대간의대의 크기는 가로 32자(尺), 세로 47자, 높이 31자이고 미터로 환산하면 가로 약 9.6m, 세로 약 14.1m, 높이 약 9.3m이다.

Ⅱ. 관상감 네 곳의 위치

관상감의 터는 한양 도성 내에 4개소가 있는 것으로 확인되었다. 그 4개소는 광화방 관상감, 경복궁 내 관상감, 경희궁 개양문 밖 관상감, 경복궁 영추문 밖 관상감이다. 광화방 관상감은 창덕궁 금호문 밖 관상감과 같은 위치로 추정된다. 개국 초기에는 경복궁이 법궁으로 주로 사용되었기에 광화방 관상감으로 불렸으며, 창덕궁이 주로 사용되었을 시기에는 궁궐을 기준으로 하므로 창덕궁 금호문 밖 관상감이라고 하였다.

먼저 조선 개국과 동시에 세워졌던 북부 광화방 관상감이다. 이 관상감의 위치는 조선시대의 여러 지도에서도 찾아볼 수 있다. 『도성도』에 따르면 창덕궁 금호문 밖에 위치함을 확인할 수 있는데 이곳은 광화방이기도 하다. 관상감과 경복궁 근정전까지의 직선거리는 약 0.92km이고, 종각까지의 거리는 약 0.94km로 측정되었다. 『연산군일기』에는 '서운관 재(書雲觀岾)'[4]라는 말이 쓰였는데 광화방 관상감이 고갯마루에 있었

---

4 『燕山君日記』卷 55, 연산 10년(1504) 9월 5일 壬辰 "曜金門外築墻處, 今當親見, 肅章門, 敦化門卽令閉之, 入直軍士幷令出外. 自書雲觀岾, 濟生院洞口, 虛屛門, 濕洞宗簿寺, 儀賓府近處人家, 無遺刷出."

음을 추측할 수 있다. 이 외에도 이 주변을 관상감峴, 관상감재,[5] 관현, 볼재[6] 등으로 부른 기록을 다수 찾아볼 수 있다.

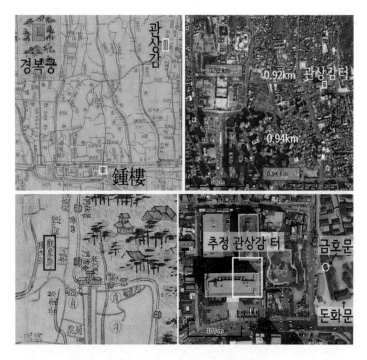

그림 5-2. 『도성도(1776)』와 위성지도

출처: 규장각 古軸4709-3), 국토정보맵

휘문고등학교가 관상감 터에 들어서면서 소간의대는 학교의 남쪽 담장의 일부가 되었다. 관상감의 위치를 알 수 있는 70년대와 80년대의 원서동 지도를 보면 조선시대 관상감 터의 남쪽 경계를 비교적 구체적으로 추정할 수 있다.

---

5 開咬50周年을 맞는 "徽文" "(…)관상대가 있었던 지금의 터(당시는 관상대가 있었던 안덕이라 관상감재라고 불리었다고 한다)(…)" 동아일보 | 1956.04.30 기사(뉴스)

6 최남선이 작곡한 휘문 교가에는 "볼재에 우뚝한 우리 집"이라는 가사가 등장한다. 출처: namu.wiki/w/휘문고등학교 2023년 11월 8일.

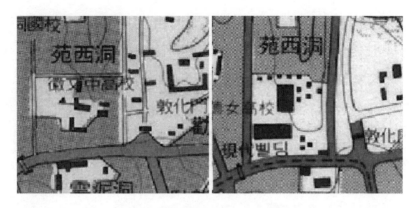

그림 5-3. 1970년대 1980년대 원서동 지도
출처: 국토정보맵

〈그림 5-4〉는 문화재청에 남아있는 이동 전의 소간의대 모습이다. 하단의 중앙 사
진을 보면 1971년에 건축가 김수근이 지은 공간Space 건물의 오른쪽 면이 보이는데 이
건물의 북서쪽 방향으로 약 30미터 내외에 소간의대가 있었던 것으로 추정된다. 소간의
대는 관상감의 남쪽 마당에 위치하였으므로 관상감 터를 이 주변으로 정하였다. 이를 토대
로 하여 『서운관지』의 '관해(官廨)' 부분의 설명을 참고하여 대략적인 크기를 확정하였다.

그림 5-4. 현재 위치로 이동 전 소간의대 모습
출처: 문화재청

두 번째는 경복궁 내의 관상감이다. 이 관상감은 상의원(尚衣院) 남쪽과 영추문 안쪽에 있다고 하였는데 아래와 같이 『경복궁도(景福宮圖)』에서도 확인할 수 있다. 경회루 북쪽의 간의대와 천추전 서쪽의 소간의대도 표시되어 있으며, 대은암천(大隱岩川)의 흐름도 상세히 나와 있다. 당시 영추문은 경복궁 서쪽 담장의 남쪽 1/3지점에 위치하였고 현재는 그보다 북쪽으로 이동하였다.

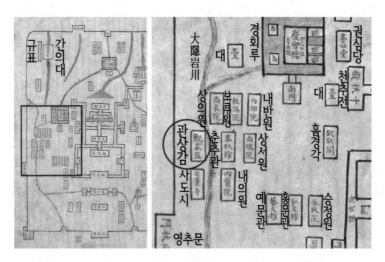

그림 5-5. 「景福宮圖」
출처: 국립민속박물관

『세종실록(世祖實錄)』에 아래와 같이 간경대(看更臺)가 무너져 간의대(簡儀臺)에서 관망하라는 대목이 나온다.

> 서운관(書雲觀)에서 아뢰기를, "이보다 먼저 본관(本觀)(서운관)에서 간경대(看更臺)를 건축(建築)하고는 매양 한 사람을 번갈아 관망(觀望)하도록 했는데, 지금 간경대(看更臺)가 무너져 평지(平地)에 앉아서는 사방을 관망(觀望)할 수가 없으니, 청컨대 세종조(世宗朝)의 예(例)에 의거하여 간의대(簡儀臺)에 나아가서 살펴보도록 하소서."[7]

---

7   『世祖實錄』卷 7, 세조 3년(1457) 3월 16일 己卯 書雲觀啓: "前此本觀築看更臺, 每更一人觀望, 今臺毁坐平地, 不得觀望四方, 請依世宗朝例, 就簡儀臺候察."

이는 궐내의 평지에서는 관망에 제한이 있어 천체관망을 위한 높은 대(臺)가 필요했음을 알 수 있다. 이 부근은 지형도상으로도 평지이며, 가까이 수로가 있는 평지로 궐내 각사들과 높은 담장으로 직접 조망하기에는 시야가 넓게 확보되기 어려운 공간임을 알 수 있다. 〈그림 5-5〉, 〈그림 5-6〉을 보면 관측을 위한 대(臺)가 북서쪽 끝과 경회루 주변에 설치되어 있음을 알 수 있다. 영추문은 일제강점기에 철거된 후 1975년에 경복궁의 중간 위치인 북쪽으로 이동하며 복원되어 2018년에 개방되었다. 따라서 관상감은 초기와 달리 지금의 영추문보다 조금 남쪽에 자리한 것으로 추정하였다. 종각과의 직선거리는 약 1.2km이다.

그림 5-6. 내 관상감 추정 위치

출처: 경복궁도, gaiagps, 국토정보맵

세 번째는 조선 후기 개양문 밖 관상감이다. 이 관상감은 아래와 같이 『도성도』에서 찾아볼 수 있다. 남쪽 개양문(開陽門)의 옆에 대루원(待漏院: 성문이 열릴 때까지 대기하는 장소)이 보이고 그 서쪽에 관상감이 있음을 확인할 수 있다. 관상감의 서쪽은 성벽이 있으며, 남쪽으로는 돈의문으로 이어지는 큰길이 있어 대략적인 위치와 크기를 예측하였다. 종각과의 직선거리는 약 1.2km이다.

그림 5-7. 『도성도(1776)』

출처: 규장각 古軸4709-3), 국토정보맵

마지막으로 영추문 밖 관상감이다. 이곳은 매동초등학교가 관상감 터에 자리하였으므로 처음에 설립됐던 자리가 남아있는 지도를 참고하였다. 현재 영추문은 원래 자리에서 북쪽으로 이동한 것을 알 수 있다. 종각과의 직선거리는 약 1.25km이다.

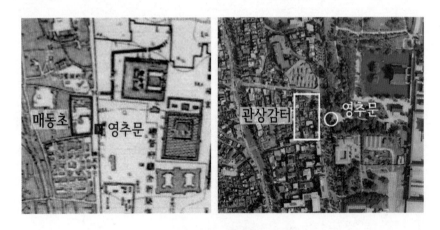

그림 5-8. 1921년 측량지도

출처: blog.naver.com/hahnsudang, 국토정보맵

이상의 내용을 정리한 각 시기의 관상감 터의 추정 위치는 다음과 같다. 거리는 조선 시대 4개 관상감과 종각과의 직선거리이다.

그림 5-9. 각 관상감과 종각과의 거리

출처: 국토정보맵

III. 관상감 터의 풍수적 입지분석

조선 풍수의 산실이라고 할 수 있는 네 곳의 관상감에 대한 풍수적 입지를 분석해 본다. 먼저 관상감의 대표격이라 할 수 있는 광화방 관상감이다. 이 관상감은 개국과 동시에 설립되어 비교적 오랜 시간 동안 다른 관상감보다 우월적 지위를 유지해 왔다. 조선 초부터 시작된 경복궁 터를 둘러싼 명당입지논쟁에서 관상감은 승문원 터 근처에 있다.

용세를 살펴보면, 경복궁이 명당에 자리하고 있음을 아뢰는 실록의 기록[8]에 따르면 보현봉에서 북악으로 강하게 내려온 주맥이 경복궁이며, 동쪽으로 가지가 뻗은 것이 정업원의 맥이며, 그 왼쪽이 동대문으로 뻗는 청룡의 맥이 된다. 또 한줄기는 창덕궁의 맥이 되며 중심에 보이는 세 가닥의 지맥 중 동쪽의 맥이 바로 승문원 터 및 제생원과 관

8　『世宗實錄』 卷 61, 세종 15년(1433) 7월 29일 庚辰 "(…) 則自普賢峯迢迢而降, 情意至白嶽而住, 乃脈之幹也. 來至白嶽, 向東分支, 至淨業院北作橫崗, 分生一條, 迤邐而東, 至東大門而止, 爲左關欄. 又一條東南而下, 爲宗廟、昌德宮之脈, 情意專在上二脈矣. 未及橫崗, 微脈從旁麓而下, 爲濟生院之地, 分支以後, 更無頓起留形, 是則來脈及支中之支也.(…). "

상감이 있던 지맥에 해당한다. 관상감 터의 용맥은 북한산에서 내려와 북악과 응봉으로 나뉜 후 응봉에서 갈라진 용맥 중 하나로써 서쪽의 경복궁 용맥과 동쪽의 창덕궁 용맥 사이의 지맥이다. 이양달 등이 말했듯이 승문원은 터가 낮고 미약한데[9] 관상감 터는 그보다는 조금 높은 지점이다. 아래 용맥도에서 보는 바와 같이 승문원 터는 실록상에는 향교동(교동)[10][11]으로 나와 있으며, 현재 표지판은 계동 현대사옥 주차장 출구 옆에 세워져 있는데 두 곳 다 관상감 터보다 낮은 곳이다.

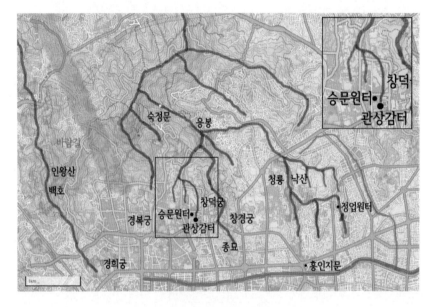

그림 5-10. 관상감의 용맥도

출처: gaiagps topomap

---

9 「世宗實錄」卷 61, 세종 15년(1433) 7월 18일 己巳 "(…) 보현봉의 산맥이 곧게 백악으로 들어왔으니 지금의 경복궁이 바로 명당이 되기는 하나, 그러나 승문원의 내맥도 역시 보통의 땅은 아닌데, 이제 이양달·고중안·정앙 등이 명당이 아니라고 함은 승문원의 터가 낮고 미약하다는 것이 첫째이고, 산수가 좀 곧다는 것이 둘째이고, 정면으로 마주보는 남산이 높다는 것이 셋째이어서, 이런 것으로 흠을 잡으니(…)."

10 「世宗實錄」卷 61, 세종 15년(1433) 7월 3일 甲寅 "(…) 향교동의 연한 줄기, 지금 승문원의 자리가 실로 주산이 되는데(…)."

11 「成宗實錄」卷 79, 성종 8년(1477) 4월 22일 己未 "(…)"향교동(鄕校洞)의 승문원 터는 (…)."

아래 그림은 관상감 터의 과거와 현재를 비교한 것이다. 이진이 상서문에서 말한 바[12]와 같이 주변을 둘러싼 사신사의 기운이 인왕산인 백호는 강하고 낙산인 청룡은 약하여 고르지 못한 가운데 주맥이 끊어지지 않은 상태에서 벌의 허리처럼 이어져 둥글고 단정하게 솟아 있다. 이것은 승문원 일대의 맥으로 유리한 터라고 판단된다. 과거 승문원, 제생원, 관상감이 모여 있던 자리로 지금은 현대사옥이 자리하고 있다.

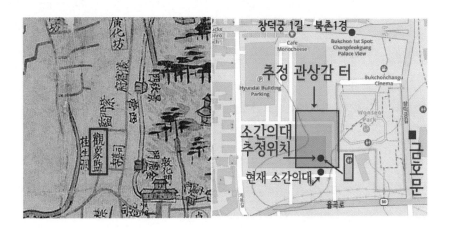

그림 5-11. 1776년의 도성도

출처: 규장각 古軸4709-3, gaiagps topomap

관상감 터 북쪽의 창덕궁1길은 현재 북촌1경으로 불리고 있는데 굵은 등고선라인은 55m 높이로 주변보다 높아 창덕궁이 잘 내려다 보이는 관광 포인트이다. 관상감 관천대가 원래 휘문중학교 뒤뜰에서 발견되었다는 기사[13]가 있었는데 휘문고의 정문은 계동길 방면으로 학교건물의 서편으로 나 있었고 건물은 동편 언덕 쪽 고지대에 자리하였기 때문이다. 공간space 건물의 북서쪽 방향에 소간의대가 있었던 사진으로 보아 현재의 현대사옥 앞마당 동쪽 끝으로 이동되기 전 처음 위치는 그보다 북쪽인 현재 건물 자리에 있었을 것이다. 앞서 설명한 대로 이 부근은 관상감峴, 관상감재, 관현, 볼재 등의

12　『世宗實錄』卷 61, 세종 15년 7월 19일 庚午 "(…)제생원(濟生院) 자리의 판국은 주맥이 씩씩하고 벌의 허리와 학의 무릎으로 그 기운이 잡됨이 없이 의젓하게 들어오다가 우뚝하게 둥근 언덕으로 솟아 가지고 여러 가닥을 뻗쳐 내어 사방을 둘러 모아 놓고 중앙에 높이 자리잡고 있으니, 이것은 풍수학에서 큰 것 중에서는 특히 작은 것으로 하라는 말입니다(…)."

13　李朝天文臺(이조천문대)『觀象監(관상감)』遺跡(유적)을 徽中(휘중) 뒤뜰에서 發見(발견), 동아일보 1949. 9. 5 기사.

기록이 다수 있다.

혈장세를 살펴보면, 관상감의 위치는 고도 55~59m이상의 언덕 일대에 위치했을 것으로 추정된다. 이곳은 최양선과 이진의 주장과 같이 의미있는 터로 볼 수 있으며, 자하문로의 바람길에서 멀어진 점도 보다 유리한 면으로 볼 수 있다. 『人子須知』의 정혈(定穴) 방법에 따르면 "대개 혈은 주산에서 결정되기 때문에 양(陽)이 오면 음(陰)으로 받아들여야 하고 陰이 오면 陽으로 받아들여야 하며, 기울어지게 오면 곧바르게 내려야 하며(斜來正下), 곧바로 오면 기울어지게 내려야 한다(正來斜下). 또한 곧은(直) 곳은 혈이 굽은(曲) 데 있고, 굽은 곳은 혈이 곧은 데 있으며, 급한(急) 혈은 느리게(緩) 하고, 느린 혈은 급하게 하며, 단단하게(硬) 오면 부드러운(軟) 곳에 내리고, 부드럽게 오면 단단한 곳에 내려야 한다. 산이 높으면 혈은 낮고 평평한 곳에서 찾아야 하고, 산이 낮고 평평하면 혈은 높고 왕성한 곳에서 찾아야 하는 것이 변하지 않는 법인 것이다.[14]"라고 하였기 때문이다. 혈의 특징은 풍수적으로 해석할 때 땅의 기운(地氣)이 모인 특정한 장소를 의미하기에 이 부근은 유혈로 추정된다. 이곳은 조선 초 광화방 관상감이 자리 잡은 후 다른 관상감 터에서는 모두 사라진 간의대가 유일하게 지금까지 남아있다.

광화방 관상감 터의 현장에서 확인한 사신사는 아래 사진에서 보는 바와 같이 현무(玄武)는 구진봉에서 북악산으로 뻗는 중간에 辰方으로 향한 금형의 응봉이다. 주작(朱雀)은 관상감 터에서 삼일대로를 따라 지대가 낮아지다가 교동 초등학교 부근에서 조금 높아지는 지대가 있다. 이곳을 안대(案帶)로 볼 수 있을지는 논쟁의 여지가 있으며, 확실하게 드러나 보이는 주작은 남산이다. 청룡(靑龍)은 창덕궁에서 종묘로 이어지는 능선을 내청룡으로 볼 수 있을 것이다. 백호(白虎)는 정독도서관에서 헌법재판소로 이어지는 가회동 지맥을 내백호로 볼 수 있으며, 인왕산을 외백호로 볼 수 있다.

---

14 『人子須知』, "此冊專論定穴之要 夫定穴固在於主山陽來陰受 陰來陽受 斜來正下正來斜下 直者穴曲 曲者穴直急穴其緩 緩穴其急 硬來軟下軟來硬下 山高昂則扦低平 山低平則扦高昂 此一定不易之法".

그림 5-12. 광화방 관상감 터의 사신사

출처: 필자 2023.10.18

　수세는 두 가지 관점으로 접근할 수 있는데 먼저 용맥의 설명에서 나왔던 이양달의 주장처럼 물길이 직수(直水)로 빠지는 것은 불리하게 볼 수 있다. 아래의 도성도와 위성지도를 보면 지대가 주변보다 높았던 관상감현의 남쪽에 군사시설인 금위영(禁衛營) 부근에서 금위영천(禁衛營川)이 시작되어 남쪽으로 거의 직수의 형태로 흘러서 내려가는 모습이다. 현재의 삼일로는 회동천(灰洞川)을 복개한 것이다. 금위영천은 우수(右水)로 굽으면서 합수되어 종묘 남쪽을 지나 동쪽 끝에서 청계천과 합류된다. 금위영천과 회동천이 만나는 지점에 어의궁(인조의 즉위 전 잠저)을 지었으며, 현재는 탑골공원으로 바뀌었다. 물길의 흐름이나 수구 또한 명당의 형태와는 거리가 있다.

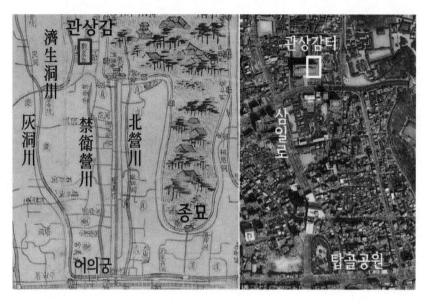

그림 5-13. 도성도와 위성지도

출처: 규장각 古軸4709-3, 국토정보맵

이 부근은 현재 지대가 매우 완만하고 낮은 모습이다. 금위영천은 어의궁 부근에서 동쪽으로 꺾여 흐른다. 청계천의 방향은 동향이며, 한강은 서쪽으로 흘러 두 물줄기는 내외수류 역세(內外水流逆勢)가 되어 유속이 느려지게 된다. 이때 두 물줄기가 만나는 안쪽 공간은 바람이 잦아들어 특히 한강 홍수의 피해를 어느 정도 막을 수 있어 생활에 유리한 공간으로 해석되기도 한다.

관상감 터의 향(向)은 서쪽으로 입향(立向)을 하고 있는데 관상감이 서향을 한 이유는 해당 지역의 지세에 따른 입지였을 것이나 서향을 할 때는 경복궁을 바라보게 된다. 북촌 일대의 관청 건물을 조사했을 때 현재 건물이 남아있는 기기국 번사창(機器局 飜沙廠)과 종친부 경근당 옥첩당(宗親府 敬近堂 玉牒堂) 모두 경복궁보다 동쪽에 위치하며 경복궁을 향해 서향으로 배치되어 있다. 또 도봉구 창동의 초안산 내시 묘군(楚安山 內侍 墓群)도 대부분의 묘가 임금이 있는 서쪽을 바라보고 있다는 점도 참고할 만하다.

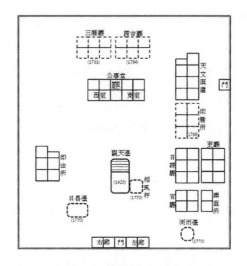

그림 5-14. 금호문 외관상감도

출처: 조선시대 관상감과 관천대의 위치 변천에 대한 연구

위의 그림은 민병희[15]의 광화방 관상감의 상상도이다. 『서운관지』의 자료를 바탕으로
하여 상단이 북쪽이며 남향건물도 있으나, 주요건물이 서향으로 주로 배치되어 있다.
마당에 소간의대가 있고, 오르는 계단은 북쪽에 있어 남쪽을 향해 관찰하기 좋게 되어
있다. 사각형은 건물 한 칸(8자 약 2.5m)이며, 점선은 영·정조 때에 설치한 건물이다.
소간의대 자체도 가로폭이 약 2.5m(세로폭 2.9m)로 한 칸 크기이다. 광화방 관상감의
크기가 10칸이었으므로 건물의 총 길이는 25m이다. 그림에서 보이는 세로 칸수는 12
칸이므로 여기에 임의로 두 배가량 여유를 두어 계산하면 남북으로 60m이고, 동서로도
11칸이 보이므로 두 배로 계산을 하면 55m가량의 크기가 나온다. 〈그림 5-11〉의 관상
감 터를 예측한 곳은 이렇게 추정한 크기를 반영해 표시하였다.

광화방 관상감 터의 용세는 응봉의 맥을 받고 있으나, 수세는 직수로 흐르고 있어 불
리하다. 사신사는 현무는 응봉이고 주작은 남산이며, 내청룡과 내백호를 발견할 수 있
으나 용호가 서로 환포하는 모습은 발견하기 힘들다. 터의 향은 서향인데 서향의 경우

---

15   민형희, 이기원, 안영숙, 이용삼, 「조선시대 관상감과 관천대의 위치 변천에 대한 연구」, 「天文學論叢」, 25(4), 한국천문
     학회, 2010. 147쪽.

관상감이 경복궁을 바라보는 모습이 된다.

두 번째로 경복궁 내 관상감과 마지막 시기에 설립된 영추문 밖 관상감을 함께 분석하였다. 이 두 관상감은 모두 경복궁의 영추문 주변에 자리하고 있다. 경복궁의 내관상감은 상의원 남쪽이자 영추문 안쪽에 세종 2년(1420) 때 건축되어 1592년 선조 대까지 유지되었고, 영추문 밖의 외관상감은 고종 2년(1865)에 건축되어 30년간 유지되었다.

그림 5-15. 경복궁 영추문 주변의 고도와 수세

출처: gaiagps, 도성도 규장각 古軸4709-3

영추문은 경복궁의 서쪽 문으로써 〈그림 5-15〉의 우측 도성도를 보면, 이곳의 담장을 기준으로 하여 안으로 대은암천(大隱岩川)이 지나가고 있다. 그리고 좌측의 지형도를 보면 주변보다 낮은 곳임을 알 수 있다. 따라서 이 주변은 주룡맥(主龍脈)에서 떨어져 있는 평지이다. 인왕산이 서쪽에 있어 대지 자체는 50m 내외로 상대적으로 높은 편이지만 북악산과 인왕산 사이에 위치하여 장풍에 취약한 지형으로 볼 수 있다. 사신사는 경복궁의 중심에서 서쪽에 위치한 건물로써 아래 〈그림 5-16〉과 같이 경복궁의 사신사와 크게 다르지 않다.

그림 5-16. 영추문 주변의 사신사

출처: 필자, 2023.10.23.

수세는 지금도 내관상감 터 주변에 대은암천이 남쪽으로 흐르고 있고, 이것은 경복궁의 수세의 일부인데, 내관상감의 건물 바로 옆으로 지나가는 것은 좋은 터의 전형적인 물길의 흐름과는 거리가 있다. 건물의 향은 경복궁 중심 건물의 서쪽에 있으며, 아래 〈그림 5-17〉의 경복궁도를 보면 근정전을 향하여 동향으로 지었을 것으로 추정된다. 영추문의 위치도 과거 경복궁도에 나온 위치보다 현재는 북쪽으로 이동되어 복원되었다.

그림 5-17. 관상감 터의 등고선 지도와 경복궁도

출처: gaiagps, 국립민속박물관

현재 경회루에서 영추문 북쪽까지의 대략적인 크기(동서70m, 남북50m)는 기존 경복궁도의 공간보다 남북의 크기가 줄어든 상황이다. 경복궁의 전반적인 배치가 풍수외에도 유교적 이념에 따라 구현되었다[16]는 관점도 중요하므로 내관상감을 처음부터 풍수적 완성도를 우선한 건물로 보기는 어려울 것이다. 경복궁도의 관상감 건물은 단독건물로 보이며, 관련 유물도 경복궁의 훼손과 함께 대부분 사라진 것으로 알려져 있다.

마지막으로 개양문 밖 관상감이다. 이 관상감은 경희궁(당시 경덕궁)의 남쪽에 위치한다. 경희궁은 현재 인왕산 용맥 좌측의 평지에 동남향으로 자리하고 있다. 아래의 그림 〈그림 5-18〉처럼 경희궁은 인왕산이 현무이며, 북악산을 좌청룡, 안산(鞍山)을 백호를 취하는 공간구조이다.

그림 5-18. 경희궁 용맥도

출처: 국토정보맵, 네이버지도

안산(案山)은 현재 덕수궁 방향인 서학현(西學峴)이며, 주작은 남산이다. 지대가 경복궁보다 높고 인왕산이 북서풍을 비교적 잘 막아 주고 있으나 인왕산의 좌우로 나 있는 자하문로와 무악재가 있는 통일로로 인해 장풍에 있어 불리한 면이 보인다. 개양문

---

16   정우진, 고제희, 「조선시대 궁궐 정전(正殿)의 배치형식에 투영된 풍수구조」, 『韓國傳統造景學會誌』, 34(1), 한국전통조경학회, 2016, 23쪽.

밖 관상감 터는 궁궐의 남서쪽 인왕산 능선의 끝부분에 자리한 것으로 보이며, 〈그림 5-20〉의 조선시대 지도로는 관상감 남서쪽에 돈의문이 자리하였다.

그림 5-19. 경희궁에서 본 사신사

출처: 필자, 2023.10.23

이 관상감의 사신사를 보면, 현무는 인왕산이며, 주작은 남산이다. 관상감은 인왕산 용맥을 타고 내려가 남단에 위치하기 때문에 멀리 우측의 안산(鞍山)이 백호가 되고 청룡은 북악산이다. 〈그림 5-19〉는 경희궁에서 본 사신사이다. 관상감 터의 개장이 불완전한 점은 불리하지만 인왕산의 용맥을 타고 있는 것은 유리한 점으로 볼 수 있을 것이다. 현재 주변의 개발로 인해 1920년대 지도를 참고하면 능선이 발달한 주변 지형을 고려할 때 유혈(乳穴)의 형태를 가진 것으로 추정할 수 있다.

다음으로 〈그림 5-20〉의 여지도에 따른 이 관상감 터의 수세를 살펴보면 관상감이 용맥의 능선에 있고 경사가 급해 가까이 있는 물길은 보이지 않고 있다. 그러나 인왕산과 안산의 사이로 만초천(蔓草川)[17]이 크게 삼각지 방향으로 굽어 흐르고 있어 이것을

---

17 서울특별시 서대문구 현저동 무악재와 서울특별시 용산구 이태원동 남산에서 발원하여 용산구 문배동 삼각지 고가차도 부근에서 두 물줄기가 합류한 뒤 청파로를 따라 원효대교 아래에서 한강으로 흘러든다. 현재는 대부분 구간이 복개되어 있고, 복개되지 않은 부분은 미군 부지와 접근이 어려운 욱천고가차도 옆에 나 있기에 일반인은 보기 힘들다. 출처: namu.wiki/w/만초천 2023. 11. 8.

관상감 터의 외수로 보려고 한다. 그러나 전형적인 명당에서 볼 수 있는 청룡 백호의 수구관쇄와는 무관하며, 〈그림 5-20〉에서도 다소 거리가 있음을 알 수 있다.

그림 5-20. 개양문 밖 관상감 수세도와 복개된 만초천
출처: 여지도 古4709-78-v.1-3 규장각, 국토정보맵

만초천은 인왕산과 안산 사이의 하천으로 무악재길을 따라 남산 방향으로 흐른 후 삼각지를 지나 한강과 합류하는 흐름인데 현재는 복개되어 흐르며 원효대교 밑에서 한강과 합류한다. 이곳 또한 물길의 방향이 경희궁이나 관상감을 감싸는 형태가 아니며, 높은 남산과 만나 방향이 바뀌어 흐른다는 점이다. 이는 명당에서 볼 수 있는 물길의 흐름과는 다른 형태이다. 당시 경희궁은 동쪽의 흥화문(興化門)을 정문으로 주로 사용하였고, 남쪽의 개양문(開陽門) 밖에 대루원(待漏院)이 있으며 그 옆에 관상감이 있었다. 관상감의 위치를 종합하면 인왕산 용맥을 따라 내려온 자리에 위치하고 있으며 남산이 정면으로 마주하고 있다. 〈그림 5-21〉의 오른쪽 개양문 외관상감의 상상도[18]는 광화방 관상감과 구조가 거의 동일하고 규모만 조금 작다. 광화방 관상감의 주요건물이 경복궁을 향한 서향 건물이 많았는데 개양문 밖 관상감도 그와 비슷한 배치를 가지고 있다. 광화방 관상감의 선례가 있었고, 관상감이라는 장소의 특수성으로 인해 동일하게 건축

---

18 민형희, 이기원, 안영숙, 이용삼, 「조선시대 관상감과 관천대의 위치 변천에 대한 연구」, 「天文學論叢」, 25(4), 한국천문학회, 2010. 147쪽.

했다고 볼 수 있다. 『서운관지』의 관해(官廨)에 따르면 〈그림 5-21〉과 같이 관천대가 남쪽에 있고 동쪽의 작은 문을 사용하도록 배치되었다.

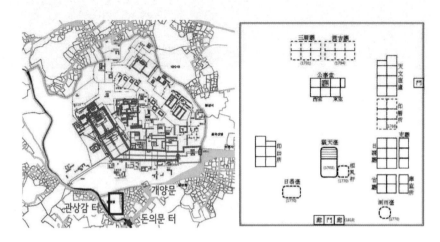

그림 5-21. 경희궁지 변화도

출처: 서울역사박물관, 조선시대 관상감과 관천대의 위치 변천에 대한 연구

경희궁을 그린 〈그림 5-22〉의 서궐도안(西闕圖案, 1820년대)의 서쪽 끝 고지대에 일영대(日影臺)[19]라고 표시된 '臺'의 그림이 있어 경희궁 담장 밖의 고지대에 기구를 놓아두는 대가 있었음을 알 수 있다. 관상감은 궐 밖에 있었으므로 관상감 내의 소간의대뿐만 아니라 서궐도안에 표기된 일영대에서도 관측 후 보고했을 것이다. 현재의 등고선 지도 및 위치확인 앱을 통해 일영대가 있던 곳으로 예측되는 부근의 고도를 확인해보면 86m의 고지대이다. 이곳은 현재 '서울기상관측소'가 자리하고 있어 관측에 유리한 장소임을 보여주고 있다.

---

19 유본예 저, 장지연 역해, 『한경지략』, 아카넷, 2020, 130쪽, 경희궁의 전각(「서궐도안」), 「경희궁은 살아있다」(서울역사박물관, 2015 전시도록).

그림 5-22. 서궐도안(西闕圖案)

출처: 고려대학교박물관

Ⅳ. 시사점 및 결론

이상 네 곳의 조선시대 관상감 터에 관한 입지를 풍수적으로 분석해 보았다. 그 분석 결과를 정리하면 다음과 같다.

첫째, 광화방 관상감은 가장 초기부터 조선 후기까지도 본감의 업무를 수행한 대표적인 관상감이다. 이곳의 터는 오랫동안 관상감재로 불렸다. 북악산 용맥의 상하변화인 기복(起伏)과 봉요(蜂腰)가 보이며 좌우변화인 위이(透迤) 또한 적당하다.[20] 혈장세는 유혈의 혈상을 가진 것으로 추정되어 주변의 시야가 확보되어 천문관찰에 유리한 입지이다. 수세는 고지도에서는 환포나 관쇄 없이 남쪽으로 흐르는 직수만 나타나 있어 풍수적인 수세는 불리하다. 위치는 경복궁 근정전까지의 직선거리가 약 920m 정도로 업무 보고에 무리가 없으며, 백성들에게 시간을 알리는 종각과의 직선거리도 약 940m로 접근이 편리한 요지에 자리하였다. 소간의대도 가장 마지막까지 남아있었으며, 역대 관상감 중에서 가장 풍수적으로나 기능적으로 유리한 곳에 자리하였다.

둘째, 경복궁 내 관상감은 처음부터 세종대왕의 과학적 연구목적으로 관상감 관원들과 업무적 소통을 원활히 하기 위해 설치된 것으로 보인다. 臺(대)를 설치하지 않으면 관측이 어려우므로 처음부터 장기적인 본감의 입지보다는 왕의 연구를 돕기 위한 보조적인 목적으로 설치된 것으로 보인다. 세종 때 주변에 관측을 위한 대간의대, 규표, 소

---

20 천인호, 『풍수지리학 연구』, 한국학술정보, 2012. 75쪽. 용이 좌우로 몸통을 움직이는 것을 위이(透迤), 지현(之玄)변화 또는 좌우(左右)변화라고 한다. (…)이때 변화의 각도는 지나치게 커서도 안 되고 작아서도 안 되며 약 30도 정도의 각도변화를 최상으로 본다.

간의대 등의 다양한 관측 장비를 설치하였다. 당시 궁궐의 건물배치는 풍수적 요소뿐 아니라 유교적 관념도 중요한 기준으로 보았다. 따라서 궐내각사인 내관상감의 입지는 풍수적 측면보다 기능적 측면이 강한 것으로 판단하였으며, 종각까지의 직선거리는 약 1.2km이다.

셋째, 경희궁 개양문 밖 관상감은 조선 후기의 대표적인 관상감으로 인왕산 용맥을 타고 내려와 기복과 과협이 존재하는 생룡의 조건에 일부 부합하고 있으나, 완전한 생룡으로 유추하기는 어려워 보인다. 혈의 종류에서는 유혈의 혈상(穴象)을 가진 것으로 추정되며, 사신사가 갖추어진 자리로 판단하였다. 수세는 현재는 복개된 만초천이 크게 자리하여 굽이치며 흐른 후 남산과 마포 사이의 용산과 여의도 방면으로 유입되고 있다. 마찬가지로 수세는 전형적인 명당에서 볼 수 있는 물길의 흐름과는 다른 모습으로 완전한 생룡으로 보기는 어려워 보인다. 종각까지의 직선거리는 약 1.2km이다.

넷째, 영추문 밖 관상감은 가장 마지막에 설치되었으며, 그 역사가 30년으로 가장 짧고, 이곳 역시 경복궁과 같이 사신사는 만족하나 명당과는 거리가 있는 것으로 보여 풍수적 입지보다 기능적인 편리성에 의해 선택된 것으로 보인다. 기존의 내관상감 자리에서 멀지 않으며, 지형적으로 크게 다르지 않은 모습이다. 역대 관상감 터 중에서 상대적으로 풍수적으로 불리한 입지라 할 수 있으며, 종각까지의 직선거리는 약 1.25km이다.

관상감은 매일 천문관찰을 하여 매일 왕에게 보고를 해야 했기에 천문 관찰에 유리하다고 하여 지나치게 높거나 먼 곳에 자리하기는 힘들었다. 백성들에게 시간도 알려야 했기에 종각에서도 적당한 거리에 있어야 했는데 실제로 네 곳의 관상감과 종각의 직선거리는 1km 내외이다.

관상감의 상지관들은 한번 관직에 들어가면 거의 평생에 걸쳐 비슷한 일을 하였고, 업무장소도 타 관직과 다르게 평생 변하지 않는 특징이 있었다. 따라서 좋은 땅을 볼 줄 아는 상지관들이 보고가 편리하고 천문 관찰이 가능하면서, 보다 좋은 터를 선택한 점은 이상할 것이 없을 것이다.

표 5-1. 관상감 분석결과

관상감위치	창덕궁 금호문 밖(광화방)	경복궁 내	경희궁 개양문 밖	경복궁 영추문 밖
사용기간	1395-1592(197) 1610-1865(255)	1420-1592(172)	1702-1865(163)	1865-1895(30)
龍	鷹峯支脈	없음	인왕산	없음
穴	유혈	없음	유혈	없음
砂(현무·주작· 청룡·백호)	응봉, 남산, 창덕궁, 가회동	북악산, 남산, 낙산, 인왕산	인왕산, 남산, 북악산, 안산	북악산, 남산, 낙산, 인왕산
水	금위영천(禁衛營川)	대은암천(大隱岩川)	만초천(蔓草川)	없음
向	서향	동향	서향	동향
궁과의 직선거리	0.92km	-	200m	200m
종각과의 직선거리	0.94km	1.2km	1.2km	1.25km

네 곳의 결과를 종합하면 조선 관상감 터는 풍수적 요소가 터에 따라 차이가 크며, 모든 터를 풍수적 길지로 보기는 어렵다는 점이다. 이것은 풍수 전문기관이었음에도 풍수적 요건을 가장 우선시한 것은 아니라는 점과 그 외의 목적성을 더 우선했음을 시사한다고 볼 수 있다. 관상감 본감으로 선택된 두 곳은 공간적으로는 주변보다 높아 시야 확보에 좋고 풍수적으로 용맥을 타고 있는 위치에 자리한 것으로 판단되어 어느 정도 풍수적 요소를 만족하는 모습이다. 그러나 두 곳은 용맥이나 혈과 무관하였으며, 수세에 있어서도 네 곳 모두 환포와 관쇄가 되지 못해 명당 수세의 필수 요소를 만족시키지 못하였다. 이는 풍수적인 요건이 명당과 거리가 있는 것으로 풍수를 가장 우선시한 것은 아님을 보여준다.

오히려 관상감 네 곳의 공통점은 종각과의 직선거리로 약 1km 내외의 조건을 만족하는 점이다. 광화방 관상감의 경우 경복궁과도 약 1km 거리에 위치하고 있다. 이로써 관상감에서 가장 중요시한 것은 풍수 요건보다 업무 보고가 편리한 기능적 위치임을 확인할 수 있었다. 이것은 풍수지리의 전문가들이 모인 관상감도 풍수적 요소보다 업무 효율을 위한 입지를 우선한 점으로 기능적인 위치의 중요성을 시사한다.

이러한 점은 현대의 행정기관 입지에도 구체적인 시사점을 제시해 준다. 즉 부동산 개발이나 도시 개발 등이 있어서 행정기관의 입지를 풍수 명당에 둔다는 것이 현재까지 풍수학계의 연구 결과이기도 하다. 그러나 현대의 행정기관이 국민의 편의를 위한 곳이라고 본다면 국민이 이용하기 편리한 장소에 기능적으로 입지하는 것도 풍수적인 입지만큼이나 중요하다고 볼 수 있다. 따라서 풍수 전문기관인 관상감 터가 풍수적으로 좋은 판단을 하기 어려운 곳에 입지하였다는 것은 결론적으로 '풍수'가 아니라 '행정편의'가 중시된 결과라고 볼 수 있다.

〈참고문헌〉

『書雲觀志』
『新增東國輿地勝覽』
『燃藜室記述』
『人子須知』
『朝鮮王朝實錄』
『漢京識略』,

경기문화재단, 『경기도 문화유산 콘텐츠』, 중부출판, 2006.

성주덕 편저, 이면우 외 2명 역주, 『서운관지』, 소명출판, 2003.

유본예 저, 장지연 역해, 『한경지략』, 아카넷, 2020.

천인호, 『풍수지리학 연구』, 한국학술정보, 2012.

강현주 외 5인, 「延世大學校 天文臺와 觀天臺의 天文學的 經緯度의 豫備觀測」, 『한국측량학회지』, Vol.1 No.1, 한국측량학회, 1983.

경석현, 「조선 정조 대 관상감 겸교수 제도의 정비와 그 의미」, 『한국사연구』, Vol. – No.193, 한국사연구회, 2021.

김대우 · 천인호, 「풍수의 정치적 활용에 대한 고찰 – 영우원(사도세자 초장지)의 풍수를 중심으로」, 『인문사회21』, Vol.8 No.4, 아시아문화학술원, 2017.

민형희 외 3인, 「조선시대 관상감과 관천대의 위치 변천에 대한 연구」, 『天文學論叢』, Vol.25 No.4, 한국천문학회, 2010.

유경로, 「서운관지의 번역과 해설: 2. 관해」, 『한국과학사학회지』, Vol.12 No.1, 한국과학사학회, 1990.

윤희상, 「관아」, 『경기도문화유산콘텐츠』, 경기문화재단, 2006.

이수동, 「조선시대 잡과의 음양과(陰陽科) 연구」, 『원불교사상과 종교문화』, Vol.51 No. –, 원광대학교 원불교사상연구원, 2012.

전상운, 나일성, 「관상감 (觀象監) 관천대에 (觀天臺) 대하여」, 『동방학지』, 40(–), 연세대학교 국학연구원, 1983.

정연식, 「조선시대 관상감 관천대와 경주첨성대의 입지조건 비교」, 『한국고대사학회』, Vol.0 No.60, 韓國古代史硏究, 2010.

정연식, 「조선시대 觀天臺와 日影臺의 연혁 - 창경궁 일영대와 관련하여 -」, 『한국문화』, Vol.51 No.-, 서울대학교 규장각한국학연구원, 2010.

정우진, 고제희, 「조선시대 궁궐 정전(正殿)의 배치형식에 투영된 풍수구조」, 『韓國傳統造景學會誌』, Vol.34 No.1, 한국전통조경학회, 2016.

진형무, 『조선시대 官學風水에 대한 연구』, 圓光大學校 박사학위논문, 2017.

천인호, 「양택풍수의 택지론과 현대적 의미」, 『한국민족문화』, 2020.

경기도박물관(https://musenet.ggcf.kr).

경기문화재단(https://www.ggcf.kr).

경복궁(https://www.royalpalace.go.kr).

경희궁(https://museum.seoul.go.kr).

구글지도(https://www.google.co.kr).

국토정보맵(https://map.ngii.go.kr).

국토지리정보원(https://www.ngii.go.kr).

규장각고지도(https://kyudb.snu.ac.kr).

네이버지도(https://map.naver.com).

문화재청(https://www.cha.go.kr).

조선왕조실록(https://sillok.history.go.kr).

arcgis(https://www.arcgis.com).

gaiagps(https://www.gaiagps.com).

전통마을의 풍수 비보를 찾아서

박보빈*

Ⅰ. 들어가는 글

풍수의 목적은 승생기(乘生氣), 즉 생기를 타는 것이며, 생기 가득한 장소를 구하는 것이다. 그러나 생기는 눈에 보이지 않기 때문에 차선책으로 생기가 가득 찰 수 있는 최적의 조건인 바람은 가두고 물을 얻을 수 있는 장풍득수(藏風得水)의 땅을 구하는 것이다. 이러한 최적의 조건을 갖춘 땅을 구하기가 쉽지 않다. 따라서 최적의 땅으로 바꾸어 주는 기법이 필요한데 이를 풍수에서는 모자란 것을 채워주고 넘치는 것을 빼주는 것을 비보(裨補)라고 한다.[1]

비보는 지리비보(地理裨補)와 동의어로, 자연의 지리적 여건의 인위적 · 인문적인 사상(事象)을 보태어 보완하고 주거환경을 조성 · 개선함으로써, 이상적 조건을 지표 공간에 구성함을 목적으로 한다. 비보의 성립 근거는 철학적으로 자연 인간(혹은 문화)의 상보 원리를 토대로 하고 있으며, 문화 생태적으로는 환경에 대한 일종의 문화 적응(cultural adaptation)으로 조화를 증대키 위한 반응(reaction) 방식이다.[2]

풍수 비보는 자연환경의 구성에 부족함이 있을 때 인위적 환경을 구축하여 자연환경과 조화를 이루는 것으로 풍수적 조화(the geomantic harmony) 이루기 위해 자연을 변

---

* 동양문화융합학회 상임이사, 동양철학박사

1 이재영 · 천인호, "풍수 비보의 적용사례 연구—경상북도 의성군 구천면을 중심으로", 『민족문화논총』 41 영남대 민족문화연구소, 2009, 192면.

2 최원석, "한국의 비보풍수에 관한 시론", 『탐라문화』 22, 제주대 탐라 문화연구소, 2002, 212면.

형할 수 있으며 구체적으로 지형을 보수하고 풍수를 개량하는 형태로 나타난다.[3] 비보의 법식은 협의의 비보 법과 압승법(壓勝法)으로 구성된다. 비보의 보(補)는 비어 있는 것을 채워주는 것을 보허(補虛), 평평한 곳을 북돋는 것을 배보(培補)라고도 하며, 강한 곳을 부드럽게 하는 것은 압승(壓勝) 또는 염승(厭勝)이라고도 한다. 여기서 비보는 지리 환경의 부족한 조건을 더하는 원리이고 압승은 지리환경과 과(過)한 여건을 빼고 누르는 원리이다.[4]

비보와 관련한 내용으로서는 먼저 풍수 최고(最古)의 고전으로 평가받고 있는『청오경(青烏經)』에서는 "나무와 풀이 울창 무성하고 길한 기운이 서로 따르는데 이러한 내외와 표리는 혹 자연적인 것일 수도 있고 인위적인 것일 수도 있다."[5]라고 하였는데 이는 좌우 산과 안산, 조대산은 자연적으로 이루어진 것일 수도 있고, 인위적으로 이루어진 것일 수도 있다는 것으로 자연적인 산수와 아울러 인위적인 산수도 인정함으로써 비보의 길을 열었다.

그리고『금낭경(錦囊經)』에서는 혈에는 삼길(三吉)이 있다고 하였는데 첫째는 추길피흉(趨吉避凶), 둘째는 음양 조화와 오토사비(五土四備),[6] 셋째가 비보의 개념이다. 비보의 개념으로서는 "눈으로 잘 살피고 인공(人工)의 방법으로 터를 잘 구비하여 완전함을 쫓고 결함이 있는 것을 피하라. 높은 곳은 부드럽게 하고 낮은 곳은 돋우는 것이 삼길(三吉) 이다."[7]라고 하였다. 즉, 명당 혈이란 추길피흉과 음양 중화된 기운과 오토가 잘 구비된 지역을 찾는 것이 중요한데 그것이 곤란하다면 비보의 개념으로도 명당을 만들 수 있다고 하였다.

『설심부(設心賦)』에서도 인위적인 비보 역시 흉함을 피해갈 수 있다는 점을 강조하고 있다. 즉, "흙에 남는 것이 있어 마땅히 파내야 하면 파내고, 산이 부족함이 있어 마

---

3   최원석, "한국의 비보풍수에 관한 시론", 2002, 214면.

4   최원석, "한국의 비보풍수",『대한 지리학회지』37(2), 대한 지리학회, 2002, 162면.

5 『青烏經』, "草木鬱茂 吉氣相隨 內外表裏 或然或爲."

6   오토(五土)는 청, 적, 황, 백, 흑의 다섯 가지 색을 띠고 있는 흙을 의미하며, 사비(四備)는 혈 주위 사방에 현무, 주작, 청룡, 백호가 모두 구비되어 있다는 것을 의미한다.

7 『錦囊經』, 「貴穴」, "目力之巧 工力之具 趨全避闕 增高益下 三吉也."

땅히 보충해야 하면 보충한다. "[8]라고 하였는데 이는 강하거나 넘치는 부분이 적절하게 제어하고 부족한 부분은 보완하는 것으로 『청오경』과 『금낭경』의 비보 개념을 구체화 시킨 것이다.[9]

한국에서의 비보풍수의 연원은 도선국사(道詵國師, 829~898)로 전해지고 있는데 그는 고려 건국에도 깊이 관여한 알려져 있다. 도선의 비보사상이란 산천 비보 혹은 비보 사탑 사상이라고 하는 것으로 국토를 잘 다스려(치지:治地) 국가와 국민의 복리증진을 도모하려는 사실응용(事實應用)의 사상을 말한다. 즉, 국내 산천 중에서 길지나 비보 상 필요한 곳을 선택하여 사(寺)·탑(塔)·불상·부도(浮圖) 등을 건립하고 각종 법을 수행함으로써 제불보살(諸佛菩薩)과 지신력(地神力)의 가호를 빌려 일체의 흉사를 사전에 방지하고 모든 길사(吉事)를 초래케 하여 국가와 국민 그리고 정법(政法)을 구호하려는 불교(밀교)적 법용(法用)을 비보 사상이라고 하였다.[10] 이를 토대로 풍수 비보에 관한 많은 연구가 이루고 있다.

비보의 종류와 형태로는 무라야마 지준(村山智順)은 풍수 비보의 유형을 풍수 탑, 보허산(補虛山), 위호염승(衛護厭勝)으로 구분하였다.[11] 김의숙은 비보풍수의 유형을 7가지로 구분하고 실제 사례분석을 통해 비보가 한국적 자생풍수임을 설명하였다. 그리고 비보풍수의 유형을 지명변경형(땅의 명칭을 바꾸는 행위), 지형변경형(땅의 형태를 변형하는 행위), 수계 변경형(물의 흐름을 바꾸는 행위), 보완 장치형(유형의 보조 장치나 제어장치를 설치하는 행위), 행위형(기운을 보완하기 위한 의도적 행위), 사찰건립형(사찰을 건립하는 행위), 안산설정형(입지의 앞산을 조성하는 행위)으로 나누었다.[12] 이중 숲이나 조산의 비보는 적은 비용으로 심리적 효과를 거둘 수 있었고 자연에 대한 훼손이 적었기 때문에 전통적인 도시나 마을에서 빈번하게 사용되었다.

---

8   『雪心賦』, "土有餘當闢則闢 山不足當培則培."

9   천인호, 『풍수지리학 연구』, 한국학술정보, 2012, 436~437면.

10   천인호, 『풍수지리학 연구』, 한국학술정보, 2012, 446면.

11   村山智順, 『朝鮮의 風水』, 朝鮮總督府, 1932.

12   김의숙, 「비보풍수 연구」, 『강원 민속학』 17, 강원도 민속학회, 2003, 103~144면.

Ⅱ. 조선왕조실록에 나타난 풍수 비보

비보(裨補)란 자연환경의 부족함을 인위적 환경을 구축하여 자연을 보완하는 것으로 지리적 흠결을 보완하는 개념이다. 비보는 조선왕조실록에도 자주 등장하고 있는데 『세종실록』에 음양학훈도(陰陽學訓導) 전수온(全守溫)이 상서(上書)하면서 "역사적으로 신라(新羅)의 왕업(王業)을 볼 때, 천여 년이나 된 것은 조산(造山)과 종수(種樹)를 가지고 공결(空缺)한 데를 메워 준 것이며, 주부(州府)나 군현(郡縣)에 있어서도 또한 모든 비보(裨補)한 것이며, 조산(造山)과 종목(種木)을 가지고 관활(관활)하게 되었던 즉, 나성과 수구를 보충하지 않으면 안 되는데 흙을 쌓아서 산(山)을 만들어 보결(補缺)하려면 성공(成功)하기가 어려우니, 나무를 심어서 숲을 이루어 가로막게 하면 적은 노력으로 많은 효과를 거둘 수 있다."[13]라고 하자 왕이 그대로 따랐다는 기록이 있다. 이는 한양의 동대문 쪽의 수구가 허 결하여 기운이 빠져서 나간다고 보아 흙으로 비보하기보다는 숲으로 비보할 경우 백성들의 부역도 경감되어 더욱 효과적으로 본 것이다.

『문종실록』에서도 전 부사정(副司正) 정안종(鄭安宗)이 상언(上言) 하기를 "산천이 험하면 땅의 정기가 악(惡)하므로 도선(道詵) 지맥(地脈)에 정력(靜力)이 없어서 동(動)함이 많으니, 정(靜)하면 비보(裨補)하고, 동하면 양진(禳鎭) 한다고 한 것을 받아들여야 한다고 하면서 양진·비보하여 화기(和氣)를 순합(順合) 함은 옛 신선(神仙)이 남긴 자취인데, 지금에 있어서는 풍수라는 것이 오직 무덤을 앉히고 집을 세우는 것만을 일삼을 뿐이고, 산천의 국맥(國脈)을 양진·비보하는 술법으로 쓰임을 듣지 못하니, 이는 성명(聖明)의 시대에 있어서의 흠결이 아니겠는가? 우리나라의 산천을 답사하여 이미 신술(神術)을 밝힌 도시의 『비밀서기(秘密書記)』 외에 산수(山水)의 논(論)과 양진의 술(術)이 남긴 자취를 모두 좇아서 빠짐없이 살펴 드러내어 음양(陰陽)을 이끌어 맞추어서 만세의 태평한 기틀을 만들었으면 한다."[14]라고 하여 풍수가 음택과 양택에만

---

13 『世宗實錄』, 30年(1448)3月8日(癸巳,"歷觀新羅之業, 千有餘年, 而造山種樹, 以補空缺之處, 至於州府郡縣, 亦皆有裨補, 造山種木, 以補寬闊之處……今我國都 羅星空缺 水口寬闊 則羅星水口 不可以不補矣 然築土爲山而補缺 則功不易成 種木成林而鎭塞 則事半功倍."

14 『文宗實錄』, 1年(1451),4月14日(壬午),"然築土爲山而補缺 則功不易成 種木成林而鎭塞 則事半功倍 地脈無靜力而多動, 靜則補之, 動則鎭之 禳鎭裨補 順合和氣 古神仙之遺迹 今也風水者 唯事安墳立宅而已 未聞山川國脈 禳

치중한 것을 비판하고 도선의 비보, 압승을 통해 국가의 안녕을 도모하고자 하였는데 이는 도선의 비보풍수와도 일맥상통하는 것이다.

『현종실록』에서는 윤선도의 추고함사(推考緘辭)에서 용대풍수(龍大風水)가 영릉(英陵)에 비해 조금 못하지만 진정 천 리를 가도 그러한 곳은 없고 천 년에 한 번 만날 수 있는 곳으로, 비록 도선(道詵)이나 무학(無學)이 다시 살아난다고 하여도 다른 말이 없을 곳[15]이라고 하였다. 도선을 풍수가로서 인정하는 듯한 발언 등으로 미루어 볼 때 조선에서는 도선을 술승(術僧)으로 폄하하였지만, 완전히 부정하지는 않은 것으로 보고 있다.[16]

Ⅲ. 전통 마을에 투영된 풍수 비보의 양상

전통 마을을 풍수적으로 분석하고 풍수적 결함이 있을 경우 이를 어떻게 비보하였는지를 살펴봄으로써 선조들의 풍수적 지혜를 엿볼 수 있다. 전국적으로 전통 마을은 수없이 많이 존재하고 있지만, 경기도 관내 양평군, 용인시, 이천시 지역의 대표적인 전통 마을을 각각 3개소에 대하여 풍수적 해석과 아울러 비보의 존재 양상을 분석해 보았다. 이들 지역을 대상지로 선정한 이유는 해당 지역이 수도권과 가까워 도시화로 인한 개발 행위가 많이 이루어졌지만, 현재 비보물(裨補物)이 많이 잔존하고 있을 뿐만 아니라, 비보물을 보존과 보호 대상으로 하고 있어 비교적 원형이 잘 남아 있기 때문이다. 어느 한 특정 지역의 비보물이지만 다른 전통 마을에 있어서 여기와 크게 다르지 않을 것으로 생각된다. 그러므로 여타 전통 마을에도 유사한 풍수 비보가 전개되고 있다고 해도 무리가 없을 것으로 본다.

鎭裨補之術 此非明時之欠事歟? 臣伏願 我國山川踏驗 已經神術 道詵《秘密書記》外 山水之論 禳鎭之術 一從遺迹 檢擧無遺 導合陰陽 以致萬世太平之基."

15 『顯宗實錄』, 1年(1659) 9月1日(己未) "惟水原之山 擧目驚倒 明知其上格 龍大風水 比英陵差不及 而眞千里所無 千載一遇之地 雖使道詵 無學復起 不易斯言."

16 천인호, 『풍수지리학 연구』, 한국학술정보, 2012, 453~454면.

1. 양평군 지역

양평군 단월면 보룡리(한터마을)의 풍수 비보를 살펴보면, 보룡리 마을은 아래의 그림에서 보는 바와 같이 주산(主山)인 쾌일산에서 개장(開帳) 후 청룡맥이 마을을 감싸면서 단월면사무소까지 쭉 진행하며, 백호맥은 마을을 감싸며 내려가지만 끝부분에서 마을을 등(背)을 돌려서 마을 반대 방향으로 진행한다. 그리고 이를 돕던 가지 요도(橈棹)가 백호의 역할을 하면서 마을을 감싸며 내려오지만 마을 입구 쪽에서 멈춘다. 이는 마을 안쪽에서부터 개천(川)이 흐르기 때문이다. 또한 마을 앞으로 부안천이 흐른다.

그림 6-1. 양평군 보룡리 위성사진
출처: 브이월드

보룡리 마을의 허한 부분을 보완하기 위하여 비보하였는데, 이는 백호 지맥의 연장을 위하여 느티나무(수령 600년 이상)를 식재하여 지맥비보(地脈裨補Ⓐ)를 하였다. 그리고 청룡과 백호가 서로 감싸주지 못해 열려있어 바람이 마을 안쪽으로 들어오는 것을 보완하기 위해 수구막이 숲Ⓑ을 조성하고, 마을 입구 쪽에 조성된 보산정(寶山亭)은 조산(造山Ⓒ)의 역할을 한다. 물길은 바람길인데 마을 앞에 흐르는 부안천이 등(背)을 보이는 반궁수(反弓水)로 찬 바람이 마을로 들어가는 것을 막아주는 차폐 역할도 한다.

또한, 청룡맥 끝부분에 마을의 기운이 빠져나가는 것을 막기 위하여 연못[17]을 조성하였는데 이는 지기비보(地氣裨補Ⓓ)를 위한 것이다. 이처럼 보령리 마을은 마을 주변의 산천이 풍수적으로 완벽하지 못하니, 이는 허한 부분을 보완하거나 차폐하기 위하여 여

---

17 바람에 옷깃이 날리듯 살아가는 이야기(https://blog.naver.com/bnbk00/220443831610).

러 가지 비보물을 조성한 것을 확인할 수 있다.

보룡리처럼 조산과 수구막이의 대표적 사례는 전라도 광주 지역에서 찾아볼 수 있다. 아래의 그림에서 보는 바와 같이, 광주는 무등산 천왕봉이 주산으로 내백호 쪽에는 관사나 관청 등이 위치해 있으며, 내청룡 쪽에는 마을을 비롯하여 주요 건물인 군청(郡廳)과 객사(客舍) 등 주요 건물이 자리하고 있다. 내백호와 내청룡이 서로 관쇄가 되지 않음에 따라 앞이 열려있는데 이를 보완하기 위하여 유림수(柳林藪Ⓐ)를 심었는데 이는 수구막이 기능을 하고, 풍영정(風詠亭Ⓑ)은 조산(造山)의 기능을 하고 있다. 유림수와 풍영정은 모두 설기되는 기운을 보완하고 심리적 안정감을 갖게 해주는 것을 풍수 비보물이라고 할 수 있다.

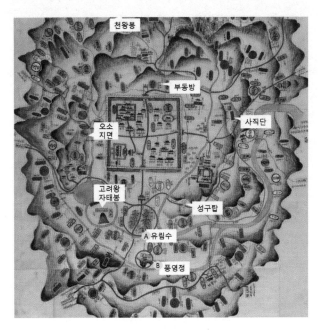

그림 6-2. 전라도 광주도
출처: 『1872년도 지방도』 서울대학교 규장각

양평군 청운면 가현리(말 가실마을)의 풍수 비보를 살펴보면, 가현리 마을은 주산인 더렁산으로부터 내려온 중심맥 주변에 마을이 입지하고 있는데 우측 산(백호)에 비하여 좌측 산(청룡)이 짧게 형성되어 있다. 그리고 마을 바깥쪽의 동쪽으로부터 남쪽으로 벗고개천이 흐르고 서쪽으로부터 남쪽으로 흑천이 흐르면서 마을 앞에서 합수(合水)를 한다 벗고개천을 따라 220m, 흑천을 따라 250m로 총 470m, 넓이 20~40m, 면적 16,000㎡ 정도의 숲이 조성되어 있다.[18] 이 비보숲은 청룡맥이 짧아서 마을을 감싸주지 못함에 따라 지맥을 연장하는 지맥비보(地脈裨補Ⓐ)의 기능을 해줄 뿐만 아니라, 흑천과 벗고개천이 서로 합수하는 곳이라 바람의 영향이 심한 곳이라 바람을 막아주는 장풍비보(藏風裨補Ⓑ)의 기능도 하고 있다.

그림 6-3. 양평군 가현리 위성사진
출처: 브이월드

가현리 마을의 풍수 비보와 유사한 사례는 전라도 장성부(현 장성군)에서 찾아볼 수 있다. 장성부의 경우 아래의 그림에서 보는 바와 같이 구산에서부터 낙맥하여서 성지산을 지나서 백호맥인 동산까지 내려간다. 장성부의 비보숲인 수림(樹林Ⓐ)은 백호맥 끝자락부터 시작하여 마을을 L자로 감싸주고 있는데 이는 지맥비보(地脈裨補)로 볼 수 있다.

---

18 정명철 · 이창환 · 최재웅 · 김경희, 『한국의 마을 숲』, 제1권, 경기 · 강원 편, 농업진흥청 국립농업과학원, 2015, 20~24면.

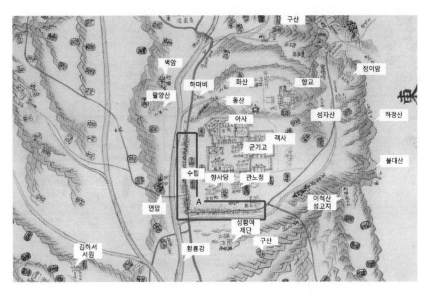

그림 6-4. 전라도 장성부
출처: 『1872년도 지방도』 서울대학교 규장각

　마을 앞 수림이 조성된 곳은 동쪽에서 발현되어 마을 앞쪽으로 흐르는 물과 북쪽에서부터 남쪽으로 내려오는 황룡강(黃龍江)이 만나는 곳으로 합수처(合水處)가 형성된다. 그리고, 합수처는 물이 모이는 장소로서 바람도 같이 모이는 곳으로 수림은 이를 막는 장풍비보 및 강의 범람을 막는 역할도 한다. 풍수적으로 산, 수, 방위가 완벽한 길지가 없으므로 이를 인위적으로 보완하는 것이 비보인데 이 인위적으로 조성한 숲이 바로 비보숲이 된다.

　양평군 단월면 봉상리(수미마을)의 풍수 비보를 살펴보면, 봉상리 마을은 아래의 그림에서 보는 바와 같이 괘일산으로부터 낙맥(落脈)하여 내려오다 좌측으로 분맥 하여 수리봉으로 솟아나는데 그 아래 봉상리 마을이 입지하고 있다. 수리봉으로부터 여러 갈래의 지맥이 내려오는데 그 형상이 마치 지네의 모습(Ⓐ)을 하고 있으며, 또한 마주 보는 산은 지네의 먹이가 되는 지렁이의 모습(Ⓑ)을 하고 있다. 또한 수리봉 맞은편에 밤나무 숲(Ⓒ)을 일자로 420m 정도 조성하였는데 이는 지네를 눌러주기 위한 압승(壓勝)의 기능을 하고 있다.

그림 6-5. 양평군 봉상리 위성사진
출처: 브이월드

봉상리와 유사한 압승의 사례는 경북 의성군 구천면 올밤실, 경상북도 상주읍 밤원 등의 마을에서도 보인다. 이 마을은 지네형, 지네혈(穴)에 자리 잡고 있어서 지네독을 없애기 위하여 밤나무숲으로 차폐하거나 압승하였다. 밤원이나 올밤실 등의 자연촌락 명도 지네살(殺)을 막기 위해 붙여진 것이다.[19]

그림 6-6. 경상북도 의성군 구천면 올밤실
출처: 브이월드

2. 용인시 지역

용인시 원삼면 문촌리(문 시랑마을)의 풍수 비보를 살펴보면, 문촌리 마을은 아래의 그림에서 보는 바와 같이 마을 입구에 '벅수(장승을 달리 이르는 말)'가 조성되어 있다.

---

19 이영진, 「마을의 입지유형별 비보풍수의 형태」, 『민속 연구 21』, 안동대학교 민속연구소, 2010, 48~49면.

처음 마을이 조성되었을 때 벅수는 Ⓐ[20]장소에 조성하였다. 여기에 벅수를 세운 이유는 풍수적으로 혈의 사상(四象) 중에서 유혈(乳穴)의 형태라 지기(地氣)가 넘쳐서 흘러가는 것을 조절하는 압승(壓勝) 차원에서 조성하였다. 그러나 1986년도에 벅수가 도난을 당하게 된다. 벅수는 30년 만에 되찾았으나 기존 장소에 재차 조성하지 않고 현재 마을 초입Ⓑ에 자리하고 있다. 문촌리 마을의 벅수는 당초 비보 차원에서 세워졌지만, 이제는 비보보다는 마을의 역사 자료 보존과 마을 '수호신' 역할인 민간신앙적 차원에서 보존하고 있다.

그림 6-7. 용인시 문촌리
출처: 브이월드

문촌리와 유사한 벅수의 사례로는 전북 순창군 남계리 석불입상의 순창-남원 간 우회도로 둑 아래에 위치하고 있다. 크기는 높이 175㎝, 둘레 200㎝이며 화강암으로 제작되어 있다. 남계리의 석불입상Ⓐ은 순화리 석불입상보다는 좀 더 구체적이다. 순화리 석불입상은 안면상(顏面像)인 데 반하여 남계리 석인상은 전신상(全身像)이다. 얼굴을 보면 백호(白毫: 무량 세계를 비추는 눈썹 사이의 흰 털)와 연지곤지가 선명하며 눈은 부처의 안광과 같은 양식을 하고 있으며 양쪽 귀는 부처님 기처럼 크게 조각되어 있으며 반달형의 입 모양 조각은 부처님의 자비로운 미소를 머금고 있는 듯하다. 목에는 삼도(三道: 불상 목에 새겨진 세 개의 목주름)를 약식으로 둘렀으며 손 모양은 두 손을 앞으로 모아 불상의 수인(手印: 깨달음을 표현하기 위한 손 모양) 형식을 취하고 있다. 수

20 '장승' 이야기(https://blog.naver.com/9339june/220775472725).

인 조각 아래에는 법의(法衣: 부처가 입은 옷) 장식이 조각되어 있으나 명확하지 않다.

이 석불입상의 조형미는 여성적이다. 석불입상은 눈웃음짓는 아름다운 여인상을 보는 듯한 인상이 강하다. 이 석불입상은 마치 암 미륵을 조각한 듯하다. 이 석불입상이 처음 세워졌던 곳을 각시 숲이라고 하는 것으로 보아 암 미륵으로 신앙이 되었을 가능성이 크다. 이 남계리와 순화리 석불입상은 서로 마주 보는 수호신 기능을 세워졌지만 석장생이라기보다는 수구막이 기능을 가진 미륵불로 보는 게 타당하다. 이 석불상은 순창읍의 읍기를 처음 조성하면서 세운 것으로 보인다. 순창읍은 1300년경인 고려말에 읍(邑)의 치소(治所)가 된다. 읍기(邑基)를 정하면서 비보풍수의 장치물로 입석불을 세운 것이다.[21]

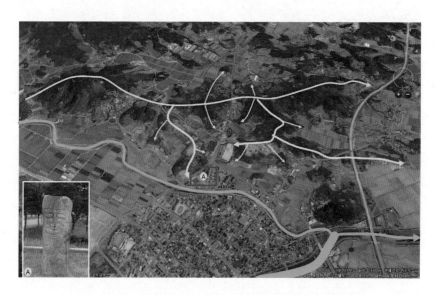

그림 6-8. 전북 순창군 순창읍 남계리 석불입상(중요민속자료 제102호)
출처: 브이월드

21   송화섭, 「순창의 미륵불과 미륵신앙」, 『순창문화 유산탐구 Ⅱ』, 순창문화원, 2000.

용인시 모현면 초부리(상부곡)의 풍수 비보를 살펴보면, 초부리 마을은 아래의 그림에서 보는 바와 같이 큰산에서 낙맥하여 내려가는 청룡맥이 까치산까지 내려가고, 정광산 줄기가 낙맥 후 내려오는데 이는 백호맥이 둔봉산까지 일자로 내려간다. 마을의 청룡과 백호가 서로 감싸주지 못하고 서로 감싸주지 않고서 각자 내려가는 형국이니 이는 장풍에 문제가 생긴다. 그리하여 마을 입구에 느티나무Ⓐ를 수구 관쇄 하는 역할로 조성되었다.

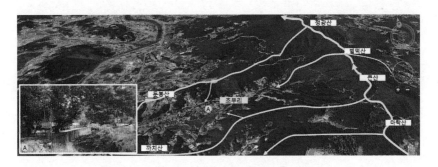

그림 6-9. 용인시 초부리 위성사진
출처: 브이월드

초부리와 유사한 수구막이 비보 숲 사례는 진안군 정천면 월평리 하초마을에서 나타나고 있다. 이 마을의 유래는 도선이 이 마을을 지나가면서 풀밭에서 말이 풀을 뜯고 있는 모습과 형국으로 '평화롭다'라는 의미를 지닌 지역으로 이 풀밭의 윗부분이라 하여 상초(上草)라고 하고 아랫부분이라 하여 하초(下草)라고 하였다 한다. 월평리 하초 마을은 아래의 사진에서 보는 바와 같이 삼면이 350~500m의 산으로 둘러싸여 있는데 북서쪽의 좁은 부분만 비어 있는 공간구조가 되어 있다. 그리고 북서쪽에 마을 숲Ⓐ, 돌탑, 선돌, 등을 조성하여 비보함으로써 주요한 공간을 형성하고 있다.[22]

---

22   Hong, Sun-ki, 「Landscape and Meaning」. Doctor Scientiarum Thesis Agricultural University of Norsay: 1997, 38~41.96~102면.

그림 6-10. 진안군 정천면 월평리 하초마을 위성사진
출처: 브이월드

용인시 원삼면 맹리의 풍수 비보를 살펴보면, 맹리 마을은 아래의 그림에서 보는 바와 같이 주산(主山)인 건지산으로부터 낙맥한 산줄기가 마을을 감싸주고 있다. 특히 마을로 내려온 중심룡은 개장(開帳)하여 천심맥(穿心脈)으로 잘 내려와서 중심 뼈대를 이루고 있다. 마을 앞에는 수정산이 솟아나 있는데 이 마을로 봐서는 주작(朱雀)에 해당이 되는데 현무(玄武)보다 크고 웅장하여 마을을 억압하는 형태가 된다. 따라서 이를 차폐하는 차원에서 인공적으로 나무를 심어 비보하고 있는데, 이는 조산비보(造山裨補 Ⓐ)가 된다. 앞에서 마을을 억압하는 높은 산을 차폐하는 기능뿐만 아니라 사신사의 주작 기능도 겸하게 되므로 마을 주민들에게 심리적 안정감을 가져다주고 있다.

그림 6-11. 용인시 맹리 위성사진
출처: 브이월드

맹리와 유사한 조산비보 사례로 충청도 회덕현(현 대전시)을 들 수 있다. 회덕현은 아래의 그림에서 보는 바와 같이 고을의 진산은 현 동쪽에 위치한 계족산(雞足山)인데 계족산에서 내려온 산줄기가 관사에서 혈(穴)을 이루고 있으나 남쪽에 안산(案山)이 없어서 일부러 조산(造山Ⓐ)을 만들어 허한 것을 보충하였다고 한다.[23]

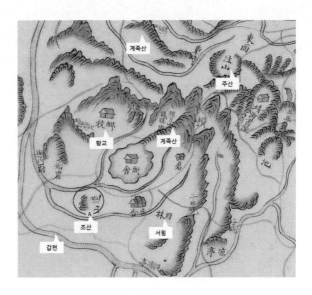

그림 6-12. 충청도 회덕현도
출처: 『해동지도』 서울대학교 규장각

3. 이천시 지역

이천시 백사면 내촌리(소일마을)의 풍수 비보를 살펴보면, 내촌리 마을은 아래의 그림에서 보는 바와 같이 주산(主山)인 오산과 말등잔산으로 이어지는 산줄기가 백호맥이 된다. 그리고 주산에서 좌 출 맥 한 줄기가 상하기복(上下起伏)과 좌우지현(左右之玄) 운동을 하면서 진행하다가 중간에 지룡이 나오는데 이 용맥을 내청룡으로 하여 마을이 입지하고 있다. 내촌리 소일마을은 좌우의 산이 서로 안아주지 못하고 그대로 물 따라 내려가므로 입구가 벌어지는 형국이 된다. 그래서 장풍의 문제가 있어서 이를 보완하기 위해 인공적으로 소나무숲Ⓐ을 현재 약 140m 정도 길이의 수구막이 숲이 조성

---

23   천인호, 『풍수지리학 연구』, 한국학술정보, 2012, 466면.

된 것이다.

그림 6-13. 이천시 백사면 내촌리
출처: 브이월드

내촌리와 유사한 지형으로 경남 산청군 산음현을 들 수 있는데 아래의 그림에서 보는
바와 같이 산음현은 차현리에 있는 산맥으로 낙맥 후 백호맥은 월동리를 지나 도사관,
아사, 관청 부분에서 멈추었다. 그리고 청룡맥은 향교를 지나 성남산의 끝자락에 멈추
었으나, 청룡맥과 백호맥이 벌어져 장풍에 문제가 발생한다. 이에 허한 부분을 보완하
기 위하여 인공적으로 조산(造山Ⓐ)을 조성하여서 수구 관쇄를 하였다.

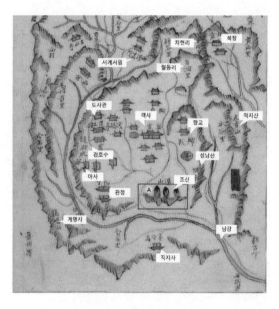

그림 6-14. 경남 산청군 산음현도
출처:『지승』, 서울대학교 규장각

이천시 백사면 송말리의 풍수 비보를 살펴보면, 마을의 주산인 낮은매기고개에서 낙맥(落脈)하여 백호는 긴등산을 지나 백사체육공원까지 진행하고, 청룡맥은 절골, 매산, 뒷동산까지 진행한다. 이는 마을을 감싸야 할 청룡맥과 백호맥 벌어져 장풍에 문제가 된다. 그래서 이를 비보하기 위하여 2,000여 평가량의 비보숲Ⓐ을 조성하여 수구를 관쇄하는 역할을 하고, 또한 연못Ⓑ을 조성하여 득수 문제를 해결하였다.

그림 6-15. 이천시 백사면 송말리 위성사진
출처: 브이월드

송말리와 유사한 비보 사례로는 평안도 순천군을 들 수 있다. 평안도 순천군의 경우 아래의 그림에서 보는 바와 같이 읍치의 동쪽에는 있는 연당(蓮塘Ⓑ)은 마을의 지기(地氣)가 빠져나가는 것을 멈추기 위하여 조성되고, 또한 마을을 감싸야 할 청룡과 백호가 벌어져 장풍에 문제가 있다. 이곳에 비보숲인 수림(樹林Ⓐ)을 조성하여 수구를 관쇄 하는 역할을 하고 있다. 그리고 수림(樹林)은 마을 바깥쪽에 흐르는 삼월강(三月江)에서 불어오는 바람을 막아주는 방풍림 역할도 하니 이는 마을 주민들의 심리적 안정을 준다.

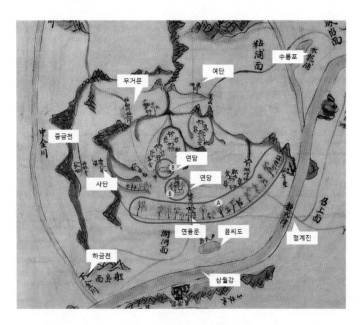

그림 6-16. 평안도 순천군도
출처: 『1872년도 지방도』 서울대학교 규장각

　이천시 장호원 면 나래리(월촌)의 풍수 비보를 살펴보면, 나래리 마을은 아래의 그림에서 보는 바와 같이 주산(主山)은 연대산이다. 연대산에서 낙맥하여 내려오던 용맥이 좌우로 분맥을 하고 있는데 우측 산(백호맥)의 끝부분은 마을을 약간 감싸주듯이 하다가 그대로 직진한다. 또한 좌측 산(청룡맥)은 좌우 지현(之玄) 운동을 하면서 내려감에 따라 좌우 두 산줄기는 서로 감싸주지 못하는 형국이다. 이런 경우 앞이 벌어져 있으므로 장풍의 문제가 발생한다. 그리하여 마을 입구에 소나무 숲을 약 140mⒶ을 조성하여 수구를 관쇄하는 수구막이, 바람을 막아주는 장풍비보, 밖에서 마을이 보이는 것을 막아주는 차폐비보, 안산이 없으니 조산(造山) 역할 등 소나무 숲은 여러 가지의 비보(裨補) 역할로 활용하고 있다.

그림 6-17. 이천시 장호원면 나래리 위성사진
출처: 브이월드

나래리와 유사한 비보 사례로는 황해도 신천군을 들 수 있다. 황해도 신천군은 아래의 그림에서 보는 바와 같이 고을의 진산은 읍치 쪽으로 6리 떨어진 화산(花山)인데 진산 남쪽의 산줄기가 아사(衙舍)와 객사(客舍) 등 주요 건물을 감싸안은 모습을 보여주고 있다. 그리고 백호맥의 끝자락에 가소정, 청룡맥의 끝자락에 망미정을 조성하였다. 또한 고을 앞으로 진천, 청천이 흐르는데 이는 물길이 바로 바람길이니 고을에 바람의 영향을 받는데, 비보(裨補)하는 역할로는 안산(案山)이 있는데 이는 남산이다. 그러나 고을과 남산의 중간에는 전천, 청천, 부정천 등이 흐르고 고을과의 거리가 너무 멀어 안산의 역할로 보기 어렵다. 이를 비보하기 위하여 고을 앞쪽에 나무를 식재하였는데 이는 조산(造山Ⓐ)이 된다. 그리고 수구막이 역할, 방풍림 역할, 하천 범람을 방지하는 실용적인 기능과 주민들의 심리적 안정 등 다양한 역할을 하고 있고, 또한 나무숲 안쪽에 조성된 무정(武井Ⓑ), 문정(文井Ⓑ)은 고을의 지기(地氣)가 빠져나가는 것을 막아주고 있다.

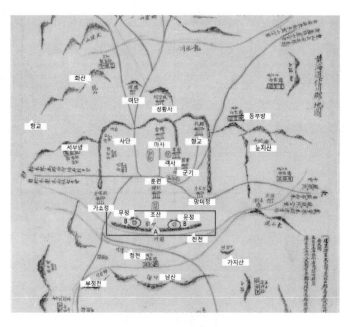

그림 6-18. 황해도 신천군도

출처:『1872년도 지방도』서울대학교 규장각

Ⅳ. 나오는 글

　도시화가 진전된 수도권 인근의 경기도 관내 양평군, 용인시, 이천시 지역의 전통 마을을 대상으로 해당 지역을 풍수적으로 해석하고, 풍수적 결점을 보완하기 위한 각종 비보물의 유형과 기능을 조사해 보았다. 대상지로서는 수도권 인근 지역인 양평군 3개 지역, 용인시 3개 지역, 이천 3개 지역으로 총 9개의 지역 마을의 입지 및 공간구성의 특징을 풍수의 관점에서 살펴보았는데 다음과 같은 결론이 도출되었다.

　양평군 지역은 한강 및 흑천 등의 하천이 흐르고 있는데 지형과 지세를 살펴볼 때 하천 지역의 특징을 가지고 있다. 마을은 하천에 가깝게 붙어서 입지하고 있다. 그에 따라 마을의 하천변 지역의 특징에 맞게 비보 조치를 시행하고 있다. 보룡리 마을은 부안천과 흑천, 봉상리 마을은 흑천, 가현리 마을은 흑천과 벗고개천의 하천이 인접해 있어서 수구막이 비보와 짧은 용맥을 연장하는 지맥비보가 주를 이루고 있다.

　용인시 지역은 산세가 좋아 산지 지역의 특징에 맞게 비보 조치가 이루어지고 있다.

문촌리 마을은 유혈(乳穴)의 지형이라 기운이 넘쳐서 흐르는 것을 압승(壓勝)하기 위하여 벅수를 조성하였다. 초부리 마을은 주변의 산이 마을을 감싸주지 않기 때문에 허결한 부분을 보완하기 위하여 수구막이 숲을 조성하였다. 맹리는 앞산이 너무 높아서 마을이 억압받는 형국이므로 조산(造山)을 만들어 이를 차폐하고 있다.

이천시 지역은 남한강으로 유입되는 복 하천이 형성되며, 논과 밭이 주를 이루고 있는 지형이라 평지 지역의 특징을 보인다. 그래서 내촌리의 경우 청룡과 백호 사이에 논과 밭이 조성되어 중간에 수구막이 숲을 조성하였다. 송말리 역시 청룡과 백호 사이에 논이 조성되어 있는데 여기에 수구막이 숲과 비보 못이 조성되었다. 나래리는 청룡과 백호 중간의 있는 밭 부분에 비보숲이 조성되어 있으며, 아울러 마을 입구에 비보숲이 조성되어 있다.

이상과 같이 경기 관내 양평군, 용인시, 이천시 지역의 전통 마을에 대한 풍수 비보를 살펴보았는데 가장 많이 나타나는 비보의 기능은 마을의 기운이 빠져나가는 것을 방지하는 수구막이이다. 그 외 마을을 둘러싼 주변의 산천 형세에 따라 용맥을 연장시키는 형국보완, 마을을 억압하는 형태의 흉한 산의 모습을 차단하는 흉상차폐, 거친 바람을 순화시키는 장풍비보도 나타나고 있다. 비보는 어느 하나의 기능만을 가지는 것이 아니라 여러 가지 복합적인 기능을 가지는 것으로 확인된다. 비보의 유형으로는 조산을 비롯하여 숲, 못, 조형물(벅수) 등 다양한 형태의 비보물이 존재하는 것으로 나타났다.

풍수무전미(風水無全美)라고 하였다. 이는 풍수적으로 완벽한 땅은 있을 수 없다는 말이다. 경기도 관내 3개 지역의 전통 마을 비보의 존재 양상을 살펴본바. 풍수적으로 합당하지 않거나 흉한 자연 상태의 땅을 대상으로 다양한 인공적인 수단과 방법을 동원하여 최적의 길지로 만들어 가는 것을 확인할 수 있었다. 이처럼 비보는 한정된 토지자원의 효율적 이용과 인간이 거주하는 데 최대한 적합하도록 자연환경을 개선하기 위한 적극적인 환경 대응 방법론으로 함축할 수 있다.

〈참고문헌〉

『雪心賦』

『靑烏經』

『錦囊經』

『世宗實錄』

『文宗實錄』

『顯宗實錄』

정명철 · 이창환 · 최재웅 · 김경희, 『한국의 마을 숲』, 제1권 경기 · 강원 편, 농업진흥청 국립농업과학
　　원, 2015.

천인호, 『풍수지리학 연구』, 한국학술정보(주), 2012.

村山智順, 『朝鮮의 風水』, 朝鮮總督府, 1932.

Hong, Sun-ki, 『Landscape and Meaning』, Doctor Scientiarum Thesis Agricultural University of
　　Norsay: 1997

김의숙, "비보풍수연구", 『강원민속학』 17, 강원도 민속학회, 2003.

이영진, "마을의 입지유형별 비보풍수의 형태", 『민속 연구 21』, 안동대학교 민속연구소, 2010.

이재영 · 천인호, "풍수비보의 적용사례 연구-경상북도 의성군 구천면을 중심으로", 『민족문화논총』
　　41 영남대 민족문화연구소, 2009.

송화섭, "순창의 미륵불과 미륵신앙"『순창문화유산탐구 Ⅱ』, 순창문화원, 2000.

최원석, "한국의 비보풍수에 관한 시론", 『탐라문화』 22, 제주대 탐라문화연구소, 2002.

최원석, "한국의 비보풍수", 『대한지리학회지』 37(2), 대한지리학회, 2002.

서울대학교 규장각(https://kyu.snu.ac.kr).

브이월드(https://www.vworld.kr).

다음 지도(https://map.kakao.com).

바람에 옷깃이 날리듯 살아가는 이야기(https://blog.naver.com/bnbk00/220443831610).

'장승' 이야기(https://blog.naver.com/9339june/220775472725).

정조의 효심, 풍수로 실현하다

김대우

Ⅰ. 들어가는 글

조선은 성리학을 국가 지도 이념으로 하면서 유학자들에 의해 풍수는 도참적인 것으로 치부되었을 뿐만 아니라 풍수 자체를 도외시하는 경향도 있었다. 그러나 전반적으로 볼 때 풍수에 대해서는 전적으로 믿을 수도 없지만 그렇다고 버릴 수도 없는 중도적인 입장을 취하였다. 왕릉 선정 등에 있어서는 풍수의 영향력을 결코 무시할 수 없었으며, 왕실 및 종친, 대신 등이 동원되어 왕릉을 선정하였다. 특히 왕릉 택지 시에는 조정의 온 대신들과 전국의 이름있는 풍수사들이 총동원되어 경국대전에 명시된 바에 따라 궁궐에서 백 리 이내의 적합한 지역을 찾기 위해 노력하였다. 이와는 달리 태실지는 지역에 제한 없이 전국을 상대로 택지를 하게 된다. 이러한 활동은 풍수가 자연히 반가(班家)와 지방으로 전파되어 하나의 문화로 자리매김하게 되었으며, 조선조에 묘지 풍수가 유행하게 된 계기가 되었다.

사도세자는 영조와 그의 후궁 영빈이씨와의 사이에서 태어났으며, 영조에게는 둘째 아들이 된다. 첫째는 효장세자로 후궁 정빈이씨에서 태어나 세자로 책봉되었으나 9세의 나이에 병으로 사망하게 되자 그 뒤를 이어 사도세자가 세자로 책봉되었다. 사도세자는 태어나면서부터 남달리 총명하였으며, 『한중록』에서는 다음과 같이 기록하고 있다.

---

* 동양문화융합학회 상임이사, 동양철학박사

경모궁께서 나시매 자질이 범인과 특별히 다르신지라, 궁중에 기록하여 전하는 말을 보니 나신 지 백일 안에 기이한 일이 많으신데 넉 달 만에 기셨고, 여섯 달에는 영조의 부르심에 대답하셨고, 일곱 달에 동서남북의 방향을 아셨고 두 살에는 글자를 배워 육십여 자의 한자를 써내시느라.[1]

사도세자는 15세 되는 해(영조 25) 영조의 명에 의거 대리청정을 할 정도로 학문 및 정사에 이르기까지 괄목할 만한 성장을 보였다. 그러나 영조의 등극 과정에 얽힌 신임사화(辛壬士禍)에 대한 시각을 달리 하면서 영조 및 집권 세력인 노론과의 반목과 질타로 인해 정신적 질환을 겪었다. 그리고 끝내는 부왕 영조에 의해 임오년(1762) 윤 5월 13일에 뒤주에 갇히고, 8일 만인 21일 자시에 28세의 나이로 창경궁에서 사망하게 된다. 사도세자가 사망한 후 처음 거론되었던 묘터는 오릉(현, 동구릉) 내 효종의 능인 영릉(寧陵)의 파묘 터에 정해졌다.

그러나 집권 세력들은 죄인이 선대 왕릉의 구역 내에 들어갈 수 없다고 주장을 하였고, 또한 널리 길지를 찾지 못한 상태라 영조에 의해 중랑포(서울 동대문구 휘경동에 위치한 현 서울삼육병원)에 묘지가 조성되었다. 묘지 조성 당시의 묘호는 수은묘(垂恩墓)였다. 묘지 조성 후 14년 뒤에 정조가 즉위하고 나서 영우원(永祐園)으로 개칭하여 묘(墓)에서 원(園)으로 승격되었다. 정조 13년(1789)에 수원 화산 아래로 천장(遷葬)하면서 다시 현륭원(顯隆園)으로 개칭되었으며, 고종 때 장조로 추존되면서 융릉(隆陵)으로 격상되었다. 조선 왕실을 기준으로 무덤은 신분에 따라 능(陵), 원(園), 묘(墓)로 구분이 된다. 능은 왕과 왕후의 무덤이고, 원은 왕의 사친(私親: 생부와 생모), 왕세자와 왕세자빈의 무덤이고, 묘는 왕족(왕자와 공주), 후궁, 폐위된 왕이나 왕후의 무덤이다.

조선팔도지도에 나타난 사도세자의 묘 영우원은 아래의 그림과 같다. 최초 소점 당시 길지를 찾기 위한 노력이 충분치 않았고,[2] 정조 등극 후에야 묘지 관리인을 둘 정도로 관리 또한 소홀한 면이 없지 않았지만, 나름 명당으로 인정받고 있던 곳으로 정조 즉

---

1 혜경궁홍씨 저, 정병설 옮김, 『한중록』, ㈜문학동네, 2015, 25면.

2 「思悼世子墓所都監儀軌」에서는 최초 오릉(현 동구릉) 안 효종의 능침자리인 영릉의 이장 자리에 정해졌으나 오릉 안에는 들어갈 수 없다는 영조의 전교에 따라 재차 간심(看審)을 통해 별다른 논의 없이 5월 28일 배봉산으로 결정된다.

위 후에도 천장에 대한 별다른 논의는 없었다. 그러나 1786년(병오) 문효세자[3] 사망 이후 여러 사람으로부터 문제점이 지적되었고, 이에 정조가 가세함으로써 천장 결정 전과 후의 풍수 판단이 서로 다른 모습을 보이게 된다.

그림 7-1. 영우원의 고지도

출처: 규장각, 조선팔도지도(古 4709-54)

가장 중요한 관점은 초장 시의 풍수 판단과 천장 결정 후의 판단이 다르다는 점이다. 이는 결국 동일한 장소에 대한 풍수적 판단이 시기에 따라 서로 다르게 나타남으로써 수원 화성에 소재한 융릉으로 천장하는 결정적인 이유가 된다. 즉, 영우원은 처음 소점 시 길지라고 하여 조성되었으나, 정조 즉위 후 초장 시와는 달리 여러 가지 풍수적인 문제점이 있는 것으로 논의되었고, 결국 수원 화성의 융릉으로 천장하게 된다.

---

3 문효세자는 정조의 장자로 의빈성씨의 소생이다. 1782년 10월 13일에 태어나 3살 때 세자에 책봉되지만 1786년 6월 6일 5세의 나이로 훙서하였다. 훗날 순조의 이복형이다.

Ⅱ. 초장지 영우원과 천장지 융릉의 풍수 비교

1. 영우원의 풍수적 평가

사도세자가 사망하자 당일 묘소도감이 설치되고 장지는 최초 오릉(현, 동구릉) 내 영릉(寧陵)의 파묘한 터에 정해졌으나 집권 세력의 반대와 오릉 내에 정할 수 없다[4]는 영조의 유시(諭示)에 따라, 재차 간심(看審)을 하고 선정된 곳이 중량포 전농동으로 배봉산 아래가 된다. 당시 노론의 적극적인 지원으로 왕위에 등극할 수 있었던 영조로서는 집권 세력의 의견을 도외시하고, 또 본인이 죄인이라고 한 사도세자의 묘를 선왕들이 잠들어 있는 동구릉 구역 안에 안치할 수 없었을 것이다. 또한 장시간에 걸쳐 좋은 자리를 물색할 수 없는 상태에서 궁궐에서 가까우며 풍수적 형국이 갖춰져 있는 배봉산 아래의 선정은 나름대로 의미 있는 결정이었고, 세자 보호 세력들에게는 많은 위험 부담을 감수한 결정이었을지도 모른다.

이렇듯 많은 어려움 속에서 조성된 영우원은 당시 명당으로 인정받고 있던 곳으로 『사도세자묘도소감의궤』 산론별단(山論別單)에는 다음과 같이 기록되어 있다.

> 안재건은 삼각산으로부터 출맥하여 갑묘로 행룡을 하고, 갑좌는 자손이 조상과 짝하는 법이다. 그 밑으로 임해방으로 맥이 떨어지는데 즉, 갑좌의 생방이 된다. 의릉주산 밑으로 오이나 등나무가 똬리를 틀듯 성봉을 일으키고 평지에서 굴곡을 하여 도두에 이르고 건해맥 또한 갑좌의 생기다. 들 가운데서 높이 일어난 용이 형세를 전환해서 오정맥이 되니 갑좌의 후천이고, 정방의 맥은 갑좌의 식(息)효가 되며, 입수맥은 묘룡이니 갑좌의 쌍산이 된다. 뇌후가 중후하여 혈은 토성체의 혈을 만드니 이것이 소위 방서에서 말하는 목성이 흙을 뚫는 것이다. 용혈이 지극히 묘해서 신들이 논의한바 지난날에 비해 특별함이 있는데 자세함을 어찌 다 아뢸 수 있겠습니까?
>
> 관상감 교수 박상순은 미천한 신이 보건대 용은 삼각산으로부터 수유현을 낮게 지나 의릉의 과협을 지나가는 법은 구불구불하고, 크게 솟았다 엎드린 형국은 화락하고 조용하며 용세는 단정하고 혈성은 풍륭하다. 조대는 수려하고 수세는 감싸고 있어 모두 이치에 부합

---

4 『英祖實錄』, 영조 38년 윤오월 24일(병술).

된다. 십 리에 걸쳐 서리고 얽혀있는 것이 회룡고조형이며, 물이 현무를 감고 있다. 형국은 비록 작으나 역량은 커서 상등 극길지라고 일컬을 만하다.

김정상은 미천한 신이 산천을 자세히 살펴보면 삼각산으로부터 행용하여 3번 평지와 계곡을 지나 들판 가운데서 특별히 성봉을 일으켜 험한 살기를 벗은 용으로 국세는 회룡고조의 세가 된다. 혈형은 단정하고 묘하며, 물은 굽어 혈을 감싸니 헤아려 봤을 때 모든 법에 부합된다. 물은 현무를 감싸고 조대는 수려하며 나성은 좌우로 벌려 땅은 비록 작지만 세는 또한 지극히 크다. 명승대길지로 오래갈 땅이다.[5]

그리고 좌향에 대해서는 "우선정룡 묘입수 갑좌경향 경인경신분금 정득수 임파"[6]라고 기록되어 있다. 위의 산론별단에서는 풍수 이론 중 용론, 혈론, 사론, 수론, 이기론이 복합적으로 제시되어 있음을 알 수 있다. 이를 요약하면 삼각산으로부터 출맥한 용맥은 아래 좌측의 그림에서 보는 바와 같이 자신이 출신(出身)한 곳을 바라보며 혈을 맺음에 따라 회룡고조혈이 되고, 상하 및 좌우 변화가 활발하며, 혈성은 머리가 네모반듯하고 풍릉한 토성체의 형태를 갖추고 있다. 그리고 조대는 수려하고 나성은 벌렸으며, 물은 아래 우측의 그림에서 보는 바와 같이 혈을 만포(彎抱)하고 현무를 감싸고 있어 명승 대길지가 된다는 것이다.

 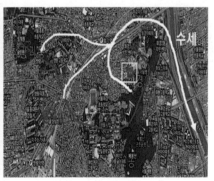

그림 7-2. 영우원의 용맥도　　　　그림 7-3. 영우원의 용세 및 수세
출처: 네이버지도　　　　　　출처: 다음지도

5 『思悼世子墓所都監儀軌』, 上, 「啓辭秩」, (奎章閣, 圖書番號 13607).
6 『思悼世子墓所都監儀軌』, 上, 「啓辭秩」, "右旋丁龍 卯入首 甲坐庚向 庚寅庚申分金 丁得水 壬破."

풍수에서 상하 및 좌우 변화를 하는 위이굴곡(逶迤屈曲)과 험한 살기를 벗고 곱고 유연한 토산(土山)으로 바뀌는 박환(剝換) 과정이 있으면 생룡(生龍)으로 판단한다. 또한 행룡하는 용이 멈추고 기가 융취(融聚)되면서 혈장은 풀무의 북처럼 풍융하게 형성이 되고, 사세는 좌우로 벌려 혈을 감싸 바람을 갈무리 지우며, 물은 유정하게 혈을 감싸는 것을 길하게 보고 있다. 따라서 영우원의 내룡맥은 위이굴곡과 박환 활동이 활발하게 이루어짐에 따라 생룡으로 판단하였고, 용맥이 행룡하다 멈춰 기가 융취되어 혈성이 풍융한 흔적이 있으므로 진혈로 보았다. 그리고, 사세가 좌우로 벌려 바람을 갈무리하고 혈을 보호하며, 물이 혈을 감싸는 금성수로서 현무를 감고 흘러감에 따라 현무수(玄武水)가 되어 길지라고 판단하였다고 본다.

좌향과 득수 등에 대해서는 조선시대 음양과 과시과목 중 유일한 이기론인『지리신법』을 적용한 것으로 보인다.『지리신법(地理新法)』에서는 물은 좋은 방위에서 들어오고 나쁜 방위로 나가야 좋은 것으로 여기는데, 丁방의 득수는 장생(탐랑)이 되어 길한 물이 되며, 파구는 임방으로 死(염정)가 되어 흉한 물이 됨에 따라 고전에 부합되는 길한 물이 된다. 이에 따라『사도세자묘도소감의궤』산론별단에서는 영우원이 고전의 조건에 부합되어 비록 국세는 작지만, 역량이 큰 명승 대길지로 평가하였다.

2. 융릉의 풍수적 평가

융릉은 수원 화산(花山)에 있는 정조의 생부 사도세자의 천장지이다. 수원 화산의 용세는 백두대간인 속리산에서 분기하여 한남금북정맥으로, 북서쪽으로 뻗어나간 후 안성 칠장산에서 맥이 나누어진다. 이 중 한 맥은 남서쪽으로 뻗어 금북정맥이 되고, 또 다른 한 맥은 북서쪽으로 뻗어 한남정맥이 된다. 한남정맥은 함박산과 용인의 진산이 되는 석성산을 거쳐 광교산에 다다른다. 여기서 오른쪽으로 뻗은 맥은 청계산과 관악산을 거쳐 서울 강남의 대지(大地)를 만들고, 왼쪽으로 뻗은 맥은 미륵당고개를 통해 큰 과협을 이루면서 오봉산과 수리산을 거쳐, 인천, 부천, 김포 쪽으로 북진한다. 아래의 그림에서 보는 바와 같이 수리산 직전 감투봉에서 맥을 나누어 치악산 고금산, 홍범산으로 이어지는 서봉지맥이 수원 화산의 내룡맥(來龍脈)이다.

그림 7-4. 화산(융릉)의 용맥도

출처: 네이버지도

수원 화산에 대해 도선국사(827~898)는 '서린 용이 구슬을 희롱하는 형국(盤龍弄珠之形)[7]이라 하며 극찬하였던 곳이다. 화산은 중랑포 배봉산 아래 위치하던 사도세자의 묘 영우원이 천장하기 전 두 번 능침자리로 거론되었던 지역이다. 첫 번째는 1608년(선조 41) 선조의 능침자리로, 그리고 두 번째는 1659년(효종 10) 효종의 능침자리로 선정되어 축성까지 시작되었던 곳이다.

선조의 인산(因山) 때는 왕이 수원의 자리가 좋기는 하지만 거리가 멀고 산성을 헐어 철거해야 하며, 민호를 옮기는 폐단이 적지 않다는 이유를 들어 최종 선정되지 않았다. 효종 때 인산 논의를 보면 예조판서 윤강은 "수원 호장집 뒷산이 용혈사수(龍穴砂水)가 진선진미하며 그야말로 천재일우의 곳으로 다른 산과는 비교가 되지 않는다"[8]고 하였다. 윤선도는 "사세의 어렵고 쉬운 것과 거리의 멀고 가까움을 그만두고 오직 산의 우열만을 들어 논하기로 하면 홍제동(여주 寧陵)이 제일이고 수원은 그다음이지만 수원도 대지는 대지여서 그 산만 쓰더라도 그보다 다행일 수가 없다.[9] 또 "용혈사수가 더할

---

7 『弘齋全書』券之57, 雜著4, "新羅國師玉龍子道詵所謂盤龍弄珠之形也."

8 『顯宗實錄』, 현종 즉위년 6월 15일(갑진), 3번째 기사.

9 『顯宗實錄』, 현종 즉위년 6월 19일(무신), 1번째 기사.

나위 없이 좋고 아름다워 조그마한 결함도 없어 참으로 대단한 길지로서 그야말로 천리 이내에서는 찾아볼 수 없는 천재일우의 땅이다. 안팎과 주변이 모두 길격인 것에 대해서는 여러 술관들이 모두 구체적으로 진달할 수 있을 것이니, 신이 꼭 중복해서 상세히 진달하지는 않겠으나 대개 그 용의 국세가 영릉의 그것에 버금간다."[10]고 하였다.

그러나 송시열은 수원은 국가 관방(關防) 지대로서 선대왕께서 일찍이 마음을 두셨던 곳인데, 하루아침에 헐어버려 군과 민심이 살 곳을 잃고 뿔뿔이 흩어지게 되면, 선대왕의 뜻이 아니지 않을까 염려된다고 하였다. 그리고 주자(朱子)의 산릉론(山陵論)을 예로 들며 옛사람들도 길지를 고르는데 원근에 구애받지 않았으며, 정자(程子)도 '오환(五患)을 논하면서 성곽(城郭)이 가장 나쁘다'고 이야기하였음을 주장하며 반대 의견을 제시하자 대신들은 노론의 영수가 주장하는 내용을 쫓게 되어 결국은 건원릉 안쪽으로 결정되었다. 이는 왕릉 선정에 있어 풍수적 이론보다는 당시 정치적 입장과 견해에 따라 결정되고 있음을 여실히 보여주고 있다.

융릉을 직접 살펴본 결과 용세는 근원이 멀리서 도래하고 장막을 펼치고 개장천심의 모습을 하고 있으며, 기복과 위이굴곡 등 용맥의 움직임이 활발하여 생룡으로 확인되었다. 혈은 태식잉육법에 의하며 용은 우선하고 물은 좌선하여 더 이상 행룡하지 못하고 결혈하고 있다(界水則止). 혈증은 도두와 전순, 선익, 혈훈이 뚜렷하여 혈처의 조건을 충족시키고 있다. 명당은 내외명당으로 이루어져 있으며, 내명당은 좌우에서 겹겹이 감싸주어 교쇄명당 이루고 외명당은 크게 펼쳐져 관창명당의 형태를 하고 있다. 사세는 서봉지맥이 전면을 유정하게 감싸 기(氣)가 흩어지는 것을 보호해 주며 물은 내당수와 외당수가 혈을 둥글게 환포하여 금성수의 형태를 이루고 있다. 도선국사는 '서린용이 구슬을 희롱하는 형국'이라고 하였는데『능원침내금양전도』에는 그 구슬(둔덕)이 외명당에 표기되어 있고, 주민 탐문조사 결과 실제 4~5개의 둔덕이 현재와 같이 개발되기 전까지 존재하였다고 하며 아직도 그 흔적을 찾아볼 수 있다. 따라서 수원 화산의 융릉은 각종 풍수 이론을 고려하였을 때 진혈의 조건을 충분히 갖추고 있는 곳으로 확인할 수 있었다.

---

10 윤선도 저, 이상현 역, 『孤山遺稿 3』, 2015, 504면.

Ⅲ. 영우원과 융릉에 대한 정조의 풍수 인식

1. 천장 결정 전·후 영우원에 대한 풍수 판단

영우원에 대한 정조의 판단은 천장 결정 전과 결정 후로 나눠 볼 수 있다. 천장 결정은 정조 13년(1789) 7월 11일(을미) 박명원의 상소로 당일 결정된다. 천장 결정전의 판단은 『일성록』에 정조는 범인의 눈으로 보아도 용세와 형국이 사면을 에워싸고 있으니 참으로 하늘이 만든 터라 할 만하다고 하였다. 또 좌의정 홍낙성과 판부사 김익 등 대신들은 "산세에 대해서는 신들의 어리석은 소견으로 말씀드리더라도 참으로 태평 만세의 땅이니, 더욱 기쁘고 다행스럽기 그지없습니다."[11]라고 하여 영우원은 대단한 길지임을 이야기하고 있다.

그리고 玉堂(옥당;홍문관 교리) 이청이 원소 뒷기슭 물길에 대한 거조(擧條)가 있음에 따라, 정조는 여러 대신과 정릉에 전배를 마치고, 영우원에 들러 봉심한 뒤 물길이 현무를 감싸안고 도는 것이 우연한 일이 아니며, 수법 또한 불리한 것이 없다고 하였다. 또 지사 차학모가 '물이 오면 기가 옵니다.'라고 한 것은 근거가 있는 이론이라고 하였다. 또 동행한 금성위 박명원은 '물이 현무를 감아 도는 것은 길격입니다.'라고 하였고, 정조는 뒷기슭의 물길은 원소에 영향을 미치지 않으며 오히려 원소에 좋은 양기를 제공하는 길격이 되고, 물길이 부딪치는 곳에는 암석이 있어 뚫릴 염려가 없고, 평지에서 소리 없이 흐르는 물은 문제 될 것이 없다.[12]고 하였다. 또한 관찬서인 『승정원일기』[13]와 『정조실록』[14]에도 『일성록』과 동일한 내용이 실려있다. 따라서 정조 10년까지는 정조뿐만 아니라 대신들도 영우원이 흉지라고 보는 견해는 없었던 것으로 보인다.

그러나 천장 결정 후에는 "용·혈·사·수에 하자가 많고 길격이 없으며, 외형은 형국을 이루지 못했고, 지하는 재환(災患)이 염려된다."[15]고 하였고, 또 "대저 혈성(穴星)

---

11 『日省錄』, 정조 9년 4월 17일(병신), 2번째기사,

12 『日省錄』, 정조 10년 9월 27일(정유), 1번째기사.

13 『承政院日記』1581책(탈초본 84책), 정조 9년 4월 17일(병신), 13번째기사, 정조 10년 9월 27일(정유).

14 『正祖實錄』정조 10년 9월 27일(정유) 3번째기사.

15 (재)민족문화추진회(2008), 『국역 정조 홍재전서』, 서울: 한국학술정보(주), 285~286면.

은 생기(生氣)가 없는 사토(死土)다. 지극히 말하기 어려운 근심이 있으니, 앞의 관성(官星)과 뒤의 귀성(鬼星)이 이미 격을 이루지 못하였고, 조산(朝山)과 조수(朝水)는 더욱 말할 것도 없거니와 안으로는 갑좌(甲坐)가 되고 밖에는 묘좌(卯坐)가 되며, 신방(辛方)과 술방(戌方)이 득수가 되고 해방(亥方)이 파문이 되며, 갑(甲)·묘(卯)가 모두 목(木)이다. 신방과 술방의 물은 이른바 황천득수(黃泉得水)이고 내당(內堂)에는 물이 없으니, 한쪽에 있는 물만 가지고 말할 수는 없다."[16]고 하여 부정적으로 바뀌게 된다. 더욱이 물이 현무를 감아 도는 것은 길격이라고 하여 칭찬을 아끼지 않았던 박명원조차 흉지라고 주장하게 된다.

정조는 『홍재전서』에서 즉위 전부터 원소가 길지가 아님을 알고 몹시 안타까워하였으며, 천장을 마음속에 두고 있었던 것으로 보인다. 하지만 『정조실록』이나, 『승정원일기』, 『일성록』에는 1786년(정조 10) 9월까지 길지로 인식하고 있었음을 알 수 있다. 그러나 문효세자 사망과 더불어 여러 풍수사가 영우원의 입지에 대한 이의를 제기하게 되며, 1789년(정조 13년) 7월 11일 금성위 박명원은 영우원을 천장하자는 상소를 올린다. 그 내용에 영우원의 잔디가 말라 죽고, 청룡 능선이 뚫리고, 현무 뒤에 물결이 심하게 부딪치고, 뒤쪽 석축이 천작이 아니며, 국내에 뱀 등이 똬리를 틀고[17] 있는 등 명당의 조건을 갖추지 못한 것이라는 점을 들고 있으나, 병오년의 변고를 언급하면서 문효세자와 의빈성씨의 사망이 묘와 관련이 있는 것으로 보고 있다. 박명원의 상소는 영우원 천장의 계기가 되었으며, 이때부터 영우원에 대한 정조의 인식은 종전과 달리 부정적인 평가로 바뀌게 된다. 『홍재전서』에 이러한 평가는 방외사를 비롯하여 신원을 알 수 없는 어떤 사람 8명[18]이 논하고 있으며, 정조는 이들의 평가를 적극 활용하고 있다. 결국 정조는 영우원의 형세는 물론 이기론적으로도 이치에 합당하지 못하기 때문에 원소로서 부적합한 장소로 보고 천장이 불가하다는 판단을 내리고 있다. 영우원에 대한 천장 전후 정조의 판단을 비교하면 다음의 표와 같다.

---

16 『弘齋全書』, 卷之57, 雜著4, "大抵穴星 卽無氣死土 有十分至難言之虞 前官後鬼 旣不成格 朝山朝水 尤無暇論 且內作甲坐外作卯坐 辛戌得水亥破 甲卯俱木也 辛戌水 卽所謂黃泉得水 內堂無水 不可但以偏水言"

17 『正祖實錄』 27권, 정조 13년 7월 11일(을미), 1번째 기사.

18 방외사와 신원을 알 수 없는 8명의 의견을 정조가 활용하고, 또 결론을 내림에 따라 이들의 이론을 정조의 이론으로 간주하였다.

표 7-1. 천장 결정전과 결정 후 영우원에 대한 정조의 판단

천장 결정전	천장 결정 후
- 용세와 형국이 사면을 에워싸고 있어 참으로 하늘이 만든터다(정조). - 물길이 안고 도는 것은 우연한 일이 아니며, 수법 또한 완전한 것이다(정조). - 태평만세의 땅이다(대신들) - 물이 오면 기가온다(지사 차학모) - 물이 현무를 감아 돌면 길격이 되며(정조, 금성위), 수법 또한 불리할 것이 없다(정조). - 뒷 기슭의 물길은 원소에 좋은 양기를 제공하므로 길격이다(정조). - 뒤에 물길이 부딪치는 곳에는 암석이 있어 뚫릴 염려가 없다(정조).	- 용맥은 死龍(용맥에 貴氣가 없음)이다. - 혈성은 생기없는 死土, 입수맥이 짧고 선익이 없으며, 뱀 등이 서식, 역량이 작고 내부재환 우려된다. - 청룡 뚫림, 석축인작, 관성과 귀성이 없다. - 청룡백호가 기복이 없음, 사신사가 격에 부적합하다. - 뒷쪽에 물이 부딪침, 조수와 내당에 물이 없다. - 황천수(곤수), 독음국, 향살(좌와 향이 공박)이다. - 국세가 좁고, 외형은 형국을 이루지 못하고 있다. - 물이 임해방을 돌아가 장생파가 된다.

2. 융릉에 대한 풍수인식

수원 화산 아래 현 융릉의 자리에 있어서는 천장하는 해로부터 약 900여 년 전 신라 도선국사가 '서린 용이 구슬을 희롱하는 형국'이라고 하였고, 130년 전 효종 인산 때 윤선도는 용혈사수가 모두 좋고 아름답다고 하였다. 정조는 천장(遷葬;무덤을 옮김)을 염두에 두고 일찍이 지사들을 보내 이미 봉표(封標;터를 미리 잡아서 표시함)해 두었던 곳과 기호(畿湖)의 여러 지역을 살펴보았으나 모두가 역량이 모자라고 형국이 허술하여 만년토록 안길(安吉) 할 땅을 찾지 못하였으나 "한마디의 말로 더없는 대지라고 일컫는 곳은 수원만 한 곳이 없고, 연운(年運)의 길한 것도 대체로 기다리는 바가 있었다."[19]고 진술하고 있다. 또 "진실로 천리를 가도 없을 천재일우(千載一遇)의 길지이다."[20]라고 하였다. 즉, 천장을 위해 기존 봉표해 두었던 곳과 이름난 곳인 건원릉 안쪽 능선과 장단의 백학산 아래 등 약 50여 곳을 확인하였으나 수원만 한 곳이 없으며, 또 수원은 길지이기도 하지만 연운과 산운 또한 적법한, 좀처럼 얻기 어려운 길지라고 주장하였다.

천장 결정 후 영우원을 평가할 때는 단 한마디도 긍정적으로 평가한 부분이 없었으나 융릉에 있어서는 그와 반대로 부정적인 평가는 찾아볼 수 없었다. 이뿐만 아니라 천장

---

19 『弘齋全書』卷之57, 雜著4. "一辭稱無上大地, 更無如水原者, 而年運之吉, 蓋有所待矣."
20 『弘齋全書』卷之57, 雜著4. "誠千里所無, 千載一遇之地也."

에 참여하였던 총호사 김익를 비롯하여 수많은 대신과 지관은 정조의 결심이 먼저 정해짐에 따라 왕심을 간파한 신하들로서 그와 반대의 의견을 제시할 수 없다고 해도 효종 인산 때 참여하였던 윤선도를 비롯한 지관들은 130여 년 전의 사람들로서 정조의 왕심과는 무관하다. 그럼에도 불구하고 화산에 대해 부정적인 견해를 피력하는 사람은 『현종실록』에 나타나지 않는다.

그만큼 융릉은 많은 사람으로부터 대혈지로 인식되어 칭송받고 있었던 장소라고 볼수 있다. 정조 또한 "원침을 옮기는 일에만 급급하여 만전(萬全)의 좋은 곳을 얻지 못한다면, 장차 후회가 더욱 심하여 끝내는 나의 정성을 다하지 못할 것이다."[21]고 하여 풍수적으로 완전무결한 땅(十全之地)을 얻고자 노력하였던 것이고, 그러한 노력 끝에 수원을 얻게 되었다고 볼 수 있다. 즉, 정조는 융릉이 영우원보다 풍수적으로 우월하다고 판단한 것으로 보인다. 그리고 천장을 통해 사도세자에 대한 효(孝)와 아울러 또 다른 판단, 특히 정치적 목적을 달성하기 위해 풍수를 이용한 측면도 존재한다고 볼 수 있다. 정조는 천장이 결정되는 이때까지 수원의 땅은 직접 가보지는 못하였다고 언급하면서 7월 11일(을미) 박명원의 상소가 있는 날 가장 좋은 대지(大地)를 구하려고 한다면 수원의 화산만 한 곳이 없다고 하면서 수원에 대해 단언을 내리고, 천장 결정과 함께 천장지 또한 수원으로 최종 결정을 내린 것으로 보아 최상의 길지라고 평가하고 있음을 알수 있다.

3. 정조의 풍수인식 전환 계기

정조 10년(1786) 9월까지는 길지라고 인식하였던 영우원이 정조 13년(1789) 7월에 흉지로 바뀌는 데는 특별한 사건이 있었다, 즉 정조 10년(병오) 5월과 9월에 정조의 장자 문효세자와 후궁 의빈 성씨가 사망함에 따라 정조의 대를 이을 후손이 끊어진 것이다. 이때 실록에는 정조의 심정을 다음과 같이 기록하고 있다. "병이 이상하더니, 결국이 지경에 이르고 말았다. 이제부터 국사를 의탁할 데가 더욱 없게 되었다."[22]고 하여

---

21 『弘齋全書』卷之57, 雜著4. "然若急於移奉, 不得萬全之地, 則其將悔之愈甚, 而終無以盡吾之誠信也."

22 『正祖實錄』, 정조10년 9월 14일(갑신), 2번째 기사, "病情奇怪 竟至於此 從今國事尤靡托矣."

나라의 근본을 걱정해야 하는 상황에 직면하게 된다. 더욱이 문효세자가 사망할 때 의빈성씨는 회임한 상태로 한 가닥 희망을 갖고 있었으나 그마저 세상을 뜨면서 왕실에 와 닿는 충격은 상상 이상이었던 것으로 보인다. 실제 1762년 정조와 가례를 올리고 25년 동안 자녀를 생산하지 못했던 효의왕후 김씨가 1787년 회임을 하여 산실청까지 설치[23]하였으나 상상임신으로 밝혀져 1년 뒤 철수하게 된다. 이러한 과정에서 천장의 이야기는 자연스럽게 거론되었을 것이며, 천장의 직접적인 계기가 된 박명원의 소에 그 내용이 잘 나타나 있다.

> 아, 병오년 5월과 9월의 변고를 어찌 차마 말할 수 있겠습니까. 우리 성상께서 외로이 홀로 위에 계시며 해는 점점 서산으로 기울어 가는데 아직까지 뒤를 이을 자손이 더디어지고 있습니다. 옛날 영종 대왕 7년 신해년에 장릉(長陵)을 천장할 때, 대신과 여러 재신(宰臣)들이 무신년 이후로 중외(中外)에 공경하고 삼가야 한다는 마음이 있다 하여 주문공(朱文公)의 혈식구원(血食久遠)이란 말을 이끌어 어전으로 가서 다시 길지를 골라 천장해서 국운을 장구하게 하기를 건의하였는데, 실로 지금까지 그 덕을 힘입고 있습니다. 이미 선왕조의 고사(故事)가 있고 보면 더욱 오늘날에 천장할 수 있는 분명한 증거가 됩니다. 바라건대 조정에 있는 신하들에게 널리 물으시고 지사(地師)들을 널리 불러 모아 길흉을 물으시어 신도(神道)를 편안하게 하시고 성상의 효성을 펴시어 천추만대의 원대한 계책이 되게 하소서.[24]

이는 영조 4년(1728) 효장세자가 사망하고 영조의 후사가 끊어짐에 따라 1731년 인조의 장릉을 천장하여 1735년에 사도세자가 탄생하는 등의 분명한 증거가 있기에 이에 길지를 골라 천장함으로써 종묘사직을 오랫동안 보존할 수 있는 방책을 모색하자는 것이 상소의 주된 내용이다. 정조의 부인은 효의왕후 김씨를 포함하여 5명으로 그중 원빈 홍씨는 13세에 입궐하였으나 이듬해에 사망하였으며, 나머지 4명 중 2명이 상상회임[25]을 하는 등 후사 문제에 대해 엄청난 부담을 가졌던 것은 틀림이 없어 보인다. 정조 또

---

23 『正祖實錄』, 정조11년 9월 18일(임오), 1번째 기사.

24 『正祖實錄』, 정조13년 7월 11일(을미), 1번째 기사.

25 화빈 윤씨의 상상임신은 1781년에 있었음(『正祖實錄』, 정조5년 1월 17일(경인), 3번째기사)

한 국가경영 못지않게 중요한 것이 왕자 생산이었음을 모르지 않았을 것이며, 이러한 내부적 위기 상황을 겪으면서 1786년(병오)부터 1789년(기유)까지 3년 동안 조금씩 인식의 변화가 있었던 것으로 볼 수 있다. 그렇다고 일반 반가나 평민이 아닌 왕실에서 영우원 천장을 통해 후사를 도모한다는 것은 유교를 숭상하는 조선에서 표면적으로 내세우기에는 명분이 떨어진다. 그래서 조상에 대한 효심을 앞세워 흉지에 있는 생부 사도세자의 원소를 길지로 옮겨 편안히 모신다는 유교적 조상숭배 사상과 결부시키기 위해 잔디가 말라 죽는 것 등을 천장의 이유로 내세웠을 것이다.

4. 풍수의 정치적 활용

정조는 아버지 사도세자의 묘가 길지가 아님을 알고 지극히 한스럽고 원통하게 생각하였으며, 이에 따라 천장을 계획한 것으로 볼 수 있다. 이때 정조의 심정을 『현륭원지』에서는 다음과 같이 기록하고 있다.

> 아, 이 불초한 소자(小子)가 하늘에 사무치고 땅끝까지 뻗치는 원한을 품고서도 멍청하고 구차하게 흙처럼 바위처럼 오늘까지 죽지 않고 있던 것은 자식으로서 뒤를 이어 중대한 책임을 지고 부모님의 크나큰 축원을 대신이나마 이루어 볼까 하는 기대에서 였습니다.[26]

여기서 중대한 책임은 길지로의 천장을 의미하며, 또 "원침(園寢)을 옮길 계획을 한지는 지금까지 16년이나 되었다."[27]고 하여 일찍부터 천장을 계획하였던 것으로 볼 수 있다. 그러나 "가장 좋은 길년의 운을 만난 연후에 지극히 중대하고 공경하며 엄숙하고 신중히 해야 하는 예를 의논할 수 있으니, 이것이 내가 서둘러 구하였지만 지연되어 지금까지 오게 된 까닭이다."[28]라고 하여 수원 화산을 오래전에 마음에 두고 있었으나 연운과 산운을 고려하여 등극 후 13년 뒤인 기유년(1789)에 비로소 천장한다고 하고 있

---

26 『弘齋全書』卷之16, 誌, "嗚呼 小子不肖 抱徹天極地之冤 不死至于今 冥然苟然頑然如土石者 且有待於錫胤而託重 得遂誕報之大願至祝."
27 『弘齋全書』卷之57, 雜著4, "遷奉之計 于玆十有六年."
28 『弘齋全書』卷之57, 雜著4, "次卜最吉年運 然後可議於至重至敬至嚴至愼之禮也 此所以遑遑有求 荏苒至今者也."

다. 하지만 세손 시절 임오년과 관련된 기록들을 세초하여 줄 것을 청하고, 영조가 이를 허락[29]함으로써 사도세자의 사망과 원침 조성에 관한 기록들을 삭제하게 된다. 이는 본인의 세력이 약할 때는 세초 등을 통한 소극적인 방법으로 임하였으며, 등극 후 정국을 장악할 때까지는 길지라고 하면서 관망하는 모습을 취하였고, 정국을 완전 장악[30]한 시기인 정조 13년에 비로소 천장을 단행한 것은 정치적 입지 강화를 통하여 왕권에 대한 신하들의 도전을 극복할 수 있는 자신감의 발로라고 할 수 있다. 이것은 풍수를 정치적으로 활용하였다는 대목이 된다.

조선조에 릉(陵)의 천장은 여러 번 있었다. 사도세자의 융릉을 제외하고 세종대왕의 영릉(英陵)을 비롯하여, 중종의 정릉(靖陵), 선조의 목릉(穆陵), 인조의 장릉(張陵), 효종의 영릉(寧陵), 순조의 인릉(仁陵)이 있었지만, 순수한 풍수적 사유에 의해 천장한 능은 선조의 목릉이 유일하다. 천장은 왕릉 자체의 풍수적인 문제점도 있었지만, 이러한 문제점을 제기하고 천장을 통해 정치적 입지를 강화하려는 배경도 숨어있다. 즉, 왕실에서는 천장을 통해 왕권의 강화와 왕권의 연속성의 보장이라는 정치적 목적을 달성하고 아울러 후사의 도모를 위해서 시행하였다. 또 대신들은 자신들이 주장하였던 장소로의 천장을 통해 당파의 정치적 입지를 강화하고 정국을 주도하기 위한 도구로써 이용하였음을 알 수 있다.

천장은 많은 비용과 인력이 동원되는 국가적 대사로 쉽게 결정할 사항이 아니다. 그렇기 때문에 정조는 흉지에 있는 선친의 묘소를 길지로 이장한다고 하여 반대의 명분을 사전 차단하기 위해 영우원이 흉지라는 것을 증명하고자 하였을 것이다. 또한 능침 선정과 조성 과정에서 대신들의 농간(弄奸)[31]이 있었음을 안 정조는 이를 배제하기 위해 스스로 풍수를 익힘으로써 상대적으로 우위를 확보함으로써 왕권을 강화하고자 하였다. 따라서 천장은 한편으로 효를 행하고 다른 한편으로 왕권을 강화하기 위한 정조의

---

29 『英祖實錄』, 영조 52년 2월 4일(병오), 2,3번째기사.

30 영우원을 흉지라고 판단한 것과, 천장 결정에 대한 대신들의 반대 의견이 없었다는 것은 정조가 정국을 완전 히 장악하였다고 볼 수 있는 부분이 된다.

31 단종을 약화시키기 위해 수양대군이 풍수적으로 불리한 곳에 문종의 능을 조성하려는 점과, 또 지맥이 온전한 창덕궁으로의 이어(移御)를 위한 수리의 반대 등이 있다(이정주, "세종대~단종대의 정치 변동과 풍수지리", 한국역사민속학회, 『역사민속학』 제36호, 148, 156면.

정치적 결단에서 비롯된 것으로 볼 수 있다.

Ⅳ. 천장에 숨겨진 정조의 전략

영우원에 대한 풍수적 판단은 초장 시와 천장 결정 후의 내용이 다르게 나타난다. 초장 시와 천장 결정 후의 내용을 비교 평가한 내용은 다음과 같다.

형세적인 부분으로 먼저 용세에 있어 초장 시에는 혈처에 이르는 용맥의 활발한 움직임을 근거로 하여 생룡이 되며, 역량이 큰 용으로 긍정적으로 판단하였으나 결정 후에는 용맥이 귀기가 없는 사룡이 된다고 주장하고 있다. 혈세에 있어 초장 시는 혈성은 풍륭하다고 하여 긍정적으로 판단한 반면, 천장 결정 후 정조는 관성이 없고, 또한 횡룡입수에 반드시 있어야 하는 귀성이 없는 점, 혈성은 생기가 없는 사토(死土)로 내부에 재환이 우려되는 점, 입수맥이 짧고 선익이 없는 점을 들어 부정적으로 판단하고 있다. 사세에 있어서는 초장 시는 조대가 수려하고 나성이 좌우로 펼쳤다고 하여 긍정적 평가를 하고 있으나, 천장 결정 후에는 청룡, 백호가 기복이 없고, 백호의 허약함을 문제점으로 지적하고 있으며, 또 사신사가 정격에 합당하지 않는 점, 청룡 능선이 뚫리고, 뒤쪽 석축이 천작(天作)이 아닌 점을 들어 부정적 평가를 내리고 있다. 수세에 있어서는 초장 시 금성수와 현무수를 들어 길하다고 긍정적 평가를 하였으나, 천장 결정 후 혈처 뒤로 물길이 부딪치는 점을 들어 부정적으로 평가하고 있다. 정조 10년(1786년) 영우원을 전배한 뒤 뒤쪽 물길을 살피고 나서 물길이 충돌하여 침범하는 곳에는 큰 암석이 버티고 있어서 켜켜이 쌓인 모래 언덕을 만들었으니 앞으로 반드시 뚫릴 우려가 없다고 하여 이미 천작임을 인식하고 있었고, 물길이 뚫리지 않을 것이라고 하였으나 천장 결정 후에는 현무수가 혈처 뒤를 부딪친다는 부정적 평가를 하는 것이다. 또한 "내당(內堂)에는 물이 없으니 한쪽에 있는 물만 가지고 말할 수 없다"[32]고 하여, 혈 앞에 물이 부족하다는 점을 들어 득수의 문제점을 부각시키고 있다. 형국에 있어서는 초장 시 회룡고조형으로 긍정적 평가를 하였으나, 천장 결정 후에는 국세가 좁고, 외형은 형국을 이루지

---

32 『弘齋全書』券之57, 雜著4, "內堂無水 不可但以偏水言."

못한 점을 들어 부정적 견해를 피력하고 있다.

이기론에 있어 초장 시에는 『지리신법』에 부합되는 길한 물로 평가하고 있으나, 천장 결정 후 해파는 장생(탐랑)으로, 물은 좋은 방위에서 들어오고 흉한 방위로 파구되어야 하는 원칙에 부합되지 않아 부정적인 것으로 평가하고 있다. 즉, 초장 시에는 입수룡을 기준으로 영우원이 『지리신법』에 합치되는 것으로 보았으나, 천장 결정 후에 정조는 입수룡이 아닌 좌를 기준으로 하였고, 득과 파의 위치조차 초장시와 다르게 봄으로써 수파장생(水破長生)의 흉지로 부정적으로 판단한 것이다.[33] 또한 경향에 곤방수는 황천수가 되는 것 등을 들어 이치에 적합하지 못하다고 주장하고 있다. 이상을 종합하면 초장 시에는 다소 불리한 부분이 있음에도 불구하고 그러한 부분에는 언급조차 하지 않고 긍정적으로 판단하였다. 정조는 본인이 직접 길지라고 하였고 또 뒤쪽의 물길이 부딪치는 곳은 염려할 바가 없다고 이야기하였던 부분조차도 부정적으로 판단하였다.

사도세자의 무덤인 영우원이 초장 시에는 명당으로 인정받아 왔으나, 천장 결정 후에는 흉지로 판단하였다. 이와 같이 초장 시와 천장 결정 후의 풍수적 판단이 상이하였던 것은 다음과 같은 요인에 근거하고 있다.

첫째, 정조의 생부인 사도세자의 원소(園所)를 흉지에서 길지로 이장한다는 효심의 발로라고 볼 수 있다. 영조 50년(1774년) 원세자였던 정조는 영우원을 성묘하고 뉘우친 바가 있었다고 하였으며, 그때부터 "지극한 슬픔과 한이 아침저녁으로 가슴에 맺힌 지가 수십 년이 되었다."[34]라고 하여 즉위 전부터 아버지 사도세자의 원소가 길지가 아님을 알고 몹시 안타까워하며, 이때부터 "마음속에 계획한 일은 오직 이 일뿐이었다."[35]고 하여, 세손 때부터 천장을 마음속에 두고 있었던 것으로 보인다.

둘째, 정조의 개인적인 흉사와 이를 극복하기 위한 풍수적 대안이라고 볼 수 있다. 즉, 정조 10년(1786년) 문효세자와 의빈 성씨가 갑자기 사망하게 되자, 영우원에 대한 풍수적 판단이 달라지게 되었다는 점이다. 천장 당시 정조의 나이는 38세로 결코 적잖

---

33 조선초기 천도 논쟁에서 하륜은 『지리신법』을 들고 나와 계룡산 입지는 수파장생(水破長生)의 흉지라고 하여 계룡산 천도를 부결시킨 전례가 있다.

34 『弘齋全書』卷之57, 雜著4, "惟予至慟至恨.夙宵結轖數十年于玆."

35 『弘齋全書』卷之57, 雜著4, "自甲午展省 心中經營 惟此一事."

은 나이이며, 재위 13년째 되는 해이지만 이때까지 후사가 없었다. 그에 따라 장릉(長陵) 천장을 통해 후사를 도모하고 국운을 장구하게 하였던 사례를 참작하여 융릉으로의 천장을 통해 풍수적 발복을 기대하였던 것으로 볼 수 있다. 따라서 초장 시와 천장 결정 후의 풍수적 판단이 상이한 것은 천장의 명분을 찾기 위한 것이다. 특히, 『지리신법』은 조선 초기 천도론이나 왕릉 선정에 지대한 영향력을 가졌으나, 임진왜란 이후 그 영향력은 미약해졌다. 그럼에도 불구하고 정조는 형세론뿐만 아니라 『지리신법』 등의 이기론을 통해 영우원이 흉당임을 증명해 나갔다.

셋째, 천장하게 된 융릉이 영우원보다 풍수적으로 뛰어난 자리이기 때문에 영우원에 대한 부정적 판단을 하게 된 것으로 볼 수 있다. 융릉은 도선국사가 서린 용이 구슬을 희롱하는 형국이라 하였고, 효종 인산 때 윤선도는 용혈사수(龍穴砂水)가 모두 좋고 아름답다고 하였다. 또한 정조는 진실로 천리를 가도 없을 천재일우(千載一遇)의 길지라고 판단하였던 장소이다. 융릉은 선조와 효종 장례 때 왕릉으로 두 번이나 거론되었던 세 길지[36]중의 하나이나 거리와 관방(關防) 지역이란 이유로 선정되지 못해 지금까지 남아있던 유일한 길지 중의 길지로 판단하였으며, 영우원과 비교하였을 때 풍수적으로 절대적 우위에 있는 곳이라고 평가할 할 수 있다. 따라서 누구보다 효심이 강했던 정조는 비록 영우원이 대군이나 세자의 원침으로는 크게 모자람이 없음에도 불구하고, 현재보다 나은 길지로 천장하고자 하였을 것이다. 그러나 유교를 지향하는 조선 사회에서 비록 왕의 지위에 있지만 풍수 발복을 위해 천장을 한다고 하기에는 큰 부담이 있었을 것이다. 이에 그 명분을 확보하기 위해 초장 시에는 별다른 문제점이 지적되지 않았던 영우원에 대해 각종의 형세론과 이기론을 동원하여 부적합한 땅으로 풍수적 평가를 하였다.

넷째, 풍수의 정치적 활용이라고도 볼 수 있다. 천장은 국가적 대사로 쉽게 결정할 사항이 아니나, 효심에 근거하여 흉지에 있는 선친의 묘소를 길지로 이장한다고 하여 반대의 명분을 차단하기 위해, 영우원이 흉지라는 것을 증명하고자 하였을 것이다. 또한

---

36 효종 장례 때 세 곳의 길지라고 하였던 곳은 여주 홍제동과 수원 화산, 건원릉 안쪽 건좌의 곳으로 건좌의 능선은 효종의 초장지로 소점 되었으나 그 후 여주 홍제동으로 천장하였고, 다시 건좌의 능선은 영조의 원릉으로 선정되었으며, 수원 화산은 그때까지 빈터로 남아있던 곳이다.

능침 선정과 조성과정에서 일어날 수 있는 폐해를 없애기 위해 스스로 풍수를 익혀 활용 함으로써 존재의 우위를 확보하여 왕권을 강화하고 본인이 지향한 특정한 목표를 달성하기 위한 정조의 강한 의지가 반영되었다고 볼 수 있다.

그리고 본인의 세력이 약할 때에는 소극적인 방법으로 임하였고, 등극 후 정국을 장악할 때까지는 관망하는 모습을 취하며, 정국을 주도적으로 이끌 수 있는 시기인 정조 13년에 비로소 천장을 단행한 것과, 장차 있을 추숭의 문제 등을 고려하여 왕릉으로 고려되었던 길지로의 천장은 그동안의 정치권력 강화를 토대로 왕권에 대한 신하들의 도전을 극복할 수 있는 자신감의 발로라고 할 수 있다. 이렇게 치밀하게 준비된 일련의 과정은 고도의 정치술이 가미된 것으로 풍수를 정치적으로 활용하였음을 알 수 있는 대목이 된다고 볼 수 있다.

결론적으로 볼 때 표면상으로는 정조의 효심을 바탕으로 한 흉지에서 길지로 천장을 내세웠을 것으로 보이나 내면적으로는 각종 흉사에 대한 풍수 발복과 천장을 통해 정조의 정치권력의 강화를 위한 하나의 전략이었다고 볼 수 있다. 실제 이로 인해 수원화성 건설과 순조의 탄생, 잦은 행행(幸行) 등으로 보아 왕권이 강화되는 계기가 되었음을 짐작할 수 있다.

〈참고문헌〉

『端宗實錄』
『思悼世子墓所都監儀軌』
『世宗實錄』
『承政院日記』
『英祖實錄』
『仁祖實錄』
『日省錄』
『正祖實錄』
『朝鮮八道地圖』
『地理新法』
『弘齋全書』

(재)민족문화추진위원회,『국역 정조홍재전서』, 8권, 서울: 한국학술정보(주). 2008.

윤선도 저, 이상현 역,『孤山遺稿 3』.

호순신 저, 김두규 옮김,『지리신법』, 서울: 비봉출판사. 2005.

혜경궁홍씨 저, 정병설 역.『한중록』, ㈜문학동네, 2015.

이정주, "세종대~단종대의 정치 변동과 풍수지리", 한국역사민속학회,『역사민속학』제36호.

다음지도(http://map.daum.net).

네이버지도(http://map.naver.com).

조선일보(1968.11.21).

조선시대 광산김씨 가문의 번영, 풍수에서 찾다

지영학*

I. 들어가는 말

'조선조 문벌'이란 유교 국가에서 대대로 사회적 신분이나 지위를 확보한 사람들이 혈연 공동체를 형성하여 조선시대를 이끌어 가는 핵심 세력이었다. 조선 역사상 집권 세력과 피 집권 세력 간의 문벌(門閥) 황금기만큼 수준 높고 진지하며 엄격한 경우를 찾아볼 수 없다. 광산김씨는 문벌의 선두 주자로 조선조 중앙 정계에 군림하였으며 문벌의 종주(宗主)가 된 사계 가문은 1620년경부터 1820년경까지 약 200년 동안 조선조 문벌의 주역을 맡았다.[1]

문묘에 배향 공신 사계 김장생과 신독재 김집 부자가 꽃을 피우고 조선 후기 김만기, 김만중 형제 대제학과 김진구, 김진규, 인경왕후 삼 남매가 열매를 맺은 광산김씨 가문은 조선의 주류로서 막강한 힘을 지닌 채 국가 사회에 다양한 역할을 하며 수백 년의 유구한 역사를 자랑하는 조선 최고 최대의 조직체의 하나로 명문가의 반열에 올랐다. 이러한 배경에는 풍수에서 추구하는 혈의 응험함이 큰 인물을 배출하는 데 긍정적인 영향을 미쳤을 것으로 볼 수 있다. 이유는 당시 조선시대에는 풍수가 유교의 '효' 사상과 결합함으로 음택풍수는 사회적 파급력을 가지게 된다. 즉, 조선시대 유교가 공식적인 통치 이념으로 자리 잡게 됨에 따라 풍수는 비록 술수적이고 미신적인 부분이 있음에도 불구하고, 조상에 대한 '효'의 관념과 결합하여 발전하게 되었다. 이에 따라 조선시대

---

* 동양문화융합학회 지역이사, 동양철학박사, 숭실사이버대학 교수
1 강정기, 「명문 탐방」 태봉, 2007, 38면.

사대부들도 기본적으로는 풍수에 대한 부정적 시각을 가지고 있었지만, 실제 조상이나 부모의 묘 선정에는 풍수의 역할을 결코 부정하지 않았음을 여러 기록 들을 통해 확인할 수 있다.

특히 음택풍수 이론과 논리는 조선시대 왕릉 선정의 중요한 기준이 되기도 하였는데 이는 『조선왕조실록』에 왕릉 소점에 따른 논쟁 관련 기사에서도 확인된다. 사대부 또한 예외가 아니며, 각종 문집에서 음택과 관련한 다양한 기록들이 발견된다. 광산김씨 가문 역시 예외는 아니다. 김장생의 『사계전서』에서는 "어리석지만 풍수지설을 살피건대 관귀지설(富貴之說)을 바라는 것이 비록 믿기 어려우나 만약 승생기로 인해 조상의 유해가 편안하다면 이는 지엽론(枝葉論)과 근본이 같은 것이기에 옛 선비들은 왕왕 취하였다."[2]라는 기록도 있는 것으로 보아 당시 묏자리 선정에 많은 영향을 미쳤음을 알 수 있다. 따라서 조선시대 사대부 가문의 하나인 광산김씨 문중의 음택에 대하여 풍수적으로 분석함으로써 조선시대 명문 가문의 풍수관과 풍수 문화의 특징을 찾아볼 수 있을 것으로 본다.

Ⅱ. 조선시대 광산김씨 가문의 연혁

광산김씨 가문은 아래 표와 같이 논산시 연산면 고정리에 정착하는 김약채의 맏며느리 양천허씨(김문의 처)로부터 시작된다. 그 후 김철산(사헌부 감찰)-->김국광(좌의정)-->김극뉴(대사간)으로 이어지는 4대(代)를 조선전기로 분류하고, 김종윤(군수)-->김호(현감)-김계휘(대사헌)-->김장생(문묘 배향)·김집(문묘 배향)·김반(이조참판)까지를 조선중기로 구분하였다. 김익겸-->김만기(대제학)·김만중(대제학)-->김진구(판서)까지를 조선후기로 분류된다. 조선전기가 광산김씨 가문이 싹을 틔우기 시작하는 태동기라면, 조선중기는 가문의 꽃을 피우는 개화기, 조선후기는 가문이 결실을 맺는 결실기로 표현할 수 있다.

---

2 『사계전서』, 권 29, 『가례집람』 상례, 한국 고전 DB, "愚按風水之說 其希覬富貴之說 雖不可信 若夫乘 生氣以按祖考 之遺體 蓋有合於伊川本根枝葉之論 先儒往往取之."

표 8-1. 광산김씨 주요 음택(묘지) 시기적 분류

시기별	주요 음택	世	직위	음택 위치
조선전기초기 (20∽23世)	양천허씨 (1376∽1455)	20	김문 배위	논산시 연산면 고정리
	김철산 (1393∽1450)	21	감찰	논산시 연산면 고정리
	김국광 (1415∽1480)	22	좌의정	계룡시 두마면 왕대리
	김겸광 (1460∽1490)	22	좌참찬	논산시 연산면 고정리
	김극뉴 (1436∽1496)	23	대사간	순창군 인계면 마흘리
조선중기 (24∽28世)	김종윤 (1472∽1535)	24	군수	논산시 연산면 고정리
	김호 (1505∽1561)	25	현감	논산시 연산면 고정리
	김계휘 (1523∽1582)	26	대사헌	논산시 연산면 고정리
	김장생 (1548∽1631)	27	문묘배향	논산시 연산면 고정리
	김집 (1574∽1656)	28	문묘배향	논산시 양산리
	김반 (1580∽1640)	28	이조참판	대전시 유성구 전민동
조선후기 (29∽31世)	김익겸 (1614∽1636)	29	병자호란 때 순절	대전시 유성구 전민동
	김익훈 (1619∽1689)	29	어영대장(형조참판)	경기 광주시 무수리
	김만기 (1633∽1687)	30	대제학	군포시 대야미동
	김진구 (1651∽1704)	31	판서	군포시 대야미동

연대별로는 1455년 양천허씨(20世)의 묘부터 시작해서 1704년 김진구(31世) 묘까지 약 250년 동안으로 현재까지 온전한 모습으로 원형이 상당 부분 유지되었고 오늘날에도 여러 형태로 잘 보존되어 연구 대상지로 선정하였다. 주요 묘의 수는 양천허씨부터 김진구까지 12기이지만, 인근의 방계 혈통 묘소까지 합하면 55기에 이른다. 따라서

전국적으로 분포된 광산김씨의 묘역을 7개 권역으로 구분하여 풍수적 분석을 하였다. 해당 묘역이 충남 논산, 대전 유성, 경기 군포, 전북 순창, 경기 광주 등에 다양하게 분포해 있기 때문에 조선 사대부 음택 문화의 지역별, 세대별 특징도 엿볼 수 있다.

　광산김씨는 조선조에 이르러 사계(沙溪) 김장생과 신독재(愼獨齋) 김집 부자(父子)가 문묘에 동시에 배향되면서 조선조 최고의 가문으로 부상하게 된다. 문묘 배향자로 신라시대 인물은 설총, 최치원, 고려시대 인물은 안유, 정몽주, 조선시대 인물은 김굉필, 조광조, 이황, 이이, 김장생, 김집, 송준길, 정여창, 이언적, 김인후, 성혼, 조헌, 송시열, 박세채 18명이다. 그중에서 광산김씨에서 두 명이 배향되었다. 광산김씨는 그 시기에 대제학 7명을 배출하면서 더욱 문명을 떨치고 김만기(30世)--〉김진규(31世)--〉김양택(32世)으로 이어지는 3대 대제학을 배출하면서 명문 가문의 정점에 열매를 맺기에 이른다.[3] 옛말에 "열 정승이 죽은 대제학 한 명만 못하다"는 말이 있듯이 문치주의를 표방한 조선시대에는 대제학은 선비 중 최고의 벼슬로 여겼다. 당시에 명문으로 꼽는 것은 정승 판서를 많이 배출했기 때문이 아니라 대대로 석학(碩學), 거유(巨儒)를 많이 배출했기 때문이다.

Ⅲ. 조선시대 광산김씨 가문의 음택풍수

　광산김씨 가문의 음택은 전국적으로 흩어져 있는데 그중 대표적인 묘역을 꼽으라면 아래와 같이 7개 권역으로 구분할 수 있다.

3　한국 역대 인물종합정보시스템(http://people.aks.ac.kr).

표 8-2. 광산김씨 권역별 묘역 현황

구 분	음택 위치	주요 인물
1권역 (16기)	A;논산시 연산면 고정리 산7-4	양천허씨(김문의 배위20世), 김장생(27世), 김선생(27世), 안동김씨(김철산 배위), 김철산(21世), 김공휘(26世), 김정수(38世)
		김겸광(22世), 김흥서(25世)
	B;논산시 연산면 고정리 산13-1	평산신씨(김계휘 배위), 김계휘(26世), 김종윤(24世), 김석(25世), 숙인김씨(김극뉴 배위23世)
		김호(25世), 김은휘(26世)
2권역 (6기)	계룡시 두마면 왕대리 281-1	장수황씨(김국광 배위), 김국광(22世), 김입휘(26世), 김길생(27世)
		김진일(31世), 김광택(32世)
3권역 (7기)	순창군 인계면 마흘리 산36	박예(김극뉴 장인), 함양박씨(김극뉴 배위), 김극뉴(23世)
		김희(25世), 김소윤(24世), 김세휘(26世), 정광좌(김극뉴 사위)
4권역 (4기)	논산시 벌곡면 양산리 산35-3	김집(28세世), 덕수 이씨(김집의 계배위)
		김익렬(29世), 김만리(30世)
5권역 (10기)	A;대전시 유성구 전민동 산18-17	김익겸(29世), 김반(28世), 김용성(39世)
		김익렬(29世), 김만준(30世), 김연택(32世), 김상린(33世), 김용계(39世)
		김진규(31世)
	B;유성구 가정동 산8-9	김익희(29世)
6권역 (6기)	경기 광주시 퇴촌면 무수리 산4-3	김익훈(29세(世), 김만채(30世), 김성택(33世), 김진상(31世)
		김만계(30世)
		김상익(33世)
7권역 (6기)	경기 군포시 대야미동 158-6	김만기(30世), 김진구(31世), 김춘택(32世), 김진부(31世), 김복택(32世), 김득재(33世)

위 표에서 보는 바와 같이 제1권역은 논산 고정리 묘역으로 양천허씨(20世) 묘를 비롯해 김철산(21世), 김겸광(22世), 김계휘(26世), 김종윤(24世), 김호(25世), 김장생(27世) 묘 등이 가족장 형태로 집단으로 조성됐다. 제2권역은 계룡시 왕대리의 김국광(22世) 묘역이다. 황희 정승의 손녀인 황보신의 딸이 정부인으로 김국광 묘의 상위에 위치하고 아래로 김입휘(26世), 김길생(27世), 김진일(31世), 김광택(32世)의 묘가 자리한다. 제3권역 전북 순창의 김극뉴 묘는 장인 박예 묘 아래에 위치하며, 김희(25世), 김소윤(24世), 김세휘(26世)와 김극뉴의 사위인 동래정씨 정광좌 묘가 같은 공간에 자리한다. 조선전기와 중기의 인물이 시기적으로 혼재되어있다. 제4권역은 논산에 위치한

김집(28世)묘역으로 장남 김익렬(29世), 장손 김만리(30世) 묘가 자리한다. 시기적으로 조선중기에 해당된다. 제5권역은 유성구 전민동의 김반(28世) 묘역이다. 이곳은 김익겸(29世), 김익렬(29世), 김만준(30世), 김연택(32世)등 집단의 가족장을 이루고 있으며, 이 묘역 인근의 가정동에는 김익희(29世) 묘가 있다. 제6권역은 경기도 광주 무수리의 김익훈(29世) 묘역이다. 김만채(30世), 김만채(30世), 김진상(31世), 김성택(33世), 김만게(30世)의 집단적인 가족장의 형태로 조선후기에 해당하는 묘역이다. 제7권역은 경기도 군포시로 한양과 가까운 거리에 자리한다. 이곳에는 대제학 김만기(30世), 대제학 김진구(31世), 김춘택(32世), 김진부(31世), 김복택(32世), 김득재(33世)등 조선후기의 인물들의 묘역으로 집단적인 가족장의 형태로 남아있다.

1. 광산김씨 제1권역의 음택풍수

광산김씨 제1권역은 묘역이 두 군데 소재하고 있으므로 A지역과 B지역으로 나뉜다. 사계 가문은 김장생 부자 이후로 벼슬살이하는 후손들은 줄곧 한양에 살았다. 그래도 사후에는 육신이 논산과 그 인근에 묻혔다. 아래 사진은 제1권역 A지역이다. 제1권역 고정리 묘역의 경우 고정산이 주산인 고정리 묘역과 수락산을 주산으로 묘역 두 곳으로 나누어져 있다. 광산김씨 고정리 선영(先塋)에는 사계 김장생 묘를 비롯하여 최초로 자리한 양천허씨 부인 묘, 아들 김철산과 부인 묘, 김겸광(金謙光), 김공휘(金公輝), 김선생(金善生) 등 여러 정승 판서의 묘가 자리하고 있다.

그림 8-1. 제1권역 지역 묘역

광산김씨 명문가의 출발은 조선 태조 때 대사헌을 지낸 허응의 딸이 광산김씨 가문으로 시집을 오면서 출발한다. 조선 개국 후에 충청도 관찰사를 지낸 김약채의 며느리로 김약채의 아들 문은 어린 나이로 급제하여 한림원 벼슬을 지냈다. 이 김문의 아내가 양천허씨다.[4] 양천허씨는 17세의 나이로 홀몸이 되었다. 이에 친정 부모가 개가시키려고 하자 유복자인 김철산을 데리고 500리나 떨어진 연산 지방의 시댁으로 걸어 내려와 갖은 고생 끝에 자식을 훌륭하게 키워 집을 일으켰다. 허씨는 아비 없는 어린 아들 김철산을 알뜰살뜰 키워 사헌부 관리 종 6품의 감찰이 되게 하였다. 비록 직위는 낮지만 관리들의 비위를 규찰하고 회계를 감사하는 중요한 직책을 맡아 소임을 다했으며, 아들을 낳아 어머니를 기쁘게 했다. 아들 철산이 장성하여 일가를 이루고 손자들이 영특하여 큰 손자 김국광이 1441년 문과에 급제하여 할머니 허 씨를 한없이 기쁘게 하였다. 그 뒤 큰손자 김국광은 좌의정에 오르고 작은손자 김겸광은 예조판서와 좌참찬을 지내고 청백리에 뽑혔다. 1467년 세조는 양천허씨 할머니의 절행(節行)을 기려 고향에 정려각을 세우도록 명했다. 김국광은 극뉴를 낳고 극뉴는 종윤을 낳았으며 종윤은 호를 낳았다. 이들 대부분은 이곳 고정리 묘역에 안장되었다.[5]

---

4   강정기, 『명문 탐방』 태봉, 2007, 46면.

5   광산김씨대종회, 보학자료(http://www.kwangsankim.or.kr).

이 묘역은 시기적으로 조선 전기의 인물이 다수를 이루고 있다. 풍수지리적 특징을 살펴보면, 고정산을 배산(背山)으로 삼아 북서향으로 자리하고 있다. 주변 산은 높지 않은 삼태기 모양의 산지로 황산벌과 연결된 낮은 구릉지이며, 물은 북쪽으로 구불거리며 흐르고 있다. 전체적인 용맥은 역동적이라 할 수는 없지만 사룡(死龍)은 아니며, 일정 부분 능선을 유지하고 있어 가족장으로 묘를 쓰기에 적합한 지형이다. 실제로 양천허씨 묘를 제외한 나머지 묘는 모두 하나의 능선에 동일한 좌향으로 자리하고 있다. 묘역의 특징은 전면의 조산과 안산이 화려하다는 점이다. 즉 뒤편의 용세보다는 사세를 우선했던 것으로 보인다. 명당 국면 내의 외백호 능선에는 당시에 조성된 많은 묘들이 산재해 있다. 한편 이곳의 가장 취약점은 묘역에서 좌측의 연산천이 보이는 곳으로 좌측의 청룡이 낮고 약한 편으로 장풍이 불리한 지형이었다. 이에 대해 김집(28世)이 부친(김장생 27世) 묘를 진잠현에서 자리가 좋지 못하다는 지관의 말을 듣고 이곳 고정리로 이장하면서 인부를 동원하여 청룡 쪽에 흙을 가져다 부어 보토를 하고 나무를 심어 비보하였다는 문중의 증언이 있다.[6]

조선시대 당시의 형태가 현재까지도 남아있어 음택풍수에서 유일하게 조산 비보의 형태가 분명하게 남아있는 흔적을 확인할 수 있다. 이곳 묘역의 또 다른 특징은 양천허씨 묘소보다 7대 후손인 김장생 묘가 내룡맥(來龍脈)의 뒤에 있어서 이를 역장(逆葬:조상의 묘 윗자리에 후손의 묘를 씀)이라고 조선시대 사대부 묘에서 많이 찾아볼 수 있는 묘지 조성 형태다. 참고로 율곡 이이, 월사 이정구, 사계 김장생, 우계 성혼 등과 같이 위대한 선현들도 이와 같은 역장의 형태를 하고 있다. 결론적으로 양천허씨와 김장생 묘가 자리한 고정리 묘역은 특정한 혈을 선호하기보다는 가족관계를 중시하였고 역장에 대해서는 크게 염두에 두지 않은 것으로 보인다. 즉 특정한 혈을 찾기보다는 조·안산이 수려한 전체적인 보국을 판단한 후 개별 묘를 입지 시킨 것으로 개별 묘역의 혈을 찾기보다 묘역 전체의 명당화를 추구하였다는 점이 두드러진다.

제1권역 B 지역의 지형은 아래의 사진과 같다. 은농재가 있는 세거지에 입지하고 있는데 고정산에서 이어진 용맥으로 충장산을 주산으로 서쪽이 높고 동쪽이 낮은 지형에

---

6   김선원(1947生), 광산김씨, 문원공파, 17세손.

배산의 형태로 동일한 주산을 공유하고 두 개의 용맥에 나누어 묘역이 조성되어 있다. 이 묘역의 특징으로는 묘역 아래에는 삶의 공간인 거정리 마을이 자리하는데, 넓은 황산벌이 펼쳐지고 광산김씨 세거지로 삶의 공간과 죽음의 공간이 공존하고 있다. 세거지(世居地)에 자리한 묘역에서 풍수 이론상 많은 부분이 적합하게 드러나는 묘는 김장생의 할아버지 김호(25世)로 태(胎)·식(息)·잉(孕)·육(育)[7]의 조건에 부합하는 유혈의 모습으로 나타났으며, 좌측의 청룡 능선에 김종윤(24世)과 김계휘(26世) 묘역은 김계휘 배위 평산 신씨가 가장 위쪽에 자리하고 김극뉴(23世) 배위 의령남 씨 묘가 가장 아래 위치에 자리하여 이곳 또한 상하 구분 역장을 염두에 두지 않고 묘역이 자리하였다. 특정한 좌향을 정한 것으로 보이지 않고 용맥 능선의 중앙에 위치하고 용맥의 흐름에 맞추어 지세향을 정한 곳으로 계룡산과 고정산을 바라보는 방향으로 안산과 조산이 빼어난 곳이다.

그림 8-2. 제1권역 B 지역 지형도

출처: V월드

결론적으로 제1권역 B 지역에 자리한 묘역도 풍수적 입지 유형은 어느 한 특징이 탁월하게 드러나는 것이 아니라 장풍과 득수의 조건을 복합적으로 갖춘 지역으로 특정한

---

7 현무봉 또는 부모산에서 혈처까지 이어지는 용맥을 어머니의 뱃속에 탯줄을 통하여 태아가 자라는 과정에 비유하여 설명하는 풍수적 용어이다.

혈처(穴處)를 중심으로 입지한 것이라기보다는 해당 지역에 입지한 전체 묘역을 거시적 혈장으로 입지 시킨 점이 분명하게 나타나고 있다. 또한 연산면 최초로 입지한 광산김씨 세거지와 조상의 무덤이 있는 죽음의 공간과 삶의 공간을 구분하지 않고 자연스럽게 공존하는 특징이 나타나고 있다.

2. 광산김씨 제2권역의 음택풍수

광산김씨 제2권역의 대표적 인물은 김국광(22世)인데 부친 김철산 묘역과는 11Km 떨어진 곳에 있다. 김국광 배위 장수황씨 묘가 내룡맥의 상단에 있고 그다음으로 김국광, 김입휘(26世), 김길생(27世) 묘 순으로 자리하고 있다. 이 묘역의 우측에는 김진일(31世), 김광택(32世) 묘가 조성되어 있다.

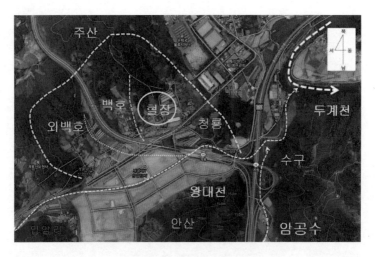

그림 8-3. 제2권역 지형도
출처: 다음지도

이 묘역은 산지와 농경지가 어우러진 구릉 지역으로 용맥 보다는 수세가 우월하다. 다시 말하면 금남기맥 천호산(372m)에서 발원한 왕대천과 백운봉에서 8km의 길고 깊은 물길이 두계천과 합수되어 혈장 앞에서는 크게 굴곡하는 금성수의 모습을 보이고 있다. 이러한 금성수 물길을 요대수(腰帶水)라고 하는데 『山水圖(산수도)』에서는 "허리

띠처럼 혈을 감싸안은 형세이며 가장 길하다."[8]라고 하였으며, 『人子須知(인자수지)』에서는 "물이 둘러안은 것이 기운을 묶어 두른 것과 같다. 즉 금성수이니 가장 길하다. 또한 물이 어지럽지 않고 굽은 모양인즉 기운이 완전하고 귀함이 왕성하다.[9]"라고 하여 물 중에서 가장 길한 물로 평가하고 있다.

결론적으로 이곳 역시 특정한 혈을 중심으로 이루어진 것은 아니고 선대의 묘가 먼저 입지함으로써 후대의 묘가 연이어 자리한 곳으로 여러 묘를 조성할 수 있는 여유로운 공간이라는 특징이 있다. 장소적 위상관계는 선대 및 후대의 묘가 용맥의 상하로 혼재된 형태로 나타났으며, 후손들이 차례로 묘역을 조성하였다. 명당 국면 주변 산의 능선에는 많은 묘지가 자리한 것으로 나타났다.

3. 광산김씨 제3권역 음택풍수

광산김씨 제3권역의 주요 인물은 김극뉴(23世)이다. 김극뉴는 김철산의 장손인데 김국광의 장남이다. 그의 배위는 박예의 딸 함양 박씨이다. 전북 순창군으로 고정리 묘역과는 상당히 먼 거리(100km)에 김극뉴 묘역이 위치한다. 이 묘역은 작은 수리봉(330m)을 주산으로 하고 있는데 이 봉우리를 용마산이라고 부른다. 이 묘역에는 김극뉴 장인인 함양박씨 박예의 묘가 가장 위쪽에 자리하고 그다음이 김극뉴의 배위, 세 번째에 김극뉴 묘가 조성되어 있다. 김극뉴 묘에서 지룡으로 분맥된 곳에는 김희(27世), 김소윤(24世), 김개(25世), 김세휘(26世)묘와 김극뉴의 사위 정광좌 묘가 있다.

---

8   최창조, 『한국의 풍수사상』, 민음사, 1984, 123면.

9   「地理人子須知」, 「諸水形勢」, "抱身灣曲號金珹, 圓轉渾如邀帶刑, 不但顯榮及富盛, 滿門和義世康寧."

그림 8-4. 김극뉴 묘역 배치도
출처: 다음지도

김극뉴는 처음 음서로 벼슬길에 올랐으나 1468년(세조 14) 춘장방 문과에 급제하여 종부시정이 되었다. 그 후 의빈부 경력이 되어 광릉 군 이극배의 종사관으로 승진되어 남방의 기근을 구제하는데 공평하고 안정되게 하였다. 그 공로로 절충장군에 승진되어 오랫동안 판결사로 있다가 병조 참의, 예조 참의, 형조 참의, 공조 참의를 거쳤고 사간원 대사간에 이르렀다.[10] 풍수설화에 의하면 원래 김극뉴 선생이 묻힌 자리는 그의 장인인 함양박씨 박예(朴隸, 감찰) 신후지지였다고 한다. 박예 삼 형제는 모두 풍수지리에 능했는데, 이들은 각자 자신들이 죽으면 묻힐 신후지지를 잡기로 했다고 한다. 그래서 큰형 박예는 이곳의 말명당, 둘째는 임실 갈담의 잉어 명당, 셋째는 임실 가실 마을 앞 금계포란형을 잡았다고 한다. 그런데 박 감찰에게는 외동딸만 있었고 아들이 없었다. 그는 자신의 제사를 받들어줄 아들이 없으므로 사위가 좋은 자리에 들어가 외손이 번창하면 자신의 제사는 받들어줄 것이라 믿고 사위에게 자신의 신후지지를 양보하고 자신은 그 뒤의 입수 부분에 묻혔다고 한다.

또 다른 설화는 박 감찰이 사위에게 양보한 것이 아니라 이 자리가 아주 좋은 자리임을 안 딸이 꾀를 써서 채갔다는 것이다. 박 감찰이 죽자, 이 자리에 묘를 쓰려고 광중

---

10   한국학중앙연구원(http://www.aks.ac.kr).

을 파 놓았는데, 그의 딸이 전날 밤 광중에 물을 갖다 부어 물이 나오는 흉지처럼 꾸몄기 때문에 할 수 없이 지금의 자리인 뒤로 올렸다고 한다. 그러나 이는 전해지는 설화일 뿐 진위는 확인할 수 없다. 많은 풍수가들이 이곳을 말의 형국이라고 하지만, 그 명칭은 제각각 다르다. 그 형상이 마치 천마가 바람을 가르며 우는 모습과 같다 하여 천마시풍형(天馬嘶風形), 천마가 하늘을 향해 뛰어오르는 모습과 같다 하여 천마등공형(天馬登空形), 목마른 말이 물을 찾는 형상이라 하여 갈마음수형(渴馬飮水形) 등으로 부른다.[11] 말에 관한 명칭은 묘 뒷산이 용마산이기 때문인데, 마을 이름 또한 마흘리 또는 소마(小馬)마을 대마(大馬)마을로 불리고 있다.

이 묘역은 크게 두 줄기로 구분되는데, 한줄기에는 김극뉴 장인 박예, 김극뉴 처 함양박씨, 김극뉴 묘가 있고, 다른 한줄기에는 후손 묘 5기가 있다. 김극뉴에게는 종윤과 소윤 두 아들이 있는데, 장자 김종윤 묘는 논산 고정리 묘역에 있고 차남 김소윤과 그의 직계손인 김극뉴 묘역의 한편을 상하로 혼재된 순서로 자리하고 있다. 김극뉴 묘역에서 두드러진 2가지 특징은 첫째, 낮은 산곡지로 대마마을과 소마마을로 형성되어 있고 넓은 농경지가 펼쳐져 성과 속의 구분을 두지 않고 같은 공간에 자연스럽게 어우러진 모습이다. 풍수 이론상 길하게 판단한 부분은 득수로 길고 깊은 삼초천 인근으로 풍부한 물이 혈장을 향해 들어오는 형태의 조수(朝水)로 용세보다는 수세가 월등히 우월한 지역이다. 조수란 금성수의 물길이 혈장 앞에서 묘역을 향해 구불거리며 들어오는 물줄기를 말한다.『雪心賦(설심부)』에서는 "아침에 가난하지만 저녁에 부자가 되는 것으로 조수가 한 잔의 술과 같다면 능히 가난에서 벗어날 수 있고 재물이 쌓이며 능히 귀함을 이룰 수 있다.[12]"라고 하여 고전풍수 이론에는 상당히 길한 수세로 판단한다.

둘째, 이 묘역에는 김극뉴의 장인과 사위 정광좌[13] 묘가 함께 자리하고 김극뉴의 사위 정광좌는 정난종(1433∽1489)의 아들로 조선 전기 명문거족의 후예이다. 경기도 군포시 속달동에 정씨 문중 묘역이 있으나 정광좌만이 순창의 장인 묘 아래 부인과 합장되

---

11 문화콘텐츠닷컴, (http://www.culturecontent.com).

12 『雪心賦』, "潮水一勺能救貧."

13 정광좌는 정난종(1433-1489)의 아들로 양천허씨 명문거족의 후예이다. 경기도 군포시 속달동에 정씨 문중묘역이 있으나 정광좌만이 순창의 장인 묘 아래 부인과 합장되어 있다.

어 있다. 조선시대 문중 묘역은 주로 남자 중심으로 아들, 며느리의 묘역이 조성되지만, 김극뉴 자신도 처가의 묘역을 이용했고, 정광좌 또한 처가의 묘역에 자신의 음택을 정했다는 점은 이 묘역이 조선 사대부의 보편적인 음택 문화와는 다른 특징을 보여주고 있다.

4. 광산김씨 제4권역 음택풍수

광산김씨 제4권역 음택의 대표적 인물은 김집이다. 신독재 김집은 아버지 김장생(金長生)과 함께 예학의 기본적 체계를 완비했으며, 그의 학문을 송시열(宋時烈)에게 전해주어 기호학파를 형성케 했다. 어머니는 창녕 조씨(昌寧曺氏)이다. 아버지와 송익필(宋翼弼)에게서 예학을 배웠다. 18세에 1591년에 진사 2등으로 합격했다. 1610년(광해군 2) 헌릉 참봉으로 있었으나, 광해군의 정치에 반대하여 한때 벼슬에서 물러났다. 인조반정 뒤 다시 등용되어 부여현감, 임피현령, 지평, 집의, 공조참의 등을 두루 지냈다. 이후 인조반정에 가담했던 김자점(金自點) 등 공서파가 집권하자 다시 벼슬을 그만두었다. 효종이 즉위한 뒤 김상헌(金尙憲)의 천거로 예조참판·대사헌·이조참판 등을 지내면서 북벌계획에 참여했다. 김자점이 북벌계획을 청에 밀고하여 정국이 어수선해지자 사임했으나, 곧 대사헌과 좌찬성에 임명되었다.[14]

김집 묘역은 시기적으로는 조선중기인데 이 묘역에는 김집(28世)을 비롯하여 장남인 김익렬(29世), 장손인 김만리(30世) 묘가 자리하고 있다. 양천허씨 고정리 묘역과는 10km 거리에 구(舊) 고운사 절터에 위치하였다. 김집의 할아버지 김계휘(26世)가 연산지역으로 퇴거해 와서 구 고운사 경내를 빌려 서재로 사용하고, 정회당이라 하여 인근 학자들의 강학 공간으로 사용한 곳이다. 구 고운사의 흔적은 김집 묘 앞에 자리한 부도탑으로 분명하게 확인되었다. 김집이 학문에 전념한 곳으로 효종이 구 고운사 절터를 김집에게 사패지로 하사한 곳이다.[15] 지형적 특징으로는 논산의 북동쪽에 위치하며 북쪽이 높고 남쪽이 낮은 지형으로 정승골이라는 깊은 산속에 위치한다.

---

14 광산 김씨대종회, 보학자료(http://www.kwangsankim.or.kr).

15 디지털 논산문화대전(http://nonsan.grandculture.net).

그림 8-5. 김집 묘 후면

김집 묘역은 높은 지형의 산곡지로 주변의 사세가 온전하게 갖추어진 곳으로 주변을 둘러보아도 공허한 부분이 없는 사세가 우월한 곳으로 장풍에 유리한 지형이다. 장소적 위상관계의 특징으로는 김집의 부인 덕수 이씨의 혈장을 인위적으로 파내어 김집 묘보다 낮게 조성한 것과 용맥을 달리한 장남 김익렬 장손 김만리 묘가 지척에 자리하고 있다. 김집과 배위 덕수이씨, 장남 김익렬(29世)과 장손 김만리(30世)의 장소적 특징으로 용맥의 상하에 자리한 묘역으로 가족 간 위계질서가 분명하게 드러나는 특징이 나타나고 있다.

결론적으로 4권역은 높은 산곡지에 묘역이 조성된 곳으로 특정한 혈처를 중심으로 입지한 것이 아니라 김집이 살아생전에 애착을 가졌던 장소에 임금의 사패지로 장남과 장손이 위계 있게 차례로 입지하였다. 이 시기의 묘역은 전기와 비슷한 풍수적 양상을 보이지만, 차이점은 선대 및 후대의 묘가 용맥에 상하로 위계질서 있게 조성되어 있다는 것이다. 후대의 묘 또한 차례로 조성되어 집단적인 가족장의 모습으로 남아있다. 묘역의 주변 즉 장풍에 영향을 줄 수 있는 용맥에는 또 다른 묘역이 형성되지 않은 모습이었다.

5. 광산김씨 제5권역 음택풍수

 광산김씨 제5권역은 대전 전민동 묘역이다. 광산김씨 조선중기의 인물이 다수를 이루는 묘역으로 삼남을 연결하는 교통의 요지에 위치하고 있으며, 북쪽이 높고 남쪽이 낮은 산곡형 지형으로 산지 곳곳에 광산김씨 묘역이 넓게 분포하고 있다. 옛말에 열 정승이 죽은 대제학 한 명만 못하다는 말이 의미하듯 문치주의를 표방한 조선시대에는 최고의 영예로운 벼슬로서 정승·판서보다 높이 우대하였다. 광산김씨 가문이 배출한 대제학은 김익희, 김만기, 김만중, 김진규, 김양택, 김상현, 김영수이다 이 중에서도 유독 김만기, 김만중 두 사람이 종묘에 배향되었다. 이들은 조선조 200여 문벌 중에서 제일 빼어나 다른 가문들이 감히 넘볼 수 없는 독보적인 경지에 이르렀다.[16]

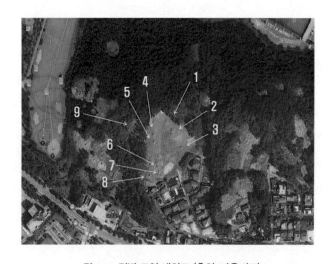

그림 8-6. 김반 묘역 배치도 (출처: 다음지도)

1.김익겸(29世) 2.김반(28世) 3.김용성(39世) 4.김익렬(29世) 5.김만준(30世)
6.김연택(32世) 7.김상린(33世) 8.김용계(39世) 9.김진규(31世)

 광산김씨 가문을 살펴보다 보면 특이한 점을 발견할 수 있다. 광산김씨 전체적으로 김반과 김익겸의 자손에서 만 3대 대제학과 7명의 대제학이 배출되었다는 것이다. 이는 음택 명혈의 응험함과 함께 김익겸의 배위 해평윤씨의 공덕이라 해석해 볼 수 있다.

---

16   강정기,『명문탐방』, 태봉, 2007, 101면.

해평윤씨는 남편 김익겸이 순국한 뒤 네 살짜리 아들 만기와 뱃속에 든 만중을 잘 교육해 둘 다 문과 급제에 대제학이 되고 김만기의 아들 진규가 또 대제학이 되고 김진규의 아들 양택이 또 대제학이 되었다. 이것은 당시 해평 윤 씨의 눈물과 피나는 노력의 대가로 볼 수 있다.[17] 조선조 광산김씨의 문벌 탄생의 산모가 양천허씨라면 광산김씨 3대 명문 가문의 번성을 가져온 여인은 해평윤씨라 할 수 있다.

풍수적 특징으로는 장풍에 영향을 미치는 사신사 용맥에는 묘가 조성되지 않았다. 이는 사신사의 훼손을 방지한 것으로 사방을 둘러보아도 공허한 부분을 찾을 수 없는 곳으로 사세 또한 교과서처럼 형성되어 있다. 명당 국면 안에 많은 묘를 수용한 곳으로 동기간(同氣間)의 친족 강화를 위해 한정된 공간에 집단적으로 조성한 점이 특징이다. 전민동 묘역은 사전에 김반(29世)의 유언으로 생전에 지정하여 묏자리를 정한 곳으로 큰 인물을 내기보다 후손이 번성할 자리를 간택함으로써 결과적으로 큰 인물과 후손 번성을 이룰 수 있었다. 고전 풍수이론으로 뚜렷한 정혈처(定穴處)는 김반 묘이고, 중출맥(中出脈)의 세력을 받는 입수(入首)에는 김익겸 묘가 자리하였다. 김반과 김익겸의 자손에서만 3대 대제학과 7명의 대제학이 배출되었다는 것은 김반과 김익겸의 동기감응론을 부정할 수 없는 결과로 볼 수 있다. 또 다른 특징으로는 묘역 전체적으로 잘 갖추어진 사신사의 보국 안에서 묏자리를 최대한 활용함으로써 후대의 묘가 밀집하여 자리하게 된다. 즉 다소 부족한 공간일지라도 선대의 묘역 근처에 자리함으로써 죽은 후에도 조상을 모시려는 효를 다하고자 했던 사대부가의 '효' 사상을 엿볼 수 있는 곳이다.

6. 광산김씨 제6권역 음택풍수

광산김씨 제6권역의 대표적 인물은 김익훈(29世)이다. 김익훈은 김반의 아들이며, 김익겸의 동생이다. 음사로 의금부도사가 되고 효종 조에 장성부사를 지내고 현종 조에 수원 방어사를 거쳐 숙종 때에 총융사와 어영대장을 지냈다. 1680년 복창군 등이 허견과 내통하여 모역을 기도한다고 고변, 남인들을 몰아낸 공으로 광남군에 봉해지고 보

---

17   강정기,「명문탐방」, 태봉, 2007, 89면.

사공신 2등에 올랐다. 그 뒤 광주 부윤을 거쳐 형조참판에 올랐다.[18] 1689년 기사환국으로 남인이 세력을 잡자 강계로 유배되었다. 투옥되어 가혹한 고문을 받다가 옥중에서 죽었으며 이조판서에 추증되었다.[19] 시기별로는 조선후기에 해당하는 묘역으로 퇴촌면 무수리 선영에는 김익훈(29世)을 비롯하여 장남인 김만채(30世), 김성택(32世), 김진상(31世), 김상익(33世)까지 장남과 장손, 고손까지 한 묘역에 자리한다.

전체적으로 묘가 각각의 용맥에 분산되어 자리한 것으로 용맥을 최대한 활용하고자 했던 것으로 보인다. 즉 이전의 묘역과 같이 특정한 장소에 밀집된 것은 동일하지만, 각각 다른 능선을 취하고 있다는 점이 특징이다. 이는 능선 간 거리가 멀지 않은 까닭이기도 하지만, 주어진 범위 내에서 풍수적인 조건을 최대한 활용한 것으로 보인다. 각 세대간 내룡맥 상부로부터 내려오면서 차례로 자리하여 위계질서가 뚜렷하게 나타나고 있다. 최초로 입지한 김익훈 묘를 제외하고 모두 용맥 능선에 자리한 곳으로 승생기의 지세향을 취하고 있다. 많은 묘들의 향은 안산과 조산이 빼어난 문필봉 정상을 향하고 있다는 특징이 두드러진다. 공간적 특징으로는 깊은 산중에 위치한 묘역으로 넓은 농경지를 확보할 수 없는 곳으로 주거지나 촌락은 최근에 형성된 곳이다. 죽음의 공간인 음택지와 삶의 공간인 주거지가 경인천을 경계로 구분되었다.

결론적으로 이곳 제6권역의 시기적 특징으로는 최초로 김익훈의 묘가 자리하였으며, 그 후손들의 묘지를 차례로 조성함에 따라 집묘(集墓)로 이루고 있다. 장소적 위상관계는 선대의 묘보다 후대의 묘가 상위에 위치한 묘는 나타나지 않는다. 공간적 특징으로써 첫 번째, 깊은 산속에 위치하고 있으며, 수세보다는 사세가 탁월한 지역으로 장풍을 우선하여 선정한 묘역으로 판단된다. 두 번째, 주산과 용세보다 안산과 조산에 중점을 둔 것으로 모든 묘의 좌향은 안산과 조산의 빼어난 문필봉 정상을 향하고 있는 것으로 전면의 화려함을 추구하고 있다.

---

18   광산김씨대종회, 보학자료(http://www.kwangsankim.or.kr).
19   광산김씨대종회, 보학자료(http://www.kwangsankim.or.kr).

7. 광산김씨 제7권역 음택풍수

광산김씨 제7권역 묘역의 대표적 인물은 김만기(30世)이다. 이 묘역은 조선후기에 조성되었는데 김만기를 비롯하여 산능선의 위로부터 아래로 내려오면서 김진구(31世), 김춘택(32世) 등 후손의 묘지가 위계질서에 맞게 조성되어 있다. 고향인 충청도와는 멀리 떨어진 지역으로 한양에서 근거리에 위치하고 있다. 동래 정씨 정난종의 묘역과는 같은 지역으로 광산김씨는 묘는 조선후기에 입지하였다. 이는 조선 후기에 들어 큰 인물과 많은 인재가 배출되면서 후손들의 생활권이 충청도에서 한양으로 이동한 것으로 보인다. 장소적 위상관계는 선대의 묘가 최상위에 자리하고 후대의 묘가 위계 있게 차례로 입지하여 집단적인 가족 묘역을 이루고 있다.

그림 8-7. 김만기 묘역

결론적으로 제7권역의 묘역은 특정한 혈을 이룬 곳은 아니지만 나름대로 장풍과 득수의 길한 조건을 갖춘 남향의 양지바른 곳으로 가족장을 이루기에 적합하다. 7권역의 묘역 또한 특정한 묘역을 혈처에 자리하기보다는 해당 지역에 입지한 전체 묘역을 거시적 혈장으로 입지 시킨 것으로 보인다.

Ⅳ. 나오는 글

광산김씨가 명문가를 이루는 배경에는 여인들의 역할이 큰 영향을 미쳤다. 피눈물을 흘리며 고난의 가시밭길을 헤치고 나와 인간 승리를 거둔 위대한 여인들의 헌신과 희생의 큰 역할을 빼놓을 수 없다. 조선조 사계 문벌 탄생의 산모가 양천허씨라면 광산김씨 3대 문형 가문의 번성을 가져온 여인은 해평 윤씨로 조선이 자랑하는 여성상의 표본이라 하지 않을 수 없다. 또한 풍수의 핵심이 되는 묏자리를 풍수적으로 분석함으로써 조선시대 음택풍수 입지 및 음택 문화의 특징을 알 수 있다. 광산김씨 가문의 20世부터 31世까지 250년 동안의 묘 55기를 대상으로 하여 이를 조선전기, 조선중기, 조선후기로 구분하는 시기적 측면과 전국에 산재하고 있는 광산김씨 묘역을 7개 권역으로 나눈 공간적 측면으로 풍수적 분석을 시도해 보았다.

조선시대의 광산김씨 가문 묘역을 7개 권역으로 나눈 시기적, 공간적 측면으로 들여다 본 풍수적 특징을 종합하면 다음과 같은 결론을 얻을 수 있었다.

첫째, 광산김씨는 묘역 선정에 있어 대체로 많은 묘를 수용할 수 있는 넓은 공간을 선호하였다. 최초로 선대 묘소가 풍수적 조건이 좋은 특정 지점에 조성되어 있을 경우, 인접한 지점에는 풍수적 조건이 다소 부족하더라도 후대의 묘소들이 집단적으로 가족장의 모습으로 조성되었다. 이러한 현상은 명당에 대한 선호보다는 선대의 곁에 묻히기를 바라는 마음이 우선했음을 보여주는 사례다. 이는 효를 강조한 조선시대 사대부가의 전통적인 유교적 관념의 발로로 이해된다.

둘째, 용맥을 상하로 구분할 때 위상관계인 역장은 시기를 불문하고 크게 구애됨이 없었다. 대표적인 사례로 사계 김장생은 8대 조모인 양천허씨 묘보다 상부에 자리하고 있는 것으로 나타났다.

셋째, 모든 묘역은 고전 풍수 이론상 몇 가지씩 결함을 지니고 있었으나 사세는 모든 묘역에서 온전하게 갖추고 있는 것으로 확인되었다. 특히 고정리 묘역 사례에서는 장풍에 대한 비보를 적극 활용한 것으로 확인되었다.

넷째, 묘역의 입지 선정에는 주산 및 용맥의 풍수적 특성이 크게 고려되었다. 즉 동일한 용맥 상에 있는 묘소들은 동일한 좌향을 하고 있었다. 이는 특정 이기론의 좌향보다 자연지형에 순응하는 지세향이 우선되었음을 의미한다.

다섯째, 광산김씨 묘역은 풍수의 장풍과 득수의 조건을 정확히 이해하고 있었다. 7개 권역에서 공통적으로 장풍에 필요한 사세는 모두 갖추고 있는 것으로 확인되었다. 높은 산곡지에 입지한 묘역은 장풍 조건이 탁월하게 고려되었으며, 낮은 구릉지에 입지한 묘역은 득수 조건이 우월한 것으로 분석되었다.

여섯째, 묘역의 지형 조건이 조선후기로 갈수록 이전 시기에 비해 고전 풍수이론에서 요구하는 구비 조건이 미흡한 경향을 보였다. 그 이유는 광산김씨 가문이 조선전기 및 중기를 거치면서 김장생과 김집 부자의 문묘 배향 및 연이은 대제학 배출 등 조선 최고의 명문가로 자리매김함과 동시에 생활무대가 한양 인근으로 이동된 영향으로 볼 수 있다. 특히 6권역과 7권역은 이전의 선대 묘역에 비해 풍수적 입지 조건에서 상당 부분 미흡한 것으로 나타났다.

일곱째, 연구 대상 광산김씨 묘역 55기 중 풍수 이론상 혈의 조건을 완전하게 갖춘 묘는 2기로 분석되었다.

조선중기의 특정 묘에서 풍수적으로 명혈의 혈증이 뚜렷하였다. 그 이후 유독 특정 후손에서 만 많은 과거 급제자 및 큰 인물이 배출된 것을 문중의 기록으로 확인할 수 있었다. 이는 명혈의 응험함이 큰 인물을 배출하는 데 긍정적인 영향을 미쳤을 뿐만 아니라 동기감응론과 연관 지어 부정할 수 없는 결과를 도출한 증거로 볼 수 있다. 광산김씨 가문이 당시의 다른 사대부 가문처럼 음택 선정에 있어 풍수를 최선책의 하나로 중요하게 여겼으며, 성리학적 윤리성과 풍수지리의 동기감응론이 습합되면서 조상의 유해를 편안한 곳에 모시고자 하는 가문의 효심을 확인할 수 있었다.

따라서 조선시대에 광산김씨의 음택풍수는 '효'라는 명분과 '동기감응'의 실리를 동시에 충족시키는 매개체의 역할을 했던 것으로 볼 수 있다. 또한 개별 묘역뿐만 아니라 문중 집단 묘를 통시적으로 해석함으로써, 풍수의 목적 중의 하나인 개인적인 발복보다는 전체 문중의 화합과 발전 및 발복을 도모하기 위해 풍수가 사용되고 적용되었다는 시사점을 얻을 수 있었다. 대표적으로 김국광의 장남 김극뉴 묏자리에서 확인할 수 있었다. 문중 묘역은 주로 남자 중심으로 아들, 며느리의 묘역이 조성되지만 김극뉴 자신도 처가의 묘역을 이용했고, 정광좌 또한 처가의 묘역에 자신의 묏자리를 정했다는 점은 이 묘역이 조선 사대부의 보편적인 음택 문화와는 다른 특징을 보여주고 있다.

〈참고문헌〉

『山水圖』

『雪心賦』

『人子須知』

『朝鮮王朝實錄』

『사계전서』, 권29, 『가례집람』 상례, 한국고전DB

『송자대전』, 권190, 묘표, 생원증지평 김공 묘표

『신독재전서』, 권8, 묘표(墓表)

강정기, 『명문탐방』, 태봉, 2007.

최창조, 『한국의 풍수사상』, 민음사, 1984.

유준상, 「조선후기 노론의 지역기반 변동연구」, 국민대학교대학원, 박사학위논문.

광산김씨대종회, 보학자료(http://www.kwangsankim.or.kr).

다음백과(https://100.daum.net).

브이월드지도(www.vworld.kr).

다음지도(https://map.kakao.com/https://map.kakao.com).

디지털논산문화대전(http://nonsan.grandculture.net).

문화콘텐츠닷컴(http://www.culturecontent.com).

한국역대인물종합정보시스템(http://people.aks.ac.kr).

한국학중앙연구원(http://www.aks.ac.kr).

한국 재벌기업 창업자의 인상을 논한다

신현주*

Ⅰ. 머리말

사람의 외형적인 모습과 얼굴의 상(相)에 드러난 특징에 관한 것을 관찰하여 연구하는 분야를 '인상학(人相學)' 또는 '관상학(觀相學)'으로도 표현한다. 이러한 인상학은 상(相)을 보아서 운명의 재수를 판단하고 미래에 닥쳐올 수 있는 흉한 일에 대한 것은 예방하며, 복을 불러올 수 있게 하려는 점법(占法)의 하나로 설명되기도 한다. 『설문해자(說文解字)』에서는 관상(觀相)이라는 단어에 대한 설명으로 관(觀)은 자세히 본다는 뜻으로 나와 있으며,[1] 상(相)도 자세히 살펴본다는 뜻으로 높은 곳에서 자세히 살핀다는 뜻을 나타낸다고 허신(許愼)에 의해 언급이 되어있다.[2]

이처럼 관상(觀相)은 그 사람을 자세하고 면밀히 관찰하고 살펴본다는 의미로 해석할 수 있다. 이런 이유에서 '인상'에서의 '상' 자는 모양이나 형상, 형태 등을 나타내는 글자인 '像'이나 '狀' 등의 글자를 쓰지 않았던 것으로 추정할 수 있다. 이러한 인상학의 사전적 정의는 "인상을 관찰하여 사람의 운명을 판단하고 그 얻어진 결과를 가지고 피흉추길(避凶趨吉)의 방법을 강구하는 학문이다."[3]라고 되어있다. 즉, 사람의 겉으로 드러난 모습과 얼굴의 상(相)을 통하여 밖으로 드러난 모습, 풍겨 나오는 느낌과 심상(心

---

* 　동양문화융합학회 상임이사, 경영학박사

1　『說文』, "觀諦視也從見雚聲" (段玉裁, 『說文解字注』, 上海: 古籍出版社, 1993, 增補版, 408면).

2　『說文』, "相省視也." (段玉裁, 『說文解字注』, 上海: 古籍出版社, 1993, 增補版, 133면).

3　성낙권, 「인상학의 오행유형별 영업 창의력, 방법, 성과, 마케팅활동에 대한 연구」, 동방문화대학원대학교 박사학위 논문, 2018, 1면, 재인용.

相), 기색(氣色) 등을 종합해서 그 사람의 특성을 파악하여 길함은 따르게 하고 흉함은 피할 수 있게 운명을 판단하고 대처법을 모색하는 등 종합적으로 점쳐주는 방법이며, 인간과 관련된 학문으로써 오랜 역사를 가진다.

동양의 인상학은 『순자(荀子)』에서는 관상가로 이름이 높았던 고포자(姑布子)와 당거(唐擧)가 나타나며,[4] 『사기(史記)』에서도 한 고조 유방의 관상을 보았다는 기록[5]이 있는 것으로 보아 고대부터 나타났음을 알 수 있다. 인상학이 이론적 체계를 갖춘 서적이 처음 등장한 것은 주나라 말 허부(許負)의 『인륜직감(人倫識鑑)』이며, 이후 남북조시대 『달마상법(達磨相法)』, 송대 『마의상법(麻衣相法)』 등으로 전해졌다.

서양 인상학은 고대 그리스-로마 시대에 널리 성행되던 관행이었다. 17세기 니퀘티우스(Niqutius)는 관상에 대해 언급한 그리스-로마시대의 학자가 최소한 129명이었다고 조사한 기록을 남기기도 하였다. 그들 가운데는 아리스토텔레스, 플라톤, 세네카, 테툴이라누스와 같은 철학자로부터 크세노폰, 플루타르코스, 타키투스와 같은 역사가, 유베날리스, 루키아노스와 같은 시인들도 포함되어 있었다.[6] 이후 서양의 인상학은 중세기와 르네상스기를 거치면서 때로는 배척당하기도 하고, 때로는 유사과학으로 인정받으면서 발전하였다. 서양의 인상학은 다양한 검증과 연구를 통해 경험과학으로서의 위상을 정립하고 있다. 그러나 동양의 인상학은 고전만으로 전해질 뿐이며, 이 고전의 내용에 대해 학술적으로 검증하거나 연구되지는 않았다.

고전 인상서의 중요한 핵심은 귀천(貴賤)과 빈부(貧富)이다. 몸 전체의 다양한 부위에 대한 감평은 결국 그 사람이 귀하게 될 것인가? 미천하게 될 것인가? 그리고 부자가 될 것인가? 가난한 자가 될 것인가? 에 대부분의 논의가 집중되고 있는데 필자는 인상학의 여러 관점사 중 부(富)에 대하여 논하고자 한다. 예나 지금이나 동서고금을 막론하고 부자가 되기를 마다하는 사람은 거의 없다. 그러나 누구나 원한다고 부자가 되는 것은 아니다. 그렇다면 대한민국의 경제를 주도하고 이끌면서 부(富)의 중심에 있는 한국의 재벌기업 창업자 13인은 어떠한가? 그들은 원하는 부를 손에 쥐었음을 우리는 안

---

4   『荀子』, 「非相」, "古者有姑布子卿今之世梁有唐擧相人之形狀顏色而知其吉凶妖祥世俗稱之."

5   『史記』, 「高祖本紀」.

6   설혜심, 「서양의 관상학 – 그 긴 그림자」, 한길사, 2015, 45면.

다. 이처럼 무엇이 그들을 성공으로, 또는 부의 길로 이끌었을까? 재수가 좋아서? 아니며 단순히 사주가 좋아서? 이들의 공통점은 무엇일까? 이들이 부를 축적하게 된 공통분모는 또 무엇인가? 여러 가지 원인이 있겠지만 필자는 한국의 재벌기업 창업자 13인의 인상 연구를 통하여 그들에게는 공통적으로 부자의 인상적 특징이 함께 나타나고 있음을 알 수 있었다.

통상적인 부자(富者)의 개념은 사전적 의미로 '재물이 많아서 살림이 넉넉한 사람, 재물이 많은 사람을 나타내는 말'로 부유한 사람이라는 의미로 볼 수 있다. 또, 부자는 '재물이 많기가 보통 정도를 넘어 살림이 꽤 넉넉한 사람 또는 그런 사람을 나타내는 말'인 갑부(甲富)나 거부(巨富)로도 표현되고 있다. 부자라는 용어에 대해서는 1970년대 이전 미국에서는 백만장자라는 표현을 주로 썼는데 영어로는 Millionaire라 하여 '큰 부자 또는 굉장한 부자'라는 의미를 담고 있다. 당시에는 백만 달러가 매우 큰 금액이었기 때문에 백만장자를 부자의 의미로 표현하였다. 이러한 부자의 개념에 부합하는 우리나라에서 표현하는 한국 부자의 수준은 최근 국민은행의 보고서[7]에서는 한국 부자는 '넉넉한'의 기준을 총자산 '100억 원 이상'으로 생각하고 있었고, 자산 종류별로는 부동산자산은 '최소 50억 원', 금융자산은 '최소 30억 원'으로 나타났다.

또한, 한국 부자의 총자산은 부동산자산 58.2%와 금융자산 36.3%로 구성되어 있으며, 그 외 회원권과 예술품 등 기타자산이 일부를 차지하고 있었다. 한국 부자의 자산 포트폴리오는 '거주 주택'이 29.1%로 가장 비중이 높으며, '유동성 금융자산'(12.6%), '빌딩/상가'(10.8%), '거주 외 주택'(10.6%), '주식/리츠/ETF'(8.8%), '예적금'(8.1%) 순으로 높은 비중을 보였다. 부자 중에서 최상위계층을 형성하고 있는 집단은 주로 경영자들이다. 아래 표에서 나타난 바와 같이 한국의 부자 순위 1위~50위는 모두 기업 경영자임을 알 수 있다.

---

7   KB금융지주/경영연구소, 「한국 부자 보고서」, 2021, 6~7면.

표 9-1. 대기업집단(자산총액 10조 원 이상) 지정 현황 (2019년 말)

순위	기업집단 명	자산총액 (공정 자산)	순위	기업집단 명	자산총액 (공정 자산)
1	삼성	414.5	16	부영*	22.8
2	현대자동차	223.5	17	LS*	22.6
3	SK	218.0	18	대림	18.0
4	LG	129.6	19	미래에셋*	16.9
5	롯데	115.3	20	S-Oil*	16.3
6	POSCO*	78.3	21	현대백화점*	15.3
7	한화	65.6	22	효성	13.5
8	GS*	62.9	23	한국투자금융*	13.3
9	농협*	59.2	24	대우조선해양*	13.0
10	현대중공업*	54.8	25	영풍*	12.0
11	신세계*	36.4	26	하림*	11.9
12	KT*	34.0	27	교보생명보험	11.7
13	한진	31.7	28	금호아시아나	11.4
14	CJ*	31.1	29	KT&G*	11.2
15	두산	28.5	30	코오롱	10.7

주: *는 주제의 대상에서 제외가 된 기업을 나타냄.
출처: 공정거래위원회

이에 따라, 1위 삼성, 11위 신세계, 14위 CJ는 창업주가 삼성 이병철 회장이며, 2위 현대자동차, 10위 현대중공업, 21위 현대백화점은 창업주가 현대 정주영 회장이며, 4위 LG, 8위 GS, 17위 LS는 창업주가 LG 구인회 회장이므로 여러 기업으로 나뉘어져 있지만, 동일 창업주로 판단하였다. 창업자의 후손이 현재 경영하지 않고 있는 기업은 대우조선해양, S-Oil이며, 창업자가 현재에도 생존해 있는 기업은 부영, 하림이다. 창업자가 불분명한 기업은 POSCO, 농협, KT, 미래에셋, 한국투자금융, KT&G 등은 연구 대상에서 제외하였다. 따라서 총 30개의 기업 중 17개 기업을 통합 또는 제외하게 되면, 삼성(이병철), 현대(정주영), SK(최종현), LG(구인회), 롯데(신격호), 한화(김종희), 한진(조중훈), 두산(박두병), 대림(이재준), 효성(조홍제), 교보(신용호), 금호아시아나(박인천), 코오롱(이원만) 등 13개의 기업으로 함축된다.

Ⅱ. 고전에 나타난 부(富)의 인상학적 특징

인상학 이론은 매우 다양하고 복잡하다. 그럼에도 불구하고 고전 인상학은 한 사람의 인상 평가를 주로 빈부(貧富)와 귀천(貴賤) 등으로 크게 나누어서 보고 있다. 부에 관한 것은 주로 얼굴의 삼정(三停), 이마, 귀와 눈썹, 눈, 코, 입 등의 부위를 통해서 판단한다.

먼저 삼정이란 아래의 그림과 같이 얼굴을 세 부분으로 나누어 머리끝(머리카락이 난 부위) 발제(髮際)에서부터 인당의 눈썹까지를 상정(上停)이라고 하며, 눈썹으로부터 코끝의 준두(콧방울)까지를 중정(中停), 코끝 아래 인중에서부터 지각(턱)까지를 하정(下停)이라 한다.[8]

『마의상법(麻衣相法)』에서는 상정은 초년의 운을 주관하는 부위로 상정이 길면 귀하고 어린 시절의 운이 좋아 그 기세가 크게 뻗어 일어나 창성해지며, 중정은 중년의 운을 주관하는 부위로 중정이 길다면 국왕과 임금 같은 군왕을 가까이서 모시는 사람이 되며, 하정은 말년의 운을 주관하는 부위로 하정이 길면 노년기에 이르러 운이 열리고 근심 없이 행복하게 살아간다고 하였다.[9] 이처럼 사람의 얼굴은 유년(流年)에 따라 세 부위를 배정하고 각 부위의 길이가 모두 균형을 잘 이루면서 길다고 하면 부귀(富貴)가 따른다.

8 　『神相全編』「三才三停論」,〈面三停〉, "面之三停者自發際下至眉間為上停自眉間下至鼻為中停自準下人中至頦為下停."

9 　『麻衣相法』,「三停論」,〈訣曰〉, "上停長少吉昌中停長近君王下停長老吉祥."

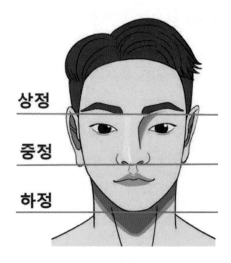

상정

중정

하정

그림 9-1. 얼굴의 삼정 위치

『마의상법』을 비롯하여 『신상전편(神相全編)』, 『귀곡자신기상법전서(鬼谷子神奇相法全書)』, 『상법잡론(相法雜論)』, 『유장상법(柳莊相法)』 등 여러 고전에서도 거의 내용이 유사하며, 아울러 삼정은 균등해야 길상(吉相)이라는 점도 강조하고 있다. 삼정의 균형이 잘 이루어져 조화로우면 부귀영화는 물론이고 지위 또한 높다고 하였다.[10] 특히 지각인 턱이 풍만해야 논과 땅이 많아지며, 상정의 천정이 편편하고 넓어야 자손이 번성한다고 하며,[11] 삼정의 균형됨이 잘 이루어진 상(相)이면 지위가 높고 부귀영화가 따르지만, 삼정의 균형이 조화롭지 못한 상이라면 고독하고 요절하며, 가난하고 천해진다[12]고 하였다. 그리고 삼정이 조화와 균형을 이루게 되면 한평생을 살아가는 데 있어 부족함이 없는데[13] 이때 상정은 귀(貴)를 관장하고 하정은 부(富)를 관장한다고 표현하였다.[14] [15]

여기에 다섯 개의 큰 산이라 표현하는 오악(伍嶽), 즉 얼굴에서 볼록하게 튀어나온 다섯 부분인 코, 이마, 턱, 양쪽 뺨(광대뼈) 부분마저 바르게 갖추게 된다면 대부대귀(大

10 『麻衣相法』, 〈三停〉, "三停平等富貴榮顯."

11 『麻衣相法』, 〈三停〉, "上停長少吉昌中停長近君王下停長老吉祥地閣滿來田地盛天廷平闊於孫昌."

12 『麻衣相法』, 〈三停〉, "三停平等富貴榮顯三停不均孤夭賤貧."

13 『神相全篇』 卷5, 「神異賦」 및 『公篤相法』 및 『麻衣石室賦』, "三停平等一生衣祿無虧."

14 『鬼谷子神奇相法全書』 「三停論」, "面三停故上停長而豐隆方而廣闊者主貴也下停平而滿端而厚者 主富也."

15 『神相全編』 「三才三停論」, "故上停 長而豐隆方而廣闊者主貴也下停平而滿端而厚者主富也."

富大貴)의 상으로 현세를 살면서 부귀가 왕성해진다.[16][17] 특히 하정인 지각(턱)은 풍성하고 둥글어야 더 좋은 상으로 여기고 있다. 『마의상법(麻衣相法)』에서는 하정의 길이가 길어야 노년에 행복해지며, 턱은 풍만하여야 논과 땅이 많아진다고 하였다.[18]

두 번째로 이마는 발제부터 눈썹 윗부위까지의 부분이다. 발제의 윗부분은 머리(頭)라고 하여 얼굴(面)과는 구분한다. 이마는 삼정에서 상정이라고 하는데, 다른 부위보다 특별히 중요하게 본다. 『마의상법(麻衣相法)』의 오성육요(五星六耀), 『신상전편(神相全編)』의 오성육요설(五星六耀說), 『귀곡자신기상법(鬼谷子神奇相法)』의 오성육요설(五星六耀說)에서는 이마를 화성으로 표현하며 이마는 모(네모)나고 길며 높게 트인 것이 좋은 상(相)임을 강조하고 있다.

셋째, 귀는 두툼하고 둥글면 의식이 풍부하고, 귓불이 늘어져 입을 향한 듯하면 재물이 풍부하고 장수하며, 귓불에 살이 두툼하면 부유하여 만족한 생활을 하게 된다. 또 귀가 눈썹보다 높으면 일생 천하거나 빈곤함이 없으며,[19] 또한 얼굴을 마주 보았을 때 귀가 보이지 않으면 크게 귀하게 된다고 한다.[20] 반면에 귀가 얇고 앞으로 향하면 전답을 모두 팔아 없애며, 귀가 뒤집혀 기울어지면 거주할 집도 없다. 또 귓불이 화살 깃과 같으면 집안이 가난하여 입을 옷도 없게 되며, 앞에서 보았을 때 귀가 보이면 가난하고 고생이 많다고 하여 고전에서는 귀의 길흉을 판단하였다.[21]

넷째, 눈썹은 눈보다 길면 부가 풍족하다. 눈썹이 눈을 덮지 못하면 재물이 부족하며,[22] 눈썹이 높아 이마 가운데 있으면 매우 귀하다고 하였다.[23] 반면에 눈썹이 눈을 누르면 가난하고 천하며,[24] 눈썹이 짧고 눈을 덮지 못하면 부귀를 기대할 수 없으며,[25] 눈썹 머리가 맞닿으면 가난하고 야박하여 형제를 방해하며, 눈썹이 교차하면 가난하고 형

---

16 『柳莊相法』, "三停得位六府相勻五官俱正乃大富大貴之相也."
17 『公篤相法』, "三停平等一生衣禄無窮五岳朝歸今世錢財必旺."
18 『麻衣相法』, 「三才三停論」, 〈三停〉, "下停長老吉祥地閣滿來田地盛."
19 『麻衣相法』, 「論耳」, "厚而圓者衣食垂珠朝口者主財壽貼肉者富足高眉二寸永不踐貧困."
20 『麻衣相法』, 「論面」, "又云對面不見耳問是誰家子(主大貴)."
21 『麻衣相法』, 「論耳」, "耳薄向前賣盡田園反而偏側居無屋宅耳門如箭家貧無衣前看見耳多貧苦."
22 『月波洞中記』, 「相眉」, "眉過眼者豐富眉不覆眼者乏財."
23 『麻衣相法』, 「論眉」, 「神相全篇」, 卷三, 「論眉論」, "眉高居額中者大貴."
24 『月波洞中記』, 「相眉」, "下壓眼者貧賤"
25 『神相鐵關刀』, 「相眉秘訣」, "眉短不蓋目富貴難言."

제로부터 힘을 얻지 못한다.[26] 그리고 눈썹 끝이 높고 눈썹꼬리가 아래로 내려간 사람은 낮으면 성정이 나약하다고 하였다.[27] 눈썹 아래에 있는 전택궁의 경우 『마의상법』의 상미(相眉)에서는 눈썹의 위치가 높아서 이마 가운데 있다면 매우 귀하다고 하였다.[28] 『신상전편』의 논미론(論眉論)에서도 눈썹의 위치가 높아서 이마의 가운데 있다면 매우 귀하다고 하여[29] 『마의상법』과 동일한 견해를 가지고 있다. 아울러 『유장상법』에서는 "눈썹이 낮아서 눈을 누르면서 끊이지 않고 이어져 있다면, 운이 반드시 일그러지고 실패하며, 30세를 넘어서는 운이 좋지 않다."[30]고 하여 낮은 눈썹의 부정적인 면을 내세우면서 눈썹이 높아야 함을 강조하고 있다.

다섯째, 눈은 봉황의 눈처럼 가늘고 길며 감추어진 듯 빼어나야 한다.[31] 『마의상법』에서는 "눈이 짧고 눈썹이 길면 땅과 식량이 갈수록 늘어나며, 눈꼬리가 하늘을 향하면 복과 녹봉이 계속 이어진다. 눈빛이 강하고 위엄이 있으면 만인이 믿고 의지한다."[32]라고 하여 눈은 눈썹보다 길이가 짧아야 하며, 눈의 꼬리는 처지는 것이 아니라 위쪽으로 올라가는 모양을 해야 하며, 눈빛이 살아야 길한 인상으로 보고 있다. 반면에 "눈이 짧고 작은 사람은 비천하고 어리석다. 둥글고 작거나, 짧고 깊거나 하면 모두 좋지 않은 상이며, 눈은 튀어나오지 않아야 한다."[33]라고 하여 눈의 크기나 모양, 깊이, 외부 돌출의 정도 등에 따라서도 길흉을 판단하고 있다.

여섯째, 코는 사람의 부와 귀, 복과 장수를 결정한다.[34] 『마의상법』에서는 "코끝이 둥글고 콧구멍이 들리지 않고 드러나지 않고 또한 좌우 콧방울인 난대와 정위 2부가 서로 상응하면 부유하고 귀한 사람이다. 만약 쓸개를 매단 듯하고 대나무를 쪼갠 듯하면 부귀한다. 코가 대나무를 쪼갠 듯하면 의식이 풍성하고 두껍다. 코끝이 풍성하게 일어나

---

26 「神相全篇」, 卷三, 「論眉論」, "眉頭交者貧薄妨兄弟眉交者貧賤不得兄弟力."

27 「神相全篇」, 卷三, 「論眉」, "頭起尾低者性懦", 「麻衣相法」, 「論眉」, "尾垂眼者性懦."

28 「麻衣相法」, 「論眉」, "眉高居額中者大貴."

29 「神相全篇」卷3, 「論眉論」, "眉高居額中者大貴."

30 「柳莊相法」, 「五官說」, "底厭眼相連不斷運至必遭虧三十外至此不好."

31 「柳莊相法」, 「五官說」, "或鳳目細長藏秀."

32 「麻衣相法」, 「神相全篇」, 卷三 相目說 "目短眉長益進田糧目尾朝天福祿綿綿目烈有威萬人歸依."

33 「麻衣相法」, 「神相全篇」, 卷三, 「相目論」, "短小者賤愚其或圓而小短而深不善之相也大抵眼不欲露."

34 「神相鐵關刀」, 「相鼻秘訣」, "理可決人之富貴福壽也."

면 부귀를 비할 수 없다. 코끝이 둥글고 두꺼우면 의식이 풍족하다. 콧대가 꺾안은 듯 곧으면 부귀가 한이 없다."[35]고 하여 코와 콧구멍의 형태에 따라 부귀가 갈라진다는 점을 설명하고 있다.

마지막으로 입의 좋은 상에 대해 『마의상법』에서는 입이 가로로 넓고 두꺼우면 복이 있고 부유하며, 사자(四字) 모양이면 부가 충분하다. 입이 넓고 풍만하면 후한 곡식과 녹봉이 있다. 입이 바르고 치우치지 않고 두껍고 얇지 않으면 의식이 충분하다고 하였다.[36] 입의 모양, 크기, 두께에 따라서 부귀 여부가 결정된다고 설명하고 있다. 만약 입이 뾰족하고 뒤집히고 치우치고 얇으면 가난하고 천하며, 입이 극히 작으면 가난하고 척박하고, 입이 양쪽 각이 아래로 드리워져 있으면 의식이 쓸쓸하며, 입의 입술이 뾰족하면 불쌍하게 빌어먹는 사람이라고 하였다.[37]

III. 재벌기업 창업자의 인상학적 특징

1. 삼성그룹의 이병철 회장

이병철(1910년~1987년)은 삼성그룹의 창업자이다. 이병철 회장의 삼정을 살펴보면, 이마의 넓이와 양관골(양쪽 광대뼈)의 넓이가 비슷하여 턱선 비교적 원만하게 구성되어 있으며 상정, 중정, 하정이 넓으면서 균형을 이루었다. 이마는 넓고 네모난 모양으로 높고 트였으며, 머리카락 난 자리로 이마의 경계선인 발제(髮際)가 이마의 높은 자리이다. 또한, 이마 부위 중 눈썹에서 한 치(3.3cm)정도 올라가 툭 튀어나온 부분으로 이마 한가운데 양쪽에 자리하는 일각(一角)과 월각(月角)이 솟아있으며, 양 이마의 끝 부위인 변지(邊地)와 산림(山林)의 생김새가 풍만하고 기름지듯 풍영(豐盈)하다. 이와 같이 이마는 결함이 없는 상태로서 비교적 원만하다.

---

35 『麻衣相法』,「相鼻」, "準頭圓鼻孔不昂不露又得蘭臺廷尉二部相應富貴之人若懸膽而直截筒者富貴鼻如截筒衣食豐隆準頭豐起富貴無比準頭圓肥足食豐衣鼻梁拱直富貴無極."

36 『麻衣相法』,「相口」『神相全編』, 卷四,「相口」, "橫闊而厚者福富如四字富足口闊而豐食祿萬鍾正而不偏厚而不薄者衣食."

37 『麻衣相法』,「相口」『神相全編』, 卷四,「相口」, "尖而反偏而薄(偏而薄者)貧賤(寒賤)口如一撮者貧薄口垂兩角衣食蕭條口尖如脣與乞爲憐."

그림 9-2. 삼성그룹 이병철 회장

출처: 네이버 이미지(https://www.naver.com)

　귀는 귓불이 늘어져 있으며, 귓불이 두툼하고, 귀의 상부 끝 위치가 눈썹 끝과 비슷할 정도로 다소 높은 편이다. 또한, 귀가 앞으로 향하거나 귀가 완전히 보이지 않아 부정적인 조건은 없다. 그리고 눈썹은 눈보다 길어야 한다는 상학적인 조건을 갖추고 있다. 눈과 눈썹 사이를 의미하는 전택궁이 비교적 넓은 편이고, 눈은 가늘며 길어야 한다는 상학적인 조건을 맞다. 코는 코끝이 둥글고 좌우 콧방울인 난대(蘭臺)와 정위(廷尉) 2부가 서로 상응하며, 대나무를 쪼갠 절통과 같은 형상으로 반듯하고 우뚝 솟아있으면서 양 광대뼈가 서로 응하는 형상이다. 입은 가로로 넓으며 크고, 입꼬리가 올라가 활모양으로 모가 나고 윤택한 편이다. 항시 일자(一字)로 굳게 다물어진 입술로 입꼬리는 올라가 있고, 입가의 팔자 주름인 법령은 입술을 감아 돌면서 뚜렷하여 길한 상으로 볼 수 있다.

2. 현대그룹 정주영 회장

정주영(1915년~2001년)은 현대그룹의 창업자이다. 정주영 회장의 삼정을 먼저 살펴보면, 아래의 젊은 시절 사진에서는 초년 운을 나타내는 상정과 중정은 균형을 이루고 있으며, 특히 하정이 넓은 편으로 판단되는데 이는 고전 『마의상법』과 『신상전편』에서 제시한 하정이 풍만하면 노년이 좋다는 것과 부합한다. 전체적으로는 지각인 턱이 풍성하고 둥근데 지각이 풍만하면 논과 땅이 많아지며, 천정이 편편하고 넓어야 자손이 번성한다는 삼정의 긍정적인 면에서 부합함을 알 수 있다.[38] 또한, 중년에서 말년으로 접어들수록 삼정의 균형이 원만히 이루어지는 형으로 변했음을 볼 수 있어 고전 상법(相法)에서 제시한 삼정의 긍정적인 면에 부합한다. 이마는 대체로 넓으면서 네모난 모양으로 반듯하고 양 이마의 끝 부위인 변지(邊地)와 산림(山林)이 풍영(豊盈)하며, 대체로 결함이 없는 상태로 비교적 원만하다.

그림 9-3. 현대그룹 정주영 회장

출처: 네이버 이미지(https://www.naver.com)

귀는 귓불의 살이 두툼하게 있는 편으로 귀가 접혀 앞으로 향하거나 하여 귀가 완전히 보이지 않는 등의 부정적인 조건은 없다. 그리고 눈썹은 눈보다 눈썹이 길어야 부가

---

38 『麻衣相法』, "上停長, 少吉昌, 中停長, 近君王, 下停長, 老吉祥. 三停平等, 富貴榮顯, 地閣滿來田地盛, 天廷平闊於孫昌."

풍족하다는 눈썹의 긍정적인 조건에 부합되고 있다. 또한, 눈과 눈썹 사이를 의미하는 전택궁도 비교적 넓은 편이며 눈썹은 청수하며 눈썹 사이는 넓은 편이다.

눈은 가늘고 길어야 한다는 눈의 긍정적 조건을 만족하는 편이며 눈에 신이 있고 예리한 눈매를 가지고 있다. 눈동자는 맑으며 밝고 눈의 흑백이 분명하다. 코는 반듯하고 길며 중년으로 갈수록 코끝이 내려와 있으며, 콧구멍은 드러나지 않고 코끝이 둥글며 양 광대뼈는 서로 조응하고 있다. 입은 큰 편에 속하며 입꼬리는 올라가 있고, 입가의 팔자 주름인 법령 역시 뚜렷하여 고전 상법(相法)을 근거로 할 때 길한 상이라 할 수 있다.

3. SK그룹 최종현 회장

최종현(1929년~1998년)은 SK그룹의 제2대 회장이다. 최종현 회장의 삼정을 살펴보면, 이마의 넓이와 양쪽 관골(顴骨)의 넓이가 비슷하여 턱선 비교적 원만하게 구성되어 있고 이목구비는 뚜렷한 편이며 하정의 너비가 풍성한 편이다. 이마는 넓고 네모나며 윤택하고 산림(山林)과 변지(邊地), 두 눈썹의 꼬리 위에서 머리털이 나 있는 곳의 사이 부위인 천창(天倉)이 살집이 풍만하고 뼈가 튼튼해 보이고 풍영(豊盈:풍만하고 그득한 모양)하여 상법상 긍정적 조건에 부합하고 있다.

그림 9-4. SK그룹 최종현 회장

출처: 네이버 이미지(https://www.naver.com)

귀는 정면에서 보아 잘 드러나지 않는 첩뇌이(貼腦耳)의 형상을 띄는 편이며, 귓불이 두툼하고, 귀가 크고 길며, 귓불이 늘어져 있어 귀의 긍정적인 조건에 부합한다. 눈썹은 흐린 눈썹이지만 눈과 눈썹의 간격이 길어 전택궁이 넓은 편이며, 눈은 가늘고 길어야 한다는 상법의 조건을 갖추고 있다.

코의 경우 산근이 풍성하고 코의 준두가 둥글고 풍영하며 실하고 콧대는 대나무를 쪼갠 절통과 같이 반듯하다. 코끝이 둥글고 좌우 콧방울인 난대와 정위 2부가 서로 상응하며 양 광대뼈가 서로 응하여 코의 긍정적인 조건에 부합하는 부분이 많다. 입은 크고 라인이 선명하며 1:1.5의 이상적 비율이다. 입술은 가로로 넓으면서 두께는 두꺼운 편이며 입꼬리는 올라가 있어 입의 긍정적인 조건에 부합하고 있다.

4. LG그룹 구인회 회장

구인회(1907년~1969년)는 LG그룹의 창업자이다. 구인회 회장의 삼정을 살펴보면, 그의 인상은 삼정의 비율이 균형을 이루고 있음을 알 수 있다. 이는 고전 상법에서 제시한 상정은 길고 풍영하며, 모나고 넓어야 한다. 그리고 중정은 두껍고 바르게 높고 하정은 고르고 풍만하며, 단정하고 두꺼워야 한다는 이론과 대체로 부합한다. 특히 이마의 넓이와 양쪽 관골(顴骨)의 넓이가 비슷하고 턱선이 비교적 원만하게 구성되어 있으며 지각인 턱이 풍성하고 둥근 편인데 이는 "지각이 풍만하면 논과 땅이 많아지고 노년이 되면 행복해진다"는 상법의 조건과 일치하고 있다. 또한, 이마는 넓고 네모나며 윤택하며 산림(山林)과 변지(邊地), 천창(天倉)이 풍영하여 이마 전체는 결함이 없는 상태로 이마의 긍정적인 조건을 충족하고 있다.

그림 9-5. LG그룹 구인회 회장

출처: LG화학, 『LG화학 50년사』

귀는 곽륜(郭輪;이륜과 이곽)이 선명하고 귓불이 준수하고 늘어져 있고, 귓불의 살이 두툼하다. 눈썹은 두 눈썹의 사이가 두 손가락이 들어갈 정도로 넓은 편이고, 눈썹과 눈의 사이를 의미하는 전택궁은 비교적 넓은 편으로 눈썹의 긍정적인 조건에 부합한다. 그리고 눈은 가늘고 길며 눈의 흑백이 분명하여 고전 상법에 맞다. 코는 코끝이 둥글고 두툼하며 준두가 풍성하고 좌우 콧방울인 난대와 정위 2부가 서로 상응하여 코의 긍정적인 조건에 부합한다. 입은 가로로 넓어 큰 입으로 판단하며 윗입술이 얇고 아랫입술이 두툼하고 입꼬리가 올라가 있으며 입술이 윤택한 편이다. 항시 일자(一字)로 굳게 다물어진 입술로 입의 모양은 긍정적인 조건에 부합한다.

5. 롯데그룹 신격호 회장

신격호(1922년~2020년)는 롯데그룹의 창업자이다. 신격호 회장의 삼정을 살펴보면, 이마의 넓이와 양 관골(顴骨)의 넓이가 비슷하고, 턱선 비교적 원만하게 구성되어 있으나 평평하고, 하정이 원만한 편이다. 이마는 전체적으로 넓고 네모반듯한 편으로 윤택하고 산림(山林)과 변지(邊地), 천창(天倉)이 풍영하여 비교적 긍정적 조건과 부합한다. 젊어서는 이마 가운데로 솟은 듯한 눈썹으로 인해 이마의 폭이 다소 좁은 듯 보이나 나이가 들어감에 따라 발제에서부터 실제 눈썹 머리까지인 상정의 넓이를 측정해 보면 중정과 하정에 이르기까지 삼정의 길이가 균등해짐을 볼 수 있다.

그림 9-6. 롯데그룹 신격호 회장

출처: 네이버 이미지(https://www.naver.com)

귀는 두껍고 단단하며 솟아올라 긴 편이고 귀 끝이 높은 편으로 귀가 크고 길며 귓불이 늘어져 있어 귀의 긍정적인 조건이 많다. 눈썹은 이마 가운데 있는 듯하며 눈에서 멀리 떨어져 있어 전택궁이 넓은 편이고, 양 눈썹 사이가 다소 넓은 편이다. 눈썹꼬리는 눈썹 머리보다 위에 있다. 눈썹은 눈보다 긴 편에 속하며 위로 올라간 눈썹과 예리한 눈매다. 이는 눈썹의 긍정적인 조건에 대체로 부합한다. 또한, 눈도 가늘고 길어야 한다는 조건을 만족한다. 다음으로 코를 살펴보자면 코는 산근이 풍성하고 코의 준두는 둥글고 풍영하며, 콧대는 반듯하고 양 광대뼈가 서로 조응하고 있어서 길상이다. 마지막으로 입은 입꼬리의 끝이 위로 올라가 있으며 굳게 다문 입술의 라인이 선명하여 긍정적인 조건에 부합한다.

6. 한화그룹 김종희 회장

김종희(1922년~1981년)는 한화그룹의 창업자이다. 김종회 회장의 삼정을 먼저 살펴보면, 삼정 중 하정의 길이가 긴 편이지만 상정인 이마의 넓이와 양 관골(顴骨)의 넓이가 비슷하며, 턱선은 비교적 원만하게 구성되어 있다. 이마는 넓고 네모나며 윤택하고 산림(山林)과 변지(邊地), 천창(天倉)이 풍영하여 비교적 긍정적 조건과 부합한다.

그림 9-7. 한화그룹 김종희 회장

출처: 네이버 이미지(https://www.naver.com)

 귀는 귓불이 두툼하면서 길게 늘어져 있어 귀의 긍정적인 조건에도 부합한다. 눈썹은 양 눈썹 사이가 넓은 편이며, 눈썹이 눈에서 멀리 떨어져 있어 전택궁이 넓은 편이고, 눈썹은 눈보다 길어야 한다는 조건에 만족하는 등 눈썹의 긍정적 조건에 부합하고 있다. 눈은 가늘고 길어야 한다는 조건을 갖추고 있다.

 코를 살펴보면 산근은 풍성하고, 코의 준두가 둥글고 풍영하며 실하다. 또 콧대는 대나무를 쪼갠 절통과 같이 반듯하다. 코끝은 둥글고 좌우 콧방울인 난대와 정위 2부가 서로 상응하며 양 광대뼈가 서로 응하여 코의 긍정적인 조건에 부합한다. 입은 크고 라인이 선명하며, 1:1.5의 이상적 비율이다. 입술은 가로로 넓으면서 아랫입술은 두툼한 편이며, 윤택한 편으로 입꼬리는 올라가 있어 입의 긍정적인 조건에 부합하고 있다.

7. 한진그룹 조중훈 회장

 조중훈(1920년~2002년)은 '한진상사'의 창업주로 대한항공의 모그룹인 한진그룹의 창업자이다. 조중훈 회장에 대한 인상학적 특징을 고전의 상법(相法) 이론에 근거하여 다음과 같이 판단한다. 먼저 그의 삼정을 살펴보면 이마의 넓이와 양 관골(顴骨)의 넓이가 비슷하며 턱선도 비교적 원만하게 구성되어 있다. 상정, 중정, 하정인 삼정의 길이가 균등하여 긍정적인 삼정의 조건에 부합하는 것으로 판단한다. 이마는 모가 나고 긴 편으로 넓고 윤택하며 산림과 변지, 천창이 풍영하여 비교적 긍정적 조건의 이마로 판단한다.

그림 9-8. 한진그룹 조중훈 회장

출처: 네이버 이미지(https://www.naver.com)

　귀는 정면에서 보아 귀가 잘 드러나지 않는 첩뇌이(貼腦耳)의 형상을 띄고 있어 귀의 긍정적인 조건이 부합하는 것으로 판단한다. 눈썹은 눈에서 멀리 떨어져 있어 전택궁이 넓은 편이다. 눈 밑에 도드라진 도톰한 살이 누에가 누워있는 듯한 모양으로 볼록한 부위로 일명 애교살이라 불리는 와잠(臥蠶)도 좋은 편이며 눈은 가늘고 길어야 한다는 눈의 긍정적인 조건을 만족한다.

　코는 산근이 적당히 살아 있으며 코의 준두가 둥글고 풍영하여 실하고 콧대는 대나무를 쪼갠 절통과 같이 반듯하다. 콧구멍은 드러나 보이지 않는 편이며 양 광대뼈가 서로 응하여 코의 긍정적인 조건에 부합하는 부분이 많은 것으로 판단한다. 입은 그 라인이 선명하고 굳게 다문 입술은 강단이 있어 보이며 입술이 혈색이 좋고 윤택한 편으로 입의 긍정적인 조건에 부합하고 있다.

8. 두산그룹 박두병 회장

　박두병(1910년~1973년)은 두산그룹의 초대 회장이다. 박두병 회장의 삼정을 살펴보면 삼정이 균형을 잘 이루고 있으며 상정은 모나고 넓으며 일각과 월각이 튀어나와 있다. 중정은 양 광대뼈가 조화를 이루며 코는 길고 반듯하며 길게 잘 뻗어 있다. 하정인 지각은 둥그스름하니 완만하여 잘 발달 되어있다. 이마의 넓이와 양 관골(顴骨)의 넓이가 비슷하여 턱선 비교적 원만하게 구성되어 있으며 상정, 중정, 하정이 넓으면서 균형을 이루었다. 이마는 넓고 네모난 모양이며 높고 트였으며 머리카락 난 자리가 이마 높은 자리이다. 또한, 일각과 월각이 솟아있으며, 변지와 산림이 풍영하다. 이와 같이 이마는 결함이 없는 상태로서 비교적 원만하다.

그림 9-9. 두산그룹 박두병 회장

출처: 네이버 이미지(https://www.naver.com)

귀는 큰 편에 속하며 귀의 곽륜과 이륜이 선명하며 귓불의 살이 두툼하다. 또한, 앞으로 향하거나 귀가 완전히 보이지 않는 부정적인 조건은 없다. 눈썹은 유미와 윤미의 조건이 합한 듯하며, 눈썹의 위치가 높아서 이마 가운데 있고 꼬리는 아래로 향했으며 눈보다 길어야 한다는 눈썹의 긍정적인 조건을 만족하였다. 또 눈과 눈썹 사이를 의미하는 전택궁은 비교적 넓은 편에 속한다. 눈은 가늘고 길어야 한다는 눈의 조건에 맞다.

코는 대나무를 쪼갠 절통과 같은 형상으로 이마에서부터 시원하게 반듯하며 우뚝 솟아있고 준두인 코끝이 둥글고 좌우 콧망울인 난대와 정위 2부가 서로 상응하며 양 광대뼈가 서로 응하는 형상으로 코의 긍정적인 조건에 맞다. 입은 가로로 넓으며 크고 입술은 붉은빛을 띠었으며, 비율이 균형되어 두툼하며 윤택하다. 인중도 길고 선명하며 입꼬리도 올라가 있는 편이다. 항시 일자(一字)로 굳게 다물어진 입술로 박두병 회장의 입 모양은 긍정적인 조건에 부합하고 있다.

9. 대림그룹 이재준 회장

이재준(1917년~1995년)은 대림 그룹의 창업자이다. 이재준 회장의 삼정을 살펴보면, 상정은 높고 모나고 넓고 긴 편이다. 일각과 월각이 발달 되어있다. 하정인 지각은 완만하고 평평하게 잘 발달되어 있다. 얼굴의 형이 약간 긴 듯한 동자형에 가깝다. 상정과 하정이 잘 발달되어 있다. 이마의 넓이와 양 관골(顴骨)의 넓이가 비슷하며 턱선은 비교적 원만하다. 이마는 넓고 높고 트였으며, 머리카락 난 자리가 이마 높은 자리이다. 또한, 변지와 산림이 풍영한 편으로 이마는 결함이 없는 상태로서 비교적 원만한 상을 보이고 있다.

그림 9-10. 대림그룹 이재준 회장
출처: 네이버 이미지(https://www.naver.com)

귀는 눈썹 끝보다 높은 편이며 귓불이 두툼하고 늘어져 있고 이곽과 곽륜이 선명하며, 귀가 큰 편이다. 또한, 앞으로 향하거나 귀가 완전히 보이지 않는 부정적인 조건은 없다. 눈썹은 눈보다 길어야 한다는 눈썹의 긍정적인 조건에 부합되며, 눈에는 눈빛이 살아 있고 눈은 가늘고 길어야 하며 신이 있어 총기가 넘쳐야 한다는 조건에 맞다. 코는 대나무를 쪼갠 절통과 같은 형상으로 반듯하고 우뚝 솟았으며, 준두인 코끝이 매우 둥글고 두툼하며 양관골이 서로 웅하는 형상으로 코의 긍정적인 조건에 부합하고 있다. 입은 가로로 넓으며 입술이 두툼하고 크며, 입술의 색은 붉은빛을 띠었으며 윤택하여 입의 긍정적인 조건에 부합한다.

10. 효성그룹 조홍제 회장

조홍제(1906년~1984년)는 효성그룹의 창업자이다. 조홍제 회장의 삼정을 살펴보면, 상정은 넓고 높으며 중정은 양관골(顴骨)이 조화를 이루었다. 하정인 지각은 둥그스름하니 완만하여 잘 발달 되어있다. 이마의 넓이와 양 관골의 넓이가 비슷하여 턱선 비교적 원만하고 두껍다. 상정과 하정이 잘 발달 되어있다. 이마는 넓으며 높고 트였으며, 머리카락 난 자리가 이마의 높은 자리이다. 또한, 일각과 월각이 잘 발달 되어있으며, 변지와 산림이 풍영하다. 이와 같이 이마는 결함이 없는 상태로서 비교적 원만하다.

그림 9-11. 효성그룹 조홍제 회장

출처: 네이버 이미지(https://www.naver.com)

귀는 크고 높으면서 긴 편으로 귀의 외륜이 선명하다. 또 귓불은 살이 두툼하고 긴 편이다. 그뿐만 아니라 앞으로 향하거나 귀가 완전히 보이지 않는 부정적인 조건이 없다. 양 눈썹 사이가 넓으며, 눈과 눈썹 사이를 의미하는 전택궁도 비교적 넓은 편이다. 눈은 가늘고 길어야 한다는 눈의 긍정적 조건을 충족하고 있다. 예리한 눈매를 가지고 있으며, 눈의 흑백이 분명하다. 코는 반듯하고 콧구멍은 드러나지 않고 코끝이 둥글며, 양 광대뼈는 서로 조응하여 코의 긍정적인 조건에 부합한다. 입은 가로로 큰 편에 속하며 입의 긍정적 조건에 부합하고 있다.

11. 교보그룹 신용호 회장

신용호(1917년~2003년)는 교보그룹의 창업자이다. 신용호 회장의 삼정을 살펴보면, 이마의 넓이와 양 관골(顴骨)의 넓이가 비슷하며, 턱선도 원만하게 잘 구성되어 있어 상정, 중정, 하정의 균형이 잡혀있다. 이마는 넓고 높고 트였으며, 머리카락 난 자리인 발제(髮際)가 이마 높은 자리이다. 또한, 이마 한가운데 양쪽에 자리하는 일각과 월각이 솟아있고 천장이 평평하고 이마의 끝부분인 변지와 산림이 풍영하므로 이마는 결함이 없는 상태이다.

그림 9-12. 교보그룹 신용호 회장
출처: 네이버 이미지(https://www.naver.com)

귀는 귓불이 늘어져 있고, 귓불이 두툼하고, 귀의 상부의 끝은 눈썹의 끝보다 높다. 또한, 귀가 앞으로 향하거나 귀가 완전히 보이지 않는 부정적인 조건은 없다. 그리고 눈썹은 수미와 윤미의 장점이 더해진 듯 윤택하고 수려하다. 눈썹이 눈보다 길어야 한다는 눈썹의 긍정적인 조건에 맞다. 양 눈썹의 사이도 비교적 넓은 편이다. 눈은 가늘고 길어야 길한 상이다. 코는 코끝이 둥글고 대나무를 쪼갠 절통과 같은 형상으로 반듯하고 우뚝 솟아있어 코의 긍정적인 조건에 맞다. 입은 인중이 길고 입술의 비율이 좋은 편이며, 항시 일자(一字)로 굳게 다물어진 입술은 그의 좌우명인 '정직'을 실천하는 신념의 의지가 드러나 보이며, 입의 모양은 대체적 긍정적인 조건에 부합하고 있다.

12. 금호아시아나그룹 박인천 회장

박인천(1901년~1984년)은 금호아시아나그룹 창업자이다. 박인천 회장의 삼정을 살펴보면, 대체로 상정, 중정, 하정이 넓으면서 균형을 이루고 있다. 이마의 넓이와 양 관골(顴骨)의 넓이가 비슷하여 턱선 비교적 매우 원만하게 구성되어 있다. 이마는 넓고 네모난 모양으로 윤택하며 높고 트였으며, 머리카락 난 자리인 발제(髮際)가 이마 높은 자리이다. 또한, 이마 한가운데 양쪽에 자리하는 일각과 월각이 솟아있으며 이마의 끝부분인 변지와 산림이 풍영하다. 이와 같이 이마는 결함이 없는 상태로써 비교적 긍정적 조건의 이마이다.

그림 9-13. 금호아시아나그룹 박인천 회장
출처: 네이버 이미지(https://www.naver.com)

귀는 두꺼우며, 곽륜이 선명하고 귀 끝이 높고 크기 또한 큰 편에 속한다. 귀는 대체적으로 긍정적인 조건에 맞다. 눈썹은 짙으며 눈보다 길어서 긍정적인 조건에 부합한다. 그리고 가늘고 긴 편에 속하여 눈의 긍정적인 측면에 부합한다. 코의 산근은 적당히 살아 있으며, 코의 준두가 둥근 편이며 콧대는 반듯한 편이다. 입은 크고 라인이 선명하며 가로로 길고 넓어 큰입에 속하며 입술의 두께는 두껍고 윤택한 편으로 입의 긍정적인 조건에 부합한다.

13. 코오롱그룹 이원만 회장

이원만(1904년~1994년)은 코오롱그룹의 창업자이다. 삼정을 먼저 살펴보면, 발제부위로부터 눈썹 윗부분까지의 부위인 상정은 넓고 높으며, 중정은 양 관골(顴骨)이 조화를 이루었다. 하정인 지각은 둥그스름하니 완만하여 잘 발달 되어있다. 이마의 넓이와 양 관골(顴骨)의 넓이가 비슷하여 턱선 비교적 원만하고 두껍게 잘 구성되어 있으며, 삼정의 균형이 잘 이루어져 삼정의 긍정적인 조건을 가지고 있다. 이마는 넓으면서 높게 트였으며, 머리카락 난 자리가 이마 높은 자리이다. 이마의 넓이는 간을 엎은 듯하며 또한 일각과 월각이 잘 발달 되어있으며, 변지와 산림도 풍영한 편으로 판단되어 이마의 긍정적인 조건에 부합하고 있다.

그림 9-14. 코오롱그룹 이원만 회장
출처: 네이버 이미지(https://www.naver.com)

귀는 크고 높으면서 긴 편의 큰 귀이며 귀의 외륜이 선명하고 귓불은 살이 두툼하며, 다소 길게 늘어진 편이다. 그뿐만 아니라 앞쪽으로 귀가 접혀 완전히 보이지 않는 등 귀의 부정적인 조건은 보이지 않는다. 양 눈썹의 사이가 넓으며 눈과 눈썹 사이를 의미하

는 전택궁도 비교적 넓은 편이다. 눈은 눈매가 시원하고 선명하며, 예리하여 눈의 긍정
적인 조건에 부합하고 있다. 코는 콧대가 반듯하고 코끝이 둥글며 양 광대뼈는 서로 조
응하여 코의 긍정적인 조건에 부합한다. 입은 윗입술과 아랫입술의 비율이 조화롭고
가로로 넓으며, 두꺼운 편이다. 입의 모양이 사자(四字) 모양에 가까운 편이며, 넓으면
서 풍만하고 모양이 발라서 치우치지도 않고 아울러 두껍고 엷지 않아 입의 긍정적인
조건에 부합한다.

이상의 재벌기업 창업자들 인상의 공통점은 다음과 같이 정리할 수 있다.

첫째, 삼정이 대체적으로 넓은 편으로 균형을 이루었고, 특히 하정이 넓고 풍영하며
지각의 선이 원만한 편이다. 둘째, 대체로 귀의 세로 길이가 긴 편으로 큰 귀에 속하며,
귓불은 길고 두꺼운 편이다. 그러나 귀의 높이는 눈썹의 끝을 넘지는 못한다. 셋째, 대
부분 전택궁이 넓은 편이다. 따라서 재벌기업 창업자들의 인상을 고전 상법(相法)에 근
거하여 해석할 때 대체적으로 고전의 인상학(人相學) 이론과 부합하는 점이 많다고 할
수 있었다. 그러므로 인상학이 현대의 학문영역으로 진입하려면 실증과 검증의 필요성
뿐만 아니라 현시대에 맞는 이론으로도 동시에 전화되어야 한다는 과제 또한 안겨주고
있다.

Ⅳ. 재벌기업 창업자의 인상학적 공통점

대기업 창업자 13인을 대상으로 인상학의 이론 중 삼정(三停), 이마, 귀, 눈썹, 눈, 코,
입 등 7개를 대상으로 살펴보았다. 창업자들에 대한 인상 평가는 주관적인 판단을 최소
화하고, 객관성을 도모하기 위해 창업자의 정면사진, 측면사진 등을 최소 2개 이상 획득
하여 캐디안(CADian)으로 인식하게 하고 각 부위의 길이를 측정하며, 2회의 반복 측정
하였다. 본 측정의 한 가지 문제점은 창업자의 사진의 규격이 모두 다르다는 점이다. 따
라서 이러한 문제를 해소하기 위해 비율을 측정하였으며 변수측정은 최명아 · 이경원[39]

---

39 최경아 · 이경원(2013), "성격판단의 실질적 얼굴형태소 분석을 통한 디지털 캐릭터 개발 시스템 개선", Archives of
     Design Research, 26(1), 한국디자인학회, 355-381면.

의 연구 결과를 변용하여 적용하였으며, 구체적인 측정기준은 아래와 같다.[40]

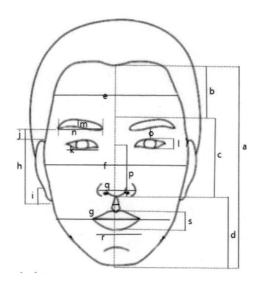

그림 9-15. 부위별 측정기준

얼굴 부위별 측정기준에 대한 세부 내용을 보면, (a)는 얼굴 전체 길이(발제에서 턱 밑까지), (b)는 상정길이(발제에서 눈썹 위까지), (c)는 중정길이(눈썹 위에서 코끝까지), (d)는 하정길이(코끝에서 턱 밑까지), (e)는 상정 옆길이(이마 한가운데의 상정 수평길이), (f)는 중정 옆길이(코 한가운데의 중정 수평길이), (g)는 하정 옆길이(입술 한가운데의 하정 수평길이), (h)는 귀 전체 길이 귀 상부에서 귓불 하부까지의 수직길이), (i)는 귓볼 길이(귓구멍 아래부터 귓불 밑까지의 수직길이), (j)는 귀와 눈썹 차이 길이(귀 상부 위에서 눈썹꼬리까지의 수직길이), (k)는 눈가로길이(눈머리에서 눈꼬리까지의 수평길이), (l)는 눈 세로길이(눈 위에서 아래까지의 수평 길이), (m)은 눈썹 가로길이(눈썹 머리에서 눈썹꼬리까지의 수평길이), (n)은 눈썹 세로길이(눈 위에서 아래까지의 수직길이), (o)는 전택궁 길이(눈썹 아래에서 눈윗꺼풀까지의 수직길이), (p)는 코

---

40   인상학 관련 연구에서 이승수는 일본 풍속화인 우키요에(浮世繪)에 나타난 '눈'과 관련하여 눈의 폭/눈의 길이, 검은 동자의 길이/눈의 길이 등을 통해 작가별 차이점과 남녀별 차이점을 판별분석, 주성분 분석 등의 방법으로 통계적으로 검증한 사례가 있다. 이승수(2010), "일본풍속 목판화인 우키요에(浮世繪)에 그려진 눈의 인상자료의 통계적 판별분석", 『기초과학연구』, 21, 강원대 기초과학연구소, 19~28면.

세로길이(산근에서 코끝까지의 수직길이), (q)는 코 가로길이(양 콧방울 사이의 수평길이), ⑧은 입 가로길이(양 입술의 끝 사이의 수평길이), (s)는 입 세로길이(윗입술 상부에서 아랫입술 하부까지의 수직길이)이다.

이상의 길이를 측정하여 다음과 같은 비율을 계산하여 변수로 사용하였다.

① 상정 수직길이/얼굴 길이: 얼굴 길이를 1로 두었을 때의 비율이다. 이 비율로 상정의 길이를 유추할 수 있다.

② 상정 수평길이/얼굴 길이: 얼굴 길이를 1로 두었을 때의 비율이다. 이 비율로 상정의 넓이를 유추할 수 있다.

③ 중정 수직길이/얼굴 길이: 얼굴 길이를 1로 두었을 때의 비율이다. 이 비율로 중정의 길이를 유추할 수 있다.

④ 중정 수평길이/얼굴 길이: 얼굴 길이를 1로 두었을 때의 비율이다. 이 비율로 중정의 넓이를 유추할 수 있다.

⑤ 하정 수직길이/얼굴 길이: 얼굴 길이를 1로 두었을 때의 비율이다. 이 비율을 통해 하정의 길이를 알 수 있다.

⑥ 귀 길이/얼굴 길이: 얼굴 길이를 1로 두었을 때의 비율이다. 이 비율을 통해 귀의 길고 짧음을 유추할 수 있다.

⑦ 귓불 길이/얼굴 길이: 얼굴 길이를 1로 두었을 때의 비율이다. 이 비율을 통해 귓불의 길고 짧음을 유추할 수 있다.

⑧ 귓불 길이/귀 길이: 귀 길이를 1로 두었을 때의 비율이다. 이 비율을 통해 전체 귀의 길이에서 귓불의 길고 짧음을 유추할 수 있다.

⑨ 눈 세로길이/얼굴 길이: 얼굴 길이를 1로 두었을 때의 비율이다. 이 비율을 통해 눈의 크고 작음을 유추할 수 있다.

⑩ 눈 가로길이/ 중정 수평길이: 중정의 수평길이를 1로 두었을 때의 비율이다. 이 비율을 통해 눈의 길고 짧음을 유추할 수 있다.

⑪ 눈 세로길이/눈 가로길이: 눈의 가로길이를 1로 두었을 때의 비율이다. 이 비율은 통해 눈 자체의 크고 작음과 넓고 좁음을 유추할 수 있다.

⑫ 전택궁 수직길이/얼굴 길이: 얼굴 길이를 1로 두었을 때의 비율이다. 이 비율을

통해 전택궁의 길이를 유추할 수 있다.

⑬ 코 세로길이/얼굴 길이: 얼굴 길이를 1로 두었을 때의 비율이다. 이 비율로 코의 길고 짧음을 유추할 수 있다.

⑭ 코 가로길이/중정 수평길이: 중정의 수평길이를 1로 두었을 때의 비율이다. 이 비율로 콧방울을 포함한 코의 넓고 좁음을 유추할 수 있다.

⑮ 코 가로길이/코 세로길이: 코 가로길이를 1로 두었을 때의 비율이다. 이 비율로 코의 길고 짧음과 넓고 좁음을 유추할 수 있다.

⑯ 입 세로길이/얼굴 길이: 얼굴 길이를 1로 두었을 때의 비율이다. 이 비율로 입술의 두꺼움과 엷음을 유추할 수 있다.

⑰ 입 가로길이/중정 수평길이: 중정의 수평길이를 1로 두었을 때의 비율이다. 이 비율로 입술의 길고 짧음을 유추할 수 있다.

⑱ 입 세로길이/입 가로길이: 입 가로길이를 1로 두었을 때의 비율이다. 이 비율로 입의 크고 작음과 길고 짧음을 유추할 수 있다.

각 변수에 대한 평균과 표준편차 등의 기술통계량은 아래의 표와 같다.

표 9-2. 얼굴 부위별 평균비교

구 분	평균	표준편차	구 분	평균	표준편차
①상정수직/얼굴길이	0.2691	0.02857	⑪눈가로길이/중정수평길이	0.4686	0.06497
②상정수평/얼굴길이	0.6156	0.05102	⑫눈세로길이/눈가로길이	0.3144	0.04529
③중정수직/얼굴길이	0.3565	0.02531	⑬전택궁길이/얼굴길이	0.0699	0.01449
④중정수평/얼굴길이	0.7006	0.04569	⑭코세로길이/얼굴길이	0.2385	0.01737
⑤하정수직/얼굴길이	0.3744	0.01778	⑮코가로길이/중정수평길이	0.2990	0.02559
⑥하정수평/얼굴길이	0.6278	0.04171	⑯코가로길이/코세로길이	0.8787	0.07116
⑦귀길이/얼굴길이	0.3130	0.03218	⑰입세로길이/얼굴길이	0.1471	0.19404
⑧귓불길이/얼굴길이	0.0934	0.01695	⑱입가로길이/중정수평길이	0.4054	0.05522
⑨귓불길이/귀길이	0.2974	0.03619	⑲입세로길이/입가로길이	0.3256	0.08846
⑩눈세로길이/얼굴길이	0.0520	0.00749			

아래의 사진은 각 학술단체에서 한국인의 평균 얼굴 모형을 제시한 것이다. 따라서 두 모형에서 얼굴 수치를 추출하여 이를 평균한 것을 모집단으로 판단하여 창업자들의 얼굴 수치와 수치가 한국인 평균 얼굴의 수치와 어느 정도의 차이가 있는지를 검증해 보았다.

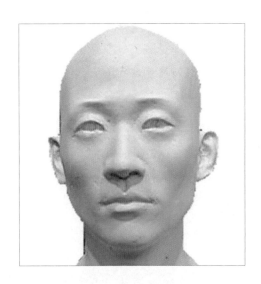 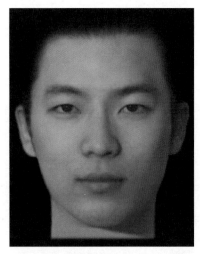

그림 9-16. 한국인 평균 얼굴 모형

출처: 한국과학기술정보연구원(KISTI) · 가톨릭의대 응용 해부 연구소(2005),
『표준 인체 골격모델』(좌), 한국콘텐츠진흥원 · 한국 얼굴연구소, 『한국인의 얼굴연구』(우)

대기업 창업자의 13인의 인체 수치를 한국인 표준 얼굴과 비교할 때 공통점은 ① 상정 수직길이/얼굴 길이, ② 상정 수평길이/얼굴 길이, ④ 중정 수평길이/얼굴 길이, ⑥ 하정 수평길이/얼굴 길이, ⑦ 귀 길이/얼굴 길이, ⑧ 귓불 길이/얼굴 길이, ⑨ 귓불 길이/귀 길이, ⑭ 코 세로길이/얼굴 길이, ⑯ 코 가로길이/코 세로길이가 길었다. 여기서 ①, ③, ⑤의 경우는 상정, 중정, 하정의 수직길이가 한국인 표준보다 길다는 것이고 ②, ④, ⑥의 경우 상정, 중정, 하정의 수평길이가 한국인 표준보다 길다는 것이다. 즉, 창업자들의 얼굴 크기가 한국인 표준보다 상대적으로 길고 넓다는 것을 의미한다. 『마의상법』의 "얼굴은 길고 네모나야 한다."[41]라는 내용과 부합한다. 그리고 ①, ②의 경우

41   『麻衣相法』「論面」, 『相法雜論』「論面」, 『神相全編』, 「論面」, "面欲長而方."

는 상정의 수직길이와 수평길이가 한국인 표준보다 길다는 것은 이마 부위가 그만큼 넓다는 것을 의미한다. 이는 『신상전편』의 "이마는 네모나고 길어야 귀하다."[42]라는 내용과 "이마가 넓고 얼굴도 넓으면 매우 귀한 사람이 된다."[43]라는 내용과 부합하고 있다.

⑦은 창업자들의 귀 길이가 길다는 것이다. 이는 『마의상법』의 "귀가 길게 솟으면 녹봉을 받는 자리에 오른다."[44]는 내용과 부합한다. ⑧, ⑨는 귓불이 길다는 것이다. 귓불은 재물과 장수 여부를 판단하게 되는데 『마의상법』의 "귓불에 살이 있으면 부유하고 만족한 생활을 하며, 특히 귓불이 제대로 있으면 의식이 넉넉하다. 귓불이 입을 향하여 늘어지면 재물이 있고 장수하는데, 특히 아래로 늘어진 귓불의 살점이 빛나고 다시 입을 향하면 부귀영화와 번성한다. 따라서 두 귀가 어깨까지 늘어진 사람은 귀함을 말로 표현할 수 없다."[45]라는 내용과 부합한다. ⑭는 한국인 표준에 비해 코가 길다는 것이며, ⑮는 양 콧방울 끝간의 거리가 길다는 것이다. 이는 『마의상법』의 "코가 길면 수명이 백년을 지나고, 코끝이 둥글고 살찌면 의식이 풍족하며, 코끝이 둥글고 두꺼우면 부유함이 오래간다. 또한, 코끝이 풍성하게 일어나면 부귀를 비할 수 없다."[46]라는 내용과 부합한다.

반면, 창업자들은 한국 표준얼굴에 비해 ⑩ 눈 세로길이/얼굴 길이, ⑮ 코 가로길이/중정 수평길이는 짧았다. ⑩은 통계적 유의수준에는 벗어났지만, ⑪ 눈 가로길이/중정 수평길이도 짧은 것으로 나타나, 이를 종합하면 표준 얼굴에 비해 눈이 작다는 것을 의미한다. 또한, ⑮는 표준얼굴에 비해 짧지만 ⑯ 코 가로길이/코 세로길이가 표준에 비해 긴 것으로 나타났다. 특히, 대기업창업자의 경우 ⑬ 전택궁 길이/얼굴 길이가 표준얼굴에 비해 긴 특징이 나타났다. 이는 『마의상법』의 "눈썹은 이마 한가운데 있어야 매우 귀하다"[47]라는 내용과 부합하고 있다.

---

42 『神相全編』 卷十 「額部相」, "其廣如覆肝明而澤方而長者貴壽之兆也."

43 『神相全編』 卷十 「額部相」, "額闊面廣貴居人上."

44 『麻衣相法』, 「論耳」, 『神相全編』, 「論耳」, 『許負相法』, "長而聳者祿位."

45 『麻衣相法』, 「論耳」, 『神相全編』, 「論耳」, 『許負相法』, "貼肉者富足耳有垂珠衣食有餘(衣食自足)垂珠朝口者主財壽下有垂珠肉色光更來朝口富榮昌兩耳垂肩貴不可言."

46 『麻衣相法』, 「相鼻」, 『神相全編』, 「相鼻」, "鼻長有壽百年過準頭圓肥足食豐衣准頭圓厚富而長準頭豐起富貴無比."

47 『麻衣相法』, 「論眉」 『神相全篇』, 卷三 「論眉論」, "眉高居額中者大貴."

Ⅴ. 결론 및 시사점

인상학의 주요 관심사는 부유함(富), 수명, 귀함(貴), 명예, 자식, 직업 등이다. 이 중에서도 부(富)와 관련하여 한국의 전통적인 부자들의 얼굴이 어떠한 특성이 있으며, 또한 어떠한 차이점이 있는가를 동양의 인상학적 관점에서 접근해 보았다. 이를 위해 대기업창업자(재벌기업 창업자) 13인을 대상으로 인상학에서 부와 관련한 부위를 중심으로 그 특징을 규명해 보았다. 이를 통해 인상학에서의 부에 대한 기준이 전통적 부자인 재벌기업 창업주 간의 공통점과 차이점을 분석할 수 있기 때문이다. 더 나아가서는 과거와는 다른 현대적 의미에서의 부에 대한 인상학적 기준도 제시할 수 있다.

재벌기업 창업자 13인의 인상학적인 특징을 분석하기 위하여 고전 상법을 긍정적 조건으로 하여 이에 부합되는지를 확인하였다. 그리고 실물이 아니고 사진을 근거로 분석을 하였기 때문에 주관적 요소가 개입될 소지를 최소화하기 위하여 얼굴 부위별로 측정기준을 만들어 객관성을 확보하였다. 재벌기업 창업자의 인상학적인 특징을 분석한 결과 다음과 같은 결론을 얻을 수 있었다.

첫째, 재벌기업 창업자들은 한국의 표준 얼굴에 비하여 공통적인 특징이 나타났다. 얼굴 자체의 크기가 표준형에 비해 상대적으로 넓고 길었다. 특히 이마 부분이 넓다는 특징이 공통적으로 나타나 고전 상법의 판단과 동일하였다. 그리고 귀 길이, 코의 가로길이 및 코의 세로길이가 표준형에 비해 긴 것으로 나타났다. 이는 고전 상법에서 부에 대한 기준으로 '귀가 길고 귓불이 두꺼우면 부유하다', '코끝이 둥글고 두꺼우면 부유하다', '코끝이 풍성하면 부귀하다'는 관점과 동일하였다.

둘째, 재벌기업 창업자들은 대체적으로 귀 길이가 길었고, 귓불이 늘어졌으며, 코의 세로길이가 길고, 전택궁이 넓었다. 이는 고전 인상학 서적의 부의 기준인 귀가 길어야 하며, 귓불이 늘어져야 하고, 코가 길어야 하며, 전택궁이 넓어야 한다는 점에서 재벌창업자가 인상학적 우위에 있었다. 그러나 동양상법에서는 귀 끝이 눈썹보다 높아야 한다는 전제가 있는데, 사례자 전원은 귀 끝이 눈썹 끝보다 낮았다. 이는 고전 상법에서 부에 대한 기준이 현대에 와서는 달라져야 한다는 점을 의미한다.

셋째, 창업주들의 인상에서 한국 평균에 비하여 코와 귀 부위는 우위에 있는 것으로 나타났다. 이는 얼굴 부위에서 코와 귀만 보아도 어느 정도 그 사람의 부를 짐작할 수 있다는 의미로 받아들일 수 있다.

전체적으로 볼 때 대기업 창업자는 고전 인상학의 이론과 부합하는 부분이 비교적 많지만, 고전 인상학이 학문의 영역에서 해석되고 검증되지 못한 까닭에, 이론의 발전이 아직은 이루어지지 않고 있다. 특히 동양상법에서 부귀의 기준이 되는 귀 끝이 눈썹 끝보다 높아야 한다는 점에 사례자 전원이 이에 해당하지 않는데 고전 인상학 이론을 현대에 맞도록 변경시켜야 한다는 과제를 던져주고 있다. 따라서 과거의 전통적인 동양상법이 현대에도 적용 가능한 유의성을 가지기 위해서는 현대에 맞는 인상학 이론의 정립과 이를 위한 다양한 검증이 이루어져야 한다는 점을 시사하고 있다.

〈참고문헌〉

『公篤相法』
『鬼谷子神奇相法全書』
『鬼谷子神奇相法』
『論語』
『麻衣相法』
『麻衣石室賦』
『史記』
『相法雜錄』
『相法雜論』
『荀子』
『神相全篇』
『神相鐵關刀』
『柳莊相法』
『月波洞中記』
『許負相法』
고승희, 『아산 정주영 연구』, 수서원, 1999.
김영태, 『비전을 이루려면Ⅱ』, ㈜LG, 2012.
마의천, 『복 있는 관상은 어떤 얼굴인가』, 도서출판 동반인, 1992.
설혜심, 『서양의 관상학 – 그 긴 그림자』, 한길사, 2015.

이병철, 『호암자전』, 나남, 1986.

고혜원, 「게임산업의 분야별 성장성 및 전략적 시사점」, 『산은 조사 월보』 10월, 산은 경제연구소, 2010.

권용만, 「델파이 및 AHP를 이용한 온라인 게임 기업의 정성적 평가 요소에 관한 연구」, 『한국컴퓨터게임학회 논문집』 제23권 제23호, 한국컴퓨터게임학회, 2010.

설혜심, 「16·17세기 영국 관상학의 사회적 기능과 변천」, 『역사민속학』 제7호, 한국역사민속학회, 1998.

성낙권·천인호, 「인상형태별 영업활동 및 영업성과 간의 실증분석:S-생명을 중심으로」, 『인문사회21』 Vol.20 No.1, 아시아문화학술원, 2018.

최경아·이경원, "성격판단의 실질적 얼굴형태소 분석을 통한 디지털 캐릭터 개발 시스템 개선", Archives of Design Research, 26(1), 한국디자인학회, 2013.

이승수, "일본풍속 목판화인 우키요에(浮世繪)에 그려진 눈의 인상자료의 통계적 판별분석", 『기초과학연구』, 21, 강원대 기초과학연구소, 2010.

조선 사대부의 인상을 논하다

천인호[*]

Ⅰ. 서론

독일 관념철학의 기반을 확립한 것으로 알려진 칸트(Kant)는 인상학을 "사람의 눈에 보이는 형태로부터 그 사람의 성향이나 사유방식을 판단하는 기술로서, 결과적으로 이것은 사람의 외모를 통해 내면을 판단하는 기술"[1]이라고 정의하였다. 즉, 사람의 눈에 보이는 외모를 통해 그 내면적인 마음과 성격을 읽어낼 수 있다고 하였다. 동양의 관상학은 사람의 얼굴 모양과 이목구비 모양과 형태, 신체 전체 및 음성, 행동, 걸음걸이 등을 통해 개인의 길흉화복과 아울러 귀천, 빈부, 가족과 사회적 관계까지 유추하고자 한다.

사람의 외향, 즉 얼굴, 음성, 행동을 보고 그 사람의 내면을 판단하고자 하는 기술은 동ㆍ서양을 막론하고 인간의 역사만큼이나 오래되었다.[2] 사람의 외향을 통해 그 사람을 판단하고자 하는 기술을 관상(觀相)이라고 하는데 얼굴 중심으로 판단하기 때문에 면상(面相)이라고도 하며, 사람의 전체를 보고 판단한다는 의미에서는 인상(人相)이라고도 한다.

이 글의 대상은 조선 초상화이다. 조선 초상화의 기본적인 이해는 전신사조(傳神寫

---

[*] 동양문화융합학회 회장, 동방문화대학원대학교 교수

[1] 신용철, 「지각의 방식으로서 관상술」, 『철학논총』 27, 새한철학회, 2002, 141쪽.

[2] 서양 인상학의 역사와 발전에 대해서는 설혜심, 『서양의 관상학: 그 긴 그림자』, 한길사, 2002., 동양 인상학의 역사와 발전에 대해서는 주선희, 「동ㆍ서양 인상학연구의 비교와 인상관리에 대한 사회학적 고찰」, 경희대 대학원 박사논문, 2004. 참조.

照)이다. "전신이란 그 대상 속에 숨겨진 신, 즉 정신을 그리는 것이며, 사조란 작가가 관조한 대상의 형상을 묘사하는 것으로서 결국 형상을 통해서 정신을 전(專)해내는 것을 의미한다."[3] 따라서 전신사조란 개인의 외양과 외모를 그리는 데 그치지 않고 내면적인 성격, 인품, 교양 등 이른바 정신세계를 담아야 한다는 것을 의미한다.

이에 따라 초상화의 주인은 자신의 초상화를 보며 자기 성찰의 기회로[4] 후손들은 제의(祭儀)를 위한 영정으로[5] 소중하게 다루었던 것이다. 조선 초상화의 기본 사상은 "고인의 초상화에서 털 하나라도 똑같지 아니하면 다른 사람"[6]이라는 것이다. 따라서 장애부분은 물론 천연두 자국과 얼굴의 점과 털까지도 사실적으로 묘사하였다. 이러한 조선 초상화의 사실성에 대해 이성낙은 "불변의 제작기법에 의해 조선 초상화의 화질에 큰 부침이 없었다. 즉, 조선 초상화의 질이 시대를 불문하고 비교적 균일성을 유지하고 있었다."[7]고 하였다.

특히, 조선 초상화는 기본적으로 인상학과 연관되어 있다. 전선미는 조선 초상화의 보편적 근거자료로서 동양전래의 골상법(骨相法)에 대한 인식과 대상인물의 신분에 대한 인식이라 보았다. 즉, 대상인물 자체의 피부밑에 감추어진 본질적 골상(骨相)과 이목구비(耳目口鼻)의 제시 화법, 오악(五岳)사상에 근거한 화법, 피부자체의 보편적인 주름(肉理紋)을 사출(寫出)하고자 한 화법 등 화법의 저변에는 동양전래의 골상학(인상학)이 주요한 참고자료가 되었다고 하였다.[8]

현재 인상학과 관련한 연구는 동양은 물론 서양에서도 활발하게 진행되고 있다. 서양의 경우 철학적 연구를 바탕으로 사회학적 연구까지 영역이 확대되고 있으며,[9] 동양

---

3 진선미, 「한국초상화에 대한 화론적 접근」, 「미학」 7, 한국미학회, 1981, 8쪽.

4 강관식, 「조선시대 초상화의 도상과 심상」, 「미술사학」 15, 한국미술사교육학회, 2001, 7–55쪽.

5 김건희, 「조선시대 사대부 초상화에 내재된 유교정신에 관한 연구」, 「동양예술」 24, 한국동양예술학회, 2014, 31–52쪽.

6 「承政院日記」, 영조 8년 5월 16일, "古人之畫像, 一毫不似, 便是別人."

7 이성낙, 「조선시대 초상화에 나타난 피부 병변 연구」, 명지대 대학원 박사학위논문, 2014, 26쪽.

8 진선미, 「한국초상화에 대한 화론적 접근」, 「미학」 7, 한국미학회, 1981, 13–14쪽.

9 J.Graham, Lavater's Physiognomy in England, *Journal of the History of Ideas* 22(4), University of Pennsylvania Press, 1961, pp.561–572. Caroline F. Keating, Gender and the Physiognomy of Dominance and Attractiveness, *Social Psychology Quarterly* 48(1), American Sociological Association, 1985, pp.61–70., John Martin Fischer, Neal A. Tognazzini, The Physiognomy of Responsibility, *Philosophy and Phenomenological Research* 82(2), 2011, pp.381–417., R.Twine, Physiognomy, Phrenology and the Temporality of the Body, *Body & Society* 8(1), 2002, pp.67–

의 경우 일본학자들의 연구가 활성화되고 있다.[10] 또한 한국에서도 철학, 심리학, 경영학, 한의학과 관련한 연구들이 다수 진행되고 있다.

이 글은 사람의 외모를 사실주의적으로 충실하게 반영하고 정신까지도 담아내고 있다는 평가를 받고 있는 조선초상화에 나타난 각 인물에 대한 인상학적 평가와 아울러 그 특징을 규명하고자 한다. 그리고 이를 통해 조선 사대부의 공통적인 특징을 인상학 이론과 대비하여 비교하고 나아가 현대의 인상학 연구 결과를 토대로 고전 인상학의 현실 적용 타당성과 이론 수정의 가능성까지 논의하고자 한다.

본 연구에서의 인상평가는 3가지의 전제가 있다. 첫째, '전신사조'로 평가받고 있는 초상화가 해당 인물을 정확하게 묘사하고 있을 것이라고 가정한다. 둘째, 해당 인물의 정치적·역사적 평가와 인상학의 길흉화복과 귀천, 빈부 등의 술수적인 문제는 제외하고 해당인물의 인상만으로 판단하고자 한다. 셋째, 인상 판단의 객관성을 위해 본 연구에서 제시된 인상학 이론만으로 한정하여 인상학에 대한 기본 지식이 없어도 식별 가능한 부분에 대해서만 논의함으로써 인상평가의 객관성을 도모하고자 한다.

Ⅱ. 인상학으로 본 조선 사대부의 인상 평가

본 연구의 조사 대상 초상화로서는 첫째, 조선 사대부 초상화 중 국보, 보물 및 시도지정문화재로 선정된 초상화를 선정하였다. 둘째, 문화재급으로 선정된 것이 아니더라도 해당인물의 실물임이 분명하고 윤곽이 뚜렷하여 인상 감평이 가능한 국공립 박물관 등에 소장 중인 것을 대상으로 총 60인을 대상으로 하였다. 해당 인물의 초상화는 부록의 그림과 같다.

68., Roy Porter, Making Faces: Physiognomy and Fashion in Eighteenth-Century England. *Etudes Anglaises* 38(4), 1985, pp.385–389., E. Re, Daniel & Nicholas O. Rule, Appearance and physiognomy. *APA Handbook of Nonverbal Communication*, American Psychological Association, 2016, pp.221–256.

10　石田三千雄,「ラヴァーター觀相学の構想とその問題点」,「人間社会文化研究」18, 德島大学總合科学部, 2010, 97–112쪽., 大河內明子,「ゲーテの観相学について」,「人文論叢」15, 三重大学, 1998, 33–45쪽.

1. 오형인

오형상론이란 사람의 얼굴을 다섯 가지(五行)로 구분하여 신체적 특징과 성격 등에 대해 논의한 것이다. "목형은 마르고 금형은 모나고, 수형은 비만하고, 토형은 거북의 등과 같이 두꺼우며, 위가 뾰족하고 아래가 넓으면 화형이다."[11] 이상의 오형 중 목, 화, 금, 수형은 고전 상법의 설명으로 충분하게 그 모습을 유추할 수 있다. 그러나 토형의 경우는 명확한 모습을 유추하기 어렵다. 『相理衡眞』에서는 십자면법(十字面法)을 소개하면서 "위가 뾰족하고 아래가 넓으면 화형의 바른 것이니, 由자가 아닌가? 아래가 뾰족하고 위가 넓으면 목형의 바른 것이니. 甲자가 아닌가? 둥글고 살찜은 수형의 바른 것이니, 圓자가 아닌가? 모나고 두툼하면 토형이 바른 것이고, 모나고 두툼하고 길이가 길면 금형이 바른 것이니 田자, 同자가 아닌가?라고 하였다.

이를 통해 유추하면 목형은 역삼각형, 화형은 삼각형, 토형은 사각형, 금형은 직사각형, 수형은 원형으로 비유할 수 있다. 그런데 현대 연구에서는 토형을 마름모형으로 지정하는 경우[12]가 대부분으로 이를 반영하여 토형은 사각형과 마름모형으로 상정하고자 한다. 따라서 오행의 얼굴 모양은 〈그림 10-1〉과 같이 제시할 수 있다.

구분	목	화	토		금	수
시각화	 ▼	▲	◆	◆	■	●
설명	역삼각형	삼각형	사각형	마름모형	직사각형	원형

그림 10-1. 오행의 모양과 시각화

---

11   『麻衣相法』,「五行形」, "木瘦金方水主肥, 土形敦厚背如龜, 上尖下濶名爲火."

12   김동욱,「관상학과 오행사상에 근거한 디즈니메이션 여성캐릭터의 성격분석」,『디지털디자인연구』 5, 한국디지털디자인학회, 2003, 6쪽., 정석호 · 이완복 · 경병표 · 유석호 · 이동열,「관상학에 근거한 캐릭터 커스터마이징 시스템」,『한국게임학회 논문지』, 10(6), 한국게임학회, 2010, 7쪽.

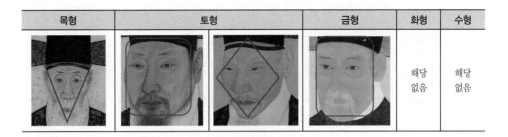

목형	토형		금형	화형	수형
				해당 없음	해당 없음

그림 10-2. 오행형의 판단방법
출처: 부록의 실제 초상화를 대상으로 하였음

오형인 중 어디에 속하는가의 여부는 양 이마에서 턱까지의 길이에 대해 앞서 5가지 도형을 적용하여 판단하였다. 〈그림 10-2〉와 같이 목형의 판단기준은 양 이마에서 턱 양쪽까지 선을 그어 삼각형의 형태가 되는 경우이며, 토형의 판단기준은 양 이마에서 턱 양쪽까지 선을 그어 사각형과 마름모꼴이 되는 경우이다. 금형의 판단기준은 양 이마에서 턱 양쪽까지 선을 그어 직사각형이 되는 경우이다. 화형과 토형은 사례 중 발견하지 못하였다.

2. 귀

귀는 인상학에서 소년기의 운세와 재물, 장수의 여부를 주로 보게 된다. 귀의 긍정적인 조건은 귀의 윗끝이 눈썹보다 1촌~2촌 정도 높아야 하며 또한 귀의 안바퀴(耳郭)와 바깥바퀴(耳輪)가 분명해야 한다.[13] 그리고 귀는 두껍고 단단하고 두툼하게 솟고 귓불은 아래로 늘어져 입을 향해야 한다. 또한 정면에서 보았을 때 귀가 완전하게 드러나 보이지 않아야 한다.[14] 귀의 부정적 조건은 귓불이 거의 없는 화살귀와 귀의 윗부분이 뾰족한 경우[15] 그리고 뒤가 엷고 앞으로 돌출되거나 거꾸로 뒤집어져 윤곽이 없는 경우이

---

13 『神相鐵關刀』,「相耳秘訣」, "耳高眉齊", 및 『麻衣相法』,「論耳」, "高眉二寸, 永不踐貧困, 耳高輪廓, 亦主安樂." 『神相全編』 및 『許負相法』, "高如眉一寸, 永不貧困, 耳高輪廓, 亦主安樂."

14 『麻衣相法』,「論耳」, "厚而堅, 聳而長, 皆壽相也, 垂珠, 朝口者, 主財壽, 前看不見貴而榮."

15 『麻衣相法』,「論耳」, "耳門如箭, 家貧無衣, 上尖狼耳心多殺, 下尖無色亦無良." 『神相全編』 및 『許負相法』, "耳門容著, 家貧易去, 上尖狼耳心多殺, 下尖無色亦無良."

다.[16]

귀는 귀끝이 눈썹보다 높아야 한다는 고전 상법에서의 설명에서 눈썹이 어느 부위인지 명확하게 표현하지 않았다. 즉, 귀 윗끝이 눈썹의 끝부분보다 높아야 하는 것인지, 또는 귀 윗끝이 눈썹의 가장 높은 부분(眉山)보다 높아야 하는지에 대한 명확한 설명이 없다. 따라서 이 2가지를 모두 판단하고자 하였다. 〈그림 10-3〉의 (a)는 귀끝이 눈썹보다 높은 사례, (b)의 귀끝과 눈썹산, 귀끝과 눈썹꼬리의 높이를 비교한 것이다. (c)는 정면에서 보았을 때 귀가 보이지 않아야 한다는 표준사례이다. 그리고 (d)는 귓불이 약한 사례이며, (e)는 귓불이 두툼하고 늘어진 사례이며, (f)는 내곽과 외륜의 표준적 사례이며 이와 비교한 것이 (h)와 (i)이다.

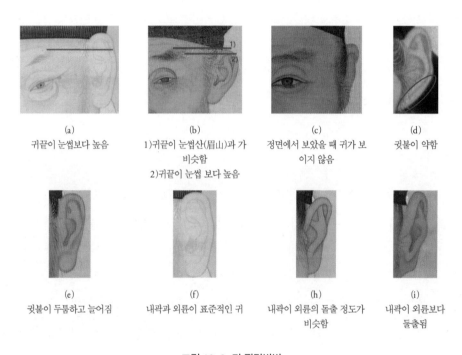

(a)
귀끝이 눈썹보다 높음

(b)
1)귀끝이 눈썹산(眉山)과 가
비슷함
2)귀끝이 눈썹 보다 높음

(c)
정면에서 보았을 때 귀가 보
이지 않음

(d)
귓불이 약함

(e)
귓불이 두툼하고 늘어짐

(f)
내곽과 외륜이 표준적인 귀

(h)
내곽이 외륜의 돌출 정도가
비슷함

(i)
내곽이 외륜보다
돌출됨

그림 10-3. 귀 판단방법

---

16 『神相全編』및『許負相法』, "耳薄向前, 賣盡田園, 反而偏側, 居無屋宅, 耳反無輪, 祖業如塵, 耳反無輪最不堪.",『麻衣相法』「論耳」, "耳薄向前, 賣盡田園, 反而偏側, 居無屋宅, 耳反無輪, 祖業如塵, 耳反無輪最不良",

3. 눈썹

눈썹은 오관(五官)에서 보수관(保壽官)이라 하여 수명과 관련된 것으로, 12궁위에서는 형제궁(兄弟宮)이라 하며 수명과 귀함 및 형제간의 우애를 주로 보게 된다. 눈썹의 긍정적 조건은 눈썹의 모양은 초승달 모양이어야 하고, 넓고 길어 양쪽 눈썹이 살쩍(귀밑털)까지 이어지고, 눈썹의 머리와 꼬리가 풍성해야 한다.[17] 그리고 눈썹이 이마 한가운데 있으면 크게 귀하며, 눈썹길이는 눈보다 길어야 한다.[18] 눈썹의 부정적 조건으로는 눈썹이 흩어지고 혼란한 경우와 눈썹이 거꾸로 난 경우이다.[19] 또한 눈썹과 눈의 간격이 너무 좁거나, 눈썹털이 아래로 내려간 모양이거나, 양 눈썹이 이어지거나, 눈썹 가운데 결함이 있는 것이다.[20]

눈썹이 이마 한가운데 있어야 한다는 것은 눈과 눈썹 사이 즉 눈꺼풀의 간격이 커야 한다는 것을 의미한다. 인상학에서는 이 부위를 전택궁(田宅宮)이라고 하여 전답과 주택에 대해 영향력이 있다고 보고 있다.

〈그림 10-4〉의 (a)는 눈과 눈썹 사이가 좁은 사례, (b)는 눈과 눈썹 사이가 넓은 사례를 비교하기 위한 것이다. 이에 따라 (c)는 눈과 눈썹사이가 넓은, 고전상법에서는 '눈썹이 이마 한가운데 있는' 사례이다. (d)와 (e)는 눈썹 털이 거의 없는 사례와 눈썹털이 풍성한 사례를 비교하기 위한 것이다. (f)와 (g)는 눈썹과 눈의 길이를 비교한 것으로, 눈의 양쪽 끝에서 눈썹으로 수직선을 그어 비교한 것이다. (h), (i)와 (j)는 눈썹 끝이 내려간 것과 올라간 것을 비교하기 위해 눈썹 머리에서 눈썹꼬리까지 수평선을 그어 눈썹 끝이 위에 있는 경우와 아래에 있는 경우를 비교한 것이다. (k)는 눈썹꼬리가 2가닥으로 갈라진 결함이 있는 사례이다.

---

17 『鬼谷子神奇相法』, 「五官說」 및 『麻衣相法』, 「五官總論」, "或如懸犀新月之樣, 魚尾豐盈.", 『柳莊相法』, 「五官說」, "眉須要寬廣淸長, 雙分入鬢, 或是弦之新月, 首尾豐盈."

18 『神相全篇』, 「論眉論」 및 『麻衣相法』, 「論眉」, "眉高居額中者, 大貴, 眉長過目 忠直有祿."

19 『相理衡眞』, 「兄弟宮」, "眉毛散亂, 錢財不聚. 眉毛逆生, 兄仇弟害."

20 『神相全篇』, 「論眉」 및 『麻衣相法』, 「論眉」, "短不覆眼者乏財, 尾垂眼者性懦, 眉頭交者貧薄, 妨兄弟, 眉逆生者不良, 妨妻子, 眉中有缺者多奸詐."

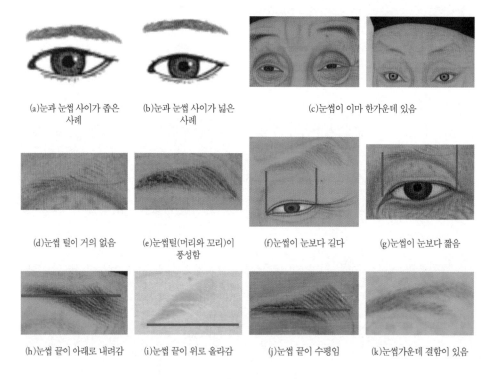

(a)눈과 눈썹 사이가 좁은 사례　　(b)눈과 눈썹 사이가 넓은 사례　　(c)눈썹이 이마 한가운데 있음

(d)눈썹 털이 거의 없음　　(e)눈썹털(머리와 꼬리)이 풍성함　　(f)눈썹이 눈보다 길다　　(g)눈썹이 눈보다 짧음

(h)눈썹 끝이 아래로 내려감　　(i)눈썹 끝이 위로 올라감　　(j)눈썹 끝이 수평임　　(k)눈썹가운데 결함이 있음

그림 10-4. 눈썹의 판단 방법

4. 눈

눈은 오관(五官)에서 감찰관(監察官)이라고 하며, 12궁위에서는 전택궁이라고도 한다. 눈의 긍정적 조건은 흑백이 분명하고 눈빛이 분명해야 한다.[21] 또한 눈은 가늘고 길어야 한다. 가늘지만 길지 않은 사람은 조금 아름다운 것이고 길지만 가늘지 않은 것은 나쁜 것이다.”[22]고 하여 '가늘다'는 것이 '길다'는 것에 우선하고 있다. 눈의 부정적 조건은 눈빛이 뜨고 눈동자가 튀어나오거나 사납게 흘겨보아서는 안된다.[23] 또한 적색의 실핏줄이 눈동자를 침범하지 않아야 하며,[24] 양 눈의 크기가 달라서는 안되며 두 눈의

21　『麻衣相法』,「五官總論」, "眼爲監察官, 黑白分明, 神藏不露."

22　『神相全篇』,「相目論」, "細而長, 細而不長, 小巧之人, 長而不細, 則惡矣."

23　『神相全篇』,「相目論」 및 『麻衣相法』,「論目」, "浮而露睛者, 夭死. 大而凸圓而怒者, 促壽. 凸暴流視者, 婬盜. 既然而偏怒者, 不正之人."

24　『神相全篇』,「相目論」 및 『麻衣相法』,「論目」, "赤縷貫睛者, 惡死."

크기가 다른 짝눈이어서는 안 된다.[25]

흑백이 분명하고 눈빛이 분명해야 한다는 것에서 눈빛은 초상화로 판단하기 어려워 제외하고 눈동자의 흑백이 분명한 것, 눈이 가늘고 긴 것을 대상으로 하였다.

흑백의 판단은 눈의 흰자위의 백색과 동자의 흑색을 기준으로 판단하였는데 〈그림 10-5〉의 (a)는 흑백이 분명한 사례이다. '눈이 가늘고 길다'에서 가늘다는 것은 눈의 수직길이를 의미하고, 길다는 것은 수평길이를 의미하는데 이에 대한 고전 인상서에서의 정확한 정의가 없다. 그런데 고전상법에서는 '가늘고 길다' 중에서 '가늘다'는 것에 더 의미를 두고 있다. 따라서 (b)는 가늘고 긴 사례인데, 길지는 않지만 가는 눈은 길한 것으로 판단하였다. 눈꼬리가 올라갔는지의 여부는 (c) 및 (d)와 같이 눈머리에서 눈꼬리로 수평선을 그어 그 이상일 경우를 눈꼬리가 올라간 경우로, 수평선 이하일 경우 눈꼬리가 내려간 것으로 판단하였다.

  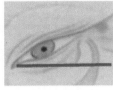 

(a)눈동자의 흑백이 분명함　　(b)눈이 가늘고 길다　　(c)눈꼬리가 올라감　　(d)눈꼬리가 평행함

그림 10-5. 눈의 판단방법

5. 입

입은 오관(五官)에서 출납관(出納官), 사독(四瀆)에서는 회독(淮瀆)이라 하며 재물과 녹봉, 의식 등을 주관한다. 입의 긍정적 조건으로서는 먼저 입은 네모나고 넓고 입술은 바르고 두꺼워 사자(四字) 모양이어야 한다.[26] 반면 부정적 조건으로서는 입이 작고 약하고 불을 불 듯이 뾰족하고 비대칭적이고 입술이 얇은 것을 꺼린다.[27] 특히 입술 끝이

25　『神相鐵關刀』, 「相眼秘訣」, "眼紅筋纏繞, 定是剛愎之流. 一大一小, 主為懼內之男."

26　『神相全編』, 「相口」 및 『麻衣相法』, 「相口」, "方闊有稜者, 主壽貴, 橫闊而厚者, 福富, 正而不偏, 厚而不薄者, 衣食, 如四字, 富足."

27　『神相鐵關刀』, 「相口秘訣」, "小則為弱, 晚運必貧.", 『神相全編』, 「相口」, "尖而反, 偏而薄, 貧賤.", 『麻衣相法』, 「相

활모양으로 위로 올라간 것은 길하나 아래로 치우친 것은 흉하다고 보며, 또한 입술이 비뚤어진 것도 꺼리며 이빨이 보이지 않아야 한다.[28]

입은 〈그림 10-6〉의 (a)와 같이 입술이 직사각형 내에 충분히 들어가고 윗입술과 아랫입술 모두 두툼한 경우로서 네모나고 넓고 두꺼운 것이다. 입술 끝이 올라가거나 내려간 판단은 윗입술의 끝에서 수평선을 그어 입술 양쪽이 이 선 위에 있는 경우로 (b)와 (c)는 입끝이 올라간 것이며, (d)와 같을 경우 입끝이 평행한 것으로 판단하였다.

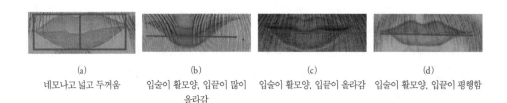

(a)	(b)	(c)	(d)
네모나고 넓고 두꺼움	입술이 활모양, 입끝이 많이 올라감	입술이 활모양, 입끝이 올라감	입술이 활모양, 입끝이 평행함

그림 10-6. 입의 판단 방법

6. 코

코는 오악(五嶽)에서는 중악(中嶽), 오관(五官)에서는 심변관(審辨官)이라 하며, 12 궁위에서는 재백궁(財帛宮)이라 한다. 주로 장수, 재물, 부귀 등을 보게 된다. 코의 긍정적 조건은 먼저 코끝이 둥글고 콧대는 쓸개를 매단 듯 대나무를 쪼갠 듯 단정하고 반듯해야 한다.[29] 그리고 좌우 콧방울인 난대와 정위 2부가 서로 상응해야 한다.[30] 반면 코의 부정적 조건은 코끝이 뾰족하거나 약하거나 콧구멍이 노출되거나 콧대가 늘어진 매부리코는 좋지 않다.[31] 특히 콧구멍이 위로 들려 완전히 보이는 모양이면 가난하게 된다고 한다.[32]

口」, "尖而反, 偏而薄者, 寒賤."

28 『神相全編』, 「相口」 및 『麻衣相法』, 「相口」, "形如角弓者, 主官祿, 口如角弓, 位至三公, 口宜不落不當門牙."

29 『麻衣相法』, 「相鼻」, "隆高有梁者, 主壽, 若懸膽而直截筒者, 富貴, 準頭豐起, 富貴無比.", 『鬼谷子神奇相法全書』, 「二財帛」, 『神相全編』, 「二財帛」, "鼻乃財星, 位居土宿, 截筒縣膽, 千倉萬箱, 聳直豐隆, 一生財旺富貴, 中正不偏, 須知永遠滔滔"

30 『麻衣相法』, 「相鼻」, "又得蘭臺廷尉, 二部相應, 富貴之人."

31 『麻衣相法』, 「相鼻」, "準頭尖薄, 孤貧削弱, 孔仰露出, 夭折寒索, 鼻孔出外, 誹謗凶害, 鼻如鷹嘴, 取人腦髓."

32 『鬼谷子神奇相法全書』, 「二財帛」, 『神相全編』, 「二財帛」 및 『麻衣相法』, 「財帛宮」, "莫敎孔仰, 主無隔宿之糧, 厨竈若

코끝이 둥글다는 것은 코끝의 살이 뭉쳐져 둥근 모양을 하고 있는 것이며, 콧대가 반 듯하다는 것은 콧대가 일직선으로 내려오면서 좌우로 틀어지거나 위아래로 굴곡되는 부위가 없다는 것이다. 콧방울이 상응한다는 것은 좌우의 콧방울이 위치나 크기가 대 칭적이라는 의미이다. 이와 같이 코끝이 둥글고 콧대가 반듯하고 콧방울이 상응하고 좌우가 대칭적인 사례는 〈그림 10-7〉의 (a)와 같다. 콧대에 마디가 있다는 것은 (b)와 같이 콧대의 일부에 뼈가 돌출되어 마치 콧대가 굴곡져 있다는 것을 의미한다. 그리고 매부리코는 (c)와 같이 코끝이 늘어져 인중이 가려질 정도를 의미한다.

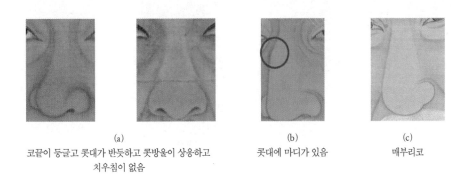

(a)	(b)	(c)
코끝이 둥글고 콧대가 반듯하고 콧방울이 상응하고 치우침이 없음	콧대에 마디가 있음	매부리코

그림 10-7. 코의 판단 방법

7. 인중

인중은 코와 입 사이의 오목한 부위로 장수와 자녀의 수와 관련된다. 인중의 긍정적 조건은 인중은 길고 깊고 넓고 곧아야 하는데 인중의 위는 좁고 아래로 갈수록 넓어지 는 것이 좋은 것으로 판단한다.[33] 반면 인중의 부정적 조건은 인중이 가늘고 좁고 짧은 경우와 인중에 굴곡이 없이 평평한 경우, 위가 넓고 아래가 좁은 경우, 위아래 모두 좁 은 경우, 인중이 얇고 짧은 경우, 바늘같이 가는 경우 좋지 않다.[34]고 한다.

空, 必是家無所積."

33 『神相全編』, 「人中論」 및 『麻衣相法』, 「相人中」, "夫人中之長短, 可定壽命之長短, 上狹下廣者, 多子孫, 上下直而深 者, 子息滿堂, 深而長者, 長壽."

34 『神相全編』, 「人中論」 및 『麻衣相法』, 「相人中」, "其或細而狹者, 衣食逼迫, 滿而平者, 迍遭災滯. 上廣下狹者, 少兒 息, 上下俱狹而中心闊者, 子息疾苦而難成. 淺而短者, 夭亡. 蹇而縮者, 夭賤. 細如懸針者, 絕子貧寒."

인중은 코 아래 인중의 시작과 입술 위 인중의 끝까지의 굴곡된 것을 선으로 표시하여 비교하였다. 〈그림 10-8〉의 (a)는 인중의 위가 좁고 아래로 갈수록 넓어지는 것이고 (b)는 위가 넓고 아래로 갈수록 좁아지는 것이다. 그리고 (c)는 인중 자체가 가늘고 좁은 것이다.

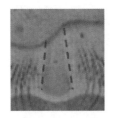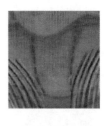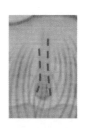

(a)위가 좁고 아래가 넓음　　　　　(b)위가 넓고 아래가 좁음　　　(c)가늘고 좁음

그림 10-8. 인중의 판단방법

8. 법령

법령(法令)은 콧구멍 옆의 긴 주름이며 또한 생명을 잇는 띠(壽帶)라고 한다.[35] 또한 "법령은 입 옆에 있으며 두 개의 콧방울을 따라 나오니 법에서 금지하는 것을 아는 것이니 이름하였다."[36] 즉, 법령은 어린 시절에서 생기지 않다가 성인이 되어 법을 아는 나이가 되면 생기는 것이기 때문에 이름하였다는 것이다.

법령의 긍정적 조건은 깊고 길어야 하며, 턱까지 길게 이어져야 한다.[37] 반면 부정적 조건은 법령이 희미하거나 직선이거나 추하거나 턱과 조응하지 못한 경우는 좋지 않다.[38] 특히 법령에서 가장 꺼리는 것은 법령의 주름이 양쪽 입 끝으로 들어가는 경우이다.[39]

35　『公篤相法』,「部位證明法」, "法令爲井灶側之長紋, 又名壽帶."
36　『神相鐵關刀』, "法令在准旁, 從諫台廷尉位出者, 有如法制禁令焉, 故名之."
37　『人倫大統賦』, "法令深者嚴肅, 法令乃鼻之左右紋也, 若其紋理深長者, 爲人敦重嚴肅, 又有遐齡之壽.",「太淸神鑑」, 一篇,「說歌」, "法令入頤, 一生富貴, 紋入承漿, 壽限高强."
38　『神相鐵關刀』, "法令直冷醜位是, 地閣不朝頤又尖."
39　『太淸神鑑』, 一篇,「說歌」, "紋理入口, 餓死不久, 令紋傍口, 財帛難守."

콧구멍 옆에서 입과 턱으로 이어진 법령의 경우 그 깊이는 초상화로서 알 수 어렵기 때문에 길이로 판단하였다. 〈그림 10-9〉의 (a)는 법령이 길어 입 끝을 지나 턱부위로 들어가는 것이고 (b)는 법령이 입술 끝 부분에 닿지 않은 짧은 것이며, (c)는 법령의 선 자체가 희미한 것이다.

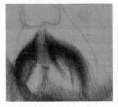  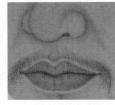 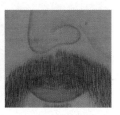

(a)법령이 길고 턱으로 들어감   (b)법령이 짧음   (c)법령이 희미함

Ⅲ. 고전 인상학이론과 비교한 조선 사대부들의 관상

1. 오형인

연구 사례자 60인을 오형인으로 분류한 결과 〈그림 10-1〉에서 금형에 해당하는 분은 〈부록〉의 사례초상화와 같이 (5), (12), (36), (43), (51), (54) 등 6인이며, 토형은 (26), (29), (35), (38)등 4인이었다. 목형에 해당하는 인물은 50인으로 대다수를 차지하였다. 즉 사례 60인 중 목형이 50인에 해당하는 비중이었다.

『마의상법』에서 목형은 "위엄있는 모습에 마르고 뼈가 드러나며, 의젓하고 당당한 모습에 마르고 길며, 빼어난 기운이 눈썹과 눈에 있으면 모름지기 만년에 빛난다는 것을 알아야 한다."[40]고 하였고, 『신상철관도』에는 "목형은 행동이 기상이 있고 몸이 단정하다. 귀는 백색이고 입술은 홍색이며 또 이마는 높으면 이것이 목형의 부귀한 사람이다. 양 눈은 신이 있고 흑백이 분명해야 한다"[41]고 하였다. 대체적으로 목형은 선비의 전형적인 상으로서 위엄과 의젓, 당당, 단정 등으로 표현되는데 이러한 목형이 사대부의 얼

---

40   「麻衣相法」,「五形象說], "詩曰, 稜稜形瘦骨, 凜凜更脩長, 秀氣生眉眼, 須知晚景光."

41   「神相鐵關刀」,「五行歌訣」, "行動飄逸身仍定, 耳白唇紅又高額, 便是木形富貴人, 兩眼有神分黑白."

굴에서 가장 많이 발견되었다.

2. 귀

귀끝이 눈썹보다 높은 사례에서 (10), (30) 2인은 귀부분이 보이지 않아 판단이 불가능하여 제외하였다. 2인을 제외하고 총 58인 중 귀끝이 눈썹보다 높은 사례는 44인이다. 구체적으로 나누어 볼 때, 귀와 눈썹산(眉山)의 높이를 비교하여, 귀끝이 눈썹산보다 낮은 사례는 (21), (25), (28), (40) 등 4인이었다. 그리고 귀끝과 미산(眉山)의 높이가 비슷한 사례는 (11), (19), (20), (32), (36), (37), (41), (46), (52), (53) 등 10인이었다. 또한 귀와 눈썹끝(尾末)의 높이를 비교할 때, 귀끝이 눈썹끝보다 낮은 사례는 없었다. 즉, 총 58인 중 58인 모두 귀끝이 눈썹 끝보다 높았다.

귓불이 두툼하고 늘어져야 한다는 점에 대해 정면 초상화의 경우 판단이 불가능하므로 정면 초상화 5인을 제외하고 55인을 대상으로 하였다. 이 중 45인이 귓불이 두툼하고 늘어진 사례였다. 귓불이 약한 사례는 (8), (26) 등 2인이었고, 귓불이 약하지도 늘어지지도 않은 중간 사례는 (4), (9), (27), (31), (43), (46), (51), (55) 등 8인이었다. 정면에서 보았을 때 귀가 보이지 않아야 한다는 것은 정면 초상화에서만 인식이 가능하다. 정면 초상화 5인 모두 돌출귀는 아니고 귀가 얼굴에 붙어 있는 모양이었다.

귀가 뒤집힌 것은 정면 초상화에서는 인식이 불가능하여 5인을 제외하고 55인 중 내곽(귀 안바퀴)과 외륜(귀 바깥바퀴)의 볼록한 정도가 비슷한 사례로서 (9), (15), (16), (22), (27), (38) 등 7인이었다. 그리고 내곽이 외륜보다 더 볼록한 경우는 (7), (18), (29), (35), (43), (54), (55) 등 7인이었다. 외륜이 내곽이 감싸는 표준적인 귀의 사례는 총 55인 중 41인이었다. 그리고 귀와 관련한 부정적 조건인 귓불이 없는 화살귀와 귀 윗부분이 뾰족한 사례는 발견되지 않았다.

3. 눈썹

눈썹이 초승달 모양으로 가늘고 긴 경우는 발견하지 못하였다. 눈썹이 이마 한 가운데 있는 것은 눈썹이 그만큼 높아야 한다는 것을 의미한다. 이는 구체적으로는 눈썹과 눈의 간격이 길어야 한다는 것을 의미하는데 사례자 전원이 눈과 눈썹과의 간격이 긴 편에 속하였다.

눈썹 머리와 꼬리가 풍성하여야 한다는 것은 빠진 눈썹 없거나 눈썹에 부족함이 없어야 한다는 점을 의미하는데, 60인 중 48인이 눈썹이 풍성하다는 판단을 할 수 있었다. 눈썹이 지나치게 엷거나 눈썹 털이 부족한 경우는 (5), (9), (14), (16), (23), (24), (26), (27), (34), (35), (40), (54) 등 12인이었다.

눈썹이 눈보다 길어야 한다는 점에 대해서 60인 중 39인이 눈썹의 길이가 눈보다 길었으며, 눈과 눈썹 길이가 동일한 것을 포함할 경우 60인 중 57인이 긍정적 판단을 할 수 있었다. 사례자 중 눈썹이 눈보다 짧은 경우는 (23), (24), (26) 등 3인이었고, 눈썹과 눈의 길이가 거의 동일한 경우는 (1), (4), (5), (6), (11), (13), (16), (27), (29), (31), (33), (34), (35), (40), (41), (43), (56), (60) 등 18인이었다.

눈썹 머리와 눈썹 꼬리의 관계에서 60인 중 55인이 눈썹머리와 끝이 평형하거나 눈썹 끝이 올라간 모양이었다. 눈썹꼬리가 내려간 사례는 (10), (15), (18), (20), (39)등 5인이었고, 눈썹머리와 꼬리가 수평인 사례는 (1), (5), (6), (12), (13), (22), (24), (25), (31), (32), (33), (38), (40), (41), (43), (44), (48), (51), (52), (54), (58), (59) 등 22인이었으며, 눈썹 끝이 올라간 사례는 33인이었다.

눈썹 가운데 결함이 있는 경우는 (37), (40), (43), (46) 등 4인으로 60인 중 56인은 결함이 없는 형태였다. 특히 눈썹에서 부정적인 조건인 눈썹이 흩어지고 혼란하거나 거친 사례와 눈썹이 거꾸로 난 것 교가미(交加眉)인 사례는 없었다.

그러나 사례자들의 눈썹에서 특정한 형태의 눈썹이 공통적으로 나타나고 있다.

첫째, 눈썹머리는 좁지만 중간이 넓어지면서 끝이 모이는 형태이다. 즉 눈썹 중간에 올라간 부분인 산(山)이 있어, 마치 칼과 같은 모양의 눈썹이다. 이를 인상학에서는 검미(劍眉)라고 한다. 검미는 눈썹이 많고 짙은 특징이 있다.

사례 중 〈그림 10-10〉의 (a), (b)와 같이 검미 또는 검미와 유사하게 판단할 수 있는 경우는 (1), (3), (7), (8), (11), (13), (15), (16), (18), (20), (22), (32), (38), (40), (42), (43), (48), (49), (50), (52), (56), (58), (59) 등 23인이다.

둘째, 눈썹 머리는 가늘지만 끝으로 갈수록 넓어지면서 눈썹털이 적어지는 것을 전청후소미(前淸後疎眉)라고 한다. 사례 중 〈그림 10-10〉의 (c), (d)와 같이 전청후소미 또는 전청후소미와 유사하게 판단할 수 있는 경우는 (2), (12), (14), (21), (24), (27), (28), (29), (30), (31), (33), (34), (36), (40), (45), (47), (53), (54), (55), (60)등 20인 이다. 따라서 60인 중 43인이 검미 또는 전청후소미로 판단할 수 있었다.

"검미(칼모양 눈썹)는 부귀하여 위엄과 권세가 있다. 눈썹이 산림과 같이 빼어나고 길면 위엄과 권세와 지혜가 있어 군왕을 보좌한다. 비록 가난해도 머지않아 맑고 귀해지며 자손들도 번창하고 장수하고 또한 건강하다. 전청후소미는 앞 눈썹은 맑지만 눈썹꼬리가 흩어진 것인데 흩어진 가운데 맑으면 이른 나이에 공을 세워 이름을 떨치고 재물은 보통이다. 중년과 말년에 명예와 이익을 얻고 등용되어 명성이 드높아져 가문을 빛낸다."[42]고 하였다. 즉, 검미는 권세, 전청후소미는 명예와 관련된다.

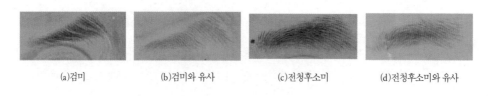

(a)검미   (b)검미와 유사   (c)전청후소미   (d)전청후소미와 유사

그림 10-10. 검미와 전청후소미

4. 눈

사례 중 초상화의 눈 부분이 선명하지 않아 판단이 불가능한 사례는 (4), (6), (17) 등 3인이며 (56)은 사시(斜視)인 까닭에 역시 판단이 불가능하였다.

따라서 4인을 제외하고 56인 모두 흑백이 분명하다는 판단을 할 수 있다. 특히 〈그림 10-11〉과 같이 흑백이 분명한 동시에 검은자위에 황색이 빛나고 있는 사례는 (1), (13), (16), (26), (27), (28), (35), (39), (41), (50), (57), (59), (60) 등 13인이다. 고전 상법에서는 눈동자가 완전 황색이면 흉한 것으로 판단[43]하지만 "눈빛이 번개와 같으면

---

42 『神相全編』 卷三 「論眉論」 및 『麻衣相法』, 『麻衣相法』, 「論眉」, "劍眉富貴, 主威權, 眉若山林秀且長, 威權智識輔君王. 縱貧不日成淸貴, 孫子行行壽且康. 前淸後疎眉, 富少貴睦. 眉淸尾散散中淸, 早歲功名財帛平. 中歲末年名利, 收成顯擢耀門庭."

43 『神相鐵關刀』, 「相眼秘訣」, "眼內通黃, 病主生痰痰生濕."

귀함을 말로 할 수 없다. 눈색이 황색으로 순탄하면 자애롭고 충성스럽고 선량하다."[44]
고 하였다.

그림 10-11. 검은자위에 황색이 빛나는 눈
출처: 부록의 실제 초상화를 대상으로 하였음

그리고 눈은 가늘고 길어야 한다는 점에 대해서는 60인 중 59인은 가늘고 길다는 조건을 충족하는 것으로 판단하였다. 즉, (10)은 가늘어야 하는 조건은 충족하나 길어야 한다는 조건은 충족하지 못하였다. 그러나 인상학에서는 '가늘다'는 조건이 '길다'는 조건을 우선하고 있어 전체 사례가 모두 길한 눈으로 판단할 수 있다.

눈꼬리의 형태에 대해 눈꼬리가 올라간 사례는 (3), (4), (7), (8), (11), (12), (15), (16), (19), (20), (24), (26), (27), (29), (30), (31), (32), (34), (35), (37), (42) (43), (44), (45), (46), (49), (51), (52), (53), (55) 등 30인이었고 평행인 경우가 30인으로 눈꼬리가 내려간 사례는 없었다.

그리고 눈의 부정적인 조건인 눈이 크거나 튀어나오거나 흘겨보는 것, 적색의 실핏줄이 눈동자를 침범한 것, 양 눈의 크기가 다른 것의 사례는 없었다.

5. 입

입은 네모나고 넓고 두꺼워야 하는데 사례 중 수염 등으로 인해 판단이 불가능한 것은 (19)이었고, 네모나고 넓고 두껍다고 판단할 수 없는 사람은 (28), (44), (60) 등 3인이었다. 따라서 판단 불가능 한 3인을 제외한 57인 중 56인이 입이 네모나고 넓고 두껍다는 조건을 충족시켰다.

입끝이 활모양으로 위로 올라가야 한다는 점에 대해 입끝이 내려간 사례는 없었으며,

---

44 『許負相法』, 篇第一, 「相目」, "目光如電, 貴不可言. 目色通黃, 慈憫忠良."

다만 입끝과 평행으로 볼 수 있는 사례로서는 (3), (13), (14), (24), (25), (53) 등 6인이었고 입끝이 올라간 사례는 56인이었다. 따라서 사례자 전원이 입의 긍정적 조건을 충족시켰다. 또한 이빨이 보이는 사례 및 입이 작고 뾰족하거나 얇거나 비대칭적인 부정적 사례는 없었다.

6. 코

코끝이 둥글고 콧대가 단정하고 반듯하여야 하고 대나무를 쪼갠 듯, 쓸개를 매단 듯해야 하며, 단정하고 치우침이 없어야 하는데 콧대 가운데 마디가 있는 경우로 (40), (57) 등 2인이며, 콧끝이 늘어진 소위 '매부리코'는 (19), (34) 등 2인이었다. 따라서 60인 중 56인은 코에 대해 긍정적 평가를 할 수 있다. 그러나 마디가 있는 2인이나 코끝이 늘어진 2인도 해당 부위 이외에는 코끝과 콧방울이 풍성하고 둥글며, 치우침이 없다는 점에서는 길한 코로 해석할 수 있다. 또한 코끝이 뾰족하고 얇거나, 콧구멍이 노출된 사례는 없었다.

7. 인중

인중은 사례 대상자 중 인중 부분이 선명하지 않거나 콧수염으로 인해 판단이 불가능한 사례를 제외하고 판단 가능한 인물로서는 23인이었다. 이 중 인중이 길지만 위가 넓고 아래가 좁은 사례는 (51) 1인이었고, 인중이 길지만 가늘고 좁은 사례는 (4) 1인이었다. 또한 인중이 가늘지만 긴 사례는 (4), (12), (19), (45), (60) 등 5인이었다. 그리고 인중의 위가 좁고 아래가 넓은 사례는 (2), (3), (5), (8), (11), (13), (14), (15), (16), (28), (31), (33), (35), (41), (48), (54) 등 16인이었다.

따라서 인중의 조건이 위가 좁고 아래가 넓어야 한다는 조건에서는 23인 중 16인이 해당하였고, 인중에 인상학적인 문제가 있다고 해도 인중이 길어야 한다는 조건은 대부분 충족하였다.

8. 법령

수염 등으로 인해 법령 판단이 불가능한 사례는 (9), (13), (17), (20), (21), (23), (38), (41), (50), (57), (58), (59) 등 12인이었다. 법령이 짧거나 희미한 사례는 (15), (16), (25), (28), (35), (42), (44), (49) 등 8인이었다. 따라서 48인 중 40인은 법령이 길고 또한 아랫입술 밑으로 향하고 있었다. 법령의 부정적 조건인 직선이거나 추한 사례와 법령이 입 옆과 접하는 사례는 없었다.

IV. 현대적 시사점

이상의 초상화에 대한 인상학적 판단과 특징은 현대의 인상학 연구와 동일하거나 차이나는 부분이 있다.

첫째, 초상화의 오형별 분류는 목형이 대부분이었다. 김수동의 연구[45]에서는 얼굴 유형을 11가지로 분류하였는데 총 619명 중 오행이 서로 혼합된 것을 제외하고 목형에 해당하는 유형은 역삼각형(4.4%), 육각형(19%)으로 총 23.5%였고, 화형에 해당하는 유형은 삼각형으로 1.1%, 토형에 해당하는 유형은 사각형으로 4.8%, 금형에 해당하는 유형 직사각형(8.4%), 장형(7.3%)으로 총 15.7%, 수형에 해당하는 유형 원형으로 12.3%의 비중이었다. 따라서 목형(23.5%) 〉 금형(15.7%) 〉 수형(12.3%) 〉 토형(4.8%) 〉 화형(1.1%)의 순서로 초상화의 오행형의 비율 목형(83.3%) 〉 금형(10.0%) 〉 토형(6.7%)의 순서와 비슷하였다. 다만 현대인의 경우 수형의 비율이 높은 것으로 나타난 특징이 있다.

둘째, 귀와 관련한 현대 의학적 연구에서도 귀가 길면 장수한다는 근거를 제시하고 있다. 즉, 박의우 등은 턱밑에서 눈썹까지를 얼굴로 보아 얼굴 길이에 대한 귀의 길이를 비율로 나타낸 수치를 이개장-안면장 지수로 하여 239구의 변사체를 측정한 결과 이개장-안면장 지수와 수명 사이의 유의한 상관성을 밝혀내었다. 즉 이 지수가 높을수록

---

45   김수동·이성응. 「얼굴유형 및 특징별 승용차 구매패턴 연구」, 『한국산업경영시스템학회지』 22(50), 한국산업경영시스템학회, 1999, 327쪽.

수명이 길었다는 것이다.[46] 또한 귀는 나이가 들면서 더욱 늘어지는 경향을 보인다. 귀는 키와 다르게 나이가 들수록 늘어지는데 이는 중력의 효과가 크다. 즉, 인종을 가리지 않고 연간 평균 0.2밀리미터씩 귀가 길어진다는 것이다.[47] 이러한 현대적 연구는 고전 상법에서 귓불이 늘어진 것을 장수와 관련이 있다는 것을 어느 정도 증명하는 것이라 볼 수 있다.

셋째, 눈썹의 경우 상법에서는 다양한 조건을 제시하고 있으나, 현대연구에서 박미경 등은 인상학적으로 좋게 보이기 위한 방법으로 눈썹을 얼굴형에 맞추어 메이크업하면 얼굴의 단점은 보완되고 인상을 좋게 한다고 하였다[48]고 하여 현대에 있어서는 눈썹은 화장이나 문신 등으로 변화를 줄 수 있어 인상을 좋게 하는 방법으로의 타당성을 인정받을 수 있다는 것이다. 따라서 고전상법에서 흉하다고 판단하는 눈썹의 경우 현대적인 의미에서는 화장이나 성형을 통해 어느 정도 해결될 수 있음을 알 수 있다.

넷째, 눈에 있어 조경덕은 총 122명을 표본으로 31개의 항목과 얼굴의 물리적 특성과의 관련성을 '사회적 바람직성', '활동성' 및 '지성'의 3요인과의 상관성을 검토하였다. 그 결과 눈과 눈썹의 거리와 '지성'의 상관관계가 높았으며 눈의 가로길이는 '사회적 바람직성', '지성'과 높은 상관관계에 있다. 그리고 눈의 크기는 '사회적 바람직성', '활동성' 및 '지성'과 모두 상관관계가 높았다.[49]

강선희 등은 눈꼬리가 올라간 것은 주변의 방해나 유혹에 지는 일 없이 성의를 가지고 매사에 임하며 신념과 행동력으로 자신이 정해놓은 목적을 이루어낸다고 보고 있으며 눈꼬리가 평행일 경우 온후하고 사고방식이 성실하다[50]고 보고 있다. 초상화에 나타난 사대부의 모습은 대부분 눈꼬리가 올라가거나 평행인 경우였다.

그리고 큰 눈보다는 작은 눈의 소유자가 일반적으로 좋다는 고전 상법과는 다른 관점

46 박의우·조갑래·김윤신·박성환·김대철·김광훈·권일훈, 「법의부검 사체에서 이개장의 법의학적 검토」, 『대한법의학회지』 30(1), 대한법의학회, 2006, 51-54쪽.

47 오마이뉴스, 2014. 12. 30일자.

48 박미경·김민경, 「눈썹 형태에 따른 얼굴 이미지 변화에 관한 연구 -인상학을 중심으로-」, 『김천과학대학논문집』, 김천과학대학, 2004, 141-149쪽

49 조경덕, 앞의 논문, 196쪽.

50 강선희, 김효동, 이경원, 「동양 관상학을 적용한 성격별 얼굴 설계 시스템에 관한 연구」, 한국HCI학회 학술대회, 한국HCI학회, 2008, 1202쪽.

도 있다. 즉, 오근재에 의하면 큰 눈은 명랑, 사회성, 명석, 감수성, 정력, 다정(多情), 경솔, 허풍, 유혹의 키워드라면 작은 눈은 의지, 인내, 이기적, 편협, 완고, 재능의 키워드를 가진다는 것이다.[51] 따라서 과거와 같은 신분제 사회에는 작은 눈이 더 선호되었다면 현재와 같은 복잡다단한 사회에서는 사회적 활동력 등을 고려할 때 큰 눈이 더 선호되고 있다고 본 것이다.

이는 결국 고전 상법에서 눈썹은 이마 가운데 있어야 한다는 점과 '긴 눈'에 대한 기준은 현대에도 유용하다고 볼 수 있다. 그러나 고전 상법에서 길하지 못한 것으로 판단하는 '큰 눈'이 현대 연구에서는 사회적 활동력을 보장할 수 있는 것으로 나타났다. 이는 과거와는 다른 현대의 사회·문화적 속성을 반영한 것으로 평가할 수 있으며, 고전 상법의 수정을 요구하는 것이라 할 수 있다.

다섯째, 입에 대해 강선희 등은 큰 입은 큰일도 쉽게 밀고 나가는 실천력과 포용하는 도량이 있다고 보고 있으며, 작은 입은 작을 일까지 소홀히 여기지 않고 반복적인 일에 적성이 맞으며 내성적이라고 보고 있다.[52] 따라서 고전 상법에서는 부정적으로 판단하였던 '작은 입'에 대해 긍정적인 판단을 하고 있다.

여섯째, 인중에 대해 김봉현 등은 인중의 길이로 사람의 성향을 판단하고자 하였다. 연구 결과 인중 비율은 0.14~0.16, 0.17~0.18, 0.19~2.0 및 0.21~0.23의 4대 개체군으로 분류되었는데 0.14~0.16에서는 성실성과 친화성이, 0.17~0.18에서는 신경성이, 0.19~2.0에서는 외향성이, 0.21~0.23에서는 개방성이 특징적으로 나타났다고 하였다.[53] 즉, 인중이 길수록 외향성과 개방성이, 인중이 짧을수록 성실성과 친화성이 특징적이라고 하였다.

따라서 고전 상법에서 인중이 길어야 한다는 점에 대해 짧은 인중도 성격상의 장점이 나타나고 있어 고전 상법의 수정을 요구하는 것으로 볼 수 있다.

---

51 오근재, 「영상기호로서의 눈(眼)의 표정에 관한 연구—관상학적 담론에 근거한 얼굴형과 구조를 중심으로—」, Archives of Design Research, 12(1), 1999, 7쪽.

52 강선희, 김효동, 이경원. 앞의 논문, 1203쪽.

53 김봉현·강인수·배정수·가민경·조동욱, 「인중 길이 및 비율 추출에 따른 성향 분석 방법」, 「한국정보처리학회 춘계학술발표대회 논문집」 17(1), 한국정보처리학회, 2010, 500–501쪽. 및 김봉현·조동욱, 「면접 시스템 적용을 위한 5대 성격 유형과 얼굴 특징간의 상관관계 분석 연구」, 한국통신학회논문지, 36(2), 한국통신학회, 2011, 174쪽.

V. 결론

본 연구는 국보 및 보물 또는 지방문화재급으로 지정된 조선시대 사대부들의 초상화 60본을 근거로 동양의 전통 상법(相法)인 인상학적 평가와 특징을 규명하기 위한 것이다.

조선 초상화는 '한 터럭의 털뿐만 아니라 정신세계까지도 그려내는' 사실주의적 묘사로 정평이 나았다. 따라서 조선 초상화를 통해 사대부들의 인상학적 특징을 규명하는 것은 고전 인상학 이론이 조선 사대부 얼굴의 특징을 규명할 수 있는가의 문제뿐만 아니라 현재에도 인상학 이론이 유용한가에 대한 의문에 대한 해답을 해 줄 수 있을 것이라고 기대할 수 있기 때문이다.

인상학의 이론이 매우 다양하고 복잡하기 때문에 본 연구에서 조선 초상화를 통해 인식할 수 있는 인상이론을 오형인과 아울러 인상 각론으로서 귀, 눈썹, 눈, 코, 입, 인중, 법령에 한정하였다.

연구결과는 얼굴을 오형(五形)으로 분류할 때 83%가 목형(木形)에 해당하였다. 목형은 정신적 세계를 추구하는 경향을 보이고 있으며, 선비나 학자의 모습과 가장 잘 어울리는 형태로 보고 있다.

귀에 있어서는 모두 귀끝이 눈썹꼬리보다 높았으며, 귓불이 두툼하고 늘어진 비율은 82%가 해당하였다. 부정적 조건인 귀가 뒤집힌 사례, 귀 상부가 뾰족한 사례는 없었다.

눈썹의 경우 길한 눈썹으로 분류할 수 있는 비율이 72%였고 모두 눈썹이 이마 한 가운데 있었으며, 눈썹의 머리와 꼬리가 풍성해야 한다는 조건에 충족하는 비율은 80%, 눈썹이 눈 길이보다 긴 비율은 65%, 눈썹에 결함이 없는 비율은 93%에 해당하였다.

눈의 경우 모두 흑백이 분명하였고, 검은자위에 황색의 빛이 나는 경우도 23%에 달하였으며, 눈동자가 가늘고 길어야 한다는 조건에는 98%가 해당하였다.

입은 네모나고 넓고 두꺼운 비율이 95%, 모두 입 끝이 최소 수평이거나 끝이 올라간 모양이였고, 부정적인 조건인 입술 끝이 내려간 사례는 없었다.

코의 경우 단정하고 균형된다는 조건에 합치하는 비율이 93%에 해당하였으며, 전체적으로 코의 부정적인 조건에 해당하는 사례는 없었다.

인중의 경우 위가 좁고 아래가 넓어지는 비율이 67%에 해당하였고, 인중에 대한 부정적인 조건에 해당하는 경우는 없었다.

법령의 경우 길고 아랫입술을 향하는 비율이 85%에 달하였고, 부정적 조건이 법령이 양 입술로 들어가는 사례는 없었다.

이상을 종합할 때 조선 초상화의 사대부들은 대부분 인상학에서 길한 모습으로 판단할 수 있었다. 이는 고전 인상학에서의 각 부위에 대한 평가기준에서 조선 사대부들은 대부분 긍정적으로 평가할 수 있음을 의미하였다.

인상학의 이론이 인간의 오랜 경험에 따라 축적되고 관찰하고 평가하는 경험과학적 영역이라면 이러한 경험이 하나의 법칙으로 통용될 수 있음을 조선 초상화의 인물들을 통해 알 수 있다는 점은 본 연구의 중요한 결과라고 할 수 있을 것이다.

중국에서의 인상학의 이론은 한나라 대부터 청나라까지 전해져 오면서 나름대로의 적용과정을 거쳤기는 하였다. 그러나 과거의 농경사회, 가부장적 신분사회에서 적용되었던 인상학의 이론을 현대에도 그대로 적용하기는 어렵다. 특히 인상학이론에서는 주된 관심사가 출세, 장수, 자녀, 부귀영화의 추구가 중요한 요소로 작용하였다. 그러나 현대에 와서는 직업의 다양화, 개성과 자아의 추구, 부귀영화에 대한 전통과는 다른 가치관의 추구 등으로 고전상법을 그대로 현대인에게 적용하기는 곤란한 실정이다.

이에 따라 현대의 인상학 연구에서는 과거 부정적으로 보았던 기준이 현대에 와서는 긍정적으로 평가할 수 있는 다양하고 새로운 기준이 제시되고 있다. 이 중에는 과거 인상학 이론이 현대에도 그대로 적용할 수 있는 표준도 있는 반면, 과거에는 부정적으로 판단하였던 것이 현대에는 긍정적으로 판단하는 경우도 있다.

따라서 인상학의 다양한 이론은 시대와 문화에 따라 그 기준이 달라질 수 있음을 알 수 있다. 특히 고전 상법을 기준으로 하되 현대에도 적용할 수 있는 분야는 발전시키고, 현대의 기준과 상반되는 것은 오히려 현대 사회와 문화에 맞도록 새롭게 수정하고 발전시키는 것이 하나의 과제가 되어야 함을 알 수 있다.

⟨부록⟩ 사례 초상화

(1)강세황   (2)강이오   (3)구사맹   (4)구택규   (5)권협   (6)김시습   (7)김유

(8)김이안   (9)김장생   (10)남구만   (11)남유용   (12)남이웅   (13)박문수   (14)박유명

(15)서매수   (16)서직수   (17)성수옹   (18)송시열   (19)심득경   (20)심환지   (21)심희수

(22)안윤행   (23)오재순   (24)유숙   (25)유순정   (26)유언호   (27)유한준   (28)유홍

(29)윤급   (30)윤두서   (31)윤두수   (32)윤봉구   (33)윤증삼   (34)윤증   (35)윤집

(36)윤효전   (37)윤휴   (38)이광사   (39)이귀   (40)이덕성   (41)이산해   (42)이서구

(43)이성원   (44)이성윤   (45)이시방   (46)이시백   (47)이원익   (48)이인상   (49)이인엽

(50)이채　(51)임방　(52)임연　(53)임장　(54)정경순　(55)조흥진　(56)채제공

(57)허목　(58)홍가신　(59)홍낙성　(60)홍상한

〈참고문헌〉

『鬼谷子神奇相法』

『公篤相法』

『承政院日記』

『麻衣相法』

『相理衡眞』

『神相全編』

『神相鐵關刀』

『人倫大統賦』

『柳莊相法』

『太淸神鑑』

『許負相法』

강관식, 「조선시대 초상화의 圖像과 心像」, 『미술사학』 15, 한국미술사교육학회, 2001.

강선희 · 김효동 · 이경원, 「동양 관상학을 적용한 성격별 얼굴 설계 시스템에 관한 연구」, 한국HCI학회 학술대회, 한국HCI학회, 2008.

강선희 · 이윤진 · 이경원, 「성격요인과 얼굴외형의 상관분석을 통한 얼굴 시각화 시스템개발」, 『디자인학연구』, 24(3), 한국디자인학회, 2011.

김건희, 「조선시대 사대부 초상화에 내재된 유교정신에 관한 연구」, 『동양예술』 24, 한국동양예술학회, 2014.

김동욱, 「관상학과 오행사상에 근거한 디즈니메이션 여성캐릭터의 성격분석」, 『디지털디자인연구』 5, 한국디지털디자인학회, 2003.

김봉현 · 강인수 · 배정수 · 가민경 · 조동욱, 「인중 길이 및 비율 추출에 따른 성향 분석 방법」, 『한국정보처리학회 춘계학술발표대회 논문집』 17(1), 한국정보처리학회, 2010.

김봉현 · 조동욱, 「면접 시스템 적용을 위한 5대 성격 유형과 얼굴 특징간의 상관관계 분석 연구」, 한국통신학회논문지, 36(2), 한국통신학회, 2011.

김수동, 「얼굴유형별 승용차 구매 선호색채」, 『산업경영시스템학회지』 24(62), 한국산업경영시스템학회, 2011.

김수동 · 이성웅, 「얼굴유형 및 특성별 승용자 구매패턴 연구」, 『한국산업경영시스템학회지』 22(50), 한국산업경영시스템학회, 1999.

박미경 · 김민경, 「눈썹 형태에 따른 얼굴 이미지 변화에 관한 연구 – 인상학을 중심으로– 」, 『김천과학대학논문집』, 김천과학대학, 2004.

박의우 · 조갑래 · 김윤신 · 박성환 · 김대철 · 김광훈 · 권일훈, 「법의부검 사체에서 이개장의 법의학적 검토」, 『대한법의학회지』 30(1), 대한법의학회, 2006.

설혜심, 『서양의 관상학: 그 긴 그림자』, 한길사, 2002.

신용철, 「지각의 방식으로서 관상술」, 『철학논총』 27, 새한철학회, 2002.

이성낙, 『조선시대 초상화에 나타난 피부 병변 연구』, 명지대 대학원 박사학위논문, 2014.

오근재, 「영상기호로서의 눈(眼)의 표정에 관한 연구– 관상학적 담론에 근거한 얼굴형과 구조를 중심으로– 」, Archives of Design Research, 12(1), 1999.

정석호 · 이완복 · 경병표 · 유석호 · 이동열, 「관상학에 근거한 캐릭터 커스터마이징 시스템」, 『한국게임학회 논문지』, 10(6), 한국게임학회, 2010.

조경덕, 「얼굴의 물리적 특성과 성격인상」, 『감성과학』 7(2), 한국감성과학회, 2001.

주선희, 『동 · 서양 인상학연구의 비교와 인상관리에 대한 사회학적 고찰』, 경희대 대학원 박사논문, 2004.

주선희, 「영추 · 오색에 대한 상학적 고찰」, 『한국의사학회지』 26(1), 한국의사학회, 2013.

진선미, 「한국초상화에 대한 畫論的 접근」, 『미학』 7, 한국미학회, 1981.

大河内明子, 「ゲーテの観相学について」, 『人文論叢』 15, 三重大学, 1998.

石田三千雄, 「ラヴァーター観相学の構想とその問題点」, 『人間社会文化研究』 18, 德島大学總合科学部, 2010.

Caroline F., Keating, Gender and the Physiognomy of Dominance and Attractiveness, *Social Psychology Quarterly* 48(1), American Sociological Association, 1985.

Daniel E. Re, & Nicholas O. Rule, Appearance and physiognomy. *APA Handbook of Nonverbal Communication,* American Psychological Association, 2016.

Fischer, John Martin., Neal A. Tognazzini, The Physiognomy of Responsibility, *Philosophy and Phenomenological Research* 82(2), 2011.

Graham, J., Lavater's Physiohnomy in England, *Journal of the History of Ideas* 22(4), University of Pennsylvania Press, 1961.

Porter, Roy., Making Faces: Physiognomy and Fashion in Eighteenth-Century England. *Etudes Anglaises* 38(4), 1985.

Twine, R., Physiognomy, Phrenology and the Temporality of the Body, *Body & Society* 8(1), 2002.

오마이뉴스, 2014. 12. 30일자

제2부

동양학의 미래를
설계하다

파동으로 풍수명당을 찾는다

이출재[*]

I. 들어가는 글

동아시아에서 풍수는 오랜 기간 축적된 경험과학의 산물로서 경험과학적 인식체계와 기감응적 인식체계로 구분하기도 한다.[1] 또한, 감여(堪輿), 지리(地理) 또는 지술(地術)이라고도 한다. '감여'는 하늘과 땅이 만물을 잘 지탱하여 싣고 있는 것으로 땅과 인간과의 관계를 근본적 발생 관계에서 관찰한 것이다. '지리'는 산과 물의 지세, 지형 및 그 동정(動靜)이란 뜻을 학리적으로 설명한 것이고, '지술'은 지상(地相)을 점치는 법으로 피흉(避凶)ㆍ구복(求福)이라고 하는 술법에 중심을 두어 주거지를 점정하거나, 장묘지를 상점하는 상점법(相占法)이다.

따라서 풍수란 택지나 단지의 지세와 방향 등에 따라 사람의 길흉화복 부합 여부가 있다고 믿는 고대로부터 지금까지 내려오는 일종의 문화현상으로 추길피흉적 술수이고 광범위한 유전적 민속이며, 환경과 인간 간의 학문이고 나아가 이론과 실천의 종합체이다.[2] 일본에서도 풍수는 가상(家相)과 묘상(墓相)을 통합한 사상체계이고 환경평

* 동양문화융합학회 상임이사, 동양철학박사, AsiaEcoEng 원장

1 최창조, 『생태계 위기와 한국의 환경문제』, 도서출판 따님, 1993, pp.137-138: 홍건영ㆍ정창원, 「대만 「風水」 문화연구의 회고와 전망」, 『역사민속학』 51, 역사민속학회, 2016, pp.231-257.

2 『辭海』, "風水, 也叫堪輿."旧中国的一种迷信. 认为住宅基地或坟地周围的风向水流等形势, 能招致住者或葬者一家的祸福. 也指相宅, 相墓之法: 指宅地或坟地的地势, 方向等. 旧时迷信, 据以附会人事吉凶祸福: 王玉德,『神秘的風水』"风水是从古代沿袭至今的一种文化现象, 一种择吉避凶的术数, 一种广泛流传的民俗, 一种有关环境与人的学问, 一种理论与实践的综合体: 广西人民出版社, 2004, pp.2-3.: 『准南子』, 「天文訓」, "太陰所居辰爲厭曰 厭日不可以擧百事 堪輿徐行 雄以音知雌."

가로서의 지상, 도시계획으로서의 입지론, 산수화의 미학, 정원의 조경법, 집안의 가구 배치나 사람의 자는 법까지도 설명할 수 있는 동태적 이론으로 여기고 있다. 그리고 생기라는 신비로운 힘이 있는 곳을 탐색하고, 생기를 저장할 수 있는 조형 공간을 구축하려는 일련의 판단과 플랜이며, 영복제재(迎福除灾;추길피흉의 일본식 용어)하고자 하는 한족 종교 관념의 구체적 사례로 보고 있다.[3]

이와 같이 풍수는 우리들 삶의 시·공간 속에 자연스럽게 스며있음에도, 신비스럽고 비과학적이며 종교적이라는 이유로 미신이나 민간신앙 정도로 치부되고 술수학이라고 매도되어 왔다.[4] 또한 중국의 경우에도 여러 왕조를 거치며 공자, 왕충, 려재, 이녹원 등 수많은 이들의 신랄한 비평이 풍수에 가해졌다.[5]

그러나 이러한 문제점들은 풍수가 상지기술학(相地技術學) 관점과 땅의 신비성이라는 인식론적 자연관을 반영하고 있는 것으로, 합리성과 과학성을 부여함으로써 극복할 수 있는 과제이기도 하다. "역(易)은 천지에 준하는 까닭에 능히 천지의 도를 두루 조율하므로, 우러러 천문을 살피고, 구부려 지리를 살핀다. 이에 어둠과 밝음의 원인을 알므로 천문을 지상에 투영한 것이 풍수지리"[6]라 하였다. 이렇듯 동양의 풍수사상은 하늘과 자연계의 변화를 기술하는 객관적 접근과, 땅의 형상을 인식하여 형이상학적으로 추론하는 인식적 접근의 두 축으로 성립한다고 할 수 있다. 특히 천지인 삼재(三才)가 상호 통일된 원리에 의하여 이룩하는 천지인 합일사상으로서의 풍수적 이상의 땅[명당]은 음양론의 지극점(地極点)으로서 산태극(山太極)·수태극(水太極)의 도(道)를 이룬 이상적인 장소인 공간적 혈장지역(穴場地域)이다. 또, 이러한 곳에 살고 있는 사람들이 이상적으로 구현해 내는 삶의 궁극점이 덕과 무위수정(無爲守靜)과 성(誠)으로 나타난

3   渡邊欣雄, 이화 역,「동아시아 풍수사상」, ㈜이학사, 2010, pp.6-27.

4   이기백,「한국 풍수지리설의 기원」,「한국사 시민강좌」14, 1994, p.4: 박정해,「풍수발복론의 역사적 전개와 한계성 비판」,「한국사상과 문화」84, 2016, pp.437-463: 이종항,「풍수지리설의 성행의 원인과 그것이 우리 민족성에 미친 악영향에 관한 일 고찰」,「경북대논문집」5, 1962, pp.483-504: 최원석,「전통적 지리관의 의미와 교훈」,「국토」418, 국토연구원, 2016, pp.11-15: 박수진·최원석·이도원,「풍수사신사의 지형 발달사적 해석」,「문화역사지리」26(3), 한국문화역사지리학회, 2014, p.3.

5   하효흔 저, 태극풍수지리연구회 이윤석 역,「중국풍수사」, 논형, 2014, pp.289-327.

6   「周易」,「繫辭」上, "易與天地準 故能彌綸天地之道 仰以觀於天文 俯以察於地理 是故知幽明之故."

다.[7] 그러므로 이런 바탕 공간에 인간이 천지와 더불어 하나의 극이 되어 삼재로서 중정(中正)하고 반길(反吉)의 마음 수행으로 천지와의 조화를 이루고자 노력하는 인식적 접근은 심리적 혈장지역이라고 할 수 있다.[8] 따라서 풍수의 진면목은 "신비주의적 직관과 과학적 분석 사이의 역동적인 상호작용"[9]이 되어야 할 것이고, "오늘날의 학문분야를 초월한 동양사상에 대한 총체적인 연구로 폭넓은 접근이 되어야 할 것이다."[10]

한편 지금까지 풍수명당에 대한 고전의 설명이 기감(氣感)이라는 추상적인 개념으로만 되어 있어 그 실체를 확인하기가 어려웠고, 또 최근의 학술논문들 역시 내용을 단순 답습하거나 주관적·경험적으로 재현되지 않는 일방적 논리를 제시함으로써 객관성을 확보하기가 미흡하였다. 그러나 일부 학자들에 의하여 풍수의 근원과 현상들을 과학적으로 규명하려는 다양하고 긍정적인 접근노력들이 시도되고 있는 것은 바람직한 현상이라 할 수 있다.

특히, 조기호는 X-에너지, 즉 일정한 형태의 생체물리학적 인체감응반응(BPE: biophysical effects)의 유도 실체가 유발하는 지하의 미지에너지라는 명칭을 사용하여 다음과 같은 사항들을 확인하였다.

> X-에너지맥은 통로와 결절지가 반복되는 구조를 형성하며, 일반적으로 지형의 능선을 따라 위치한다. 결절지는 원형의 형태를 지니고 결절지의 반경은 주변 지형의 형국에 좌우되며, 진입 능선 규모가 클수록 크다. 통로에서는 고지형에서 저지형으로 X-에너지가 흐르고 결절지에서는 멈추어 발산된다. 그리고 X-에너지 맥에서 지정한 다른 지점으로 인위적인 X-에너지의 유도전이(誘導轉移)가 가능하다. 동기감응설도 지기를 중요시하는 양택과 음택이 동일한 X-에너지맥상에 위치할 때 자연스럽게 논의될 수 있을 것으로 추측하나 추가 연구가 필요하다.[11]

---

7 『周易』, 「繫辭」上, "一陰一陽之謂道.": 繼之者善也, 成之者性也." "富有之謂大業, 日新之謂成德": 『黃帝內經素問』, 「陰陽應象大論」, "黃帝曰陰陽者天地之道也".

8 최정준, 「여헌(旅軒) 장현광(張顯光) 역학사상의 철학적 탐구」, 성균관대학교대학원 동양철학과 박사학위논문, 2006.

9 프리초프 카프라 저, 김용정·이성범 역, 『현대물리학과 동양사상』, 범양사, 1975, p.386.

10 渡邊欣雄, 이화 역, 『동아시아 풍수사상』, ㈜이학사, 2010, p.14.

11 조기호, 「X-에너지의 특성 및 지기맥과의 관계」, 『한국정신과학학회지』 2(2), 한국정신과학학회, 1998. 12, pp.63~71: 조기호, 「X-에너지의 전파 특성과 지기 및 수맥파와의 관계 고찰」, 『한국정신과학회 학술대회논문집』 9, 한국정신과학학회, 1998. 10, pp.182~196: 조기호, 「X-에너지의 유도 전이 가능성에 관한 고찰」, 『한국정신과학학회지』 4(2), 한국

그리고, 지기에 대한 실체적 접근을 위하여 지자기장과 전자기장을 측정, 특정 지질 구조의 상태를 규명하려 한 연구결과들은 지기의 파동성에 대한 시도였다고 할 수 있다.[12] 즉, 양자역학적 이론을 배경으로 한 지자기 생물학과 생물지구 물리학적 파동의 공명현상과 자기유도 현상을 건축생물학적으로 해석한 것이다.

또한, 가나이, 다나카, 오카모토 및 다케무라 등에 의하여 연구되어 온, 상시미동(常時微動)에 따른 지질공학적 특징은 측정대상 지반 구조의 종류에 따라 독특한 진동 특성을 나타내어 지하구조와 상당한 관련성이 있는 것으로 알려져 왔다.[13] 최근 아디브 등은 집중지역 프렉탈 모델을 사용한 상시미동 분석을 통하여 부지효과를 분류하기도 하였다.[14] 김성균도 대상 지반의 상시미동을 통하여 지하구조를 예측하고 지반의 종류를 판정하며 구조물의 동적특성 등에 대하여 상세히 연구하였다.[15] 따라서, 상시미동은 지하구조의 해석 및 지반 누적층의 평가, 구조물의 동적특성 평가, 특정지역 지반의 지진동 응답 스펙트럼 추정에 의한 강진동 예측 등에 적용되고 있다.

지구는 처음 형성될 때 지구 내부 에너지의 파동적 전파 특성과 우주적 에너지의 결합에 의하여 산맥의 초기 형태가 형성되었고, 그 후 수차례의 지각변동과 우주적 에너지의 평형에 의하여 현재와 같은 산맥들이 이루어진 것이다. 따라서 산맥 즉 용의 형상은 3차원 무한탄성체내 파동 입자의 운동 궤적인 지반 파동방정식의 표현물이라 할 수

정신과학학회, 2000. 12, pp.49-55.

12 한종구, 「주거의 지자기장 평가와 주공간계획 연구」, 연세대학교대학원 건축공학과 박사학위논문, 2001, pp.173-190: 한종구 · 장동민, 「주공간에서 지자기장의 중요성과 그 영향」, 『한국주거학회논문집』 14(6), 한국주거학회, 2003. 12, pp.79-86: 김종섭, 「氣개념 해석을 통한 生家터의 明堂 分析」, 대구한의대학교대학원 동양철학과 박사학위논문, 2015, pp.128-173: 홍의석, 「유전체 공진기의 공진주파수 및 공진모드 해석」, 『한국통신학회지』 2(1), 한국통신학회, 1986. 2, pp.48-52: 이춘기, 「지진파에 의해 유도되는 전자기장 변동」, 『한국지구과학회 학술발표논문집』, 한국지구과학회, 2005, pp.153-156.

13 Kanai, K., 『Earthquake Engineering』, Kyoritsussupan, 1969, p.176.: Kanai, K. and Tanaka, T., 『On microtremors VIII』, Bulletin of Earthquake Research Institute, Tokyo University, 39, 1961, pp.97-114: Okamoto, S., 『Introduction to earthquake engineering』, University of Tokyo Press, Tokyo, 1973, p.571: Takemura, M., Motosaka, M., and Yamanaka, H., 『Strong Motion Seismology in Japan』, 『J. of the Physics of the Earth』, 1995, pp.211-257.

14 A.Adib · P.Afzal · K.Heydarzadeh, 「Site effect classification based on microtremor data analysis using a concentration-area fractal model」, 『Nonlinear Processes in Geophysics』 22, 2015, pp.53-63.

15 김성균, 「상시미동과 지하구조」, 『지질공학회지』 1, 대한지질공학회, 1991, pp.1-12: 김성균, 「한반도의 지각 구조에 관한 연구」, 『지질공학회지』 31(4), 대한지질공학회, 1995. 8, pp.393-403.

있다. 지금도 지반은 계속적으로 상시미동을 하고 있어, 대상 지반의 위치별 지질구조에 따라 각각 다른 고유진동수를 나타내는 '부지반응(敷地反應)'[16]에 착안하여 전통적인 혈장지역과 기타 지역인 사신사와 수구처 등에 대한 상시미동을 측정하고 통계 분석하여, 그 결과로서 혈장지역이 주변의 기타 지역보다 더 아늑하고 온화하며 흔들리지 않는 안정적일 것이라는 가설을 설정하였다. 이는 고전에서 풍수명당의 조건인 "명당이란 기가 모이는 곳이므로 당연히 안정된 상태가 되어야지 흔들리면 안 된다. 즉 움직임이 없는 안정됨[靜]이란 기가 최고로 모인 상태[靜則聚高]인 것이다."[17] 이 '정적(靜的)'이라는 정성적 표현을 현재의 음향학적 상시미동 측정분석시스템을 통하여 정량적으로 실증함으로써 풍수의 과학성과 합리성을 규명하고자 하였다.

Ⅱ. 풍수명당의 조건

명당이란 오래전부터 존재했으며, 그 기원은 은(殷)·상(商) 시대로까지 추론된다.[18] 전통적으로 명당은 건축물에 한정되었으나, 풍수에서는 지기가 모인 길지나 혈 앞의 넓고 평탄한 혈장지역을 의미한다. 풍수고전에서도 명당이란 천자가 모든 이들의 조문을 받는 곳으로, 혈과 혈장지역을 취하는 것은 산수의 조회를 받으려는 것이라 하였고, 내명당은 발복의 속도를, 외명당은 그 크기를 관장한다고 하였다.[19] 풍수에서 물은 양(陽), 산은 음(陰)으로 고려하여 산수의 조화는 곧 음양이 조화되는 것으로서, 물을 산보다 더 중시하여 득수(得水)가 우선이고, 그다음이 장풍(藏風)이라 하였다. 또한 땅속을 흐르는 생기를 멈추어 사람에게 이롭게 하기 위해서는 지기가 물을 만나야 한다고 하였

16 Pitilakis, 「Recent Advances in Earthquake Geotechnical Engineering and Microzonation」, 「Geotechnical, Geological and Earthquake Engineering」1, 2004, pp.139-140

17 麻衣道者, 「火珠林」, 「占起造遷移」, "起造遷移, 財靜人安." 「占墳墓」, "世為風水, 應為棺槨, 皆宜靜": 「天玄賦」, 「地理章」, "明堂聚水所聚, 宜靜不宜動, 靜則聚高, 動則傾瀉.": 「天文類抄」, "地陰也 法當安靜 越陰之職 專陽之政 應以震動.: 明山論」, 「鬼劫」, "擇地之法, 擇其氣聚之處."

18 「大戴禮記」, "明堂者, 古有之也".

19 「明山論」, 「明堂」, "夫明堂者, 天子所以 朝天下, 取穴而取明堂, 所以受山 水之朝也.": 「天文類抄」, "天子布政之客 明吉 暗凶 五星客彗犯主不安其宮.": "且明堂有內有外, 內, 則主發祿之遲速, 外, 則主發祿之大小".

다.[20] 이와 같이 산과 물이 서로 어우러지면 음과 양이 어우러지는 것이고 기가 충만하여 생기가 모이는 것이므로 좋은 땅이 된다고 하였다.[21]

또한 명당의 이상적인 지반특성에 대해서도 지형과 지질적으로 세분하여 제시하고 있다. 즉 명당은 원형, 각형, 횡형, 환포형, 평탄형으로서 넓고 풍요로우며, 진취적이고 신령스러운 귀한 곳이다. 흙은 중량감 있는 반석-흰돌, 자줏빛돌, 푸른돌- 이되, 기운이 통하는 -오색토, 호기성, 미세한 토질입자, 단단함, 윤기, 좋은 냄새, 무성한 초목상태 등- 것이어야 한다.[22] 한편, 밀교(密敎)에서는 수행 장소에 따라 득도가 가능한 곳을 '길지나 승지(勝地)'라고 하여, 이를 선택하는 방법을 '택지법'- 관지상법(觀地相法), 관지질법(觀地質法), 치지법(治地法)- 으로 명시하였으며, 현교(顯敎)에서도 지력을 중요시 하고 있다.[23]

상지기술학으로서의 풍수는 일종의 생태론적 및 환경론적 토지관의 표출로서 구체적으로는 간룡법(看龍法), 장풍법(藏風法), 득수법(得水法), 정혈법(定穴法), 좌향론(坐向論), 형국론(形局論), 소주길흉론(所主吉凶論) 등의 형식논리를 갖는다. 풍수의 논리구조상 가시적 실체로서 표출되는 사상(事象)이 산, 즉 용이며, 그 용맥 흐름의 좋고 나쁨을 조산으로부터 혈장까지 살피는 일을 간룡법이라 한다. 풍수에서 혈이란 입수용맥이 결혈되는 곳으로서, 혈장 자체의 형세인 와(窩) · 겸(鉗) · 유(乳) · 돌(突)의 4가지로 분류한다.[24] 즉 혈의 종류로 와혈은 굴곡형[曲]이고, 겸혈은 직선형[直]이며, 유혈은 드

---

20 『錦囊經』,「氣感」, "風水之法 得水爲上 藏風次之": "界水則止".

21 『明山論』,「二氣」, "二氣融結爲山爲水 山水者陰陽之謂也 山水相稱則爲陰陽和 和則爲沖氣 山水聚集則爲陰陽會 會則爲生氣 所謂吉也."

22 『明山論』,「明堂」, "若圓, 若方, 若橫, 若抱, 若平, 若廣, 若豊, 若進, 若周, 若靈者, 貴也.": 麻衣道者,『火珠林』,「占起造遷移」, "起造遷移, 財靜人安."「占墳墓」, "世為風水, 應為棺槨, 皆宜靜.":『天玄賦』,「地理章」, "明堂聚水所聚, 宜靜不宜動, 靜則聚氣, 動則傾瀉":『天文類抄』,「地陰也 法當安靜":『錦囊經』,「因勢」, "來積止聚, 沖陽和陰", "土膏水深 鬱草茂林":『洞林照膽』,「開地」, "凡, 穿地見五色土, 皆吉也. 紅粉黃勝, 雜以 雲母餘粮金砂石膏紫石華翠碧爲佳. 大忌浮砂黑土, 上堅下虛 先彊後困. 土重而息者, 吉. 土輕而耗者,凶",若得白石, 主子孫聰明. 紫石出封侯, 靑石出貴女也."「凶忌」, "土色堅潤, 草木暢茂":『靑烏經』,"草木鬱茂 吉氣相隨"『洞林照膽』, "若得盤石, 出印綬".

23 서윤길,『고려밀교사상사연구』, 불광출판부, 1993, pp.41-57: 천인호,『풍수지리학 연구』, 한국학술정보, 2012, pp.438-439:『修行道地經』卷6,「學地品」第25, "識於三光天文地理 學六十四相 知人祿命貧富貴賤安處田宅…".

24 천인호,『풍수지리학 연구』, 한국학술정보, 2012, p.130:『葬法倒杖』,「求四象」, 四庫全書本, "四象者脈息窟突也 脈是暈間微有脊乃少陰之象 息是暈間微有形乃少陽之象 窟是暈間微有窩乃太陰 之象突是暈間微有泡乃太陽之象 四象作居壟有四法 脈穴當取中定基 息穴當剖開定基 窟穴當培高定基 突穴當鑿平定基.":『疑龍經』, 下篇, "穴有乳頭

리우는 듯하고[垂], 돌혈은 높게 솟은[聳] 모습이라 하였다. 또, 사상(四象)으로 구분하여 맥(脈), 식(息), 굴(窟), 돌(突), 이라고 하거나, 유두(流頭), 겸구(箝口), 평파(平波)나, 유두, 와, 차겸(釵鉗) 등으로 칭하고 있다.[25] 입수용맥이 혈처에서 제대로 결혈되기 위해서는 혈처 주위를 병풍처럼 둘러싸는 사(砂)가 있어 생기가 갈무리되도록 하고, 외풍의 유입을 막아야 한다. 즉 사란 국혈의 주위를 둘러싸서 생기의 멈추고 모이는 것을 촉진하거나 순화를 돕는 산과 언덕 등으로, 청룡(靑龍), 백호(白虎), 주작(朱雀), 현무(玄武)의 동서남북 또는 전후좌우 방향 혈의 수호신이다. 따라서 전조(前朝), 후락(後樂), 좌우용호(左右龍虎)와 나성(羅星), 수구(水口), 시위(侍衛) 등 모든 산과 금요(禽曜), 관귀(官鬼)를 총칭한 것이다.

위와 같이 풍수고전에서 언급하고 있는 명당의 조건을 요약하면, 지형적으로는 산과 물이 만나 조화로움을 이룬 평탄하고 여유로운 공간으로 둥글넓적하며, 사신사에 의한 환포로 주변을 아우르는 풍요로움을 갖춘 곳이다. 그리고 지질적으로는 미세입자가 단단하게 결합된 (고밀도, 암반－반석) 호기성의 오색토질로서, 좋은 빛과 향기가 나며 땅기운이 최고조에 이르러 생명력 넘치는 초목이 무성한 곳이다. 그러므로, 명당은 바람이나 파도, 인위적 진동 요인들에 의한 흔들림으로 변형되지 않아 항상 움직임이 없는 안정성을 갖춘 '정(靜)'한 곳이다. 국내외적으로도 유명한 영지(靈地)는 거대한 암반석이 그 기초를 이루는 곳으로 무의식의 동조가 가능한 δ파의 영역까지 도달하고 있음을 의미있게 보아야 한다.

Ⅲ. 상시미동과 입수룡의 파동방정식

1. 지반의 파동과 상시미동

지반은 3차원 탄성체로서 진동파는 실체파와 표면파의 형태로 전파한다. 무한탄성체

有鉗口 更有平坡無左右.": 「撼龍經」, 「變穴篇」, "貪狼作穴是乳頭 巨門作穴窩中求 武曲作穴釵鉗覓.": 「靈城精義」, 「形氣章正訣」, 四庫全書本, "入首作穴處 便看窩鉗乳突四字."

25 「地理正宗」, 「山龍語類」, 龍 "不出窩鉗乳突 窩曲鉗直乳垂突聳": 沈鎬 저, 허찬구 역, 「地學」, 육일문화사, 2001, p.208.

를 전파하는 실체파는 종파, 횡파로, 반무한탄성체의 자유표면을 전파하는 표면파는 레일리파(R파), 러브파(L파)로 나누어진다. 〈그림 11-1〉은 P파, S파, R파의 전파 형태이고, 〈그림 11-2〉는 R파 매질의 진동 상태를 보여주고 있다. 상시미동은 L파나 R파에 의하여 형성되고 실체파와 표면파로 구성될 수 있다.

한편 〈그림 11-3〉은 〈그림 11-1〉~〈그림 11-2〉를 보다 알기 쉽게 지반의 단면을 전파하는 지반파동의 종류를 정리한 것이다. 즉 실체파는 지반의 매질과 같은 종방향으로 가장 빠르게 전파하는 종파 (Cp〉 2.5Cs, 에너지율 ≒7%)와 지반의 매질과 수직방향으로 전파하는 횡파 (Cs, 에너지율≒26%)로 나누어진다. 그러나 지반의 표면 근처를 반시계방향으로 역행하며, 전파하는 표면파(C_R)는 횡파와 거의 같은 속도(CR≒Cs)로 전파하며 에너지율은 약 67%로서 거의 대부분의 에너지를 차지하고 있다. 표면파 중 L파는 지표면 매질을 전단방향으로, R파는 지표면 매질을 반시계방향의 타원형 회전형태로 전파한다. 〈그림 11-4〉는 R파가 전파 시 지면반사율이 없는 경우(0%)와 지면반사가 38%와 100%일 때 입자의 변형상태를 보여주고 있다.

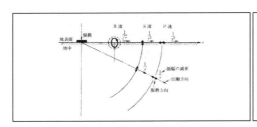

그림 11-1. P, S, R파의 전파

출처: 中野有朋[26]

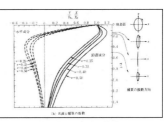

그림 11-2. R파 매질의 진동

---

26 中野有朋, 「入門 公害振動工學」, 技術書院, 1981, p.7.

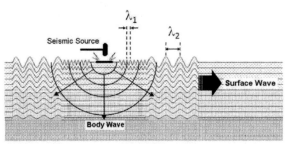

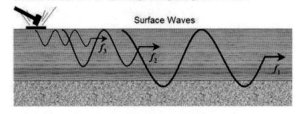

그림 11-3. 지반을 전파하는 파동의 종류[27]

출처: http://www.parkseismic.com/surfacewavesurvey.html

Rayleigh wave의 전파 개념

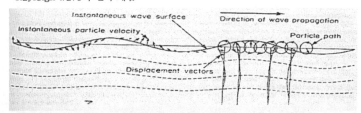

지표면의 반사가 없는 경우(배경진동 상태: 상시미동) 입자의 평형상태

---

27 Allam, A. M., 「*An Investigation Into the Nature of Microtremors Through Experimental Studies of Seismic Waves*」, Univ. of Tokyo, 1969, p.326.

지표면의 반사가 **38%**일 경우 지표면 입자의 변형상태

지표면의 반사가 **100%**일 경우 지표면 입자의 변형상태

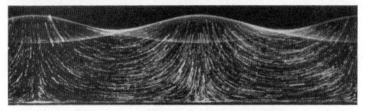

그림 11-4. 반무한탄성체 표면의 R파의 전파개념도
출처: Oldrich Novotny[28]

지반은 연속적으로 탄성체적인 미세진동을 하고 있다. 이러한 지반진동의 변위 진폭은 대략 10-6~10-7m이며, 그 주파수는 0.01~수십 Hz의 범위에 있다. 주파수 0.01~0.1Hz 범위의 진동은 맥동(脈動), 0.5~수십Hz 범위의 진동은 상시미동 또는 미소지반진동(微小地盤振動)으로 정의한다. 상시미동의 특성은 지표층 내 S파의 중복적인 반사나 표면파 같은 분산성 파동으로 단주기(短週期) 상시미동과 장주기(長週期) 상시미동으로 분류한다. 단주기 상시미동은 교통기관, 공장 등 인위적 진동원에 의한 표면파 진동으로 그 범위는 0.5~수십 Hz이다. 장주기 상시미동은 바람과 파도 등에 의해 발생된 지반진동이 장거리 전파하는 표면파 진동으로 그 범위는 0.1~1Hz이다. 이들은 매질을 통해 전파 시 매질의 동적특성(動的特性)에 의하여 그 크기가 증폭하거나 감쇠되기도 한다.[29]

가나이는 일본 내 여러 지역에서 측정한 단주기 상시미동을 분석 후 주기-빈도곡선을 작성하여 암반층, 홍적층, 충적층, 매립지 또는 성토층에 따라서 탁월주기가 길어지므로 이를 제 I 종~제 IV종으로 분류하고 상시미동의 측정과 해석으로부터 지반 종별

28   Oldrich Novotny, 「*Seismic Surface Waves*」, Ph.D Thesis, Universidade Federal da Bahia Centro de Pesquisa em Geofisica e Geologia, 1999, pp.9-11.

29   김성균, 「상시미동과 지하구조」, 「지질공학회지」 1, 대한지질공학회, 1991, pp109-110.

판정 후 내진설계에 이용하도록 하였다.[30] 어느 특정 대상지점의 상시미동은 지반특성, 예로서 지반의 성층구조와 특성, 지하층의 수위, 지반 내 S파의 속도 분포, 수목의 유무 등에 의하여 고유진동 주기인 '부지반응(敷地反應)'을 나타낸다. 지반의 지표층은 복잡한 성층구조를 보이는데, 이것이 지층의 탄성 진동에 특징적인 영향을 미친다. 탄성파의 속도는 지층 하부에서 상층부로 전파하면서 더 느려지므로 퇴적층에서 S파는 여러 가지 반사 현상을 일으켜 지표면에서는 수직운동을 한다. 이때 진폭이 가장 큰 주파수를 고유진동수 (또는 탁월주파수)라고 한다. 즉 어느 대상 지점의 '부지반응'은 그 지점만의 특질성(singularity)으로서 인접 지점과의 유사성이나 동일성을 배제하여 차이나는 공간적 존재가 된다.

2. 입수룡의 파동방정식

조종산으로부터 내려오는 천리내룡의 격렬한 파동적 흐름보다 마지막 주산으로부터 혈처로 입수되는 기의 융결은 태(胎), 식(息), 잉(孕), 육(育)의 과정을 거쳐 결혈된다.[31] 즉 용맥의 거친 파동이 박환되어 1차함수의 형태로 혈처에서 부드럽게 멈춘다. 따라서 직입되는 진룡(盡龍)의 경우나 측입되는 횡룡(橫龍)의 경우는 1차 방정식으로, 회룡입수(回龍入首), 즉 회룡고조(回龍顧祖)의 경우는 나선운동방정식으로 정리될 수 있다. 크레머는 파동의 분산이나 토질의 댐핑효과 등을 무시할 수 있는 경우로서 단위체적당 에너지(E)는 토질의 밀도와 S파의 속도 및 토질 입자속도의 곱으로 나타낼 수 있고, 고유진동수(ω_n)는 토양의 두께와 S파의 속도 및 토양 임피던스 비의 곱으로서, 기본 고유주파수(f_0)는 0.2 ~ 10Hz 이내에 있다고 하였다.[32]

---

30 Kanai, K. 『Earthquake Engineering』, Kyoritsussupan, 1969, p.176.

31 『人子須知』, 「論龍入首」, "未論千里來龍 且看到頭融結".

32 Pitilakis, 「*Recent Advances in Earthquake Geotechnical Engineering and Microzonation*」, 『Geotechnical, Geological and Earthquake Engineering』 1, 2004, pp.139-197.

Ⅳ. 상시미동 실증 결과

1. 연구 대상지의 선정과 검증 방법

우리나라에는 국가민속문화재로 등록된 전통마을들이 있다. 즉, 안동 하회마을, 경주 양동마을, 아산 외암마을, 영주 무섬마을, 강원도 고성 왕곡마을, 순천 낙안읍성 등이다. 이들 중 본 연구의 대상지로 아산 외암마을과 고성 왕곡마을, 안동 하회마을과 영주 무섬마을 4개소를 선정하였다. 풍수 분류상 아산 외암마을과 고성 왕곡마을은 장풍국을 대표하는 마을이고, 안동 하회마을과 영주 무섬마을은 득수국을 대표하는 마을이므로 이들 간의 비교를 위하여 선정하였다. 이 전통마을들은 조선 중기부터 입향조들에 의하여 이루어진 마을들로서 여러 가지 학술연구 결과물로부터 풍수명당이라는 인식의 공감과 기준들이 부합하고 있다. 또 현재까지도 마을의 풍수적 경관성이 잘 보전 유지되어 본 연구를 위한 상시미동 측정 시 직접적인 인위적 배경잡음의 영향이 미치지 않는 산으로 둘러싸인 비교적 독립공간 영역으로 형성되어 있기 때문이다. 한편, 안동 하회마을은 낙동강이, 영주 무섬마을은 낙동강의 지류인 죽계천과 내성천이 합수하여 물길이 휘돌아 흐르는 형국에 의하여 전통적으로 연화부수형, 태극형, 산태극·수태극 또는 행주형 등으로 회자되어온 명당처로 알려져 왔다.[33]

본 연구는 〈그림 11-5〉에서 보는 바와 같은 연구 설계 및 통계검증 절차도에 따라 진행하였다.

첫째, 대상지의 풍수구조를 분석하기 위하여 마을별 문헌조사, 현장방문조사, 주민 면담 등을 통한 기초자료획득 및 답사 시 촬영 사진으로 풍수국 전개도를 작성하였다. 둘째, 주산으로부터 혈장까지 입수되는 입수룡의 풍수 파동방정식을 계산하기 위하여 GIS 지도에 입수룡 작업, 3D View 작업, 풍수 형세 평가 작업, 풍수파동방정식의 수식

---

33 김덕동, 「외암리 민속마을의 풍수 입지 및 이기론적 특성」, 동방대학원대학교 미래예측학과 박사학위논문, 2016: 최장순,「고성군지역 향토문화조사보고」, 『강원대학교 인문학연구』 17, 1982: (http://www.cha.go.kr/www.heritage.go.kr/: 강선일, 「마을 풍수관련 전승 지식의 의미와 기능–영주 무섬마을의 사례를 중심으로」, 『실천민속학연구』 25, 실천민속학회, 2015, pp.319–349: 김규원·송석호·심우경, 「안동하회마을의 민속신앙공간」, 『세계상상환경학회 춘계학술대회논문집』, 세계상상환경학회, 2016, pp.102–104.

연구대상지 선정

대상지의 풍수구조 분석
- 대상지마을별 문헌조사
- 현장방문조사 및 주민면담 · 기초자료획득
- 풍수국 전개도 작성(답사촬영)

입수용맥의 파동방정식 계산
- 입수용맥선 작업
- 그래프작업(주맥변곡점~혈장)
- 용 · 혈 · 사 · 수의 평가
- 파동방정식 수식 계산
- 경사도 평가 · 이격거리평가(혈장~변곡점/혈장~수구처)

상시미동 현장측정 및 분석
- 사전 현장조사(측정지점 · 측정동선 · 현장여건 등)
- 현장측정 · 기상자료 취합
- 자료의 획득

통계분석 및 사후검증

등분산의 경우
Levene Test
One-way ANOVA

등분산이 되지 않는 경우
Welch Test | Non-Parametric Test
Games-Howell

통계적 유의성 확인

그림 11-5. 연구설계 및 통계검증 절차도

화, 입수룡의 변곡점으로부터 혈장까지의 이격거리와 혈장으로부터 수구처까지의 이격 거리를 계산하여 국(局)의 실제규모를 판단하였다. 셋째, 연구대상지의 상시미동을 측 정하기 위해서 우선 아산 외암마을을 대상으로 삼아 현지 답사를 통한 측정지점 선정 시 문제점이나 마을에서의 협조사항 여부 등을 검토하였다. 또 현장 측정장비 운영 시 혈장이외의 지세 지점들에 주변으로부터의 진동영향이 예상되는 요인들을 고려하여 최적의 지점을 선정하였다. 또 측정시간대도 낮 · 저녁 · 밤 등으로 나누어 시험적으로 측정해서 상시미동의 변위정도가 비교적 낮고 안정적인 새벽 시간대를 선정하여 기타 대상지에서는 집중적으로 진행하였다. 끝으로, 현장 측정 후 장비에 기록된 자료를 S/

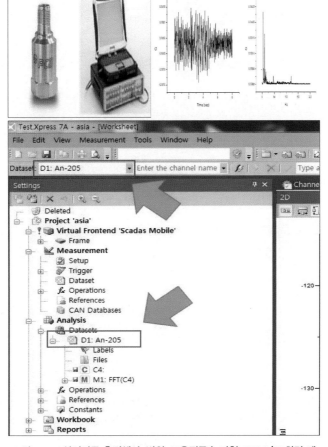

그림 11-6. 상시미동 측정센서, 변위, 고유진동수 파형, FFT S/W 화면 예

출처: LMS Test Xpress S/W

W를 통하여 획득하고 정리하였으며, 이 자료를 중심으로 분산분석과 사후검증의 통계적 유의성으로 입증하였다.

상시미동 가속도 센서는 모델 393A03(992mV/g, 0.01-100HzPCB)로서 미세진동의 측정이 가능하고, 진동분석기는 4-CH FFT Analyzer(Siemens)이며, 진동분석 프로그램은 LMS Test Xpress이다. 〈그림 11-6〉은 현장 상시미동 측정장비와 획득 측정치의 분석을 위한 FFT S/W setting 화면 및 상시미동의 변위와 고유진동수 파형 예이다.

2. 상시미동 실증 결과

가. 상시미동 측정 결과의 풍수적 평가

아산 외암마을의 상시미동 측정점은 주산(설화산)으로부터 현무를 따라 내려오는 입수룡의 변곡점(④)-이간사당(③)-입수룡 중간지점(②)-건재고택(①)의 순으로, 그리고 사신사인 청룡(⑤, ⑥), 백호(⑦, ⑧) 및 수구처(⑨) 지점의 순으로 측정하였다. 긱 지점별 상시미동 값이 낮은 '정적'인 순으로 정리한 결과, 양택혈장(건재고택)<음택혈처(이간사당)<청룡뿌리들(밭)<청룡(둑방길)<입수룡(중간지점)<백호(논두렁길)<수구처(반석교앞)<입수룡(변곡점)=백호(밤동산능선)(범위:1.46~2.56×$10^{-6}g$) 이었다. 또한, 측정지점 간 전체, 혈장과 청룡-백호-수구처 간, 입수룡과 청룡-백호-수구처 간 등분산 검정결과 유의성이 있는 것으로 분석되었다. 즉, 혈장지점과 기타 지점 간 차이가 존재하고 있었다. 그리고 고유진동수는 대부분 0.5±0.1Hz를 나타내고 있었다.

고성 왕곡마을의 각 지점별 상시미동 값이 낮은 순으로 나열하면, 양택혈장(함정균 가옥)<양택혈장(함학균가옥)<입수룡(큰상나말집)<백호(능선부,한고개)<백호(윗능선,이장집입구)<입수룡(마을회관)<수구처(다리앞)<청룡(윗능선,소나무숲)<청룡(능선끝)(범위:4.64~6.25×$10^{-6}g$) 이었다. 또한, 측정지점 간 등분산검정 비교 결과 유의성이 있는 것으로 분석되었다. 특히, 고성 왕곡마을의 각 지점별 상시미동 측정 결과는 다른 연구대상지에 비하여 상시미동 값이 비교적 높게 나타나고 있어 확인 결과, 마을로부터 약 1.5km 이격된 동해안의 파도에 따른 영향으로 나타났다.[34] 즉, 파도의 진동주파수는 0.4~0.7Hz로서 0.1~1Hz의 범위인 장주기 상시미동에 해당하고 있었다.

〈그림 11-7〉은 아산외암마을과 고성 왕곡마을인 장풍국 연구대상지의 입수룡 구조 및 풍수파동방정식을 비교한 것이다.

---

34 한기봉·이형우, 「파력을 이용한 하이브리드 발전에 대한 연구」, 『한국마린엔지니어링학회지』 35(6), 한국마린엔지니어링학회, 2011, p.863.

구분	아산 외암마을	고성 왕곡마을
입수룡 구조	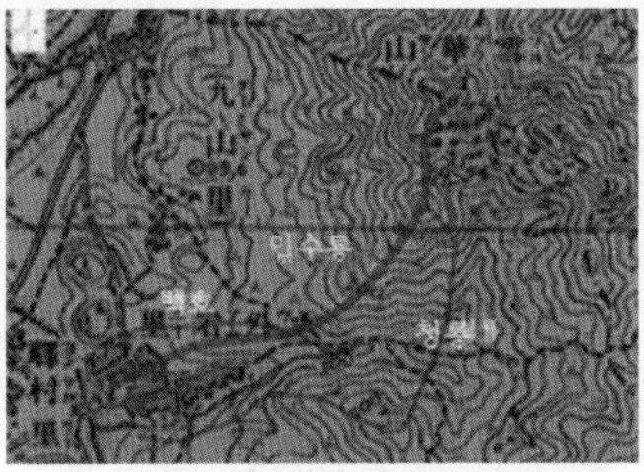	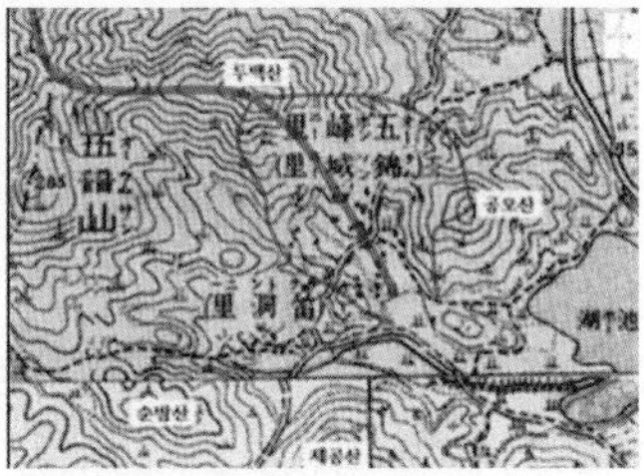
3D 지형 (Cadna A Program)	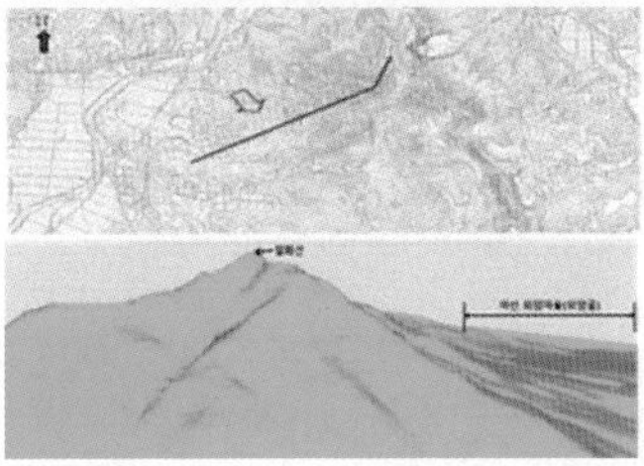	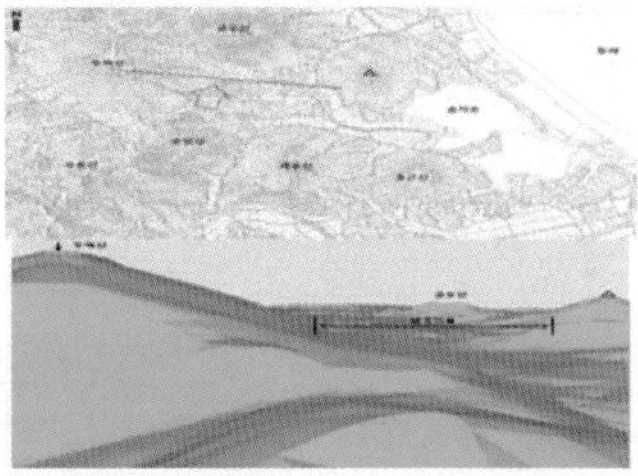
풍수 파동방정식	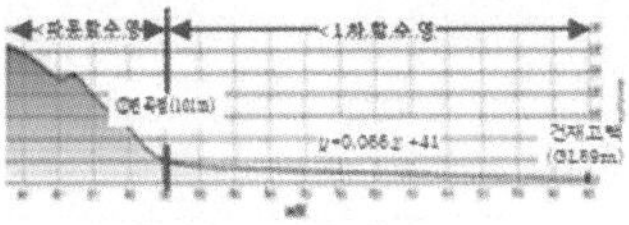 $y=0.066x+41$	$y=0.25x+50$
이격거리(m) (변곡점~혈장)	621	200
경사도(°)	7.5	32
이론 ω_n(Hz)	0.4	0.69
상시미동 실측결과 ×10^{-6}g(m)	1.46~1.82	4.64~4.93
f(Hz)	0.5±0.1	0.6±0.1

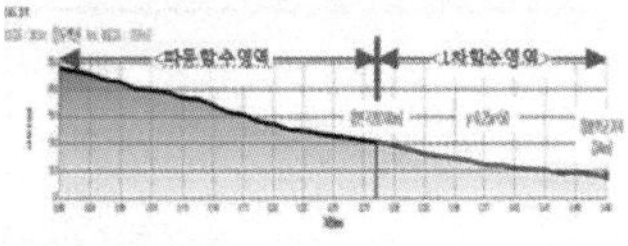

그림 11-7. 장풍국 연구대상지의 입수룡 구조 및 풍수파동방정식 비교

안동 하회마을의 각 지점별 상시미동 값이 낮은 순으로 정리하면, 입수룡(변곡점 유교문화길)＜음택혈처(충효당사당)＜비보숲(만송정)＜청룡(화천둑방:上)＜청룡(화천둑방:下)＜양택혈장(충효당)＜입수룡(양오당)＜양택혈장(양진당)＜입수룡(염행당)＜백호(능선끝)＜백호(윗능선)＜수구처(범위:0.86~7.09×10^{-6}g)이었다. 그리고 고유진동수는 대부분 0.2~0.7Hz를 나타내고 있었고, 측정지점 간 등분산검정 비교 결과 유의성이 있는 것으로 평가되었다. 영주 무섬마을의 각 지점별 상시미동 값을 낮은 순으로 비교하면, 양택혈장(만죽재 고택)＜청룡(김진호집 앞)＜백호(치류정앞)＜청룡(한옥체

험수련관앞)＜입수룡(느티나무공터)＜백호(아도서숙)＜수구처(제방)(범위:4.87~6.43 ×$10^{-6}g$)이었다. 그리고 고유진동수는 $(0.7{\sim}1.0){\pm}0.1$Hz를 나타내고 있었고, 측정지점간 등분산검정 비교 결과 유의성이 있는 것으로 확인되었다.

영주 무섬마을의 각 지점별 상시미동은 혈장지역과 백호(⑤) 및 수구처(⑦) 간에는 차이가 존재하나 기타 지점들 간에는 차이가 거의 없었다. 기타 연구대상지와 비교 시 영주 무섬마을의 상시미동이 크게 나타나는 것은 마을지점의 지질 구조가 현무나 사신사의 화강암계와는 달리 편마암계로 되어 있고, 마을이 그 경계선 지점에 위치해 있다는 점에 기인하는 것으로 예상되나, 향후 추가적인 연구가 필요한 부분이다.

구분		안동 하회마을	영주 무섬마을
입수룡 구조			
3D 지형 (Cadna A Program)			
풍수 파동방정식		$y=0.02x+23$	$y=0.4x+10$
이격거리(m) (변곡점~ 혈장)		1100	25
경사도(°)		2.3	6.8
이론 ω_n(Hz)		0.3	0.2
상시미동	$\times10^{-6}$g(m)	0.88~1.47	4.87
	f(Hz)	$(0.2{\sim}0.7){\pm}0.1$	$(0.7{\sim}1.0){\pm}0.1$

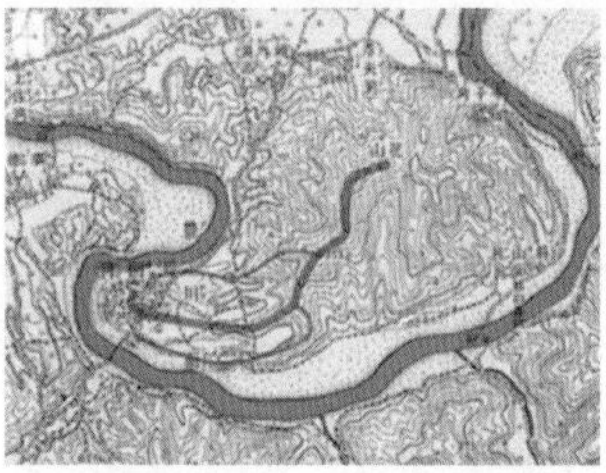

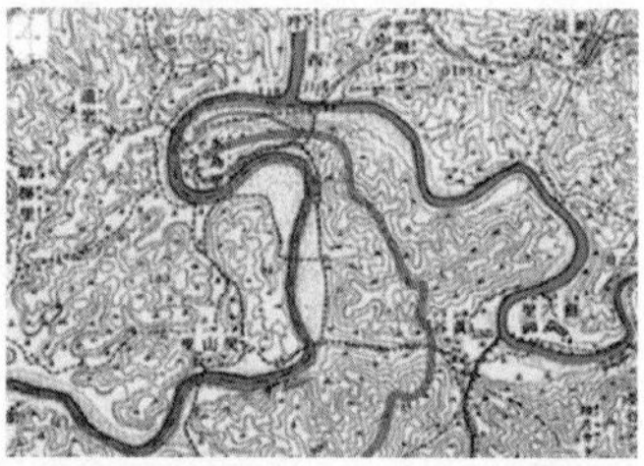

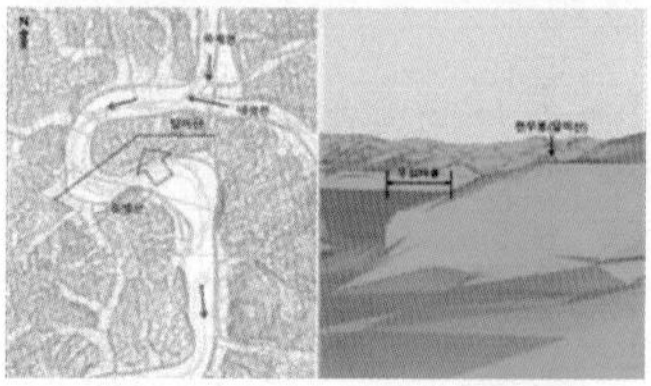

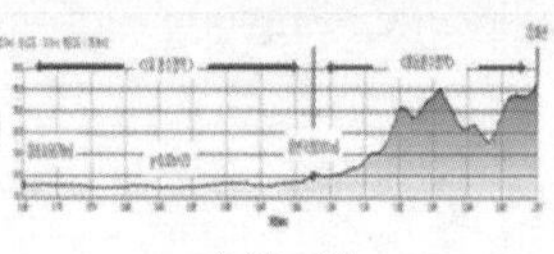

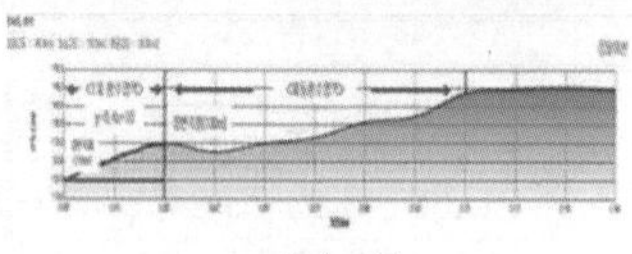

그림 11-8. 득수국 연구대상지의 입수룡 구조 및 풍수파동방정식 비교

연구대상지 상시미동 평균값들의 전체 비교 결과, 상시미동 값이 낮은 순서는 안동 하회마을＜아산 외암마을＜고성 왕곡마을＜영주 무섬마을이었다. 또 혈장(처)의 경우 만 예를 들어 비교해 보아도 전체적인 순위와 같았다. 특히 안동 하회마을은 혈장(처), 입수룡, 비보처 및 청룡 등 마을의 대부분 지점들이 '정적' 상태를 유지하고 있었다. 그러나 백호와 수구처는 기타 연구대상지들에 비하여 가장 높은 값을 나타내고 있었다. 그리고 양택혈장이나 음택혈처의 상시미동은 거의 동일한 수준으로 나타나 삶과 죽음의 공간적 자리는 일치하는 것이 아닌가 추론해 본다. 또한, 입수룡의 결혈지인 혈장지역과 수구처만을 비교해 보면 뚜렷한 차이를 보이고 있어, 혈장지역이 '정적'이고 수구처는 불안정한 상태임을 쉽게 알 수 있었다. 또 물 흐름의 굴곡지점인 궁수(弓水)와 반궁수(反弓水) 지점의 경우, 궁수 지점이 반궁수 지점보다 상시미동이 크게 나타나 불안정한 상태를 보이고 있었다.

끝으로, 수구처는 연구대상지 마을 모두에서 높은 값을 나타내었다. '수구관쇄(水口關鎖)'는 강이나 하천의 물 흐름만의 문제가 아니라, 바람에 의한 대기의 유동장 영향과 수목들이 바람에 흔들려 상시미동이 증가하는 요인에 대해서도 면밀한 검토가 요망된다는 점은 풍수적 고려 요인으로서의 시사점을 재인식 시켜 주었다.

나. 장풍국과 득수국의 풍수적 평가

풍수상 장풍국인 아산 외암마을과 고성 왕곡마을, 그리고 풍수상 득수국인 안동 하회마을과 영주 무섬마을의 경우, 각 국(局) 마을별로 상시미동의 경향을 비교해 본 결과, 상시미동 값의 유사성은 장풍국 마을의 경우, 대상 마을별로 상시미동 값의 차이는 있으나 동일 마을 내 혈장지역을 제외한 기타 지역에서는 고른 정도를 보인다는 점이다. 그러나 득수국 마을인 영주 무섬마을은 각 측정지점별로 고른 정도이나 수구처는 가장 높은 상태였다. 안동 하회마을은 혈장-입수룡-청룡과 백호-수구처 간 상시미동의 차이가 크게 나타나고 있었다. 이는 물의 흐름에 따른 궁수 지점과 반궁수 지점의 수 충격력에 기인하는 것으로 보인다. 특히 수량의 증감 정도에 따라서도 상시미동의 변화량이 예상되기 때문에 추가적인 연구가 필요하다. 그리고 국의 공간 규모와 경사도는 장풍국의 경우 국이 비교적 작고 급경사이나 득수국의 경우는 장풍국보다 국의 규모가 크고 경사도도 낮은 상태였다. 종합적으로 풍수 득수국의 상시미동이 풍수 장풍국보다 낮아 '정적' 상태로서 '정즉취고'함을 알 수 있었다.

다. 연구 대상지 입수룡 파동방정식의 풍수적 평가

연구 대상지의 입수룡 파동방정식을 x축은 이격거리, y축은 지표고로 하여 전체적으로 비교해 보면, 〈그림 11-9〉에서 보는 바와 같이 각 마을별 국의 규모와 경사도의 차이 등을 쉽게 비교할 수 있었다. 예로서, 입수룡 변곡점에서 혈장까지의 이격거리가 안동 하회마을은 약 1,100m인데 비하여 영주 무섬마을은 약 25m로서 안동 하회마을이 약 44배나 길었다. 또 아산 외암마을이 약 621m인데 고성 왕곡마을은 약 200m로서 아산 외암마을이 약 3.1배나 길어 국의 규모를 확인할 수 있었다. 따라서, 풍수명당의 특징 조건들인 평탄하고, 반듯하고, 밝고, 넓고, 앞이 트여야 하고, 긴밀하게 에워싸야 하며, 수구가 닫히고 천리내룡이 거쳐오는 동안 격렬한 흐름 후에도 2차적 태·식·잉·육의 프랙탈인 파동함수영역을 거쳐 다다른 곳과 일치하고 있음을 알 수 있었다.

이와 같이 입수룡의 파동이 급격한 또는 어느 정도의 경사를 지닌 상태에서 혈장까지 나아가 누워버린 듯 '적연부동(寂然不動)'[35]한 상태인 혈장(처)의 '정'함은 양과 음의 조화로운 합일로서의 지세(地勢)가 풍수명당의 중요한 입지적 요인임을 제시한 것이다. "풍수파동방정식의 계수a와 혈장의 상시미동 평균변위의 상관계수가 0.95로 매우 높은 것은 지세의 완급에 따른 지하수 수맥의 흐름 상태와 상시미동의 변위가 연관되어 있기 때문으로 보이며, 풍수파동방정식이 혈장에 대한 상시미동의 강도를 예측하는 방법이 될 수 있음을 시사하고 있다."[36]

---

35 『周易』, 「繫辭傳(上)」, 제10장, "寂然不動 感而遂通 天下之故."

36 오경두, 「동양학의 현대적 재조명: 지반의 상시미동에 의한 풍수명당의 실증 연구 (이출재) – 논평」, 『한국풍수명리철학회 학술대회 자료집』, 2022년 하반기, pp.77-81.

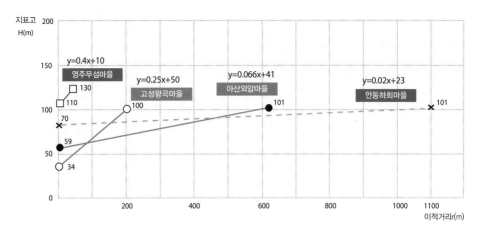

그림 11-9. 연구 대상지별 입수룡 풍수파동방정식의 전체비교도

V. 나오는 글

본 연구는 우리나라 국가민속문화재로 등록된 전통마을 중 아산 외암마을, 고성 왕곡마을, 안동 하회마을, 영주 무섬마을 등 4개소를 대상으로 풍수명당인 양택혈장(전통고택)과 음택혈처(사당) 지반의 상태가 주변 사신사나 수구처 등 기타 지역에 비하여 '정적'이라는 풍수고전의 정성적 표현을 상시미동이라는 지반진동계측의 과학적 방법을 이용하여 정량적으로 실증 규명하고자 하였다. 본 연구를 통하여 얻은 풍수적 시사점들은 다음과 같다.

첫째, 파동에 의한 지기는 「산등성(산마루)의 지표면을 따라 회전파동의 형태로 발산할 것이다」는 가설은, 표면파인 R파가 상시미동의 주요 형성요인으로서 회전파동의 형태로 발산하고 있음을 확인하였다.

둘째, 마을의 풍수 구조에서 「혈장지역은 기타 지역보다 상시미동이 낮고 고유진동수도 낮아 '정적' 상태일 것이다」라는 가설은, 연구 대상지의 상시미동 측정치의 분산분석(ANOVA) 결과의 통계적 유의성으로 확인함으로써 혈장지역이 기타 지역보다 뚜렷하게 낮은 값을 보여 '정적' 상태임을 입증하였다. 특히 양택혈장보다 음택혈처가 더 안정적이었거나 거의 유사하였고, 수구처는 공통적으로 가장 높은 값을 나타내어 불안정한 상태였음을 알 수 있었다.

장풍국 마을인 아산 외암마을의 상시미동은 전체적으로 낮고 고른 값을 보이고 있었다. 양택혈장인 건재고택과 음택혈처인 이간 사당의 상시미동은 기타 지역인 사신사나 수구처 지점들에 비하여 가장 '정적'이었다. 또 입수룡의 풍수파동방정식은 $y=0.066x+41$이었고 마을의 경사도는 약 7.5°로서 완만한 상태를 보이고 있었다. 고성 왕곡마을은 오봉에 둘러싸인 전형적인 장풍국 마을임에도 상시미동은 아산 외암마을이나 안동 하회마을과 비교시 다소 높은 값을 보이고 있었다. 이는 상시미동의 고유진동수 분석 결과, 동해안의 주기적 파도의 영향에 기인하는 것으로 확인되었다. 고성 왕곡마을의 양택혈장인 함학균 가옥, 함정균 가옥 등의 상시미동이 기타 지역인 사신사나 수구처 지점들에 비하여 '정적'이었다. 또 입수룡의 풍수파동방정식은 $y=0.25x+50$이었고 마을의 경사도는 약 32°로서 타 대상지에 비하여 경사가 심한 상태였다.

득수국의 회룡고조형 물돌이 마을인 안동 하회마을과 영주 무섬마을의 상시미동을 비교한 결과, 안동 하회마을이 더 '정적'인 상태로 나타났다. 안동 하회마을의 입수룡의 변곡점(유교문화길), 양택혈장인 충효당, 음택혈처인 충효당 사당 및 비보숲(만송정)의 상시미동은 기타 지역인 사신사나 수구처 지점들에 비하여 월등하게 낮아 '정적'이었다. 특히 혈장, 비보처, 입수룡 및 청룡의 상시미동은 연구 대상지 전체와 비교 시 가장 낮은 상태로서, 이는 마을 대부분 지역이 '정적'상태라는 것을 의미한다. 그러나 수구처는 연구 대상지 전체 중 가장 높은 값을 보이고 있었고, 수구처 부근에 위치한 백호의 경우도 영주 무섬마을과 유사한 정도로 높은 값을 보이고 있었다. 또 입수룡의 풍수파동방정식은 $y=0.02x+23$이었고 마을의 경사도는 약 2.3°의 매우 낮은 경사로서 연구 대상지 중 가장 완만한 상태였다.

영주 무섬마을의 양택혈장인 만죽재 고택의 상시미동이 기타 지역인 사신사나 수구처 지점들에 비하여 '정적'이었다. 그러나 무섬마을의 상시미동이 연구 대상지 중 가장 높은 상태를 보이는 것은 지반지질 구조의 특성상, 현무와 청룡·백호는 화강암 구조이나 마을만 편마암계의 경계에 위치하고 있는 점에 기인하는 것으로 추정되나 추가적인 연구가 필요하다. 또 입수룡의 풍수파동방정식은 $y=0.4x+10$이었고 마을의 경사도는 약 6.8°로서 비교적 완만한 상태였다.

셋째, 파동이 전파되는 매질은 「밀도나 탄성계수 등이 변하지 않는 균질의 등방성(等

方性)이고, 무한탄성체인 연속체일 것이다」라는 가설은 표면파의 경우 등방성으로 보아도 무방하며 피티라키스의 이론식으로 계산한 고유진동수 결과와도 유사하게 나타나 입증이 확인되었다.

넷째, 영주 무섬마을은 고성 왕곡마을과 같이 입수룡의 변곡점에서 혈장까지의 국의 거리가 짧고 경사도가 클수록 상시미동이 높았고, 아산 외암마을이나 안동 하회마을과 같이 국의 거리가 길고 경사도가 낮을수록 낮아 '정적' 경향을 보이고 있었다.

다섯째, 득수국과 장풍국 수구처의 경우, 물 흐름의 공격사면(반궁수) 지점이 퇴적사면(궁수)지점에 비하여 상시미동이 높게 나타났다. 이는 물 흐름과 대기의 유동 등 유체역학적 힘에 기인하는 것으로 추정된다. 예로서, 안동 하회마을의 백호는 공격사면이고 화천 둑방인 청룡은 퇴적사면인데 백호 지점들의 상시미동이 청룡 지점보다 약 6배 정도 높게 나타나고 있었다.

본 연구 결과 중 특이점으로는 전통고택과 사당 지점 간 상시미동 값의 평균이 통계적으로 차이가 없었다는 점을 들 수 있다. 전통고택은 양택혈장으로, 사당은 음택혈처로 풍수 해석이 가능하므로 이러한 점이 상시미동이라는 음향공학적 계측 방법으로도 입증이 가능하다는 것을 실증하였다. 단 동일 장소와 동일 조건이라면 측정시기(계절별,시간대별)가 다르다고 하여도 주기와 진폭은 거의 같고, 10Hz이하의 저주파 대역에서 상시미동의 스펙트럼은 시간대에 따라 대체로 변화가 없다는 점을 재확인하였다.

본 연구를 통해 풍수명당 선정의 이론적 경험체계가 음향공학적인 방법을 통하여 그 논리성과 합리성 및 과학성이 입증되었다. 즉 전문적인 고도의 이론체계와 경험체계를 가져야만이 명당을 입증할 수 있는 인문학적 사고뿐만 아니라, 상시미동 계측이라는 과학적 방법으로도 혈장을 입증할 수 있다는 점이다. 이를 통해 풍수를 재인식하고 도시계획, 도시 및 지역개발, 부동산개발, 경관조경학뿐만 아니라 건축과 토목 및 환경분야의 영역에서도 학문적이며 실용적으로 융합할 수 있는 단초가 될 수 있을 것이다.

■ 참고문헌

1. 고전

『撼龍經』

『錦囊經』

『大載禮記』

『洞林照膽』

『靈城精義』

『明山論』

『辭海』

『疑龍經』

『人子須知』

『周易』

『地理正宗』

『天文類抄』

『天玄賦』

『靑烏經』

『太祖實錄』

『火珠林』

『黃帝內經』

『淮南子』

2. 단행본

동아시아풍수문화연구회, 『동아시아 풍수의 미래를 읽다』, 지오북, 2016.

서윤길, 『고려밀교사상사연구』, 불광출판부, 1993.

이기백, 「한국 풍수지리설의 기원」, 『한국사 시민강좌』 4, 일조각, 1994.

천인호, 『풍수지리학 연구』, 한국학술정보, 2012.

최창조, 『생태계 위기와 한국의 환경문제』, 도서출판 따님, 1992.

프리초프 카프라 저, 김용정 · 이성범 역, 『현대물리학과 동양사상』, 범양사, 1975.

渡邊欣雄 저, 이화 역, 『동아시아 풍수사상』, ㈜이학사, 1994.

王玉德, 『神秘的風水』, 广西人民出版社, 2004.

中野有朋, 『入門公害振動工學』, 技術書院, 1981.

何曉昕 저, 태극풍수지리연구회 · 이윤석 역, 『중국 풍수사』, 논형, 2014.

Kanai, K., 『*Earthquake Engineering*』, Kyoritsussupan, 1969.

Kanai, K. and Tanaka, T., 『*On microtremors Ⅷ*』, Bulletin of Earthquake Research Institute, Tokyo University, 39, 1961.

Kramer, 『*Geotechnical Earthquake Engineering*』, Pearson, 1996.

Okamoto, S., 『*Introduction to earthquake engineering*』, University of Tokyo Press, Tokyo, 1973.

3. 논문

김덕동, 「외암리 민속마을의 풍수 입지 및 이기론적 특성」, 동방문화대학원대학교 미래예측학과 풍수지리학 박사학위논문, 2016.

김종섭, 「氣개념 해석을 통한 生家터의 明堂 分析」, 대구한의대학교대학원 동양철학과 박사학위논문, 2015.

최정준, 「여헌(旅軒) 장현광(張顯光) 역학사상의 철학적 탐구」, 성균관대학교 대학원 동양철학과 박사학위논문, 2006.

한종구, 「주거의 지자기장 평가와 주공간계획 연구」, 연세대학교 대학원 건축공학과 박사학위논문, 2001.

강선일, 「마을 풍수관련 전승 지식의 의미와 기능-영주 무섬마을의 사례를 중심으로」, 『실천민속학연구』 25, 실천민속학회, 2015.

김규원·송석호·심우경, 「안동하회마을의 민속신앙공간」, 『세계상상환경학회 춘계학술대회논문집』 2106, 세계상상환경학회, 2016.

김성균, 「상시미동과 지하구조」, 『지질학회지』 1, 대한지질학회, 1991.

박수진·최원석·이도원, 「풍수사신사의 지형발달사적 해석」, 『문화역사지리』 26(3), 한국문화역사지리학회, 2014.

박정해, 「풍수발복론의 역사적 전개와 한계성 비판」, 『한국사상과 문화』 84, 2016.

오경두, 「동양학의 현대적 재조명: 지반의 상시미동에 의한 풍수명당의 실증 연구 (이출재) - 논평」, 『한국풍수명리철학회 학술대회 자료집』, 2022년 하반기.

이종항, 「풍수지리설의 성행의 원인과 그것이 우리 민족성에 미친 악영향에 관한 일 고찰」, 『경북대논문집』 5, 1962.

이춘기, 「지진파에 의해 유도되는 전자기장 변동」, 『한국지구과학회지』, 한국지구과학회, 2005.

조기호, 「X-에너지의 유도 전이 가능성에 관한 고찰」, 『한국정신과학학회지』 4(2), 2000.

조기호, 「X-에너지의 전파 특성과 지기 및 수맥파와의 관계 고찰」, 『한국정신과학회 학술대회논문집』 9, 한국정신과학회, 1998.

조기호, 「X-에너지의 특성 및 지기맥과의 관계」, 『한국정신과학학회지』 2(2), 한국정신과학회, 1998.

최병헌, 「도선의 생애와 라말여초의 풍수지리설」, 『한국사 연구』 11, 1975.

천인호, 「풍수사신사-음·양택적 의미의 재해석」, 『정신문화연구』 41(4), 한국중앙학연구소, 2018.

최원석, 「전통적 지리관의 의미와 교훈」, 『국토』 418, 국토연구원, 2016.

최장순, 「고성군지역 향토문화조사보고」, 『강원대학교 인문학연구』 17, 1982.

한기봉 · 이형우, 「파력을 이용한 하이브리드 발전에 대한 연구」, 『한국마린엔지니어링학회지』 35(6), 한국마린엔지니어링학회, 2011.

한종구 · 장동민, 「주공간에서 지자기장의 중요성과 그 영향」, 『한국주거학회논문집』 14(6), 한국주거학회, 2003.

홍선영 · 정창원, 「대만 「風水」 문화 연구의 회고와 전망」, 『역사민속학』 51, 역사민속학회, 2016.

홍의석, 「유전체 공진기의 공진주파수 및 공진모드 해석」, 『한국통신학회지』 2(1), 한국통신학회, 1986.

A.Adib · P.Afzal · K.Heydarzadeh, 「*Site effect classification based on microtremor data analysis using a concentration-area fractal model*」, 『Nonlinear Processes in Geophysics』 22, 2015.

Akamatu, K, 「*On Microseisms in Frequency Range from 1c/s to 200c/s*」, 『Bull. Earthquake Research. Institute.』 39, 1961.

Allam, A. M., 「*An Investigation Into the Nature of Microtremors Through Experimental Studies of Seismic Waves*」, University. of Tokyo, 1969.

Oldrich Novotny, 「*Seismic Surface Waves*」, Ph.D Thesis, Universidade Federal da Bahia Centro de Pesquisa em Geofisica e Geologia, 1999.

Pitilakis, 「*Recent Advances in Earthquake Geotechnical Engineering and Microzonation*」, 『Geotechnical, Geological and Earthquake Engineering』 1, 2004.

Takemura, M., Motosaka, M., and Yamanaka, H., 「*Strong Motion Seismology in Japan*」, 『Journal of the Physics of the Earth』, 1995.

4. 인터넷 및 기타

국가유산청(http://www.khs.go.kr).

국가유산(http://www.heritage.go.kr).

파크지진파(http://www.parkseismic.com/surfacewavesurvey.html).

캐드나 음향예측 프로그램(Cadna "A" Program, DataKustik〈Germany〉).

통일한국의 수도는 개성이다

손진수*

남북이 70년이 넘도록 분단 상태를 지속해 온 한반도에서의 통일수도 선정은 단순한 수도의 이전뿐만 아니라 남북 간의 이질성을 극복하고 장소적 상징성이 담보될 수 있어야 하며, 물리적 결합을 넘어 정신적 통합까지 고려하여 결정되어야 한다. 즉 양 지역 주민들의 의견이 최대한 존중되어야 하며, 완전한 통합을 이루기 위해서는 수도 선정의 후유증으로 발생할지 모를 상실감까지도 극복해야 하는 과제를 지니게 된다.

통일수도는 남·북한 양 지역 주민의 상실감을 최소화하는 동시에 화합 상징성을 고려하여, 서울과 평양을 제외한 장소로 국토의 중심부에 소재하는 곳이 타당하다. 서울이 통일수도로 선정될 경우 북한 지역 주민들의 박탈감을 고려해야 할 것이며, 평양이 통일수도가 될 경우 수도로서의 기능을 제대로 수행할 수 있도록 하기 위한 막대한 인프라 구축과 전면적인 재건설을 해야 하는 등의 문제가 생길 수 있을 것이다. 따라서 통일수도는 국토의 중심부에 위치하면서 민족통합의 상징성을 지닌 곳으로, 항공·철도·도로·전기 등의 사회간접자본 구비와 활용이 용이하고, 물류(物類) 수송의 편리성과 아울러 수도 주민들이 사용할 수 있는 용수 공급이 원활하게 수행될 수 있는 지역이 고려되어야 마땅하다.

---

* 동양문화융합학회 상임이사, 철학박사

I. 수도 입지의 이론적 배경

　수도 입지의 이론적 배경은 풍수 고전과 많은 학자들이 기존에 연구하여 발표한 다양한 성과물을 통하여 들여다볼 수 있다.

　먼저 풍수 고전에서 제시하고 있는 이론을 살펴보겠다. 풍수는 크게 나누어 묘지를 소점(所占)하는 음택(陰宅), 주택을 소점하는 양택(陽宅)으로 구분되며, 여기에 도읍이나 마을을 선정하는 양기(陽基)로 대별할 수 있다. 수도나 도시는 양기에 속하는데 고전 풍수이론에서는 음택과 양택, 양기의 이론이 따로 있는 것이 아니라 동일한 이론으로 보고 있으며, 다만 그 국면의 크기에 따라 달라짐을 말하고 있다.

　양기와 관련한 풍수 고전의 내용으로, 『청오경(靑烏經)』에서는 "산의 맥세(脈勢)는 멈추는데 그 형(形)은 우뚝하고, 앞에는 물이 흐르고 뒤에는 산이 받쳐주면 그 지위가 왕이나 제후에 오를 것"이라 하였으며, 이에 대한 주석은 "세가 멈춘다는 것(勢止)은 용(龍)이 자리를 잡았다는 것이고, 형이 우뚝하다는 것(形昴)은 기(氣)가 성하다는 것이다. 앞으로는 물을 만나 용이 나아감을 그치고 뒤로는 곁가지 산들이 서로 연접하여 있는 그런 땅이라면 가히 높이 됨을 바랄 수 있다."라고 하였다.[1] 즉 도읍지의 조건으로 주산의 기세는 형앙(形昴)할 것과 조·안산(朝·案山)이 멀리 둘러서는 등 국세(局勢)가 클 것을 요구하고 있다.

　『금낭경(錦囊經)』은 "용의 세(勢)가 높은 다락집 같고, 풀과 키 큰 나무가 무성하다면 관아를 설치하고 관원을 배치하여 나라를 세울 만하다."[2]고 하였다. 이에 대한 주석으로서 "용이 뻗어온 것이 마치 가옥이 잇달아서 용마루들이 첩첩이 포개진 것 같고, 멈춘 것은 용이 서리고 호랑이가 웅크린 것 같다는 말이다. 풀이 울창하고 숲이 무성한 것은 용이 보호하며 따르는 것이다. 수많은 산이 모여들어 사방을 둘러쌌으면, 이곳은 관아를 설치하고 관원들을 배치하여 나라를 세울 만한 터라는 말이다."[3]라고 하였다. 이는

1　"勢止形昴 前澗後岡 位至侯王 勢止 龍之住也 形昴 氣之盛也 前則遇水而止 後則支隴相連 如此之地 可致貴也", 최창조 역주, 『청오경·금낭경』, 민음사, 1993, 29~30면.

2　곽박 저, 허찬구 역, 『葬書譯註』, 비봉출판사, 2005, 296면.
　　『錦囊經』, 「取類篇」, "勢如重屋 茂草喬木 開府建國"

3　곽박, 저, 허찬구 역, 『葬書譯註』, 비봉출판사, 2005, 297면.

한 국가의 도읍이 될 만한 터는 용세의 기운이 강성하고 산들이 첩첩이 포개지며, 청룡은 서리어 있으며 백호는 웅크려 용호의 기세가 드높고, 풀과 나무가 울창하여 동산(童山)이 아닌 곳으로, 주위의 산들이 겹겹이 둘러싸고 있는 지세를 의미하는 것이다.

『감룡경(撼龍經)』에서는 "간룡(幹龍)들이 작은 지룡(枝龍)들로 나뉘어 맥들로 쪼개지면서(分肢擘脈) 종횡으로 달려가는 지형이면 이들을 따라 땅 기운(地氣)이 끊임없이 이어 흐르다가 물을 만나면 멈춰 혈(穴)을 맺는다. 이런 지형 중 혈이 크게 맺힌 곳은 도읍지나 제왕이 머무는 곳이 되고, 작게 맺힌 곳은 군현이나 제후가 머무는 곳이 된다"[4]고 하여 음·양택은 그 국면의 크기 차이에 기인하는 것으로 혈이 크게 맺히고 작게 맺히는 것에 따라 양기, 양택, 음택이 들어섬을 의미하고 있다.

이상과 같이 풍수 고전에 나타난 양기의 터는 용맥(龍脈)이 멀리서 달려오다 물을 만나 기세가 멈추는데, 그 형(形)이 우뚝한(昂) 산이 받쳐주는 곳을 혈장(穴場)으로 하고, 이 혈장은 넓고 평활하고 풍부한 물과 좋은 지질이 확보되어야 하며, 무엇보다 인구를 부양할 수 있는 충분한 규모를 갖추어야 한다는 조건을 제시하고 있다.

수도 입지와 관련한 학자들의 선행연구 중 개성 천도 관련 선행연구는 크게 풍수적인 입장에서 천도를 주장한 연구와 인문지리적 입장에서 통일수도와 관련한 연구로 대별할 수 있다.

풍수적인 입장에서 천도를 주장한 연구로서, 최창조는 서울과 개성의 경우 풍수상으로 서울은 득수국(得水局) 상의 최대길지(最大吉地)로, 개성은 장풍국(藏風局) 상의 최대길지로 꼽으며, 고려 말 조선 초의 천도 논의 과정에서 명당(明堂)의 협착(狹窄)에도 불구하고 풍수술법(風水術法)상 상위(上位) 길지가 개성이었으며 단지 지기쇠왕설(地氣衰旺設)에 의해 한양(漢陽)으로 정도된 것으로 보았다. 그는 개성이 통일한반도의 수도로서 서울보다 낫다는 점을 민족심성(民族心性) 심층의 수도(王都) 회귀사상에 입각

『錦囊經』, 「取類篇」, "如重屋之連接不絶 又草木茂盛 又曰 謂其來也 如人之屋連接 棟重重疊疊 其止也 龍蟠虎踞 鬱草茂林 其護從也 衆山朝揖 四山回環 是謂開府建國之也"

4 양균송 저, 김두규 역주, 『감룡경·의룡경』, 비봉출판사, 2009, 36면.
『撼龍經』, 「通論」, "分肢擘脈縱橫去 氣血勾連逢水住 大為都邑帝王州 小為郡縣君公侯 其次偏方小鎮市 亦有富貴居其中"

하여 개성이 돋보인다고 주장하며 문헌에 나타난 개성 풍수를 설명하였다.[5]

김기덕은 개성과 서경의 풍수를 비교하면서, 개성은 내룡(來龍) 맥세가 강하고 사신사(四神砂)가 잘 발달되어 정치 · 행정 중심지로서의 역할이 강하며, 서경은 주산(主山) 금수산(錦繡山)이 96m로 주세(主勢)의 역량이 약하고 사신사에 의해 보위되는 국세(局勢) 역시 약한 반면 주변에 물이 풍부하여 경제적 · 문화적 · 위락적 도시 기능에 적합하다고 해석하였다. 그는 고려 태조 대의 서경 강조는 정치적인 것이었으며, 3대 정종이 왕권강화를 위해 서경 천도를 시도한 것이 사실상 고려조 서경천도론의 마지막이라고 주장하였다.[6] 그는 개성 관련 기존 문헌과 연구논문을 토대로, 천마산(天摩山)에서 개성의 주산(主山) 송악산(松岳山)으로 달리는 용세(龍勢)와 사신사에 의한 국세(局勢) 그리고 수세(水勢)를 통해 개성의 풍수를 설명하였다.[7]

인문지리적 입장에서의 천도 관련 연구로, 허재완은 통일한국 수도의 입지 기준으로 첫째, 상대적 약자인 북한에 대한 양보와 배려를 통해 통일수도 결정에 따르는 갈등을 최소화할 수 있는 도시, 둘째, 효과적인 북한 개발을 통한 남북 간 지역격차 완화를 유도할 수 있는 도시, 셋째, 통일 한국의 역사적 정통성을 계승할 수 있는 도시, 넷째, 통일 한국의 새로운 국가정책 지향점을 대내외에 보여줄 수 있는 상징성을 가진 도시, 다섯째, 통일한반도의 지리적 중심지에 위치한 도시를 들어, 개성을 통일수도 최적지로 꼽았다.[8]

외국의 천도 사례와 결합한 인문지리적 수도입지 연구로, 호광석은 특정 지역의 거론 없이, 북베트남과 북예멘의 경우처럼 무력통일로 북측 수도들이 그대로 통일수도가 된 사례와 독일의 베를린이 표결 끝에 수도로 결정된 과정을 설명하면서, 우리의 경우 남북합의에 의한 수도 결정을 전망하고, 통일한국의 수도는 통합 상징성과 역사성을 지닌 고도(古都)가 되어야 한다고 주장하였다.[9]

---

5   최창조, 「풍수사상에서 본 통일 한반도의 수도입지 선정」, 『국토연구』 제11권, 국토연구원, 1989. 121∽139면.

6   김기덕, 「고려시대 개경과 서경의 풍수지리와 천도론」, 『한국사연구』 제127호, 한국사연구회, 2004. 177∽210면.

7   김기덕, 「고려시대 개경의 풍수지리적 고찰」, 『한국사상사학』 제17권, 한국사상사학회, 2001. 63∽119면.

8   허재완, 「통일 한국의 수도, 어디가 되어야 하나?」, 『국토계획』 제50권1호, 대한국토 · 도시계획학회, 2015. 5∽19면.

9   호광석, 「통일국가의 수도확정에 관한 일 고찰」, 『사회과학연구』 제12권1호, 동국대학교, 2005. 177∽203면.

Ⅱ. 고려 수도 개성과 여말선초 천도 논의

『신증동국여지승람(新增東國輿地勝覽)』에 나타난 개성부(開城府)[10](그림 12-1)의 건치연혁(建置沿革)은 다음과 같다.

신라시대(통일기)의 송악군(松岳郡)은 원래 고구려의 부소갑(扶蘇岬)이며, 개성군(開城郡)은 본디 고구려의 동비홀(冬比忽)이었다. 고려 태조 2년(919)에 철원(鐵原)으로부터 도읍을 송악산 남쪽에 옮기고, 두 고을 지역에 걸쳐 개주(開州)로 삼아 궁궐을 지어 시전(市廛)을 설치하며 방리(坊里)를 갈라서 5부(部)로 하였다. 광종 11년(960) 개경(開京)을 고쳐 황도(皇都)라 하였으며, 성종 14년(995)에 개주(開州)를 고쳐 개성부(開城府)라 하였다.[11]

개성부(開城府)는 일제시대의 개성시와 개풍군, 장단군의 대남면·소남면에 해당하며, 현재 개성 직할시의 개성시, 개풍군, 판문군, 장풍군의 서쪽 일대이다. 지도 왼쪽으로 예성강이 보이고, 그 아래쪽에 교동도와 강화도가 실제보다 작게 그려져 있다. 지도에는 내성(內城)의 모습과 강감찬의 건의로 1010년(고려 현종 1년)부터 21년 걸려 만든 나성(羅城;外城)의 흔적이 잘 그려져 있다. 지도 위쪽의 대흥산성(大興山城)은 고려시대 전시 피난처로 중요시되었으나 조선 초에 퇴락해 있던 것을 조선 숙종 때 대대적으로 개축하였다. (奎章閣, 『廣輿圖』, 「開城府」解題)

그림 12-1. 규장각, 『광여도』, 「개성부」

---

10 "나루를 건너 장단(長湍)을 지나 40리를 가면 개성부(開城府)인데, 곧 고려의 도읍터이다. 송악산(松岳山)이 진산(鎭山)이고, 그 아래가 만월대(滿月臺)이다. 〈송사(宋史)〉에 큰 산에 의지하여 궁전을 지었다는 곳이 바로 이 지역이다.", 이중환 저, 이익성 역, 『택리지(擇里志)』, 을유문화사, 2012, 123면.

11 이행 외, 민족문화추진회 편, 『국역 신증동국여지승람 Ⅰ』, 삼성인쇄, 1982, 435면.

개성은, 고려 태조 왕건의 정도(定都) 후, 대몽항쟁기 무신(武臣)정권에 의한 강도(江都) 천도시기(1232~1270년) 38년간을 제외하고는 줄곧 고려의 수도였다. 조선 제2대 정종에 의해 일시 환도(1399~1405년)했던 곳으로 송악(松岳)·송경(松京)·개경(開京)·개주(開州) 등으로 불리었다. 1466년(세조 12년)에 경기도에 포함되었다.

개성을 고려의 도읍지로 정하게 된 과정을 살펴보면,『고려사』「고려세계(高麗世系)」에 인용된 김관의(金寬毅)의『편년통록(編年通錄)』에 따른 고려 태조 왕건(王建)의 가계(家系)는 다음과 같다.

> 강충(康忠, 고려 태조 왕건의 4대조)은 오관산(五冠山) 아래 마하갑(摩訶岬)에서 살았다. 신라의 감간(監干) 팔원(八元)이 풍수에 밝았는데, 부소군(扶蘇郡)에 이르러 고을이 부소산(扶蘇山) 북쪽에 있을 뿐 아니라 산의 형세는 빼어나나 나무가 없는 것을 보고는 강충에게 고하기를 '만약 고을을 산의 남쪽으로 옮기고 소나무를 심어 바윗돌이 드러나지 않도록 하면 삼한(三韓)을 통합할 인물이 태어날 것이오.'라고 하였다. 이에 강충이 고을 사람들과 더불어 산의 남쪽으로 거처를 옮기고 온 산에 소나무를 심고 고을 이름을 송악군(松嶽郡)이라 고쳤다. … 세조(世祖) 왕융(王隆)이 송악 옛집에서 살다가 몇 년 후 또 그 남쪽에다 새집을 지으려 하니 곧 연경궁(延慶宮)의 봉원전(奉元殿) 터이다. 그때 도선(道詵)이 당(唐)에 들어가 일행(一行)의 지리법(地理法)을 얻고 돌아왔다. 백두산(白頭山)에 올랐다가 곡령(鵠嶺)에 이르러 세조가 새로 지은 집을 보고 말하기를, '기장(穄)을 심을 땅에 어찌하여 마(麻)를 심었는가?'라 하고 말을 마치자 가버렸다. 세조가 급히 쫓아가니, 함께 곡령에 올라 산수의 맥을 살펴보고 위로 천문을 바라보며 아래로 운수를 살펴보고서 말하기를, '이 지맥은 임방(壬方)의 백두산에서 수모목간(水母木幹)으로 와서 마두명당(馬頭明堂)까지 떨어지고 있소. 그대 또한 수명(水命)이니 수(水)의 대수(大數)를 따라 집을 육육(六六)으로 지어 36구(區)로 만들면 천지의 대수와 맞아떨어져 내년에 성스러운 아들을 낳을 것이니, 이름을 왕건(王建)이라 지으시오.'라고 하였다. 세조가 그의 말을 따라 집을 짓고 살았는데 이달 위숙왕후(威肅王后)가 임신하여 태조(太祖)를 낳았다.

팔원의 권유와 도선이 태조 왕건의 아버지 왕융에게 언급한 내용을 볼 때, 개경(開京)은 명료한 풍수적 해석과 적용이 가능하였으며 또한 이를 적극 활용하였음을 알 수 있다.

송악군(松嶽郡)의 사찬(沙粲)이었던 왕융은 궁예(弓裔)의 세력이 예성강 일대에까지 뻗쳐오자 896년 궁예에게 귀부(歸附)하면서, 궁예에게 "대왕께서 만약 조선(朝鮮)·숙신(肅愼)·변한(卞韓)의 왕이 되고자 하신다면 먼저 송악에 성(城)을 쌓고 저의 장남을 그 성주로 삼는 것만 한 게 없습니다."라고 제안하니, 궁예는 왕건에게 발어참성(勃禦塹城)을 쌓게 하고 성주(城主)로 임명하였다.

896년 철원성(鐵圓城)에 도읍을 정했던 궁예는 897년 한강 북쪽의 이름난 고을로 산수가 빼어나다는 이유를 들어 송악(松嶽)으로 도읍을 옮겼으나,[12] 다시 도읍을 옮기고자 903년 철원 부양(斧壤)에 와서 산수를 둘러본 후 905년 철원으로 환도를 단행하였다.[13]

918년 6월, 궁예의 폭정을 이유로 홍유·배현경·신숭겸·복지겸 등 장수들의 추대를 받은 왕건이 궁예를 축출하고 철원에서 즉위하여 국호(國號)를 고려(高麗)로 정하였으며,[14] 궁예가 송악에서 철원으로 환도한 것을 참위(讖緯)설 맹신 탓이라 비난하였다.[15]

태조 왕건은 이듬해(919년) 정월 자신의 근거지인 송악에 도읍하여 궁궐을 짓고, 3성(省)·6상서관(尙書官)·9사(寺)를 설치하고, 시전(市廛)을 세웠다.

홍영의는 개성이 수도로 정해진 이유로, 첫째, 시가지를 둘러싼 산의 능선을 이용하여 효과적으로 성곽을 쌓아 방어가 용이한 점, 둘째, 예성강 유역의 신광·연백평야, 사천강 유역의 사천평야, 임진강 하류의 장단평야, 한강 하류의 풍덕·김포평야 등 넓은 농경지로 둘러싸여 경제활동에 필요한 물자를 충분히 확보할 수 있는 이점(利點), 셋째, 국제무역항인 벽란도가 있고 예성강·임진강·사천강을 통한 조운이 편리한 점을 들었다.[16]

---

12 『삼국사기』, 권50 「열전」, 궁예, "松岳郡漢北名郡 山水奇秀 遂定以爲都"

13 신성재는, 궁예가 조운(漕運)이 어려운 지역임에도 철원으로 환도한 사유로, 방어에 유리한 천연의 요새지라는 점, 내륙의 교통로를 거쳐 보·기병을 이용한 신라 침공이 용이한 점과 강원도에서 가장 넓게 트인 철원평야 형성을 들었다. 신성재, 「궁예정권의 철원 천도와 전쟁사적 의미」, 『한국사연구』 제158호, 한국사연구회, 2012, 16~20면.

14 『고려사』, 「세가(世家)」 권1, 태조 원년(918) 6월 15일.

15 『고려사절요』 권1, 태조 원년(918년) 8월, "泰封主信讖緯 棄松嶽 還居斧壤 營立宮室"

16 홍영의, 「고려수도 개경의 위상」, 『역사비평』 1998, 통권 45호, 역사비평사, 1998, 356면.

여말선초(麗末鮮初)에는 개성에서 한양으로의 천도(遷都) 논의가 진행되었다. 조선 태조 3년(1394) 계룡산 천도가 하륜의 반대로 무산된 후, 동년 8월 12일, 임금이 재상들에게 각기 천도할 만한 장소를 글월로 보고토록 분부하니, 판삼사사(判三司事) 정도전은 무악(毋岳) 천도에 반대하며 반드시 새로운 도읍지가 필요한 것은 아니라고 상서한다.

중국에서 천자가 된 사람이 많되 도읍하는 곳(所都之地)은, 서쪽은 관중(關中)으로 신이 말한 바와 같고, 동쪽은 금릉(金陵)으로 진(晉)·송(宋)·제(齊)·양(梁)·진(陳)나라가 차례로 도읍하였고, 중앙에는 낙양(洛陽)으로 양(梁)·당(唐)·진(晉)·한(漢)·주(周)나라가 계속 이곳에 도읍하였으며, 송(宋)나라도 인해 도읍을 하였는데 대송(大宋)의 덕이 한(漢)·당(唐)나라에 못지않았으며, 북쪽에는 연경(燕京)으로 대요(大遼)·대금(大金)·대원(大元)이 다 도읍을 하였습니다. 중국과 같은 천하의 큰 나라로서도 역대의 도읍한 곳이 수(數) 사처(四處)에 지나지 못하니, 한 나라가 일어날 때, 어찌 술법에 밝은 사람이 없었겠습니까? 진실로 제왕의 도읍한 곳은 자연히 정해 좋은 곳이 있고(誠以帝王都會之地 自有定處), 술수로 헤아려서 얻는 것이 아닙니다.[17]

이어서 정당문학(政堂文學) 정총도 같은 논리로 개경 재(再) 도읍을 건의한다.

도읍을 정하는 것은 옛날부터 어려운 일입니다. 천하의 큰 나라 중국도 관중이니 변량(汴梁)이니 금릉이니 하는 두어 곳뿐인데, 어찌 우리 작은 나라로서 곳곳에 있겠습니까? 주(周)나라가 관중에 도읍하였고, 진(秦)나라가 대신하여 관중에 도읍하였으며, 진나라가 망하고 한(漢)나라가 대신해도 역시 거기에 도읍하였으며, 변량은 5대(代)가 도읍하고 금릉은 6조(朝)가 도읍한 곳입니다. 도선이 말하기를, '만약 부소에 도읍하면 세 나라 강토를 통일해 가질 수 있다.'고 했습니다. 전조(前朝)는 시조 왕건(王建) 이전 3국이 정립할 때부터 3국을 통일한 이후에 개경에만 도읍하였는데, 왕(王)씨가 5백 년에 끝나는 것은 운수(運數)이며 지리(地德)에 관련시킬 것이 아닙니다. 주나라·진나라·한나라가 서로 계속해 가면서 한 곳에 도읍한 것을 보면, 비록 개경이라도 해가 없을 것 같습니다.

---

17 『태조실록』, 태조 3년(1394) 8월 12일.

즉 정도전은 땅이 넓은 중국도 역대 왕조의 도읍지 수가 너덧 곳(관중, 금릉, 낙양, 변량, 연경)에 불과할 정도이니 우리나라에도 도읍할 만한 곳이 곳곳에 있을 수는 없다고 주장하고 있으며, 정총 역시 중국의 예를 들어 개경에 다시 도읍을 정해도 문제가 없다고 주장하였다.

조선의 도읍지 논의 과정에서 부소(扶蘇)가 거론되기도 하였다. 천도 관련 부소에 대한 최초의 언급은 태조 3년(1394) 8월 11일 기록에 나타난다.

> "서운관이 전조 말기에 송도의 지덕이 이미 쇠했다 하고 여러 번 상서하여 한양(漢陽)으로 도읍을 옮기자고 하였었다. 근래에는 계룡산이 도읍할 만한 땅이라고 하므로 민중을 동원하여 공사를 일으키고 백성들을 괴롭혔는데, 이제 또 여기(무악)가 도읍할 만한 곳이라 하여 와서 보니, (유)한우 등의 말이 좋지 못하다 하고, 도리어 송도 명당이 좋다고 하면서 서로 논쟁을 하여 국가를 속이니, 이것은 일찍이 징계하지 않은 까닭이다. 경 등이 서운관 관리로 하여금 각각 도읍될 만한 곳을 말해서 알리게 하라." 이에 겸판서운관사(兼判書雲觀事) 최융과 윤신달·유한우 등이 상서하였다. "우리나라 내에서는 부소명당(扶蘇明堂)이 첫째요, 남경(南京)이 다음입니다."

다음날인 8월 12일, 문하시랑찬성사(門下侍郞贊成事) 성석린 역시 부소를 도읍으로 하자고 아뢴다.

> 이곳(무악)은 산과 물이 모여들고 조운(漕運)이 통할 수 있어 길지(吉地)라 할 수 있으나, 명당이 기울어지고 좁으며, 뒷산이 약하고 낮아서, 규모가 왕자의 도읍에 맞지 않습니다. 대저 천하의 큰 나라도 제왕의 도읍은 몇 곳에 불과한데, 하물며 한 나라 안에서 어찌 흔하게 얻을 수 있겠습니까? 부소(扶蘇)의 산수(山水)는 혹 거슬려 놓인 데가 있으므로 선현들이 좌소(左蘇)와 우소(右蘇)에 돌아가면서 거주하자는 말이 있으나, 그 근처에 터를 잡아서 순주(巡住)하는 곳을 삼고, 부소명당으로 본 궁궐을 지으면 심히 다행일까 합니다.

이러한 상소들은, 태조 대 천도 논의에서 고려의 수도 개경의 지덕이 쇠한 까닭에 천도를 해야 한다는 의견들이 있었음에도, 풍수적으로는 한양(南京)보다 개경(扶蘇)이 우위에 있다고 보았음을 말해 준다.

앞서 최융·윤신달·유한우 등이 언급한 부소명당(扶蘇明堂)과 관련하여『신증동국여지승람』에서는 "개성의 진산(鎭山) 송악(松嶽)의 처음 이름은 부소(扶蘇) 또는 곡령(鵠嶺)이었으며, 부소군(扶蘇郡)의 온 산에 솔을 심고 이로 인하여 송악(松岳)이라 불렀다"고 했으니, 부소의 다른 이름이 바로 송악(松岳)인 것이다.『산경표(山經表)』역시, 부소갑(扶蘇岬)은 일명 송악(松岳)이고 일명 곡령(鵠嶺)이라고 기술[18]하고 있으며, 이병도는 부소에 대해 "중앙 만월대(滿月臺)와 부근 일대의 땅은 소위 마두명당(馬頭明堂), 부소명당(扶蘇明堂) 혹은 송악명당(松岳明堂)이라 일컬어지는 것이다. 이 명당을 두른 산맥(山脈)은 만월의 모습처럼 보이기 때문에 그곳을 후에 만월대라고 하게 된 것이다."[19]라고 하였다.

이상 위에 열거한 설명들에서, 당시 "부소는 개경이고, 부소산은 개경의 진산(鎭山)인 송악산"이라는 것이 보편적으로 이해되어 받아들여지고 있었음을 알 수 있다. 따라서 천도 논의 과정에서 나타나는, 부소 또는 부소명당은, 진산이 송악산인 왕도(王都) 개경(開京)으로 보는 것이 타당하다.

성석린은 위의 인용 예(例)에서, 끊임없는 외침으로 황폐화된 고려 왕궁터에 본 궁궐을 짓되 좌소(左蘇)와 우소(右蘇) 근처에는 순주(巡住)하는 곳을 두자고 건의한 것이다. 성석린의 건의에 이어 정총도 부소에 재 도읍을 상서한 바 있다. 다만 이러한 '부소도읍 상서'는 고려수도 개경을 그대로 조선조의 수도로 삼자는 의견으로, 개성을 떠나려는 태조의 확고한 의지에 따라 더 이상 후속 논의가 진전되지 못하였다.

---

18 "扶蘇岬 一名松岳 一名鵠嶺 開城府在 南五里", 신경준 지음, 박용수 해설,『산경표』, 도서출판 푸른산, 1995, 55면.
19 이병도,『고려시대의 연구 ─특히 도참사상의 발전을 중심으로─』, 아세아문화사, 1986, 90면.

Ⅲ. 개성의 풍수적 입지

개성의 풍수적 중심지(혈장)는 주산(主山)으로서의 위엄과 역량을 갖춘 송악산의 용맥(龍脈)을 제대로 타고 자리한 채, 고려(918년~1392년)를 거쳐 조선 초까지 정궁(正宮)이었던 고려궁(高麗宮)이 될 것이다. 다만 현재 고려궁은 소실되어 사라졌으므로 궁터로 남아있는 만월대(滿月臺)가 바로 고려시대 본궐(本闕)의 위치로 보아야 할 것이다. 따라서 개경의 풍수 판단은 만월대를 기준으로 살펴보기로 한다.

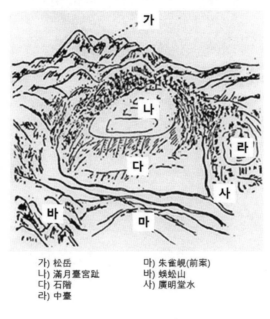

가) 松岳　　　　마) 朱雀峴(前案)
나) 滿月臺宮趾　바) 蜈蚣山
다) 石階　　　　사) 廣明堂水
라) 中臺

그림 12-2. 송악과 만월대

출처: 村山智順 저, 최길성 역, 『조선의 풍수』

『택리지』에서는 "만월대는 올려다보아야 하는 긴 언덕이다. 도선의 유기(道詵留記)에 '흙을 허물지 말고 흙과 돌로 북돋워 궁전을 지어야 한다' 하였다. 이에 고려 태조는 돌을 다듬어 층계를 만들어 기슭을 보호하고, 그 위에다 궁전을 세웠다. 고려가 망하자 궁전은 헐려 치웠으나 층계 돌은 완연하다."라고 표현한다(그림 12-2, 12-3).

a. 고려왕궁터 全景

b. 고려왕궁터 중심부(會慶殿터 정면) 全景

그림 12-3. 고려왕궁터(滿月臺) 모습

출처: 조선유적유물도감편찬위원회, 『조선유적유물도감(10)-고려편(1)』

　　고려 왕궁터로 들어오는 용세(龍勢)를 『산경표』로 살펴보면, 해서정맥(海西正脉)의 개련산(開蓮山)에서 갈라진 임진북예성남정맥(臨津北禮成南正脉)이 기달산(箕達山)→천개산(天蓋山)→화개산(華蓋山)→학봉산(鶴峰山)→수룡산(首龍山)→백치(白峙)→우이산(牛耳山)→성거산(聖居山)→천마산(天摩山)→부소갑[扶蘇岬, 송악(松岳), 곡령(鵠嶺)]으로 이어지니, 부소갑(松岳山, 490m)이 개성의 주산(主山)이며 진산(鎭山)[20]이다(그림 12-4).

20　① "진산(鎭山)은 악(惡)과 불길(不吉)을 진압해 주는 진호(鎭護)의 신산(神山)으로 풍수지리설상의 주산과는 다른 의미이며, 고을마다 지방적인 진산을 정해 그 아래 터에 치소지(治所地)를 입지시켰다.", 임덕순, 「한국인의 전통적 지리관」, 『문화역사지리』 제11호, 한국역사문화지리학회, 1999, 7면. ② "왕도(王都)의 진산(鎭山)은 송악(松嶽)이다.", 『고려사』, 「志10-지리1-王京 開城府」

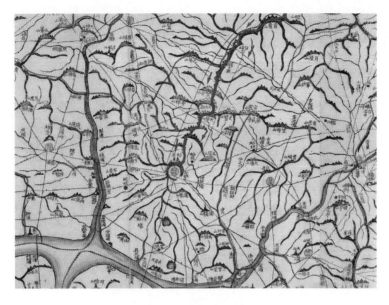

그림 12-4. 개성 일대 용맥도

출처: 『대동여지도(大東興地圖)』

이중환은 송악산(松岳山)을 고려왕조의 발상지인 오관산(五冠山)과 연결 지어 "도선은 오관산에 대해, '모봉(母峰)은 수성(水星)[21]이고 줄기는 목성(木星)'이라고 했다. 산세가 아주 길고 멀다. 또 크게 끊어져서 송악산(松岳山)이 되었는데, 감여가(堪興家)가 말하는 '하늘에 모여드는 토성(土星)'이다. 웅장한 기세는 넓고 크며, 포용하려는 의사는 혼연하고 두껍다."[22]고 하였다. 이는 도선이 개성의 내룡(來龍) 맥세(脈勢)를 설명한 '수근목간(水根木幹)'의 의미이다.

이병도 역시 "송악(松岳)은 그 지형이 마치 웅장한 병풍을 편 것 같아 소위 주천토(奏天土;方正形)의 모양을 이루고 서북(西北)에 진좌(鎮坐)하여 동남향으로 국(局)을 열고 있다." 하여, 서북에 자리한 송악산의 형태는 방정형의 토형(土形)이며 개성의 국세는 동남 방면으로 펼쳐졌다 하였다.

---

21 "산의 모양을 오성(五星)으로 표현하는데, 목성(木星)은 높고 우뚝 솟아 정연한 산, 화성(火星)은 불꽃 모양의 날카로운 산, 토성(土星)은 평평한 산, 금성(金星)은 둥근 산, 수성(水星)은 구불구불한 모양으로 굽은 산이다.", 천인호, 『풍수지리학연구』, 한국학술정보, 2012, 114면.

22 "五冠則道詵謂水母木幹勢極長遠而又大斷爲松岳卽堪興家所謂湊天土也 氣勢雄健博大意思包畜渾厚", 이중환 저, 이익성 역, 『택리지』, 을유문화사, 2012, 252면.

개성의 사세(砂勢)를 살펴보면, 만월대는 현무(玄武)인 송악산 남쪽 기슭의 높은 언덕에 있으며, 청룡(青龍) 자남산(子男山, 104m)과 백호(白虎) 오공산(蜈蚣山, 203m)이 좌우로 감싼 가운데 오공산의 줄기로 백호안대(白虎案對)인 주작현(朱雀峴)[23]이 내안산(內案山)이 되었고, 역시 오공산에서 분벽(分劈)한 백호안대 용수산(龍岫山, 龍首山, 178m)이 외안산(外案山)을 이룬 가운데, 진봉산(進鳳山, 310m)·덕적산(德積山, 일명 德勿山, 288m) 등이 겹겹이 조산(朝山)을 이루고 있다.

개성의 성(城)은 우리나라의 전통적인 평산성(平山城)으로 건설되었으며, 이병도는 개성의 내성(內城)과 외성(外城)을 통해 송악(松岳)의 사신사를 다음과 같이 설명하였다(그림 12-5).

> 그 좌우지맥(左右支脈)은 송악의 일지(一支)로 서(西)에 있는 것은 저 눌리문지(訥里門址)로부터 동남까지 만궁(彎弓)과 같이 만월대의 전면(前面)을 안으면서 주작현(朱雀峴)에 이르러 내안산(內案山)을 이루고, 또 일지로 동(東)에 있는 것은 북소문(北小門)·진언문(進言門) 부근에서 굴복(崛伏)하여 그 앞에 이르러 자남산(子男山)을 일으키고 있다. 그 우비(右臂;右支脈)는 내백호(內白虎), 좌비(左臂;左支脈)는 내청룡(內青龍)이다. … 밖으로 서(西)는 내성과 외성(라성)과의 분기점인 오공산으로부터 외안산(外案山)인 남방의 용수산에 이르는, 길게 우회한, 외성의 일맥(一脈)으로 외백호(外白虎)의 형세를 이루며, 동방은 내성과 외성과의 분기점(북소문 부근)으로부터 탄현문(炭峴門) 숭인문(崇仁門)을 거쳐 덕암(德岩)에 이르는, 역시 외성의 일맥으로써 외청룡(外青龍)의 형세를 일으킨다. 남(南)은 용수·진봉·덕적 세 개 산(三山)이 세 겹으로 안산(案山)·조산(朝山)의 형세를 이룬다.

---

23 "개성시 만월동의 중서부에 있는 덕, 옛날 황성(발어참성)의 남문(南門)인 주작문(朱雀門)이 있었다.", 북한지역정보넷 (http://www.cybernk.net/).

그림 12-5. 개성약도

출처: 이병도, 『고려시대의 연구』

용수산[24]이 송악산에서 내려온 백호 줄기가 주산과 이어진 본신안산(本身案山)인 것처럼 개성의 산세는 백호가 청룡줄기에 비해 높고 기세가 강맹한 것[25]이 특징이다. 이러한 백호 우세 형국은 고구려의 수도였던 평양, 고려 수도 개성 그리고 조선의 도읍지 한양 형세(形勢)의 공통점이다.[26]

개성의 물 흐름에 대해서 김기덕은 "개성의 수세(水勢)는 만월대의 내국(內局)에서 모이는 한 줄기와 자남산 동쪽의 선죽교를 지나는 한 줄기 그리고 오공산의 남쪽에서 동으로 흐르는 세 줄기로 구성된다. 이 세 줄기는 내성의 남대문 밖에서 합수되어 동남

---

24 용수산(龍岫山, 龍首山)은 만월대의 내안(內案)인 주작현(朱雀峴) 뒤에 서있는 외안(外案) 겸 조산(朝山)으로, 『조선향토대백과』(조선과학백과사전출판사 · 한국평화문제연구소, 신흥인쇄, 2004년, 249면)에서는 남산(南山)을 병기하고 있다.

25 『선화봉사고려도경(宣和奉使高麗圖經)』에서는 좌청룡이 현저히 낮음을 좌계(左溪)로 표현한다. "自崧山之半 下瞰城中 左溪右山 後岡前嶺(숭산 중턱에서 성안을 내려다보면, 왼쪽은 시내, 오른쪽은 산)", 서긍 저, 조동원 외 4인 공역, 『고려도경』, 황소자리출판사, 2005, 75면.

26 평양은 주된 맥인 백호 우선국(右旋局)으로 물줄기가 대동강에 역세(逆勢)로 합류하며, 우백호가 좌청룡보다 길다. 서울 역시 조선의 정궁(正宮) 경복궁(景福宮)의 우백호 인왕산(仁王山, 340m)이 좌청룡 타락산(駝酪山, 낙산, 낙타산, 125m)에 비해 기세가 월등하다.

방의 보정문 아래 수구문을 통해 성 밖으로 흘러나가 크게 보면 서출동류(西出東流)의 흐름을 보이고 있다(그림 12-6).”[27]고 하였다.

그림 12-6. 개성의 수세
출처: 『1872 지방지도』, 「개성전도(開城全圖)」

개성은 많은 풍수지리적 장점을 갖추고 있으나, 수세의 문제점을 지적받고 있다.

무라야마 지준(村山智順)은 “물에 대해서 말하면 작은 시내가 만월의 오른쪽으로부터 나와서 대전(臺前)을 돌아서, 왼쪽에서 남쪽으로 향해 그 모습을 감추는 곳의 금수(金水)이고, 그 물줄기는 이 성국(成局) 때문에 상당히 나빠 보일 정도로 작다. 이 땅의 풍수는, 성국으로 보면 산대국(山大局) 또는 동부국(洞府局)이지만 장풍득수(藏風得水)로 말하면 장풍(藏風)에 치우쳤다.”[28]고 하여, 개성의 풍수가 장풍득수 중 장풍에는 문제가 없으나 득수의 문제점으로 만월대 앞을 흐르는 물줄기의 적은 수량(水量)을 들었다.

이병도는 개성에 대해 “실로 좋은 장점을 갖추고 있으나 오직 너무나 산강(山岡)으로 포위되어 있어 국면(局面)이 관광(寬廣)치 못하고 또 북산(北山) 제곡(諸谷)에서 흘러

나오는 계수(溪水)는 모두 중앙 한군데에 모이기 때문에 하추강우기(夏秋降雨期)에는 수세가 자못 거칠고 분류(奔流)가 급격하여 순조롭지 못하다는 것이, 이를테면 (서경에 비하여 떨어지는) 결점이고, 기타는 풍수상의 이론 조건에 합치한다."고 하여 개성 풍수의 좋은 장점이 많으나, 산강으로 포위된 특성상 국면이 관광치 못해 수세가 거친 것이 평양 대비 아쉬운 점이라 하였다.

결국 개성의 소하천들이 평소에는 건수(乾水)에 가까우나 장마 때는 빗물이 개울로 합류하여 물줄기가 강해진다는 점을 의미하고 있다. 또한 개성의 산, 특히 송악산은 바위산으로 형성되어 빗물이 함유되기 어려운 지질적 원인임을 말하고 있다. 앞서 소개한 '태조 왕건의 가계'에서 신라의 팔원이 태조의 고조(高祖) 강충에게 민둥산(童山[29])에 나무가 없으니 척박한 토양에서 잘 자라는 소나무를 심으라고 권유했던 것도 개성의 수세 관리가 긴요하다는 판단에 기인했을지도 모른다.

IV. 통일수도를 위한 개성의 도시개발 제언

개성의 풍수적 중심지인 고려 왕궁터[만월대]는 주산인 송악산의 남쪽 기슭의 높다란 언덕에 있으며, 용맥을 제대로 타고 남향으로 입지해 있다. 현무인 송악산, 청룡 자남산과 백호 오공산이 좌우를 감싼 가운데 백호 줄기인 주작현이 내안(內案)이 되었으며, 그 남쪽의 용수산 역시 오공산에서 분벽하여 자기안(自起案)을 이룬 가운데, 송악산에서 내려온 용맥인 진봉산·덕적산 등이 겹겹이 조산(朝山)으로 서 있는 장풍국세를 이루고 있다.

주산인 송악산의 웅장한 기세와 조·안산이 멀리 겹겹이 둘러서 국세가 장대한 것은 『청오경』에서 요구하는 도읍지의 조건에 부합된다. 다만 산강으로 위요(圍繞)된 특성상 국면이 관광치 못해 강우기에 물줄기가 거세고 순조롭지 못할 수 있으니, 개성의 수

---

29 "동(童)·단(斷)·석(石)·과(過)·독(獨)·핍(逼)·측산(側山)은 흉화를 생기게 하고, 있던 복(福)도 사라지게 하는 곳인바, 초목이 자라지 않는 동산은 옷을 벗은 산이고, 무너져 함몰되고 구덩이가 파인 단산은 기가 없고, 석산은 땅이 비옥하지 못하고, 과산은 세가 머물지 않고, 독산은 자웅이 없고, 핍산은 명당이 없고, 측산은 기울어져 똑바르지 못한 산이다(童斷與石 過獨逼側 能生新凶 能消已福 不生草木爲童 崩陷坑塹爲斷 童山則無衣 斷山則無氣 石山則土不滋 過山則勢不住 獨則無雌雄 逼則無明堂 側則斜欹而不正).", 「청오경」

세 관리를 위한 적극적인 숲[30] 조성 등의 비보(裨補) 조치가 필요하다.

개성을 확대하여 하나의 국면으로 파악했을 때, 통일수도 입지로서의 개발가능성을 평가해 보겠다.

현재의 개성 지역을 포함하여 〈그림 12-7〉과 같이 최대로 확장 시 남으로는 임진강과 한강 하구에, 서로는 조강에 이르고, 동으로는 장단(장단면, 군내면)까지를 포함하는 지역을 편의상 '대개성(大開城, Great Gaesung)'이라 칭하기로 한다. '대(大)개성'은 명실상부한 통일 수도를 의미하는 것으로, 이는 입법·사법·행정 등의 모든 국가기관들을 옮기는 실질적인 천도를 의미하게 된다. 통일수도의 면적(대개성 'A지역')은 약 457.3km^2(138.3백만 평)에 이르며, 흥왕사지 남쪽 지역인 B지역(99.8km^2, 30.2백만 평)과 장단 지역인 C지역(30.8km^2, 9.3백만 평)까지 포함하여 보국을 확장할 경우 약 587.9km^2(177.8백만 평)에 이르게 된다.

여기서 대(大)개성의 혈장을 어디로 정할 것인가 하는 문제가 제기된다. 앞서 제3장에서 개성의 풍수 입지를 검토한 바와 같이, 개성의 혈장은 당연히 고려 왕궁터이며, 고려궁지가 개성의 최상위 입지임이 분명하므로, 만월대 터의 일부를 통일수도의 대통령 관저 입지로 활용하는 것이 가장 바람직하겠다. 다만, 고려궁은 복원하여 보전해야 할 역사 유적지이기에 그 터의 활용이 불가능할 수도 있다. 따라서 필자는 청와대의 사례[31]를 참조하여 고려 궁터 바로 위쪽에서 통일수도의 대통령 관저가 기댈만한 용맥을 위성지도로 찾아보았으나, 명당이 협소하여 마땅한 입지를 찾을 수 없었다. 자남산 기슭 역시 보국이 작아 터로 적절하지 못해 보였다. 따라서 제반 여건상 만월대를 혈장으로 활용하기 어려울 경우에 대비하여, 제3의 장소로 혈장ⓐ와 혈장ⓑ를 상정하여 보았다(그

---

30   숲은 강수(降水)를 해면(海綿)처럼 흡수 저장하고 여과한 후 하천으로 흘려보내거나 지하수로 공급하는 수원함양(水源涵養) 기능을 한다. 수원함양의 효과로, 홍수유량을 경감시키는 홍수조절과 갈수기에 계곡물이 마르지 않게 해주는 갈수완화 그리고 수질을 청정하게 유지해 주는 수질정화를 들 수 있다. 또한 숲은 기후변화의 주요 원인인 온실가스를 흡수함으로써 지구의 온도 상승을 억제하는 역할을 한다.

31   청와대의 입지는 고려조의 남경 이궁(궁궐 위치는 경복궁 북쪽으로 청와대 부근으로 추정) 또는 경복궁 후원이 자리하였던 곳으로, 청와대 본관은 백악(북악산)에서 뻗어내렸으되, 경복궁 교태전으로 내려온 용맥과는 다른 용맥을 타고 앉았다.

림 12-7).

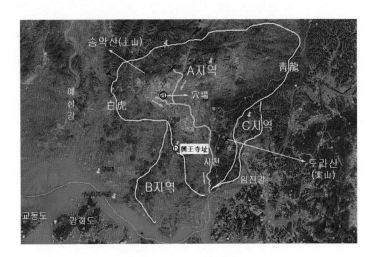

그림 12-7. 대(大)개성의 국세

출처: 구글어스 위성지도

1. 혈장ⓐ의 풍수적 판단

대(大)개성의 A지역('보국 A')은 청룡과 백호에 의해 잘 환포된 전형적인 장풍국을 이루게 된다. 대개성 '보국 A'의 양기 혈장을 〈그림 12-7〉과 〈그림 12-8〉의 동그라미 ⓐ로 상정한다면, 도라산(都羅山)이 안산이 될 것이고, 조산(朝山)은 임진강 남쪽의 산들이며, 강 넘어 멀리 배경처럼 보이는 북한산 연봉들 역시 조산으로 기능하는 대단히 큰 국면이 된다.

그림 12-8. 도라산전망대에서 바라본 혈장ⓐ

그림 12-9. 穴場ⓐ 확대

출처: 구글지도

혈장 ⓐ로 들어오는 용세를 살펴보면, 조산(祖山) 천마산(天摩山, 757m)→송악산(松岳山, 490m)→북소문(北小門)→탄현문지(炭峴門址)→광덕산(廣德山, 155.6m)을 거쳐 ⓐ로 입수한다. 대개성의 백호 줄기는 송악산(松岳山)→용수산(龍首山, 178m)→진봉산(進鳳山, 310m)→덕적산(德積山, 288m)→군장산(軍藏山, 277m)→여니산(如尼山, 239m)을 연결하며 내려와 좌측에 임진강과 사천을 만나고, 청룡의 흐름은 천마산(天摩山)→화장산(華壯山, 559m)→용호산(龍虎山, 303m)→망해산(望海山, 272m)→백학산(白鶴山, 229m)→도라산(都羅山, 156m)을 이으며 내려와 우측에 사천을 만난다. 즉 산세가 균형 잡힌 백호 용맥과 청룡 용맥이 사천 하구를 가운데 두고 긴밀하게 막고 선 전형적인 장풍국세이다. 안산은 도라산으로 청룡 용맥이 뻗은 청룡안대(靑龍案對)이다.

〈그림 12-9〉에서 보듯이, 혈장 ⓐ 앞을 흐르는 내당수(內堂水)는 동서수로 서쪽에서 동쪽으로 흐르다(西出東流) 북쪽에서 내려오는 물을 만나, 주력 수세인 사천(沙川)이 되어 남북수에 가까운 모습으로 흘러 임진강에 합류한다. ⓐ에서 볼 때 임진강은 도라산 주변의 산에 의해 시야가 차단되어 암공수(暗拱水)가 될 것이다. 또한 도시 지역의 식수 문제 역시 임진강을 이용할 수 있으므로 별다른 문제가 없으며, 특히 청룡과 백호의 끝부분과 임진강이 면한 지역은 내륙 항만으로 개발할 수 있는 여지가 충분하다.

2. 혈장ⓑ의 풍수적 판단

혈장ⓑ는 고려 문종(文宗)의 원찰(願刹)이자 이궁(離宮)이었던 흥왕사(興王寺)의 터이다.

문종 10년(1056) 덕수현(德水縣)을 양천(楊川)으로 옮긴 자리(현재의 개풍군 봉동면 흥왕리)에 창건을 시작하여 문종 21년(1067) 약 12년의 공사 끝에 2800칸(間) 규모로 완공되었으며, '새 도읍 내지 보조 도읍의 성격'[32]도 지녔기에, 흥왕사 옛터는 대개성의 혈장으로 검토할 만한 가치가 있다.[33]

---

32 "현치(縣治)를 옮겨 무려 12년에 걸쳐 지은 2800칸의 거대한 규모로 일반적인 궁궐·사찰보다 규모가 엄청나게 컸던 점, 단순한 담벽이 아니라 성(城)을 쌓아 둘렀던 점으로 알 수 있다.", 김창현, 「고려시대 국왕巡御와 도읍경영」, 『한국중세사연구』 제21호, 한국중세사학회, 2006, 194면.

33 필자는 흥왕사지 남쪽 일대를, 워싱턴(Washington)과 캔버라(Canberra)의 사례를 들어, 통일한국의 정치·행정수도 입

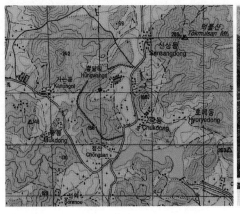

(a) 흥왕사지 부근 지도
출처: 『북한5만분의1지형도(下)』

(b) 흥왕사지 전경[34]

그림 12-10. 흥왕사지 부근 지도와 사지(寺址) 전경(全景)

흥왕사는, 중종 25년(1530) 편찬된 『신증동국여지승람』에서 옛터를 덕적산(德積山) 남쪽에 있는 풍덕군(豊德郡)의 고적(古蹟)이라 설명하고 있어, 조선 중기에 이미 그 터만 남은 상태였음을 알 수 있다. 1948년 국립박물관에서 흥왕사터를 현장조사한 기록은 다음과 같다. 산맥 능선을 따라 축조된 토성(土城) 안쪽 전부가 절터라고 하였으니, 흥왕사의 규모가 얼마나 대단하였는지를 알 수 있다(그림 12-10, b).

사지 사주(寺址四周)에는 열악중봉(列岳衆峰)이 병장(屏嶂)같이 위요되어 있어 분저(盆底)같이 짜임 있고 광활하면서도 아늑한 지대를 이루고 있으니, 진봉산맥(進鳳山脈)은 남진하여 이곳에 이르러 일봉(一峰)을 융기하여 주산을 이루었고, 다시 그 일맥(一脈)은 서남으로 우회하여 사지(寺址)를 포옹하였으며, 덕물산맥(德勿山脈)은 남진하여 사지 동방(東方)에 대우산(大牛山)을 일으켰고 정남(正南)으로는 군장제산(軍藏諸山)이 참치(參差)하였는데, 이상 제산(諸山)의 계곡에서 흐르는 제수(諸水)는 중앙에서 합수(合水)되어 정남으로 흐르며 그 너머 멀리 한강(漢江) 임진(臨津)의 합류(合流)가 도도우회(滔滔迂回)하여 강화제산(江華諸山)을 격(隔)하였으니, 참으로 사신상응(四神相應)의 명당(名堂)임을 깨

지(도시면적 약 2,450만 평)로 제안한 바 있다. 손진수, 『풍수로 본 통일수도론』, 도서출판 글담화, 2023, 194∞195면, 224면.

34 황수영, 「고려 흥왕사지의 조사」, 『백성욱박사송수기념 불교학논문집』, 동국대학교, 1959, 1116면.

닳게 함이 있다. 그것은 마치 고려왕궁지 만월대에서 바라보는 개경의 산수배치와 규모에 있어 대소의 차이는 있을지언정 매우 흡사함을 느끼게 한다.[35]

고려 문종이 실제적인 도읍지로서의 기능을 부여할 만큼 심혈을 기울여 창건한 흥왕사로 이어지는 용세를 살펴보면, 임진북예성남정맥으로 천마산→송악산→용수산→진봉산→흥왕사의 주산으로 연결된다. 진봉산에서 위이(委迤) 기복(起伏)하면서 남진하여 융기한 봉우리가 주산이며, 〈그림 12-11〉(a)에서 보듯 용호의 환포(環抱)가 유정한 가운데 백호안대(白虎案對)를 이루었으며, 산수의 배치와 백호가 청룡보다 강맹한 점이 개성 만월대 형세와 비슷하다, 흥왕사지는 사신사에 의해 잘 위요된 넓은 분지로 조산(朝山) 역시 잘 갖추어진 장점이 있다.

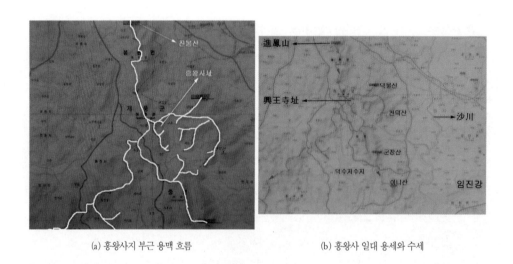

(a) 흥왕사지 부근 용맥 흐름   (b) 흥왕사 일대 용세와 수세

그림 12-11. 흥왕사지 부근 용맥도와 수세도

출처: (a) 『대한민국 4000산 등산지도』

수세의 흐름을 살펴보면, 산자락의 물들이 흥왕사의 혈장 앞에서 만나 흐르던 내수(內水)는 동쪽으로 흘러 덕물산에서 흘러오는 계곡수와 합수 후 사지(寺址)를 둘러싼 토성의 남쪽 저수지로 유입된다. 저수지 물은 천덕산과 군장산 사이 계곡을 빠져나가

35　황수영, 「고려 흥왕사지의 조사」, 『백성욱박사송수기념 불교학논문집』, 동국대학교, 1959, 1113∞1114면.

대체로 동서수(東西水)의 형태로 흐르다 외수(外水)인 사천에 합류하며 이윽고 임진강에 이른다(그림 12-11, b). 이 일대 남쪽을 흐르는 임진강과 조강(祖江)은 이 지역을 궁수(弓水)의 형태로 감싸주며 흐르는 장점이 있다.

이상 개성의 상징이자 대표 혈장임이 분명한 만월대를 활용하지 못한다는 만약의 경우를 상정하여, 국가중추기관이 들어설 만한 혈장 두 곳을 추가로 선정 검토하여 보았다.

V. 종합의견

지금까지의 연구 결과, 남과 북을 아우를 수 있는 한반도의 중심부에 위치하고 있으며, 고려의 황도(皇都)였던 개성이 통일의 상징성을 띤 역사 깊은 고도(古都)[36]로서, 대한민국을 대표할 만한 유력한 통일수도 후보지가 될 수 있다고 판단하였다.

대(大)개성의 국세를 조망해 보면, 한강과 임진강 하류 지역은 백두산으로부터 달려오는 천리내룡(千里來龍) 임진북예성남정맥(臨津北禮成南正脉), 한북정맥(漢北正脉)과 한남정맥(漢南正脉)이 임진강 · 한강과 서해 바다를 만나 비로소 멈춘(界水則止) 곳으로, 국토의 중심부에 위치하고 있다. 거시적으로 볼 때 강화도가 안산이면서 수구(水口)막이로, 교동도가 2차 안산 겸 수구막이로 작용함으로써, 겹겹의 장풍국을 이루고 있는 곳[37]이기도 하다(그림 12-12). 따라서 용맥의 기세(氣勢)가 남쪽으로 흐르고 있으며, 남향의 지세를 가진 임진강 북쪽에 위치한 개성지역이 통일한국의 새로운 수도

---

36 개성역사유적지구(開城歷史遺蹟地區)는 2013년 6월 23일 제37차 유네스코 세계유산위원회(WHC) 프놈펜 회의에서 세계문화유산으로 등록되었다. 개성역사유적지구는 개성성벽 5개 구역, 만월대와 첨성대 유적, 개성 남대문, 고려 성균관, 숭양서원, 선죽교와 표충사, 왕건릉과 7개 왕릉과 명릉, 공민왕릉이 포함된다.

37 『택리지』에서는 개성의 국세를 넓게 해석하였다. ① "강화부 전체가 큰 섬이며 한양 수구의 나성(漢陽水口之羅星)이다.", 이중환 저, 이익성 역, 『택리지』, 을유문화사, 2012, 112∞113면. ② "강화에서 나온 한 맥이 서안을 따라가다 움푹 꺼진 돌맥이 되고, 작은 포구를 지나 교동도가 되었다. 이 섬이 개성의 외안산이 되고, 섬 북쪽은 한강인데 여기에 와서 개성의 안수가 되었다(江華一脈從西岸行又以崩洪石脈過一小浦是爲喬桐島爲開城外案島北則漢江之水至此爲開城面水).", 이중환, 같은 책, 117면.

입지로 적합해 보인다.

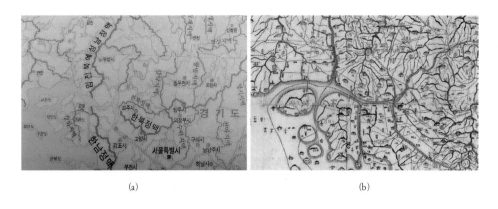

(a)　　　　　　　　　　　　　　　(b)

그림 12-12. 개성 인근의 산맥도

출처: (a) 신산경표, 박성태, (b) 대동여지도

한편 전세계적으로 지진 발생 빈도가 과거에 비해 증가하고 있는 가운데 우리나라도 더 이상 지진으로부터 안전한 지역이 아니다. 따라서 수도 입지 선정 기준으로 지진 활동은 반드시 고려되어야 할 지표이다. 우리나라에서 발생한 최근의 대형지진으로 2016년 9월 12일자 진도 5.8의 경주지진과 2017년 11월 15일자 진도 5.4의 포항지진을 들 수 있다. 다행히 개성은, 우리나라 3대 활성단층대 중 하나인 추가령지구대를 비켜난 지역으로 지진발생 가능성이 비교적 적은 곳[38]이며, 실제로 1994.1~2024.8 기간 동안 총 323회 일어난 진도 3.0 이상 지진 중 해당 지역에서 발생한 사례가 없다(web.kma.go.kr/, 지진·화산-지진조회-국내).

개성이 통일수도가 될 때의 장점으로, 첫째, 개성은 후삼국(後三國)을 통일한 고려의 오백 년 가까운 수도로 대내외적으로 통일한국의 상징으로 손색없는 유서 깊은 고도이다. 따라서 우리 민족의 정체성 확립은 물론 동질성 확보에 유리하다. 둘째, 개성은 서

38　"남한에서의 지진발생은 N70°W의 방향성을 보이면서 포항-서산 사이에 대상(帶狀)으로 분포한다. 북한에서는 지진의 발생이 추가령지구대 이서(以西) 지역에 국한되며 다소 산발적이나 주로 N20°E의 방향성을 보이며 해주-장진 사이에 대상으로 분포한다.", 전명순 외 3인, 「최근 한반도의 지진활동의 線구조」, 『대한지질학회 학술대회』, 대한지질학회, 1991, 547∽548면.

울과 평양 사이 한반도 중앙에 위치하고 개성공단을 통한 경제협력이 진행되었던 남북 교류의 접점이었기에 남·북한 간 심리적 거부감이 비교적 적다. 셋째, 통일독일이 베를린에 환도(還都)한 사례에서 보듯, 정서적·문화적·사회적으로 완전한 국가통합을 이끌어내기 위해서는 통일수도가 위치적으로 북측에 다가서는 배려와 양보가 필요하다고 본다. 즉 인구와 경제력 면에서 절대적 우위에 있는 남한이 북한을 배려하고 포용함으로써, 북한 주민들을 민족통합에 자발적으로 동참시킬 수 있을 것이다. 넷째, 통일이 이루어진 뒤 더 좋은 일자리를 찾아 나서는 북에서 남으로의 인구 대이동을 방지하기 위해 북한 지역의 경제력을 제고시켜야 하므로, 국토개발 중심축을 현재보다 북쪽으로 끌어올릴 필요가 있다고 본다. 즉 개성은 국토의 중심부이면서 북한에 위치하여 북한의 경제개발을 가속할 수 있는 입지라 하겠다. 다섯째, 개성은 임진강과 예성강을 끼고 있어 용수(用水) 확보에 유리하며, 기존 해주공항은 물론 인천공항과의 연계가 편리한 물류적 이점을 가지고 있다. 여섯째, 개성을 포함한 북한권은 부동산투기로부터 비교적 자유롭고 토지수용이 용이한 장점이 있다.

정리하자면, 개성을 통일한국의 상징이 되는 대표 도시로 육성하여야 한다는 민족적 합의가 있을 경우, 〈그림 12-7〉을 통해 제시한 바와 같이, 임진강과 조강을 접하고 서해에 이르는 최대 587.9㎢[39]에 달하는 대(大)개성의 건설이 바람직하다고 본다. '대(大)개성'의 혈장에는 대통령 관저와 같은 국가중추기관이 들어서고, 나머지 행정기구들은 개성 시내 넓게는 흥왕사지 남쪽 지대 또는 장단 지역에 입지시키는 방안이 고려할 만하다.

개성이 통일수도가 될 경우, 남북 균형발전을 위해 서울과 평양을 포함하여 고려시대 실시되었던 삼경제(三京制)[40]의 사례를 참고할 수 있겠다. 즉 서울은 경제중심도시, 평양은 입법과 사법권을 담당하는 도시로 기능하는 등 분권화를 추구하는 것도 하나의 방안이라고 본다.

---

39 서울시 면적: 약 605.2㎢

40 태조 4년(921) 10월 왕이 서경에 행차하였다(『고려사』)는 기록에서 보듯 고려 초의 양경제(개경과 서경)를 거쳐, 성종 6년(987) 11월 경주를 동경유수로 고치면서(『고려사절요』) 초기 삼경제가 이루어졌다. 문종 21년(1067) 12월 양주를 고쳐 남경유수관으로 삼았고, 숙종 6년(1101) 9월 남경개창도감(南京開創都監)을 설치하여 숙종 9년(1104) 5월 남경 궁궐이 완성됨(『고려사』)으로써 중경(中京;개경)·서경(西京;평양)·남경(南京;한양)의 새로운 삼경제가 완성되었다.

〈참고문헌〉

『高麗史』

『高麗史節要』

『撼龍經』

『廣興圖』

『大東輿地圖』

『三國史記』

『新增東國輿地勝覽』

『1872 地方地圖』

『葬書』(일명『錦囊經』)

『靑鳥經』

『太祖實錄』

곽박 저, 허찬구 역,『葬書譯註』, 비봉출판사, 2005.

박성태,『신산경표』, 조선매거진, 2010.

서긍 저, 조동원 외 4인 공역,『고려도경』, 황소자리출판사, 2005.

신경준 지음, 박용수 해설,『산경표』, 도서출판 푸른산, 1995.

손진수,『풍수로 본 통일수도론』, 도서출판 글담화, 2023.

양균송 저, 김두규 역주,『감룡경ㆍ의룡경』, 비봉출판사, 2009.

이병도,『고려시대의 연구 -특히 도참사상의 발전을 중심으로-』, 아세아문화사, 1986.

이중환 저, 이익성 역,『택리지』, 을유문화사, 2012.

이행 외, 민족문화추진회 편,『국역 신증동국여지승람 I 』, 삼성인쇄주식회사, 1982.

조선과학백과사전출판사ㆍ한국평화문제연구소,『조선향토대백과』, 신흥인쇄, 2004.

조선뉴스프레스 월간산,『대한민국 4000산 등산지도』, 동아지도, 2013.

조선유적유물도감편찬위원회,『조선유적유물도감(10)-고려편(1)』, 외국문종합출판사, 1991.

천인호,『풍수지리학연구』, 한국학술정보, 2012.

최창조 역주,『청오경ㆍ금낭경』, 민음사, 1993.

현대지도문화사,『북한5만분의1지형도(下)』, 경인문화사, 1997.

村山智順 저, 최길성 역,『조선의 풍수』, 민음사, 1990.

김기덕,「고려시대 개경의 풍수지리적 고찰」,『한국사상사학』제17권, 한국사상사학회, 2001.

김기덕,「고려시대 개경과 서경의 풍수지리와 천도론」,『한국사연구』제127호, 한국사연구회, 2004.

김창현,「고려시대 국왕巡御와 도읍경영」,『한국중세연구』제21호, 한국중세사학회, 2006.

신성재,「궁예정권의 철원 천도와 전쟁사적 의미」,『한국사연구』제158호, 한국사연구회, 2012.

임덕순,「한국인의 전통적 지리관」,『문화역사지리』제11호, 한국역사문화지리학회, 1999.

전명순 외 3인,「최근 한반도의 지진활동의 線구조」,『대한지질학회 학술대회』, 대한지질학회, 1991.

최창조, 「풍수사상에서 본 통일 한반도의 수도입지 선정」, 『국토연구』 제11권, 국토연구원, 1989.

허재완, 「통일 한국의 수도, 어디가 되어야 하나?」, 『국토계획』 제50권 1호, 대한국토 · 도시계획학회, 2015.

호광석, 「통일국가의 수도확정에 관한 일 고찰」, 『사회과학연구』 제12권 1호, 동국대학교, 2005.

홍영의, 「고려수도 개경의 위상」, 『역사비평』 1998, 통권 45호, 역사비평사, 1998.

황수영, 「고려 흥왕사지의 조사」, 『백성욱박사송수기념 불교학논문집』, 동국대학교, 1959.

구글어스 위성지도(https://www.google.com/earth).

구글지도(https://www.google.co.kr/maps).

기상청(http://web.kma.go.kr).

북한지역정보넷(http://www.cybernk.net).

풍수로 영국 신도시 입지를 평가하다

김동영*

I. 들어가는 글

현대 사회에서는 주거공간 수급, 도시 내부 주거환경 개선, 도시화로부터 비롯된 환경오염 및 파괴 등 많은 도시문제가 발생하고 있다. 이러한 도시문제는 인구가 도시로 몰리면서부터 발생하기 시작하였는데 1960년에는 전 인류의 34%가 도시에서 거주하였으나 2022년에는 57%로 이 비율이 상승하였고,[1] 2050년까지 전 인류의 2/3 이상이 도시에서 거주할 것으로 예상된다.[2] 도시의 환경문제는 더는 내버려 둘 수 없는 시급한 과제이며, 도시개발로 인한 환경문제를 해결하지 않는 한 미래세대의 생존 및 안전을 더는 보장할 수 없다. 인구의 도시 집중화로 인한 도시문제 해결을 위해 국제사회에서는 1970년대부터 지속가능한 발전에 대한 논의를 시작하였으며, 생태도시, 녹색도시 등 다양한 도시 모델이 제안되고 연구되어 왔다.

한국에서는 1990년대 들어 분당, 일산 등 1기 신도시를 시작으로 인구 분산을 위해 신도시를 본격적으로 개발하기 시작하였으며, 도시의 지속가능성과 관련한 연구도 활발해지기 시작했다. 다만, 그간 한국의 도시개발은 서양의 도시개발 이론과 모델에 기초하였으며, 한국 전통의 도시 입지 이론인 풍수 이론을 활용하는 데에는 다소 미흡하였다.

---

* 동양문화융합학회 국제이사, 철학박사

1 세계은행 통계(https://data.worldbank.org).

2 United Nations, 『World Urbanization Prospects: The 2018 Revision (ST/ESA/SER.A/420)』, 2019, 19면.

풍수는 동양 전통의 도시 입지 이론으로 한국에서 많이 활용되어왔다. 풍수가 고려 시대 수도인 개경, 조선 시대 수도인 한양의 입지에 영향을 미친 것으로 알려져 있으며, 읍치와 같은 전통적인 취락의 입지와 발달에도 풍수가 영향을 미쳤음이 각종 자료와 연구 결과로 입증되고 있다. 과거 도시의 입지에 활발하게 활용되었던 풍수가 현대 사회에 들어 적극적으로 활용되지 못하고 있는 주된 이유 중 하나가 조선 후기부터 풍수가 음택(陰宅), 즉 '묘 잡기' 위주로 발달하면서 풍수가 철학(哲學)이 아니라 기술(技術)로 치부된 데 크다. 풍수는 오랜 시간을 통해 축적된 인간의 경험을 바탕으로 하는 경험과학이자 환경과학으로서 환경과 조화를 이루며 살아가려는 인간의 의지가 담긴 철학 사상이다. 오히려 서양에서 현대 도시 연구에 풍수를 접목하려는 시도가 활발[3]한 데, 이는 풍수가 하나의 철학 사상이라는 사실의 반증이라 하겠다.

따라서, 서양의 도시에 대해 풍수 이론을 적용하여 풍수적 평가를 시도해 본다면 풍수 철학의 보편성을 더 구체적으로 확인할 수 있다. 또한, 동양의 지리 환경을 바탕으로 발전해 온 전통 풍수의 내용에 지나치게 천착하지 않고 서양의 다른 지리 환경을 인정하면서 활용의 유연성을 발휘한다면 풍수를 현대적으로 재해석하는데 한 걸음 더 다가갈 수 있을 것이다. 영국의 레치워스(Letchworth)는 1900년도 초에 제안된 세계 최초의 전원도시로서 현대 도시의 발전에 지대한 영향을 미쳤다. 이 레치워스에 대해 풍수적인 평가를 해본다면 풍수 이론이 동서양을 뛰어넘어 적용될 수 있는 범용성을 가지는지 알 수 있을 것이다.

---

3   Dong · Zuehl은 "The Comparison and Contrast Between Green Design and Feng Shui"에서 풍수 이론과 녹색 건축 디자인의 원칙을 비교 분석하였으며, Mak는 "An Empirical Study of Modern Sustainable Office Buildings in Sydney from the Feng Shui Perspective"에서 시드니 소재 31개 사무실을 지속가능성 평가 기준으로 평가한 후, 이를 풍수를 기준으로 평가한 결과와 비교하고 지속가능성 평가 기준과 풍수 사이에 상관관계가 상당함을 증명하였다.

Ⅱ. 풍수로 접근한 영국의 산맥과 하천

영국의 정식 국호는 'United Kingdom of Great Britain and Northern Ireland'인데 통상 'United Kingdom(UK)'으로 불린다. 'England', 'Scotland', 'Wales'를 구성하는 'Great Britain'에 'Northern Ireland'가 더해져 'UK'를 형성한다. 국내에서는 국문 명칭인 영국이 'England', 'Great Brain', 'United Kingdom'을 지칭하며 혼용되어 사용되고 있는바, 혼동을 방지하기 위해 영국이라는 국문 명칭은 'UK' 전체 지역을 지칭하는 것으로 하고 세부 지역에 대한 논의가 필요할 때는 'England', 'Scotland', 'Wales' 및 'Northern Ireland' 각각에 대해 '잉글랜드', '스코틀랜드', '웨일스', '북아일랜드'로 지칭하고자 한다.

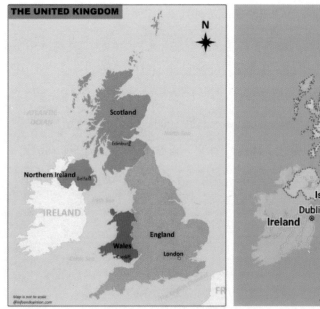

그림 13-1. 영국지도

출처: https://www.infoandopinion.com, 구글 지도

영국에서는 해발고도 600m 이상을 산이라고 하고 이보다 낮은 지역은 구릉(Hill)이라 한다.[4] 영국에 소재한 600m 이상의 산은 총 94개에 이르는데 대부분이 스코틀랜드 지역에 위치한다.[5] 고도가 가장 높은 5개의 산 대부분이 스코틀랜드 동쪽 고원지대이다.

순위	산이름	높이	지역
1	Ben Nevis	1,345m	Ben Nevis
2	Ben Macdui	1,309m	Cairngorms National Park
3	Braeriach	1,296m	Cairngorms National Park
4	Cairn Toul	1,291m	Cairngorms National Park
5	Sgòr An Lochain Uaine	1,258m	Sgòr An Lochain Uaine

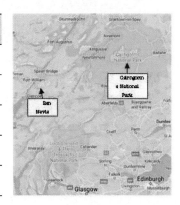

그림 13-2. 영국 5대산

풍수 이론에 의하면 모든 산은 태조산(太祖山)으로부터 출발을 한다. 이후 상하기 복(上下起伏), 좌우지현(左右之玄) 변화를 거치면서 중조산(中祖山), 소조산(小祖山)을 거쳐 주산(主山)으로 이어진다. 그러므로 산의 높이 자체를 살펴보는 동시에 주변의 형세를 종합적으로 고려하여 산의 시발점인 태조산을 판단하는 것이 중요하다. 영국의 지형을 보면, 스코틀랜드 동쪽 지역에 고도가 높은 산들이 집중되어 있는데 영국에서 가장 높은 산 5개 중 4개가 모여있다. 이 지역은 영국에서 가장 높고 험한 산악지형이므로 주변 형세로 보아 영국 모든 산의 조산(祖山)인 태조산은 여기에서 찾을 수 있다. 따라서 산악 고원지대에 있으면서 이 지역에서 두 번째[6]로 높은 산인 벤 막두이(Ben Macdui)산을 태조산으로 삼았다.

영국의 뼈대를 이루는 산맥체계를 구체적으로 살펴보면, 벤 막두이산에서 시작한 맥

---

4   BBC Bitesize(https://www.bbc.co.uk/bitesize).

5   잉글랜드에 4개, 스코틀랜드 81개, 웨일스 8개, 북아일랜드에 1개 (출처: Database of British and Irish Hills)

6   영국에서 제일 높은 산은 벤 네비스(Ben Nevis)산이다. 그러나 벤 네비스산이 위치한 곳은 맥의 흐름이 멈추는 스코틀랜드 서쪽 해안지역이다. 따라서 벤 네비스산이 영국 전체의 산맥을 조화롭게 대표한다고 보기는 어려운바, 태조산으로 삼기에는 다소 무리가 있다.

은 스코틀랜드의 서쪽 해안을 향해 진행하며, 가장 높은 산인 벤 네비스(Ben Nevis)가 위치한 지역에서 좌우로 분맥(分脈)을 한다. 우측으로 뻗은 맥은 스코틀랜드 북쪽으로 진행을 하며, 좌측으로 뻗은 맥은 계속 남진을 하다가 잉글랜드 중부지역에서 다시 두 개의 맥으로 나뉜다. 하나는 웨일스 지방 고산지역 스노우도니아 국립공원(Snowdonia National Park) 지역으로 향한다. 다른 하나는 웨일스 지방으로 뻗어가는 산맥보다 상대적으로 규모가 크게 형성되어 있는데 잉글랜드 남쪽 지역으로 행룡(行龍)을 하다가 서쪽 해안 및 동쪽 해안 앞에 바다를 만나면서 긴 여정을 마무리한다. 우리나라에 비유하면 서쪽 해안선까지 길게 내려가는 산맥이 영국의 백두대간에 해당이 되고, 나머지 중간중간에 출맥된 산맥은 정맥의 개념으로 볼 수 있다.

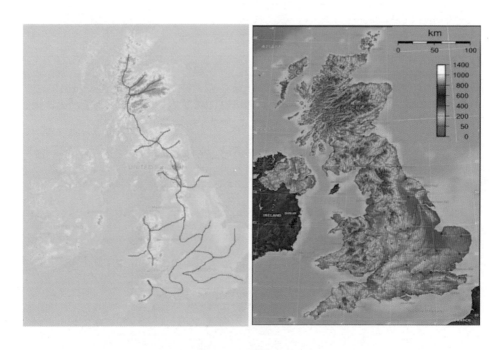

그림 13-3. 영국의 산맥체계

출처: England Topographic Map(https://en-gb.topographic-map.com, https://projectbritain.com)

영국의 하천을 살펴보면, 세번(Severn)강은 영국에서 길이가 가장 긴 강으로 웨일스 지방 산악지대에서 발원한 후 잉글랜드 지방을 지나 브리스톨(Bristol) 해협으로 빠져나간다. 영국에서 2번째로 긴 강인 템스(Thames)강은 런던을 관통하는데 잉글랜드의 남서쪽 지역에서 발원한 후 런던을 지나 런던 동쪽 지방 해안으로 빠져나간다. 세번강과 템스강 모두 잉글랜드 지역에 위치하는데 세번강과 템스강 포함 영국의 5대강이 모두 잉글랜드 지역 있는 것은 영국의 5대 산이 모두 스코틀랜드에 있는 것과 대조적이다. 잉글랜드 지역에 소재한 강은 주맥의 흐름을 대체로 따라 흐르고 서쪽의 아일랜드해 또는 동쪽의 북해로 빠져나간다.

순위	강이름	길이
1	Severn River	354km
2	Thames River	346km
3	Trent River	297km
4	Wye River	250km
5	Great Ouse River	230km
6	Ure River/Ouse River	208km
7	Tay River	188km
8	Clyde River	176km
9	Spey River	172km
10	Nene River	161km

그림 13-4. 영국의 하천 지형도

Ⅲ. 세계 최초의 전원도시 레치워스 개요

런던 북쪽으로 56km 지점에 위치하고 있는 레치워스는 세계 최초 전원도시로 2021년 기준으로 인구는 약 34,000명이며 면적은 9.8km²이다. 에버니저 하워드(Ebenezer Howard)는 1903년 퍼스트가든시티 주식회사(The First Garden City Ltd)[7]를 설립하였다. 퍼스트가든시티 주식회사가 임대사업으로부터 벌어들이는 수익은 도시 기반시설 확충에 사용되어 도시 정주 여건을 개선하는 데 기여하였다. 베리 파커(Barry Parker)와 레이몬드 언윈(Raymond Unwin)은 하워드의 도시이론을 더욱 확장하여 기존의 자연

---

7 1963년 레치워스 가든시티 공사를 거쳐 1995년에 레치워스 가든시티 헤리티지 재단(Letchworth Garden City Heritage Foundation)으로 현재에 이름

환경을 최대한 살리고자 하였다. 이를 위해 자연환경을 감안하여 주거지역과 상업지구를 설계하였으며, 도시 외곽에는 그린벨트를 설치함으로써 오픈 스페이스를 확보하였다.

1909년 영국 최초의 회전교차로(Roundabout)가 레치워스에서 설치되었는데 교통흐름을 차단하지 않는 신개념의 교통 시스템을 선보였다. 현재 녹지축의 총연장 길이는 21.8km에 달하는데 레치워스의 이러한 녹지축은 자연과 조화를 목표로 하는 전원도시 모습의 특징을 대표적으로 보여주고 있다. 하워드가 제시한 전원도시 모델은 세계 최초의 전원도시인 레치워스 건설에 반영되었으며 레치워스는 세계 각지의 전원도시 탄생에 영향을 미쳤다.[8]

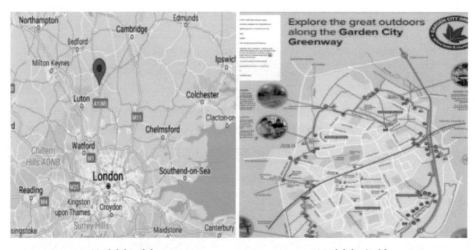

(a) 레치워스 위치   (b) 레치워스 녹지축

그림 13-5. 레치워스 위치 및 녹지축

출처: 구글 지도 및 https://www.letchworth.com.

Ⅳ. 레치워스에 대한 풍수 지표 평가

풍수의 주관성은 풍수의 현대화에 걸림돌로 작용하는 대표적인 특징이다. 풍수의 주

---

8   The International Garden Cities Institute에 의하면 레치워스의 전원도시는 이태리 밀라노, 호주 캔버라 등 세계 10개국 20여 개 이상 도시에 영향을 주었다.

관성을 최대한 배제하기 위해 풍수의 이론체계인 용혈사수(龍穴砂水)와 비보(裨補) 이론을 가지고 경관, 생태 네트워크, 오픈 스페이스, 물, 도로, 문화콘텐츠 6개 요소별 풍수지표를 사용하여 레치워스에 대한 풍수 평가를 하였다.

표 13-1. 요소별 풍수지표

분류	지표명	계산식	비고	풍수 이론
경관 (2)	공공시설 혈	주산을 중심으로 한 중심 혈(명당지)에 배치한 공익을 위한 공공시설(시청 또는 구청, 도서관, 박물관 등) 개수	계량지표 (단순수치)	혈(穴)
	건축물 생룡	혈(명당지) 주변에 상업시설 등 고밀도 건축물을 배치하고, 도시 외곽에 거주공간 등 저밀도 건축물을 배치하였는지 여부	계량지표 (진위)	용(龍)
생태 네트워크 (4)	생룡	주맥의 상하 변화, 좌우 변화 여부	계량지표 (진위)	용(龍)
	주맥 단절 수	주맥 단절개수	계량지표 (단순수치)	용(龍)
	과협처 비보 지수	생태보도 또는 생태터널 설치 수 / 단절된 과협처 수	계량지표 (비율)	용(龍)
	주맥-용호 연결	주맥과 용호 연결 여부	비계량지표 (진위)	사(砂)
오픈 스페이스 (1)	명당광장(공원) 면적비율	명당광장(공원) 면적 / 도시의 총면적	계량지표 (비율)	혈(穴)
물 (3)	외당수 환포 지수	외당수 실제 길이 총합 / 외당수 직선거리 총합	계량지표 (비율)	수(水)
	내외당수 비율	내당수 개수 / 외당수 개수	계량지표 (비율)	수(水)
	전주작 연못 또는 호수공원	전주작 연못 또는 호수공원 조성 여부	계량지표 (진위값)	사(砂)
도로 (4)	환포 도로 지수	환포 도로의 실제 길이 합 / 환포 도로의 직선 길이 합	계량지표 (비율)	수(水)
	환포 도로 비중	환포 도로의 길이 합 / 도시 내 전체 도로 길이 합	계량지표 (비율)	수(水)
	회전교차로 합수처 지수	회천교차로 합수처 개수 / 등록 차량대수 (10,000대 단위)	계량지표 (비율)	수(水)
	대강수 합수처 개수	신도시 접근 고속도로 IC 개수	계량지표 (단순수치)	수(水)
문화콘텐츠 (1)	역사문화 상징 비보	도시 명당구역에 도시의 역사 및 문화와 연관 있는 비보 상징물 조성 여부	계량지표 (진위)	비보(裨補)

1. 경관

 스코틀랜드 고원 지역에서 시작하여 남잉글랜드로 흐르는 맥은 버밍험(Birmingham) 지역에서 방향을 바꾸어 마켓 하버로우(Market Harborough)지역으로 흐른다. 이 지역에서 맥은 다시 잉글랜드 지역의 남서쪽으로 방향을 틀게 되는데 다벤트리(Daventry) 지역을 거쳐 그대로 남서쪽으로 진행되는 맥과 동쪽으로 방향을 트는 맥으로 나뉜다.

 남서쪽으로 흐르는 맥은 계속 진행하여 브리스톨(Bristol) 지역을 지나 잉글랜드 지역 최남단의 남서쪽 지역에서 멈추고, 동쪽으로 방향을 튼 맥은 루턴(Luton)지역에서 두 갈래로 분기한다. 하나는 루턴의 북서쪽인 케임브리지(Cambridge)로 흐르는 맥이며, 다른 하나는 루턴의 남서쪽으로 흐르는 맥이다. 남서쪽으로 흐르는 맥은 런던을 반시계 방향으로 크게 감싸안으며 돌아 영국해협 인근에 이르러 멈춘다. 레치워스의 주맥은 버밍험-마켓 하버로우-다벤트리-루턴을 거쳐 케임브리지 방향으로 이어지는 맥으로부터 나온다.

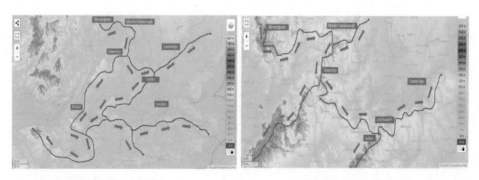

(a) 버밍험 분기 지맥 전체 흐름　　　　　(b) 버밍험-레치워스 지맥 흐름

그림 13-6. 레치워스 인근 용맥도

출처: England Topographic Map(https://en-gb.topographic-map.com)

 레치워스의 남서쪽 고지대에서 분기된 주맥은 브로드웨이 가든즈(Broadway Gardens) 인근에서 멈추어 혈을 맺는 것으로 판단된다. 시청, 도서관, 가든시티 헤리티지 재단 3개의 핵심 주요 시설이 혈처 인근에 집중적으로 배치되어 있으므로 풍수적으

로 안정감을 준다. 한편, 레치워스의 주거지역에 소재한 건물은 2층 높이, 중심 상업 지역에 소재한 건물은 3층 높이로 주거지역과 상업 지역 간 건물 높이에 별 차이가 없다. 도시에서 눈에 띄는 고층 건물이 없으므로 스카이라인을 판단하기 어렵다.

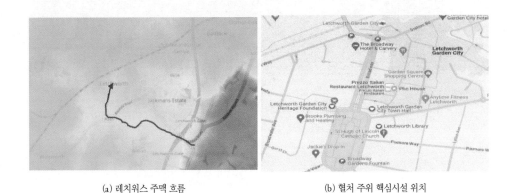

(a) 레치워스 주맥 흐름   (b) 혈처 주위 핵심시설 위치

그림 13-7. 레치워스 주맥 및 혈처 주위 핵심시설 위치

출처: England Topographic Map(https://en-gb.topographic-map.com), 구글 지도

2. 생태 네트워크

앞서 살펴본 바와 같이 레치워스로 들어오는 주맥은 버밍험에서 케임브리지를 잇는 지맥으로부터 온다. 레치워스의 주맥은 버밍험에서 레치워스에 도달하기까지 대략 150m~200m 사이에서 30% 이하의 고도 차를 보이며 완만하게 움직인다. 따라서 상하고저의 차이는 명확하지 않다. 다만 좌우 변화는 뚜렷하게 보여주고 있으므로 보통 수준의 생룡으로 판단된다. 레치워스에 이르는 맥은 도시의 동쪽에서 남북 방향으로 뻗은 A1 고속도로에 의해 단절되었으나 생태보도 또는 생태터널로 개선되고 있지 않다. 그러므로 '주맥 단절수'는 1, '과협처 비보지수'는 0으로 측정된다. 맥의 단절로 생기의 공급이 원활하지 않을 수 있고 사람 또는 동물의 이동 통로를 확보하기 어려우므로 생태보도 등의 보완책이 필요하다.

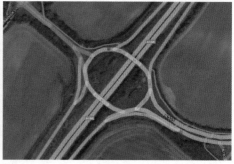

(a) 주맥 단절   (b) 주맥 단절 지점 회전교차로

그림 13-8. 레치워스 내룡과 과협처 단절

출처: 구글위성지도

    평지인 레치워스의 지형을 감안할 때 산맥으로 좌청룡과 우백호를 파악하기는 어렵다. 그러나 『감룡경(撼龍經)』에 따르면 맥을 발견할 수 없는 평야에 대해서는 물길의 흐름으로 맥의 흐름을 알 수 있다고 하였다.[9] 이는 물이라는 것은 높은 곳에서 낮은 곳으로 흐르는 성질이 있으므로 물의 흐름을 파악한다면 맥의 흐름을 간접적으로 알 수 있기 때문이다. 또한, 양택(陽宅) 사신사(四神砂)에서 언덕을 후현무, 강과 도로를 각각 좌청룡과 우백호, 호수를 전주작으로 사신사를 구성[10]하므로 물길과 도로를 전체적으로 고려하여 사신사를 판단하였다.

    레치워스의 좌측에 위치한 히즈(Hiz)강은 남쪽에서 북쪽 방향으로 흐르면서 이웃 도시 히친(Hichin)과의 경계를 짓는다. 따라서 히즈강은 청룡수로 볼 수 있다. A1 도로[11]는 레치워스의 우측에서 도시 경계를 구분 짓고 있다. 레치워스 우측 경계는 이 도로에 의해 구분되는 바, 이 도로를 우백호로 간주하고자 한다. 블루라군(Blue Lagoon) 호수는 도시 북서쪽에 위치하여 좌청룡 우백호와 균형을 이루고 있다. 따라서 이 호수를 전주작으로 봐도 무방하다고 판단된다. 레치워스의 우백호가 주맥에서 분기되는 것으로 보더라도 좌청룡은 이와는 별개로 움직이므로 사신사의 구성은 보통으로 판단된다.

---

9   『撼龍經』, "凡到平地莫問蹤, 只觀環繞是真龍."

10 천인호, "풍수 사신사: 음·양택적 의미의 재해석", 『한국학(舊 정신문화연구)』, 41(4), 한국학중앙연구원, 2018, 197면.

11 런던을 기점으로 하고 스코틀랜드 지역 에딘버러를 종점으로 하는 길이 약 640㎞의 고속도로이다.

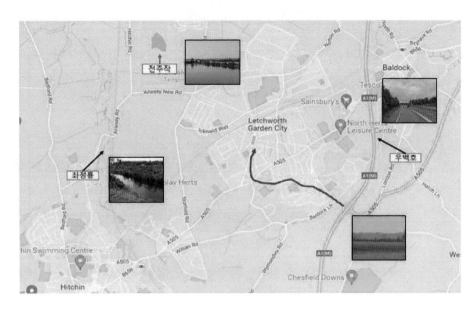

그림 13-9. 레치워스 사신사

출처: 구글지도

3. 오픈 스페이스

하워드 공원 가든즈(Howard Park and Gardens)는 3ha의 면적 위에 설치된 공원으로 레치워스 도시 설계 당시 함께 조성되었다. 공원을 가로지르는 도로를 기준으로 남쪽을 하워드 가든즈(Howard Gardens), 북쪽을 하워드 공원(Howard Park)으로 일컫는데 두 공원을 통합하여 하워드 공원으로 칭하고자 한다. 하워드 공원은 1930년에 일부 시설이 증축되어 현재에 이르는 데 이들 시설에는 야외 물놀이 시설, 공중화장실 등이 포함되었다. 도시 발달 초기부터 설치된 하워드 공원의 상징성을 고려하면 레치워스의 명당공원으로 볼 수 있으나 공원의 위치가 도시 동쪽으로 다소 치우쳐져 있고 도시 전체면적과 비교하여서도 규모가 지나치게 작은 단점이 있다.

레치워스의 중심지인 레치워스 역 앞쪽에 있는 노턴 공원(Norton Common)의 면적은 25.7ha에 이른다. 19세기까지 방목지로 사용되었던 노턴 공원 지역은 1903년 레치워스 도시로 편입되었고 1930년대부터 야외수영장 등의 추가 시설이 설치되어 현재에 이르고 있다. 노턴 공원도 하워드 공원처럼 도시 형성 초기부터 설치되어 도시의 상징성을 가지고 있으며 하워드 공원보다 8배 이상으로 규모가 커 많은 시민이 동시에 이용하기에 충분하다. 또한, 레치워스 역에 근접하여 도시 중심지로의 접근성이 우수한 바 명당광장(공원)의 조건을 갖추고 있는 것으로 보인다. 노턴 공원 면적은 257,000 m^2이고 레치워스 도시 전체면적은 9,808,000 m^2이므로 '명당광장(공원) 면적비율'은 2.6%(=257,000/9,808,000)로 산출된다.

<table>
<tr><td>(a) 노턴 공원 위치</td><td>(b) 노턴 공원</td></tr>
</table>

그림 13-10. 레치워스 명당광장

출처: 구글지도

4. 물

영국은 총 4,929개소의 수자원을 보유하고 있는데 이중 자연하천은 2,546개소, 총길이는 약 5,200km에 이른다.[12] Merchant Shipping Notice (MSN) 1776 법령에 따라 물길은 A, B, C, D 4개의 그룹으로 나뉜다. 영국은 선박 항해의 안전을 위해 하천을 분류하고 있다. 한편, 영국 환경청(Environment Agency)은 강을 주요 강(Main River)과 기타의 강으로 분류하여 관리하고 있는데, 주요 강은 외당수, 기타의 강은 내당수로 보고자 한다.

---

12 영국 환경부 통계

표 13-2. 영국 수자원 개수

분류	자연 수자원	인공 수자원	자연 + 인공 수자원	합계
강, 운하, 표면 수자원	2,546	264	1,118	3,928
호수	99	141	324	564
해변	34	2	25	61
강하구	25	9	71	105
지하수	271	0	0	271
총계	2,975	416	1,538	4,929

출처: https://environment.data.gov.uk.

표 13-3. 영국 수자원 분류

그룹	내용
A	폭이 좁은 강이나 운하로 깊이 1.5m 이내
B	비교적 폭이 넓은 강이나 운하로 깊이 1.5m 이상, 파도의 높이 0.6m 미만
C	조수 간만의 영향을 받는 강, 파도 높이 1.2m 미만
D	조수 간만의 영향을 받는 강, 파도 높이 2m 미만

출처: https://www.gov.uk.

레치워스에는 3개의 물길이 흐르고 있는데, 청룡수의 역할을 하는 히즈(Hiz-DS Hichin) 강이 도시 좌측에서 남에서 북으로 흘러 이벨(Ivel) 강에 합류하고 있으며, 픽스 브룩(Pix Brook) 강은 도시 중앙 명당공원인 노턴 공원에서 시작하여 북쪽으로 흘러 히즈강과 마찬가지로 이벨강에 합류하고 있다. 이벨강은 도시 우측에서 북쪽으로 흘러 동쪽에서 서쪽으로 가로지르면서 픽스 브룩강과 히즈강과 차례로 합류한다.

히즈강은 영국 환경청에서 주요 강으로 분류하고 있으며 레치워스와 인근 도시 히친 (Hichin)의 경계를 구분 짓는 큰 강이므로 외당수로 볼 수 있고 픽스 브룩강과 이벨강은 레치워스 내부에서 발원하는바 내당수로 볼 수 있다. 히즈강의 실제 길이는 11.4km, 직선 길이는 7.3km이다. 따라서 '외당수 환포지수'는 1.56(=11.4/7.3)으로 산출되며 물길의 환포 정도는 양호하다. 레치워스의 외당수 개수는 1개, 내당수 개수는 2개이므로 '내외당수 비율'은 2.0(=2/1)으로 산출되는 데 수자원의 구성은 양호한 것으로 판단된다.

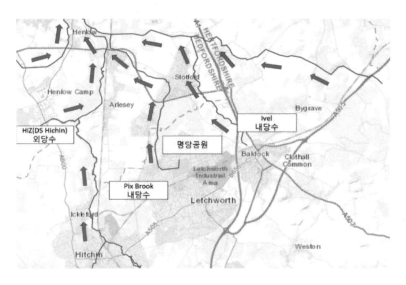

그림 13-11. 레치워스 내외당수

출처: https://www.wwf.org.uk/uk-rivers-map

5. 도로

영국 교통부((Department of Transport)는 고속도로 등의 '간선도로', '지역 내 주요
도로', '기타 도로'로 전국의 도로를 분류하고 관리하고 있다. '간선도로'는 고속도로와
같이 지역과 지역을 잇는 도로이고 '지역 내 주요 도로'는 지역 내에서 중요성을 가지는
도로이다. 본고에서는 구글 지도를 사용하여 레치워스 시내의 '주요 도로'를 먼저 추출
한 후, 환포성을 판단하여 환포 도로를 선정하였는데 그 결과는 다음과 같다.

표 13-4. 레치워스 환포 도로 현황

도로명	시작점 좌표	종착점 좌표	실제길이(km)	직선길이(km)
Norton RD	52.010774095163015, -0.22242781419401372	51.98830645578727, -0.22219398064888288	3.7	2.5
Icknield Way	51.979335265459746, -0.25246834866649126	51.983820666959375, -0.2231286621308581	2.2	2.1
Letchworth Ln	51.96108062050779, -0.22543640656088054	51.96851171144488, -0.23142882182762103	1.0	0.9
Letchworth Gate	51.964323375508854, -0.2048113290831579	51.97507219383974, -0.21489427767080752	2.1	1.4
합계	-	-	9.0	6.9

2021년 기준 영국 교통부의 통계에 의하면 레치워스가 속한 허트퍼드셔
(Hertfordshire) 주(州)의 주요 도로 총 길이는 5,053.5km이다. 허트퍼드셔의 면적은
1,643km^2이고 레치워스의 면적은 9.8km^2이다. 그러므로 레치워스의 총 도로 길이를 30.1
km(=5,053.5×9.8/1,643)로 추산[13]할 수 있다. 환포 도로 길이는 9.0km이므로 '환포 도
로 비중'은 29.9%(=9.0/30.1)로 산출할 수 있다. 한편 이들 환포 도로의 최단 직선거리
합은 6.9km이므로 '환포 도로 지수'는 1.30이다.

레치워스의 전체 회전교차로 수는 15개이다. 2021년 레치워스가 속해 있는 허트
포드셔 주의 차량등록 수는 722,342대이다. 허트포드셔 주의 인구는 1,198,800명이
고, 레치워스의 인구는 33,986명이다. 레치워스의 차량수는 20,478대(=722,342×
33,986/1,198,800)로 추정[14] 가능한바 '회전교차로 합수처 지수'는 7.32(=15/2.0478)
이다. 한편, 레치워스 내부 도로와 A1 고속도로를 연결하는 '대강수 합수처 개수'는
1이다.

(a) 회전교차로 위치   (b) 영국 최초 회전교차로

그림 13-12. 레치워스 회전교차로(출처: 구글지도)

---

13   영국 교통부는 州 단위로 도로 통계를 발표하고 있어 상대적인 면적을 감안하여 레치워스의 총 도로 길이를 간접적으
      로 추산하였다.

14   레치워스의 차량등록 대수 통계가 공개되고 있지 않으므로 레치워스와 레치워스가 속한 허트포드셔 주의 상대적 인구
      비율을 고려하여 간접적으로 추정하였다.

6. 문화콘텐츠

레치워스역 앞에 2010년에 설치된 비컨(Beacon)은 레치워스의 대표적인 상징물이다. 레치워스역에서 도시 상업지구로 이어지는 동선상에 비컨이 위치하고 풍수상 기운이 빠질 수 있는 공간을 보완하고 있어 비보의 기능을 수행하고 있는 것으로 보인다. 다만, 설명 표지석이 설치되어 있지 않아 작가가 표현하고자 하는 내용 등을 알 수 없어 문화콘텐츠로서의 활용도는 다소 떨어진다. 현재의 조형물이 불꽃을 상징하므로 세계 최초의 전원도시인 레치워스를 상징하기에는 연관성이 떨어진다.

(a) 비컨 위치   (b) 비컨

그림 13-13. 레치워스 상징 비보
출처: 구글지도

V. 나오는 글

도시의 팽창은 주거공간 부족, 환경오염 및 파괴 등 다양한 도시문제를 일으켰다. 전 인구의 90% 이상이 도시에 살고 있고, 인구의 50% 이상이 수도권에 집중되는 등 도시문제의 해결은 시급한 당면 과제이다. 한국에서는 1990년대부터 도시의 지속가능성과 관련한 많은 연구가 이루어졌는데, 주로 서양의 도시이론을 참고하여 한국에 응용하려는 것이 주요 연구의 흐름이었다. 우리나라의 전통 입지 이론인 풍수를 잘 활용한다면 현대 도시문제 해결에 많은 도움이 될 수 있음에도 불구하고 그간 풍수의 활용도는 미흡하였다.

이런 배경으로 풍수의 내용을 최대한 반영한 풍수 지표를 사용하여 동양이 아닌 영국의 세계 최초 전원도시인 레치워스에 대한 풍수 평가를 하고, 풍수의 범용성을 검증하였는데 그 결과는 다음과 같다.

첫째, 동서양의 지형 환경이 다름에도 불구하고 서양의 도시에 대해서도 풍수 이론을 대체로 무난하게 적용할 수 있다. 특히, 풍수 이론 중 혈 이론과 수 이론은 전통 풍수 이론 내용 그대로 적용해도 무방할 정도로 적용 범용성이 높은데 이는 동서양을 막론하고 핵심 시설은 해당 지역에서 가장 중요한 위치에 설치해야 하고, 지형의 차이에 상관없이 수자원은 취락의 형성에 있어 핵심적인 요소라는 것을 인간은 경험적으로 알고 있기 때문이다.

둘째, 동서양의 지형 환경 차이로 인해 풍수 이론 중 용 이론의 적용 범위가 달라질 수 있다. 예를 들면, 산악지형이 전국의 70% 이상을 차지하는 한국에서는 상하 변화와 좌우 변화를 모두 살펴야 하는데, 영국에서는 상하 변화 보다 좌우 변화에 초점을 두고 평가를 할 수밖에 없어 이론의 활용 범위가 다소 축소될 수밖에 없다.

셋째, 동서양의 환경 차이를 고려하여 풍수 이론 중 일부 이론은 융통성을 적용하여 응용할 필요가 있다. 대표적인 이론이 사신사 이론인데 현대 도시 환경에서 전통적인 의미의 사신사를 구성하기는 쉽지 않다. 따라서, 현대 도시 환경에서는 도시의 구성요소로서 물길과 비슷한 기능을 수행하는 도로, 철도 등의 인공 건축물을 감안하여 사신사를 파악할 필요가 있다. 물길, 도로, 철도 모두 도시의 에너지를 도시 내에 머물게 하면서 물리적으로 도시의 경계를 구분 짓는 역할을 하고 있으므로 사신사의 기능을 수행한다고 볼 수 있다.

풍수는 동양의 도시입지 이론으로 형성되어 발전해 왔으나, 동서양의 학문이 융합되고 동서양 간 도시 환경 또한 유사해지는 오늘날에는 동서양을 막론하고 적용될 수 있는 입지 이론이다. 이는 풍수가 인간의 경험을 바탕으로 한 경험과학이자 환경 속에서 인간이 조화롭게 살아가려는 방법을 제시하는 환경과학이기 때문이다. 풍수의 활용도를 더 높이기 위해 풍수의 현대화 작업은 지속되어야 하며, 서양 도시 연구에서 풍수의 활용은 이러한 풍수의 현대화를 더욱 쉽게 하는 하나의 방법이 될 것이다.

〈참고문헌〉

『撼龍經』

천인호, 『풍수지리학 연구』, 한국학술정보, 2012.

United Nations, 『*World Urbanization Prospects: The 2018 Revision (ST/ESA/SER.A/420)*』, 2019,

김동영 · 천인호, "풍수 생태도시 지표의 개발과 적용", 『부동산경영』, 25, 부동산경영학회, 2022.

김동영 · 천인호, "영국 신도시에 내한 풍수 지표 적용 가능성 연구", 『동방문화와 사상』, 14, 동방문화
　　　대학원대학교 동양학연구소, 2023.

천인호, "풍수 사신사: 음 · 양택적 의미의 재해석", 『한국학(舊 정신문화연구)』, 41(4), 한국학중앙연
　　　구원, 2018.

Dong, W., Zuehl, R., "The Comparison and Contrast Between Green Design and Feng Shui", 『Research
　　　in Scientific Feng Shui and the Built Environment』, City University of Hong Kong Press,
　　　2009.

Mak, M. Y., "An Empirical Study of Modern Sustainable Office Buildings in Sydney from the Feng
　　　Shui Perspective", 『Academic Journal of Feng Shui』, 1st Symposium – Oceania, University of
　　　Technology Sydney, 2017.

구글 지도(https://map.google.com).

세계은행 통계(https://data.worldbank.org).

BBC Bitesize(https://www.bbc.co.uk/bitesize).

City Population(https://www.citypopulation.de).

Database of British and Irish Hills(https://www.hills-database.co.uk).

England Topographic Map(https://en-gb.topographic-map.com).

Environment Agency(https://environment.data.gov.uk).

Info and Opinion, www.infoandopinion.com.

Letchworth Garden City Heritage Foundation(https://www.letchworth.com).

Office for National Statistics(https://www.ons.gov.uk).

The International Garden Cities Institute(https://www.gardencitiesinstitute.com).

UK Government(https://www.gov.uk).

WWF(https://www.wwf.org.uk/uk-rivers-map).

풍수로 환경을 평가하다:
풍수영향평가의 개발과 적용

임병술[*]

I. 들어가는 글

　오늘날 성장과 개발 중심의 정책이 추진되어 산업화와 도시화가 급격히 진행됨으로써 난개발로 인한 생태계 파괴와 환경오염의 문제가 발생하고 있다. 이에 따라 인간 삶의 질 저하는 물론 생태계 불균형으로 인한 지구환경 위기론이 대두되기에 이르렀다. 지구환경의 위기 극복을 위한 전 지구적 대응의 필요성이 증대되면서 이를 해결할 수 있는 정책의 하나로 환경영향평가제도(EIA)가 등장하게 되었다. 환경영향평가는 환경·교통·재해 및 인구에 미치는 영향이 큰 개발사업이나 중요한 개발 프로젝트의 시행에서 나타날 수 있는 자연환경, 생활환경 및 사회·경제 환경에 미치는 해로운 영향을 미리 예측·분석하여 환경에 미치는 영향을 최소화할 수 있는 저감방안을 강구하는 것은 물론, 환경보전과 개발의 조화, 친환경적이고 지속가능한 발전, 건강하고 쾌적한 국민생활 환경조성을 추구하는 것을 목적으로 하는 제도이다.

　우리나라도 각종 개발사업으로 비약적인 경제성장을 이룩하기 시작한 1970년대 후반부터 환경에 대한 문제가 점점 사회적 이슈로 등장하면서 1977년 환경정책기본법이 만들어지고 1993년 환경영향평가법이 제정되어 현재까지 시행되어 오고 있다. 그리고 세계 각국이 환경영향평가를 실천할 때 각기 고유한 모델과 전략을 통해 다양한 모습으

---

[*]　동양문화융합학회 상임이사, 동양철학박사

로 시행되고 있다. 우리나라 역시 지형적, 지리적, 문화적 특성을 반영한 평가기법의 개발 필요성이 제기되고 있다. 그리고 동아시아의 공통적 공간 사유체계이자 우리나라의 전통적인 입지이론인 풍수지리가 우리 특성에 맞는 환경평가 기법으로 충분히 활용될 수 있다. 다시 말하면 환경과 풍수의 결합적 차원에서 환경영향평가와 풍수영향평가의 융합을 고려해 볼 수 있다는 것이다. 따라서 우리나라 실정에 맞는 부동산 및 도시개발에 대한 평가체제, 즉 풍수영향평가제도를 제안해 보고자 한다.

환경영향평가의 평가항목과 풍수의 이론체계를 살펴보면 공통점이 많은 것으로 파악되고 있다. 풍수의 기본사상은 땅을 하나의 유기체로 보는 것이다. 이는 그만큼 자연친화적이라는 말과 부합되고 있다. 환경영향평가를 하는 자체가 자연환경을 최대한 보존하여 인간의 삶의 질을 높이고자 하는 취지이므로 기존의 환경영향평가 요소에 풍수적인 요소를 가미한다면 금상첨화라고 할 수 있다. 풍수는 작은 일반 민묘에서부터 한 나라의 도읍에 이르기까지 아우르면서 그 입지이론을 전개하고 있다. 특히 큰 규모의 도시나 산업단지가 들어설 양기(陽基)에 풍수이론을 적용하면 최대한 친환경적 입지여건을 만들 수 있다. 그러므로 풍수영향평가의 대상 사업은 환경영향평가 대상 사업 중에서 대규모의 사업이면서 환경에 미치는 영향이 큰 사업에 적용하면 아주 효과적이라고 할 수 있다. 예를 들면 토지를 직접 이용하는 도시개발사업을 비롯하여 산업단지개발사업, 도로개발사업, 수자원 및 하천 개발사업 등이 풍수의 환경영향평가 대상이 된다. 따라서 비교적 형질변경이 크게 이루어지는 환경영향평가 시행 시에 풍수영향평가를 추가적으로 도입하여 통합적으로 운용하고자 한다면 전통적인 풍수이론을 현대적으로 해석한 풍수영향평가의 지표개발이 요구되고 있다.

Ⅱ. 환경영향평가와 풍수영향평가

1. 환경영향평가란?

환경영향평가(EIA)는 환경에 영향을 미치는 각종 개발사업의 사업계획을 수립 추진함에 있어 해당사업으로 인해 발생할 수 있는 생태적 · 환경적 영향을 종합적으로 미리 조사하고 예측하고 분석 · 평가하여 환경파괴와 환경오염을 사전에 방지하고 최소화할 수 있는 환경보전방안 등을 마련하여 친환경적이고 지속가능한 개발(ESSD)을 달성하기 위한 중요한 수단이며, 건강하고 쾌적한 국민생활을 도모하고자 쾌적한 환경을 유지·조성하는 것을 목적으로 하는 제도이다.[1] 즉 환경영향평가제도는 지속가능한 개발이라는 환경영향평가제도의 궁극적인 목표를 구현하기 위하여 불확실한 미래상황에 대한 결정을 내리고자 할 때, 현존하는 과학적 지식을 최대한 이용하여 이해관계자들의 의견을 민주적 절차를 통해 조율하고, 그 시대 상황에서 내릴 수 있는 최선의 결정을 유도하는 절차법 성격의 제도이다.

현재 전 세계 대부분의 나라가 도입하고 있는 환경영향평가는 나라마다 도입 배경 및 시기, 법체계, 문화의 차이 등으로 인하여 운영상 많은 차이점을 보이고 있다. 하지만 환경영향평가의 근본적인 목적은 자연환경과 인간의 삶의 질에 대해 부정적인 영향을 줄 우려가 있는 모든 개발계획을 수립, 결정, 시행함에 있어 과학적인 기법을 이용하여 부정적인 요인을 제거하거나 최소화할 수있는 방안을 찾아내어 최선의 결정이 이루어질 수 있도록 하는 절차적인 수단으로 활용되고 있다.

우리나라『환경영향평가법』제1조(목적)에서는 "이 법은 환경에 영향을 미치는 계획 또는 사업을 수립·시행할 때에 해당 계획과 사업이 환경에 미치는 영향을 미리 예측·평가하고 환경보전방안 등을 마련하도록 하여 친환경적이고 지속가능한 발전과 건강하고 쾌적한 국민생활을 도모함을 목적으로 한다."라고 규정하고 있으며, 동법 제2조 1호에서는 "'전략환경영향평가'란 환경에 영향을 미치는 계획을 수립할 때에 환경보전 계획과의 부합 여부 확인 및 대안의 설정·분석 등을 통하여 환경적 측면에서 해당 계획의 적정성 및 입지의 타당성 등을 검토하여 국토의 지속가능한 발전을 도모하는 것을 말한다"라고 규정하고 있으며, 동법 제3조(국가 등의 책무)에서는 "국가, 지방자치단체 및 사업자는 정책이나 계획을 수립·시행하거나 사업을 시행할 때에 환경오염과 환경 훼손을 최소화하기 위하여 필요한 방안을 마련하여야 한다."[2]라고 규정하고 있다.

환경평가와 관련한 하위 법령 등을 살펴보면, 우리나라의 환경영향평가제도는 정책

---

1 이영준 외 3인, 「지속가능한 사회 구현을 위한 환경평가 미래 발전 전략」, 한국환경정책·평가연구원 수시연구보고서, 2017, 8면.

2 『환경영향평가법』, 24. 2.20 시행.

계획 및 개발기본계획에 대해서는 '전략환경영향평가', 단위 개발사업에 대해서는 '환경영향평가' 및 '소규모 환경영향평가' 등의 세 종류로 구성되어 있다. 그리고 사업실시 이후에는 사후환경영향조사를 실시하여 환경영향평가에서 협의된 이행 사항을 점검하고 예측하지 못한 환경영향에 대한 추가적인 대책을 마련하도록 되어 있다. 이 중에서 특히 환경영향평가 부분은 실질적이고 구체적인 사업계획 수립단계(project level)에서 사업의 경제성, 기술성뿐만 아니라 환경성의 문제도 함께 고려하여 환경에 대한 악영향을 최소화할 수 있는 사업계획안을 모색하도록 하는 의사결정의 보조적 절차이다. 환경오염 가능성의 사전 점검을 통하여 국토환경보전을 위해 미래 지향적인 환경보전대책 수립·추진에 이바지하고 개발과 환경보전의 합리적 조화라는 지속가능한 개발의 이념을 실현하는 중요한 제도라고 할 수 있다.

환경영향평가 평가대상사업과 평가항목은 인간의 주거 및 활동공간과 관련된 개발사업인 도시 개발사업, 산업입지 및 산업단지의 조성 사업, 자연환경과 생태계를 훼손할 우려가 큰 사업, 자연공원, 백두대간 보호지역 등 환경적으로 민감한 지역에서 실시하는 사업, 매립 사업, 댐 건설 등 환경영향이 오랫동안 또는 복합적으로 발생해 환경영향을 쉽게 예측하기 어려운 사업, 대기·수질오염 등 복합적인 환경오염이 발생할 것으로 예상되는 사업 등 총 17개 분야 78개 사업을 대상사업으로 규정하여 환경훼손과 환경오염 등을 억제하기 위해서 환경영향평가를 시행하고 있다. 이들 사업은 대체적으로 대규모의 사업인 동시에 환경에 중요한 영향을 미칠 가능성이 큰 사업으로서 토지이용 그 자체 또는 이와 관련이 있는 사업이 주를 이루고 있는데, 현행법상 환경영향평가의 평가항목은 대기환경, 수환경, 토지환경, 자연생태환경, 생활환경, 사회·경제환경 등 6개 분야로 구성되어 있으며 세부적으로는 기상, 수질, 토양, 동·식물상, 산업, 위락, 경관 등 21개 항목으로 구성되어 있다.

2. 풍수영향평가란?

'풍수영향평가'란 환경영향평가의 평가지표를 참고하여 각종 개발사업 시행 시 사전적으로 해당 지역의 풍수적 평가를 하여 환경친화적으로 개발되도록 유도하는 데 있다. 특히 도시 개발사업이나 산업단지 조성사업, 도로 건설사업, 하천의 이용 및 개발사업 등과 같은 대규모로 추진되는 개발사업은 환경훼손이 필연적으로 따를 수밖에 없으므로 여기에 풍수적 논리를 도입하여 환경훼손을 최소화하자는 것이다. 풍수적 논리가 도입되면 환경영양평가지표처럼 별도의 풍수 측면의 영향평가 지표도 마련되어야 한다. 이 지표가 이른바 '풍수영향평가지표'인 것이다. '풍수영향평가'라고 명명하는 이유는 풍수영향평가의 개념이 환경영향평가에서 평가하는 평가지표 중 기후, 수리/수문, 토지이용, 지형/지질, 경관, 일조장해 부문 등을 보완하고자 하는 것으로 비록 평가지표는 서로 다르지만 추구하는 바가 같은 방향이기 때문이다. 기존의 평가지표와 풍수적인 평가지표는 서로 다르지만 추구하는 바는 같으므로 충분히 고려할 필요가 있다. 환경영향평가 시 풍수적인 영향평가를 가미하게 되면 아무래도 환경친화적으로 갈 수밖에 없다.

세계 각국의 환경영향평가가 고유한 모델과 실천전략을 통해 다양한 모습으로 실행되어 왔음에 비추어 볼 때 우리나라 또한 우리나라의 풍토와 지형적 특성에 맞는 한국형 환경영향평가의 모델 개발이 절실하다. 한국형 환경영향평가의 모델을 전통 지리학인 풍수에서 찾아보았다. 풍수는 바람과 물과 땅 등의 자연과 인간 생활 및 문화가 서로에게 끼치는 영향력을 설명하는 전통학문이다. 즉 자연과 인간의 상호작용을 설명하고 있는 풍수는 고대부터 바람과 물로 대표되는 자연환경에 의한 피해를 피하기 위한 수단으로 발생하였다.[3] 이후에는 수도, 도시, 마을 등을 입지하기 위한 동양의 전통적인 지리학으로 발전하였다. 풍수이론은 우리나라의 경우도 고대부터 도시, 건물, 주택을 선정하고 설계할 때 중요한 기준으로 인식되어 왔다.[4]

동북아시아 각국도 수도입지론이나 도시입지론의 중요한 근거로 사용되었다. 그리고 현대에 와서는 신도시 개발, 도시재개발, 지속가능한 개발, 부동산 입지 개발, 도시조경 분야 등에 있어서 풍수이론이 다양하게 적용되고 있다. 그리고 오래전부터 많은 인간들이 모여 사는 도시나 마을 등의 경우에 풍수입지 조건에 맞게 조성하여 이용하였는데, 근·현대로 넘어오면서 부동산을 경제재로 인식하여 경제적으로 가장 유익한 이용을 위해 개발을 하다 보니 전통적 풍수 이론체계보다는 이용의 편리성이나 이익 창

---

3   윤홍기, 『풍수지리설의 본질과 기원 및 그 자연관』, 일조각, 1994, 187-204면.

4   천인호, "양택풍수입지에 대한 주관적·객관적 평가간의 실증분석", 『부동산학연구』, 제13집 제2호, 2007, 63~78면.

출에 더 비중을 두는 사회가 되었다. 이러한 풍조는 풍수이론에 근거하여 자연친화적이고 지속 가능한 이용보다는 개발이익 논리에 매몰되어 환경을 파괴하는 난개발로 이어졌다. 경제발전과 인구의 증가로 인하여 도시 확산이 무질서하게 이루어지면서 도시 외곽의 녹지공간과 산맥, 토지들이 잠식되었다.[5] 이러한 난개발은 기존의 도시나 마을과 주변 경관의 부조화를 이루고 인간이 살아가는 환경이 파괴됨으로써 도시민들의 정주체계를 파괴하는 원인이 되고 있다.

또한 오늘날 기후변화 대응이 전 지구촌의 당면과제인 만큼 이제 우리의 기후와 풍토와 역사에 적합한 한국형 환경영향평가지표가 개발이 절실하다. 그래서 한국형 환경영향평가제도를 시행하기 위한 최적의 방법은 풍수이론을 적용한 풍수영향평가의 도입이 아닌가 싶다. 풍수영향평가는 생태적 · 환경적 측면에서 바람직하기 때문이다. 환경영향평가이 목적이 친환경적인 개발을 유도하는 만큼 땅을 하나의 생명체로 다루는 풍수와도 밀접한 관련이 있다고 볼 수 있다. 그래서 풍수영향평가의 근거가 되는 풍수의 이론체계인 용혈사수향(龍穴砂水向)을 비롯하여 비보(裨補), 형국(形局) 등 7개 항목과 환경영향평가의 평가항목의 상호 관련성이 있는 사항들을 정리해보면 아래 표와 같다.

표 14-1. 풍수영향평가와 환경영향평가의 평가항목 연관성

풍수영향평가 평가항목	환경영향평가 평가지표
용맥 부문	지형/지질, 토지이용
사격 부문	지형/지질, 토지이용
수세 부문	수리/수문
혈과 명당 부문	지형/지질, 토지이용, 토양
좌향 부문	기후, 일조장해, 경관
비보 부문	지형, 토지이용, 수리/수문
형국 부문	지형, 토지이용, 수리/수문

---

5 윤동순, "관리지역의 난개발 방지를 위한 효율적 관리방안에 관한 연구", 서울벤처대학원대학교 박사학위논문, 2014, 10면.

풍수는 경험적으로 오랜 세월을 거쳐 동양인들, 특히 한국인들의 정주체계에 영향을 미쳐온 전통문화이기 때문에 친환경적인 도시재개발이나 신도시 개발 등에 보다 쉽게 활용될 수 있는 새로운 형태의 적용방안이 필요하다. 이러한 새로운 적용방안인 풍수 영향평가는 현대의 환경영향평가와 마찬가지로 풍수영향평가지표를 부가적으로 적용함으로써 한층 더 건강하고 쾌적한 친화형 주거지 조성에 기여함과 동시에 미래세대에 대한 지속가능한 개발이 되도록 하고자 하는 것이다.

Ⅲ. 풍수영향평가의 평가지표 산출

풍수란 인간이 생활하는 자연환경 속에서 양질의 생명에너지인 생기(生氣)를 공급받기 위해, 양질의 에너지가 충만한 생활의 터전을 찾아 합리적으로 인간(人間)의 삶에 이용하여 인간이 유익함을 얻고자 하는 하나의 방법론이다. 풍수는 산(山), 화(火), 풍(風), 수(水), 방위(方位)라는 요소로 구성이 되는데 이러한 요소들의 상호작용에 의하여 자연의 변화가 진행된다. 이 변화에 대한 다중(多衆)의 경험이 축적되고 그 경험이 또한 입증됨으로써 이론화시킨 것이 풍수지리다. 그래서 풍수는 경험과학적 논리체계라고 말하는 것이다. 자연과학뿐만 아니라 경험과학의 반열에 올라와 있는 풍수적인 요소를 동원하여 만들어지는 풍수영양평가도 환경영양평가에도 적극 활용되어야 하는 이유를 여기에서 찾을 수 있다. 기존의 환경영향평가에 더하기 위한 풍수영향평가 지표의 산출은 다음과 같다.

1. Lim & Cheon[6]의 풍수영향평가 지표 산출 사전단계

앞서 언급하였지만 풍수영향평가와 환경영향평가의 평가항목은 공통점이 많다. 풍수영향평가 대상사업을 대규모의 토지이용이 수반되고 환경에 끼칠 영향이 큰 개발사업으로 하였다. 풍수영향평가의 지표 개발은 용혈사수향, 비보, 형국 7개 부문으로 하

6　Lim & Cheon은 풍수영향평가지표를 처음 개발한 임병술 박사와 동방문화대학원대학교 천인호 교수의 성을 따서 명명한 것이다.

였다. 일반적으로 평가지표를 개발하는 데 있어서 모든 사람들에게 받아들여지는 보편타당하고 표준화된 평가지표는 따로 없다. 다만 각각의 평가목적에 맞게 평가 대상과 항목(지표)을 가장 객관적이고 논리적으로 도출하고 합리적인 평가척도 기준과 방법으로 평가하는 것이 관건이라고 생각한다. 그리고 풍수영향평가 평가지표를 산출하기 전에 평가지표 개발의 이론적 토대는 국내·외 풍수 관련 문헌이나 선행 연구 논문을 참고하여 풍수영향평가 예비평가지표 풀을 주관적이거나 임의적이 아닌 객관적 입장에서 필자가 작성하였다.

평가지표 문항 작성에 참고한 풍수 관련 서적은 『청오경(靑烏經)』, 『장서(葬書)』, 『감룡경(撼龍經)』, 『의룡경(疑龍經)』, 『동림조담(洞林照膽)』, 『명산론(明山論)』 등과 조선후기의 『택리지(擇里志)』 등 풍수 관련 고문헌을 참고하였다. 그리고 본 연구와 관련된 선행연구 논문은 첫째, 풍수적 입지판단을 통한 해당지역의 풍수적 분석을 주제로 한 연구와 둘째, 도시입지와 부동산 및 도시개발과 관련한 연구로 구분할 수 있다. 첫째, 풍수적 입지판단을 통한 해당지역의 풍수적 분석을 주제로 한 연구는 정경연(2013)의 "풍수지리 이론을 활용한 저탄소 녹색도시 계획지표 연구", 박재락(2015)의 "풍수지표를 적용한 정량화 도출에 관한 연구", 김종섭(2012)의 "주택산업의 풍수마케팅 모형 정립에 관한 연구", 최창조(1984)의 『한국의 풍수사상』, 천인호(2012)의 『풍수지리학 연구』, 이응희(1998)의 "성주 한개마을 입지의 풍수적 해석에 관한 연구", 엄기헌(2014)의 "風水原理에 따른 都市評價 모형에 관한 研究", 이동화(2006)의 "기(氣)를 바탕으로 한 주거환경의 현대적 해석", 최원석(2001)의 "비보(裨補)의 觀念과 原理", 최원석(2002)의 "한국의 비보풍수론" 등을 참조하였다. 둘째, 풍수와 도시입지와 관련한 현재까지의 연구는 김기덕·김한래의 연구,[7] 김동영·천인호의 연구,[8] 김철수의 연구,[9] 박

7   김기덕, 김한래, "경기도 하남시의 풍수적 입지 조건과 도시개발의 과제", 『문화콘텐츠연구』, 2017, 103–131면.

8   김동영·천인호, "풍수 생태도시 지표의 개발과 적용", 『부동산경영』 25, 2022, 149–178면. 김동영·천인호, "영국 신도시에 대한 풍수 지표 적용 가능성 연구", 『동방문화와 사상』 14, 2023, 151–197면.

9   김철수, "풍수지리론에 의한 지속가능도시 조성방안", 『한국지방정부학회 학술대회자료집』, 2012, 67–91면.

성대의 연구,[10] 손진수 · 천인호[11]의 연구, 이화의 연구,[12] 천인호의 연구[13] 등을 참조하였다.

　이상의 연구들은 풍수 이론을 기반으로 한 기존 연구가 우리나라의 전통 입지론인 풍수를 생태도시 조성에 적용하는 방안의 방향성을 제시하였다는 중요한 학문적 의의가 있다고 볼 수 있다. 도시개발사업, 산업단지개발사업, 도로개발사업, 수자원 및 하천 개발사업에 있어 풍수이론의 도입과 생태도시, 환경친화도시, 녹색도시와 풍수이론을 접목하여 새로운 형태의 도시론을 제안한 학술적 가치가 있다고 판단된다. 풍수영향평가의 지표산출은 선행연구들을 토대로 하였다. 그렇지만 선행연구에서 연구되지 않았던 환경영향평가의 논리를 풍수 이론에 도입하여 도시개발사업, 산업단지개발사업, 도로개발사업, 수자원 및 하천 개발사업 등에 있어 사전적으로 해당지역을 풍수적인 분석을 하였다. 그리고 해당 도시의 풍수적 구조가 훼손되지 않는 범위에서의 개발을 주장하고 나아가 계량화된 구체적인 풍수 평가지표를 제시하고 이를 현존하는 도시에 적용했다는 점에서 선행연구와는 다른 차별성을 가진다고 할 수 있다.

　풍수영향평가 평가지표는 평가대상 도시의 주변 형세를 살피는 것이다. 대상도시를 대표하는 주산과 그 주산을 만들기 위하여 조종산으로부터 다양한 기복 굴곡변화를 보이며 오는 내룡과정의 형세를 관찰하는 용맥 부문, 도시 좌우와 전방의 산의 형세로 주산, 청룡, 백호, 안산과 조산의 산 형세를 관찰하는 사격 부문, 도시 내 물길을 관찰하는 수세 부문, 사신사로 둘러싸인 공간의 형세적 상태를 관찰하는 혈과 명당, 좌향 부문, 풍수적으로 부족함을 보완하기 위한 비보 부문, 형국 부문 등 7대 평가항목 부문으로 분류하여 제시하였으며, 그리고 아래와 같이 각 평가항목별 하위 평가지표를 제시하였다.

---

10 박성대, "풍수의 현대적 해석을 통한 한국형 녹색도시 조성 방안", 『한국지역지리학회지』 20. 2014, 70–91면.

11 손진수 · 천인호. "통일에 대비한 적성 지역의 풍수적 검토와 도시개발 제언", 『부동산경영』 17, 2018, 29–52면. 손진수 · 천인호,. "풍수적 측면에서 본 통일 한반도 수도입지 검토", 『문화 역사 지리』, 28, 2016, 112–128면.

12 이화, "계룡 대실지구 풍수환경도시 건설을 위한 풍수적 연구" 역사민속학, 24, (2007, 367–388면.

13 천인호, "창원신도시의 양기풍수적 입지해석과 개발제언", 『한국지역개발학회 세미나 논문집』, 2011, 1–18면. 천인호, "풍수적 관점에서 본 창원신도시의 개발과 보존", 『동방문화와 사상』 2, 2017, 103–138면.

① 용맥 부문 평가지표

한 도시의 생기 공급의 원천인 용맥 부문은 태조산에서 도시 근처의 주산에 이르기까지 내룡맥의 변화와 형태, 길흉을 평가한다. 또한 내룡맥은 조종산에서 한 도시의 주된 산인 주산으로 이어지는 산줄기로 생기가 전달되는 통로이다. 그리고 용맥은 한 지구 단위의 혈장(도시)에 생기를 공급하는 원천으로 대상도시의 생기 총량과 규모를 결정한다. 따라서 용맥 부문을 평가할 지표는 태조산에서 주산까지의 용맥의 보존 상태, 용맥의 변화 및 생·사룡(生·死龍) 구분, 용맥 세력의 대소, 강약, 선악, 미추 등 성상의 특성, 용맥의 진행과 변화를 도와주는 산가지의 존재 및 선악 여부, 용맥의 면(面·앞)과 배(背·뒤) 구분, 산의 유형(오성산) 구분, 용맥 규모와 도시 규모의 균형성 등을 제시하였다.

② 사격 부문 평가지표

장풍(藏風)의 사격 부문은 사신사라고 부르는 현무(주산), 주작(안산, 조산), 좌청룡, 우백호 및 주변사의 주된 기능은 용맥의 형세에서 결정되는 생기를 흩어지지 않게 하는 장풍기능의 수행이다. 그리하여 혈·명당을 보호하고 좋은 기운이 흩어지지 않게 도와주어 길지를 형성시킨다. 주산(현무)은 말 그대로 주된 산으로, 명당 혈처(대상도시)에 생기를 직접적으로 전달하는 원천이므로 가장 중요한 풍수요소이다. 사격 부문을 평가할 지표는 국의 형성 여부, 국 규모의 적정성 및 조화, 사신사의 존재 여부와 용맥의 보존상태, 사신사 용맥의 면배(面背) 모습, 주산(현무)의 형상, 혈장(도시)을 감싸주는 청룡·백호의 존재 유무, 청룡·백호 형상과 높낮이의 균형성, 안산과 조산의 존재 유무, 안산과 조산 형상과 높낮이의 균형성, 주산(현무)과 조·안산의 균형과 조화 등을 제시하였다.

③ 수세 부문 평가지표

사람들의 생존 번영에 불가결 존재인 수세 부문은 대상도시 내 모든 물길에 대한 풍수적 평가이다. 용맥이 흘러가다 물을 만나면 더 이상 진행하지 못하고 멈추어 생기(生氣)를 모아 혈장이 형성되는데, 이때 물의 흐름의 길흉에 따라 선악의 혈장(穴場)이 형성된다. 풍수에서는 물은 국을 이루고 있는 용맥(龍脈)과 주변 지세에 의해 발원된 계류수가 내수(內水)와 외수(外水)를 얻는 수세의 지표가 된다. 또한 국내로 유입되는 외수는 명당에 적당한 수기(水氣)를 제공하는데, 궁수 형태를 이루는 외수는 혈장의 지기가 전순을 이루어 더 이상 용맥이 나아가지 못하도록 경계를 이루도록 한다. 다음으로 조산과 안산 전면에 흐르고 있는 물길이 입지 공간을 향해 흘러들어오는 형태를 이루면 길수가 되며, 내수와 외수가 합수를 이루는 것도 지기가 쉽게 빠져나가지 못하게 하는 수세형태로 이러한 물길이 불견처리 되는 합수처는 매우 길한 형태이다. 수세 부문을 평가할 지표는 수(득수, 역수)의 형세, 득(得)과 파(破)의 존재 유무, 수구의 형상과 존재 유무, 수구사의 존재 유무, 강 또는 하천의 수류 형세, 도당 합수(조회수(朝懷水))의 존재 여부, 수계(水系)의 규모 등을 제시하였다.

④ 혈과 명당 부문 평가지표

내룡맥과 주산, 사신사 그리고 수세가 평가되어 정해지면 혈과 명당의 대한 범위와 성격이 결정된다. 혈과 명당 부문은 사신사로 둘러싸인 공간에 관한 평가로, 혈, 명당은 용맥이 마지막 멈춘 곳(용진처)으로 생기(生氣)가 많이 모여야 길지가 형성되고, 주위의 산이나 물이 혈장을 향해 둘러싸면서 호위하고 있어야 한다. 풍수의 궁극적인 목적은 생기가 모인 혈을 찾는 작업으로, 혈은 풍수의 요체가 되는 장소이다. 양기풍수에서는 정혈을 포함하는 사신사 공간이 정하는 범위 즉 명당 속에서 오늘날 다양한 도시계획적 행위가 이루어지고 있으므로 핵심적 입지(시설 등)를 결정하는 정혈보다는 혈을 포함하는 명당 전체를 대상으로 삼는 오늘날 도시계획이나 건설의 중요한 대상이라고 할 것이다. 혈과 명당 부문을 평가할 구체적 평가지표로는 용진처와 혈장의 존재 여부, 혈의 결혈 여부 및 혈증의 유무(有無), 혈장과 명당의 규모와 도시규모의 균형과 조화, 혈과 명당형태가 평탄, 방정, 균형, 명랑 여부, 혈과 명당의 내룡맥 유무 및 위치 조화, 혈의 지질 및 지력(토질, 토색), 도시(혈처) 근처에 해로운 산 존재 여부 등을 제시하였다.

⑤ 좌향 부문 평가지표

좌향 부문은 건물을 앉히거나 정주공간의 방향을 정하는 것을 말하며, 배산임수(背山臨水) 지형은 산을 등지고 앞쪽 물이 흐르는 방향으로 입지하는 것과 전저후고(前低後高)의 지형을 이루고 있을 때 길(吉)하다고 말한다. 좌향 부문을 평가할 구체적 평가지표로는 배산임수, 전저후고의 지형 존재 여부, 좌향론에 바탕한 공간배치 여부, 도시 주거지의 남향 중시 여부, 나경(羅經), 패철(佩鐵))의 적용 여부 등을 제시하였다.

⑥ 비보 부문 평가지표

국을 구성하는 사신사의 관계가 조화롭지 못한 경우에 지나치게 강한 산세를 약화시키는 압승(壓勝)과 혈장이 지나치게 개방되어 국을 보완해야 하는 비보(裨補)가 있다. 도시계획이나 건설과정에서 부족한 풍수적 환경을 얼마나 개선하였는지 아니면 오히려 파괴하였는지 여부를 평가하는 비보 부문에서는 풍수적 비보를 촉진하기 위하여 해당 도시의 풍수적 결함 또는 부족을 도시계획이나 건설이 얼마나 치유하려고 노력하였는지 정도를 평가한다. 비보 부문을 평가할 구체적 평가지표로는 비보나 압승의 보완 여부, 입지(도시)에 대한 용맥, 장풍, 수구막이 비보 조성 여부, 도시나 아파트 단지에 대한 비보 여부 등을 제시하였다.

⑦ 형국 부문 평가지표

형국 부문은 산천의 모양을 사람, 짐승, 동식물 및 인간이 사용하는 여러 용기 또는 문자 등의 물형(物形) 형상에 비유하여 산의 이름을 정하고 혈의 위치를 정하는 풍수이론으로 물형론이라고도 한다. 형국론의 개념은 하려는 것이다. 형국 부문을 평가할 구체적 평가지표로는 형국의 형상 존재 여부, 물형의 짝을 이루는 산 모양 존재 여부 등을 제시하였다.

이상과 같이 7대 평가항목 부문을 가지고 산출한 풍수영향평가 예비 평가지표는 환경영향평가의 평가 내용보다 더 고도화하고 신뢰도를 제고하고자 함이다. 그래서 위에서 제시된 평가항목과 각 평가항목별 평가지표를 바탕으로 평가지표 구성의 객관성과 합리성을 담보하기 위하여 풍수 관련 박사학위를 소지하고 있는 몇 명의 전문가들을 대상으로 풍수영향평가지표 문항에 대한 검증을 받고자 FGI(표적집단면접조사법)를 실행하여 평가항목과 평가지표 문항을 산출하였다. 그리하여 설문조사를 할 수 있는 풍수영향평가의 7개 평가항목과 각 평가항목별로 2~10개의 풍수영향평가지표 문항을 산출하였다. 즉 선정된 평가항목은 7가지로 용맥평가(하위문항 7문항), 사격(砂格)평가 (하위문항 10문항), 수세평가(하위문항 7문항), 혈과 명당 평가(하위문항 7문항), 좌향평가(하위문항 4문항), 비보평가(하위문항 3문항), 형국평가(하위문항 2문항)로 결정하고 풍수영향평가 평가지표 중요도 조사를 위한 설문지 문항을 제시하였다.

2. 풍수영향평가 평가지표 산출을 위한 설문조사

위에서 제시된 설문조사 문항을 바탕으로 풍수영향평가 평가지표 구성의 객관성과 합리성을 담보하기 위하여 다음과 같이 설문조사를 진행하였다.

① 설문조사 조사 대상 및 범위를 정하는 단계로 위에서 설명한 것처럼 설문조사를 위해 FGI(표적집단면접조사법)를 실행하여 산출된 풍수영향평가 예비평가지표를 바탕으로 풍수영향평가 평가지표의 중요도 조사 설문지를 작성하였다.

② 풍수관련 경력이 1년~3년 3명, 3년~10년 5명, 10년 이상 18명 등 풍수 전문가 26명을 대상으로 설문조사를 의뢰하였다. 설문에 참여한 전문가들은 풍수와 관련된 주제의 박사학위 취득자들이며, 아울러 여러 학술지 논문에서의 게재실적을 인정받는 학자들이다. 그리고 설문조사는 2022년 12월 20일부터 2023년 1월 30일까지 이메일을 통해서 설문조사를 의뢰 조사하였다.

③ 설문지 내용 구성은 풍수영향평가의 7개 평가항목과 40개 평가지표 문항으로 구성하였으며, 첫 번째 단계에서는 평가항목 7개 부문을 총점이 100점이 되도록 각 평가항목에 중요도 점수를 배정토록 하였다. 그리고 두 번째 단계에서는 각 평가항목과 연관된 해당 풍수영향평가 평가지표를 대상으로 총점이 100점이 되도록 중요도에 따라

점수를 배정, 평가토록 하였다. 예를 들면, 평가항목 중 용맥 부문의 해당 평가지표는 7 문항으로 정하고 각 문항의 중요도에 따라 총점이 100점이 되도록 점수를 배정하게 하였다. 그리고 사격 부문의 해당 평가지표는 10문항으로 정하고 각 문항의 중요도에 따라 총점이 100점이 되도록 점수를 배정하게 하였다.

3. Lim & Cheon의 풍수영향평가 평가지표 산출

위에서 설명한 바와 같이 설문조사지의 구성은 먼저 대분류 단계로 평가항목 설문조사는 총점이 100점이 되도록 7개의 평가항목에 대한 우선순위 중요도를 평가토록 하였고, 2차로 7개 평가항목 각각의 하위 평가지표에 대해 총점이 100점이 되도록 평가지표의 우선순위 중요도를 평가토록 하였다. 그리고 나서 설문지를 회수하여 평가항목, 평가지표에 대한 중요도 점수를 집계, 정리하였다. 한편 설문조사를 의뢰한 사람 중에 16명의 전문가로부터 설문조사 결과를 회수 받았으며, 설문 응답자의 실무경력은 1년 ~3년이 2명, 3년~10년이 3명, 10년 이상이 11명으로 2/3의 전문가가 10년 이상의 풍수 경력을 가지고 있었다.

회수된 설문조사의 결과 분석은 첫 번째 단계로 풍수영향평가 평가지표 중요도 조사 설문지 응답 결과를 기반으로 설문지 항목 중 각 평가항목별 중요도를 대상으로 평가점수를 합산하여 총점이 100점이 되도록 백분율로 계산하고, 10단위, 5단위로 사사오입하여 각 평가항목별 중요도 점수를 산출하였다. 풍수영향평가 평가항목 평가점수 산출의 구체적인 내용은 아래의 표와 같다. 각 평가항목의 중요도 평균점수는 용맥 부문 평가점수 20점, 사격 부문 평가점수 20점, 수세 부문 평가점수 20점, 혈과 명당 부문 평가점수 20점, 좌향 부문 평가점수 10점, 비보 부문 평가점수 5점, 형국 부문 평가점수 5점을 얻었다.

표 14-2. 풍수영향평가 평가항목별 평가점수

구 분	용맥	사격	수세	혈·명당	좌향	비보	형국	계
합 계	320	315	310	325	155	96	79	1600
환산점수	20.0	19.7	19.4	20.3	9.7	6.0	4.9	100.0
평가배점	20	20	20	20	10	5	5	100

두 번째 단계로는 각 평가항목별 평가지표의 점수는 각 설문자의 평가지표 점수를 합산하여 총점이 100점이 되도록 환산하여 각 평가지표별로 중요도 평균점수를 얻었다. 내용을 일부분 소개하면 용맥 부문 평가에서 태조산에서 주산까지의 용맥의 보존상태에 대한 평가는 19.3점이었고, 용맥의 변화 및 생룡·사룡 구분에서는 17.6점의 평가를 받았으며, 용의 면과 배 지표는 17.0점의 평가점수를 받아서 평가지표의 중요도가 비교적 높게 나타났다. 그리고 용맥 세력의 대소, 강약 구분은 14.0점의 평가를 받았고, 용맥의 진행 및 변화를 도와주는 산가지의 존재 여부의 평가점수는 12.5점을, 산의 유형(오성산) 구분의 평가점수는 9.5점을, 용맥 규모와 도시 규모의 균형과 적정성은 10.1점의 평가점수를 받았다.

그리고 세 번째 단계에서는 각 평가항목별 평가지표 중요도 점수의 백분율 환산 배정점수를 산출하였다. 내용의 일부를 예로 들어 소개하면 위 표에서 보는 같이 용맥 부문 평가항목의 점수는 20점이고, 아래 '풍수영향평가의 평가지표와 평가척도'에서 보는 바와 같이 하위 평가인 용맥 부문의 각 평가지표는 19.3, 17.6, 14.0, 12.5, 17.0, 9.5, 10.1의 점수를 받았다. 이를 평가항목 20점으로 환산하면 태조산에서 주산까지의 용맥의 보존상태의 평가점수는 19.3점이고 환산점수는 4.0점이며, 용맥의 변화 및 생·사룡 구분의 평가점수는 17.6점이고 3.5점의 환산점수, 용맥 세력의 대소, 강약 구분의 평가점수는 14.0점이고 환산점수는 3.0점이다. 그리고 용맥의 진행 및 변화를 도와주는 산가지의 존재 여부의 평가점수는 12.5점으로 2.5점의 환산점수를, 용의 면과 배의 평가점수는 17.0점으로 3.5점의 환산점수를, 산의 유형(오성산) 구분의 평가점수는 9.5점으로 1.5점의 환산점수를, 용맥 규모와 도시 규모의 균형과 적정성의 평가점수는 10.1점으로 이것의 환산점수는 2.0점이다.

마지막으로 위에서 진행한 설문조사의 풍수영향평가 평가지표 중요도 점수를 바탕으로 풍수영향평가를 할 수 있는 평가지표 척도를 상·중·하로 구분하고 각 평가지표 척도의 배정점수를 도출하여 풍수영향평가를 수행할 수 있도록 평가지표 체크리스트 문항을 작성하였다, 이때 평가척도 문항 작성은 현대의 풍수이론 연구를 참조하였는데 박재락,[14] 엄기헌,[15] 이응희,[16] 정경연,[17] 천인호)[18] 최원석[19] 등의 연구를 참고하여 풍수영 향평가를 수행할 수 있도록 평가지표 체크리스트 문항을 작성하였다, 즉 평가지표 문항을 상·중·하로 구분하고, 상이 4점이면 중은 2점, 하는 0점으로 배정하였고, 상이 3.5 점이면 중은 1.8점, 하는 0점으로, 상이 2.5점이면 중은 1.3점, 하는 0점으로 평가척도별 평가지표 점수를 배정하였다. 이러한 연구작업을 진행하여 아래 〈표 14-3〉과 같은 각 평가지표의 평가척도마다 점수를 적용하여 풍수영향평가 평가지표 체크리스트를 다음과 같이 완성하였다.

표 14-3. 풍수영향평가의 평가지표와 평가척도

항목	평가지표	평가척도	항목	평가지표	평가척도
용맥 부문	1. 조종산부터 주산까지 용맥의 보존상태	좋음: 4.0점 보통: 2.0점 나쁨: 0점	용맥 부문	6. 산의 유형(오성산) 구분	좋음: 1.5점 보통: 0.8점 나쁨: 0점
	2. 용맥의 변화와 생.사룡(生.死龍) 구분	좋음: 3.5점 보통: 1.8점 나쁨: 0점		7. 용맥의 대소와 도시 규모의 균형과 적정성	좋음: 2.0점 보통: 1.0점 나쁨: 0점
	3. 용맥 세력의 선악, 미추, 대소, 강약 여부	좋음: 3.0점 보통: 1.5점 나쁨: 0점	사격 부문	1. 국(局), 사신사(四神砂)) 존재 여부	좋음: 3.5점 보통: 1.8점 나쁨: 0점
	4. 용맥의 진행과 변화를 도와주는 산가지의 존재	좋음: 2.5점 보통: 1.3점 나쁨: 0점		2. 사신사(四神砂) 용맥의 형태 및 보존상태	좋음: 2.5점 보통: 1.3점 나쁨: 0점
	5. 용의 면(面:앞)과 배(背:뒤)의 위치	좋음: 3.5점 보통: 1.8점 나쁨: 0점		3. 사신사(四神砂) 용맥의 면배(面背) 모습 구분	좋음: 2.5점 보통: 1.3점 나쁨: 0점

---

14 박재락, "풍수지표를 적용한 정량화 도출에 관한 연구", 2015.
15 嚴基憲, "風水原理에 따른 都市評價 모형에 관한 研究", 2014.
16 이응희, "성주 한개마을 입지의 풍수적 해석에 관한 연구", 1998.
17 정경연, "풍수지리 이론을 활용한 저탄소 녹색도시 계획지표 연구", 2013.
18 천인호, "사료와 사례를 통해 본 도선풍수의 재해석", 2016.
19 최원석, 『비보(神補)의 觀念과 原理』, 2002. 최원석, 『한국의 비보풍수론』, 2001.

항목	평가지표	평가척도
사격 부문	4. 국(사신사) 규모의 적정성 및 조화	좋음: 1.5점 보통: 0.8점 나쁨: 0점
	5. 주산(主山, 현무(玄武))의 형상(形象)	좋음: 2.0점 보통: 1.0점 나쁨: 0점
	6. 혈장(도시)을 감싸주는 청룡.백호의 유무	좋음: 2.0점 보통: 1.0점 나쁨: 0점
	7. 청룡.백호 높이의 균형성과 형세	좋음: 1.5점 보통: 0.8점 나쁨: 0점
	8. 안산과 조산의 유무	좋음: 1.5점 보통: 0.8점 나쁨: 0점
	9. 안산과 조산의 형상및 높이의 균형성	좋음: 1.0점 보통: 0.5점 나쁨: 0점
	10. 주산(현무)과 조.안산의 조화와 균형성	좋음: 2.0점 보통: 1.0점 나쁨: 0점
수세 부문	1. 물의 형세	좋음: 4.5점 보통: 2.3점 나쁨: 0점
	2. 득(得)과 파(破)의 존재 유무	좋음: 3.0점 보통: 1.5점 나쁨: 0점
	3. 수구의 형세와 존재 유무	좋음: 3.0점 보통: 1.5점 나쁨: 0점
	4. 수구사(水口砂) 존재 유무	좋음: 2.5점 보통: 1.3점 나쁨: 0점
	5. 강 또는 하천의 형세	좋음: 3.0점 보통: 1.5점 나쁨: 0점
	6. 도당 합수 (조래수)	좋음: 2.0점 보통: 1.0점 나쁨: 0점
	7. 수계(水系)의 규모	좋음: 2.0점 보통: 1.0점 나쁨: 0점
혈과 명당 부문	1. 내룡맥의 용진처 형성여부	좋음: 3.5점 보통: 1.8점 나쁨: 0점

항목	평가지표	평가척도
혈과 명당 부문	2. 혈의 결혈 여부 및 혈증의 존재 유무(有無)	좋음: 3.5점 보통: 1.8점 나쁨: 0점
	3. 혈장 및 명당의 규모와 도시규모의 균형과 조화	좋음: 3.0점 보통: 1.5점 나쁨: 0점
	4. 혈과 명당의 내룡맥 유무 및 위치	좋음: 3.0점 보통: 1.5점 나쁨: 0점
	5. 혈과 명당의 형태가 평탄, 방정, 균형 여부	좋음: 3.0점 보통: 1.5점 나쁨: 0점
	6. 혈과 명당의 지질 및 지력 (토질, 토색)	좋음: 2.0점 보통: 1.0점 나쁨: 0점
	7. 도시(혈처) 근처에 해로운 산 존재 여부	좋음: 2.0점 보통: 1.0점 나쁨: 0점
좌향 부문	1. 배산임수, 전저후고의 위치 여부	좋음: 4.5점 보통: 2.3점 나쁨: 0점
	2. 좌향(坐向)론에 바탕한 공간배치 여부	좋음: 2.5점 보통: 1.3점 나쁨: 0점
	3. 도시의 주거지 남향 중시 여부	좋음: 2.0점 보통: 1.0점 나쁨: 0점
	4. 나경(羅經, 패철(佩鐵))의 적용	좋음: 1.0점 보통: 0.5점 나쁨: 0점
비보 부문	1. 비보나 염승의 보완 여부	좋음: 2.0점 보통: 1.0점 나쁨: 0점
	2. 입지공간에 대한 용맥 장풍 수구막이 비보 조성	좋음: 2.0점 보통: 1.0점 나쁨: 0점
	3. 도시개발지구나 아파트 단지에의 비보 여부	좋음: 1.0점 보통: 0.5점 나쁨: 0점
형국 부문	1. 형국의 존재 여부	좋음: 3.0점 보통: 1.5점 나쁨: 0점
	2. 형국과 짝을 이루는 산의 모양 존재 여부	좋음: 2.0점 보통: 1.0점 나쁨: 0점

Ⅳ. 풍수영향평가 평가지표 적용사례

앞에서 산출된 풍수영향평가지표 체크리스트를 이용하여 현장을 중심으로 사례 분석해 보았다. 풍수영향평가 대상 사례지는 계룡시 금암지구, 농소지구 및 일산신도시 중산마을을 선정하고 풍수영향평가지표 체크리스트를 적용시켜서 각 대상도시에 대한 풍수영향평가를 하였다. 이 풍수적 영향평가는 필자를 포함한 3~5인의 풍수전문가가 참여하여 현장을 함께 답사하고 현장에서 각 풍수영향평가지표에 따라 감정하고 각각의 평가척도 세부 항목에 대한 주관적인 점수를 부여했다. 그리고 이를 평균하여 최종 점수를 얻었으며, 이 평가를 바탕으로 각 도시의 풍수적 환경영향평가 정도를 확인하고 이를 해석하였다.

1. 계룡시 금암지구

계룡시[20]는 1989년부터 충청남도 논산군 두마면 계룡대로 대한민국의 국군 3군 본부가 이전하면서 증가하는 인구를 수용하기 위해 도시계획수립에 착수하였다. 다른 지역의 도시개발계획안과는 달리 계룡시는 풍수 이론을 바탕으로 도시개발계획안을 확정하고 전원·문화·국방의 신도시 건설을 목표로 거주인구 15만 명 규모의 신도시를 건설한다는 계획하에 택지개발 및 주택건설, 도시기반시설 구축, 생활편익시설 구축 등의 도시개발을 진행해 왔다. 풍수영향평가 적용사례지로 선정한 지역은 계룡시청이 입지하고 있는 계룡시의 중심지역인 금암지구를 첫 번째 풍수영향평가 적용사례지로 선정하여 풍수영향평가를 진행하였다.

계룡시 금암지구는 지형도상으로 금남정맥의 지맥이다. 대동여지도에 따르면 아래의 사진에서 보는 바와 같이 금남정맥의 지맥으로 용맥이 대둔산 → 천호산(371m) → 주산인 천마산(287m)으로 이어지면서 이후로 계룡산에 이르게 된다. 그리고 주산인 천마산에서 좌우로 청룡, 백호를 개장하여 금암지구를 환포(環抱)하는 산세로 청룡(靑龍)은 계룡시청 뒤쪽 봉우리에 형성되어 있고 더 뻗어 내려간 용맥이 멈추어 안산(案

20　계룡시 2021년 12월 말 현재 인구수: 43,331명.

山)의 역할을 하고 있다. 백호(白虎)는 천마산의 우측에서 뻗어 진행하여 211m 봉우리를 만들고 주공아파트 1, 2단지 옆으로 내려오고 있다. 그리고 금암지구 앞을 감싸고 흐르는 두계천과 농소천 그리고 조산(朝山) 역할을 하는 왕대산(242m)에서 뻗어 내려온 용맥이 금암지구의 입지공간을 마무리하고 있다.

용진처인 혈(穴)은 천마산에서 계룡산 방향으로 흐르는 용맥에서 기봉한 현무정이 횡룡맥으로 천심(穿心)하여 금암초등학교 터로 내려와 형성하고 있다. 평가 결과는 계룡시 금암지구가 신도시 개발지구로 입지할 만한 땅으로 풍수적으로 잘 형성되어 있고 수세보다 용세(龍勢)가 길하고 좋은 입지이다. 또한 수세(水勢)는 금암지구의 명당 전면에 두계천과 농소천이 좌우에서 흘러와 합수되고 왕대산의 용맥에 역수(逆水)로 흐르고 있다. 즉 사신사의 요소가 분명하고 수세도 잘 환포하고 있어 사격이나 수세가 흉(凶)하게 보이지 않는 길(吉)한 입지공간 조건을 갖추고 있는 도시이다.

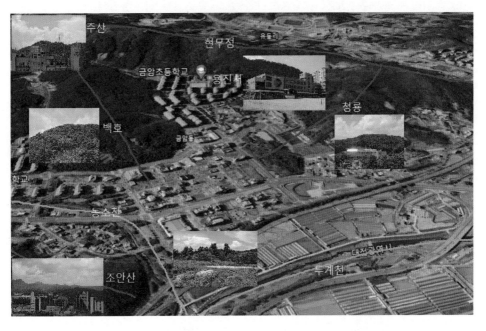

그림 14-1. 계룡시 금암지구 지형도

출처: 구글지도

계룡시 금암지구에 대한 풍수영향평가 평가지표 체크리스트로 평가한 전체적인 평가점수 결과는 82점으로 평가되어 비교적 양호한 것으로 판단되었다. 결론적으로 계룡시 금양지구의 도시개발 입지공간은 용맥, 사격, 수세, 혈과 명당 등 풍수영향평가 평가항목 평가점수가 높은 평가를 받으므로써 풍수적인 구성요소가 갖추어진 완벽한 도시 양기터로 평가되었다.

2. 계룡시 농소지구

계룡시 농소지구는 계룡시 금암지구의 인근에 있는 계룡시 두마면 농소리 일대이다. 이 지역은 아직 개발이 이루어지지 않고 있는 지구로 향후 개발이 진행될 가능성이 높다. 왜냐하면 2007년에 한국토지공사가 학술연구 용역(2006-2007년)을 받아 이화 박사가 "계룡 대실지구 풍수환경도시 건설을 위한 풍수적 연구"를 진행한 지역으로 두마면 농소지구를 풍수환경도시로 개발하기 위해 계획수립을 착수하였다.[21] 계룡시 두마면 농소리는 윗대실 지구와 아랫대실 지구로 나뉘어 있는데 2024년 현재, 아랫대실 지구를 중심으로 도시개발이 진행되고 있다.

풍수적인 환경평가지표를 개발하기 위한 목적이 도시개발사업이 추진되려고 할 때 해당사업으로 인해 발생할 수 있는 생태적·환경적 영향을 종합적으로 미리 예측하고 분석·평가하여, 환경파괴와 환경오염을 사전에 방지하고 최소화할 수 있는 환경보전방안을 마련하여 건강하고 쾌적한 국민생활을 도모하는 것이다. 그러므로 환경영향평가제도(EIA)를 차용하여 풍수영향평가도 사전에 풍수적으로 분석 평가를 하여 향후 도시개발이 예상되는 농소리 윗대실를 두 번째 풍수영향평가 적용 사례지로 선정, 평가를 하였다.

지형도상으로 용세(龍勢)를 살펴보면, 금남정맥의 지맥(마이산-대둔산-천호산)으로 용맥이 대둔산에서 천호산(366m)으로 이어지고 계속 진행하여 계룡산에 이르게 된다. 농소지구의 주산(主山)은 천호봉이다. 그리고 주산(主山)에서 좌우로 개장(開帳)분벽하여 환포(環抱)하는 산세로 좌청룡(左靑龍)은 천마산(287m)으로 이어지는 중간

---

21   이화, "계룡 대실지구 풍수환경도시 건설을 위한 풍수적 연구", 『역사민속학』, 24, 2007.

에 분벽하여 211m 봉우리로 흘러 내려가는 용맥이고 우백호(右白虎)는 하대실 마을 뒤의 232m 봉우리로 이어진다. 안산(案山)은 두계리 쪽 183m 봉우리로 백호 용맥이 하대실 윗부분으로 분벽하여 내려와 동북쪽에 위치하고 있다. 조산(朝山)은 백호에서 더 내려간 왕대산(242m)이다. 농소지구를 감싸고 있는 사신사가 분명하게 형성되어 있다.

농소지구의 수세(水勢)는 천호산의 용맥과 좌청룡 우백호의 용맥이 농소지구를 감싸 안고 있으며, 이 용맥에서 발원한 내당수(內堂水)가 모여 흐르는 명당수를 갖추고 있어 양기(陽基) 터로서의 조건을 잘 갖추고 있다. 흘러내린 물은 용수말천으로 흘러 청룡 뒤의 개터천과 합해져서 농소천으로 합수하고 그리고 이후로 두계천과 합수하여 하천 을 형성하고 있다. 득수와 파구가 분명하게 이루어지고 있음을 확인할 수 있다. 또한 도 시가 입지할 수 있는 혈처로는 천호산에서 천마산 방향으로 흐르는 용맥의 중간에 기봉 한 현무정이 횡룡맥으로 천심(穿心)하여 세 개 지역의 양기터 입지공간을 형성하고 있 는 것으로 판단하였다.

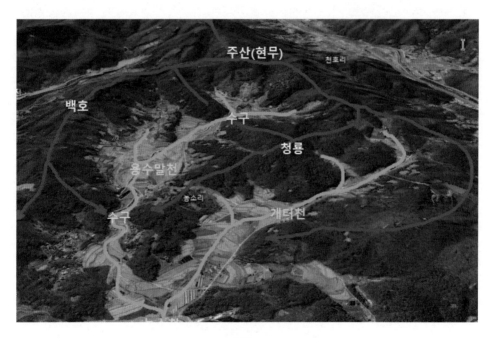

그림 14-2. 계룡시 농소지구 지형도

출처: 구글지도

계룡시 농소지구에 대한 풍수영향평가 평가지표 체크리스트로 평가한 전체적인 평가 결과는 총점 85.1점이 나와서 비교적 양호한 것으로 판단되었다. 결론적으로 계룡시 농소지구의 신도시개발 입지공간의 풍수영향평가는 용맥, 사격, 수세, 혈과 명당 등 풍수영향평가 평가항목 평가점수가 높게 나왔다. 그래서 계룡시 농소지구는 풍수적인 요소가 잘 갖추어진 길지로 평가되었다.

3. 고양시 일산신도시 중산마을

고양시 일산신도시 중산마을은 경기도 고양시 일산동구 중산1동에 위치한 신도시 택지지구로 고봉산 자락의 서쪽에 위치하여 완만한 경사지를 이루고 있는 곳이다. 일산신도시와는 별개의 사업으로 진행되었으며, 면적은 $1.40km^2$이며, 인구는 20,884명이며, 총 5813세대의 대규모 택지지구로, 위시티에 버금가는 규모이다. 총 12개 단지로 이루어져 있고 최초 입주는 1995년에 시작했다. 중산1동에는 중산마을, 산들마을과 중산공원, 고봉산이 위치하고 있다.

용세를 살펴보면, 고양시 일산신도시 중산마을의 산줄기는 한북정맥으로 도봉산(739m) → 북한산(836m) → 노고산(老姑山) → 여현(礪峴) → 견달산(見達山) → 고봉산(高峰山)으로 이어지며, 일산신도시의 북쪽 지역을 동쪽에서 서쪽으로 흐르고 있다. 이 용맥은 고봉산에 이르러 평평하며, 환포된 중산지구에 국을 형성하고 있다. 일산의 주산인 고봉산은 높이 208m의 아담한 산으로 '하나의 산'이라는 뜻의 일산이 바로 '고봉산'을 일컫는다. 고봉산에서 개장한 용맥은 좌로 뻗어 내려가 안곡초등학교에서 멈추며 청룡을 형상하고 있다. 그리고 우로 뻗어 내려간 백호는 중산고등학교 뒤 봉우리에서 분벽하여 용맥 하나는 북으로 뻗어나가 황룡산을 만들고, 다른 한 용맥은 중산공원으로 내려가 안산을 형성하고 있다. 그리고 조산(朝山)은 백호 안산 뒤의 탄현마을 감싸 안으며 내려간 용맥이 역할을 하고 있고, 용진처인 혈처는 고봉산에서 천심(穿心)한 용맥이 내려가 국민은행 연수원과 중산 초·중학교 터로 판단된다. 수세도 용진처 좌우로 명당수가 모여 안곡초등학교에서 합수되어 산들마을이 수구가 되어 물이 흘러 나가고 있다.

그림 14-3. 일산 고봉산과 중산마을 지형도

출처: 구글지도

고양시 일산신도시 중산마을에 대한 풍수영향평가 평가지표 체크리스트로 평가한
결과는 총점 85.6점을 받아 비교적 양호한 것으로 판단되었다. 현재 중산마을은 개발
이 완료된 상태다. 그래서 개발 전의 평가점수와 개발 후의 평가점수를 각각 부여하고
이를 비교하여 평가점수가 어떻게 변동되었냐를 보고 판단하는 것이 바람직하다. 고양
시 일산신도시 중산마을의 개발 전과 개발 후의 모습을 옛 중산지구의 지도와 현재의
중산마을 지도를 비교하여 보고 평가를 해 보면 중산마을은 길한 터에 입지하고 있음
은 물론, 비교적 지형적인 훼손이 적은 자연친화적인 방법으로 개발된 것으로 보인다.

Ⅴ. 나오는 글

오늘날 우리나라를 비롯한 세계 각국은 산업화와 도시화에 따른 각종 개발사업으로
인하여 우리의 땅을 실로 몸살을 앓고 있다고 하여도 과언이 아니다. 특히 난개발로 인
하여 생태계를 파괴시키고 인간에게 해로운 환경오염 문제까지 야기시킴에 따라 전 지

구적인 위기론이 대두되고 있는 실정이다. 이러한 환경위기 극복을 위한 자연친화적인 개발을 유도하기 위하여 각 나라에 맞는 고유의 친환경적 풍수영향평가의 필요성이 제기되고 있다.

우리나라의 경우 새로운 환경친화적인 평가지표를 개발하기 위한 하나의 방편으로 근대지리학이 들어오기 전에 일반 민묘에서부터 한 나라의 도읍을 선정하고 건설하는 데 활용되었던 풍수지리 이론이 주목되고 있다. 왜냐하면 풍수이론은 기본적으로 땅을 하나의 생명체로 보기 때문에 이보다 더 자연친화적인 이론이 없기 때문이다. 그래서 기존의 환경영향평가에 더하여 풍수영향평가지표를 개발하여 융합시켜 보자는 것이다. 풍수는 아주 오래전부터 음택(묏자리)을 비롯하여 양택(집자리), 양기(마을 및 도시)를 선정하고 개발하는 데 이론적 근거를 제시해 주었다. 다시 말하면 풍수지리는 우리나라 전통지리학이자 이 땅에서 살다 간 많은 사람들이 살아가면서 터득한 경험과학이자 땅과 함께 공생하는 지혜의 산물이었다. 이 땅에 발을 붙이고 살아가면서 터득한 경험과학과 지혜를 이 시대에 와서 사장(死藏)시킬 수는 없었다. 따라서 이전에 아무도 시도하지 않았던 풍수영향평가제도의 도입을 제안하게 된 것이다.

다행히 현재의 환경영향평가의 평가지표에는 풍수적인 요소가 많이 들어가 있다. 예를 들면 평가지표의 내용 중에 기후, 수리/수문, 토지이용, 지형/지질, 경관, 일조장해 부문 등이 있다. 이러한 평가지표는 서로 다른 용어로 표현을 하였을지 모르나 추구하는 방향이 같다. 특히 풍수영향평가를 하게 되면 사전에 풍수적으로 환경에 미치는 영향을 평가하기 때문에 개발사업이 진행되더라도 자연의 훼손을 최소화할 수 있다. 각종 개발 시 현재의 환경영향평가에 반영하지 못하였던 동양의 전통적인 입지론인 풍수이론을 도입하자는 것은 획기적인 착안이라고 볼 수 있다.

풍수영양평가의 개발은 처음 시도하는 것이기 때문에 각종 지표를 새로 만들고 어떠한 방법으로 평가표를 산출해야 하는지가 큰 어려움으로 작용하였으나 오랜 연구 끝에 Lim & Cheon의 풍수영향평가 평가지표를 탄생시키게 되었다. 이 평가지표는 용혈사수향, 비보, 형국 7개 부문으로 나누고 항목마다 세부 평가지표와 평가점수를 부여하여 총점이 높을수록 명당길지로 평가하는 방식이다. 부동산 및 도시개발 등의 개발사업에

도입함으로써 도시공간 구조를 풍수적으로 얼마나 길한 곳인지를 해석하고 풍수적 훼손과 영향 등을 사전적으로 평가하여 이를 풍수영향평가 지표로 계량화한 것이다. 몇몇 사례지에 대하여 이 평가지표를 적용해 본 결과 충분히 활용 가치가 높은 것으로 나타났다. 속담에 "구슬이 서 말이라도 꿰어야 보배다"라고 했다. 아무리 훌륭한 자연친화적 풍수영향평가지표를 개발하였다 하더라도 실제 환경영향평가에 반영이 되지 않으면 소용이 없는 지표에 불과하다. 이 환경지표를 토대로 후속적인 연구가 지속적으로 이루어지고 환경문제를 담당하는 행정당국의 관심과 이해를 통한 풍수영향평가제도의 도입이 이루어질 수 있도록 풍수계가 적극적인 노력을 기울여야 것으로 본다.

〈참고문헌〉

『撼龍經』

『洞林照膽』

『明山論』

『疑龍經』

『葬書』

『靑烏經』

『擇里志』

박시익, 『한국의 풍수지리와 건축』, 일빛, 1999.

윤홍기, 『풍수지리설의 본질과 기원 및 그 자연관』, 일조각, 1994.

이영준 외 3인, 『지속가능한 사회 구현을 위한 환경평가 미래 발전 전략』. 한국환경정책 · 평가연구원 수시연구보고서, 2017.

최창조, 『한국의 풍수사상』, 민음사, 1984.

천인호, 『풍수지리학 연구』, 2012.

김기덕 · 김한래, "경기도 하남시의 풍수적 입지 조건과 도시개발의 과제", 『문화콘텐츠연구』, 2017.

김동영 · 천인호, "풍수 생태도시 지표의 개발과 적용", 『부동산경영』 25, 2022.

김철수, "풍수지리론에 의한 지속가능도시 조성방안", 『한국지방정부학회 학술대회자료집』, 2012.

박성대, "풍수의 현대적 해석을 통한 한국형 녹색도시 조성 방안", 『한국지역지리학회지』 20, 2014.

박재락, "풍수지표를 적용한 정량화 도출에 관한 연구", 『동북아시아문화학회 국제학술대회 발표자료집』, 2015.

손진수 · 천인호. "통일에 대비한 적성 지역의 풍수적 검토와 도시개발 제언", 『부동산경영』 17, 2018.

엄기헌, "風水原理에 따른 都市評價 모형에 관한 研究", 가천대학교 박사학위논문, 2014.

윤동순, "관리지역의 난개발 방지를 위한 효율적 관리방안에 관한 연구", 서울벤처대학원대학교 박사학위논문, 2014.

이동화, "기(氣)를 바탕으로 한 주거환경의 현대적 해석", 서울시립대학교 박사학위논문, 2006

이화, "계룡 대실지구 풍수환경도시 건설을 위한 풍수적 연구", 『역사민속학』, 24, 2007.

임병술 · 천인호, "부동산 개발에 있어 풍수영향평가지표 선정과 적용에 관한 연구", 『동양문화연구』 제39집, 영산대학교 동양문화연구원, 2023.

정경연, "풍수지리 이론을 활용한 저탄소 녹색도시 계획지표 연구", 인하대학교대학원 박사학위논문, 2013.

천인호, "사료와 사례를 통해 본 도선풍수의 재해석", 『동방문화와 사상 제7집』, 2016.

천인호, "양택풍수입지에 대한 주관적 · 객관적 평가간의 실증분석", 『부동산학연구』, 제13집 제2호, 2007.

천인호, "풍수적 관점에서 본 창원신도시의 개발과 보존", 『동방문화와 사상』 2, 2017.

최원석, 『비보(裨補)의 觀念과 原理』, 『민족문화영구 제34호』 2002.

최원석, 『한국의 비보풍수론』, 『대한지리학회지』, 37(2), 2001.

국가법령정보센터(https://www.law.go.kr).

구글지도(https://earth.google.com).

풍수 형국론의 옥녀봉을 수치지도로 읽다

서춘석[*]

Ⅰ. 풍수 형국론의 옥녀봉이란?

우리나라의 산은 금수강산이라 표현할 만큼 형세가 아름답고 경관이 다양하여 많은 풍수형국(風水形局)이 우리의 자생풍수와 더불어 혼합되어 이어져 왔다. 이러한 산에 대한 풍수적 인식은 자연환경과 함께 신앙이나 사상으로 또는 그 시대의 문화와 정서로 우리들의 생활에 녹아들어 오랜 세월 전승 되어왔다. 풍수 형국론(形局論)은 물형론(物形論)이라고도 하며, 산천의 겉모습과 그 안의 정기(精氣)는 서로 상통한다는 전제하에 출발한다.

형국론에서는 산천의 형태나 형세를 사람이나 동물, 식물, 사물, 문자 등에 빗대어 설명하고 있는데 이것은 우주 만물에는 이(理), 기(氣), 상(像)이 있고 외형의 형상에는 상응한 기상과 기운이 내재해 있다고 보기 때문이다. 또한 자연을 살아 있는 유기체로 보고 그 자연을 의인화(擬人化) 또는 의물화(擬物化)하고 필요에 따라서는 대응하는 짝이나 보완물을 갖춤으로써 형국을 완성 시킬 때 그곳을 길(吉)하다고 보는 것이다. 이러한 풍수 형국론은 산과 지세를 직관적으로 개관할 수 있기에 풍수에서 많이 활용되고 있으나, 산을 바라보는 위치와 관찰자의 주관에 따라 그 인식이 판이하게 다를 수 있다. 그럼에도 형국이 전통으로 전승되어 온 곳들에서는 많은 이들이 공감할 만한 공통적인 형태와 특징을 발견할 수 있다.

---

[*] 동양문화융합학회 부회장, 철학박사

우리나라에서 풍수 형국과 관련된 산 이름 가운데 가장 많이 사용되는 명칭은 '옥녀봉(玉女峰)'이다. 옥녀봉은 산림청(2007)의 '전국 산통계 분석자료'에서 우리나라의 산 이름[1] 가운데 세 번째로 많이 사용되는 명칭이고, 풍수 형국과 관련된 산 이름으로는 으뜸인 것으로 조사되었다. 다양한 풍수 형국 중에서, 우리 국토의 전역에 걸쳐 산재하고 있는 옥녀봉은 대부분 풍수 사상에서 그 지명이 연유하였음을 『한국지명총람』,『한국지명유래집』,『향토지』 등의 문헌을 통해 확인할 수 있다. 이와 같이, 옥녀봉은 풍수 형국론의 대표적인 풍수 지명이기 때문에 옥녀봉과 관련된 풍수 형국을 중심으로 그 형국별 특징을 실증적으로 분석할 필요성이 제기되었다.

옥녀(玉女)는 원래 도교의 선녀와 동일한 개념이었으나, 도교와 풍수가 습합(習合)하는 과정에서 풍수 형국론의 옥녀가 등장하게 되었다. 옥녀는 선녀(仙女)와 동일한 의미로 몸과 마음이 옥(玉)처럼 깨끗한 여인이기에 기예(技藝)에 숙달된 절세미인이자 남녀합궁, 풍요와 다산의 표상이며 마을의 수호신으로 해석된다.

옥녀봉은 형국에 따라 옥녀탄금형, 옥녀직금형, 옥녀산발형, 옥녀단좌형, 옥녀단장형 등으로 구분되는데, 형국을 구분하는 객관적인 기준이 명확하지 않은 관계로, 옥녀봉에 대한 연구를 위해서는 먼저 기초자료의 객관화가 필요하다. 이에 따라 풍수 형국 중에서 가장 많이 분포하는 옥녀형국을 대상으로 전국에 산재하는 옥녀봉 36개소를 선정하여 GIS(Geographic Information System)의 다양한 지형분석 기법으로 표본의 수치를 산정하였다. 아울러 계량적인 통계방법을 이용하여 다양한 옥녀봉과 관련된 국면을 대상으로 형국별 풍수적·지형적 특징을 실증 분석하고 상호 비교해 보았다. 이러한 형국론의 객관화 시도를 통해 옥녀봉의 형국이 어떠한 기준에 의해 분류되었는지 형국별 특징과 차이점을 찾아보았다.

---

1   산림청, 「전국 산통계 분석자료」, 2007. '우리나라에서 가장 많이 사용되는 산 이름은 1)봉화산, 2)국사봉, 3)옥녀봉 순서이다.' 여기서 봉화산은 과거 봉수대가 위치하였다는 의미에서, 국사봉은 유교적 관점이 적용된 산 지명으로, 옥녀봉은 풍수 형국과 밀접하게 관련된 산 이름으로 판단할 수 있다.

II. 옥녀봉의 선정과 연구 방법

옥녀봉은 우리나라 지역 전역에서 분포하고 있으며, 『한국 땅이름 전자사전(한글학회 1998)』[2]에는 333개(지역 경계선에 걸쳐 중복된 산지명은 한 곳만 적용함)의 옥녀봉지명이 수록되어 있으며, 풍수지리(김광언 2012, 33)에서 조사된 옥녀형은 200개소에이른다. 그러므로 연구 사례지의 선정은 국토지리정보원에서 제공하는 수치지도에 나타나고 있는 옥녀봉 중에서 해당 지역의 지명지 및 각종 자료와 문헌상 옥녀봉과 옥녀형국이 동시에 나타난 지역을 중심으로 아래와 같이 36개의 연구대상 옥녀봉을 확정하였다.

표 15-1. 연구대상 옥녀봉

순번	옥녀봉 소재지	옥녀형국	출처	순번	옥녀봉 소재지	옥녀형국	출처
1	강원 강릉시 대기리	탄금형	A. F	19	경북 영주시 배점리	단좌형	B, E
2	강원 원주시 운남리	산발형	A	20	경북 영주시 지동리	단좌형	B
3	강원 평창군 대하리	산발형	A,B,G	21	경남 통영시 금평리	탄금형	A
4	경기 가평군 승안리	단장형	A, F	22	경남 창원시 구암동	탄금형	A
5	경기 고양시 오금동	탄금형	B	23	전북 무주군 대소리	산발형	A, B
6	경기 여주시 주암리	탄금형	A, D	24	전북 임실군 안하리	직금형	A, B
7	충북 괴산군 사은리	산발형	B	25	전북 전주시 평화동	탄금형	A
8	충북 진천군 명암리	산발형	A, E	26	전북 정읍시 과교동	탄금형	A, E
9	충북 충주시 영죽리	산발형	A	27	전북 완주군 운산리	탄금형	A, G
10	충남 보령시 옥현리	단좌형	A, E	28	전북 진안군 봉학리	탄금형	A,B,G
11	충남 논산시 교촌리	탄금형	A	29	전남 구례군 계천리	산발형	A, E
12	충남 서천군 월호리	직금형	A, F	30	전남 보성군 운곡리	단좌형	B
13	충남 서산시 동문동	탄금형	A, E	31	전남 강진군 개산리	직금형	A
14	충남 공주시 유구리	탄금형	B, F	32	전남 여수시 우학리	직금형	A
15	충남 공주시 이곡리	탄금형	A	33	전남 담양군 원천리	탄금형	A, G
16	경북 경주시 석장동	단좌형	A	34	전남 순천시 고산리	탄금형	A, C
17	경북 군위군 매성리	단좌형	A, G	35	전남 순천시 대광리	직금형	C
18	경북 문경시 작천리	단좌형	A, E	36	전남 담양군 대방리	단장형	A, G

출처: A: 한글학회 1998, B: 국토지리정보원 2008: 2010a: 2010b: 2011, C: 국토지리정보원, 지명사전, http://www.land.go.kr.(2014.10.20. 검색), D: 각 시군면 지명지, E: 각 시군면 홈페이지, F: 각 시군 문화원, G: 최창조 2011.

---

2   1964년부터 땅이름을 조사하여 만든 「한국지명총람」 20권을 디지털화하였다.

위 표에 나타난 바와 같이 36개의 옥녀봉은 지역별로 강원 3개소(8%), 경기 3개소 (8%), 충북 3개소(8%), 충남 6개소(17%), 경북 5개소(14%), 경남 2개소(6%), 전북 6 개소(17%), 전남 8개소(22%)로 전국에 분포하고 있다. 형국별로는 옥녀탄금형 15개소 (42%), 옥녀직금형 5개소(14%), 옥녀산발형 7개소(19%), 옥녀단좌형 7개소(19%), 옥 녀단장형 2개소(6%)로 분포한다.[3] 연구 방법은 GIS의 다양한 분석기법을 통해 혈장과 사신사의 수치고도를 조사하고, 혈장을 중심으로 한 사신사의 높이와 혈장과 사신사 간 의 거리, 앙각 및 경사요철도 지수를 조사하여 계량적 방법을 통해 옥녀봉 형국 간의 공 통점과 차이점을 분석하였다. 구체적인 방법은 다음과 같다.

첫째, 웹기반 지도서비스의 음영기복 지형도를 이용하여 풍수 용맥을 지도화하고 혈 장과 사신사를 구성하였다. 혈장에서 사신사까지의 거리 측정은 혈장에서 좌우상하로 연결한 직선, 즉 천심십도(天心十道)의 개념을 도입하여 혈장에서 직선으로 사신사의 능선까지의 거리를, 그리고 혈장에서 주산, 안산, 수구까지의 거리는 직선거리를 적용하 였다.

둘째, 대상 지역에 대하여 수치지형도(1:25,000)의 등고선 데이터를 이용하여 수치 고도모델(Digital Elevation Model)을 생성하였다.

셋째, 사신사 지점별 고도 및 지점 간 거리를 측정하였다. 도출된 용맥 및 사신사 지 도와 수치고도모델을 중첩하여 옥녀봉, 혈장 및 각 사신사(주산, 안산, 청룡, 백호) 지점 에 대한 고도값과, 사신사 지점 간의 거리(옥녀봉-혈장, 주산-혈장, 주산-안산, 혈장- 안산, 혈장-청룡, 혈장-백호 거리 등)를 측정하였다.

넷째, 혈장에서 옥녀봉을 바라보았을 때 보이는 산의 형상에 대한 단면도를 작성하였 다. 옥녀봉의 형상을 정량적으로 파악하기 위해 산의 꼭지각을 측정하여 산의 전반적 인 가파른 정도를 확인하였다. 또한 혈장에서 옥녀봉 꼭지점을 바라보는 앙각을 측정 하였다. 앙각은 다음과 같은 식 $[\theta = \tan^{-1}(\frac{H}{D})]$[4]을 통해 측정된다.

---

3 본 연구에서의 옥녀탄금형, 옥녀직금형, 옥녀산발형, 옥녀단좌형, 옥녀단장형의 형국 분류는 필자의 자의적 판단이 아니 라 위의 표와 같이 해당지역의 지명지, 향토지 등에 기록된 형국을 적용하였다.
4 앙각계산식에서 θ는 앙각, H는 혈과 옥녀봉 꼭지점 간의 높이차, D는 혈과 옥녀봉 꼭지점 간의 평면 거리를 의미한다.

다섯째, 혈장에서 옥녀봉을 바라보았을 때의 산 표면에 대한 경사 및 요철을 정량적으로 분석하기 위해 본 연구에서는 산 표면의 경사도 분포를 이용하여 경사요철도 지수[5]를 산출함으로써 산 표면의 거칠기 정도를 구분하고자 하였다. 경사요철도 지수는 위에서 도출된 수치고도모델을 이용하여 산의 경사도 데이터를 구축한다. 꼭짓점을 중심으로 혈장을 바라보는 방향으로 산 높이의 반이 되는 지점까지의 거리를 반지름으로 하는 반원을 그려 경사도 데이터를 잘라낸 다음, 경사도 값들에 대한 분포를 구하기 위해 히스토그램을 이용하여 경사도의 평균, 표준편차 값을 계산하였다. 경사도 표준편차 값은 지표면의 거칠기(Roughness)를 정확하게 표현할 수 있다(Grohmann, C.H.; Smith, M.J.; Riccomini, C.; 2010). 본 연구에서는 반원 영역 내의 경사도 값의 평균과 표준편차를 이용하여 경사와 요철 정도를 정량화하기 위해, 경사도 평균과 표준편차의 표준화된 평균합을 계산하는 방식의 경사요철도 지수를 다음과 같은 식[6]으로 산출하였다.

$$경사요철도지수 = \frac{1}{2} \times [(\frac{\mu_{slope} - \min(\mu_{slope})}{\max(\mu_{slope}) - \min(\mu_{slope})}) + (\frac{\sigma_{slope} - \min(\sigma_{slope})}{\max(\sigma_{slope}) - \min(\sigma_{slope})})]$$

여기서, 경사요철도 지수는 0과 1 사이의 값을 가지는데, 표면의 경사도 값 평균이 클수록, 표준편차가 클수록 높은 값을 나타낸다. 지수값이 0에 가까울수록 표면에 요철이 없이 표면경사가 부드럽고 1에 가까울수록 요철이 심하고 표면경사가 거칠다고 할 수 있다. 풍수분석을 위한 측정지점 선정기준은 아래 표 '혈장 및 사신사 지형의 풍수점'과 같다. 통계분석 방법은 각 옥녀봉 형국별 사신사의 높이와 사신사와 혈장 간의 거리, 혈과의 표고차 등에 대한 평균을 구하고, 옥녀봉의 각 형국별의 사신사의 높이, 혈장 간의 거리 등이 형국 명명에 어떠한 영향을 미쳤는지를 알아보았다.

---

5 본 연구에서의 '경사요철도 지수'는 연구자가 명명한 것으로 산표면의 거칠기의 정도를 정량화하여 풍수의 요소로 활용하기 위한 지수이다.

6 경사요철도 지수 계산식에서 μ_{slope}는 반원 영역 내 표면 경사도값의 평균, σ_{slope}는 반원 영역 내 표면 경사도값의 표준편차, $\max(\mu_{slope})$는 표면 경사도값의 평균에 대한 최대값, $\min(\mu_{slope})$는 표면 경사도값의 평균에 대한 최소값, $\max(\sigma_{slope})$는 표면 경사도값의 표준편차에 대한 최대값, $\min(\sigma_{slope})$는 표면 경사도값의 표준편차에 대한 최소값을 각각 의미한다.

표 15-2. 혈장 및 사신사 지형의 풍수점

항목	측정지점 선정기준	이론
옥녀봉(A)	옥녀봉의 가장 높은 봉우리를 (A)지점으로 선정	문헌과 지도에 의한 옥녀봉
주산(B)	옥녀봉과 혈장 사이 개장 천심한 봉우리를 주산(B)지점으로 선정	
혈장(C)	먼저 옥녀봉의 面을 살피고, 주변의 산과 물이 둥그렇게 모이고, 유정하게 포응하는 향배를 살펴 혈이 맺힌 산을 찾는다. 주산에서 혈이 맺힐 산으로 중출맥이 위이를 하며 내려오다 저평하면서 窩하거나 乳하며 계수가 분명하고 분합이 되는지를 살펴 용진처로 판단되는 곳을 혈장(C)지점으로 선정(현장의 묘지, 건축물 등을 참조함)	면배, 향배, 취산정혈법, 향배성혈법, 분합, 계수, 와혈, 겸혈, 유혈, 돌혈
안산(D)	혈장의 앞에서 지세향으로 가장 가까운 산의 봉우리를 안산(D)지점으로 선정	주작(안산, 조산)
청룡(E)	혈장에서 볼 때 왼쪽 산(줄기)은 청룡, 오른쪽 산(줄기)은 백호로 주산과 안산을 연결하는 수직선과 직각으로 교차하는 혈장선이 좌청룡과 만나는 곳을 청룡(E)지점으로, 우백호와 만나는 곳을 백호(F)지점으로 선정	청룡(본신청룡, 외산청룡)
백호(F)		백호(본신백호, 외산백호)

Ⅲ. 옥녀봉의 풍수 형국별 사례지 분석

전국에 분포한 형국별 옥녀봉의 사례지 36개소를 모두 조사 분석하였으나 지면상 분석한 자료를 모두 제시하기 어려우므로 각 형국별 대표적인 사례를 각 1개소씩을 소개하고 동일한 방법으로 전체 분석한 결과를 제시하였다.

1. 옥녀탄금형의 옥녀봉

옥녀탄금형(玉女彈琴形)은 옥녀가 거문고를 빗겨 안고 탄주하는 모양으로 횡금안(橫琴案) 또는 거문고를 의미하는 사(砂)가 있으면 길격(吉格)으로 본다. 기예(技藝)에 숙달된 여인인 옥녀가 거문고를 타며 춤추고 노래하는 모습인 이 지형의 소응은 대대로 인재 또는 과거급제자, 부자, 미녀를 내는 것으로 판단한다. 본 연구대상 옥녀봉 중 옥녀탄금형은 15개소(42%)의 분포를 보인다. 아래의 그림은 옥녀탄금형 사례지인 '강원도 강릉시 왕산면 대기리 옥녀봉'의 풍수 용맥도이다.

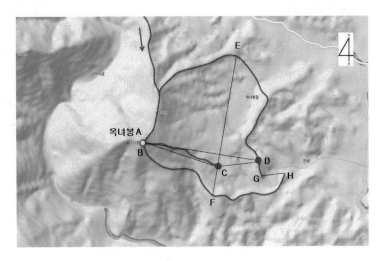

그림 15-1. 대기리 옥녀봉의 풍수 용맥도
출처: http://map.naver.com

　대기리의 옥녀봉은 높은 산으로 사방으로 둘러싸여 있으며 고루포기산의 산줄기가 남쪽으로 뻗은 산으로 봉우리가 옥녀와 같이 곱고 수려하며, 산 밑에는 옥녀탄금형의 좋은 묏자리가 있다고 한다(한글학회 1998). 백두대간의 고루포기산(1238m)에서 동남진하여 서득봉(1050m)으로 향하던 용맥은 왕산골의 봉(1020m)에서 우출맥으로 남진한 봉(904m)을 거쳐 좌우 지현(之玄; 委迤)과 상하 기복(起伏; 屈曲)의 변화를 하면서 가파르게 솟아오른 대기리 옥녀봉(A, 963m)에 다다른다. 대기리 옥녀봉은 산줄기 말단의 봉우리로 주산(B)의 역할을 하며 이곳에서 개장과 천심한 중출맥은 동쪽을 향하여 안골 방향으로 좌우로 위이(逶迤)하며 내려오다가 용맥이 넓어지는 저평한 용진처(C, 777m)를 형성한다. 이곳에는 현재 쌍묘가 조성되어 있다. 혈장의 아래쪽으로 좌우 양수(兩水)가 만나 합수되어 백호 끝자락과 안산이 주밀하게 관쇄된 수구로 흘러나간다. 이곳 쌍묘의 혈장은 대기리 산 51번지(북위 37도 59분 62초, 동경 128도 76분 10초)의 지점이 된다. 주산(B)에서 좌측으로 뻗은 청룡(E, 752m)은 혈장 앞을 환포하면서 길게 이어져 청룡이 안산으로 이어진 본신안산(D, 750m)을 이루고 있다. 청룡은 백호에 비해 혈장에서 멀리 떨어져 있고 고도가 낮으며 중간에 옥녀봉길의 고갯마루 과협처가 있어 북풍에 취약한 면을 보이는 반면, 청룡과 이어진 본신안산은 혈장을 완전히 환포하고 청룡 쪽에서 발원한 물 역시 혈장을 환포하며 유정한 모습을 보여주고 있다.

아래의 표는 왕산면 대기리 옥녀봉의 풍수 지형적 특성의 측정값 및 지형 분석도이
다. 대기리 옥녀봉의 꼭지각은 140°로 다소 가파른 형태를 보이고 있으며, 혈장과 옥녀
봉의 표고차는 186m, 거리는 704m로, 14.80°의 앙각을 이루고 있다. 이는 사람의 시
각에서 올려다볼 때 비교적 편안한 높이라고 할 수 있다. 표면경사도를 이용한 경사요
철도 지수는 0.48로 요철이 중간수준의 거칠기를 보이고 있다.

표 15-3. 대기리 옥녀봉의 풍수 지형적 특성

항목	값(m, °)	항목	값(m)
옥녀봉(A)고도	963	옥녀봉-혈장거리	704
주산(B)고도	963	주산-혈장거리	704
혈장(C)고도	777	주산-안산거리	887
안산(D)고도	750	혈장-안산거리	210
청룡(E)고도	762	혈장-청룡거리	748
백호(F)고도	782	혈장-백호거리	170
수구(G-H)거리	135	청룡-백호거리	918
옥녀봉 꼭지각	140	혈장-옥녀봉표고차	186
옥녀봉앙각	14.80	경사요철도지수	0.48

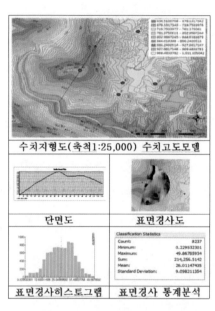

그림 15-2. 대기리 옥녀봉의 지형 분석도

2. 옥녀직금형의 옥녀봉

옥녀직금형(玉女織錦形)은 옥녀가 비단을 짜는 모양의 형국으로 베틀과 베틀북인 금
사안(金梭案)이나 농사형(弄梭形) 또는 침사수(沈絲水)가 있어야 길하고 만약 이것이
없으면 비보(裨補)로써 우물을 판다. 이 형국은 옥녀가 비단을 짜듯이 자손대대로 귀한
인물이 배출되는 곳으로 판단한다(천인호 2012, 379-380). 연구 사례지 36개 옥녀봉
중에서 옥녀직금형은 5개소(14%)의 분포를 보이고 있다. 아래의 그림은 옥녀직금형의
사례지인 '전북 임실군 지사면 안하리 옥녀봉'의 풍수 용맥도이다.

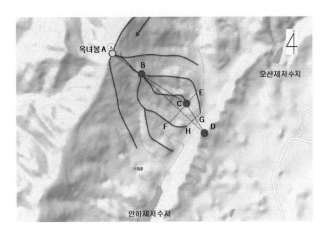

그림 15-3. 안하리 옥녀봉의 풍수 용맥도

　지사면 안하리 옥녀봉은 옥녀직금형으로 안하리와 성수면 삼청리, 봉강리의 경계에 있는 산이며 산 모양이 옥녀가 비단을 짜는 형국이고 옥녀직금혈이 있다 한다(한글학회 1998). 지사면은 조선시대에 지사방이라고 하였으며 1914년 임실군에 편입되어 지사면이 되었다. 『광여도』, 『1872년 지방지도』 등에 남원과 임실 경계부에 '지사방'이 표기되어 있다(국토지리정보원 2010b). 관촌면 지명총람(임실군청 웹)에 의하면, 성수면 봉강리와 지사면 안하리 경계에 있는 옥녀봉은 옥녀가 비단을 짜는 형국이라 한다. 금남호남정맥의 장수군 팔공산(1149.3m)에서 우출맥한 용맥이 서진한 봉(959m)과 마령치를 지난 봉(681m)에서 다시 남서진하여 임실군 영태산(666.2m)에 이른다. 영태산 우측 오봉저수지와 좌측의 오산제저수지에서 흐르는 물은 용맥을 호위하며 가다 오수리의 오수천에서 합수되어 용맥을 멈추게 한다. 영태산에서 남서진한 용맥은 오봉산(620m)을 거쳐 좌우지현과 상하기복 변화를 하면서 다시 솟은 봉(580m)을 거쳐 아침재와 한치재의 과협을 지나 안하리 옥녀봉(A, 467m)에 다다른다. 안하리 옥녀봉은 진산의 역할을 한다.

　옥녀봉에서 좌출맥하여 동남진한 용맥은 주산(B, 350m)에서 좌우로 개장하여 청룡과 백호를 만들고 천심한 중출맥이 좌우지현과 상하기복의 변화를 하면서 내려와 과협처를 이루고 다시 솟은 현무정에서 내려오다 용맥이 넓어지는 저평한 곳에 용진처(C, 211m)를 형성한다. 이곳은 여인의 유방처럼 생겨 유혈로 판단되며 현재 합장묘(合葬

풍수 형국론의 옥녀봉을 수치지도로 읽다　　**367**

墓)가 자리하고 있다. 이 합장묘는 안하리 산18번지(북위 35도 59분 72초, 동경 127도 35분 03초)의 지점이다. 묘지 바로 아래쪽으로 좌선수인 청룡수와 백호수가 합수되어 우측의 안하제 저수지로 흘러 들어간다. 또한 좌측 앞쪽에도 오산제 저수지가 있는데 옥녀직금형에서 이러한 우물은 침사수(沈絲水)로 볼 수 있으며, 베틀로 비단을 짤 때 실에 물을 뿜어주기 위한 물의 역할을 하기에 꼭 필요한 것이다. 주산 좌측의 청룡(E, 215m)은 혈장을 환포하나 높이가 충분치 않다. 백호(F, 231m)는 주산의 우측에서 길게 뻗어 혈장을 환포한다. 또한 옥녀봉의 좌우로 뻗은 외청룡과 외백호는 혈장을 한번 더 감싸주고 있어서 장풍에 도움을 준다. 안산(D, 234m)은 혈장의 지세향인 동남향의 안하리 산 36번지 산등성이로 수형의 모습을 하고 있다. 삼밭골(안하리)은 옥녀직금형과 관련이 있는 지명으로 판단된다.

아래의 표는 지사면 안하리 옥녀봉의 풍수 지형적 특성의 측정값 및 지형 분석도이다. 안하리 옥녀봉의 꼭지각은 154°로 약간 완만한 형태를 하고 있으며, 혈장과 옥녀봉의 표고차는 256m, 거리는 664m로, 21.08°의 앙각을 이루고 있는데 이는 사람의 시각에서 올려다보면 비교적 높다고 할 수 있다. 표면경사도를 이용한 경사요철도 지수는 0.12로 요철이 낮은 수준의 거칠기를 보이고 있다.

표 15-4. 안하리 옥녀봉의 풍수 지형적 특성

항목	값(m, °)	항목	값(m)
옥녀봉(A)고도	467	옥녀봉-혈장거리	664
주산(B)고도	350	주산-혈장거리	395
혈장(C)고도	211	주산-안산거리	544
안산(D)고도	234	혈장-안산거리	177
청룡(E)고도	215	혈장-청룡거리	82
백호(F)고도	231	혈장-백호거리	133
수구(G-H)거리	122	청룡-백호거리	215
옥녀봉 꼭지각	154	혈장-옥녀봉표고차	256
옥녀봉앙각	21.08	경사요철도지수	0.12

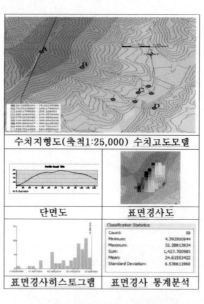

그림 15-4. 안하리 옥녀봉의 지형 분석도

3. 옥녀산발형의 옥녀봉

옥녀산발형(玉女散髮形)은 옥녀가 산발을 하고 화장을 하기 위한 자세로 곧 단정한 모습이 될 것이기 때문에 이 터는 사람들에게 선망받을 정도로 입신양명하며 재인(才人), 가인(佳人)이 출생하는 것으로 판단한다. 소응으로 화장을 하기 위한 거울이나 분갑, 기름항아리 등의 사(砂)가 있으면 길격으로 본다. 본 연구대상 옥녀봉 중 옥녀산발형은 7개소(19%)의 분포를 보이고 있다. 아래의 그림은 옥녀산발형의 사례지인 '충북 진천군 백곡면 명암리 옥녀봉'의 풍수 용맥도이다.

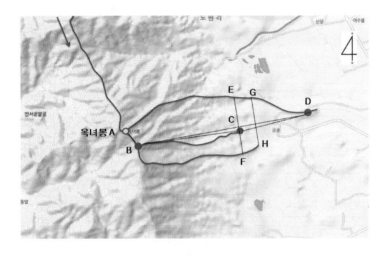

그림 15-5. 명암리 옥녀봉의 풍수 용맥도
출처: http://map.naver.com

명암리 옥녀봉은 명암리와 이월면 노원리의 경계에 위치한 산이며 산형이 옥녀가 머리를 풀고 있는 형국이라 한다(한글학회 1998). 1914년 군면 폐합에 따라 진천군의 백곡면은 부정면의 명암리(일명 명심마을)를 편입하여 관할하였으며, 이월면은 이곡면과 월촌면을 병합하여 이곡과 월촌의 이름을 따서 이월면이라 하였다. 이월면 노원리 궁동마을의 유래(이월면 웹)에는 "궁동은 중국의 원나라 황제의 황후 기씨가 탄생한 곳으로 기황후는 상산의 아름다운 정기를 타고 옥녀봉의 옥녀와 같은 어여쁜 모습으로 이 고장에 태어났다."고 기록하여 옥녀와 옥녀봉을 언급하고 있다.

한남금북정맥의 안성시 칠현산(516.4m)에서 좌출맥한 금북정맥은 남진하여 진천군의 덕성산(521.7m)을 거쳐 좌우 지현과 상하 기복변화를 반복하며 무티고개를 지나 무이산(462.2m)과 무제산(574m)에 이르고 여기서 다시 동남진하여 명암리 옥녀봉(A, 452m)에 다다른다. 명암리 옥녀봉은 진산의 역할을 하며 이곳에서 남진한 용맥은 주산(B, 421m)에 이르고 주산에서 개장과 천심한 중출맥이 동쪽으로 뻗어 이월면 궁골마을 방향으로 좌우로 위이를 하며 내려오다 용맥이 넓어지는 저평한 곳에 용진처(C, 128m)를 형성한다. 이곳에 합장묘가 조성되어 있는데 진천군 이월면 노원리 산 33-1번지(북위 36도 90분 39초, 동경 127도 42분 52초)에 위치하고 있다. 묘지의 후손인 이순무는 인터뷰에서 "집안의 세보에도 5대조 조상이 옥녀봉 아래 명당에 모셔졌다는 기록이 있고, 옥녀봉의 좋은 기운이 가문을 지켜 준다고 집안에 내려오는 이야기가 있다."고 하였다. 혈장 바로 밑으로 좌선수가 흘러 우측에서 내려오는 백호수와 합수되어 우측의 파구로 빠져 미호천으로 흘러간다.

주산 좌측의 청룡(E, 133m)은 혈장을 감싸며 궁골마을 좌측으로 길게 뻗고 있으나 혈장에 비하여 높이가 충분하지 못하여 장풍의 기능이 부족하다. 우측의 백호(F, 130m) 또한 혈장을 환포하며, 궁골마을 우측으로 길게 뻗고 있으나 혈장에 비하여 높이가 충분하지 못하고 백호 끝자락이 혈을 향하여 좌측으로 감싸주지 못하여 수구가 관쇄되지 못하는 결점이 있다. 묘지 주변에 소나무가 울창하게 잘 관리되어 혈장이 안온한 것은 장풍의 문제를 보완하기 위한 비보수 역할을 제대로 하는 것으로 판단된다. 입수에서 혈장 및 명당에 이르기까지 강한 용맥이 없이 모두 박환된 토질로 인해 잔디 상태가 좋다. 안산(D, 109m)은 혈장의 지세향인 북동향으로 청룡이 안산으로 이어진 본신안산(本身案山)을 이루고 있으며 낮고 길게 뻗은 수형(水形)의 산이다.

아래의 표는 백곡면 명암리 옥녀봉의 풍수 지형적 특성의 측정값 및 지형 분석도이다. 명암리 옥녀봉의 꼭지각은 152°로 약간 완만한 형태를 하고 있으며, 혈장과 옥녀봉의 표고차는 324m, 거리는 1,109m로, 16.29°의 앙각을 이루고 있는데 이는 사람의 시각에서 올려 볼 때에 비교적 편안한 높이라고 할 수 있다. 표면경사도를 이용한 경사요철도 지수는 0.37로 요철이 낮은 수준의 거칠기를 보이고 있다.

표 15-5. 명암리 옥녀봉의 풍수 지형적 특성

항목	값(m, °)	항목	값(m)
옥녀봉(A)고도	452	옥녀봉-혈장거리	1109
주산(B)고도	421	주산-혈장거리	983
혈장(C)고도	128	주산-안산거리	1612
안산(D)고도	109	혈장-안산거리	646
청룡(E)고도	133	혈장-청룡거리	374
백호(F)고도	130	혈장-백호거리	195
수구(G-H)거리	319	청룡-백호거리	569
옥녀봉 꼭지각	152	혈장-옥녀봉표고차	324
옥녀봉앙각	16.29	경사요철도지수	0.37

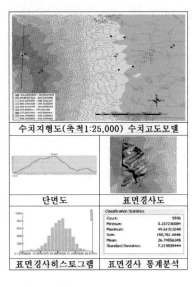

그림 15-6. 명암리 옥녀봉의 지형 분석도

4. 옥녀단좌형의 옥녀봉

옥녀단좌형((玉女端坐形)은 몸과 마음이 옥처럼 깨끗한 옥녀가 단정히 앉아 있는 형국으로, 절세미인이자 마을의 수호신으로 남녀 합궁을 의미한다. 본 연구대상 옥녀봉 중 옥녀단좌형은 7개소(19%)의 분포를 보이고 있다. 아래의 그림은 옥녀단장형의 사례지인 '경북 문경시 가은읍 작천리 옥녀봉'의 풍수 용맥도이다.

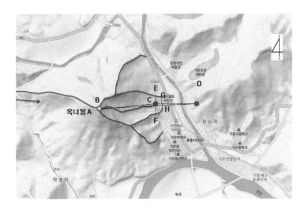

그림 15-7. 작천리 옥녀봉의 풍수 용맥도

출처: http://map.naver.com

가은읍 작천리 옥녀봉은 가은읍 왕능리, 작천리, 하괴리 경계에 있는 산이며 옥녀가 단정히 앉아 있는 형국이라 한다(한글학회 1998). 신라전기에는 가해현이라 호칭되어 오다가 통일신라 경덕왕(750년경) 때 고령군에 예속되었고, 고려 현종(1020년)때에 가 은현이라 개칭하여 상주군의 속현이 되었다. 고려 34대 공양왕 2년(1390년)에 문경현으로 병합되었다가 1909년에는 가동, 가북, 가현, 가남, 가서 등 5개면이 가동, 가북, 가현으로 폐합되었다. 1914년 행정구역 폐합시 위의 3개면을 통합하여 가은면이라 호칭하였고 1973년 가은읍으로 승격되었다. 하괴리의 옥천동(玉泉洞) 마을은 옥녀봉 밑에 샘이 있는 마을이라 하여 붙여진 이름이라 한다(문경시청 웹). 백두대간의 괴산군 대야산(931m)에서 좌출맥한 용맥이 좌우 지현운동과 상하 기복운동을 반복하며 동남진하여 문경시의 둔덕산(976m)과 갈모봉(630m)을 거쳐 다시 북동쪽의 식기등골의 봉(406m)에 이르러 고채비 고개의 과협처(過峽處)를 지나 동쪽으로 솟은 작천리 옥녀봉(A, 540m)에 다다른다. 옥녀봉의 좌우측을 감싸고 흐르는 용강은 옥녀봉의 용맥을 멈춰 세우고 우측 가은읍사무소 앞에서 합수하여 문경으로 흘러간다. 작천리 옥녀봉은 주산(B, 540m)의 역할을 하며 옥녀봉에서 개장 · 천심한 중출맥은 동쪽을 향하여 좌우로 위이를 하며 내려오다가 용맥이 넓어지는 저평한 지점에 용진처(C, 165m)를 형성한다. 혈장 아래쪽으로 흐르는 좌선수는 우측의 백호수와 합수하여 영강으로 흘러 들어간다.

이곳에는 민묘가 자리하고 있는데 묘비에는 "玉女峰 酉坐"라 하여 옥녀봉 아래 위치한 묘임을 알 수 있다. 이곳의 위치는 왕능리 산 51-14번지(북위 36도 64분 92초, 동경 128도 05분 87초)의 지점이다. 혈장 주변에는 묘지의 주인공인 경주김씨 후손들의 묘지 여러 기가 산재한다. 주산에서 좌측의 청룡(E, 167m)은 혈장을 환포하며 왕능리 여성노인회관 우측으로 길게 뻗는다. 우측의 백호(F, 168m)는 옥녀봉에서 왕능리 옥수암 좌측으로 길게 뻗어 혈장을 환포한다. 혈장의 높이에 비하여 청룡과 백호의 높이가 비슷하여 장풍의 기능이 부족할 것으로 판단된다. 안산(D, 250m)은 혈장의 지세향인 동향으로 영강천 건너에 있는 금형(金形)의 산이다.

아래의 표는 가은읍 작천리 옥녀봉의 풍수 지형적 특성의 측정값 및 지형 분석도이다. 작천리 옥녀봉의 꼭지각은 143°로 약간 가파른 형태를 하고 있으며, 혈장과 옥녀봉의 표고차는 375m, 거리는 753m로, 26.47°의 앙각을 이루고 있는데 이는 사람의 시각에서 올려다 볼 때에 비교적 높다고 할 수 있다. 표면경사도를 이용한 경사요철도 지수는 0.50으로 요철이 중간 수준의 거칠기를 보이고 있다.

표 15-6. 작천리 옥녀봉의 풍수 지형적 특성

항목	값(m, °)	항목	값(m)
옥녀봉(A)고도	540	옥녀봉-혈장거리	753
주산(B)고도	540	주산-혈장거리	753
혈장(C)고도	165	주산-안산거리	1278
안산(D)고도	250	혈장-안산거리	591
청룡(E)고도	167	혈장-청룡거리	105
백호(F)고도	168	혈장-백호거리	114
수구(G-H)거리	164	청룡-백호거리	219
옥녀봉 꼭지각	143	혈장-옥녀봉표고차	375
옥녀봉앙각	26.47	경사요철도지수	0.50

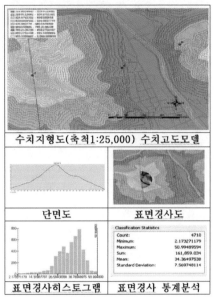

그림 15-8. 작천리 옥녀봉의 지형 분석도

5. 옥녀단장형의 옥녀봉

옥녀단장형(玉女丹粧形)은 옥녀가 얼굴과 머리를 곱게 단장하는 모양의 형국으로 빗을 닮은 안산이 앞에 있고 거울, 화장대, 분합을 의미하는 사(砂)가 있으면 길한 것으로 보며 인재, 과거급제자, 부자 등을 내는 것으로 판단한다(천인호 2012, 379). 본 연구대상의 옥녀봉 중에서 옥녀단장형은 2개소(6%)의 분포를 보이고 있다. 아래의 그림은 옥녀단장형의 사례지인 '경기 가평군 가평읍 승안리 옥녀봉'의 풍수 용맥도이다.

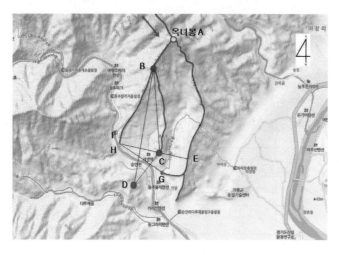

그림 15-9. 승안리 옥녀봉의 용맥도

출처: http://map.naver.com

　가평읍 승안리 옥녀봉은 승안리와 마장리의 경계에 걸쳐 있는 산으로 매우 가파르며, 편봉이라 한다(한글학회 1998). 멀리서 옥녀봉을 바라보면 마치 선녀가 목욕을 하고 머리를 빗는 형국처럼 그 모습이 완연하다. 안개 끼고 날씨가 그윽한 날이면 하늘에서 선녀가 내려와 목욕을 하고 간다고 하였으며, 가평군청 옆 중촌을 지나 야로현(冶爐峴)의 풀무고개를 넘으면 높다란 수정봉(水晶峰)이 있고 아래로는 거울같이 맑은 물이 흐르는 경반계곡의 경반천(鏡盤川)이 있다. 이곳은 옛날에 하늘의 선녀가 내려와 거울과 같이 맑은 물에 몸을 비춰가면서 몸단장을 했다고 하여 경반리(鏡盤里)라고 한다(가평문화원 웹). 이곳은 옥녀가 단장할 때 필요한 거울(鏡)에 해당하는 것으로 볼 수 있다.

　한북정맥의 포천시 백운산(903m)에서 남서진한 용맥은 민둥산(1023m)을 거쳐 오뚜기 고개를 지나면서 좌출맥하여 동남쪽의 가평군 귀목봉(1036m)을 지나 좌우 지현과 상하 기복의 변화를 반복하며 명지산(1267m), 연인산(1068m), 송악산(705m), 노적봉(859m)을 차례로 거쳐서 승안리 옥녀봉(A, 506m)에 다다른다. 승안리 옥녀봉은 진산의 역할을 하며 여기서 남서진한 용맥은 주산(B, 366m)에 이르러 개장과 천심을 하여 중출맥은 남쪽으로 위이를 하며 내려오다 저평한 지점에 용진처(C, 129m)를 형성한다. 혈장 아래로 청룡의 깊은 용못골에서 내려오는 좌선수가 혈장을 환포하며 우측의 내수와 합수하여 외수인 승안천으로 흘러가 다시 합수되어 혈장 좌측의 가평천으로 흘러간다. 옥녀봉 아래 승안리 338번지에 민묘가 자리하고 있는데 북위 37도 84분 88초, 동경 127도 48분 85초 지점이 된다. 주산에서 좌측으로 뻗은 청룡(E, 190m)은 옥녀봉을 지나 혈장을 환포하며 전말마을까지 길게 뻗는다. 우측의 백호(F, 140m)는 동막골 우측으로 뻗고 있으나 승안천에 막혀 길게 뻗지 못하고 짧아서 혈장을 충분히 환포하지 못한다. 안산(D, 177m)은 혈장의 지세향인 남서향으로 승안천 건너 앞산으로 금형(金形)의 산이다.

아래의 표는 가평읍 승안리 옥녀봉의 풍수 지형적 특성의 측정값 및 지형 분석도이다. 승안리 옥녀봉의 꼭지각은 142°로 약간 가파른 형태를 하고 있으며, 혈장과 옥녀봉의 표고차는 377m, 거리는 1,393m로, 15.14°의 앙각을 보여 사람의 시각에서 올려다 볼 때에 비교적 편안한 높이라고 할 수 있다. 표면경사도를 이용한 경사요철도 지수는 0.41로 요철이 중간 이하 수준의 거칠기를 보이고 있다.

표 15-7. 승안리 옥녀봉의 풍수 지형적 특성

항목	값(m, °)	항목	값(m)
옥녀봉(A)고도	506	옥녀봉-혈장거리	1393
주산(B)고도	366	주산-혈장거리	982
혈장(C)고도	129	주산-안산거리	1320
안산(D)고도	177	혈장-안산거리	595
청룡(E)고도	190	혈장-청룡거리	333
백호(F)고도	140	혈장-백호거리	585
수구(G-H)거리	726	청룡-백호거리	918
옥녀봉 꼭지각	142	혈장-옥녀봉표고차	377
옥녀봉앙각	15.14	경사요철도지수	0.41

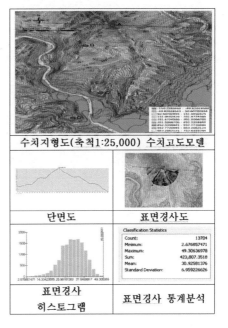

그림 15-10. 승안리 옥녀봉의 지형 분석도

Ⅳ. 풍수 형국별 옥녀봉 측정값

풍수에서 가장 중요한 것은 혈이다. 혈에서 용세의 흐름, 사신사의 구성, 물길의 흐름, 좌향 등을 판단할 수 있기 때문이다. 따라서 본 연구에 사용할 변수는 혈을 중심으로 선정하였다. 먼저 혈의 높이를 중심으로 주위 사신사와 혈과의 대응관계를 알기 위해 주산이나 옥녀봉의 높이, 청룡의 높이, 백호의 높이, 안산의 높이를 선정하였다. 그리고 혈에서 주산이나 옥녀봉까지의 거리, 청룡, 백호, 안산까지의 거리 및 혈과 옥녀봉의 표고차를 선정하였으며, 혈을 선정할 때 가장 중요하게 판단하는 것이 주산이므로 주산에서 혈, 안산까지의 거리를 아울러 선정하였다. 그리고 옥녀봉의 형국은 기본적으로 목형(木形)으로 상정하기 때문에 형국분류별 시각 요소와 거칠기를 분석하기 위해 앙각과 경사요철도 지수를 변수로 선정하였다. 이상의 통계치는 아래와 같이 제시하였다.

표 15-8. 풍수 형국별 옥녀봉 관련 측정값

형국	지역	소재지	옥녀봉 높이	주산 높이	혈장 높이	안산 높이	청룡 높이	백호높이	옥녀봉-혈거리	주산-혈장 거리	주산-안산 거리	혈장-안산 거리	혈장-청룡 거리	혈장-백호 거리	청룡-백호 거리	혈-옥녀봉 표고차	앙각	경사요철도 지수
탄금형	강원	대기리	963	963	777	750	752	782	704	704	887	210	748	170	918	186	14.8	0.48
	경기	오금동	201	201	71	70	137	85	374	374	1014	689	489	594	1083	130	19.17	0.41
	경기	주암리	295	295	147	132	150	165	320	320	1104	853	262	192	454	148	24.82	0.6
	충남	산성리	251	251	37	48	58	53	660	660	942	442	225	205	430	214	17.97	0.4
	충남	동문동	142	142	63	52	61	94	604	604	827	235	303	746	1049	79	7.45	0.21
	충남	유구리	352	292	180	193	131	187	772	593	1712	1127	466	683	1149	172	12.56	0.53
	충남	이곡리	121	121	26	81	81	84	618	618	1216	674	321	731	1052	95	8.74	0.29
	경남	금평리	278	278	41	30	261	110	470	470	853	474	656	861	1517	237	26.76	0.95
	경남	구암동	233	233	62	102	79	158	321	321	2011	1709	323	553	876	171	28.05	0.28
	전북	평화동	282	166	96	82	101	107	681	235	403	169	84	241	325	186	15.28	0.59
	전북	과교동	123	123	58	80	76	84	367	367	901	538	227	378	605	65	10.04	0.16
	전북	운산리	393	393	213	174	356	335	474	474	1147	627	379	526	905	180	20.79	0.47
	전북	봉학리	735	735	498	481	488	481	534	534	754	313	342	440	782	237	23.93	0.52
	전남	원천리	174	162	104	101	131	117	337	187	884	703	233	241	474	70	11.73	0.22
	전남	고산리	353	296	190	168	225	240	423	276	549	379	224	342	566	163	21.07	0.48
		평균	326.40	310.07	170.87	169.60	205.80	205.47	510.60	449.13	1,013.60	609.47	352.13	460.20	812.33	155.53	17.54	0.44
직금형	충남	월호리	72	72	19	41	40	59	274	274	1157	936	165	187	352	53	10.95	0.08

형	도	리															
직금형	전북	안하리	467	350	211	234	215	231	664	395	544	177	82	133	215	256	21.08	0.12
	전남	개산리	245	213	116	81	124	129	333	288	831	545	102	173	275	129	21.18	0.37
	전남	우학리	261	261	100	133	213	133	604	604	983	400	483	390	873	161	14.93	0.15
	전남	대광리	400	351	157	264	170	147	729	669	1185	661	231	338	569	243	18.44	0.39
	평균		289.00	249.40	120.60	150.60	152.40	139.80	520.80	446.00	940.00	543.80	212.60	244.20	456.80	168.40	17.32	0.22
산발형	강원	운남리	711	531	332	360	480	354	1414	612	757	378	634	260	894	379	15.0	0.48
	강원	대하리	590	342	277	590	280	341	765	808	1404	882	338	972	1310	313	22.25	0.84
	충북	사은리	593	593	325	361	353	362	560	560	915	360	293	435	728	268	25.58	0.5
	충북	명암리	452	421	128	109	133	130	1109	983	1612	646	374	195	569	324	16.29	0.37
	충북	영죽리	382	253	75	113	110	70	892	499	1371	881	196	455	651	307	18.99	0.52
	전북	대소리	703	703	221	287	398	261	1724	1724	1994	585	906	362	1268	482	15.62	0.69
	전남	계천리	243	243	161	166	172	222	282	282	994	717	129	220	349	82	16.21	0.37
	평균		524.86	440.86	217.00	283.71	275.14	248.57	963.71	781.14	1,292.43	635.57	410.00	414.14	824.14	307.86	18.56	0.54
단좌형	충남	옥현리	361	310	64	126	132	151	1305	1077	2610	1539	393	596	989	297	12.82	0.35
	경북	석장동	212	200	77	150	131	101	670	329	1456	1145	434	228	662	135	11.39	0.23
	경북	매성리	561	410	156	302	172	206	913	877	1763	886	100	389	489	405	23.92	0.51
	경북	작천리	540	540	165	250	167	168	753	753	1278	591	105	114	219	375	26.47	0.5
	경북	배점리	660	660	315	317	570	585	1293	1293	2017	746	1087	971	2058	345	14.94	0.52
	경북	지동리	352	352	297	294	315	311	139	139	423	291	121	153	274	55	21.59	0.27
	전남	운곡리	441	441	220	224	281	275	732	732	1408	832	310	347	657	221	16.8	0.39
	평균		446.71	416.14	184.86	237.57	252.57	256.71	829.29	742.86	1,565.00	861.43	364.29	399.71	764.00	261.86	18.28	0.40
단장형	경기	승안리	506	366	129	177	190	140	1393	982	1320	595	333	585	918	377	15.14	0.41
	전남	대방리	780	595	254	228	256	261	1219	662	1102	531	223	175	398	526	23.34	0.53
	평균		643.00	480.50	191.50	202.50	223.00	200.50	1,306.00	822.00	1,211.00	563.00	278.00	380.00	658.00	451.50	19.24	0.47

V. 결론 및 한계점

지금까지 풍수의 형국 중 옥녀봉을 대상으로 GIS의 지형분석 기법 및 계량적 통계분석 방법을 이용하여 형국별 차이와 특징을 살펴보았다. 연구 사례지 옥녀봉은 전국적으로 총 36개로서, 이 중 형국별로는 옥녀탄금형 15개소, 옥녀직금형 5개소, 옥녀산발형 7개소, 옥녀단좌형 7개소, 옥녀단장형 2개소이다. 옥녀봉을 비롯한 혈, 사신사 등의 높이와 각 지점 간의 거리는 수치고도모델을 적용하여 측정한 결과 다음과 같은 결론을 얻을 수 있었다.

첫째, 옥녀봉의 혈장 대부분은 풍수의 고전이론과 합치되는 경우가 대부분이다. 즉,

혈을 선정할 때 주위 사신사와 국세를 고려한 선정이었다는 점이다. 풍수에서 결혈의 조건으로 중요시하는 개장과 천심이 대부분 적용되었으며, 중출맥이 천심하는 곳과 혈 뒤에서 물이 나뉘었다가 혈 앞에서 합쳐지는 분합(分合)의 원리가 통용되었다. 또한 생룡(生龍)의 조건인 좌우변화와 상하변화의 조건도 충족되었다.

옥녀봉의 입지에 대해 '상징성'을 부여하는 사례 역시 발견되었다. 주암리 옥녀봉에는 옥녀봉이라 명명하게 된 옥녀봉 비문, 동문동 옥녀봉에는 옥녀 전설비, 유구리 옥녀봉에는 가야금 타는 여인의 전설, 봉학리 옥녀봉에는 통덕랑남양홍공우주(通德郎南陽洪公禹疇)의 비문, 개산리 옥녀봉에는 김해김씨삼현파농은공대아후손(金海金氏三賢派農隱公大雅後孫)의 비문, 운남리 옥녀봉은 유봉(柳峰)마을 유래비, 사은리 옥녀봉에는 경주이공휘종림(慶州李公諱鍾林) 배경주김씨(配慶州金氏)의 비문, 명암리 옥녀봉은 원나라 황후 기씨의 탄생 기록, 우학리 옥녀봉은 부남면민헌장 비문, 옥현리 옥녀봉에는 옥녀봉 유래비, 지동리 옥녀봉은 파평윤공휘관형(坡平尹公諱寬衡)의 비문 등이 있었다. 이는 마을이나 음택 등에 옥녀봉과 관련하여 '명당'임을 입증하기 위한 것으로 상징화 되었음을 의미하는 것으로 보인다.

또한 각 지역의 옥녀봉에서 유래한 각종의 지명들이 있었는데, 이 경우는 형국별로 명명된 지명의 차이점을 보였다. 즉, 옥녀탄금형의 경우 대기리 옥녀봉은 금선정(琴仙亭)·거문골(琴洞마을), 주암리 옥녀봉은 거문고산·금동(琴洞)마을·금당천(琴塘川), 이곡리 옥녀봉은 장구봉·분모골(粉谷)·자경골(鏡谷)·옥골(玉谷), 금평리 옥녀봉은 금평리(琴坪里)·옥동(玉洞), 평화동 옥녀봉은 옥녀제(玉女堤)·작지(爵至)마을·금성봉(琴聲峰), 운산리 옥녀봉은 금평(琴坪)마을, 봉학리 옥녀봉은 거문들·검들·금평(琴坪)마을·진상동(振裳洞,鎭相洞)·줄바위골·가치(歌峙)마을, 원천리 옥녀봉은 탄금(彈琴)마을·오실(五絃洞) 등이 있었다. 옥녀탄금형은 옥녀가 거문고를 타면서 노래하는 형국이기 때문에, 거문고(琴)와 관련된 지명들이 공통적으로 존재하였다.

옥녀직금형의 경우는 안하리 옥녀봉의 안하제, 우학리 옥녀봉의 직포(織浦)마을·직포제(織浦堤)등 침사수(沈絲水)에 해당하는 지명이 있었다. 옥녀산발형, 옥녀단좌형, 옥녀단장형은 화장을 하기 전과 한 후의 행위를 형국화한 것인데 사은리 옥녀봉의 옥남봉·족두리바위·치마바위·노적바위·병풍바위, 영죽리 옥녀봉의 치마산, 대소리 옥녀봉의 신선바위 · 문바위 · 거문마을 · 분주골 · 방미리, 옥현리 옥녀봉의 옥현리(玉峴里) · 신랑봉, 석장동 옥녀봉의 옥녀골 · 다경들, 매성리 옥녀봉의 어림빗 · 참빗, 작천리 옥녀봉의 옥천동(玉泉洞), 승안리 옥녀봉의 수정봉(水晶峰) · 경반리(鏡盤里), 대방리 옥녀봉의 분통(粉桶)마을 · 분토동(粉吐洞) 등 옥녀의 화장을 위한 도구 등이 지명화되어 있음을 알 수 있다.

둘째, 수치고도모델을 이용하여 옥녀봉과 주위의 사(砂)들 간의 연관성을 분석한 결과, 먼저 옥녀봉의 고도는 의례형(옥녀산발형, 옥녀단좌형, 옥녀단장형)의 고도가 비교적 높고, 행위형(옥녀탄금형, 옥녀직금형)의 고도는 비교적 낮은 것으로 나타났다. 이는 의례형은 화장을 위한 형국으로서 머리 부분이 중시되었지만, 행위형은 예술과 노동을 위한 형국으로서 손 부분이 중시된 결과로 보인다. 그리고 옥녀봉 대비 혈장의 평균 높이는 0.441, 주산 대비 혈장의 평균 높이는 0.495로 이는 사람형인 옥녀형국의 경우 배꼽이나 음부 부분에 혈이 맺힌다는 풍수이론을 수치상으로 보여주고 있다. 그리고 혈장과 용호의 관계에서 혈장 대비 청룡의 평균 높이는 1.256, 백호의 평균 높이는 1.213으로 용호가 안정적인 높이에서 혈장을 감싸고 있어 장풍의 조건에 부합함을 수치상으로 확인할 수 있었다.

또한 옥녀봉의 형국별 사신사 지점 간 거리를 분석한 결과 주산과 혈장의 거리를 1로 보았을 때 옥녀봉과 혈장의 평균 거리는 1.195배로 길다. 혈장을 기준하여 주산까지 거리를 1로 보았을 때 청룡까지의 평균 거리는 0.579, 백호까지의 평균 거리는 0.685, 안산까지의 평균 거리는 1.103으로 좌우로는 좁고 뒤와 앞의 명당은 넓고 탁 트인 형태이며, 주산과 안산의 거리를 1로 보았을 때 청룡과 백호의 평균 거리가 0.636으로 계란 모양의 타원형 국세를 보이고 있다. 또한 청룡과 백호의 환포거리를 1로 볼 때 청룡과 백호의 끝자락 간의 평균 수구거리는 0.471로 짧게 나타나 용호가 혈장을 감싸 환포하고 있음을 보여주고 있다.

셋째, 혈장에서 바라보는 옥녀봉의 평균 앙각은 17.95°로 사람의 시각에서 올려다볼 때 약간 높은 형태다. 주로 자신을 단장하는 옥녀단장형(19.24°)이 생산행위를 하는 옥녀직금형(17.31°)에 비교하여 상대적으로 높은 형태를 나타내고 있다. 또한 형국별 옥녀봉의 꼭지각을 직각으로 나누어 좌측과 우측을 구분 측정하여 산의 좌우 기울기 및 대칭의 형태를 알아본 결과, 옥녀봉 전체의 평균 꼭지각은 148.5°로 약간 가파른 형태를 취하고 있으며, 좌측의 꼭지각이 74.2°, 우측의 꼭지각이 74.3°로 좌우가 대칭인 안정된 목형의 산 형태를 보이고 있다. 옥녀산발형의 평균 꼭지각은 145.6°로 약간 가파른 형태를 취하고 있으며, 옥녀직금형의 평균 꼭지각은 152.4°로 상대적으로 완만한 형태를 취하고 있다.

옥녀봉의 규모를 분석하기 위하여 옥녀봉의 평면적과 혈-옥녀봉 간의 고도차를 이용하여 뿔의 체적값을 구한 결과, 옥녀봉 전체의 평균 체적은 92,886,594 m^3이며, 옥녀단장형은 180,250,631 m^3, 옥녀산발형은 159,474,131 m^3, 옥녀단좌형은 149,134,887 m^3로 비교적 규모가 큰 반면에 옥녀직금형은 44,174,838 m^3, 옥녀탄금형은 40,151,921 m^3로 평균 이하의 작은 규모를 보이고 있다. 옥녀봉 지표면의 거칠기를 계량적으로 구분하기 위한 경사요철도 지수를 산출한 결과 옥녀봉 전체의 평균 경사요철도 지수는 0.41로 요철이 중간수준의 거칠기를 보이고 있으며 옥녀직금형(0.22)은 경사요철도 지수가 가장 낮아 옥녀산발형(0.54)에 비교하여 상대적으로 요철이 낮은 수준의 거칠기를 보이고 있다. 이는 결국 의례형이 행위형보다 규모와 규국이 더 크다는 것을 의미한다. 의례형으로 분류한 옥녀산발형의 경우 무라야마 지준(1930)에 의하면 안산은 달빛형, 오른쪽에 거울형, 왼쪽에 둔갑항아리형이 요구된다고 하였는데, 이는 화장을 하기 위한 의례형의 경우 화장대, 거울, 분합, 병풍사 등 보완형국이 행위형보다 폭넓게 분포하는 것을 의미한다고 볼 수 있다. 즉, 화장을 위한 각종 도구가 노동(예술)을 하기 위한 각종의 도구보다 더 넓은 공간을 차지하는 것으로 해석할 수 있다.

모두에서 밝힌 바와 같이, 전국적으로 많은 옥녀봉이 산재하고 있다. 그중에서 36개의 옥녀봉만을 대상으로 분석하였기 때문에 표본의 수가 증가할 경우, 또 다른 결론이 나올 수도 있다는 한계점이 존재한다. 그러나 이러한 계량적 수치분석 연구를 바탕으로 향후 옥녀형국 이외의 많은 형국의 특성 연구가 진행된다면 형국이 어떠한 산의 형태, 특성과 관련성으로 명명되었는지에 대해 정량적으로 규명하는 데 기초자료로 활용될 수 있을 것으로 본다.

〈참고문헌〉

『赴燕日記』

『往還日記』

『承政院日記』

『益齋亂藁』

『日省錄』

『正祖實錄』

『太平廣紀』

곽박 撰, 허찬구 譯註,『葬書譯註』, 비봉출판사, 2005.

국토지리정보원,『한국지명유래집-중부편』, 진한엠앤비, 2008.

국토지리정보원,『한국지명유래집-충청편』, 진한엠앤비, 2010a.

국토지리정보원,『한국지명유래집-전라·제주편』, 진한엠앤비, 2010b.

국토지리정보원,『한국지명유래집-경상편』, 진한엠앤비, 2011.

김광언,『풍수지리(집과 마을)』, 대원사, 2012.

김두규,『풍수학사전』, 비봉출판사, 2005.

대전직할시,『大田地名誌』, 대전직할시사편찬위원회, 1994.

보령시,『보령시지(하)』, 보령시지편찬위원회, 2010.

산림청,『전국 산통계 분석자료』, 산림청, 2007.

서선계, 서선술 저,『金東奎 譯著』, 人子須知(前), 명문당, 2008.

서천군,『서천군지』, 서천군지편찬위원회, 2009.

여주군,『여주군지』, 여주군지편찬위원회.1989.

이인면,『이인면지』, 이인면지편찬위원회, 2005.

지형분석의 방법-", The journal of GIS Association of Korea Vol.14.No.3.

천인호,『풍수지리학 연구』, 한국기술정보(주), 2012.

촌산지순 著, 최길성 譯,『朝鮮의 風水』, 민음사, 1990.

최창조,『한국의 자생풍수Ⅱ』, 민음사, 2011.

최창조 역주,『청오경·금낭경』, ㈜민음사, 2012.

한글학회,『한국 땅이름 전자사전[CD-ROM]』, 한국지명총람, 한글학회, 1998.

서춘석·천인호, "수치고도모델을 이용한 옥녀봉의 형국 유형별 풍수적 특성 연구", 국토연구, 통권
    85권, 2015.

Grohmann, C.H.; Smith, M.J.; Riccomini, C.; "Multiscale Analysis of Topographic Surface
    Roughness in the Midland Valley, Scotland,"Geoscience and Remote Sensing, IEEE
    Transactions on, vol.PP, no.99, 2010.

Kocca 문화콘텐츠닷컴(http://www.culturecontent.com)

가평문화원(http://www.gpc.or.kr)

국토지리정보원, 수치지도(http://sd.ngii.go.kr

국토지리정보원, 지명사전(http://www.land.go.kr/portal/main.do).

공주시, 디지털공주문화대전(http://gongju.grandculture.net)

네이버 지도서비스(http://map.naver.com)

다음 지도서비스(http://map.daum.net)

대전광역시, 대전의 시명(http://www.daejeon.go.kr)

디지털강릉문화대전, 명칭유래(http://gangneung.grandculture.net)

문경시청, 문화관광, 우리마을유래(http://tour.gbmg.go.kr)

보령시청, 읍면동 마을유래(http://www.brcn.go.kr)

브이월드 지도(http://map.vworld.kr)

임실군청, 관촌면 지명총람(http://kc.imsil.go.kr)

서울대학교규장각한국학연구원(http://kyujanggak.snu.ac.kr)

서천군, 서천지명유래(http://www.seocheon.go.kr)

조선왕조실록(http://sillok.history.go.kr)

진천군청, 백곡면, 이월면 지명유래(http://www.jincheon.go.kr)

21세기 장례문화, 수목장이 대세다

최승규*

Ⅰ. 들어가는 글

한민족은 나무의 자손이다. 단군 신화가 기록된 『삼국유사』와 『제왕운기』에 환웅이 3,000의 무리를 이끌고 태백산정에 있는 신단수 아래에 내렸다는 것이다.[1] 신단수는 환웅이 내려온 곳이고, 아기를 기원할 수 있는 대상이므로 천신 숭배 사상과 수목(樹木) 신앙이 결합된 형태를 간직한다. 신단수의 후대 적 모습은 서낭나무, 당산나무 등으로 연결되며 수목 신앙의 원래 모습을 간직하고 있으며 동아시아 문화권에서부터 전 세계에 등장하는 세계수 무수(巫樹) 등과 관련이 있다. 2000년대 들어 한국의 장묘문화는 매장에서 화장으로 바뀌는 큰 변화를 보인다. 이전까지 매년 여의도 면적에 해당하는 산림이 묘지로 바뀜에 따라 장묘에 대한 인식이 전환된 것이다. 매장의 경우 국토 이용의 효율성이라는 측면에서 볼 때 많은 문제점이 드러나고 있다. 한국에서 전통적으로 매장을 선호한 이유는 조선시대의 유교적 이념과 풍수적 요인이 혼합된 것으로 볼 수 있다. 즉 유교적 이념에서는 조상의 유해를 사후(死後)에도 잘 모시겠다는 효 사상의 영향으로 매장이 선호되었다. 그리고 풍수적으로 '동기 감응론'에 근거하여 조상을 길지에 모심으로써 자손들도 발복할 수 있다는 기대감으로 매장이 선호되었다.

이처럼 수목장에 관한 관심이 폭발적으로 증가하면서 상대적으로 수목장의 문제점

---

* 　동양문화융합학회 상임이사, 철학박사

1 　한국민족문화대백과사전(encykorea.aks.ac.kr)

도 지적되고 있다. 특히 사설 수목장의 경우 상업적인 면이 앞서다 보니 수목의 상태는 부실하고 수목의 간격이 좁아 채광이 불리하며, 경사가 급한 지형이 많아 이용객들의 불편이 가중되었다. 또한 님비현상으로 인하여 수목장지의 확보를 어렵게 만들었다. 따라서 수목장의 총체적인 문제를 해소하기 위해서는 한국형 수목장림(樹木葬林)의 표준적인 모델 제시가 절실히 요구되었다.

우리나라는 전 국토의 70%에 달하는 지형이 산지여서 수목장의 확보는 충분하다고 할 수 있다. 또 각 지자체별로 운영하는 공동묘지를 수목장림으로 전환하는 것도 가능하다. 그럴 경우 최소 비용으로 수목장림을 조성하여 체계적이고 반영구적으로 관리할 수 있다는 이점이 있다. 즉, 공립으로 운영하는 수목장림의 실태를 파악하여 장단점을 분석한 뒤 쾌적한 수목장림의 모델을 제시하고, 이와 같이 쾌적하고 건강한 수목장림이 정착될 경우 묘지로 인한 국토 잠식을 예방할 수 있다. 아울러 고인에 대한 추모 공간이 묘지에서 추모목으로 바꾸게 됨으로써 한민족 오랜 전통인 효 사상도 함께 선양할 수 있을 뿐만 아니라 수목장림은 망자와 산자가 함께 공존하는 장묘문화를 정착시킬 수 있게 된다. 현재의 장묘방식의 변화, 즉 화장 후 수목장에 대한 장례 수요가 증가하고 있는 것이 현실이다. 이에 따라 우리의 전통적인 장례 방식인 매장과 현대적인 화장의 장점을 혼합한 수목장지를 풍수사상에 근거하여 입지를 평가하고 제언함으로써 전통과 현대가 조화된 새로운 형태의 장묘문화를 제시해 보았다.

Ⅱ. 수목장의 풍수 이론적 배경

풍수 이론은 그 논리와 구성이 복잡하고 다양하여 모든 풍수 이론을 수목장에 적용시키기는 어렵다. 풍수의 논리체계는 전통적으로 용(龍), 혈(穴), 사(砂), 수(水), 향(向)으로 여기에 비보(裨補)와 형국(形局)을 추가하기도 한다. 첫째, 용은 풍수에서 가장 중요하게 다루는 부분이다. 풍수에서 용은 산을 의미하는 것이고, 마치 산이 용처럼 생동력이 있어야 그 산이 살아 있는 산, 즉 생룡(生龍)이라고 본다. 둘째, 혈은 음택이나 양택에서 가장 중요한 자리로 음택의 경우 시신이 안치되는 곳이며, 양택은 안방이나 가장 중요한 시설이 들어서는 곳을 의미한다. 셋째, 사는 혈 주변의 산, 암석 등을 통칭하는 것으로 주로 4개의 산이 있어야 한다는 의미에서 사신사(四神砂)라고도 한다. 넷째, 수는 물과 물의 흐름과 관련된다. 풍수에서는 산과 물을 가장 중요하게 보는데, 그 이유는 산을 음으로 물을 양으로 보아 산수의 조화를 음양의 조화로 보기 때문이다.

음택 풍수의 주요 논리는 조상의 유해가 길지에 안장되면, 그 땅의 좋은 기운이 망자가 아닌 후손에 전달되어 발복한다는 논리이다. 조선 후기 실학자들은 동기감응에 대한 상당한 정도의 비판적 시각도 있었지만, 현재까지도 이에 대한 논쟁이 지속되고 있는 실정이다. 풍수에서는 동기감응을 전제로 하고 있다. 그러나 이러한 전제는 기존의 풍수에서 의미하는 조상의 유해를 좋은 땅에 매장함으로써 후손들이 발복한다는 논리는 아니다. 수목장과 관련한 동기감응은 첫째, 시신을 매장하지 않더라도 화장(火葬)한 유해가 땅속에 묻힌다면 땅과의 동기감응이 이루어진다고 보는 것이다. 둘째, 비록 그렇지 않다고 하더라도 마음과 정성, 제사 등의 의식을 통해 동기감응이 된다고 보는 것이다. 이에 대해서는 각종의 풍수 고전에 동기감응에 관한 내용이 나타나고 있다.

『주역』에서는 중천건괘(重天乾卦) 오수(五爻)의 구오(九五)에 대한 공자의 해석에 동기감응과 유사한 단어가 처음 등장한다. 이에 대한 내용을 보면, "구오(九五)에서 말하기를 비룡재천이견대인(飛龍在天利見大人)은 어떠한 것을 말하는가? 하였다. 공자가 말씀하기를 같은 소리는 서로 응하고 같은 기운은 서로 구해서 물은 습한 곳으로 흐르고 불은 마른 곳을 취하며, 구름은 용을 따르고 바람은 범을 따른다. 성인이 나서서 만물이 보이게 하늘을 근본으로 하는 자는 위와 친하고, 땅을 근본으로 하는 자는 아래와 친하니 각각 동류(同類)를 쫓아 따른다."[2]라고 하였다. 주역은 춘추시대 초기인 BC 700년경에 지어진 책으로 장경(易經)으로도 불린다. 건괘(乾卦) 구오(九五)에 비룡재천이견대인(飛龍在天利見大人)이란 문장으로 시작한다.

『靑鳥經(청오경)』에서는 길기감응누복급인(吉氣感應累福及人)이라는 문장으로 동기감응을 설명하고 있다. 그 내용은 보면, "인생 백년에 죽음을 맞게 되니 형체를 벗어나 본디로 돌아가고, 정과 신은 문으로 들어가며, 뼈는 뿌리로 돌아가는데, 길한 기가 감응

2　「周易」乾卦, "九五曰 飛龍在天利見大人 何謂也 子曰 同聲相應 同氣相求 水流濕火就燥 雲從龍風從虎 聖人 作而 萬物覩 本乎天子親上 本乎地者親下 則各從其類也."

하면 복이 사람에게 미친다."³라고 하였다. 이는 사람이 100년 살다 죽으면 뼈는 뿌리로 돌아가는데, 길한 기가 뼈에 감응하면 그 복이 오랫동안 산 사람에게 영향을 준다는 의미이다.

『금낭경(錦囊經)』에서 일행선사⁴는 동기감응에 대해 '살아 있을 때는 人이요, 죽으면 鬼이다. 부모가 돌아가시어 장사를 지냈는데, 그 유해가 지기를 얻으면 같은 종류의 기가 서로 감응하고 그 복은 반드시 살아있는 사람에게 응하게 된다.'고 주문을 달았다.⁵

또한 『청오경』에서는 "동쪽 산에 불꽃이 오르면 서쪽 산에 구름이 일어나는 것이니, 혈이 길하고 온화하면 부귀가 끊이지 않지만, 혹 그 반대면 자손은 외롭고 가난해진다."⁶라고 하여 동기감응에 대해 서술하고 있다. 이 문장은 망자의 체백을 간직한 혈처가 길하고 따뜻하면 망자가 편안하니 그 후손에게 부귀가 끊이지 않을 것이고, 반대로 혈처가 흉하고 추우면 망자가 불편하니 후손은 점차 손이 줄고 빈곤을 면치 못한다는 뜻이다.

『의룡경(疑龍經)』하편(下篇)의 의룡십문(疑龍十問)에서는 친부모가 아닌 양부모 묘소로 인하여 양자도 동기감응이 가능한 것인지에 대해 문답 형식으로 대화하는 문장이 있다. 즉 조상의 골해가 후손에게 영향을 준다고 하는데, 양자인 경우는 어떠할 것인가 묻는 것이다. 이에 대해 다음과 같이 답하고 있다. 그 내용을 보면, "옛사람들은 일찍이 혼을 불러 장사를 지내는 초혼장(招魂葬)이 있었는데, 하늘에 있는 사람의 영혼을 부르는 것도 하나의 방법이다. 어찌 조상의 골해에만 집착하여 친부모 장사만 지내려 하는가. 중요한 것은 제사를 받들고 향불을 밝히는 것이다. 따라서 양자든 친자든 한가지로 조상의 영혼으로부터 생령을 받는다는 점에서 차이가 없음을 알아야 한다."⁷라고 하였다. 비록 망자의 체백이 없더라도 혼백을 불러 장사를 지내는 초혼장 방법으로도 동기

---

3 『靑烏經』, "百年幻化 離形歸眞 精神入門 骨骸反根 吉氣感應 累福及人."
4 일행선사(683~727)는 당나라 때 현종의 명으로 장서(葬書)에 장열과 함께 주석을 달았다. 그로부터 장서는 금낭경으로 불리게 된다. 도선국사(827~898)가 일행으로부터 풍수를 배운 것으로 전해지지만, 연대에 큰 차이가 나기 때문에 사실은 아니다. 다만 같은 승려의 신분으로 간접적 영향을 받았을 것으로 짐작된다.
5 『錦囊經』, 「氣感編」, "生曰人 死曰鬼 父母死葬得地氣類相感 而福應必及生人."
6 『靑烏經』, 東山吐焰 西山起雲 穴吉而溫富貴延綿 其或反是子孫孤貧.
7 『疑龍經』, 「疑龍十問」, "古人嘗有招魂葬 招魂天人可爲樣 何拘骸骨葬親生 只要祀事香火明 乃知抱養與親生 同受生靈無以異."

감응이 가능하다는 내용이다. 한나라가 400년 동안 번성한 것도 그와 같은 덕분이라는 것이다.

Ⅲ. 수목장의 개요

1. 장묘 방식의 변화

인류가 죽은 자를 매장하기 시작한 것은 구석기 시대부터이다. 당시의 매장방식은 얕은 구덩이를 파고 시신을 묻은 뒤 약간의 흙과 돌을 모아 덮는 움무덤 형태였다. 그러나 시대의 흐름에 따라서 무덤의 형태가 변화하기 시작하였다. 청동기시대(BC 2000년 ~BC 100년)에는 고인돌(탁자식, 기반식, 개석식)이 있고, 삼한시대(BC 100~AD 300) 에는 옹관묘, 목관묘가 있고, 삼국시대에는 고분, 토광묘가 있고, 고려시대에는 석실묘, 석관묘, 부도가 있고, 조선시대에는 매장묘, 목곽묘가 있고, 근현대에는 공동묘지, 공원 묘지, 납골묘, 봉안당, 자연장이 있고, 근자에는 인간의 생사는 자연에서 왔으니 자연으로 돌아간다는 인식이 확산되면서 봉안당보다 자연장이 증가하는 추세이다. 자연장 중에서도 잔디장보다는 수목장을 하려는 사람이 급속히 증가하고 있으니 20년 사이에 매장에 의한 장묘문화가 획기적으로 바뀌었다.

2. 근현대의 장묘 방식

화장률이 높아지면서 납골묘, 봉안당, 자연장 등이 확산되었다. 그러나 문중 산에 조성하는 납골묘는 항온과 항습이 여의치 않아 벌레 등의 침투로 인한 부작용을 초래하게 된다. 또 석물로 대형으로 조성하면서 또 다른 환경훼손이라는 지적을 받기에 이른다. 그리하여 이제는 납골묘보다 공동의 봉안당을 이용하는 사례가 많다. 그리고 요즘 인간의 생사는 자연에서 왔다 자연으로 돌아간다는 인식이 확산되면서 자연장이 증가하는 추세이다. 자연장 중에서도 수목장을 하려는 사람이 급속히 증가하고 있다.

표 16-1. 2024년 전국시도별 화장률

지역	사망자 수		확장자 수		화장률		전년대비 증감
	2023년 5월	2024년 5월(p)	2023년 5월	2024년 5월(p)	2023년 5월	2024년 5월(p)	
계	28,885	28,546	26,504	26,729	91.8	93.6	1.8
서울	4,316	4,216	4,018	3,975	93.1	94.3	1.2
부산	2,098	2,141	2,016	2,080	96.1	97.2	1.1
대구	1,354	1,304	1,253	1,226	92.5	94.0	1.5
인천	1,533	1,495	1,447	1,450	94.4	97.0	2.6
광주	757	722	720	683	95.1	94.6	-0.5
대전	703	676	668	642	95.0	95.0	-0.1
울산	461	488	435	481	94.4	98.6	4.2
세종	121	110	109	102	90.1	92.7	2.6
경기	6,159	6,037	5,844	5,738	94.9	95.0	0.2
강원	1,156	1,181	1,015	1,057	87.8	89.5	1.7
충북	1,109	1,116	965	998	87.0	89.4	2.4
충남	1,574	1,553	1,351	1,355	85.8	87.3	1.4
전북	1,405	1,338	1,271	1,256	90.5	93.9	3.4
전남	1,584	1,661	1,259	1,521	79.5	91.6	12.1
경북	2,045	1,957	1,782	1,759	87.1	89.9	2.7
경남	2,119	2,135	2,031	2,055	95.8	96.3	0.4
제주	392	416	320	351	81.6	84.4	2.7
지역미상							

출처: e하늘 장사정보시스템

3. 자연장의 발생

화장을 한 유분은 크게 산골과 자연장 형태로 나누어진다. 산골은 화장한 유분을 강, 바다, 산 등에 흩뿌리는 것이고 자연장은 화장한 유분을 수목, 화초, 잔디 등의 밑이나 주변에 묻어 장사 지내는 것이다. 산골은 임의의 장소에서 이루어지면서 혐오감을 조성할 뿐만 아니라 또 다른 환경오염을 야기할 수 있다는 문제점이 있다. 반면에 자연장은 자연장지로 지정된 특정한 장소에 묻는 방식이기 때문에 고인을 추모할 수 있는 공간이 일정 기간 남게 된다. 이러한 자연장은 매장에 비해 작은 면적이 필요하므로 산림 파괴와 환경훼손을 막을 수 있는 장사 방법으로 널리 활용되고 있다. 자연장 중 수목장은 추모목을 지정해 나무 밑이나 주변에 유분을 묻는 장례 방식이다. 수목장은 다시 수목형 자연장지(自然葬地)와 수목장림으로 분류한다. 수목형 자연장지는 산림 외의 장소에 식재한 수목을 사용한 인공적인 수목장이고, 수목장림은 기존의 산림을 활용하는 방식으로 자연적으로 성장한 나무를 추모목으로 활용한다.

4. 수목장 조성 방법에 따른 분류

수목장은 크게 인공이 가미된 수목형 자연 장지와 천연적인 산지의 수목을 활용하는 수목장림으로 구분할 수 있다. 인위적인 산림과 천연적인 산림을 활용한다는 측면에서 두 곳은 다소 차이가 있다. 수목장림은 자연산림형, 사찰림형, 묘지 인접형으로 나누어진다.[8]

5. 수목장의 이용 현황

신수사상(神樹思想)에 의거한 나무에 신성한 기운이 깃들어 있다고 보아 나무를 경배하는 대상으로 삼는 인식이다. 나무를 경배하는 의식은 동서양을 막론하고 공통적으로 나타난다. 우리나라에서 대표적인 신수사상으로는 삼국유사에 나오는 내용으로 단군이 태백산 신단수(神壇樹)에 내려와 신시를 세웠다는 기록이 있다. 풍수적 의미로 보면 당산나무는 대부분 마음의 입구에서 바람이 치는 것을 막아주고 물이 빠지는 것을 막아주는 비보 수 역할이었다. 그리스 신화에도 숲은 자주 등장한다. 그리스인들이 신을 섬기는 장소와 제단은 모두 기본적으로 야외의 숲속에 자리 잡고 있었다. 그들은 어느 특정의 숲을 성스러운 지정하여 신을 숭배했다.[9]

수목장은 이와 같은 신수사상을 바탕으로 전개된다. 나무에 대한 경외감은 고인에 대한 경건한 추모로 이어지면서 아름답고 건강한 숲을 가꿀 수 있게 된다. 수목장 이용은 각 자치단체의 조례에 따라 수목장 이용 대상은 관내에 거주하는 주민으로 그 지역 공설자연장지를 사용할 수 있다. 공설자연장지는 사설 자연장지에 비하여 비용이 저렴하고 안정성과 영속성을 보장받을 수 있다는 장점이 있다. 그러나 사용기간과 비용 등은 각 지자체마다 차이가 있다.

---

8   우재욱, 『숲이 되는 묘지』, 어드북스, 2017, 46면.
9   강판권, 『세상을 바꾼 나무』, 도서출판 다른, 2011.

표 16-2. 전국 주요 공설자연장지

명칭	주소	이용대상	사용기간 (년)	요금 (만 원)
광주신월 자연장지	경기 광주시 초월읍 신월리 산68	관내연고자	30	30
고창푸른숲 자연장지	고창군 신림면 왕림로 94-54	〃	40	30+20
광주영락공원 자연장지	광주 북구 영락공원로 170	전국민	45	34.8
구례군자연장지	구례군 마산면 사도리 524-26	관내연고자	40	30
대전추모공원 자연장지	대전 서구 상보안윗길 160	관내연고자	30	150
세종시은하수공원 자연장지	세종 연기면 정안세종로 1527	관내연고자	30	51+14
수원연화장자연장지	수원시 영통구 광교호수로 278	관내연고자	30	30
시흥정왕자연장지	시흥시 정왕동 산 2-1	관내연고자	30	9.7+20.3
양평하늘숲추모원 자연장지	양평군 양동면 계정리 산6	전국민	15 (3회 연장)	232 (가족목)
울산하늘공원 자연장지	울산 울주군 삼동면 보삼길 550	관내연고자	30	30
의성천제공원	의성군 의성읍 중리리 산46-5	관내연고자	30	240 (가족목)
의왕하늘쉼터 자연장지	의왕시 오전동 산2	관내연고자	45	68 (가족목)
익산공설자연장지	익산시 석왕동 235-9	관내연고자	45	35
인천가족공원 자연장지	인천 부평구 부평 2동 산57-1	관내연고자	20	120(정원식수목장)
전주효자공원 자연장지	전주시 완산구 효자동 34가 산158	관내연고자	40	30
포천내촌공설 자연장지	포천시 내촌면 진목리 산274	관내연고자	30	30
완도군추모공원 자연장지	완도군 군외면 삼두리 87-2	관내연고자	15 (3회 연장)	40
서귀포추모공원 자연장지	서귀포시 상효동 87-2	제주도민	45	10

명칭	주소	이용대상	사용기간 (년)	요금 (만 원)
청솔공원자연장지	강릉시 사천면 석교리 산162번지	관내연고자	15 (2회 연장)	22.8
동해시하늘정원 자연장지	동해시 강원남부로 4589 (단봉동)	관내연고자	15 (2회 연장)	41
공주나래원자연장지	공주시 이인면 삼배실길 70	전국민	15 (2회 연장)	관내 30 관외 50
서산시희망공원 자연장지	서산시 인지면 무학재2길 106	관내연고자	45	45
김포시추모공원 자연장지	김포시 통진읍 애기봉로571번길 83-4	관내연고자	30	50
용인평온의 숲 자연장지	용인시 처인구 이동면 평온의 숲로 77	관내연고자	30	75+60
광양시공설자연장지	광양시 광양읍 직동1길 300	관내연고자	45	55.5
화천공설자연장지	화천군 하남면 영서로 5697-66	관내연고자	15 (3회 연장)	8.5
여주추모공원 자연장지	여주시 가남읍 여주남로 769	전국민	30	35
제천영원한쉼터 자연장지	제천시 송학면 포전리 373번지	전국민	40	관내 50 관외 100
무주추모의집 자연장지	무주군 무주읍 괴목로 1359-72	전국민	45	관내 45 관외 120
안산와동꽃빛공원 자연장지	안산시 단원구 순환로 390	관내연고자	45	50.8

6. 수목장 운영방법

수목장을 설치하는 방법과 시용기간 등 운영방법은 운영주체마다 약간의 차이가 있다. 그러나 대부분 국내에서 유일하게 국립인 양평하늘숲추모공원의 운영방법을 따르고 있다. 추모목은 가족목과 공동목으로 구분한다. 가족목은 최대 10위까지 사용할 수 있고, 공동목은 8위까지 공동으로 사용할 수 있다. 추모목의 사용기간은 최초 15년으로 하고 한 번에 15년씩 3회까지 연장하여 최장 60년까지 사용할 수 있다. 사용 계약 기간 동안의 사용료 및 관리비는 선납하여야 한다.

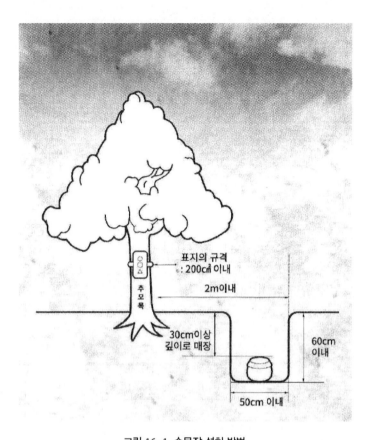

그림 16-1. 수목장 설치 방법

출처: 국립하늘숲추모원(https://sky.fowi.or.kr)

7. 수목장의 역사

수목장이 가장 먼저 시작된 곳은 스위스이다. 1993년 영국인 마이클은 죽음을 앞두고 스위스 친구 윌리 자우터(Ueli sauter)에게 유언을 남긴다. 자신이 죽으면 친구와 함께 할 수 있도록 자신을 스위스에 묻어달라고 한다. 그러자 스위스 친구 윌리 자우터는 친구의 주검을 화장한 뒤 스위스로 옮겨와 유분을 나무에 뿌린다. 나무에 뿌린 유분은 나무와 동화되어 고인의 상징물이 되기 때문에 자신과 늘 함께 할 수 있다고 생각한 것이다. 이것이 최초의 수목장이 되었다.

Ⅳ. 수목장의 풍수적 입지분석 및 개발 제안

1. 수목장의 풍수적 입지분석

수목장의 풍수적 입지분석은 대표 사례지 4개소를 선정하였다. 이 4개소는 인천가족공원, 양평하늘숲추모원, 의왕하늘쉼터, 청주산림복지힐링타운으로서 순서대로 풍수적 입지분석을 해 보았다. 국내에 현존하는 수목장림은 국공립 수목장림과 사설 수목장림이 있다. 국공립 수목장림 5곳은 세종, 경기 의왕, 양평, 인천, 충남 보령이고, 사설 수목장림은 전국에 127곳이 있다. 풍수적 입지분석 대상 4개소는 국공립 수목장림으로 차후 민원 발생 및 분쟁의 소지를 없애기 위하여 선정하였다.

첫째, 인천가족공원이다. 인천가족공원은 인천시 부평동 산 57-7에 소재하고 있다. 일제시대인 1934년 공동묘지로 조성되었다. 인천가족공원의 시설물에 대한 공간 배치를 살펴보며, 크게 승화원, 봉안시설, 자연장지, 가족묘지로 구분된다. 전체 면적은 1,737,737㎥(525,665평)이고, 총 안치 기수는 52,860기에 이른다. 가족공원 내에 승화원이 위치하여 있고 화장로는 20기를 확보해 하루에 72구를 화장 처리할 수 있다.

그림 16-2. 인천가족공원 시설물 배치도

출처: 인천광역시시설관리공단(www.insiseol.or.kr)

표 16-3. 주요 시설 명칭

1	진입광장	6	관리사무실	10	평온당
11	추모의 집(봉안당)	13	늘푸른 자연잔디장	14	금마총(봉안당)
15	솔향기정원 수목장	16	하늘정원 잔디장	17	만월당(봉안당)
19	가족묘역	20	자연장(잔디형) 및 봉안담1	21	자연장(잔디형) 및 봉안담2
22	자연장 및 봉안담	23	회랑형 봉안담	24	외국인 묘역
25	승화원(화장장)	26	수목장림(사색의 숲)	27	수목장림(사색의 숲)

인천가족공원의 용세(龍勢)를 살펴보면, 인천가족공원까지 이어지는 산줄기는 아래의 『대동여지도』 상에서 보는 바와 같이 군포 수리산에서 소래산을 거쳐 안남산을 지나 김포로 향하는 것으로 나타난다.

그림 16-3. 대동여지도의 부평지역

출처; 대동여지도

사세(砂勢)는 주산인 만수산에서 좌측에는 청룡, 우측은 백호이다. 정혈처(定穴處)는 만수산에서 파생된 중심 능선이다. 이곳의 혈형(穴形)은 거시적으로 보면 좌우측 능선이 감싸준 와혈을 이루고 있지만, 미시적으로 보면 용맥 끝에서 유혈을 이루고 있다. 수세(水勢)를 살펴보면, 인천가족공원의 물길은 크게 두 줄기이다. 한 줄기는 백호 능선 밑에서 시작되고, 또 한 줄기는 승화원 뒤편 수목장 안쪽에서 시작하였다. 두 물은 아래의 사진에서 보는 바와 같이 봉안당 금마총 앞에서 합수하여 공원 입구로 빠지고 있다. 혈 앞에서 청룡과 백호를 따라 흐르는 물이 합해지는 것을 합수(合水)라고 하는데 이러한 형태를 합금수(合金水)[10]라고 하여 재물이 모이는 길한 운으로 해석하고 있다. 따라서 인천가족공원묘역은 산새가 부드럽고 토질이 좋아 풍수지리 조건이 양호한 곳이라 할 수 있다.

그림 16-4. 인천가족공원의 합수처와 한문

출처: V월드

둘째, 양평하늘숲추모원은 경기도 양평군 양동면 양서동로 372에 소재하고 있다. 이 추모원은 국립으로 운영되는 수목장림이다. 이 추모원의 운영은 산림청 산하 한국산림복지진흥원이 맡고 있다. 양평하늘숲추모원 전체 면적은 55ha(수목장림 48ha, 야영장 3.6ha)[11]이고 15구역으로 구분되어 있다.

---

10 『地理正宗』,「山龍語類」,龍水,"合襟水者 穴旁左右水 流出會合 如人胸前衣襟相交 一名金魚水 昔人云 蟹眼上分金魚下合.",「人子須知」,「水法」, 論諸水 凡二十一條 "合襟水者 穴前界脉上分下合之水 如胸前衣襟之交合 故名合襟水也."

11 55ha=550,000㎡=0.55㎢

그림 16-5. 양평하늘숲추모원 1-15구역

출처: 양평하늘숲추모원 http://sky.fowi.or.kr

양평하늘숲추모원의 용세를 살펴보면, 백두대간 두로봉에서 파생된 한강기맥은 아래의 지도에서 보는 바와 같이 오대산(1,563m)을 지나 양수리 두물머리까지 이어지는데 양평 도원리의 성지봉(787m)에서 이어진 성지지맥으로 갈라져 수래봉(409)까지 이어진다.

그림 16-6. 한강기맥과 성지지맥

출처: 박성태 산경도

사세를 살펴보면, 오음산에서 연결된 산줄기는 과협처를 형성한 후 주산으로 솟아나는 이상적인 맥세를 만들어주고 있다. 정혈을 분석해 보면, 추모원 전역에는 많은 봉우리를 형성하고 봉우리 곳곳마다 좋은 터를 맺고 있는데, 그중에서도 혈장에 가까운 곳은 주산 아래 지역으로 볼 수 있다. 이곳의 좌향은 갑좌경향(甲坐庚向)이며, 현장 주변은 현재 수목장이 완료된 상태다. 수세의 경우 양평하늘숲추모원이 위치한 곳이 깊은 산속이라 물길이 선명하지는 않다. 다만 각의 능선과 능선 사이에서 생성된 작은 물길이 흐르고 있다.

이곳은 순환도로를 경계로 크게 3구역으로 구분할 수 있다. 최상층부인 1권역에는 1, 2, 3, 4, 5, 6, 7, 8, 9 구역이 있고, 중층부 2권역에는 12, 13 구역이 있으며, 하층부 3권역에는 10, 11, 12, 13, 14, 15 구역이 자리하고 있다. 전체적으로 보았을 때 상층부 1권역에 좋은 터가 밀집되어 있으며, 중층부에서 하층부로 내려올수록 평가가 낮아지고 있다. 이는 주산에서 멀수록 용맥이 미치는 영향력이 약해지며, 사방이 높아 비록 장풍에는 유리한 면이 있으나, 일조(日照)의 부족과 조망이 잘 이루어지지 않기 때문이다.

참고적으로 양평하늘숲추모원은 설립 당시 인근 마을과의 협약에 의해서 관리 주체가 이원화되고 매사에 갈등을 초래하는 실정이다. 하늘숲추모원 내에는 주민들의 요구에 의해 수익사업의 캠핑장을 조성하고 운영권 일부를 제공하지만, 실제 이용객은 거의 없는 형편이어서 수익 발생은 전혀 없고 유지관리비만 지출되면서 적자를 면치 못하고 있다. 새롭게 수목장을 조성하는 곳은 이러한 갈등을 반면교사로 삼아 앞으로 지혜롭게 해결되어야 할 부분이다.

셋째, 의왕하늘쉼터는 경기도 의왕시 오전동 710-6에 소재하고 있다. 원래는 의왕시 공설공동묘지였다. 의왕하늘쉼터는 의왕시, 군포시, 안양시, 과천시 등 4개시가 공동으로 사용하고 있다. 이 쉼터의 사업비 149억 44백만 원을 투입, 봉안담 6,900구(1.412 m^3) 자연장 1,749구(4.500 m^3), 주차장 274면(10,314 m^3)과 지상 1층 규모의 관리사무소 1개 동이 조성되었다.

그림 16-7. 의왕하늘쉼터 시설물 배치도

용세를 살펴보면, 의왕하늘쉼터로 들어오는 내룡맥은 아래의 지도에서 보는 바와 같이 안성 칠장산(492m)에서 시작된 한남정맥이 김포 문수산(376m)까지 이어진다. 한남정맥의 중간인 의왕시에서 광교산(582m)을 이루고 곧이어 백운산(567m)을 이루었다. 의왕하늘쉼터는 백운산 자락에서 서향으로 모락산(384m)을 안산으로 바라보는 형태로 자리하였다.

그림 16-8. 한남정맥 산줄기와 백운산

출처: 박성태 산경도

사세를 보면, 주산인 백운사(576m)에서 이어진 중출맥은 다시 몇 차례 기복을 거치면서 302m의 봉우리로 솟아난다. 그 봉우리가 의왕하늘쉼터의 현무봉이 된다. 광교산에서 북쪽으로 진행한 산줄기는 청계산까지 이어지면서 여러 갈래의 산줄기를 형성하면서 백호를 이루었다. 백운산에서 서쪽으로 뻗은 산줄기는 청룡을 이루는데 오전동 오전천까지 이어진다.

그림 16-9. 의왕하늘쉼터 위치도

출처: V월드

정혈을 분석해 보면, 의왕하늘쉼터는 302m 봉우리에서 시작인데, 이 봉우리에서 모락산 쪽인, 북서쪽으로 진행한 맥이 수목장지 뒤 봉우리에서 다시 남서쪽으로 진행한다. 이는 횡룡입수에 해당하는 것으로 입수처 뒤에는 귀성이 있어 횡룡입수의 증거를 보여주고 있다. 혈장에서 보면 좌청룡과 우백호가 서로 감싸안으면서 고도가 낮아지고 있어 조망이 확보되고 있다. 수세를 보면, 백운산 기슭에서 시작한 물길은 약 1km 진행하여 오전천을 이루고 다시 남서진하여 안양천과 합수한다. 안양천은 길게 북서진하여 한강과 합수된다. 수세 분석에서 가장 우선인 명당수 중 내당수는 그 규모와 유량이 적지만, 청룡과 백호가 서로 감싸안아 합금수를 이루고 또한 물이 빠져나가는 파구가 보이지 않아 비교적 좋은 물 흐름으로 판단한다.

이곳은 3권역으로 구분할 수 있다. A능선은 개장, 천심, 상하좌우 변화, 박환, 생룡 등 모든 조건을 고루 갖추고 있다. 그와 함께 멀리 조산까지 시야를 확보하고 있어 주산과 조산의 대응이 적절하게 배치되었다. 물 빠짐이 전혀 보이지 않아 득수가 되었고 토질이 양호하다. B구역은 주봉이 없기 때문에 개장을 하지 못했다. 그러나 미미한 능선을 형성하였기 때문에 천심이 이루어진 것으로 평가된다. 다만, 사세는 상호 적절하게 배치되어 장풍이 잘 이루어졌다. 득수 또한 양호한 곳이다. C구역은 산 능선이 흘러가는 측면에 자리하였다. 용맥이 없으므로 상하좌우 변화가 없고, 박환 역시 없으므로 생룡으로 분류할 수 없다. 사세가 부실하지만 그나마 장풍은 잘 되었다.

넷째, 청주산림복지힐링타운은 신설된 수목장으로 청주시 낭성면 현암리 산19번지에 소재하고 있다. 면적은 207,868㎡(약 63,000평)이다. 용세를 살펴보면, 청주산림복지힐링타운은 아래의 지도에서 보는 바와 같이 백두대간의 속리산(1,058m)에서 호서정맥이 출맥된다. 이 정맥은 북서진을 하다가 선도산(546m)을 일으킨다. 이 선도산에서 지맥이 내려오므로 청주산림복지힐링타운은 선도산이 현무봉이 된다. 선도산은 금형체의 모습을 하고 있다. 그러나 용세는 특별한 변화를 이루지 못하기 때문에 혈을 맺기에는 부족한 상태이다.

그림 16-10. 청주산림복지힐링타운의 위치

출처: 박성태산경도

사세를 보면, 선도산은 금형체의 봉우리로서 수목장지의 주산에 해당한다. 아래의 사진에서 보듯이 선도산에서 다시 백호 쪽으로 향해 나가는 형세이기 때문에 청룡의 맥세는 비교적 약하고, 백호는 청룡과 환포하지 않고 벌어져 있다. 그리고 안산이 높아 혈장을 압박하는 형국이다.

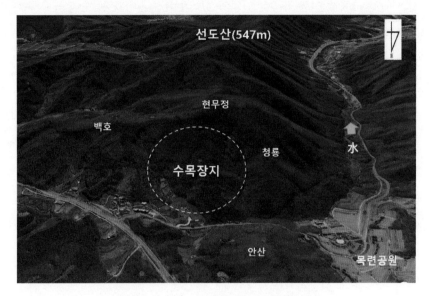

그림 16-11. 청주산림복지힐링타운 수목장지 지형도

출처: V 월드

정혈 여부를 살펴보면, 선도산과 현무정을 이룬 산줄기는 백호 쪽으로 향하고 있다. 따라서 정혈은 백호의 끝 지점에서 형성되어 있다. 수세는 도로를 따라 작은 하천이 경계를 이루었다. 수량은 많지 않지만, 깊은 골짜기에서 흐르는 물은 일정하게 유지되고 있다. 수목장지를 기준하면 우측에서 좌측으로 흐르는 우선수이다. 수목장지를 풍수적으로 볼 때 가족목은 일부만 가능할 것으로 보인다. 단, 북향으로 입지한 곳을 선정한 것은 추후 제고되어야 할 부분이다.

2. 수목장지에 대한 개발 제안

앞에 살펴본 4곳의 수목장지에 대하여 입지의 장점과 단점 그리고 풍수적 입지의 불리함을 극복하기 위한 개선책을 제안하면 다음과 같다.

첫째, 인천가족공원까지 이른 산경표상 산줄기는 매우 역동적인 모습이다. 전체적으로 안정감 있는 국세로 인해 장풍이 완벽하게 이루어졌으며, 토질 또한 곱게 순화되었다. 결론적으로 이곳 인천가족공원은 풍수의 입지 조건 용혈사수향(龍穴砂水向) 측면에서 보면 매우 뛰어난 입지를 갖춘 곳이다. 하지만 현재의 수목장지는 공원 내에서도 가장 취약한 지역에 조성되었다. 즉 주봉과 용맥의 역량이 미흡하고 곳곳에는 험석이 많아 토질이 불량한 곳이다. 인천가족공원에서는 수목장지 문제점을 해결하기 위해 능선 하단부에 수목단지를 조성해 새로운 수목장지를 개발하고 이 지역을 좀 더 확장하여 추모객이 쉽게 오를 수 있는 진입로를 설치하고 지정된 장소에서만 수목장이 가능하도록 관리 감독이 필요하다.

둘째, 양평하늘숲추모원은 전체적으로 상층부인 제1권역에는 봉우리를 다수 형성하면서 나름대로의 용맥과 혈처를 보유하고 있다. 따라서 풍수 이론으로 보면 입지 조건이 뛰어난 곳이다. 그러나 아직은 수목장림이 혐오시설로 인식되어 님비현상에 의해 수도권에서 가까운 곳을 정할 수 없다 보니 다소 거리가 먼 단점이 있다. 좌향이 대체로 서향과 북향이 주를 이루고 있다. 주위 산들이 높은 관계로 햇빛을 받기에 불리하고, 조망도 여의치 않다. 추모목이 잣나무로 주로 형성이 되어 있어 전체적으로 어두운 느낌이 있다. 수종 교체를 검토할 필요가 있다. 이는 수요자가 따뜻하고 양지바른 곳을 원하는 것이 공통된 마음이기 때문이다.

셋째, 의왕하늘쉼터는 광교산과 백운산을 거쳐 혈처까지 이르는 용세가 뛰어나다. 혈처를 중심으로 사세까지 갖추고 있어 장풍득수가 잘 이루어진 곳이다. 혈처는 횡룡결혈이 되었으며, 조산과 안산 또한 수려하게 배치되었다. 의왕하늘쉼터 단점은 A구역 혈처 한 곳을 제외하면 경사가 심한 편이다. 그래서 노약자의 접근이 쉽지 않다는 단점이 있다. 이렇듯 지리적 환경이 불리한 지형에 잔디와 수목장이 자리하게 됨으로써 자연장에 대한 인식이 나빠질 수 있다는 우려가 든다. 그렇다고 산을 훼손할 수는 없으므로 목재 계단을 설치해 이용객들의 편의를 도모할 필요가 있다.

넷째, 청주산림복지힐링타운은 까까운 곳에 청주시가 운영하는 종합장사시설 목련공원이 있어 그곳 화장장을 경유하여 수목장을 하는 사례가 많을 것으로 예상된다. 산림조합에서 운영하기 때문에 가격도 저렴하고 교통도 편리하다는 장점이 있다. 산림복지힐링타운 수목장지에서 가족목은 3구역 일부만 가능할 것으로 보인다. 단 대부분 북향으로 위치하여 있으며, 인도 위쪽은 경사가 가파르고 협소하여 통행이 불편할 것으로 보인다.

V. 나오는 글

현존하거나 개발 예정인 수목장지를 풍수적으로 해석하고 풍수적 개발 제언을 하기 위하여 현존 수목장지인 인천가족공원, 양평하늘숲추모원, 의왕하늘쉼터, 개발예정 수목장지인 청주 산림복지힐링타운에 대한 풍수적 입지를 분석해 보았다.

고려시대와 조선시대를 거치면서 우리나라의 주된 장묘문화는 매장 위주였다. 특히 조선시대에는 유교적 이념의 효사상과 결합되면서 매장이 더욱 성행했다. 여기에 풍수지리 동기감응론이 더해지면서 좋은 땅에 매장하려는 욕망이 확산되었다. 그로 인해 좁은 국토는 묘지공화국이라는 말까지 생길 정도로 폐해가 극심했다. 가장 대표적인 것이 산림훼손으로 인한 환경파괴를 들 수 있다. 2000년 이전까지는 매년 여의도 면적에 해당되는 산림이 묘지로 바뀔 정도로 매장을 선호했다. 급기야 정부는 2000년 매장을 규제하는 '장사 등에 관한 법률'을 제정하여 30년에서 최장 60년까지 분묘를 유지할 수 있으며, 그 이후에는 화장하거나 봉안할 것을 규제하기에 이른다.

그리고 묘지의 설치기준도 엄격하게 적용하면서 관습적으로 야산에 묘를 조성하는 것을 법으로 규제하기에 이른다. 그럴 즈음 사회지도층 인사들이 매장을 마다하고 화장을 하는 사례가 늘어나고 오래된 선조들의 묘를 관리하기 어렵다는 인식이 확산되기 시작한다. 조상의 묘를 관리하는 것이 후손의 당연한 도리이며 효라고 생각했던 인식이 개인주의적 사고와 소가족 위주의 생활패턴과 맞물리면서 급속하게 장묘문화가 바뀌기 시작했다.

급기야 2000년 들면서 화장이 급속도로 확산되었으며, 2024년 화장률은 93.6%에 이르면서 일본 다음으로 화장률이 높아지고 있다. 천 년 동안 이어지던 매장문화가 화장으로 바뀐 것이다. 이제 우리나라의 장묘문화는 화장이 정착한 것으로 보인다. 화장의 증가와 더불어 유골의 처리 문제는 납골묘, 산골, 봉안당, 잔디장, 수목장 등으로 바뀌게 되었다. 그러나 망자를 추모하는 공간이 없는 산골보다는 80%가 자신의 사후 어떠한 형태로든 흔적을 남기고 싶다는 통계가 발표된 바 있다. 이는 가족관계를 중시하는 한국인의 정서와 맞물린 장례방식이라 할 수 있다. 그중에서도 수목장을 선호하는 비율이 84%에 이를 정도로 압도적이었다. 잔디장이나 화초장에 비해서 어느 정도 고인을 추모할 수 있는 상징물이 있을 뿐만 아니라 경관 좋은 자연으로 회귀한다는 인식이 확산되었기 때문이다.

따라서 2024년 현재 우리나라의 주된 장묘문화는 화장이며, 구체적으로는 수목장이 대세라 해도 과언이 아니다. 수목장은 풍수가 추구하는 환경 친화적인 장묘일 뿐만 아니라 전통과 현대의 조화, 명분과 실용이라는 조화 측면에서도 현대의 장례 제도로 적합하다. 향후 수목장은 우리나라의 대표적인 장묘문화로 정착될 것으로 본다.

〈참고문헌〉

『大東輿地圖』
『疑龍經』
『周易』
『靑烏經』
강판권, 『세상을 바꾼 나무』, 도서출판 다른, 2011.
우재욱, 『숲이 되는 묘지』, 어드북스, 2017.
국립하늘숲추모원(https://sky.fowi.or.kr).
인천광역시시설관리공단(www.insiseol.or.kr).
한국민족문화대백과사전(encykorea.aks.ac.kr).
V월드 지도서비스(http://map.vworld.kr).

음양오행의 색채로 공간을 디자인하다

박선영*

Ⅰ. 시작하는 글

음양오행은 우리가 살아가는 모든 공간에 자연의 변화와 순환의 이치가 음기(陰氣)와 양기(陽氣)로 서로 상호작용하고 있고, 오행(五行)의 변화와 순환의 상호작용 이치로도 설명할 수 있으며 자연과 인간을 각각 하나의 우주적 주체로 보고, 인간을 포함한 모든 우주의 현상은 음기(陰氣)와 양기(陽氣)의 상호작용, 오행의 상호작용의 자연스러운 원리와 법칙으로 이해해 볼 수 있다.

이 음양오행(陰陽五行) 사상은 이미 오래전부터 우리 민족의 사유체계로 정착되어 거주 공간으로서의 집의 의미에 중요한 영향을 미치고 있었다. '집'이란 단지 생활을 위한 형태가 아닌, 자기 자신과 가족의 확장이며, 개인과 가족의 삶이 이루어지는 고유한 곳으로 가장 편안하고 이상적인 공간이어야 한다. 예로부터 우리나라 사람들이 집을 짓거나 선택할 때 가장 중요하게 생각해온 요소는 '터'였다. 좋은 '터'를 선택하게 되면 그 '터'로 인해 그 위에 집을 짓고 살아가는 복(福)을 누릴 수 있고, 그렇지 못할 때는 그 반대로 화(禍)가 미친다는 풍수의 논리가 오랜 경험에서 체득되었기 때문이다.

우리의 전통 주거에는 집의 계획과 집터의 선정, 구성과 배치, 형태 등에 이러한 우주관과 자연관이 자연스럽게 녹아들어 그 바탕을 이루고 있으며, 각각의 구성 요소와 요소 간의 관계가 그 의미와 상징성을 내포하면서 우주적 질서를 형성하고 있다. 좋은 집

---

* 동양문화융합학회 상임이사, 동양철학박사

터는 음양(陰陽)이 조화를 이루는 입지(立地)를 길지(吉地)로 판단하였고, 택지(宅地)의 형상 또한 길상(吉相)으로서 천지(天地)의 기운이 한데 모여 인간에게 최적의 공간 환경을 제공한다는 것을 의미한다.

또한 그 내부 공간의 색채 및 재료 또한 인간의 심리에 미치는 영향이 지대하므로 동양의 전통 색채인 오방색을 바탕으로 색채를 디자인하고, 마감 재료를 판단해 보고 적용해 보면서 심리적으로 편안하고 안정된 유기적인 공간을 구성할 수 있게 한다.

색채를 인지하는 것은 인간이 색채 환경에서 다양한 심리적 반응을 유발하는 자극원으로, 생각하는 것과 인식하는 것을 동시에 활성화하여 감각과 반응을 본능적으로 일으켜서 색을 느낀다고 볼 수 있다. 따라서 색채는 단순히 보인다고 표현할 것이 아닌, 색의 감각을 통하여 인지하거나 지각하게 된다. 이처럼 색은 사람들에게 형태보다도 더 강하게 의미를 전달하는 기호로서의 심리적 작용을 한다.[1]

건축 및 실내건축의 색채 사용은 인간의 정서와 심리적 차원에 부합되는 교감 공간을 만들어 내는 중심 역할을 한다. 교감 공간인 실내에서는 사용자를 중심으로 한 적극적 활동과 사용자의 심리적 안정을 고려한 색채가 많이 사용된다. 색채는 때로는 실내 공간에 있어서 공간의 형태를 강조하기 위한 수단으로 활용되기도 하는데 대체로 건축과 실내건축에서 부속의 장식이 아닌, 공간을 구성하는 필수 요소로 작용하기도 한다. 공간을 구성하는 구축재로서 공간을 표현하고 인지하는 역할도 대단히 중요하다. 색채는 공간을 만들기도 하지만, 동시에 파괴하기도 함으로써 항상 변화하는 역동적인 공간을 만든다. 따라서 색채가 주는 기운과 시각적인 요소를 통해 해당 공간에 거주하는 사람의 기운을 보완할 수 있다. 이는 심리적 안정감을 통해서 삶의 긍정적인 요소로 작용할 수 있다.

음양오행을 바탕으로 한 오방색 색채를 적용한 현대 주거환경 계획에 적용하기 위해서는 역(易) 이론, 사주명리의 음양오행 이론, 풍수의 비보 이론, 전통 색채인 오방색 이론을 적용한다. 사주명리와 풍수는 동양의 전통 오술 중 하나로서 그 사상적 근원은 음양오행론과 주역, 그리고 동양의 전통 천문학에 있다. 음과 양의 작용과 오행의 상생,

---

1   이선민, 『건축의 색』, 미메시스, 2017, p.78.

상극 이론, 태어나는 순간의 여덟 글자를 표현한 사주팔자 등 여러 이론은 모두 기(氣)의 작용에 관련된 것이라는 공통점이 있다.

비보(裨補)는 도와서 모자란 것을 채운다는 뜻으로 오행에서 상생과 상극 모두 적용할 수 있는 이론이다. 사주명리학 이론에서는 억부로 중화(中和)를 이루게 하는 방법론이 있고, 풍수지리적 방법론에서는 형국론, 형세론, 좌향론 등을 통해서 잘못된 부분이 있다면 그 부분을 삭제하거나 보완하는 방법을 통하여 기운을 조절할 수 있다고 보는 풍수 비보론이 있다. 색채도 이 비보 이론의 하나로 잘못된 부분의 기운을 충해서 없애거나 극해서 조절하거나, 부족하면 생해주고 과하면 덜어내서 중화로 조절한 기운을 오방색과 상생 오간색 상극 오간색 등 동양 전통 색상을 적용하여 심리적으로 안정되고, 정서적으로 편안하고, 육체적으로 건강한 공간을 만들 수 있다.

II. 오방색의 이론적 배경

1. 음양오행 이론

음양오행설은 동일한 기(氣)의 형태를 보인 사물끼리는 서로 응한다는 상관적 사유를 기반으로 이론을 전개시킨다. 사물 간에 감응계가 형성됨을 알아 오행 체계로의 분류는 직관(直觀) 또는 연상(聯想)을 통해 이루어진다. 직관은 분석과 추론 행위를 떠나 대상을 직접적으로 인식하는 것을 말한다. 상관적 사유는 우주 만물이 하나의 유기체 내에 존립한다는 생각을 전제조건으로 한다. 감응계에 있는 동류집단은 음양 또는 오행을 기준으로 하여 다양한 층차(層次)로 나눌 수 있는데, 각 단위의 집단은 전체 속에 투여되어 전체와 자기를 유기적으로 조화시킨다.[2] 〈그림 17-1〉은 음양과 오행의 유기적 조화를 표현한 것이다.

---

2   김기, "음양오행설의 주자학적 적용양상에 관한 연구", 성균관대학교 대학원 박사학위 논문, 2012, p.156.

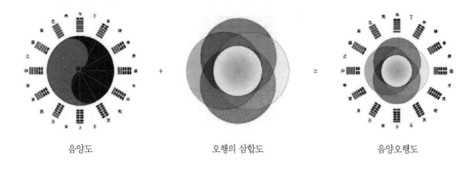

| 음양도 | 오행의 삼합도 | 음양오행도 |

그림 17-1. 음양오행도

동양 문화권에서 음양오행론은 우주 삼라만상의 물질이 서로 간에 대응하는 음(陰) · 양(陽)과 서로 연관되는 목(木) · 화(火) · 토(土) · 금(金) · 수(水) 오행을 바탕으로 우주 만물을 생성하고 변화하게 하는 근원인 기(氣)가 서로 작용하여 여러 가지 현상을 만들어 내는 법칙으로 이해되었다. 이에 음양오행론은 인간 · 사회 · 정치 · 역사와 더불어 자연계의 우주 만물과 광범위하게 연관되었다.[3] 음양오행의 형태 및 색상은 〈표 17-1〉과 같이 정리될 수 있다.

표 17-1. 음양오행의 형태 및 색상 분석 배속표

음양오행	계절	방위	천간	12지지	형태,색상	내 용
陽木	봄	東	甲	寅	▮	· 힘차게 뻗어나가는 수직 기운 · 앞으로 직진, 어린아이 모습 · 싱싱함. 인자한 모습
陰木			乙	卯	▬	· 푸른색과 봄의 싱싱한 기운 · 봄에 씨가 싹트는 형상 · 왕성하게 상하좌우로 뻗치는 기운
陽火	여름	南	丙	巳	▲▲▲	· 넓게 상승 기운 丙 · 하부보다 상부가 강조
陰火			丁	午	▲	· 외부로 퍼져나가는 확산 · 범위가 좁은 한 곳에 집중 丁

3   김만태, 『한국 사주 명리 연구』, 민속원, 2011, p.227.

음양오행	계절	방위	천간	12지지	형태,색상	내 용
陽土	환절기	中央	戊	辰,戌		· 안정되고 둔한 기세 · 원형의 구심점의 역할 – 중재자 · 믿음직하고 우직한 느낌
陰土			己	未,丑		· 계절의 변화를 기다리는 모습 · 어디에나 적응 · 이쪽과 저쪽의 사이
陽金	가을	西	庚	申		· 논리적, 덩어리의 기운 · 절제된 사각의 형상 · 가을의 형상-숙살지기
陰金			辛	酉		· 의리 · 백색, 깨끗한 영상 · 제품의 개별포장, 포양지기
陽水	겨울	北	壬	亥		· 주변과의 조화, 존재의 소멸 · 지적, 인자한 모습 · 여러 가지가 섞여 모여 있는 모습
陰水			癸	子		· 내부로 응집, 수축하는 모습 · 겨울 모습 – 지혜 · 어떤 장소나 모양에 맞춤이 가능

오행은 10천간과 12지지로 각각 형성되는데, 하늘에는 태양을 중심으로 목성(木星)·화성(火星)·토성(土星)·금성(金星)·수성(水星)의 기운을 받는 목(木)·화(火)·토(土)·금(金)·수(水)의 음양(陰陽)인 10천간이 있고, 땅에는 목(木)·화(火)·토(土)·금(金)·수(水)의 음양(陰陽)이 12계절로 배속되어 있다는 의미에서 십이지를 형성하고 있다. 오행의 목·화는 양(陽)이고, 금·수는 음(陰)인데 양에 해당하는 목·화는 해(亥) 월을 기준으로 시작하고 마무리하며 음(陰)에 해당하는 금·수(金水)는 사(巳) 월에 시작하고 마무리한다.

오행의 상생과 상극은 음양과 마찬가지로 서로 보완과 대립의 상호 관계를 말한다. 오행은 서로 생(生)도 하고, 서로 극(剋)도 하는 작용을 한다.[4] 〈그림 17-2〉와 같이 진행한다.

---

4   김희정, "아파트 주거 공간의 오방색 적용에 관한 연구", 상명대학교 대학원 박사학위 논문, 2019, p.31.

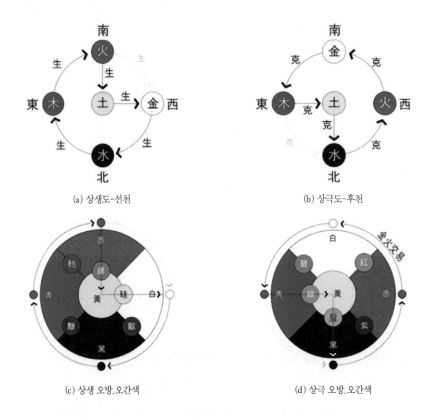

(a) 상생도-선천

(b) 상극도-후천

(c) 상생 오방.오간색

(d) 상극 오방.오간색

그림 17-2. 음양오행의 기본 상생 · 상극도 및 오방 · 오간색

상생은 목에서 화로 생하고(木生火), 화에서 토로 생하고(火生土), 토에서 금으로 생하고(土生金), 금에서 수로 생하고(金生水), 수에서 목으로 생하여(水生木) 진행되며, 기운을 내려주는 자(子) 관계로 해석하고 시계 방향으로 진행되고, 기운을 지원 받는 모(母)의 관계로 해석하면 시계 반대 방향으로 진행한다.

상극은 오행 사이에서 서로 저지하거나 상호 제약하는 작용을 말한다. 극은 내가 다스리는 오행을 말하고 관은 나를 다스리는 오행을 말한다. 오행의 상생 중에 상극이 내재 되어 있기 때문에 내가 낳는 것(我生子)과 나를 낳게 하는 것(生我子)으로 구분한다. 오행 사이에는 상생과 상극이 한 방향만으로 움직이는 것은 아니고, 역(易)으로 변하여 작용하는 기운도 내재 되어 있다. 상생도는 선천팔괘 기준으로 정방위와 기준이 같고, 동→남→서→북으로, 봄→여름→가을→겨울 순으로 진행하는 것이다. 상극도는 후천팔괘 기준으로 화와 금의 위치가 역(易)을 하여 진행하는 금과 화가 위치를 바꾸는 금화교역(金火交易)을 기준으로 반대로 진행하는데 〈그림 17-2〉의 (d)와 같다.

2. 주역과 풍수

풍수에는 상대 방위와 절대 방위가 있다. 상대 방위를 상대향(相對向), 절대 방위를 절대향(絕對向)이라고도 한다. 상대 방위란 혈(穴)을 중심으로 전후좌우의 방위를 의미하고 절대 방위란 동서남북과 같은 어떠한 장소에서도 구애받지 않는 불변의 방위를 의미한다. 풍수에서는 보편적으로 상대 방위를 선정하여 적용하지만 양택에서는 동·서·남·북이라는 절대 방위를 사용하기도 한다. 절대 방위는 주역의 8괘에서 근거하고 있다. 이를 정리하면 〈표 17-2〉와 같다.

표 17-2. 주역 8괘 방위 오방색

구분	坤 母				乾 父			
괘상	兌離巽	☷			☰			艮坎震
괘상	☷	☱	☲	☴	☶	☵	☳	☰
괘명	坤	兌	離	巽	艮	坎	震	乾
子女구분	모	삼녀	중녀	장녀	소남	중남	장남	부
방위	남서	서	남	동남	동북	북	동	서북
방위 오방색 (宮) - 體	■	□	■	■	■	■	■	■
기운 오방색 (星) - 用	■ 흑토	■ 적금	■ 자화	■ 녹목	■ 백토	□ 백수	■ 벽목	■ 백금
8괘 방위도 및 색상환								

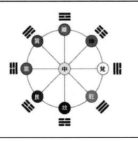
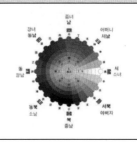

『설괘전』의 문왕팔괘차서도에는 아버지에 해당하는 건(乾)과 어머니에 해당하는 곤(坤)의 두 괘가 서로 교합하여 여섯 자녀가 나오는 순서를 설명하고 있다. 양괘의 차례는 진(震 ☳, 장남), 감(坎 ☵, 중남), 간(艮 ☶, 소남)이며, 음괘의 차례는 손(巽 ☴, 장녀), 리(離 ☲, 중녀), 태(兌 ☱, 소녀)이다. 건(乾 ☰)은 하늘이다. 그러므로 아버지라 일컫고 곤(坤 ☷)은 땅이다. 그러므로 어머니라 일컫는다. 진(震)은 첫 번째로 구하여 아들을 얻었으므로 장남이라 하고, 손(巽)은 첫 번째로 구하여 딸을 얻었으므로 장녀라 이른다. 감(坎)은 두 번째로 구하여 아들을 얻었으므로 중남이라 이르고, 리(離)는 두 번째로 구하여 딸을 얻었으므로 중녀라 이른다. 간(艮)은 세 번째로 구하여 아들을 얻었으므로 소남이라 이르고, 태(兌)는 세 번째로 구하여 딸을 얻었으므로 소녀라고 이른다.[5]

3. 사주명리학 이론

사주명리학의 골격을 형성한 핵심 원리는 음양과 오행 이론이다. 음과 양은 '中'을 최우선으로 삼고 오행은 '和'를 최우선으로 삼는다. 왜냐하면, 음과 양은 대대(待對)를 이루므로 중심점이 중요하고, 오행은 다섯 가지의 기(氣)이므로 조화를 이루어야만 중(中)과 화(和)를 이룰 수 있다는 논리이다.[6] 사주명리학 이론체계를 보면 일관되게 중시한 개념이 바로 중화(中和)이다. 중화는 마치 온도조절기처럼 변화 속에서 가장 안정한 상태를 찾는다.

중화(中和)는 곧 평형(平衡)의 원리와도 같다. 우주의 운동을 포함해서 모든 사물의 움직임은 평형상태로 돌아가는 것을 목적으로 한다. '물부평즉명(物不平則鳴)'이라는 말이 있듯이, 모든 사물은 안정을 잃으면 움직이게 마련이다. 저울대가 수평을 잃고 기울어져 경사가 되는 것은 불평을 말하는 것이다. 그렇게 되면 사물은 평형으로 돌아가려는 운동이 벌어진다. 천지의 출렁거림도 결국은 항상 균형을 유지하려는 자기조절이요, 만물의 변화도 천지의 균형의 일환이다.[7]

---

5   박병대, 『原本周易』, 일신서적출판사, 1995, p.26.
6   박헌구, "滴天髓闡微의 中和思想 研究:用神論을 중심으로", 원광대학교대학원 박사학위 논문, 2013, p.38.
7   박헌구, "滴天髓闡微의 中和思想 研究:用神論을 중심으로", 원광대학교대학원 박사학위 논문, 2013, p.41.

중화(中和)의 원리는 사주팔자의 기운을 음양오행이나 한난조습(寒暖燥濕)의 균형을 맞추어 조화롭게 하는 것이다. 이는 음양오행 간에 강한 기운은 빼주고 약한 기운은 더해주니 억부(抑扶)이다. 사주가 조열(燥熱)하거나 한습(寒濕)하면 이 기운들을 조화롭게 조절하는 것이 조후(調候)이고, 수·화(水·火)가 서로 심하게 다투고 있을 때는 목(木)으로 소통시키니 통관이며, 어느 한 오행이 태과하여 병이 될 때는 이를 극제하여 다스리는 오행이 약이 된다. 이처럼 사주에서 일반적으로 균형을 이루어 조화롭게 하는 것이 중화(中和)이다.[8] 중화지기(中和之氣)를 달성하는 핵심을 사주명리에서는 '용신(用神)이라 한다. 사주명리는 사람의 생년·월·일·시를 천간과 지지로 나누고, 음양오행의 생극제화를 통해 사람들 운명의 성패와 길흉화복을 상호 관계를 분석하고 해석하며 판단하는 추론체계이다.

4. 풍수학 이론

풍수학 이론에는 다양한 체계의 이론들이 있는데 그중에서 기본 풍수 개념, 양택풍수 이론, 비보풍수 이론 등을 중심으로 살펴보자면, 풍수는 음택풍수와 양택풍수로 구성되어 각각의 영역을 구분하여 형성하고 있으며, 길흉화복과 발복론에 절대적인 의미를 두고 있는 이론이다. 음택풍수는 죽은 후의 공간을, 양택풍수는 살아 있는 동안의 공간을 각각 형성하고 있다. 양택풍수의 발복은 살아 있는 사람에게 영향을 미치기 때문에 직접적이고 빠르며, 음택풍수의 발복은 죽은 이가 받은 기운을 살아 있는 자손이 영향을 받으므로 시간이 걸리고 간접적이라고 보는 시각들이 많다. 그러나 기본적으로 풍수이론은 음택과 양택이 동일하여 그 크기의 차이에 불과하다.

사신(四神)은 우주를 진호(鎭護)하고 동서남북 사방을 수호하는 상징적인 동물을 의미하는데 사궁(四宮), 사수(四獸), 사령(四靈), 사상(四象) 등으로도 일컬어진다. 이 중 사수는 사신수(四神獸)라는 의미이고, 사상과 사궁은 하늘의 28수(宿)를 7수씩 사방에 분배한 동쪽의 창룡(蒼龍), 서쪽의 백호(白虎), 남쪽의 주조(朱鳥), 북쪽의 현무(玄武)의

---

8   박재범, "命理學의 滴天髓, 子平眞詮, 窮通寶鑑 用神論 比較 硏究", 국제뇌교육종합대학원대학교 박사학위 논문, 2018, p.58.

성상(星象)에 대한 지칭에서 비롯되었다. 이는 사신의 형성이 천문학과 밀접한 관련이 있음을 보여 준다.[9] 사신사(四神砂)란 음택 풍수에서 혈(穴)을 중심으로 주위를 에워싸고 있는 산, 특히 4개의 산과 관련되는데 혈 뒤를 현무, 앞을 주작, 왼쪽을 청룡, 오른쪽을 백호라고 하며, 대부분 산을 지칭하는 것이다.[10]

양택에서는 주변의 크고 작은 건물들로 대처할 수 있다. 사신은 동양의 천문학이 그 시원(始原)이었고, 사신 형식의 기원에 대해서는 아직 정확히 알려지지는 않았지만, 중국의 고고학적 성과물로 사신 체계의 성립과정은 밤하늘의 28수 별자리 체계와 연관된 것으로 밝혀지고 있다.[11]

비보 풍수는 자연과 인문의 중도적인 조화를 지향하며, 비보의 법식은 협의의 비보법과 압승법(壓勝法)으로 구성된다. 비보는 보(補), 보허(補虛), 배보(培補)라고도 하며, 압승은 염승(厭勝)이라고도 한다. 여기서 비보는 환경의 부족한 부분의 조건을 더해서 보강하는 원리이고 압승은 환경의 과(過)한 부분의 기운을 빼서 누르는 원리이다. 즉, 비보가 부족하고 약한 곳을 북돋우는 개념이라면 압승은 강한 것을 누르고 조절하여 부드럽게 하는 개념이 된다.[12] 비보는 사주명리에서 생(生)과 같은 개념이고 압승은 사주명리에서 극설(克洩)과 같은 개념이다. 색채 비보는 주역 8괘와 천간 지지의 조합으로 이루어진 24방위도에 음양오행의 색상을 적용한 형태로 비보풍수의 한 방법으로 활용할 수 있다.

5. 오방색(五方色) 이론

동양에서의 기본적인 색채는 오방색(五方色)이다. 음양오행설의 운행(운명)을 바탕으로 자연에 순응하는 조화된 삶이 오방색의 근원이 되었다. 이러한 음양오행설에서 추출한 다섯 가지 기본색을 오방정색이라고 하며, 오색, 오방색, 오채라고도 한다. 우리의 고유사상을 담아내어 전통과 풍습을 내다보는 상징적인 색이다.

---

9   천인호, 『풍수지리학 연구』, 한국학술정보, 2012, p.181.

10   천인호, "풍수 사신사-음·양택적 의미의 재해석", 『정신문화연구』, 41(4), 한국학중앙연구원, 2018, p.184.

11   김일권, "사신도 형식의 성립과정과 한대의 천문성수도 고찰", 고구려연구, 2001, p.111.

12   천인호, 『풍수지리학 연구』, 한국학술정보, 2012, p.435.

대표기준이 되는 오행의 색으로 구분하여 오정색(五正色)이라 하고, 전통색에서 음양오행설에 근거한 오방색 간의 혼합을 오간색(五間色)이라 하여 상생 오간색, 상극 오간색으로 각각 구분한다. 유채색으로 청(靑)색·적(赤)색·황(黃)색과 무채색인 백(白)색·흑(黑)색 5가지 오정색과, 정(䩞)·훈(纁)·규(硅), 돈(㹠)·불(黻), 암(黯) 또는 참(黲) 5가지 상생 간색과 홍(紅)·벽(碧)·녹(綠)·류황(騮黃)·자(紫) 5가지 상극 간색 등 15가지 색상을 말한다. 상생과 상극으로 도출된 색상을 기본 바탕으로 하며 정색과 간색으로 구분하고, 간색은 또 다른 간색의 혼합색으로 무한으로 만들어지기 때문에 잡색이라고도 한다. 양의 기운인 오정색은 적(赤)·청(靑)·황(黃)·백(白)·흑(黑) 5개 색상으로 구성되어 있고, 오행 상생 체계에 따른 음의 기운인 상생 간색은 정(䩞)·훈(纁)·규(硅), 돈(㹠)·불(黻)·암(黯), 참(黲) 5개 색상으로 구성되어 있으며, 오행 상생 체계에 따른 음의 기운인 상극 간색은 홍(紅)·벽(碧)·녹(綠)·류황(騮黃)·자(紫) 5개 색상으로 구성되어 있다. 정리하면〈표 17-3〉,〈그림 17-3〉과 같다.

표 17-3. 오방색의 색 구성

오정색		색 구성*	상생 오간색		색 구성*	상극 오간색		색 구성*
청(靑)	■	5PB 3/10	정(䩞)	■	5P 3/6	홍(紅)	■	7.5RP 5/12
적(赤)	■	7.5R 3/12	훈(纁)	■	2.5YR 5/10	벽(碧)	■	2.5PB 6/10
황(黃)	■	2.5Y 8/12	규(硅),돈(㹠)	■	10YR 8/4	록(綠)	■	7.5GB 4/6
백(白)	□	10GY 9.5/0.5	불(黻)	■	5RP 6/1	류황(騮黃)	■	10YR 4/6
흑(黑)	■	5RP 2/0.5	참(黲), 암(黯)	■	5PB 2/2	자(紫)	■	7.5RP 3/8

출처: 한국산업표준색 색구성[13]

13　문은배,「한국의 전통색」, 안그라픽스, 2012, pp.155-335, p188. 적황색은 적색과 황색의 중간색으로 노란 주황색을 띤다.

(a) 오정색+상생 오간색   (b) 오정색+상극 오간색

그림 17-3. 오간색의 유형

　전통 오방색은 상징성과 의미를 내포하고 있어 우리 삶에서 주관하는 모든 원리에 활용되며 인간의 심성을 표현한다. 이는 동양철학 사상과 민간신앙이 결부되어 우리 민족 생활 깊숙이 자리 잡고 오늘날까지 그 명맥이 이어지고 있으며 의 · 식 · 주 전반에 내재한 것을 쉽게 찾아볼 수 있다.[14]

　오방색의 구성은 유채색만으로는 더욱더 다양한 색상이 만들어질 수 없는 한계가 있다. 따라서 무채색인 백색과 흑색을 조합하여 더욱더 다양한 색상으로 확장해 나갈 수 있게 된다. 이 유채색과 무채색의 조합이 양의 기운인 유채색과 음의 기운인 무채색의 음양(陰陽) 조화로 이루어진 색상 배합이라 이해할 수 있다. 그 배합의 전통색 적용의 가장 적합한 사례가 단청이다. 전통 오방색들을 적용한 사례를 정리해보면 〈표 17-4〉과 같다.

14　서유리, "음양오행설에 근거한 오방색의 색채연구", 영남대학교대학원 박사논문, 2020, p.26.

표 17-4. 전통 오방색 적용 예시

구분	오방색 적용 예시		비고
	(a)	(b)	
의(衣)			(a) 궁중 의상 (b) 색동 한복
식(食)			(a) 구절판 (b) 비빔밥
주(住)			(a) 단청 (b) 회랑
민간신앙			(a) 풍어제 (b) 당산제

6. 사주명리학 속의 오방색 이론

사주명리에 적용된 오방색을 판단하기 위해 음양과 오행의 기본적인 기운의 이치와 색채의 배속을 옛 문헌의 기록인 『오행대의』, 『상경』, 『황제소문』, 『춘추석례』등에서 그 근거를 찾을 수 있다. 천간의 오방색은 5방위의 기운과 오방색 중 5가지 오정색으로 나타나며, 각 천간의 정반대의 오행 기운과 합해서 극을 못 하게 하는 형태로 조정하며 나타난다.

오행 방위 색상은 순수한 하늘의 5가지 기운을 그대로 적용한 색상의 스펙트럼이다. 오행 기운 색상은 천간의 양(陽)인 목·화(木·火) 기운과 천간의 음(陰)인 금·수(金·水) 기운의 중간에 토(土)의 기운(氣運)이 연결된 스펙트럼이다. 양(陽)인 목·화(木·火) 기운에서 음(陰)인 금·수(金·水) 기운으로 넘어가는 일은 다른 국면이고 그 사이에 토(土)가 등장하여 중재자 역할을 한다.

이 기운은 시각적으로 직접 느낄 수는 없지만, 색채로 표현해보면 서로 간의 기운의 교차와 그 기운의 교차로 인해 변화하는 기운을 변화된 색채로 표현할 수 있다. 따라서 하늘과 땅을 비롯한 모든 자연과 사람은 한 몸이면서 서로 유기적인 상호 관계를 유지하고 서로 간에 영향을 주고받는다는 사실을 천간의 각 오행 색채의 상호 관계를 통해서 좀 더 명확하게 구분해 볼 수 있다. 천간 각 오행과 사이 간색은 〈그림 17-4〉(a)와 같이 나타낼 수 있다.

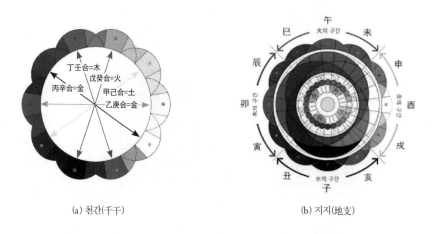

(a) 천간(千干)   (b) 지지(地支)

그림 17-4. 오행(五行)의 섞임

지지 각 오행과 사이 간색은 〈그림 17-4〉(b)와 같이 나타낼 수 있다. 우주는 음과 양이 맞물려 있는 태극체로서 양의 과정에서는 팽창하고 음의 과정에서는 물질과 에너지를 모으고, 토의 과정에서는 팽창과 수축을 조절하면서 끊임없이 원운동을 한다. 이 원운동에서 오운은 방위의 구속받지 않으므로 변화하는 데에 장점이 있고, 오행은 변화의 상을 나타내는 바, 장점은 부족하다고 할지라도 기본을 확장하는 데에 장점이 있는 것이다.[15] 〈그림 17-5〉와 같이 지지에서 목·화·금·수의 기운의 흐름과 토와 연결된 흐름을 펼쳐서 적용해 볼 수 있다.

---

15   한동석, 『우주변화의 원리』, 대원출판, 2013, p.122.

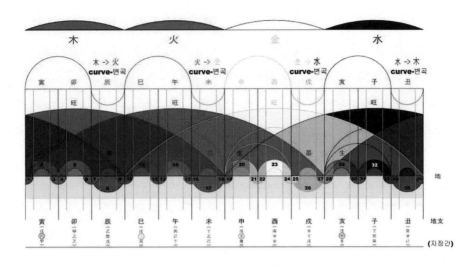

그림 17-5. 지지(地支)의 월별 색상 배속표 (삼합 생왕묘 적용)-펼치기

지지(地支)는 항상 3가지 오행의 기운이 겹쳐서 섞여서 작용한다. 여기에 항상 토(土)가 작용하여 정해진 규칙을 가지고 원운동을 한다. 이것이 목·화·토·금·수(木·火·土·金·水)의 삼합운동이다.

그림 17-6. 지지(地支)의 월별 색상 배속표
(삼합 생왕묘 적용)-단면

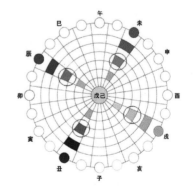

그림 17-7. 지지(地支)의 토(辰·戌·丑·未)
월 색상 배속표

〈그림 17-6〉는 각각의 오행의 기운의 색상과 그 오행 사이의 섞임 색상과 삼합의 세 가지 기운이 교차해서 생기는 색상의 변화를 단면으로 표현해 본 지지 색상의 원형 스펙트럼이다.

〈그림 17-7〉은 지지(地支)의 토(辰·戌·丑·未)월 색상 배속표와 같이 나타난다.

이때 묘지(墓地)·고지(庫地)인 진·술·축·미(辰·戌·丑·未)는 변곡점의 역할로 계절을 변환시키며, 지지의 순환 운동을 연결하는 매개 역할을 한다. 토(土)는 시간에 따라 변해서 다른 작용을 한다.

인(寅)은 술(戌)로부터 화(火)를 받고, 술(戌)은 인(寅)에게 화(火)를 넘겨준다. 이 술(戌)이 숨겨놓은, 입고된 화(火)를 인(寅)에게 넘겨주기 위하여 화(火)의 반대인 해·자·축(亥·子·丑) 수(水) 기운을 지나가야만 된다. 그래서 술(戌)은 해·자·축(亥·子·丑)에서 화(火)를 숨기고 토(土)처럼 행동한다. 그래서 술(戌)이 화(火)를 보관하는 해·자·축(亥·子·丑) 기간에 토(土)로 작용한다. 이것이 인·오·술(寅·吾·戌) 화(火)국의 삼합 운동이다. 인(寅)에게 화(火)를 넘겨주었기에 그것을 받은 인·신·사·해(寅·申·巳·亥)는 장생하고 시작할 수 있다. 따라서 인·신·사·해(寅·申·巳·亥)는 토(土)의 도움을 받아 시작과 성장을 하게 된다고 할 수 있다. 진·술·축·미(辰·戌·丑·未)는 오행적으로 항상 土로서 그대로 작용하고 있는 것이 아니라 조건과 여건에 따라서 오행의 목·화·토·금·수(木·火·土·金·水)로 변색을 한다. 해·묘·미, 신·자·진, 사·유·축의 삼합운동 또한 같은 원리로 운동한다.

술토(戌土)와 축토(丑土)는 토(土)의 모양새는 갖추고 있지만, 오행적으로 토(土)로서의 작용은 약하다. 진토(辰土)는 조건에 따라서 목(木)이나 수(水) 또는 토(土)로 작용하고, 술토(戌土)는 조건에 따라서 금(金)이나 화(火) 또는 토(土)로 작용하고, 축토(丑土)는 조건에 따라서 수(水)나 금(金) 또는 토(土)로 작용하고, 미토(未土)는 조건에 따라서 화(火)나 목(木) 또는 토(土)로써 작용한다. 따라서 진·술·축·미(辰·戌·丑·未)는 어떠한 기운이 펼쳐지고, 지켜지고, 다시 열리는 중개자로서의 역할을 한다. 술(戌)을 살펴보면, 술토는 화의 입묘, 고장지인데 이것이 계절적으로 술에서 화인 여름을 닫아야만 다음인 해(亥)에서 겨울이 열린다. 즉 반대편 계절이 오려면 반대편 계절을 닫아 주어야 하는데 이러한 역할이 진·술·축·미(辰·戌·丑·未)의 역할 중 하나이며 그걸 중개자 역할이라고 한다.

목·화·금·수(木·火·金·水)의 각 기운에 토(土)인 오행의 기운이 합해진 기운을 색상으로 표현해 보면, 묘(卯)월과 사(巳)월의 사이인 진(辰)토는 묘(卯)월 본질+사

(巳)월 본질에 토(土)의 색상인 황색을 각각 혼합한 색상(■+■+　)＝■을 적용하고, 오(吾)월과 신(申)월 사이인 미(未)토는 오(吾)월 본질+신(申)월 본질에 토(土)의 색상인 황색을 각각 혼합한 색상(■+■+　)＝■을 적용하고, 유(酉)월과 해(亥)월의 사이인 술(戌) 토는 유(酉)월 본질+해(亥)월 본질에 토(土)의 색상인 황색을 각각 혼합한 색상(　+■+　)＝■을 적용하고, 자(子)월과 인(寅)월의 사이인 축(丑)토는 자(子)월 본질+인(寅)월 본질에 토(土)의 색상인 황색을 각각 혼합한 색상(■+■+　)＝■으로 표현할 수 있다.

　"청기가 처음 올 때는 보리가 돋아나는 것 같고, 왕성할 때는 나뭇잎 새가 푸른 것 같으며, 사라지려고 할 때는 물 위의 이끼 같다."[16]라고 기록된 동방기운인 목(木)의 기운의 변화는 〈그림 17-8〉과 같이 표현될 수 있다.

그림 17-8. 지구의 木 기운의 색상

목의 기운이 토(土)의 기운과 같이 작용하는 모습을 좌측의 〈그림 17-8〉의 사진에서 살펴보면, 본래 목의 기운은 청(青)으로 색상으로는 ■이다. 여기에 토의 기운인 황(黃)색인 　을 더하면 상극 오간색인 녹(綠)색으로 ■으로 나타난다. 자연의 색상도 이와 같이 발현된다고 볼 수 있다.

　자연의 기운을 색상으로 표현할 때 참고해야 하는 기준 색상환을 살펴보면, 주역의 후천 8괘인 낙서에 천간과 지지가 결합한 24방위도가 있으며 이를 색상으로 결합한 색상환의 구성은 〈그림 17-9〉과 같다.

16　「오행대의」「상경」. "青氣初來 如麥生 盛王之時 如樹葉青 欲去之時 如水上笞."

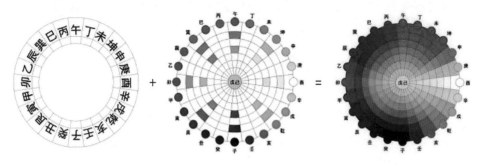

그림 17-9. 8괘 방위+천간+지지+오방색 색상환

7. 풍수학 속의 오방색 이론

방위의 배치를 기반으로 하여 주거공간을 배치하고 있는 양택풍수는 공간의 배치가 적절하지 않을 경우 방위가 가지고 있는 오행의 의미를 통해 잘못된 공간방위를 보완할 수 있으며, 이것이 하나의 비보 방안이 된다. 비보의 성립 근거는 철학적으로 자연과 인간의 상보 원리를 토대로 하고 있으며 문화 생태적으로는 환경에 대한 일종의 문화 적응으로서 조화를 증대시키기 위한 반응방식이다. 풍수에서의 비보법식에서는 비보는 부족한 것을 더하는 원리이고, 압승은 과한 것을 빼고 누르는 원리이다. 비보가 약한 곳을 북돋우는 개념이라면 압승은 강한 것을 부드럽게 하는 개념이 된다.

비보는 자연의 지리적 여건에 인위적·인문적인 사상을 보태어 보완하고 주거환경을 조정·개선함으로써 이상적 조건을 지표 공간에 구성함을 목적으로 한다.[17] 주거환경을 조정·개선하는 한 가지 방법으로 비보 오방색을 적용할 수 있고, 비보 방안은 오행의 상생과 상극의 원리를 적용할 수 있다.

풍수의 형국은 목성은 곧은 모양, 화성은 빛나는 모양, 토성은 가로 놓인 모양, 금성은 둥근 모양, 수성은 파도치는 모양으로 분류[18]하는데 예를 들어 적용해보면, 적(赤)색이 용신 색으로 도출되어 벽체 색상으로 붉은색을 적용하려고 했는데 창문으로 보이는 산의 형세가 뾰족뾰족 화(火)의 기운을 강하게 내뿜고 있다면 화(火)의 기운이 과하여 도리어 흉하게 되기 때문에 토(土)의 기운으로 힘을 빼주거나, 수(水)의 기운으로 누르는

---

17   천인호, 『풍수지리학 연구』, 한국학술정보, 2012, p.435.
18   천인호, 『풍수지리학 연구』, 한국학술정보, 2012, p.369.

형태의 색상을 적용한다. 위의 사항에 대한 풍수 오방색을 반영하여 적용하기 위해서는 〈표 17-5〉를 참고로 하여 판단한다.

표 17-5. 풍수 오방색의 적용

방위	오행	색 계열	색상범위	오성의 형국	사신사
동	木	청 (靑)			청룡
남	火	적 (赤)			주작
중앙	土	황 (黃)			중앙
서	金	백 (白)			백호
북	水	흑 (黑)			현무

8. 오방색의 색채심리

인간은 색을 볼 때 그 색에 관계된 무언가를 연상한다. 예컨대 파란색을 보면 하늘·바다 등의 자연 에너지를 일반적으로 연상한다. 또한 "얼굴이 파랗게 질렸다."라는 표현처럼 인간의 감정표현을 색과도 결부시킨다. 이런 현상은 색이 지닌 상징적 의미(色象) 때문으로서 색은 자연환경 역사성 인간의 심신 등 다차원적 의미를 상징적으로 포함한다. 색이란 눈으로 볼 수 있는 모든 현상세계에 존재하는 것으로서, 고대인들은 스펙트럼을 통해 보이는 색에서 신비로운 암시를 보았고 그것이 곧 힘이라 믿었다. 그래서 그들은 자연계의 모든 색을 모방하고 옮겨내고 상징화하려고 노력했다. 이처럼 인간은 빛의 상태에서 색을 일차원적으로 감각하고 정신 및 정서의 색 경험을 통해 사회

적으로 문화를 쌓으면서, 이차원적인 상징을 색채에 의미 부여해왔다.[19]

색은 기분과 같은 복합적이고 애매한 정서를 상징으로 표하거나, 특히 임상 장면에서 다루기 힘든 불안이나 분노와 같은 정서를 표하는 데 바람직한 자극 매체일 수 있다.[20] 따라서 색과 정서의 관계에서 색채감정에 관한 일반인 이론과 다양한 심리 속성들을 살펴볼 필요가 있다. 미술에 오색을 적용한 것을 바탕으로 한 전통 오방색의 15가지 색채인 청(靑), 적(赤), 황(黃), 백(白), 흑(黑), 정(靘), 훈(纁), 규(硅), 불(黻), 참(黲), 홍(紅), 벽(碧), 녹(綠), 류황((駵黃), 자(紫)가 가지고 있는 심리적 색채의 일반적인 의미를 살펴볼 수 있다. 전통 오방색의 일반적인 색채의 심리 이미지를 간략하게 정리한 것이 〈표 17-6〉이다.

표 17-6. 전통 오방색의 일반적인 색채의 심리 이미지

번호	구분	오방색명	오방색상	심리 이미지
1	오정색	청(靑)	■*	신중하고 자기반성적인, 자신의 의무를 수용하는, 정신적이고 생각이 깊은, 휴식의
2		적(赤)	■*	따뜻함, 외향적인, 열정적인, 공격적인, 활기찬, 강압적인, 동의하는, 갑작스런, 낙관적인
3		황(黃)	■*	상상하는, 귀족적인, 자기만족적인, 이상적인, 따뜻한, 즐거운
4		백(白)	■*	단순한, 삶의 의지, 정직한, 무관한
5		흑(黑)	■*	병적인, 절망, 우울한, 건방짐 없이 당당함
6	상생 오간색	정(靘)	■*	덧없음, 선한 마음씨와 재치
7		훈(纁)	■*	사회적인, 타인을 존경하는, 동의하는, 모이기 좋아하는, 변하기 쉬운
8		규(硅), 돈(黗)	■**	본래 그대로의, 원시적인, 순수한, 느긋한, 개방적인, 생기발랄한, 귀여운
9		불(黻)	■*	오래된, 완전히 성장한, 후회하는
10		참(黲), 암(黯)	■**	늠름한, 합리적인, 스마트한, 뛰어난, 많이 모이는

19 김성수, "周易과 色彩 心理를 適用한 色象 作卦法 研究: 卦象과 色象의 相關性을 中心으로", 국제뇌교육종합대학원 대학교 전문대학원, 2018, pp.184-184.
20 김정애, "정서 건강 상태가 색채감정에 미치는 향", 가천의과학대학교 대학원 박사 논문, 2010, p.9.

번호	구분	오방색명	오방색상	심리 이미지
11	상극 오간색	홍(紅)	▪**	행복한, 여성적인, 달콤한, 다정한. 충격적이고 저속한
12		벽(碧)	▪**	감정을 억누르는, 소극적인, 민감한, 상냥한
13		녹(綠)	▪*	넘치는 건강, 관습에 익숙한, 좋은 시민의
14		류황(騮黃)	▪*	의무의 이행에 성실한, 인색함, 자린고비 같은, 완고한
15		자(紫)	▪**	슬픈, 지혜로운, 상서로운

출처 : 문은배(색채의 이해)*, 이재만(컬러 코디네이션)**을 참조

Ⅲ. 풍수학 오방색과 사주학 오방색의 교차 적용

1. 사주명리학 및 풍수학의 오방색 적용

오방색은 오정색 5가지 색상, 상생 오간색 5가지 색상, 상극 오간색 5가지 색상, 합하여 15가지 색상이다. 따라서 각 정방위 및 간방위의 색상 적용은 첫째, 5가지 정방위에 해당하는 동·서·남·북·중앙의 오정색의 5가지 계열의 색상으로 분리하여 방위로 적용한다. 둘째, 정방위와의 사이인 동남향, 서남향, 서북향, 북동향 등 사이 방위에는 상생 오간색인 정(黈), 훈(纁), 규(硅), 불(黻), 참(黲)색을 적용한다. 상극 오간색을 계열로 분류하여 분석하는 것이 보다 더 정확한 분석 결과가 나올 것이므로 5가지 색상계열로 구분하여 정리한다. 오방색에서 두 가지의 색상의 조합인 오간색은 더 강하게 인지되는 색상 계열로 분류하여 적용한다.

사주명리 오방색 적용 구성은 사주명리 변수별 분석 결과 억부용신과 억부용신을 보좌하는 억부희신이 선호 오방색 간의 관계가 통계상 가장 유의미한 결과가 나타난다. 원래 억부용신이란 자신의 사주를 중화(中和)로 균형 있게 조절하는 작용을 하는 역할이 가장 중요한 의미가 있는데 억부용신과 동일한 색깔을 선호한다는 것은 자신도 잘 인지하지 못하는 사이에 본능적으로 자신에게 가장 필요로 하는 기운을 선호하게 된다는 결과가 나타난 것이라 할 수 있다. 따라서 사주에 따른 오방색 적용은 억부용신의 오행과 억부희신의 생조에 따라 구성한다

풍수 오방색 적용 구성은 기운 조절을 위한 중화(中和)의 개념으로 비보형 색상의 상

생과 상극을 적절히 활용한 풍수 비보 오방색을 적용한다. 풍수의 기본색은 오방위에 따른 다섯 가지 색깔로 구성하고 있다. 즉 동쪽은 청(靑)색, 서쪽은 백(白)색, 남쪽은 적(赤)색, 북쪽은 흑(黑)색, 중앙은 황(黃)색으로 구성하고 있다. 따라서 집의 중심에서 방위에 따라 각 방의 위치가 어느 쪽에 있느냐에 따라 색상을 구성하는 것이 풍수의 오방색의 원리가 된다. 각 방의 방위는 첫째 집안 전체의 절대 방위를 판단한 후, 둘째, 그 절대 방위에 각자의 방 위치에 따른 방위 및 색상 적용 판단을 하여 적용한다. 풍수 절대 방위의 위치는 〈그림 17-10〉과 같다.

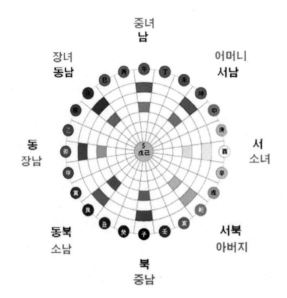

동쪽은 ■청(靑)색이며 장남의 자리이고, 동남쪽은 ■정(艵)색이며 장녀의 자리이고, 남쪽은 ■적(赤)색이며 중녀의 자리이고, 남서쪽은 ■홍(紅)색이며 어머니의 자리이고, 서쪽은 ▨백(白)색이며 소녀의 자리이고, 서북쪽은 ■불(黻)색이며 아버지 자리이고, 북쪽은 ■흑(黑)색이며 중남의 자리이다. 중앙은 ▨황(黃)색이며 공동의(가운데) 자리이다.

그림 17-10. 풍수 24방위도

2. 사주명리학 오방색 + 풍수학 오방색 교차 적용

사주명리와 풍수를 혼합 적용한 오방색의 구성은 거주하는 각 방의 위치에 맞는 풍수 오방색을 적용과 각 개인의 사주 분석 억부용신의 색상을 사주 오방색으로 적용하여 생극제화를 잘 살펴서 적용하여야 한다. 예를 들어 너무 강한 기운은 극을 해서 적절하게 빼줄 수도 있지만, 너무 많이 빼면 고유의 기운을 잃을 수도 있으므로, 항상 상대적이므로 생이 극이 될 때도 있고 극이 생이 될 때도 있으므로 틀에 매이지 않고 유연하게 판단하여 결정하여야 한다. 따라서 보이지 않는 기운을 오방색이라는 시각적인 방법을 적용하여 좀 더 적정하게 적용할 수 있도록 한다.

풍수 오방색은 8괘에 의한 절대 방위와 실제 위치한 방위와의 관계를 통해 오방색을 분석하고, 사주명리 오방색은 개인이 선호하는 오방색과 통계분석 결과 일치하는 확률이 유의미한 결과를 나타낸 억부용신을 적용한 오방색을 분석한다. 풍수와 사주에서 분석된 오방색 결과를 바탕으로 최종 분석하여 가장 필요로 하는 색이 주조색, 주조색을 도와주는 색을 보조색, 필요로 하지만 너무 색상이 강할 경우는 강조색으로 각각 적용한다.

표 17-7. 풍수 방위와 사주명리 억부용신의 계열별 선택 기준

용신오행	팔 방위	오방색	오행 관계	계열	오방색 스펙트럼
목	북동쪽	참(黲)	수생목	청(靑)	
	동쪽	청(靑)	목		
		벽(碧)	금극목		
		녹(綠)	목극토		
화	남동쪽	정(艁)	목생화	적(赤)	
	남쪽	적(赤)	화		
		훈(纁)	화생토		
	서남쪽	홍(紅)	화극금		
금	서쪽	백(白)	금	백(白)	
수	서북쪽	불(黻)	금생수	흑(黑)	
	북쪽	흑(黑)	수		
		자(紫)	수극화		
토	중앙	황(黃)	토	황(黃)	
		규(硅)	토생금		
		류황((驪黃)	토극수		

사주명리 오방색과 풍수 오방색이 일치하지 않을 경우는 명리 이론 중 억부의 과한 기운은 눌러 주고, 부족한 기운은 보완해주는 이론을 바탕으로 〈표 17-7〉과 같이 오행의 상생, 상극의 색상을 적용한 상생 오간색과 상극 오간색을 적용하여 중화(中和)된 오방색을 반영한다.

표 17-8. (사례 1) – 4인 가구 구성원의 사주 및 색상 선호도 분석

구분	대상	부(父) 남(양력) 1976년 4월 13일 오후 19시				모(母) 여(양력) 1981년 11월 19일 오전 5시				아들(子) 남(양력) 1999년 7월 26일 오전 8시 2분				딸(女) 여(양력) 1997년 4월 12일 오전 9시 30분			
사주명식		時	日	月	年	時	日	月	年	時	日	月	年	時	日	月	年
	천간	乙	乙	壬	丙	庚	辛	己	辛	戊	己	辛	己	己	甲	甲	丁
	지지	酉	未	辰	辰	寅	丑	亥	酉	辰	卯	未	卯	巳	申	辰	丑
	지장간	庚辛	丁乙己	乙癸戊	乙癸戊	戊丙甲	癸辛己	戊甲壬	庚辛	乙癸戊	甲乙	丁乙己	甲乙	戊庚丙	戊壬庚	乙癸戊	癸辛己
구성오행		목 화 토 금 수				목 화 토 금 수				목 화 토 금 수				목 화 토 금 수			
		2 1 3 1 1				1 0 2 4 1				2 0 5 1 0				2 2 3 1 0			
신강약		신약				신강				신강				신약			
오행	일간	乙				辛				己				甲			
	많은	토				금				토				토			
	부족	.				화				화, 수				수			
용신오행	억부용신	목				화				금				수			
	억부희신	수				목				토				금			
	조후	화				화				수				화			
	격국	乙				亥				己				辰			
선호색	1순위	록1				청1				벽2				백1			
	2순위	참1				적3				규1				흑4			
	3순위	황2				정2				흑1				불3			

(사례 1)의 사주명리 오방색 구성에서 나온 생년월일시 적용 오방색은 〈표 17-8〉과 같다.

거주지는 고정된 공간이므로 풍수 오방색을 체(體)로 보고, 사주는 시간에 따라 변화하므로 사주명리 오방색을 용(用)으로 보고, 풍수 오방색 기준에 사주명리 오방색으로 조정하는 방법으로 분석한다.

표 17-9. (사례 1)- 4인 가구 구성원의 풍수오방색 분석 적용

사례 1	방2, 거실1- 동향

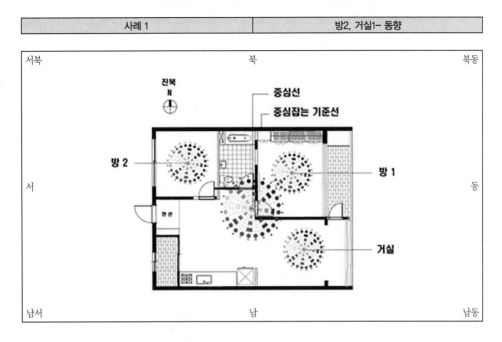

(사례 1)의 풍수 오방색 구성에서 나온 공간별 오방색을 위한 배치는 〈표 17-9〉와 같다. 사주명리+풍수로 분석된 오행색을 혼합한 15가지 오방색 스펙트럼으로 〈표 17-7〉 중에서 맞는 오방색을 선택하여 적용할 수 있다. (사례 1)의 사주 오방색 적용 구성에서 나온 오방색과 풍수 오방색 적용 구성에서 나온 오방색을 정리하면 〈표 17-10〉과 같다.

표 17-10. 사주명리 억부용신 풍수 위치 적용 오방색 – 방2, 동향

(사주+풍수) 방위도	구분	사주 용신 오방색	풍수 방위 오방색	(사주+풍수) 적용 오방색
	방1 (부)	참(黲) 청(靑)	백(白) 불(黻)	
	방2 (모)	정(靘) 홍(紅)	벽(碧) 녹(綠)	
	방3 (아들)	훈(纁) 규(硅)	자(紫) 흑(黑)	
	방4 (딸)	규(硅) 불(黻)	백(白) 규(硅)	
	거실	주조색	보조색 및 강조색	

예를 들어, 부(父)의 거주하는 방의 방위가 북쪽이고 억부용신이 목(木)이면 풍수오방색 흑(黑)에+사주명리 방위 오방색 청(靑)을 혼합 적용한다. 모(母)의 거주하는 방의 방위가 서쪽이고 억부용신이 화(火)이면 풍수오방색 백(白)에+사주명리오방색 적(赤)을 혼합 적용한다. 아들(子)의 거주하는 방의 방위가 동쪽이고 억부용신이 수(水)이면 풍수 오방색 청(靑)에+사주명리 오방색 흑(黑)을 혼합 적용한다. 딸(女)의 거주하는 방의 방위가 남쪽이고 억부용신이 금(金)이면 풍수 오방색 적(赤)에+사주명리 오방색 백(白)을 혼합 적용한다.

표 17-11. 풍수 방위와 사주명리 억부용신의 종합 색상 선택기준 스펙트럼

명리 풍수		억부용신 스펙트럼				
		A 목(木)	B 화(火)	C 금(金)	D 수(水)	E 토(土)
풍수 방위 스펙트럼	a 동쪽(木)	(Aa) 木	(Ba) 火, 木	(Ca) 金, 木	(Da) 水, 木	(Ea) 土, 木
	b 남쪽(火)	(Ab) 木, 火	(Bb) 火	(Cb) 金, 火	(Db) 水, 火	(Eb) 土, 火
	c 서쪽(金)	(Ac) 木, 金	(Bc) 火, 金	(Cc) 金	(Dc) 水, 金	(Ec) 土, 金
	d 북쪽(水)	(Ad) 木, 水	(Bd) 火, 水	(Cd) 金, 水	(Dd) 水	(Ed) 土, 水
	e 중앙(土)	(Ae) 木, 土	(Be) 火, 土	(Ce) 金, 土	(De) 水, 土	(Ee) 土

〈표 17-11〉을 반영하여 (사례 1)에서 분석된 결과로 나타난 父의 방인 방1의 풍수 오방색은 백(白), 불(黻)색이고, 사주 오방색은 억부용, 희신이 목(木), 수(水)로 분석되어 적용된 父의 사주 오방색은 참(黲), 청(靑)색이다. 따라서 사주+풍수 오방색은 ■, ■, ■, ■이며 오방색 색채 스펙트럼에서 선택 가능한 색상은 ■, ■ ■ ■, ■ ■ ■ ■ ■ ■ 색 등이다.

(사례 1)에서 분석된 결과로 나타난 母의 방인 방1의 풍수 오방색은 벽(碧), 녹(綠))

색이고, 사주 오방색 적용 구성의 (사례 1)에서 억부용,희신이 화(火), 목(木)으로 분석되어 적용된 母의 사주 오방색은 정(靘), 홍(紅)색이다. 따라서 사주+풍수 오방색은 ■, ■, ■, ■이며 오방색 색채 스펙트럼에서 선택 가능한 색상은 〈표 17-11〉의 (Ac)木,金- ■■■■, (Ae)木,土-■■■■, (Ba)火,木-■■■■, (Bc)火,金 -■■■■ 색 등이다.

(사례 1)에서 분석된 결과로 나타난 아들의 방인 방2의 풍수 오방색은 자(紫), 흑(黑)색이고, (사례 1)에서 억부용, 희신이 금(金), 토(土)로 분석되어 적용된 아들의 사주 오방색은 훈(纁), 규(硅)색이다. 따라서 사주+풍수 오방색은 ■, ■, ■, 이며 오방색 색채 스펙트럼에서 선택 가능한 색상은 〈표 17-11〉의 (Db)水,火-■■■■, (Dd) 水-■■■■, (Eb)土,火-■■■■, (Ec)土,金-   색 등이다.

(사례 1)에서 분석된 결과로 나타난 딸의 방인 방2의 풍수 오방색은 ■백(白), ■ 규(硅)색이고, (사례 1)에서 억부용, 희신이 수(水), 금(金)으로 분석되어 적용된 딸의 사주 오방색은 규(硅), 불(黻)색이다. 따라서 사주+풍수 오방색은 ■, ■, 이며 오방색 색채 스펙트럼에서 선택 가능한 색상은 〈표 17-11〉의 (Cc)金-■, (Cd)金,水 -■■■■, (Ce)金土-   색 등이다. 공용 공간인 거실에 적용 가능한 오방색은 중앙 토의 색상인 황색 톤과 우리나라 사람들이 선택한 통계적으로 가장 선호한 색상인 청색과 백색의 색상을 주된 거실 색상으로 선택하고 가족 개인의 억부용신 색상을 포인트 색상으로 각각 선택하여 적용할 수 있다.

따라서 거실의 주된 색상은 〈표 17-11〉의 (Cc)金-■, (Aa)木-■■■■, (Ce) 金,土-■   세 가지 색상 스펙트럼 중에서 선택하여 적용할 수 있다. 거실의 보조색 및 강조색은 〈표 17-11〉의 (Aa) 木-■■■■, (Dd)水-■■■■, (Ab)木,火-■■■■, (Bc)火,金-■■■■, (Eb)土,火-■■■■, (Cd)金,水 -■■■■ 등에서 선택하여 적용할 수 있다.

3. 사주명리 억부용신 + 풍수 위치 적용 오방색 색채 배치

사주명리와 풍수를 교차해서 판단한 오방색이 결정되었으므로 각 방의 전체적 풍수 방위 적용은 아파트 평면의 정중앙을 기준으로 각 방의 방위를 판단하여 지정하며, 각

방의 개별적 방위 적용은 각 방에서의 정중앙을 기준으로 각 개별 방의 방위를 판단하여 지정한다.

　　방위란 동서남북의 방향을 말하는 것으로, 공간의 배치를 할 때 기본이 되는 것은 방위를 정확하게 확인하는 것이다. 진북(眞北)에서 7도가 차이가 나는 자북(磁北)으로 방위도를 조정하여 전체 평면과 각각 가족의 개별 평면에 배치하고 24방위로 판단한 색상을 적용할 각각의 위치를 찾는다.

　　〈그림 17-11〉과 같이 배치에 적용한다.

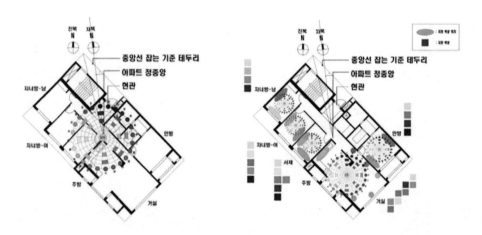

그림 17-11. 오방색 적용 위치- 전체 자북 기준　　그림 17-12. 적용 오방색 색상 및 위치 지정 표본

　　사주명리+풍수 오방색에서 구성된 오방색으로 각각의 공간에 적용하려면 각 방의 적용할 적정 위치를 세밀하게 판단하여, 공동인 거실 공간은 각 가족 간의 색상 조합이 조화롭게 중화를 이루도록 잘 배치한다. 개인 공간은 그 공간만의 오방색 적용 위치를 별도로 판단하고, 공동 공간인 거실의 주조색, 보조색, 강조색을 판단하여 선택하고, 실내 마감 재료에 반영할 수 있도록 한다. 〈그림 17-12〉는 4인 가족의 각 풍수 오방색과 사주명리 오방색을 적용해야 할 벽체의 방위 및 색상을 표현한 것이다.

Ⅳ. 마무리하는 글

현대는 완벽한 기운의 주거지를 찾기 매우 어려운 시대이다. 따라서 선택한 거주지의 기운을 중화를 통해서 심리적인 안정을 주는 공간으로 디자인하는 것이 무엇보다 중요하다. 이러한 현대 사회에서 전통 오방색 색채를 적용한 주거환경 계획을 위해서 역(음양오행)이론, 사주명리학 이론, 풍수학 비보론 등을 통해서 이론적 근거를 고찰하고, 분석하고, 적용해 보면서 음양오행의 색채를 활용하여 공간을 디자인한다.

적용 방법으로서는,

첫째, 사주명리 분석을 통한 오방색 적용 방법으로 4인 가족의 생년월일시를 『적천수천미』억부용신 이론을 적용하여 억부용신을 찾고, 사례 조사를 통하여 조사한 4인 가족 각각의 억부용신 색상과 심리적 선호 색상도 찾아서 적용한다.

적천수천미』는 모자란 것을 도와주고 넘치는 것을 누르거나 덜어내는 중화작용을 말하는 억부(抑扶) 용신, 조후(調候) 용신, 통관(通關) 용신, 병약(病藥) 용신, 전왕(專旺) 용신의 법칙 등을 두루 사용하고 있으나 위의 사례는 그중 억부용신을 적용한 사례이다.

둘째, 풍수 오방색 24 방위도를 토대로 하여 만들어진 24색상환을 만들어 적용할 위치에 배치하고 그에 따른 색상을 결정한다. 24색상환은 천문으로는 계절로 24절기, 풍수 방위로는 24 방위(음택은 24山, 양택은 24路)를 표현하는 것과 맥을 같이한다고 볼 수 있는 이론들을 접목한 색상환으로 기본 24색상으로 적용한다.

셋째, 24색상환을 활용하여 사주 오방색 + 풍수 오방색의 혼합 적용 방법으로 4인 가족 사주 분석 사례로 찾은 각각의 색상과 개개인의 색상 선호도로 찾은 색상을 종합적으로 분석하고, 적용할 위치를 찾아 교차 판단하여 혼합적으로 적용함으로써, 불특정 다수를 위한 공간구성 및 색채 적용이 되어 있는 공공주택에서 나와 나의 가족들을 위한 중화된 맞춤형 색채를 적용한 공간으로 변화시킨다.

오랫동안 색채는 인간에게 상징과 감정의 대상이었다. 이러한 색상으로 다양한 연출도 가능하지만 다양한 감정의 조절도 가능하게 된다. 앞으로 동양의 전통적인 사주명리 이론과 풍수학이론을 중심으로 실내 색채 디자인뿐만 아니라, 색채 심리학, 색채 치유학 등의 방면에 이용할 수 있을 것으로 기대한다.

〈참고문헌〉

五行大義』

김만태, 『한국 사주 명리 연구』, 민속원, 2011.

문은배, 『한국의 전통색』, 안그라픽스, 2012.

박병대, 『原本周易』, 일신서적출판사, 1995.

이선민, 『건축의 색』, 미너시스, 2017.

한동석, 『우주 변화의 원리』, 대원출판, 2013.

천인호, 『풍수지리학 연구』, 한국학술정보, 2012.

김 기, "陰陽五行說의 朱子學的 適用樣相에 關한 硏究", 성균관대학교 대학원 박사학위 논문, 2012.

김성수, "周易과 色彩心理를 適用한 色象 作卦法 硏究: 卦象과 色象의 相關性을 中心으로", 국제뇌
　　　교육종합대학원대학교 전문대학원, 2018.

김일권, "사신도 형식의 성립과정과 한대의 천문성수도 고찰", 『고구려발해연구』, 고구려발해학회,
　　　2001.

김정애, "정서 건강 상태가 색채감정에 미치는 향", 가천의과학대학교 대학원 박사 논문, 2011.

김희정, "아파트 주거 공간의 오방색 적용에 관한 연구", 상명대학교대학원 박사학위 논문, 2019.

박재범, "命理學의 滴天髓, 子平眞詮, 窮通寶鑑 用神論 比較 硏究", 국제뇌교육종합대학원대학교 박
　　　사학위 논문, 2018.

박헌구, "滴天髓闡微의 中和思想 硏究 : 用神論을 중심으로", 원광대학교대학원 박사학위 논문,
　　　2013.

서유리, "음양오행설에 근거한 오방색의 색채연구", 영남대학교대학원 박사논문, 2020.

천인호, "풍수 사신사 - 음 · 양택적 의미의 재해석- ", 『정신문화연구』, 41(4), 한국학중앙연구원,
　　　2018.

어떤 모양의 얼굴 인상이
보험영업의 달인인가?

성낙권[*]

Ⅰ. 들어가는 글

인상학(physiognomy)은 사람의 얼굴 형태를 기준으로 그 사람의 특성을 판단하는 학문이다.[1] 고대 중국과 이집트, 그리스 시대부터 현재까지 인상학적 접근방법을 통하여 사람의 얼굴 형태와 성격 간의 관계를 분석하려는 시도가 이루어지고 있다.[2] 개인의 운명은 이미 결정되어 있음을 강조하는 관상학과는 달리, 인상학은 본인의 운명은 스스로 변화시킬 수 있다는 점을 중시함으로써 두 학문 간에는 차별성이 있다.[3] 인상학을 기반으로 다양한 연구가 수행되어 왔다. 사람들은 어떤 사람의 외모에 대하여 그 사람을 평가하고, 첫인상을 토대로 다른 사람들과 상호작용을 하는 경향이 있는 것으로 알려져 있다.[4] 기존의 연구에 따르면 타인에 대한 평가로서 얼굴의 형태는 중요한 역할을 하는 것으로 조사되고 있다.[5] 인간은 무의식적으로 타인의 얼굴을 관찰하고 그것으로

* 동양문화융합학회 부회장, 동양철학박사

1 Zhang, T., Qin, R-Z., Dong, Q-L., Gao, W., Xu, H-R., & Hu, Z-Y. (2017). "Physiognomy: Personality traits prediction by learning", 「International Journal of Automation and Computing」, 14(4), 2017, 386-395면.

2 강선구, "인상학 얼굴유형과 성격특징에 관한 연구", 「동방논집」, 3(2), 2010, 174-183면. 동방대학원대학교 한국동방학회. McNeill, M, "The face: A natural history", New York, USA: Back Bay Books.McNeill, 2000.

3 주선희, "동 · 서양 인상연구의 비교와 인상관리에 대한 사회학적 고찰", 경희대학교 대학원 박사학위논문, 2004.

4 Hassin, R. & Trope, Y, "Facing faces: Studies on the cognitive aspects physiognomy", 「Journal of Personality and Social Psychology」, 78(5), 2000, 837-852면.

5 Stepanova, E. V. & Strube, M. J, "What's in a face? The role of skin tone, facial physiognomy, and color

부터 특성을 파악하며 그 사람과의 사회적 관계에 영향을 미치는 것으로 알려져 있다.[6] 그래서 인상학이 다루고 있는 얼굴 형태 분류기술 중의 하나인 오행별(五行別) 얼굴 특성이 보험영업인의 영업창의력과 영업방법, 영업성과, 그리고 마케팅 활동에 미치는 영향을 조사해 보았다.

보험업에서 보험영업인의 영업창의력란 새로운 것을 생각해 낼 수 있는 능력을 의미한다. 새로운 생각이나 개념을 탐색하여 기존의 개념을 새롭게 조합시키는 정신적·사회적 과정이다. 창의성은 창조성이라고도 하며, 이에 대한 능력을 창의력(創意力)이라고 한다. 영업방법에는 영업계획, 적응적 판매, 업무강도 등이 있다. 1980년대부터 학계에서는 영업방법을 설명하기 위하여 적응적(adaptive) 판매행동이라는 개념을 도입하기 시작하였다.[7] 영업방법이란 보험상품, 고객 혹은 잠재고객을 관리하기 위하여 제품 혹은 서비스를 제공하는 방법을 의미한다. 특히 창의적인 아이디어가 구체화 된 영업방법의 형태는 보험영업을 위하여 요구된다. 영업 성과의 사전적 의미로는 '일이 이루어진 결과' 또는 '이루어 낸 결실'로 표현할 수 있다. 또한 업무성과는 '맡아서 하는 일에서 이루어 낸 결과'를 의미하며 결과물을 가지고 성과를 바라보는 일반적인 관점을 대변한다. 영업성과는 영업사원이 일련의 판매행위 활동을 통해 이룩하고 성취한 성과를 뜻한다. 마케팅 활동은 잠재고객의 니즈를 정확하게 읽고 그들의 니즈를 충족시킬 수 있는 보험상품을 전달하는 역량이 필요하다. 대상은 일반적인 상품과 같은 유형재와 함께 개인적, 사업적 혹은 업무적인 의미의 서비스와 같은 무형재의 판매까지 대상으로 할 수 있다. 이상의 네 가지 역량은 보험회사가 경쟁우위를 선점하기 위해서 보험영업인에게 요구되는 핵심적인 영업역량이다.

오행별 얼굴 특성은 목형(木形)과 화형(火形), 토형(土形), 금형(金形), 수형(水形)의 얼굴 형태를 포함한다. 보험영업인은 보험시장의 판매채널로서 잠재 고객을 확보

presentation mode of facial primes in affective priming effects", 『The Journal of Social Psychology』, 152(2), 2012, 212-227면.

6　Ballew, C. C. & Todorov, A, "Predicting political elections from rapid and unflective face judgments", 『Proceedings of the National Academy of Sciences of the United States of America』, 104(46), 2007, 17948-17953면.

7　Spiro, R. L. & Weitz, B. A. (1990). Adaptive selling: Conceptualization, measurement, and nomological validity. Journal of Marketing Research, 27(1), pp.61~69면.

하는 중요한 역할을 수행한다.[8] 국내 보험영업인의 채용 프로세스는 엄격한 선발기준과 과정을 적용하여 채용하지는 않는다. 이를 극복하기 위하여 보험영업인에게 요구되는 핵심역량과 충분한 잠재력을 갖추고 있는지를 평가하기 위한 양적모형(quantitative model) 기반의 역량모델(competency model)은 기존의 연구에 의해서 제시되어 왔다.[9] 인상학의 오행형 분류와 특성을 오행형상법 혹은 오행상에 의해서 분류하면, 『마의상법(麻衣相法)』,[10] 『면상비급(面相秘笈)』,[11] 『유장상법(柳莊相法)』,[12] 『신상전편(神相全篇)』,[13] 『황제내경』 등을 비롯하여 고전 및 현대 연구에 나타난 오행의 모양은 아래의 그림과 같다.

형	① 木形(목형)	② 火形(화형)	③ 土形(토형)	④ 金形(금형)	⑤ 水形(수형)
柳莊相法[14]	목형	화형	토형	금형	수형
面相秘笈[15]					

---

8   김종인, 「역량에 대한 새로운 정의와 인적자원개발에의 적용가능성 탐색」, 『임금 연구』, 13(3), 2005, 33~48.

9   두민영, "보험설계사 역량모델 연구", 『HRD연구』, 17(2), 2015, 191~213면.
    류종현 · 차종석,"보험설계사 역량모델에 대한 타당성 연구", 『HRD연구』, 20(1): 2018, 97~129.

10 『麻衣相法』, 陳希夷 著

11 『面相秘笈』, 小通天(史廣海) 著.

12 『柳莊相法』, 袁忠徹 著.

13 『神相全篇』, 陳希東 管輪 袁柳莊 許負 主編.

14 『柳莊相法』, 袁忠徹 著, 金容男 譯註, 祥元文化社. 2015, 270~280면.

15 『面相秘笈』, 小通天〈史廣海〉著, 崔仁英 編譯, 청학출판사. 2014, 168~186면.

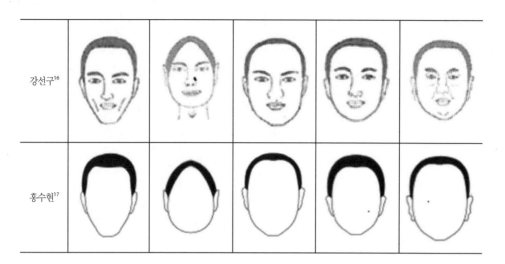

| 강선구[16] | | | | |

그림 18-1. 고전 및 현대연구도서에 나타난 오행형의 모양

　각 오행별 형태에 따른 성격을 살펴보면, 목형의 모양은 역삼각형, 상정 발달, 머리 작고 얼굴 김, 마르고 훤칠하며, 인상은 내향적이며 인자하나 포용력이 부족하고 자존심과 고집이 강한 것으로 평가되고 있다. 화형의 모양은 이마가 뾰쪽, 넓은 삼각형, 마름모꼴, 수염은 적으며, 성격이 예민하고 급하며 불같은 성격이나 고집과 개성이 강하게 나타나며, 토형의 모양은 얼굴이 두껍고, 뼈가 무겁고, 이마와 턱이 풍부하고, 통통하며, 낙천적이나 둔하고 게으른 것으로 알려져 있다. 금형의 모양은 사각형의 근육질이며, 턱뼈가 넓고, 피부색이 희며, 원칙을 지키는 부단한 노력가이며 의지가 굳고 끈기가 있다고 여겨지고 있다. 수형은 등과 허리가 두꺼우면서 골격이 단정하며, 얼굴이 맑고, 몸 전체가 육중하며, 대인관계가 원만하며 사교적이다. 이상의 내용을 종합하여 오행의 모형, 얼굴의 색깔과 형태는 아래의 그림과 같다.

16　강선구, "얼굴유형과 성격간의 관계에 대한 인상학적 연구", 동방대학원대학교 박사학위논문, 2011, 73면.

17　홍수현, "음양오행사상의 관상학에 기반한 애니메이션 캐릭터 얼굴 설계 시스템 연구", 부산대학교대학원 박사학위논문, 2005, 13면.

구분	목형	화형	토형	금형	수형
모형	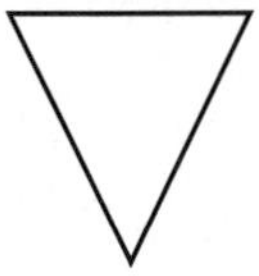 ▽	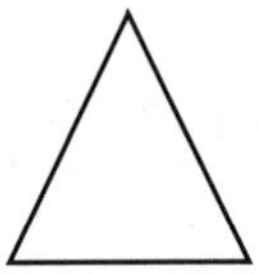 △	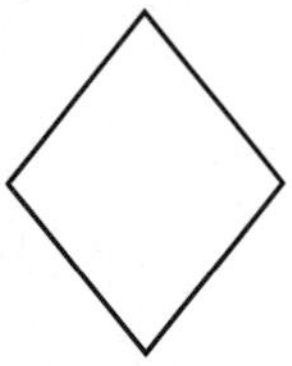 ◇	 ▢	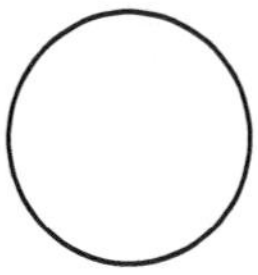 ◯
색깔	푸른색	붉은색	누런 황색	백색	검은색
모양					

그림 18-2. 오행 모형과 얼굴 형태

Ⅱ. 오행 인상형태별 보험업 역량 분석

보험영업인의 오행 인상형태와 그들의 질적(qualitative), 양적(quantitative)인 보험 역량 간의 관계를 조사하기 위하여 보험 고객에 대하여도 인상형태를 조사하여 이들과 보험계약 건수, 계약금액, 그리고 보험 영업인과의 지각된 인간적인 관계를 통계학적인 측면으로 접근하여 분석해 보았다. 통계에 사용된 독립변수는 보험영업인과 보험고객의 오행형별 인상형태인 목화토금수형 5가지다. 이와 더불어 16개의 종속변수를 정했는데 그것은 영업창의력과 영업방법, 영업성과, 마케팅활동, 보험영업직 만족도, 연봉수준, 영업고객수, 보유고객수, 보험성사금액, 보험영업 영향요인, 보험계약 영향요인, 영업활동방법 우선순위, 인상학 평소관념, 계약건수, 계약금액, 인간적인 관계이다.

통계모형이 포함하고 있는 독립변수와 종속변수 간의 관계를 파악하기 위하여 "보험영업인의 오행형별 인상의 형태와 영업 창의력, 영업방법, 영업성과, 마케팅 활동은 차이가 있을 것이다." 외 17가지 연구가설을 설정하였다.

본 통계를 위하여 우선 설문조사를 하였다. 설문조사의 표본은 서울 강북지역에 소재하고 있는 S생명 GFC[18] 사업본부 중앙지역단에서 2년 이상 근무한 180명을 대상으로 하였다. 응답자의 오행형별 얼굴 형태에 대한 조사는 면대면 조사 방법을 택하였다. 이 중에서 부분응답과 불성실한 응답 및 오행별 얼굴형태가 일치하지 않는 응답을 제외한 최종 표본 112명에 대한 설문데이터가 최종 분석에 사용되었다. 최종 응답률(yield rate)은 62.2%이다. 설문조사에서 창의력 등의 영업활동, 보험영업, 오행형을 측정하기 위한 측정 도구를 사용하였다. 연구에 사용된 설문지는 영업활동에 관한 질문 33문항, 보험영업인에 관한 질문 20문항, 사회경제적 사항에 대한 질문 11문항 등 총 64문항으로 구성되었다.

최종 응답자 표본의 사회 인구학적 특성 수치는, 표본 중에서 남성은 108명 (96.4%)을 차지하였다. 설문에 참여한 응답자의 연령은 50대(54.5%)와 60대(31.3%)가 높은 비중을 차지하는 것으로 나타났다. 응답자의 최종학력은 4년제 대학교 졸업자(67.0%)가 상당수를 차지하고 있는 것으로 나타났다. 현재의 보험업 직종 근무 연수는 전체 응답자 중에서 77.7%가 10년 미만인 것으로 조사되었다. 얼굴 형태별 분류는 금형이 39명으로 가장 많은 빈도를 차지하였다. 그다음으로는 토형이 28명, 수형이 23명, 목형이 14명, 그리고 화형이 8명 순으로 조사되었다.

설문조사 데이터의 기술통계량, 신뢰성, 타당성 분석에 대하여 살펴보면, 먼저 기술통계량의 경우 지각된 영업 창의력과 영업 방법, 영업성과, 마케팅 활동에 대해서 수집된 설문조사 데이터의 평균과 표준편차를 포함하는 기술통계량은 모든 변인들의 평균 값은 모두 3.0 이상인 것으로 나타났다. 그다음 정규성 검정과 신뢰성 분석의 경우, 분산분석을 사용하여 데이터를 분석하기 위해서는 데이터의 정규성 (normality)을 위반하지 않아야 한다. 라이와 로맥스(Lei & Lomax, 2005)[19]는 데이터의 왜도(skewness)와 첨도(kurtosis)의 연구결과는 설문데이터는 정규성을 위반하지 않는 것을 알 수 있다. 4개 변인의 값을 측정하기 위해 사용된 설문문항 들의 내적 신뢰도(internal consistency)

---

18 GFC: 기업보험시장이라는 조금은 생소한 새로운 시장의 pioneer로서 기업경영 上 발생하는 각종 위험에 대비한 Risk Fiancing Consulting을 수행하는 전담조작이다.(S생명 GFC 설명 안내서 책)

19 Lei, M., & Lomax, R. G.(2005). "The effect of varying degrees of non-normality in structural equation modeling", 『Structural Equation Modeling』, 12(1): 1-27.

를 평가하기 위해서 크론바흐 알파(Cronbach's alpha)계수 값을 계산하였다. 그 결과 4개의 변인을 측정하기 위해서 사용된 다수의 설문문항들은 하나의 동일한 개념을 일관성 있게 측정하였다고 가정하였다. 타당성 분석의 경우 요인분석의 목적은 제거할 수 있는 부적절한 설문문항 들을 체크하여 데이터의 도를 높이고, 변인과 설문문항 들의 관계를 조사하여 잠재변수(latent variable)를 파악하기 위한 통계적 기법이다. 요인분석의 적합성은 바틀렛의 구형성 검정(Bartlett's test of sphericity)과 KMO (Kaiser-Meyer-Olkin) 값을 계산하여 평가하였다. 그 결과 분석을 위하여 사용된 33개 설문 문항의 측정값들에 대한 요인분석의 수행은 적합하다고 판단하였다. 요인분석을 위한 요인회전 방법은 배리맥스 방법(Varimax method)을 사용하였다. 그 결과 요인적재량 값이 0.5 이하이거나 다른 요인과 교차 적재(cross loading)가 된 것으로 나타난 11개의 설문 문항과 측정값들은 최종 결과분석에서 제외되었다.

Ⅲ. 보험경영학적 실증분석 결과

오행의 인상형태별 실증분석은 보험경영학적 실증분석과 인상학적 실증분선의 결과로 구분해 볼 수 있다. 먼저 보험경영학적 실증분석의 결과이다. 이 실증분석의 결과는 카이제곱 분석과 일원배치분산 분석으로 세분되는데 그 분석의 결과는 다음과 같다.

1. 카이제곱 분석

성별, 혼인상태, 학력, 근속년수, 전 직장 근무연수, 전 직장 직위, 전 직장 형태, 전 직장 업종, 입사동기, 연봉, 영업 고객수, 연계약건수, 월평균성사금액과 영업 창의력, 영업방법, 영업성과, 마케팅 활동 간의 카이제곱 분석 결과는 영업 창의력은 전 직장에서의 경험, 전 직장에서의 근무형태 및 연봉과 관련이 있는 것으로, 영업방법은 결혼과 근속년수 및 연령과 관련이 있는 것으로, 영업성과는 전 직장 근무연수, 연령과 같은 조직이나 직장에서의 경험 및 월평균성사금액이 높은 것으로 나타났다. 마케팅활동에서는 성별, 연령 및 전 직장의 직위와도 관련이 있는 것으로 나타났다. 이는 결국 보험영업이 처음부터 보험업에 입문하는 사람보다는 다양한 경험과 직장에서의 근무 경력이 영업

창의력, 성과, 마케팅 등에 긍정적인 역할을 함을 의미하게 된다.

2. 일원배치분산 분석

3개 이상의 그룹 간의 영업 창의력, 영업방법, 영업성과, 마케팅 활동 간의 평균차이를 알기 위해 일원배치분산 분석을 실시하였다. 집단 간의 평균 차이를 알기 위해 사후분석 결과는 연봉은 2,400만 원 미만과 6,000만 원 이상의 영업성과의 평균차이가 $p < 0.1$의 유의수준에서, 보유 고객수는 80~100명 미만이 100명 이상 및 20~30명 미만과 $p < 0.1$의 유의수준에서 평균의 차이가 존재하였다. 이는 연봉과 영업성과는 직접적인 관련성을 가진다는 점에 기인하는 것이며, 특히 보유 고객수와 마케팅 활동에 있어 100명 이상의 대규모 고객을 보유한 경우가 80~100명 미만의 고객을 보유한 경우보다 마케팅활동 점수가 낮게 나왔다. 이는 대규모 고객을 보유한 경우 별다른 마케팅활동이 없이도 영업성과를 보장할 수 있다는 생명보험사의 특수성을 반영한 결과이다.

IV. 인상학적 실증분석 결과

1. 상관분석과 분산분석

얼굴 오행별 유형에 따른 영업 창의력, 영업방법, 영업성과 간의 퍼어슨 상관계수의 값을 보면, 경영학적 변수에서 영업 창의력과 영업방법, 영업성과는 95% 신뢰수준에서 정(+)의 상관관계가 있었으며, 영업 창의력과 영업성과 간의 상관관계가 타 변수보다 상대적으로 높았다. 영업방법은 영업성과와 95% 신뢰수준에서 정(+)의 상관관계가 있었고, 타 변수보다 높은 편이었다.

얼굴의 오행별 유형과 영업 활동 간의 상관관계에 있어서는 목형의 경우 영업방법, 영업성과와 정(+)의 상관관계가 있었으나 그 관련성은 비교적 낮았다. 반면 토형의 경우 영업 창의력과 정(+)의 상관관계가 있었으나 그 관련성은 비교적 높지 못하였다.

추가적으로 독립변수인 오행형별 얼굴 형태와 종속변수 간의 상관관계를 평가하기 위하여 스피어만 상관분석을 수행하였다. 얼굴형태의 변인 값은 범주형 변수의 값이므

로 스피어만 상관계수 값을 계산하여 상관관계를 평가하였다. 오형인 얼굴 형태와의

스피어만 상관계수 값은 영업 성과는 얼굴 형태와 통계적으로 유의한 ($p < 0.05$) 상관관계를 나타내는 것으로 조사되었다. 영업 창의력도 상관관계를 보여주고 있다. 그러나 영업 방법과 마케팅 활동은 얼굴 형태와 유의한 상관관계가 없는 것으로 평가되었다.

2. 일원배치분산 분석

독립변수인 오행형별 얼굴형태가 종속변수인 영업 창의력과 영업 방법, 영업 성과, 그리고 마케팅 활동에 대해서 미치는 영향을 평가하기 위하여 일원배치분산분석을 수행하였다.

영업 창의력의 경우 토형이 가장 높았고, 다음으로 수형, 금형, 목형의 순서였고, 화형이 가장 낮았다. 영업방법에서는 토형이 가장 높았고, 다음으로 금형, 화형, 목형이며, 수형이 가장 낮았다. 영업성과에서는 수형이 가장 높았으며, 다음으로 금형, 토형, 목형의 순서였고, 화형이 가장 낮았다. 마케팅활동의 경우 토형이 가장 높았고, 다음으로 목형, 화형의 순서이며, 금형이 가장 낮았다.

이러한 평균차이가 통계적으로 유의한지에 대해 일원배치분산분석을 실시하였으며, 영업 창의력, 영업방법, 영업성과, 마케팅활동이 모두 통계적 유의성이 있었다. 일원배치분산분석 결과 통계적 유의성은 없었지만 평균을 보면 영업 창의력, 영업방법, 마케팅활동에서는 토형이 가장 높았고, 영업성과에서는 수형이 가장 높았다. 토형의 기본 성격은 낙천적이라는, 수형은 여성적, 사교적이라는 성격의 특성을 가지고 있는데, 이러한 성격적 특성이 반영된 것으로 보인다.

보험영업인의 오행인별 만족도 · 보험영업인의 오행인별 영엉실적 · 보험영업인의 오행인별 영업영향요인 · 보험영업인의 오행인별 인상학에 대한 관념 · 피험인의 오행인별 영업 등은 상관분석, 분산분석, 일원 분산분석, 바틀렛의 구형성 검정, 다변량분석, 배리맥스 방법, 요인분석, 로지스틱 회귀분석, 다중 로지스틱 회귀분석, 배리맥스 방법, 스피어만 상관계수 값, 크론바흐 계수 값 등을 사용하여 결과를 산출하고 검토한 내용은 종합하여 다음 항에 종합 기술하였다.

Ⅴ. 보험영업 달인의 얼굴 형태는 ?

　인상학의 다섯 가지 분류체계에 의해서 관찰된 보험영업인의 얼굴 인상형태를 파악하였다. 목형과 화형, 토형, 금형, 수형으로 분류하였다. 기존의 문헌연구에 따르면 목형의 인상은 내향적이며, 인자하나 포용력이 부족하고 자존심과 고집이 강하다는 것으로 평가되었다. 화형의 형태의 경우, 성격이 예민하고 급하며, 불같은 성격이나 고집과 개성이 강한 것으로 알려져 있다. 토형 인상형태를 가진 사람은 낙천적이나 둔하고 게으른 것으로 알려져 있다. 금형의 인상을 가진 사람은 원칙을 지키는 부단한 노력가이며, 의지가 굳고 끈기가 있다고 여겨지고 있다. 수형의 인상형태는 대인관계가 원만하며 사교적이나 조심스럽다고 평가된다. 그래서 이것을 실증하기 위하여 112명의 보험영업인이 가지고 있는 얼굴을 오행 인상형태로 평가하였고, 이를 기반으로 독립변수로 구성하였다.

　설문조사를 통하여 평가된 보험영업인의 영업 창의력과 영업 방법, 영업성과, 그리고 마케팅 활동의 평균은 모두 3.0 이상인 것으로 조사되었다. 흥미로운 점은 영업 창의력과 영업 방법의 평균값은 각각 3.7과 3.6이며, 이는 3.3의 평균값을 갖는 영업성과보다 다소 높게 조사되었다. 따라서 고객과의 보험계약 체결을 위하여 필요로 하는 두 가지 역량에 대한 보험영업인이 스스로에 대한 평가는 비교적 높다고 평가하였으나, 그에 따른 영업성과는 만족스럽지 못하다는 것으로 해석할 수 있다. 다른 한편으로는, 추후 연구에서는 지각된 영업성과에 기여할 수 있는 다른 변인들을 조사해야 하는 필요성이 제기된다. 보험 영업인의 오행형별 인상의 형태를 독립변수로 설정하여 다변량 분석을 수행한 결과, 통계적으로 유의한 주 효과가 나타나지 않았다. 그러나 스피어만 상관계수 값을 계산하여 평가한 결과, 영업성과에 대하여 통계적으로 유의한 관계가 있는 것으로 나타났다. 통계조사의 신뢰성을 높이기 위하여 창의적인 아이디어 제시와 문제 해결 능력을 조작적 정의로 하여 영업 창의력의 변인 값을 측정해 보았다. 또한 대인 이해역량을 기반으로 활발한 영업 능력의 소유 여부를 조작적 정의로서 지각된 영업성과의 변인 값을 측정하였다. 사교적이며 원만하고 실리적인 성격을 가진 수형 인상을 가진 응답자는 그들의 지각된 영업 창의력과 영업성과를 높이 평가한 것으로 판단할 수 있다. 다른 한편으로는, 내향적이고 포용력이 부족하며, 자존심과 고집이 센 목형 인상을 소유한 설문 응답자는 영업 창의력과 영업성과를 가장 낮게 평가하였다고 판단한다. 조금 눈에 띄는 결과로는 목형 인상의 응답자는 네 가지의 모든 보험영업인 역량에 대해서 가장 낮은 점수로 본인 스스로에 대해서 평가하였다는 점이다. 성공적인 보험영업의 수행을 위해서는 철저한 고객관리 능력과 커뮤니케이션 역량이 요구된다. 따라서 사교적이고 원만한 성격을 가진 수형과는 달리 자존심이 강하고 내성적인 목형 인상을 가진 보험영업인의 낮은 지각된 평가는 보험영업이라는 업무의 성격을 적절하게 표현한다고 설명할 수 있다.

보험영업직에 대한 만족도와 오행형별 인상특성 간의 관계에 대하여도 조사를 해 보았는데 보험 영업직의 만족도란, 그들이 업무를 수행함으로써 개인적 성취와 그에 따른 보상을 얻을 수 있을 것이라는 기대에 대해서 스스로에 대한 평가를 의미한다. 112명의 보험 영업인이 평가한 보험영업직 만족도의 평균값은 3.5인 것으로 조사되었으며, 이는 보통보다 높은 것으로 평가할 수 있다. 오행형별 얼굴 형태가 보험영업직 만족도에 미치는 영향을 조사하기 위하여 일변량 분산분석을 수행한 결과, 주 효과는 통계적으로 유의하지 않은 것으로 나타났다. 그리고 스피어만 상관계수 값을 계산하여 평가한 결과, 통계적으로 유의한 상관계수가 조사되지 않았다. 따라서 보험영업직에 대한 만족도는 보험 영업인이 가지고 있는 인상에 따라서 다르다고 말할 수 없다. 한 가지 특이한 결과는 목형의 인상을 가지고 있는 보험영업인의 만족도가 다른 인상형태를 가지는 사람들과 비교하여 가장 낮은 것으로 평가되었다. 이 결과는, 목형의 인상은 포용력과 외향성이 부족하다는 인상평과 비교하여 볼 때 그들 스스로 보험영업에 대한 만족도가 크지 않다고 볼 수 있다. 이와는 반대로, 보험영업직에 만족을 느끼기 위해서는 본인 스스로가 외향적이며 포용력이 커야 한다는 점을 시사할 수 있다.

연봉수준과 영업 고객 수, 보유 고객 수, 계약건수, 그리고 보험성사 금액을 포함하는 보험 영업인의 영업성과와 인상 형태의 관련성에 대한 조사한 내용을 보면, 6,000만 원 이상의 연봉수준을 받는다고 평가한 보험 영업인들 가운데 금형과 수형의 인상 형태를 가진 사람들이 가장 많은 것으로 평가되었다. 부단한 노력가이며 의지가 굳은 금형의 인상과 함께 수형의 인상형태는 대인관계가 원만하다는 주장을 지지할 수 있다. 다중 로지스틱 회귀분석을 수행한 결과, 목형의 인상을 가진 보험영업인은 다른 인상을 가진 사람들에 비하여 6,000만 원 이상보다는 3,600-4,800만 원 미만일 확률이 높다는 결과를 보여주었으며, 이는 통계적으로 유의하였다. 목형의 인상특성을 확인할 수 있는 대목이다. 포용력이 부족하고 대인관계가 상대적으로 좋지 못한 목형 인상을 가진 보험영업인은 다른 인상형태를 가진 사람들에 비하여 높은 연봉수준을 받을 수 있는 확률이 낮다는 점을 지적할 수 있다.

영업고객수에 대한 기술통계량을 살펴보면, 10명 이상 20명 미만의 고객수를 가지고 있다는 비율(41.1%)이 가장 높은 것으로 집계되었다. 그리고 10명 미만의 영업 고객수를 보유하는 비율은 23.2%인 것으로 조사되었다. 따라서 본 연구에 참여한 112명의 보험영업인 중에서 64.3%는 영업 고객 수가 20명 미만인 것을 알 수 있다. 토형과 금형의 인상을 가진 보험영업인은 다른 형태의 사람에 비하여 10명 이상 20명 미만의 영업고객수를 가지고 있는 비율이 높다고 조사되었다. 이 패턴은 다중 로지스틱 회귀분석을 수행한 결과와 일치한다. 낙천적이나 또한 게으른 것으로 알려진 토형 인상의 보험영업인들은 영업고객수가 상대적으로 높지 않다는 것을 알 수 있다. 통계적으로 유의한 결과는 보여주지 못하였으나, 수형 인상을 가진 보험영업인들은 50명 이상의 영업고객을 가지고 있다고 평가한 비율이 가장 높은 것으로 조사되었다. 사교적이며 대인관계가 원만하다는 수형의 인상형태를 해석할 수 있는 결과이기도 하다.

보험영업인의 오행형별 얼굴 특성과 보유 고객 수에 대하여 다중 로지스틱 회귀분석을 수행한 결과, 어떠한 얼굴 특성에 대해서도 통계적으로 유의한 결과를 보여주지 못하였다. 그러나 100명 이상의 보유고객수를 가지고 있다고 평가한 비율이 금형의 인상을 가진 보험영업인에서 가장 높게 조사되었다. 부단한 노력가이며 끈기가 있다고 평가되고 있는 금형 인상을 가진 보험영업인의 성격은 관찰할 수 있는 보유고객수의 측면에서 그들의 특징을 엿볼 수 있는 점이라고 판단된다.

계약 건수에 대하여 수행한 다중 로지스틱 회귀분석에 대한 결과는 목형의 인상을 가진 보험영업인의 계약 건수는 다른 형태의 인상을 가진 사람들에 비하여 48건 이상보다는 12건 미만, 24건 미만, 그리고 36건 미만일 확률이 높은 것으로 나타났으며 이는 통계적으로 유의하다고 조사되었다. 재치가 있고 총명하나 실행력과 친화력이 부족한 목형 인상을 가진 보험영업인은 다른 형태의 인상을 보여주는 사람들에 비하여 계약 건수가 상대적으로 낮다는 것을 알 수 있다.

보험 성사금액과 얼굴 특성 간의 관계를 조사한 결과, 월평균 보험 성사금액이 100만 원 미만으로 답변한 비율은 모든 인상 특성에 대하여 가장 높은 것으로 조사되었다. 그리고 다중 로지스틱 회귀분석을 수행한 결과, 어떠한 인상 형태에 대해서도 통계적으로 유의한 차이가 조사되지 않았다.

보험영업인의 오행형별 특성과 보험영업 영향요인, 보험계약 영향요인, 영업활동 방법 우선순위에 대하여 교차분석을 수행한 결과, 보험영업 영향요인에 대하여 통계적으로 유의한 결과가 나타났다. 모든 인상형태에 대하여 보험영업 영향 요인 중에서 인간관계가 가장 중요하다고 평가되었으며, 본 연구에 참여한 전체 112명의 보험영업인 중에서 81.2%에 해당한다. 그러나 오행형별 얼굴 특성에 따라서 그들이 평가하는 보험영업에 영향을 미치는 요인은 다르다고 말할 수 있으며, 그 비율은 금형이 30.4%, 토형이 18.8%, 수형이 17.0%, 목형이 9.8%, 그리고 화형이 5.4%인 것으로 집계되었다. 목형과 화형의 인상을 가진 보험영업인들은 인간관계가 가장 중요한 보험영업 영향요인이라고 평가하였으나, 다른 형태의 인상을 가진 사람에 비하여 그 비율이 상대적으로 낮은 것으로 평가할 수 있다. 다른 한편으로는, 목형 (n=14)과 화형 (n=8) 인상을 가진 보험 영업인의 표본 수는 상대적으로 작기 때문으로 통계적 분석 결과가 해석될 수 있는 가능성 또한 배제할 수 없다.

얼굴의 인상형태가 보험영업에 영향을 미칠 수 있는지에 대한 주관적 평가인 인상학에 대한 평소 관념에 대한 조사 결과를 살펴보면, 4개의 설문 문항을 통하여 그 값을 조사한 결과, 평균값은 3.5인 것으로 나타났다. 따라서 설문 문항에 참여한 보험영업인은 보통 이상으로 얼굴의 인상이 보험영업에 영향을 미친다고 평가하였다. 그러나 일변량 분산분석을 수행한 결과, 오행형별 인상형태에 대한 주 효과는 통계적으로 유의하지 않았다. 오행형별 형태에 따른 인상학 평소관념에 대한 평균값은 3.8(= 금형)의 최소값과 4.3(= 화형)의 최대값을 갖는 범위를 가지는 것으로 조사되었다. 그러나 흥미로운 사실은, 스피어만 상관계수 값을 계산하여 평가한 결과, 통계적으로 유의한 상관관계가 있는 것으로 평가되었다. 즉, 금형과 수형에 비하여 대인관계가 원만하지 않고 사교적이지 못한 목형과 화형의 인상을 가지는 보험영업인은 얼굴의 인상이 보험영업에 영향을 미친다고 생각하는 경향이 강하다고 판단할 수 있다.

가장 많은 계약건수와 가장 많은 계약금액, 그리고 인간관계가 가장 밀접하다고 평가 받은 보험고객의 얼굴 형태는 수형과 금형, 토형의 순서로 조사되었다. 이와는 반면에 가장 적은 계약건수와 가장 적은 계약금액, 인간관계가 가장 밀접하지 않은 고객의 인상형태는 화형과 목형 순서로 평가되었다. 계약건수와 계약금액으로 평가한 보험영업 성과는 보험영업인의 인상형태뿐만 아니라 보험고객의 겉모습에서 드러나는 인상 또한 영향을 줄 수 있는 것으로 판단할 수 있다.

보험영업인의 영업창의력과 영업방법, 영업성과, 마케팅활동, 보험영업직 만족도 간의 상관관계를 평가하기 위하여 피어슨 상관계수(Pearson's correlation) 값을 계산하였다. 계산 결과, 모든 변인들 값 간에 통계적으로 유의한 상관관계가 존재하는 것으로 나타났다. 평가한 5개의 종속변수의 개념들은 서로 상호배타적 특성을 가지고 있지 않다는 것을 의미한다. 영업창의력과 영업방법 간의 상관계수 값이 가장 큰 것으로 조사되었다. 이 결과는 보험영업인이 가지고 있는 창의력을 기반으로 개개인에 적합한 영업 방법을 통하여 그들의 영업 역량을 실현시키는 경향이 크다고 해석할 수 있다. 또한 영업창의력과 마케팅활동 간의 상관계수 값이 가장 작은 것으로 평가되었다. 이는 보험 영업인의 창의력을 실현시키기 위한 방법으로서 활용할 수 있는 마케팅 활동의 범위는 영업방법과 비교하여 볼 때 상대적으로 좁다는 의미로 받아들여질 수 있다. 보험영업 직의 만족도에 대한 상관계수 값을 살펴보면, 영업창의력과 영업방법, 그리고 마케팅활동에 비하여 영업성과 간의 값이 가장 큰 것으로 나타났다. 따라서 앞서 기술한 바와 같이, 보험영업직 만족도는 보험영업인이 영업 업무를 수행함으로써 얻을 수 있는 보상에 대한 평가라는 의미를 뒷받침할 수 있다. 영업성과가 클수록 만족도가 높아지며, 이와는 반대로 영업성과가 작을수록 만족도는 낮아지는 패턴을 기대할 수 있다.

Ⅵ. 나오는 글

　현재 우리나라 보험 산업은 해외에 본사를 둔 외국기업의 국내 진출 등으로 인하여 글로벌 환경으로 변화하고 있으며 치열한 경쟁상황을 맞이하고 있다. 과포화 상태의 보험시장에서 도태되지 않고 이익을 극대화하기 위하여 효율적인 방법으로 잠재고객을 확보할 수 있는 방안에 대해 마련하는 것이 중요한 과제가 되고 있다. 보험 산업의 성장을 위하여 가장 중요한 부분 중의 하나는 고객과의 접점에 위치하여 보험계약 체결의 중개를 담당하는 보험영업인이다. 보험영업인의 기본적인 업무는 고객의 잠재된 니즈를 찾아내어 보험 가입의 필요성을 인식시키고 보험 가입을 할 수 있도록 중개하는 역할이다. 그들은 보험계약의 체결부터 만기까지 장기간에 걸쳐서 가입 및 유지관리 서비스를 제공하며, 보험회사에서 중요한 역할을 담당한다. 보험 상품은 고객이 스스로 가입하지 않는 상품이기 때문에 보험영업인이 확보하고 있는 판매채널을 활용하는 방식인 인적 판매의 높은 의존도를 특징으로 하고 있다. 또한 보험은 미래에 발생할 수 있는 위험에 대비하기 위한 상품이다. 따라서 현재 느끼게 되는 긴박성으로 보험 상품을 구매하는 경우는 드물기 때문에 그 수요는 잠재적이다.

　고객과 가장 근접한 보험영업인과의 상호작용 관계를 촉진시키기 위하여 고객-판매자 간의 관계 형성에 관한 연구가 수행되어 왔다. 중요한 점은, 보험영업인은 고객과 반드시 대면해야 하므로 그들과의 대인관계 형성이 매우 중요하다. 앞서 기술한 바와 같이, 잠재고객은 보험영업인의 겉모습에서 드러나는 인상의 좋고 나쁨에 대한 주관적인 평가에 따라서 계약을 체결하는 경향이 있다. 이에 대한 실증적인 조사를 위하여, 보험영업인의 인상과 그들의 보험영업 역량과 성과 간의 관련성을 평가해 보았다.

　위에서 제시한 오행 인상형태별 실증분석 결과치들은 보험영업인의 오행형별 인상특성이 보험영업을 수행하기 위하여 요구되는 역량과 성과를 예측할 수 있는 중요한 지표로 활동될 수 있다는 가능성을 제시한다. 내향적인 목형의 인상과 성격이 예민하고 고집이 강한 것으로 알려진 화형과는 달리, 원만한 대인관계와 사교성을 가지고 있다고 평가받는 수형의 인상 형태를 가진 보험영업인은 그들에 비하여 보험영업 성과와 보험영업 역량이 전반적으로 높다는 패턴을 보여준다. 다른 한편으로는, 목형과 화형의 인상을 가진 보험영업인들을 관리하고 동기부여를 제공함으로써 그들의 역량을 배양하고 성과를 향상시킬 수 있는 세심한 관심이 필요하다.

보험시장은 최근 비대면(예: 인터넷) 채널이 큰 폭으로 성장하고 있다. 과거와는 달리 대면채널의 매출기여도가 감소하고 있다. 보험고객의 기대수준 증가로 인하여 대면채널의 전문성 강화에 투입되는 비용이 증가하고 있다. 보험회사의 경영적 측면에서 볼 때 보험 영업인, 특히 목형과 화형의 인상을 가지고 있는 보험 영업인들의 질적인 역량 향상은 매우 중요한 문제라고 할 수 있다. 이는 보험회사 경영을 위한 기본적인 전략으로 뒷받침해야 하며, 더 나아가서는 경영성패를 판가름할 수 있는 중요한 요소로서 작용할 수 있다. 수형과 금형, 토형의 인상형태를 가진 영업인들과 비교하여, 목형과 화형 인상의 보험영업인들의 직무성과를 향상시킨다면 보험회사의 경영성과를 높이는 데에 크게 기여할 수 있다. 이들의 직무성과 향상을 위해서는 보험영업인이 갖추어야 할 원만한 대인관계 실천능력과 더불어서 사업가적 마인드 함양이 필요하며, 업무의 애착 정도를 향상시키는 것이 바람직하다.

위에서 도출된 실증분석의 결과는 오행형 인상형태가 직무만족과 직무성과에 영향을 미칠 수 있다는 가능성을 보여주고 있다. 그러나 다른 한편으로는, 단편적이고 일차원적인 접근 방법으로서의 인상형태 구분보다는 보험업무에 대한 그들의 태도와 가치관을 향상시키는 것이 무엇보다도 중요할 것으로 판단된다. 더 나아가서는 보험 영업을 위한 필수적인 요소로서 대인관계 형성의 사회적 기술을 연마하고 훈련시키는 것이 바람직하다. 보험고객의 신규유치와 고객의 유지, 이탈을 막는 방법 중에서 가장 중요한 요소는 고객의 만족도 향상이다. 고객의 만족도는 보험 영업인과의 관계에서 발생하는 관계 품질(Relationship quality)에 의해서 설명될 수 있다. 내향적이며 포용력이 부족한 목형과 함께 성격이 예민하고 고집이 강한 화형, 그리고 둔하며 게으르다고 알려진 토형의 인상을 가진 보험영업인과의 관계 품질은 수형과 금형 인상을 가진 영업인에 비하여 낮을 것으로 판단된다. 보험 서비스 제공자인 보험 영업인과 고객 간의 친밀하고 지속적이며 안정적인 관계 형성은 관계 품질을 유지하기 위하여 매우 중요하다.

보험영업을 하기 위한 보험영업인의 대인관계 형성 능력 역시 중요하다. 그 이유는, 보험 상품은 일반적인 상품의 판매와는 달리 감정적인 측면에 의해서 소비자가 구매하는 경향이 강하기 때문이다. 보험상품을 판매하기 위하여 영업인들은 고객의 감정에 호소하며, 때로는 환기와 자극을 시킬 필요가 있다. 또한 고객과의 일대일 대면을 통한 개별적인 조언과 상담이 필요하기 때문에 영업인의 역할은 매우 중요하다. 수형과 토형에 비하여 대인관계 능력이 상대적으로 낮다고 평가되는 화형과 목형, 금형의 인상형태를 가진 보험영업인의 대인관계 능력을 활성화시키기 위하여, 내부적인 보상체계 마련과 교육훈련 강화 등을 통한 그들의 역량 강화가 필요하다.

보험영업인의 역량과 성과를 측정하기 위하여 여러 가지 변인들의 값을 측정하고 종속변수로 사용하여 통계적 분석을 수행하였는데 한계점도 노출되고 있다. 보다 객관적이고 체계적인 연구를 위하여 추후 연구에서는 양적으로 측정된 보험영업인의 역량을 고려하는 것이 요구된다. 또한 설문조사를 위한 표본은 특정한 보험 영업사에서 근무하는 보험영업인을 대상으로 타겟 샘플링을 수행하였다. 따라서 본 연구결과를 모든 형태의 보험 영업사에서 종사하는 보험 영업인에 대해서 일반화시키기에는 적절하지 않다. 추후 연구에서는 세분화된 보험 업종과 보험 영업인의 연령, 성별 등을 포함하는 패널별 데이터에 대한 연구가 필요하다. 더 나아가서는 오행형 얼굴 형태 분류법 이외의 다른 판단 기법(예:비운선인〈飛雲山人〉 또는 왕문결〈王文潔〉)의 십자관상〈十字觀相〉)을 활용한다면 또 다른 흥미로운 연구결과가 도출될 것으로 예상할 수 있다. 본 연구에서는 오행별 얼굴형태의 설문 응답자 수가 서로 상이하며, 보험영업인(GFC)의 특수성(2년 이상 근무한 보험전문가의 희소성, 남자, 기업 상대, S생명에 집중 등)으로 샘플의 크기 또한 충분하지 않다고 판단된다. 예를 들어서, 목형과 화형 형태의 인상을 가진 샘플의 수는 토형과 금형, 수형에 비해서 상대적으로 작다. 그러므로 후속 연구에서는 할당 표본추출을 사용하여 표본오차에 의해서 발생할 수 있는 통계적 오류를 줄일 수 있는 연구방법론이 요구된다.

〈참고문헌〉

『黃帝內徑』
『麻衣相法』

『柳莊相法』

『面相祕笈』

『神相全編』

강선구, "인상학 얼굴유형과 성격특징에 관한 연구",『동방논집』, 동방대학원대학교 한국동방학회. 3(2), 2010.

강선구 "얼굴유형과 성격간의 관계에 대한 인상학적 연구", 동방대학원대학교 대학원 박사학위논문, 2010.

김종인,「역량에 대한 새로운 정의와 인적자원개발에의 적용가능성 탐색」,『임금 연구』, 13(3), 2005.

두민영, "보험설계사 역량모델 연구",『HRD연구』, 17(2), 2015.

류종현 · 차종석. "보험설계사 역량모델에 대한 타당성 연구",『HRD연구』, 20(1): 2018.

주선희, "동 · 서양 인상연구의 비교와 인상관리에 대한 사회학적 고찰", 경 희대학교 대학원 박사학위 논문, 2004.

홍수현, "음양오행(陰陽五行)사상의 관상학에 기반한 애니메이션 캐릭터 얼굴 설계 시스템 연구", 부 산대학교 대학원 박사학위논문, 2005.

Ballew, C. C. & Todorov, A, "Predicting political elections from rapid and unflective face judgments",『Proceedings of the National Academy of Sciences of the United States of America』, 104(46), 2007.

Hassin, R. & Trope, Y, "Facing faces: Studies on the cognitive aspects physiognomy",『Journal of Personality and Social Psychology』, 78(5), 2000.

Lei, M., & Lomax, R. G. "The effect of varying degrees of non-normality in structural equation modeling",『Structural Equation Modeling』, 12(1): 1-27. 2005.

McNeill, M. (2000). "The face: A natural history", New York, USA: Back Bay Books, 2000.

Spiro, R. L. & Weitz, B. A, Adaptive selling: Conceptualization, measurement, and nomological validity. Journal of Marketing Research, 27(1), 1990.

Stepanova, E. V. & Strube, M. J, "What's in a face? The role of skin tone, facial physiognomy, and color presentation mode of facial primes in affective priming effects",『The Journal of Social Psychology』, 152(2), 2012.

Zhang, T., Qin, R-Z., Dong, Q-L., Gao, W., Xu, H-R., & Hu, Z-Y, "Physiognomy: Personality traits prediction by learning",『International Journal of Automation and Computing』, 14(4), 2017.

Holland 직업가치와 명리학의
직업가치를 융합하다

김은숙[*]

Ⅰ. 시작하는 글

직업선택 시 직업적성을 우선순위로 고려하는 기존의 방법에서 확장하여 직업가치에 주목해야 한다는 주장들이 제기되고 있다. 직업선택의 기준이 취업과 취업 후 이직 및 퇴직, 전업에 영향을 줄 뿐만 아니라 직무만족, 업무성과 등에도 밀접한 관련이 있다.[1] 지금까지 직업 선택의 기준은 직업적성이 우선 고려되었다. 그러나 입사 후, 개인이 가지고 있는 직업가치에 대한 괴리감이 있는 경우에는 좌절과 불만을 느끼며 심지어 자신의 직업가치를 유지하기 위해 직업이나 직장을 바꾸는 경향이 있으며,[2] 이러한 직업가치에 대한 불만족과 혼란으로 퇴직률이 35.6%나 된다는 통계가 보고되고 있다.[3]

이에 취업선택에 있어서 직업적성을 우선순위로 고려하는 기존의 방법에서 확장하여 취업 후 취업상태를 지속시킬 수 있는 직업가치에 주목해야 한다는 주장들이 제기

동양문화융합학회 편집이사, 철학박사

1 김선아 외, 「'일과 삶 균형' 정책과 정책 부합성이 조직효과성에 미치는 영향에 관한 연구: 공공조직과 민간조직 비교를 중심으로」, 『한국행정학보』 47(1), 한국행정학회, 2013, 201∞231면.
하문선, 「대학생의 내·외재적 직업가치 변화양상 및 잠재집단 유형과 성, 사회경제적 지위, 학업성취, 진로성숙의관계」, 『직업교육연구』 33(3), 한국직업교육학회, 2014, 57–81쪽.

2 Rosenberg, M. *Occupation and values*, Glencoe, IL: The Free Press, 1957.

3 지민웅·박진, 「생애 첫 전일제 일자리에서의 자발적 이직 결정요인」, 『추계학술대회 발표논문집』 11, 서울행정학회, 2017, 189–211쪽.

되고 있다.[4] 직업가치(job value)란, 특정한 직업에 관련된 것이 아니라 일반화된 개념으로서 직업활동에 대해 개인이 가지는 직업에 대한 생각이다. 쥐토우스키(D. G. Zytowski)는 개인이 직업과 진로에 대해 바라보는 가치를 말하며, 직업을 선택하고 직업생활을 영위하면서 바람직하다고 생각하는 신념체계라고 할 수 있다.[5] 직업가치는 직업 선택이나 취업뿐만 아니라 이후 직무만족, 업무성과, 이직의도 등에 영향을 주는 중요한 변인으로 직업교육 분야나 직업상담 분야에서 활발히 논의되고 있다. 이러한 흐름에 따라 직업가치에 대한 연구는 로크(E. A. Locke), 슈퍼(D. E. Super), 코크란(L. Cochran), 라운드&트레이시(J. B. Rounds & T. J. Tracey) 등에 의해 다양하게 진행되어 왔다.[6] 특히 Holland[7]는 직업가치를 성격의 발달 과정에서 자아개념과 함께 형성되는 개인의 성향(disposition)으로 직업성격과 관련성이 있음을 주장하였다.[8] 국내에서도 직업가치가 진로 결정에 있어서 긍정적 영향을 끼친다는 연구가 진행되고 있다. 많은 학자들이 직업성격 유형을 확장하여 직업가치의 관련성에 관한 연구를 시도하였을 뿐만 아니라 Holland 직업 성격유형을 토대로 한 직업가치 척도를 개발하기도 하였다.

최근 직업심리학 분야에서도 직업가치에 대한 중요성이 증가하고 있다. 그러나 이러한 연구에도 불구하고 서양 심리학을 기반으로 하는 직업가치 척도는 동양 문화권의 환경적 요인과 가치관이 달라 한국인의 직업상담에 적용하는데 한계가 있을 수 있다. 한

---

4 노경란 외, 「대졸 청년층의 대학 재학 중 경험한 교육서비스와 직장 이동과의 관계 분석」, 『직업교육연구』 30(1), 한국직업교육학회, 2011, 29–49쪽.

5 Zytowski, D. G. "The Concept of Work Values", *The Career Development Quarterly*, 18(3), National Career Development Association, 1970, pp. 176–186.

6 Locke, E. A. "The nature and causes of job satisfaction", *Handbook of industrial and organizational psychology*, 1976. Super, D. E.. *Career and life development,* Designing careers: Counseling to enhance education, work and leisure, 1983, pp. 27–53. Super, D. E. *Career and development*, Career Choice and development. 1984. Cochran, L. "Harmonious values as a basis for occupational preference", *Journal of Vocational Behavior*, 29, 1986, pp. 17–26. Rounds, J. B., & Tracey, T. J. *From trait-and-factor to person–environment fit counseling*, Theory and process, 1990.

7 홀랜드(Jhon S, Holland)는 미국의 심리학자로서 사람들의 흥미와 직업을 관련시켜 흥미에 따른 직업 유형을 6가지로 구분하였다.

8 김종학 · 최보영, 「대학생 Holland 직업가치관 척도 개발 및 타당화」, 『청소년상담연구』 28(1), 한국청소년상담복지개발원, 2020, 173–198쪽.
   Holland, J. L. *Making Vocational Choices: A Theory of vocational personalities and work environments(2nd ed)*, Odessa, FL: Psychological Assessment Resources, 1992.

계성을 보완하는 방법으로 동양 상담학인 명리(命理)를 접목시켜 보았다. 명리학 관점에서 진로 및 직업적성 연구는 활발히 진행되고 있지만 직업가치에 관련된 연구는 아직까지 없는 실정이다. 따라서 명리 상담에서도 직업적성에서 확장하여 직업가치를 중요시하는 추세를 반영한 직업가치의 활용에 관한 연구가 필요하다. 따라서 본 연구는 서양의 Holland이론 체계의 직업가치와 동양의 명리이론 체계의 직업가치를 비교 분석한 후 한국적 직업가치를 정립하고 활용하는 방안을 제시하고자 한다.

Ⅱ. 직업가치의 이론적 배경

1. 직업가치의 개념

가치(value)는 "특정한 행동 방식이 지역적, 사회적, 시대적으로 공유하고 있는 바람직한 인식을 말하며, 사회생활을 통해 학습하는 개인의 행동과 인식을 판단하는 기준이 된다."[9] 그리고 교육학과 심리학 측면에서 가치는 인간의 태도와 행동 및 사회와 문화 그리고 개인의 진로와 직업, 대인관계, 가정생활 등 각 영역에 대한 개인의 신념, 태도, 판단 등으로 해석되고 있다. 현대사회는 생활양식의 변화에 따라 다양한 직업군으로 분화되어 감에 따라 직업에 대한 가치가 매우 중요한 요소로 대두되고 있다. 직업가치(job value)란 개인이 직업과 진로에 대해 바라보는 가치를 말하며,[10] 직업선택, 직업생활에서 바람직하다고 생각하는 신념체계라고 할 수 있다.[11] 이러한 변화에 따라 직업가치에 대한 다양한 연구와 측정 도구가 개발되고 있다. 한국 고용정보원은 직업가치를 "개인이 직장과 직업을 선택할 때 영향을 끼치는 자신만의 믿음과 신념으로 바람직하다고 생각하는 기준이 직업생활을 포기하지 않는 무게 중심의 역할을 한다."[12]라

---

9 오성욱·이승구, 「대학생의 직업가치 유형이 직무적합도 및 첫 직장만족도에 미치는 영향」, 『한국진로교육연구』 22(2) 한국진로교육학회, 2009, 3쪽.

10 Zytowski, D. G. "The Concept of Work Values". *The Career Development Quarterly*, 18(3), National Career Development Association, 1970, 176–186쪽.

11 오성욱·이승구, 「대학생의 직업가치 유형이 직무적합도 및 첫 직장만족도에 미치는 영향」, 『진로교육연구』 22(2), 한국진로교육학회, 2009, 3쪽.

12 한태영 외, 『직업가치관 검사: 시범운영 및 평가 결과보고서』, 한국고용정보원, 2006.

고 하였다. 특히, Rounds & Tracey는 "현 직업에서 가치가 충족될 경우, 개인은 현 직업생활에 대한 만족으로, 더 오래 머무르게 되며, 더 건강한 삶을 누릴 수 있다."[13]라고 하였다.

학자들에 따라 직업가치를 더 세분화하여 궁극적 가치, 도구적 가치로 구분하기도 하고, 내재적 가치, 외재적 가치로 구분하여 직업, 문화적 차이, 사회화, 인생의 단계에 관한 연구 및 진로에 대한 관련성 등을 평가하였다. 중앙교육연구소는 직업가치 검사를 탐구성, 실용성, 자율성, 주도성, 질서 정연성, 사회적 인정, 심미성, 사회봉사라는 8개 요인으로 개발하였다.[14] 한국 직업능력 개발원은 발전성, 능력발휘, 보수, 사회봉사, 사회적 인정, 안정성, 자율성, 창의성, 지도력, 함께 일함, 다양성의 11개 요인으로 구분하였다.[15] 한국 고용정보원은 만 15세부터 29세 이하의 청년층을 대상으로 개별활동, 직업안정, 성취, 봉사, 변화 지향, 영향력 발휘, 몸과 마음의 여유, 애국, 자율, 지식추구, 인정, 실내 활동, 금전적 보상 등의 13개 요인으로 분석하였다.[16]

이후, 가치 중심적 접근 모형[17]에 의하여 직업가치를 분류하였으며 가치를 근거로 흥미가 형성되므로 직업적성보다 직업가치가 더 근원적으로 작용하고 있어 직업정보 안내에 매우 좋은 방법이라는 것을 주장하였다. 직업가치 검사가 진로지도에 적용될 수 있는 원리로 "개인마다 가치특성이 차이가 있지만 같은 직종에 있는 종사자는 가치특성이 공통적이다. 그리고 직업생활에서 개인의 가치특성에 대한 충족과 보상이 일치할수록 직업에 대한 적응성이 높아진다"[18]라고 하였다. 직업가치는 개인에게 적합한 진로를 탐색하게 하는 기능뿐 아니라 향후 직업활동에 대한 적응성까지도 예측할 수 있다는 점에서 중요한 요소라 하겠다.

13　Rounds, J. B., & Tracey, T. J. *From trait-and-factor to person–environment fit counseling*, Theory and process, 1990.

14　임인재, 『직업가치관 검사 요강』, 서울: 중앙교육진흥연구소, 1990.

15　임언 외, 『직업가치관검사 개발보고서』, 서울: 한국직업능력개발원, 2001.

16　노경란 외, 『청년층 뉴스타트 프로젝트의 효과적인 추진 방안 연구』, 한국고용정보원, 2008.

17　Brown, *Brooks and Associates,* Career Choice and Development (3rd ed.) CA: Jessey–Bass Inc. Publishers, 1996.

18　김종학, 「Holland 직업적 성격유형에 기반한 대학생 직업가치관 척도 개발 및 타당화」, 제주대학교 박사학위논문, 2017, 43쪽.

2. Holland 성격유형과 직업가치

Holland는 개인과 환경 간 적합성 이론 (person- environment fit theory)에 바탕을 두고 "인간의 성격은 유전적 요인, 환경적 요인의 상호작용으로 형성되며 자신의 성격 유형에 적합한 직업환경을 찾고, 성격유형과 일치하는 직업환경에서 적응력과 만족도가 높을 것이다. 직업적 성격이 발전되는 과정에서 직업가치는 자아개념 등과 함께 형성되는 개인의 성향이다."[19]라고 하였다. 그는 직업적 성격유형에 따라 실재형(Realistic Type: R), 탐구형(Investigative Type: I), 예술형(Artistic Type: A), 사회형(Social Type: S), 기업형(Enterprising Type: E), 관습형(Conventiona Type: C)의 6가지 유형으로 분류하였다.[20] 그리고 같은 직업 유형에 종사하는 사람들은 '성격, 대인관계, 사고방식, 여가생활이 서로 비슷하며 직업가치도 유사하며, Holland 직업적 성격유형과 직업가치 상관성에 관한 선행연구를 토대로 김종학은 실재적 가치, 탐구적 가치, 예술적 가치, 사회적 가치, 기업적 가치, 관습적 가치로 분류될 수 있다.[21]고 하였다.

실재적 가치는 물질지향 및 구체적, 실용적인 기능성과 예측 가능성을 선호하며 기계적 능력은 뛰어나지만, 교육적, 치료적 활동은 부족하다. 따라서 실재적 가치에 적합한 도구, 기계 등의 조작 활동 신체적 기술 등 전문성과 관련된 직업과 매칭할 수 있다. 탐구적 가치는 자연현상, 사회현상을 과학적으로 탐구하는 일을 선호하며 지적 호기심이

---

19 Holland, J. L. *Professional manual for the self-directed search California*, Consulting Psychologists, 1979. Holland, J. L. *Making Vocational Choices: A Theory of vocational personalities and work environments(2nd ed)*, Odessa, FL: Psychological Assessment Resources, 1992. Holland, J. L. *Making vocational choices: A theory of vocational choices and work environments (3rd ed.)*, Odessa, FL: Psychological Assessment Resources, 1997.

20 6가지 직업유형에서 '실재형'은 질서정연하고 체계적인 일로서 신체적 활동을 즐기며 기계적 · 기술적 분야와 실용적 · 현실적 분야에 유능하다. 그러나 대인관계 능력이 필요한 사회성과 교육적 능력은 부족하다. '탐구형'은 연구심이 많고 분석적으로 창의적 탐구 활동을 좋아한다. 그러나 사회성이 요구되는 직업은 피하려는 성향이 많다. '예술형'은 감수성, 상상력이 풍부하고 자기표현, 창작, 예술, 창작, 자기표현, 심미적인 것을 추구하며 대인관계 기술이 좋고 협조적이다. 그러나 관습과 규범적 체계, 반복적인 일, 사무적인 환경을 싫어한다. '사회형'은 사람을 돌보고 치료 · 교육하는 활동을 좋아한다. 그러나 도구와 기계를 활용하는 질서 · 조직적 활동은 싫어한다. '기업형'은 조직의 목표, 경제적 이익에 관계되는 조직활동 등으로 지위, 권력에 관심이 높다. 그러나 체계적, 상징적 활동은 피하며 과학적 능력이 부족하다. '관습형'은 정해진 지침을 준수하고 문서 정리, 금전 출납 등의 기계적, 사무적, 언어, 숫자 등을 다루는 일을 선호한다. 정확하고, 신중하며, 책임감은 강하지만, 변화를 싫어한다.

21 김종학, 「Holland 직업적 성격유형에 기반한 대학생 직업가치관 척도 개발 및 타당화」, 제주대학교 박사학위논문, 2017. 175쪽.

많으며 논리적이고 분석적이며 비판적인 정의적 특성이다. 그러나 사회적이고 반복적 활동에 관심이 부족한 면이 있어서 지식적 연구성취에 가치를 두는 직업과 매칭될 수 있다. 예술적 가치는 독특한 아이디어를 이용해서 창의적인 방식으로 표현하는 것을 선호하며 틀에 박힌 반복적인 일을 매우 싫어하며 예술성과 창의성, 다양성으로 상상력, 자유분방함, 독창성, 개성이 필요한 직업과 매칭될 수 있다. 사회적 가치는 친절, 이해, 사회봉사 등을 선호하며 도와주고, 가르치고, 공감하는 것은 좋아하는데 경제적 보상은 약한 편이다. 기업적 가치는 주도적, 야심적, 위계적 구조에서 타인보다 앞서고 권력을 쥐려는 성향이 있다. 우위, 주도성, 권력 과시, 지위, 승진, 보수 등을 추구한다. 조직을 이끌고 물질적인 보상, 사회적 지위 획득에 높은 가치를 둔다. 관습적 가치는 안정, 꼼꼼, 신중성을 추구하고 변화를 싫어해서 체계적인 환경에서 문서처리 등 안정적 근무환경에 가치를 둔다.

위에서 살펴본 바와 같이 Holland 직업적 성격유형을 토대로 학자들이 연구한 내용을 추출한 직업가치를 정리하면 아래와 같다.

표 19-1. Holland 직업성격 유형과 직업가치

Holland 직업성격 유형	Holland 직업성격 특성	Holland 직업가치	Holland 직업가치 특성
실재형 (R)	기계적 · 운동성 건강함 · 성실성	실재적	물질적 · 구체적 실용적 · 신체적 기술
탐구형 (I)	분석적 · 논리적 · 합리성 이지적 · 지적 호기심	탐구적	탐구적 · 분석적
예술형 (A)	창의성 · 상상력 · 독창적 감수성 · 개방적 · 개성	예술적	예술적 · 창의적 독창적 · 개방적
사회형 (S)	대인 관계 · 공감 · 봉사심 협조적 · 친절함	사회적	사회 봉사 · 도덕적 감정적 · 공감적
기업형 (E)	진취적 · 통솔력 설득력 · 외향적 · 열성적	기업적	주도적 권력 과시적 · 물질적
관습형 (C)	정확성 · 조심성 계획성 · 책임감 · 안정성	관습적	안정적 · 신중성 계획적 · 보수적

Holland 직업적 성격유형은 우리나라 직업상담 현장에서 활용도가 높으나 직업적 성격유형을 직업가치로 단순히 확장시킨 선행연구는 아직 초기 단계로서 미흡한 점이 많다. 특히 직업가치 연구에서 개발된 척도가 실제로 유용한지를 검증하는 후속 연구가 없었다. 그래서 검사자의 지적발달 상황 및 사회적 문화적 환경을 고려한 직업가치 측정 도구가 필요하다. 아울러 검사자의 직업가치 변화를 지속적이고 체계적으로 관리하는 연구가 필요하다. 이러한 여러 한계성을 보완하는 방법으로 동양 상담학인 사주명리(四柱命理)의 접목이 요구되고 있다.

3. 명리 성격유형과 직업가치

명리이론[22] 체계에서의 성격유형을 살펴보면, 명리에서 일간(日干)[23]은 선천적 성격유형을 파악하는 데 활용되고 있다. 일간은 음양과 오행에 따라 10가지 성격유형으로 분류하는데 일간별 특성을 살펴보면, 갑목(甲木)일간은 인자하나 우두머리 기질이 강해서 다른 사람의 지배 · 간섭받는 것을 싫어한다. 설득력과 논리성이 있으나 자존심이 강하고 고집이 세다.

을목(乙木)일간은 부드러운 성품으로 유순하고 현실적이며 성실함과 인내와 끈기 그리고 환경 적응력이 뛰어나며 예술적 감각이 있다. 병화(丙火)일간은 이상과 포부가 원대하고 쾌활하다. 자기주장과 명분을 앞세우고 매사에 적극적이며 정열적이지만 반면 급한 성정을 나타낼 수 있다. 정화(丁火)일간은 예술적 재능이 풍부하고 종교에 인연이 깊다. 헌신적이고 봉사심이 강하며 상대를 배려하는 마음을 지니고 있다. 무토(戊土)일간은 모든 것을 수용하고 신용과 신의를 중히 여긴다. 중후하고 과묵하며 믿음직스럽

---

22 김만태, 「한국 사주명리의 활용양상과 인식체계」, 안동대학교 박사학위논문, 2010, 8쪽. '생년월일시를 간지(干支)로 치환하여 일간의 인간 관계와 사회 관계를 음양과 오행의 상생 · 상극관계를 십성으로 나타낸다. 혈연 · 가족관계와 사회적 인간 관리 영역에서 활용할 수 있다.'

23 일간(日干)은 태어난 날의 천간으로 나(我)를 상징한다. 일간은 음양과 오행에 따라 10개의 성격 유형으로 분류한다. 음양으로 구분하면 甲 · 丙 · 戊 · 庚 · 壬은 양(陽) 일간이고 乙 · 丁 · 己 · 辛 · 癸는 음(陰) 일간이다. 양 일간의 특성은 외향적이며 적극적이고 주체적이다. 음 일간의 특성은 내향적이며 소극적이고 수동적이다. 오행으로 분류하면 木은 甲 · 乙 일간이다. 특성은 인(仁)이다. 火는 丙 · 丁 일간이다. 특성은 예(禮)이다. 土는 戊 · 己 일간이다. 특성은 신(信)이다. 金은 庚 · 辛 일간이다. 특성은 의(義)이다. 水는 壬 · 癸 일간이다. 특성은 지(智)이다. 일간의 성격 유형은 강한 오행이나 일지의 음양오행, 십성, 십이운성, 통근(通根) 여부에 따라 다르게 나타날 수 있다.'

고 책임감이 강하다.

　기토(己土)일간은 온화하고 부드럽다. 그리고 자애로우며 포용력이 있어 주변의 상황에 조화를 잘 맞추고 맡은 일에 충실하다. 경금(庚金)일간은 강직하고 의협심이 강하고 결단력이 빠르며 적극적이다. 겉모습은 차갑게 보이나 속은 여리며 따뜻한 면도 있다. 신금(辛金)일간은 이지적이며 예민하다. 자기를 내세우는 기질이 강하고 타인에 대한 인정 욕구가 많다. 임수(壬水)일간은 지혜롭고 총명하며 환경 적응력이 빠르다. 임기응변과 대처 능력이 좋고 대인관계가 탁월하다. 계수(癸水)일간은 섬세하고 조용하며 환경에 대한 변화적응력이 뛰어나다. 일간의 성격유형을 정리하면 아래와 같다.

표 19-2. 일간의 성격유형

일간	오행	특성	성격유형
甲	木	인(仁) 성장 · 희망 · 진취적	독립적 · 모험적 · 혁신적 · 추진력
乙			부드러움 · 인자 · 섬세 · 순응
丙	火	예(禮) 확산 · 변화 · 정열	열정적 · 사교적 · 적극적
丁			헌신 · 봉사 · 정신력 · 인내 · 섬세
戊	土	신(信) 중재 · 중후 · 신용	중재 · 화합 · 신용 · 포용
己			자애로움 · 포용력 · 끈기
庚	金	의(義) 강건 · 결단성 · 책임감	의리 · 혁신 · 결단성 · 강직
辛			섬세 · 치밀 · 화려 · 예민 · 냉정
壬	水	지(智) 총명 · 지혜 · 생각	순발력 · 과감성 · 활동성
癸			신중 · 차분 · 예민

　명리 성격유형을 토대로 격국으로 직업가치를 추론해 보면, 선천적 성격유형을 파악하는데 활용되는 일간과 그 일간에 따른 월지(月支)[24]와의 관계를 '격국(格局)'이라고 한다. 격국은 일간과 월지의 음양오행의 생극제화(生剋制化) 관계를 살펴서 정한다.[25]

24　월지(月支)는 태어난 달의 지지(地支)로 子丑寅卯辰巳午未申酉戌亥로 12지지가 있다. 격은 월지(月支)를 중심으로 가장 기세가 강해서 일간의 사회활동, 직업환경, 직업적성을 찾을 수 있다.

25　현대 명리에서 격을 정하는 방법은 일반적으로 월지(月支)를 중심으로 사주 전체에서 가장 강한 기운과 세력의 십성으로 격을 정하고 있다. 김만태, 『정선명리학강론』, 동방문화대학원대학교, 2020, 326-327쪽.

일간과 월지의 지장간(地藏干)에 포함된 오행 중 천간에 투간(透干)된 오행과 일간오행과의 생극제화에 따라 격이 정해진다. 현대 명리에서는 비견격(比肩格), 겁재격(劫財格), 식신격(食神格), 상관격(傷官格), 편재격(偏財格), 정재격(正財格), 편관격(遍官格), 정관격(正官格), 편인격(偏印格), 정인격(正印格) 총 10개의 격(格)으로 분류한다.

비견격(比肩格)은 독립적, 활동적, 주체적 특성으로 자신감 추진력이 발휘되는 자유로운 환경과 독립체제에서 능력을 발휘하는 실재적 가치를 추구한다. 겁재격(劫財格)은 비견격과 비슷한 독립적, 활동적, 주체적 특성이지만 경쟁심이 더 강하게 나타난다. 독립적, 자립정신, 독선적, 경쟁적 승부 근성이 발휘되는 특수적 환경에서 실재적 가치를 추구한다.

식신격(食神格)은 연구심, 친화력, 분석력, 표현력이 뛰어난 특성으로 궁리하는 연구개발에 재능을 발휘할 수 있다. 탐구적, 예술적, 사회적 가치를 추구한다. 상관격(傷官格)은 자유로움을 추구하고 규칙적인 것은 싫어하는 특성으로 언변과 화술이 필요한 언론, 방송, 예술성, 모방능력, 독창성, 차별화되고 개성 있는 예술적 가치를 추구한다.

편재격(偏財格)은 유통성, 투기성, 사교적인 특성으로 대인 관계가 넓고 원만하다. 사물·환경을 빨리 파악하며 경제안목, 계산능력이 빠르며 기업적 가치를 추구한다. 정재격(正財格)은 근면성, 안정적, 관리능력이 강한 특성을 지니고, 성실하여 지식·기술·자격증을 갖춘 안정적, 현실적으로 관습형 가치를 추구한다.

편관격(偏官格)은 실천성, 조직성, 책임감이 강한 특성으로 실재적 가치와 기업적 가치를 추구한다. 정관격(正官格)은 준법성, 책임감, 공명성이 강한 특성으로 명예와 체면을 중시하고 법과 규율을 존중하며 권위와 인격을 갖추어 고지식하고 보수적인 성향이 있어. 관습적 가치와 기업적 가치를 추구한다.

편인격(偏印格)은 종교성, 장인성, 재치성이 강한 특성으로 호기심이 강하고 특화된 방면에 몰두할 전문가적 소질이 있으며 탐구적 가치, 사회적 가치를 추구한다. 정인격(正印格)은 수용성, 보수적, 명예성이 강한 특성으로 고집이 세며 자존심이 강하다. 관습적 가치, 사회적 가치를 추구한다.

위에서 살펴본 바와 같이 일간의 성격유형과 격국과의 생극(生剋) 관계를 분석하여 직업 성격유형과 직업적성뿐 아니라 더 나아가 직업가치를 추론할 수 있는 도구로 활용할 수 있다.

　명리의 성격유형을 토대로 격국의 특성과 직업가치를 정리하면 다음과 같다.

표 19-3. 격국의 특성과 직업가치

일간	격국	격국의 특성	격국의 직업가치
甲乙 丙丁 戊己 庚辛 壬癸	비견격	독립적 · 활동적 · 주체적	실재적
	겁재격	독립적 · 주체적 · 경쟁적	실재적
	식신격	연구심 · 친화력 · 분석력	탐구적 · 예술적 · 사회적
	상관격	예술성 · 표현력 · 독창성	예술적
	편재격	유통성 · 투기성 · 사교적	기업적
	정재격	근면성 · 안정성 · 관리능력	관습적
	편관격	실천성 · 조직성 · 결단성	실재적 · 기업적
	정관격	준법성 · 책임감 · 공명성	관습적 · 기업적
	편인격	종교성 · 장인성 · 재치성	탐구적 · 사회적
	정인격	수용성 · 보수적 · 명예성	관습적 · 사회적

Ⅲ. Holland의 직업가치와 명리학 직업가치의 상호 보완

1. 한국적 직업가치의 중요성

　현대 직업사회는 생활양식의 다변화에 따라 직업군도 세밀하게 분화되고 있다. 그리고 그 직업군에 취직하고 종사하면서 직면하는 직업가치가 매우 중요한 요소로 대두되고 있으며, 직업심리 상담에 관한 관심도 점점 증가하고 있다. 그러나 현대 한국사회의 직업상담은 서양에서 발달된 상담방식을 수용하는 과정에서 한국 고유의 문화적 맥락은 간과해 왔다. 그 결과 동양문화를 배경으로 하는 내담자에 대한 이해와 공감에는 한계가 있었다. 이러한 문제를 해결하기 위해서는 개개인의 의식을 담은 문화나 전통에 대한 깊은 배려와 이해가 필요하다.[26]

26　김영재, 「점복문화 배경의 여성 내담자를 위한 상담전략의 모색」, 숙명여자대학교 박사학위논문, 2003, 29쪽.

오늘날 각 나라의 문화권에서 전통적으로 유지되고 있는 토속 신앙적 방법, 그리고 서양 상담기법을 자기 문화권에 맞게 접목한 상담기법들, 혹은 서양 종교상담을 자기 나라에 맞게 토착화시킨 상담기법들이 다양하게 나타나고 있다. 이런 추세와 같은 다문화적 상담 접근 방법은 서양 상담 이론의 주축이었던 정신 역동적 접근, 행동주의적 접근, 인간 중심적 접근에 이어 제4의 세력으로 부각되고 있다. 그만큼 상담에 있어서 문화적 변인은 간과해서는 안 될 중요한 요소로 인정되고 있다. 직업가치 척도에 있어서 활용되고 있는 Holland 이론도 서양의 문화와 가치를 중심으로 형성되어 왔다. 그래서 한국의 문화와 가치에 부합하는 직업가치 척도가 필요하다. 동양의 상담문화로 정착하여 면면히 내려오는 명리상담은 한국적 상황에 맞는 직업상담으로 적절한 조건들을 갖추고 있다. 이에 서양적 Holland 직업가치 척도의 한계에 한국적 문화환경에 적합한 명리 직업가치를 접목하여 보완한다면 현대 한국사회에 유용한 직업가치 척도 도구로 활용할 수 있을 것이다.

2. Holland 직업가치와 명리 직업가치의 접목

Holland 직업 성격유형 도구는 현재 진로상담 현장에서 개인상담 및 집단상담을 통하여 다양한 진로와 직업세계를 탐색하는데 유용하게 활용되고 있다. 그러나 Holland 직업 성격유형을 토대로 추출한 Holland 직업가치 척도 및 측정도구는 연구 초기 단계로 활용에 한계성이 있다. 그러나 명리는 한국적 문화환경에 적합한 직업가치 추론 도구로 유용함이 있으며 검사시기와 검사환경에 대한 영향을 받지 않고 객관적으로 직업가치를 분석할 수 있다. 또한 지속적이고 일관성 있는 직업가치 상담이 가능하다는 장점이 있다.

구체적으로 살펴보면 Holland 직업가치는 6가지로 분류하였고 명리 직업가치는 10가지로 분류하였다. 이론적 배경을 토대로 Holland 직업 성격유형의 특성과 명리 격국의 특성으로 상관성을 추출하면 다음과 같다. 실재형은 비견격과 겁재격이 상관성이 있다. 탐구형은 식신격과 편인격이 상관성이 있다. 예술형은 식신격과 상관격이 상관성이 있다. 사회형은 식신격과 정인격 그리고 편인격이 상관성이 있다. 기업형은 편재

격과 편관격이 상관성이 있다. 관습형은 정재격과 정관격이 상관성이 있다.[27]

비견격과 겁재격은 실재형 가치와 상관성이 있으며 신체적 활동과 도구 및 기계를 사용하는 직업활동과 연관성이 높다. 식신격과 편인격은 탐구형 가치와 상관성이 있으며 연구심이 많아서 분석적이고 이지적이며 논리성이 강한 직업활동과 연관성이 높다. 식신격과 상관격은 예술형 가치와 상관성이 있으며 창의성과 상상력 그리고 감수성, 개방적, 독창성이 강한 직업 활동과 연관성이 높다. 식신격과 정인격 그리고 편인격은 사회형 가치와 상관성이 있으며 대인관계 기술과 공감능력 그리고 이해심, 봉사심이 강한 직업활동과 연관성이 높다. 편재격과 편관격은 기업형 가치와 상관성이 있으며 진취적이고 통솔력 그리고 설득력이 강한 직업활동과 연관성이 높다. 정재격과 정관격은 관습형 가치와 상관성이 있으며 정확성과 계획성 그리고 책임감이 강한 직업활동과 연관성이 높다. 위에서 살펴본 Holland 직업 성격유형과 명리 격국의 직업가치 관계를 정리하면 아래와 같다.

표 19-4. Holland 직업적 성격유형과 명리 격국의 관계

Holland 직업적 성격유형	실재형	실재형	탐구형 사회형 예술형	예술형	기업형	관습형	실재형 기업형	관습형 기업형	탐구형 사회형	사회형 관습형
명리의 격국	비견격	겁재격	식신격	상관격	편재격	정재격	편관격	정관격	편인격	정인격
직업가치	실재적 가치	실재적 가치	탐구형 사회형 예술형	예술적 가치	기업적 가치	관습적 가치	실재적 기업적	관습적 기업적	탐구적 사회적	사회적 관습적

---

27 김은숙·김만태, 「Holland와 명리학 직업유형의 융합적 활용연구」, 『인문과학연구』 40, 대구가톨릭대학교 인문과학연구소, 2020, 205-206쪽.

Holland의 직업적 성격유형에서 추출된 직업가치의 한계점을 보완하기 위하여 명리의 일간에서 추론된 격국의 직업가치를 접목하면 다음과 같이 정리할 수 있다. 첫째는 문화적, 시간적, 환경적 변화로 달라질 수 있는 한계점을 보완할 수 있다. 둘째는 생년월일시 분석으로 객관적이며 검사자의 연령, 지적능력 등 검사환경에 제약을 받는 자기보고식 검사의 한계점을 보완할 수 있다. 위에서 살펴본 Holland의 직업가치와 명리 격국의 직업가치를 접목한 내용을 정리하면 아래의 그림과 같다.

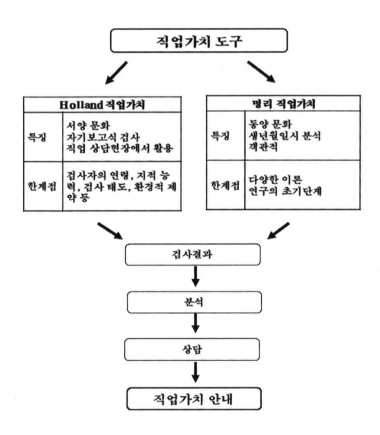

그림 19-1. Holland 직업가치와 명리 직업가치의 융합

Ⅳ. 동·서양 직업가치의 융합

1. Holland 직업가치 예시

검사자는 2000년 8월 12일 12시 30분(양력) 서울에서 출생한 여성이다. 1차는 워크넷(www.work.go.kr)의 Holland 직업 선호도 검사를 활용하여 직업가치를 분석하였다. 1차 검사 결과에서 추출된 직업가치를 최종 분석하였다. 위의 분석 내용을 정리하면 아래와 같다.

표 19-5. Holland 검사

구분	실제형(R)	탐구형(I)	예술형(A)	사회형(S)	기업형(E)	관습형(C)
원점수	6	3	20	30	27	10
표준점수	52	44	55	68	69	48

출처: 워크넷(www.work.go.kr)의 직업선호도 검사결과

검사 결과 사회형(S)과 기업형(E)의 점수가 높게 나왔다. 사회형(S)은 대인관계를 통해서 함께 공감하며 협력하는 일을 선호한다. 봉사심이 있어 타인을 배려하는 활동에 능숙하다. 자애롭고 배려심이 깊은 인물로 평가를 받는다. 기업형(E)은 목표를 정하고 성취하도록 이끄는 것을 좋아한다.

자신이 기획하고 목표설정한 것을 실행시키는데 탁월한 능력을 보이는 유형이다. 개인과 조직의 목표를 달성하거나 경제적인 이익을 추구하기 위한 활동을 선호하며, 타인에게 영향력을 발휘하기를 원한다. 계획하고 목표를 설정하며 추진하고 있는 일을 성공적으로 이끌기 위해 다른 사람들을 설득하거나 협상을 하는 등 사회성을 발휘하기도 한다. 위의 유형을 바탕으로 하여 SE 유형의 특성을 정리하면 아래와 같이 나타난다.

표 19-6. SE 유형'의 특성

구분	사회형(S)	기업형(E)
성격	동정심 · 인내성	대담성 · 사교성
흥미	이해심 · 공감성 · 봉사성	조직성 · 목적성 · 합리성 명예 · 인정 · 권위
직업특성	공감성 · 봉사성 협조력 · 친절성	진취성 · 통솔력 설득력 · 열성적
직업가치 특성	사회적 가치 사회 봉사 · 도덕적 · 감성적 · 공감적	기업적 가치 권력 과시 · 물질적 성취
대표직업	상담사 · 교육자 · 종교인 언어치료사 · 사회복지사	기업 경영인 · 정치가 법조계 · 기획자 · 마켓팅

출처: 워크넷(www.work.go.kr)의 직업선호도 검사결과 요약함

위의 특징을 좀 더 세부적으로 부언하면, 사회형이 추구하는 가치는 타인의 복지와 사회적 서비스의 제공 등 도와주고, 가르치고, 공감하는 역할을 선호하며 타인과 함께 어울리고 일하는 것을 좋아하는 특성이다. 사회봉사, 공감적, 도덕적 등의 직업가치를 추구한다. 기업형이 추구하는 가치는 경제적 성취와 타인보다 위계구조에서 앞서고자 하는 특성을 보인다. 우위, 주도성, 권력과시, 지위, 승진, 보수 등을 추구하므로 조직을 이끌거나 물질적인 보상과 사회적 지위 획득 등의 직업가치를 추구한다.[28]

2. 명리 직업가치 예시

검사자는 여성이며 2000년 8월 12일 12시 30분(양력) 서울 출생이다. 일간은 임수 (壬水)이고 격국은 편인격이다. 이를 표로 정리하면 아래와 같다.

---

28 박보경 · 이종승, 「직업성격유형과 적성 및 직업가치관의 관계」, 『교육연구논총』 23(2), 충남대학교 교육발전 연구소, 2002, 59~83쪽. '사회형(S)은 지도력, 더불어 일함, 사회봉사와 정적 상관이 있고 보수, 창의성에는 부적 상관이 있다. 기업형(E)은 지도력 발휘, 자율성과 정적 상관이 있고 안정성, 더불어 일함, 사회봉사, 발전성과는 부적 상관이 있다.'

표 19-7. 검사자의 기본 명조

구분	시	일	월	년
천간	丙	壬	甲	庚
지지	午	寅	申	辰
사주오행구성	壬水(나) · 木(2) · 火(2) · 土(1) · 金(2)			
분석내용	임수(壬水) 일간 · 申월 출생 · 편인격			

임수(壬水) 일간은 음양의 분류에서 양(陽)으로 주체적이고 외향적이며 적극적인 특성이 있다. 오행에서는 수(水)로서 지혜롭고 총명하다. 임수 일간은 사교적으로 대인관계가 원만하다. 환경에 대한 적응력이 좋으며 대처능력도 뛰어나 유통 · 교역에 관련성이 있다. 격국은 편인격으로 수용의 욕구를 주관하고 내면세계에 대한 이해력과 직관력이 뛰어나며 타인을 배려하는 특징이 있다.[29] 위의 분석 내용을 정리하면 아래와 같이 나타난다.

표 19-8. 명리 직업가치 분석

구 분	일간	격국
일간	壬	편인격
특 성	지혜로움 · 환경적응력 임기응변 · 대처능력 사교적 · 대인관계	수용 능력 호기심 · 재치성 특화된 전문성
직업가치	활동성 · 적극성 · 포용성	수용성 · 탐구성 · 사회성

위의 특성을 좀 더 세부적으로 부언하면 위 검사자는 활동적인 환경에서 조직을 이끌거나 타인과 관계되는 일을 적극적으로 펼치고 책임감이 요구되는 분야에 가치를 둔 직업선택을 권장할 수 있다.

---

29 본 연구에서는 일간과 격국을 중심으로 한 직업가치의 활용성 연구로서 일간의 강약(强弱)과 행운(行運)에 대한 해석은 배제하였다.

3. Holland와 명리 직업가치의 융합적 활용 예시

위 검사자는 1차 검사인 Holland 직업가치 검사에서 사회형과 기업형 가치를 추구하는 것으로 분석되었다. 봉사심, 성취 및 공감능력과 사회성, 활동성, 수용성 등을 추구하며 개인과 조직의 목표를 달성하고 경제적인 이익을 추구하며 실행시키는 것에 가치를 두는 것으로 나타났다. 2차 명리이론으로 추론한 직업가치는 적극성, 포용성, 탐구성과 사회성, 활동성, 수용성 등을 추구하며 모든 상황을 수용하고 타인을 배려하는 가치를 추구하는 것으로 추론되었다.

이 두 검사에서 추출한 공통적인 직업가치의 특성은 다음과 같이 나타났다. 사회성, 활동성, 수용성에 기반한 직업가치를 추구하는 특성을 보였다. 두 검사의 공통점에서 제외된 요인들도 최종 상담에서 참고 자료로 활용하면 보다 완성된 직업가치 상담에 이를 수 있다. 위의 분석 내용을 그림으로 정리하면 아래와 같다.

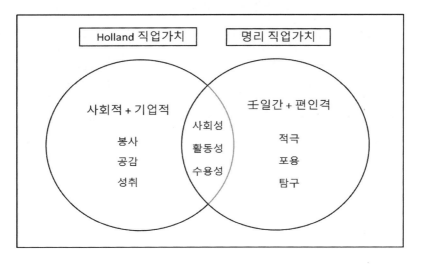

그림 19-2. Holland 직업가치와 명리 직업가치의 융합

V. 마무리하는 글

　서양의 Holland 직업가치를 분석하고 동양의 명리 격국분석으로 추론한 직업가치를 접목하여 현대 한국사회에 적용 가능한 직업가치를 도출해 보았다. Holland 직업 성격 유형 이론은 개인의 직업유형을 분석할 수 있는 자기보고식 검사도구로 활용되고 있다. 그러나 Holland 직업 성격유형은 동서양의 문화와 환경적 요인에 따른 해석의 한계점 및 직업성격 유형을 확장하여 직업가치로 적용한 초기단계 연구로 활용에는 부족함이 있었다. 이러한 문제점을 해결하는 방법으로 한국적 문화환경에 적합한 명리 직업가치를 추론하는 방법을 제시하였다. 명리 직업가치 추론은 검사자의 지적능력이나 검사환경의 영향을 받지 않고 객관적 결과를 얻을 수 있었다.

　Holland 직업가치와 명리 직업가치에 대한 연구결과는 다음과 같다. 실재형 가치는 비견격과 겁재격의 특성과 상관성이 높았고 신체적으로 도구와 기계를 사용하는 직업활동의 가치를 추구하였다. 탐구형 가치는 식신격과 편인격의 특성과 상관성이 높았고 연구심과 분석적, 이지적, 논리적인 직업활동의 가치를 추구하였다. 예술형 가치는 상관격과 식신격의 특성과 상관성이 높았고 창의성과 상상력, 감수성, 개방적, 독창적 직업활동의 직업가치를 추구하였다. 사회형 가치는 식신격, 정인격, 편인격의 특성과 상관성이 높았고 대인관계 기술, 공감 능력, 이해심, 봉사심이 필요한 직업활동에서의 직업가치를 추구하였다. 기업형 가치는 편재격, 편관격의 특성과 상관성이 높았고 진취적, 설득력, 통솔력 있는 직업활동에서 직업가치를 추구하였다. 관습형 가치는 정재격, 정관격, 정인격의 특성과 상관성이 높았고 정확성, 계획성, 책임감 있는 직업활동에서의 직업가치를 추구하였다.

　본 연구는 Holland 직업가치와 명리 직업가치에 대한 활용성 연구로서 두 이론의 기준은 다르지만, 직업가치의 상호 상관성을 찾을 수 있었다. 명리 직업가치는 서양의 자기보고식 검사의 한계점을 보완한 도구로서 직업가치 상담에 활용할 수 있다는 결론에 도달할 수 있었다. 그렇지만 Holland 직업가치와 명리 직업가치의 상호 상관성 분석에서 평면적 비교 분석이었다는 점에서 미흡한 부분이 있을 수 있다.

　따라서 후속 연구를 통하여 개인의 진로, 직업유형 및 직업선택, 만족도까지 확인하는 실증론적 연구가 진행되어야 하며, 개인의 직업선택에 도움을 줄 수 있는 직업가치 이해 및 증진 프로그램 개발이 필요하다. 아울러 이번에 제시된 연구의 결과가 후속 연구의 초석이 되고 급변하는 변화 속에서 불확실한 미래를 살아가는 개인의 직업선택에 유용한 정보로서 마중물이 되었으면 한다.

〈참고문헌〉

김만태, 『정선명리학강론』, 동방문화대학원대학교, 2020.

임언 외, 『직업가치관검사 개발보고서』, 서울: 한국직업능력개발원, 2001.

한태영 외, 『직업가치관 검사: 시범운영및 평가결과보고서』, 한국고용정보원, 2006.

김만태, 「한국 사주명리의 활용양상과 인식체계」, 안동대학교 박사학위논문, 2010.

김영재, 「점복문화 배경의 여성 내담자를 위한 상담전략의 모색」, 숙명여자대학교 박사학위논문, 2003.

김은숙 · 김만태, 「Holland와 명리학 직업유형의 융합적 활용연구」, 『인문과학연구』40, 대구가톨릭대학교 인문과학연구소, 2020.

김종학, 「Holland 직업적 성격유형에 기반한 대학생 직업가치관 척도 개발 및 타당화」, 제주대학교 박사학위논문, 2017.

김종학 · 최보영, 「대학생 Holland 직업가치관 척도 개발 및 타당화」, 『청소년상담연구』28(1), 한국청소년상담복지개발원, 2020. 173-198쪽.

김선아 외, 「'일과 삶 균형' 정책과 정책 부합성이 조직효과성에 미치는 영향에 관한 연구: 공공조직과 민간조직 비교를 중심으로」, 『한국행정학보』47(1), 한국행정학회, 2013.

노경란 외, 「대졸 청년층의 대학 재학 중 경험한 교육서비스와 직장 이동과의 관계 분석」, 『직업교육연구』30(1), 한국직업교육학회, 2011.

박보경 · 이종승, 「직업성격유형과 적성 및 직업가치관의 관계」, 『교육연구논총』23(2), 충남대학교 교육발전 연구소, 2002.

심광숙, 「직업적성에 대한 사주명리학적 연구」, 대구한의대학교 박사학위논문, 2018.

오성욱 · 이승구, 「대학생의 직업가치 유형이 직무적합도 및 첫 직장만족도에 미치는 영향」, 『진로교육연구』22(2), 한국진로교육학회, 2009.

지민웅 · 박진, 「생애 첫 전일제 일자리에서의 자발적 이직 결정요인」, 『추계학술대회 발표논문집』11, 서울행정학회, 2017.

하문선, 「대학생의 내 · 외재적 직업가치 변화양상 및 잠재집단 유형과 성, 사회경제적 지위, 학업성취, 진로성숙의 관계」, 『직업교육연구』33(3), 한국직업교육학회, 2014.

Brown, Brooks and Associates, *Career Choice and Development (3rded.)* CA: Jessey-Bass Inc. Publishers, 1996.

Locke, E. A. "The nature and causes of job satisfaction". *Handbook of industrial and organizational psychology, Chicago*: Rand McNally, 1976, pp. 1297-1345,

Holland, J. L. Professional manual for the self-directed search California, Consulting Psychologists, 1979.

Holland, J. L. Making Vocational Choices: *A Theory of vocational personalities and work environments(2nd ed)*, Odessa, FL: Psychological Assessment Resources, 1992.

Holland, J. L. Making vocational choices: *A theory of vocational choices and work environments (3rd ed.)*, Odessa, FL: Psychological Assessment Resources, 1997.

Rosenberg, M. *Occupation and values, Glencoe,* IL: The Free Press, 1957.

Rounds, J. B., & Tracey, T. J. *From trait-and-factor to person-environment fit counseling,* Theory and process, 1990.

Zytowski, D. G. "The Concept of Work Values" *The Career Development Quarterly*, 18(3), National Career Development Association, 1970.

직무만족을 사주명리학으로 평가하다

김은선[*]

I. 서론

직업이란 생계의 수단이자 그 사람이 가지고 있는 지식, 기술, 능력, 경험 등을 바탕으로 특정 분야에서 수행하는 업무를 포함한다. 직무란 특정 직업이나 직책에서 맡게 되는 구체적인 업무나 역할을 의미하며, 작업의 종류와 수준이 비슷한 업무들의 집합으로써 직무의 책임이나 직업상 직분을 갖고 맡고 담당하는 일을 의미한다. 즉 비슷한 업무 내용을 가진 직무상 계급들을 하나의 관리 단위로 설정한 것이 직무이다, 이와 같이 맡은 일을 하나의 직무로 인사 관리상의 중요한 직무분석의 바탕이 된다.[1] 조직원이 특정한 요건을 갖춘 사람만이 좋은 성과를 만들어 낼 수 있으며, 특정한 요건을 찾아내는 것이 직무분석이다.[2]

현재까지의 직무분석은 주로 서양의 이론과 논리에 의해 전개되었다. 그리고 직무만족의 측정은 통상 질문지법이 가장 많이 사용되고, 면접법과 관찰법을 병행하기도 한다. 측정을 위한 척도 중에 미네소타 만족 설문지(MSQ)가 많이 사용되는데, 100문항으로 이루어진 원형과 20문항으로 구성된 단축형이 있다. 단축형은 전반적인 만족 혹은 내적 만족과 외적 만족을 측정하는 데 사용된다. 내적 만족은 직무 자체의 특성과 사람들이 자신이 하는 일을 어떻게 느끼는지에 대한 만족을 말하며, 외적 만족은 부가급

---

* 동양문화융합학회 지역이사, 동양철학박사

1 (사)한국기업교육학회, HRD분야 실무정보 총정리, 2010, HRD(https://hrd100.tistory.com).

2 직무분석 온라인 퍼실리테이션 플랫폼(http://hrfriend.co.kr).

부와 급여와 같은 작업 상황의 외적 측면에 대한 만족을 의미한다.[3]

사주명리학이란 인간이 태어난 연월일시의 사주와 이를 천간과 지지로 전환한 팔자를 통해 길흉화복을 예측하는 동양의 전통적인 역학이다. 과거의 명리학은 주로 운명결정론의 관점에서 해석하고 적용되어 왔으나 현대의 명리학은 보다 더 고차원적인 의미에서 운명가능론의 관점에서 해석하고 적용되고 있다. 즉, 현대의 명리학은 건강, 성격, 생활 태도 등 인간의 육체와 정신 그리고 성격 심리의 분석까지도 그 영역을 확대해 나가고 있다. 이와 같이 자신에게 맞는 진로 선택과 직업 선택은 생애에서 중요한 결정 중의 하나이다. 이와 관련하여 중장년층들의 경력 전환에서의 경력 적응을 비롯하여 명리학적 직업적성 등에 관한 다양한 연구가 이루어져 왔으며, 현재도 진행 중에 있다.

직업인이란 적절한 보수를 받으며 종사하는 분야에서 전문성을 쌓는 사람이라 할 수 있으며, 맡아서 하는 업무 분야에 직책이나 책임을 지고 담당하여 모자람이 없이 충분한가를 보는 것으로 직무만족이라 한다. 명리학적 직업인의 직무는 내가 좋아하고, 하고 싶은 일이 아니라 사회와 조직에서 직무에 맞게 요구하고 용도의 모습으로 격(格)을 말한다.

사주팔자의 구성은 년주(年柱)는 태어날 때 부여된 하늘의 길이고, 월주(月柱)는 태어난 계절의 땅을 길이며, 시간이다. 일주(日柱)는 태어난 날의 주체자인 자신의 길이며, 시주(時柱)는 하늘과 땅과 주체자인 천지인(天地人)의 일체로 상식적인 도를 벗어나지 않도록 돕는 천시(天時)와 같다.[4] 태어난 날 일주(日柱)의 천간(天干)을 일간(日干)이라고 하며, 나(我)라는 육신 용어를 쓰고 나(我)는 태어난 그대로 정체되어 있는 것이 아니라 가치관을 정립하면서 성장해 나가는 것이다. 일간은 각 개인의 길에서 만사를 판단하고 결정하고 실행하는 주체를 말한다.

지지(地支)는 사람과 만물이 사용 가능한 시간의 흐름으로 온도 습도가 있는 계절의 변화를 나타내며 사주 내에서 월지는 계절을 뜻하며 모태(母胎)에서 태어날 때는 다 똑같은 모습이지만 계절적으로 시간과 환경이 다르고 섭생이 다르므로 계절의 특성과 지지(地支)의 역할을 파악하여 천간(天干)으로 실천계획을 구축하는 것이다.

---

3   Paul E Spector 저, 박동건 역, 『산업 및 조직심리학』, 학지사, 2015, 316쪽.
4   『子平眞詮』 "今人不知專主提綱 然後將四柱干支 字字統歸月令."

삼원(三元)이 모든 법도의 근본임을 알고자 하면 먼저 제재(帝載)와 신공(神功)을 보아야 하고 하늘에는 음과 양이 있으므로 춘목(春木) 하화(夏火) 추금(秋金) 동수(冬水) 계토(季土)가 때에 따라 그 신공(神功)을 나타내므로 명중(命中)에 천지인(天地人) 삼원(三元)의 이치를 근본으로 삼는 것이다.[5]

> 땅에는 원래 덕을 합하고 기를 합하여 통하였으니, 오기(五氣)가 편협한 것과 완전한 것으로 구분하여 길과 흉을 정할 것이다. 땅에는 강과 유의 이치가 있는 고로 오행이 동남서북을 생기게 하였고 중앙은 하늘과 더불어 덕에 화합하면서 그 기틀에 묘한 이치가 들어있음을 깨닫게 되어 사람에게 부여한 것이다. 치우침과 온전함이 일치하지 아니함이 있기에 고로 여기에 그 길과 흉을 정하게 되었다.[6]

> 하늘과 땅 사이에 사람이 귀중하게 되어서 순리를 쫓으면 길(吉)하게 되고 흉(凶)한 사람은 역리(逆理)를 한 것이다. 세상에 모든 물체가 오행에 포함되지 아니한 게 없어서 하늘을 이고 땅을 밟으며, 오직 사람만이 오행에 온전함을 얻은 고로 귀함이 되었으므로 그 길흉(吉凶)이 일치하지 아니함이 있는 것은 오행의 순리(順利)와 더불어서 역리(逆理)함에 있는 것이다.[7]

춘하추동 사계가 때에 따라 신기하게 나타나니 명중(命中)에 삼원(天地人)의 이치도 이를 근본으로 삼는 것이다.[8] 사주풀이에서 요구하는 중화는 오행의 개념으로 木은 봄(春), 火는 여름(夏), 金은 가을(秋), 水는 겨울(冬), 土는 계절과 계절을 이어주는 시공간을 보았을 때 무조건 5:5로 나누어서는 안 된다. 겨울에는 추워야 마땅하고, 여름에는 뜨거워야 마땅하므로 1:9, 2:8로 중화되어야 할 때가 있기에 겨울이라고 火가 절대적 필요는 당연하지 않다. 사주 내 계절을 나타내는 월지 월령인 환경의 변화와 상생으

---

5 『滴天髓』, 「通神論」, 〈天道〉, "欲識三元 萬法宗 先觀帝載與神功. 天有陰陽故 春木夏火 秋金冬水 季土 隨時顯其神功 命中 天地人三元之理 悉本于此."

6 『滴天髓』, 「通神論」, 〈地道〉, "坤元合德機緘通 五氣偏全定吉凶 地有剛柔 故五行生於東南西北中 與天合德 而感 其機緘之妙 賦於人者 有偏全之不一, 故吉凶定於此."

7 『滴天髓』, 「通神論」, 〈人道〉, "戴天履地人爲貴 順則吉兮凶則悖, 萬物 莫不得五行而載天履地惟 人得五行之全故 爲貴 其有吉凶之不一者 以其得于五行之 順與悖也."

8 김동규, 『음양오행의 원리』, 민족문화사, 1983, 23쪽.

로 사회와 조직의 구성원으로서 실력에 대한 준비와 능력 발휘를 위한 준비로 運에서의 상생을 보는 것이기에 사주의 월지의 계절은 가장 중요하게 보아야 한다.

춘하추동의 계절별 사람의 성장역할을 설명하면, 소년 시절을 보는 봄(春)은 수생목(水生木)의 시기로 자신에게 필요한 실력을 쌓기 위해 가정과 학교에서 배우고 익히는 과정으로 미래에 발휘할 능력의 역할을 만들어 가는 시기처럼 木의 성정과 같다. 청년 시절로 해석되는 여름(夏)은 목생화(木生火)의 시기로 사회에서 요구하는 관계, 소통, 협력, 협조와 경쟁의 관계에서 사회 구성체계에 적합한 생활을 영위해 나가는 시기처럼 가장 형체 없이 활동적이고 에너지가 강한 모습은 火의 성정과 같다.

중장년의 시기인 추(秋)는 화생토(火生土), 토생금(土生金)의 상황에 적합한 환경에서 배우고 익힌 경험과 경력을 더욱 알차게 구성해서 가치를 높여 거듭나는 과정의 방식이 필요한 시기로 결실과 마무리, 숙성되고 결단성과 강인함을 표현한 金의 성정을 말하는 것이다. 노년의 시기인 동(冬)은 금생수(金生水)의 시기로 완성된 실력과 가치를 지녔으며 세상에 내어 소통하는 시기로 水의 수장의 성정을 말한 것이다. 각 계절의 상생은 생존을 대비하는 준비이고 지속적인 생활상태를 유지하는데 필요한 준비와 같다.[9]

『궁통보감』에서는 월령 중심의 조후(調候)와 한난조습(寒暖燥濕)으로 시간과 공간을 체계적으로 실용화한 명리로서 월지 중심으로 계절의 상관관계를 사람이 현실적으로 유한한 현재에서 존재하며, 계절적인 변화 관계에서 독립적으로 존재할 수 없으니 태어난 계절을 중심으로 기본적인 일주하고 계절의 관계인 조후(調候)를 중심으로 본 관법이다.

무토(戊土)는 기토(己土)에 비교하면 특히 높고 두꺼우며, 강조(剛燥)한 土이므로 己土의 발원지이기도 하다. 중기(中氣)를 잡고 있지만 또 정대(正大)하기도 하다 봄여름의 戊土는 기를 활짝 열어 만물을 발생시키고 가을 겨울에는 기를 꽉 닫아 만물을 완성시킨다. 그러므로 '만물지사명'이라 하였다. 그 기는 양(陽)에 속하므로 윤택함을 기뻐

---

9   김성태, 『오행총론』, 한길로, 2021, 13~92쪽.

하고 조열함을 꺼린다.[10]

그리고 기토(己土)는 비박연습(卑薄軟溼)하니 무토(戊土)의 지엽이 되는 곳이다. 역시 중정을 주장하면서 능히 만물을 축장한다. 계토(柔土)는 능히 생목(生木)하고 목지(木地)에서도 능히 극하지 아니하므로 木이 성한 것을 근심하지 않는다. 己土는 비습하고 중정을 지키며 안으로 축장하기 때문에 木이 왕성한 것을 근심하지 아니하고 水가 광분함도 두려워하지 아니하고, 火가 적으면 火를 가려 버리고 金이 많으면 金을 빛내고, 만약 만물이 왕성하면 생조(生助)할 것은 생조하고 방조(幫助)할 것은 방조하는 것이 중요하다.[11] 하여 조후는 사주 주체자의 기운과 기후가 알맞은가를 보는 것으로 감정, 정신, 성격의 문제로 인간이 살아가는 세상의 환경과 대외 수용의 공간으로 보고 있다.

그래서 직업인의 명리학적 특성에 따른 직무만족의 차이가 어떻게 나타나는지에 대한 궁금증을 해소할 수가 없어서 이에 대한 연구를 시도해 보았다. 이 연구를 수행함에 있어서 몇가지 정리하고 넘어가야 할 부분을 살펴보면, 사주 주체자의 명조에서 일간 중심으로 기본 오행의 상생상극인 통관과 일간인 나(我)의 신왕과 신약을 따지지 않는 태어날 때의 계절적 조후로, 사주 주체자의 태어난 생년월일시에서 삶에 가장 먼저 간섭되는 태어난 계절의 기운인 조후를 보았으며, 격의 정체성을 육친의 해석으로 분류한 격국은 먼저 당령(當令)은 월지(月支)에서 취하고 그다음 득세(得勢)한 것으로 취하였다.[12] 격국(格局)의 명칭과 의미는 하나의 사주 구성이 완결된 후 일간 오행에 월지(月支)의 지장간(支藏干) 중 유력한 존재를 대입하는 것이다. 나아가 삼합(三合)과 방합(方局)으로 격(格)의 지지(地支) 세력이 잘 짜여 대입되어 각각의 형태를 놓고 격(格)을 갖추었다는 의미로 격국(格局)이라 정하며, 기운과 세력이 강한 십성(神)의 명칭을 붙

---

10   『適天髓闡微』, "戊土固重. 旣中且正. 精禽動闢. 萬物司命.水潤物生. 火燥物病. 若在艮坤. 怕沖宜靜."

11   『適天髓闡微』, "己土卑溼 中正畜藏 不愁木盛 不畏水狂 火少火晦 金多金光 若要物旺 宜助宜幫."

12   『命理約言』「看月令法」, "格局先取當令 次取得勢... 若令支所藏 或二神 或三神 其取用之法, 如甲生寅月 先論甲木 或寅字損壞無氣 則取丙戊 或寅字雖無損傷 而丙戊中有日透干成象者 則亦取之, 否則無舍甲而用丙戊者, 餘支蓋然."

여서 격의 명칭을 표현한[13] 것을 격국으로 해석하였다는 점을 먼저 일러둔다.

II. 연구방법

1. 연구설계

본 연구는 2021년 9월 1일부터 2022년 2월 28일까지 진행하였다. 본 연구의 가능성을 알아보기 위해 전문가와의 토의는 2021년 9월에 했으며, 10월에는 이론적 배경을 위한 자료 수집으로 관련 서적과 논문을 수집했다. 대상자의 설문지 조사는 2021년 11월 15일부터 2021년 12월 31일까지 하였다. 설문조사는 사전에 설문 취지에 대해 연구대상자에게 충분히 설명한 후 자기 기입식으로 실시하였다. 연구 자료 총 950부를 수집 후 동 자료로서 적절하지 않은 설문지 18부를 제외한 932부의 자료를 분석에 활용하였다.

2. 연구대상

연구대상자는 직업인 1,000명을 대상으로 설문지를 배포하였다. 설문지에 대한 응답은 950명이 대답했다.

3. 측정도구

본 연구에 사용된 측정 도구는 직무만족 측정지이다. 측정 도구는 인구 사회학적 특성 2문항, 명리학적 특성 3문항, 직무만족 5문항으로 구성되어 있다. 인구 사회학적 특성은 성별, 연령 등으로 구성하여 조사하였으며, 명리학적 특성에 관한 내용은 계절, 조후용신, 격국 등으로 구성하여 조사하였다. 그리고 직무만족 측정지는 직업인의 직무만족을 측정하기 위해 사용한 측정 도구이다. 직무만족은 5문항으로 구성되어 있다. 각문항은 리커트 5점 척도이다. 점수가 높을수록 직무만족도가 높다.

---

13   김만태, 『정선(精選)명리학강론』 지식의 통섭 2022, 328쪽.

본 연구에 사용된 각 변수 신뢰도의 검증 결과, 직무만족은 전체 .758의 양호한 신뢰도를 보이는 것으로 나타났다. 구체적인 신뢰도 분석 결과는 Table 1과 같다.

표 20-1. 주요변수의 신뢰성

Classification	Number of questions	Cronbach α
직무만족	5	.758

4. 자료 분석

본 연구에 수집된 자료처리는 SPSS 22.0 프로그램을 사용하여 유의수준 5%에서 검증하였고, 각 연구 도구의 신뢰도 산출은 Cronbach α 의 계수를 이용하여 분석하였다. 직업인의 인구 사회학적 및 명리학적 빈도분석, 명리학적 특성에 따른 직무만족의 평균 차이를 알아보기 위하여 일원배치분산분석(One-Way ANOVA)을 실시하여 분석하였다.

Ⅲ. 연구결과

1. 인구 사회학적 특성

본 연구대상자의 인구 사회학적 특성을 살펴보면, 성별은 남자가 517명(55.5%)으로 여자 415명(44.5%)보다 많은 것으로 조사되었다. 연령은 40대가 434명(46.6%)으로 가장 많았으며, 30대 246명(26.4%), 50대 203명(21.7%), 60대 이상 49명(5.3%) 순으로 확인되었다. 본 연구대상자 직업인의 인구 사회학적 특성을 살펴본 결과는 Table 2와 같다.

표 20-2. 인구통계학적 특성

Classification Frequency		Total(N=932)	
		Ratio(%)	
성별	남자	517	55.5
	여자	415	44.5
연령	30대	246	26.4
	40대	434	46.6
	50대	203	21.7
	60대 이상	49	5.3

2. 명리학적 특성

본 연구대상자의 명리학적 특성을 살펴보면, 계절별로는 춘(봄) 245명(26.3%)으로 봄에 태어난 대상자가 가장 많았으며, 동(겨울) 239명(25.6%), 하(여름) 236명(25.3%), 추(가을) 212명(22.8%) 순으로 나타났다. 조후용신 별로는 수가 308명(33.0%)으로 가장 많았으며, 화 275명(29.5%), 목 177명(19.0%), 금 133명(14.3%), 토 39명(4.2%) 순으로 확인되었다. 격국별로 살펴보면, 편관격, 정인격이 각각 122명(13.1%)으로 가장 많았으며, 편재격 114명(12.2%), 식신격과 편인격 103명(1.1%), 정관격 95명(10.2%), 상관격 84명(9.0%), 건록격 61명(6.5%), 양인격 22명(2.3%) 순으로 나타났다. 본 연구대상자 직업인의 명리학적 특성을 살펴본 결과는 Table 3과 같다.

표 20-3. 명리학적 특성

Classification Frequency		Total(N=932)	
		Ratio(%)	
계절	춘	245	26.3
	하	236	25.3
	추	212	22.8
	동	239	25.6

Classification Frequency		Total(N=932)	
		Ratio(%)	
조후용신	목	177	19.0
	화	275	29.5
	토	39	4.2
	금	133	14.3
	수	308	33.0
격국	건록격	61	6.5
	양인격	22	2.3
	식신격	103	11.1
	상관격	84	9.0
	편재격	114	12.2
	정재격	106	11.4
	편관격	122	13.1
	정관격	95	10.2
	편인격	103	11.1
	정인격	122	13.1

3. 주요 변수에 대한 기술통계

본 연구의 주요 변수 직무만족에 대한 측정 변수는 5점 척도로 측정하였으며, 최소값은 1.00, 최고값은 5.00으로 나타났다. 주요 변수 직무만족(M=3.53) 요인은 전체 평균의 점수보다 높게 나타난 것을 알 수 있다. 직업인의 직무만족 기술통계를 살펴본 결과는 Table 4와 같다.

표 20-4. 직무만족에 대한 기술통계

Classification	N	Min	Max	M	SD
직무만족	932	1.00	5.00	3.53	.79

4. 명리학적 특성에 따른 직무만족의 차이

가. 직업인의 계절에 따른 직무만족의 차이

직업인의 명리학적 특성 중 계절에 따른 직무만족의 평균 차이를 알아보기 위하여 일원배치분산분석(One-Way ANOVA)을 실시하였다. 직업인의 계절에 따른 직무만족의 평균 차이를 살펴보면, 직무만족(F=3.066, p<.05) 요인은 하(여름) 집단이 가장 높게 인식하였으며, 하(여름) 집단과 춘(봄) 집단 간 평균 차이가 통계적으로 유의미하게 나타났다. 이러한 결과는 직업인의 직무만족 요인은 계절에 따라 다르게 인식한다는 것을 의미하며, 특히 여름에 태어난 집단이 직무만족을 가장 높게 지각하는 것을 나타내고 있다. 반면에 가을과 겨울에 태어난 직업인은 직무만족에 대해 집단 간 평균이 비슷하게 나타나 계절에 관계없이 같은 수준으로 인식한다는 것을 의미한다. 직업인의 계절에 따른 직무만족의 평균 차이 분석은 Table 5와 같다.

표 20-5. 직업인의 계절에 따른 직무만족의 차이

Factor name		Frequency (N)	M	SD	F/p Scheffe
직무만족	춘(a)	245	3.42	.77	3.066/.027* a<b
	하(b)	236	3.63	.82	
	추(c)	212	3.57	.76	
	동(d)	239	3.50	.78	

*p<.05, **p<.01, ***p<.001

여름에 태어난 사람의 직무만족이 높은 것은 영국 허트퍼드셔대학교의 심리학 교수인 리처드 와이즈먼(Richard Wiseman)은 사람이 태어난 달과 운수(運數)의 관계에 대해 흥미로운 연구를 진행하였다. 먼저 2004년에 영국에서 4만 명 이상의 자료를 수집하여 분석한 결과, 더울 때(5~8월) 태어난 사람들은 추울 때(9~2월) 태어난 사람들보다 스스로의 기운을 더 좋게 평가하였다. 5월이 그 정점을 이루고 10월이 최저점이 되

는 패턴이었다.[14]

나. 직업인의 조후용신에 따른 직무만족의 차이

직업인의 명리학적 특성 중 조후용신에 따른 직무만족의 평균 차이를 알아보기 위해 일원배치분산분석(One-Way ANOVA)을 실시하였다. 직업인의 조후용신에 따른 직무만족의 평균차이를 살펴보면, 직무만족(F=4.994, p<.001) 요인은 금 집단이 가장 높고, 토 집단이 가장 낮게 인식하였으며, 목, 화, 수, 금 집단과 토 집단 간의 평균의 차이가 통계적으로 유의미하게 나타났다. 이러한 결과는 직업인의 직무만족 요인은 조후용신에 따라 다르게 인식한다는 것을 의미한다. 특히 금 집단이 직무만족을 가장 높게 지각하였으며, 수, 화, 목, 토 순으로 지각하는 것으로 확인되었다. 직업인의 조후용신에 따른 직무만족의 평균 차이 분석은 Table 6과 같다.

표 20-6. 직업인의 조후용신에 따른 직무만족의 차이

Factor name		Frequency (N)	M	SD	F/p Scheffe
직무만족	목(a)	177	3.50	.77	4.994/.001*** c<a,b,e,d
	화(b)	275	3.50	.76	
	토(c)	39	3.05	.99	
	금(d)	133	3.67	.81	
	수(e)	308	3.57	.77	

*p<.05, **p<.01, ***p<.001

---

14 이어서 2006년에는 계절과 달의 관계가 북반구와 정반대가 되는 남반구인 뉴질랜드와 오스트레일리아에서 2천 명 이상의 자료를 수집하였다. 그 분석 결과 북반구인 영국에서와 비슷한 양상으로 나왔다. 더울 때(9~2월) 태어난 사람들은 자신들이 추울 때(3~8월)에 태어난 사람들보다 더 운이 좋다고 생각하였다. 이번에는 12월이 정점을 이루고 4월이 최저점을 이루는 패턴이 나타났다. 이 실험들로 출생한 달, 곧 태어날 때의 기온이 사람들의 행동방식과 인성 발달에 일정 부분 실질적이며 장기적인 영향을 미친다는 사실이 증명되었다. 이런 결과에 대해 많은 설명이 가능하지만 가장 설득력이 있는 것은 추울 때 태어난 아기들은 더울 때 태어난 아기들보다 훨씬 더 가혹한 양육 환경에 처할 가능성이 높다는 것이다. 그래서 그 아기들은 보호자에게 더 의존하게 되고, 모험도 훨씬 꺼리며, 소극적인 성향이 되므로 우리나라에서도 5~8월이 될 가능성이 높다. Richard Wiseman, 한창호 역,『괴짜심리학(Quirkology)』, 웅진지식하우스, 2009, 39~44쪽.

토(c)의 직무만족이 가장 낮게 나온 것은 각 계절의 중앙에서 다 함께 사는 세상을 만들고자 하는 환경과 포용력, 대외 수용의 공간의 구축력이 높다고 볼 수 있기에 토의 본의의 모습보다 함께하는 모습을 만들고자 토의 직무만족이 낮게 나왔다고 본다.

다. 직업인의 격국에 따른 직무만족의 차이

직업인의 명리학적 특성 중 격국에 따른 직무만족의 평균 차이를 알아보기 위해 일원배치분산분석(One-Way ANOVA)을 실시하였다. 직업인의 격국에 따른 직무만족의 평균 차이를 살펴보면, 직무만족($F=1.705$, $p > .05$) 요인은 격국별 집단 간 평균 차이가 통계적으로 의미가 있지 않은 것으로 나타났다. 격국별 집단에서 상관격 집단이 직무만족을 가장 높게 인식하고, 건록격 집단이 가장 낮게 인식하는 것으로 나타났지만 대부분 비슷하거나 동일하게 인식하는 수준으로 확인되었다. 이러한 결과는 직업인의 명리학적 특성인 격국에 따라 직무만족의 평균 차이가 나타나지 않는다는 것은 직무만족을 인식하는 수준이 격국에 관계없이 비슷하거나 동일하다는 것을 의미한다. 직업인의 격국에 따른 직무만족 평균의 차이 분석은 Table 7과 같다.

표 20-7. 직업인의 격국에 따른 직무만족의 차이

Factor name		Frequency (N)	M	SD	F/p Scheffe
직무만족	건록격(a)	61	3.38	.78	1.705/ .106
	양인격(b)	22	3.63	.76	
	식신격(c)	103	3.55	.61	
	상관격(d)	84	3.65	.72	
	편재격(e)	114	3.54	.86	
	정재격(f)	106	3.49	.77	
	편관격(g)	122	3.53	.78	
	정관격(h)	95	3.44	.89	
	편인격(i)	103	3.53	.86	
	정인격(j)	122	3.57	.78	

*$p < .05$, **$p < .01$, ***$p < .001$

Ⅳ. 논의와 결론

직업인의 명리학적 특성에 따른 직무만족의 차이에 대하여 분석해 보았다. 연구 결과를 바탕으로 구체적으로 논의하면 다음과 같다.

첫째, 직업인의 계절에 따른 직무만족의 차이는 평균 차이가 의미 있는 것으로 확인되었다. 특히 여름 집단이 가장 높게 인식하였으며, 여름 집단과 봄 집단 간 평균 차이가 유의미하게 나타났다. 이러한 결과는 직업인의 직무만족 요인은 계절에 따라 다르게 인식한다는 것을 의미하며, 여름에 태어난 집단이 직무만족을 가장 높게 인식되는 것으로 확인되었다. 반면에 가을과 겨울에 태어난 직업인은 직무만족에 대해 집단 간 평균이 비슷하게 나타나 직업인의 계절에 관계없이 동일한 수준으로 의식한다는 것을 의미한다.

이러한 결과는 여름에 태어난 사람들의 성향은 태양의 열기와 같은 드러내고 싶은 욕망이 강하기에 표현력과 유연성, 감수성 등 감성계가 다른 계절에 비해서 잘 나타나며, 명랑하고 순수하며 사교성이 좋아 직장동료들과도 협력적이고 관계 소통을 잘한다. 그리고 정열적이고 성실하며, 적극적인 성향으로 강력한 활동성을 가지고 있으므로 직무를 접하는 태도에 있었어도 융통성이 있기에 설문 1문항의 '현재의 직무만족에 만족한다.'의 응답이 가장 높게 인식되었다고 본다.

직무만족을 계절로 분석한 것은 지지(地支)는 사람과 만물이 사용 가능한 시간의 흐름으로 온도 습도가 있는 계절의 변화를 나타내며 사주 내에서 월지(月支)는 계절을 뜻한다. 주체자의 사주 해석은 계절의 특성과 지지의 역할을 파악하여 천간(天干)으로 실천계획을 구축하는 것이다. 사주 내 계절을 나타내는 월지 월령인 환경의 변화와 상생으로 사회와 조직의 구성원으로서 실력에 대한 준비와 능력 발휘를 위한 준비로 운(運)에서의 상생을 보는 것이기에 사주의 월지의 계절은 가장 중요하게 보아야 한다.

둘째, 직업인의 조후용신에 따른 직무만족의 차이는 평균 차이가 유의미하게 있는 것으로 확인되었다. 특히 직무만족에 대해 금 집단이 가장 높게 인식하였다. 토 집단은 가장 낮게 인식하는 것으로 확인되었으며, 목, 화, 수, 금 집단과 토 집단 간의 평균 차이가 유의미하게 나타났다. 이러한 결과는 직업인의 직무만족 요인은 조후용신에 따라 다르게 인식한다는 것을 의미한다. 특히 금 집단이 직무만족을 가장 높게 지각하였으며, 수, 화, 목, 토 순으로 지각하는 것으로 확인되었다.

이러한 결과는 금 집단이 가장 높게 인식된 것은 직무에서 요구되는 결단성과 강건함, 책임감, 의리심, 이성적, 원칙 등 권위적인 자율계의 행동이 내재되어 있는 명예를 말 할 수 있으며, 스스로 이루어지는 것이 아니고 타에 의하여 조직 속에서 자신의 모습을 드러내고 만들어지는 것이 금 집단의 속성이므로 인식이 높게 나타난 것으로 확인된다. 토 집단이 가장 낮게 인식된 것은 인간관계와 조직의 활동에 있어 주변의 간섭을 싫어하고 자유로움을 추구하며 안정적, 수동적, 실용적, 원만함, 현실적인 수렴계의 성향이 내재되어 있기에 토 집단의 속성이므로 인식이 낮게 나타난 것으로 본다. 설문 4문항의 '현재 직무로 내 자신의 경력을 계속해서 쌓아 갈 것이다.'의 응답에 있어 금 집단과 토 집단의 인식은 조후용신의 성향에 따라 다르게 인식된다.

조후용신은 사주의 주체자의 멘탈, 마인드 컨트롤의 성격적인 감정과 정신적인 문제를 다루는데 사용된다. 적극적으로 호응하고 인간관계의 친목하는 긍정적 사고와 불안정하고 불신이 표출되는 부정적 사고로 환경의 상태와 주체자의 개인적 마음 상태로 볼 수 있다. 조후가 완전히 치우친 경우에는 차가운 사주이거나 뜨거운 사주에 어느 한쪽으로 치우쳐 있을 때 성격적인 부분과 정신적인 부분으로 삶의 질을 볼 때는 조후용신으로 보아야 한다. 정신이 건강해야 삶의 질이 높아질 수밖에 없다.

셋째, 직업인의 격국에 따른 직무만족의 차이는 유의미하지 않은 것으로 확인되었다. 격국별 집단에서 상관격 집단이 직무만족을 가장 높게 인식하고, 건록격 집단이 가장 낮게 인식하는 것으로 나타났지만 대부분 비슷하거나 동일한 수준으로 인식하는 것으로 확인되었다. 이러한 결과는 직업인의 명리학적 특성인 격국에 따라 직무만족의 평균 차이가 나타나지 않아 직무만족을 인식하는 수준이 격국에 관계없이 비슷하거나 동일하다는 것을 의미한다.

사전적 의미로 격은 '주위 환경이나 형편에 자연스럽게 어울리는 분수나 품위'로 우리가 살아가는 환경에서 적응하며 살아가는 방식을 말하며 한자 사전의 뜻으로 자리, 지위를 말하고 있다. 즉 격이란 사회관계 속에서 나(我)라는 사람의 역할을 말하며 신분과 위치를 의미한다. 격은 배합의 관계로 이루어진 육신으로 사회와 조직에서 생존과 생활을 유지하기 위해 자신의 실력을 준비하고 능력을 발휘하여 경쟁력을 갖추기 위한 자격조건과 같고 사회 조직에서는 검증을 받고 기득권을 취하는 역할과 같은 것이다.

이러한 결과는 사회인으로 살아가는 환경에서 직업은 생계를 위한 필수 조건이며, 또한 직업은 다른 사람들보다 좀 더 나은 생산 활동에 의해 보장되기 때문에 그에 따른 지식이나 알맞은 소질로 자신의 적성과 능력을 생활 속에서 사회와 긴밀한 관계 유지를 위한 부단한 노력이 필요하다. 그러므로 격국에 따른 직무만족을 볼 때는 하나하나의 격국마다 성향과 기질은 다르게 나타나지만 사회인으로서 삶에 있어 직업을 대하는 태도와 임하는 자세에는 직무만족의 사회적 성향이 격국의 인식들이 비슷하다고 보며, 격국별 집단 간 평균 차이가 통계적으로 의미 있지 않은 것으로 나타났다.

본 연구는 직업적성 때문에 취업과 재취업, 구직에 힘들어하는 사람들을 위한 기초자료를 도출하는 것이 목적이기도 하다. 자연의 변화무상함을 문자로 표현하기에는 무리가 있다. 문자로 표현된 간지는 기운 변화의 인자를 표현한 수단이다. 고정된 글자의 뜻이 아닌 계절과 조후로 사주 주체자의 선천적 기운과 사회에서 필요 되는 격의 모양으로 직업과 직무 관련의 연관성이 있다.

명리학의 직업적성 연구를 위해 이론적 배경인 오행의 음양, 간지, 일간, 십성, 육친, 격국 등을 구분하여 이론을 전개하였다. 이러한 구분 중에서도 중점적으로 강조한 것은 사주 주체자가 태어났을 때 가장 영향을 많이 받는 월에 해당하는 계절이다. 계절은 인간이 가장 영향을 받는 계절의 기운과 조후로 타고난 선천적 기질과 자질 위주로 논의했다.

일간을 주체로 하여 생활상에 주어진 모든 관계와 현상을 육친의 언어로 현대 명리학은 해석되고 있다. 일간을 나로 보는 것은 개인의 권리를 주장하면서부터 시작하게 되었다. 자기 자신을 위함이나 사회와 조직에서는 나라는 존재는 오로지 나 일수는 없으므로 일간을 중심으로 다른 간지들의 관계성을 분석하고 해석하고 추론하였다. 태어날 때, 간섭된 계절로 변화하는 환경에서 적응하는 나의 에너지 · 계획, 의지, 각오, 내가 계획하는 조후 · 사회적인 임무, 직업적 능력인 업무의 적합성인 환경에서 격국을 살펴 사주 주체자의 타고난 기질과 자질로 판단하게 된다. 사주 주체자의 선천적 자질과 기질이 예견되면 취업을 선택할 때, 흥미와 적성에 맞는 직업을 선택할 수 있다. 그러면 직무만족은 높아질 것이다. 만약 직무만족이 어려울 때는 자신의 타고난 자질이나 특성을 점검해 보는 것도 좋다.

이 연구의 한계점도 있다. 자연에서 인간을 포함한 만물의 생로병사 원인 과정을 간지인 글로 설명하였다면, 과연 그 글이 수없이 많은 변화무상을 정해진 글자로 다 풀 수 있을지에 대한 한계이다. 이 연구를 바탕으로 의문이 되는 부분에 관하여는 지속적인 연구를 통하여 해결했으면 하는 마음 간절하다.

〈참고문헌〉

『子平眞詮』
『滴天髓』
『命理約言』
『適天髓闡微』
김동규, 『음양오행의 원리』, 민족문화사, 1983.
김성태, 『오행총론』, 한길로, 2021.
김만태, 『정선(精選)명리학강론』, 지식의 통섭 2022.
Paul E Spector 저, 박동건 역, 『산업 및 조직심리학』, 학지사, 2015.
Richard Wiseman, 한창호 역, 『괴짜심리학(Quirkology)』, 웅진지식하우스, 2009.
한국기업교육학회, HRD분야 실무정보 총정리(https://hrd100.tistory.com).
직무분석 온라인 퍼실리테이션 플랫폼(http://hrfriend.co.kr).

고객 관점에서 바라본 사주 상담기법의
향후 발전과제

노희범*

Ⅰ. 서론

　현대인들은 과학문명의 발전, 경제성장, 소득향상 등으로 물질적 풍요로움은 누리고 있으나 정신적 측면에서 여러 가지 문제점들이 대두(擡頭)되고 있다. 정신적 측면의 문제점은 급변하는 사회환경 속에서 생존의 문제 등 미래에 대한 불확실성의 증가로 나타나고 있다. 한 연구조사[1]에 의하면 자신의 삶이 불행하다는 응답자가 2019년 현재 76.5%로서 해마다 점점 증가(2014년 66.5%, 2016년 71%)하고 있고, 남성(71.4%)보다 여성(81.6%)의 비중이 더 높았으며, 30대(80.4%)의 비중이 가장 높았다.[2] 이는 과거보다 소득은 증가하였지만, 삶의 만족도가 함께 증가한 것은 아니며 이러한 삶의 만족도를 향상하기 위해 종교생활, 취미생활뿐만 아니라 상담 분야의 수요도 꾸준히 증가하고 있음을 알 수 있다.

　상담은 보통 일반상담과 운명상담으로 구분한다. 일반상담은 심리상담, 치유상담, 진

---

*　동양문화융합학회 상임이사, 철학박사

1　김현주, 「세계일보」, www.segye.com/newsView/20190831503767?OutUrl=daum). "전화·문자·사이버 상담 등 청소년 온라인 상담은 2014년 75만1,281건에서 2015년 77만2,497건, 2016년 83만3,448건, 2017년 86만2,670건, 2018년 87만2,906건으로 매년 늘어났다. 상담 사유별로 살펴보면 '정보제공'이 19.2%로 가장 많았고, '대인관계(18.0%)', '정신건강(12.1%)', '가족(12.0%)', '학업/진로(11.8%)' 등이 뒤를 이었다."

2　임재관, 「메디칼 월드뉴스」, http://www.medicalworldnews.co.kr/news/view.php?idx=1510932932. "이 조사는 엠브레인 트렌드모니터가 전국의 만 19~59세 성인남녀 1000명을 대상으로 '현대인의 정신건강'과 관련한 인식 조사이다."

로상담 등으로 서양의 이론에서 도입된 상담기법이 활용되고 있다. 그러나 서양의 상담기법은 한국인의 문화와 정서를 수용하기에 적절하지 못해 상담의 효과가 떨어진다는 문제도 제기되고 있다.[3] 운명상담은 인간의 운명과 미래에 대한 전문적인 상담이다. 이러한 상담은 한국인의 경우 술수학(術數學)[4] 위주의 상담이 꾸준히 이어져 왔지만, 최근에는 심리적 측면의 상담도 증가하고 있다.

점술로 운세를 보는 것은 한국인의 삶에 깊숙이 자리하고 있는데 시장규모를 4조 원정도로 추산하고 있다. 그중 사주상담은 가장 한국인이 선호하는 상담으로 조사되었다.[5] 사주란 사람이 태어난 연월일시의 천간과 지지의 음양과 오행을 통해 개인의 성격, 건강, 운세 등을 예측하는 동양의 전통적인 역학의 한 부류이다. 사주가 우리나라에 전래된 시기는 확실하지 않으나 중국과 문화교류가 활발하게 이루어졌던 고려 중기까지는 전래 되었을 것으로 추정된다.[6] 이후 조선 시대에 와서 사주가 명과학(命課學)이라는 과거(科擧), 잡과(雜科) 및 취재(取才)과목으로 편입되어 '관용지학(官用之學)'으로 활용되었고 국가와 왕실의 대소사에 깊이 관여하였으며[7] 사대부, 평민에 이르기까지 수용되었다.

그러나 근대화 이후 민속문화로서 수용된 사주명리는 한때 혹세무민하는 미신, 잡술로 폄하(貶下)되기도 하였다. 그런데도 현재까지 사주가 전승되어 내려오는 것은 오랜 역사를 통한 이론적, 논리적인 체계가 있으며, 내담자에게 상담을 통한 사회적 순기능의 역할도 하고 있기 때문으로 보인다. 사주상담은 내담자의 운명해석, 근본적 문제인식, 현실문제의 대안제시 등이 가능하고 서양 상담에서 필수요소인 내담자의 자기이해, 자기수용, 자기개방도 가능하며 인생의 고비나 선택 상황에서 사주를 통해 자신의 운명

---

3 장성숙, 「한국문화에서의 상담자의 초점: "개인 중심" 또는 '역할 중심'」, 「사회 및 성격」 18집 3호, 한국심리학회, 2004, 16–17면.

4 술수학이란 동양의 오술(五術), 즉 명(命), 복(卜), 의(醫), 상(相), 산(山) 등이다. 이 중 의(醫)는 한의학으로 산(山)은 요가, 명상, 양생 등의 방법으로 주로 인체와 관련된 것이다. 명(命)은 시간을 중심으로 운명과 미래를 파악하는 것으로 사주명리(四柱命理), 자미두수(紫微斗數) 등이 있고, 복(卜)은 특정한 사건의 길흉을 예측하는 것으로 육임(六壬), 육효(六爻) 등이 있으며, 상(相)은 공간 또는 형상으로 운명을 파악하는 것으로 관상(觀相) 및 풍수(風水) 등이 있다.

5 "온·오프 점술시장 4조 원", 「한국일보」, 2019.01.29.

6 김만태, 「한국 사주명리의 활용양상과 인식체계」, 안동대학교 대학원, 박사학위논문, 2010, 56면.

7 김만태, 「한국 사주명리의 활용양상과 인식체계」, 안동대학교 대학원, 박사학위논문, 2010, 15면.

을 개척하고 대안을 찾는[8] 장점을 지니고 있다. 향후 사주상담은 운명예측과 더불어 사주에 담긴 가능성을 분석하여 긍정적 방향으로 발전해 갈 수 있는 탐색과정으로의 인식 전환이 필요하다.[9]

그러나 사주상담에서 가장 문제가 되는 것은 사주명리가 비교적 체계와 논리를 갖추고 전해져 왔지만, 명서(命書)마다 이론과 해석체계가 다르고 이를 해석하는 전문가의 견해 역시 서로 다를 수 있다는 점이다. 이는, 내담자에 대해 어떤 명서의 논리를 적용하느냐?, 상담자가 누구냐? 에 따라 서로 다른 견해가 나타날 수 있으며 이는 사주상담의 수요자에게 부정적인 영향을 줄 수도 있다는 점이다. 학계에서도 사주를 명리학으로 체계를 구축하고 발전시키기 위한 다양한 연구가 시도되고 있다. 그렇지만 기존의 선행연구는 사주의 학문적 체계 구축 및 타학문과의 융합을 통한 현대화를 제시한 중요한 의미가 있다. 실제 내담자 관점에서 실태조사를 통한 상담학으로서의 시사점을 제시한 연구는 미비하다.

따라서 고객의 관점에서 성별·혼인별·소득별·직업별·종교별로 분류하여 사주에 대한 인식, 상담의 목적, 사주상담 후 생활의 변화, 사주상담이 현대적 상담학으로서의 발전과제를 통계적 기법의 조사가 요구되고 있다. 왜냐하면 이 조사 결과를 바탕으로 사주상담의 학문화와 현대화를 위한 시사점을 제시할 수 있기 때문이다.

Ⅱ. 민속문화로서의 사주명리

민속문화란 한 민족이 보편적으로 공유하고 있는 전통문화 중에서도 가장 기층문화이다.[10]

민속문화 중 하나로 전승되어 내려온 사주는 특히 조선시대에는 기층문화의 하나로서 전승되었으며 조선왕실과 사대부와 일반 민중에 폭넓게 수용된 것은 다양한 문헌으

---

8   김현주, 『세계일보』, http://www.segye.com/newsView/20190228003981?OutUrl=naver, 2019.3.29. "엠브레인 트렌드모니터가 전국 만 19~59세 성인남녀 1000명을 대상으로 운세 관련 설문조사 결과 지금까지 봤었던 운세의 종류에서 전체 응답자 616명 중 사주(256명, 41.6%)가 가장 높은 수치를 보였다."

9   김만태, 「한국 사주명리 연구의 현황과 과제」, 『동방문화와 사상』 제1집, 2016, 209면.

10   나경수, 「21세기 민속문화와 정책방향」, 『한국민속학』 12집, 한국민속학회, 2004, 41~42면.

로도 확인할 수 있다. 조선의 왕실에서도 사주에 대한 기록이 전해지고 있는데 세자의 사주와 혼인 전 사주를 본 기록, 기타 사주 관련 내용 등이 전해지고 있다. 예를 들면, 태종의 어머니가 점보는 사람에게 사주를 물었다는 기록,[11] 세종 대에는 세자의 배필을 정하는데 사주풀이를 하였다는 기록,[12] 고종 대에는 동궁의 관례를 위한 간택에 대해 사주를 논의한 내용,[13] 정조 대에는 국청에서 죄인을 문초하는 과정에서 역적 이율에게 사주를 주어 문양해에게 보이라고 하였다는 기록[14]등이 나타나고 있다.

조선 초기 왕실에서 활용되던 사주는 점차 민간에 유포되기 시작한다. 특히 사대부가에서 사주를 활용하였던 내용이 다양한 문헌집에서 전해지고 있다. 『우계집』에서는 사주를 잘 타고나서 벼슬이 날로 높아진다는 기록[15]이 있으며, 허균이 자신의 사주를 간명한 기록,[16] 사대부가의 여인도 사주에 대한 조예가 깊었음을 알 수 있는 내용,[17] 혼인을 정한 후에 신랑 집에서 신붓집에 보내는 '사주단자'에 대한 내용,[18] 실학자인 이익이 "남헌이 나의 사주를 말하면서 관은 많고 녹(祿)은 적다 하였다."[19]라고 하여 자신의 사주를 타인이 간명한 내용, 홍대용의 사주를 보고 "귀한 분이고 금에 해당하는 해를 만나면 운수가 대통할 것이라"[20]는 내용 등이 있다.

반면 실학자 중에는 사주를 부정하는 경우도 있었는데, 대표적으로 정약용은 "사람의 수요와 귀천이 한결같이, 사주의 이루어진 예에 의하여 결정된다고 하니, 이치에 있어 당연히 그렇다고 할 수가 없는 것이다."[21]라고 하면서 사주에 대한 부정적 기록을 남기고 있다. 이는 결국 조선 후기 실학자인 정약용이 우려할 정도로 사주가 사대부뿐만

11 『태종실록』 1권, 「총서」.
12 『세종실록』 27권, 세종 7년(1425) 3월 29일(기해)
13 『승정원일기』 2896책, (고종 19년 1월 15일)
14 『정조실록』, 22권, (정조 10년 12월 9일)
15 성혼, 『우계집』 제2권, 장소 1.
16 허균, 『성소부부고』 제12권, 문부9, 잡문.
17 남구만, 『약천집』, 제26권.
18 안현복, 『순암집』, 14권, 잡저.
19 이익, 『성호사설』 3권, 人事門, 陰陽家, "語類云先生說南軒論熹命云官多祿少曰云平日辭官文字甚多然則兩賢亦多少信及矣.", 한국고전번역원 DB.
20 홍대용, 『감헌서』 외집, 7권.
21 정약용, 『다산시문집』 제11권 논, 갑을2, "以爲人之壽夭貴賤 一定於四柱之成例 於理不宜然也." 한국고전번역원 DB.

아니라 일반 민중들에게까지 전파된 사실을 반증하는 것이다. 이런 전례를 보더라도 고려 말 이후 왕실이나 사대부가, 일반 민중까지 사주를 보았다는 기록에 미루어 사주가 민간신앙으로 널리 유포되었다는 사실을 알 수 있다.

Ⅲ. 사주상담 연구모형과 설문조사 방법

1. 연구모형 및 가설설정

본 연구의 설문은 총 27개 문항으로 구성하였으며 응답은 1에서 5까지의 수치를 부여하는 등간척도법을 사용하였다. 설문지 구성을 정리하면 아래와 같다.

표 21-1. 설문지 구성

구성개념	설문 문항	평균	표준편차
사주에 대한 인식	(1) 동양철학의 일부이며 역사적 전통성이 있다.	3.6	0.89
	(2) 태어난 생년월일로 길흉화복을 예측한다.	3.5	1.02
	(3) 사람을 현혹시키는 미신이라고 생각한다.	2.6	1.06
	(4) 종교적 이유로 사주에 대해 관심 없다.	2.4	1.21
	(5) 사주에 대해서 잘 알지 못한다.	3.2	1.16
사주의 상담목적	(1) 대인관계	2.6	1.13
	(2) 가족관계	3.0	1.25
	(3) 적성 · 진로 · 직업	3.5	1.19
	(4) 연애 · 궁합 · 혼인	3.4	1.26
	(5) 작명 · 개명	2.3	1.23
	(6) 택일(이사 · 개업 · 결혼)	2.5	1.31
	(7) 재물 · 사업 · 매매	3.3	1.31
	(8) 건강 · 질병	2.9	1.33

구성개념	설문 문항	평균	표준편차
사주 상담 후 생활 변화	(1) 문제를 해결 할 수 있는 자신감을 얻었다.	3.1	0.93
	(2) 불확실한 일에 대응하는 자신감을 얻었다.	3.2	0.93
	(3) 과거에 대한 반성과 함께 위로를 받았다.	3.0	0.97
	(4) 대인관계에 대해 도움이 되었다.	2.8	0.93
	(5) 가족문제 전반에 대해 도움이 되었다.	2.9	0.99
	(6) 특정날짜 선택(이사 · 개업 · 혼인)에 도움이 되었다.	2.8	1.08
	(7) 재물 · 사업 · 매매 문제에 도움이 되었다.	2.9	0.96
	(8) 심리상태 안정에 도움이 되었다.	3.2	1.04
사주 상담학으로서의 발전가능성	(1) 심리 · 적성 · 상담 영역으로 확대할 수 있을 것이다.	3.7	0.89
	(2) 상담 관련 직업으로서의 위상을 가질 수 있을 것이다.	3.4	0.87
	(3) 기업의 인사 · 직무관리 등에도 기여할 수 있을 것이다.	3.0	0.98
	(4) 사주(명리학) 관련한 대학의 전공학과가 더 많이 개설되어야 할 것 이다.	3.3	0.91
	(5) 사주 상담학과 관련한 석 · 박사학위 배출이 증가 되어야 할 것이다.	3.3	0.94
	(6) 사주 상담 관련, 국가적 차원에서 공인할 수 있는 자격증 제도가 필 요할 것이다.	3.5	1.00

연구가설은 성별, 혼인여부, 연총수입, 직업, 종교별로 분류했으며 가설내용은 '사주에 대한 인식, 사주상담 목적, 사주상담 후 생활의 변화, 상담학으로서의 미래발전성에 대한 차이가 있을 것이다'이다. 연구가설 설정을 정리하면 아래와 같다.

표 21-2. 연구가설 설정

가설		연구 가설내용
1. 성별	1-1	성별 사주 인식에 차이가 있을 것이다.
	1-2	성별 상담목적에 차이가 있을 것이다.
	1-3	성별 상담 후 생활의 변화에 차이가 있을 것이다.
	1-4	성별 사주상담의 발전성에 차이가 있을 것이다.
2. 혼인별	2-1	혼인별 사주 인식에 차이가 있을 것이다.
	2-2	혼인별 상담목적에 차이가 있을 것이다.
	2-3	혼인별 상담 후 생활의 변화에 차이가 있을 것이다.
	2-4	혼인별 사주상담의 발전성에 차이가 있을 것이다.

가설		연구 가설내용
3. 연 총수입별	3-1	연 총수입별 사주 인식에 차이가 있을 것이다.
	3-2	연 총수입별 상담목적에 차이가 있을 것이다.
	3-3	연 총수입별 상담 후 생활의 변화에 차이가 있을 것이다.
	3-4	연 총수입별 사주상담의 발전성에 차이가 있을 것이다.
4. 직업별	4-1	직업별 사주 인식에 차이가 있을 것이다.
	4-2	직업별 상담목적에 차이가 있을 것이다.
	4-3	직업별 상담 후 생활의 변화에 차이가 있을 것이다.
	4-4	직업별 사주상담의 발전성에 차이가 있을 것이다.
5. 종교별	5-1	종교별 사주 인식에 차이가 있을 것이다.
	5-2	종교별 상담목적에 차이가 있을 것이다.
	5-3	종교별 상담 후 생활의 변화에 차이가 있을 것이다.
	5-4	종교별 사주상담의 발전성에 차이가 있을 것이다.

2. 설문조사 방법

설문조사를 위한 표본은 서울과 수도권, 부산에 거주하는 20대 이상 성인남녀를 대상으로 자기기입법(Self-Administered Survey Method)으로 진행하였다. 설문조사 기간은 2018년 4월~6월(90일)이며 설문지 총 350매를 회수하였다. 이 중 무성의한 응답, 결락이 있는 응답 등을 제외하고 총 262명에 대한 설문데이터를 최종분석에서 사용하였다. 통계분석 방법은 SPSS 21.0으로 실증분석하였다.

설문조사의 응답자 분포는 남성 116명(44.3%), 여성 146명(55.7%)이며, 미혼 124명(47.3%), 기혼 138명(52.7%)이다. 수입은 1천만 원 미만 90명(34.4%), 1천만~2천만 원 미만 22명(8.4%), 2천~4천만 원 미만 92명(35.1%), 4천~6천만 원 미만 28명(10.7%), 6천만 원 이상 30명(11.5%)이다. 직업은 공무원 6명(2.3%), 자영업 33명(12.6%), 회사원 88명(33.6%), 전문직 26명(9.9%), 학생 53명(20.2%), 주부 43명(16.4%), 기타 13명(5.0%)이다. 기독교 36명(13.7%), 불교 60명(22.9%), 천주교 28명(10.7%), 원불교 3명(1.1%), 유교 7명(2.7%), 무교 및 기타 128명(48.9%)의 순으로 조사되었다. 설문응답자의 인구통계학적 특성을 정리하면 아래와 같다.

표 21-3. 설문응답자의 인구통계학적 특성

항목	구분	빈도(명)	비율(%)
성별	남성	116	44.3
	여성	146	55.7
혼인형태	미혼	124	47.3
	기혼	138	52.7
연 총수입	1천만 원 미만	90	34.4
	1천~2천만 원 미만	22	8.4
	2천~4천만 원 미만	92	35.1
	4천~6천만 원 미만	28	10.7
	육천만 원 이상	30	11.5
직업	공무원	6	2.3
	자영업	33	12.6
	회사원	88	33.6
	전문직	26	9.9
	학생	53	20.2
	주부	43	16.4
	기타 무직	13	5.0
종교	기독교	36	13.7
	불교	60	22.9
	천주교	28	10.7
	원불교	3	1.1
	유교	7	2.7
	무교 및 기타	128	48.9

Ⅳ. 실증분석 결과와 논의

1. 요인분석 및 신뢰도 분석

먼저 설문지의 구성이 타당한지를 검정하기 위해 변인 선정의 적절성에 대한 KMO 지수와 Bartlett의 검정을 통해 요인분석모형의 적합성 여부를 확인하였다. 요인분석 및 신뢰도 분석을 정리하면 아래와 같다.

표 21-4. 요인분석 및 신뢰도 분석

요인		설문 문항	요인 적재치	아이 겐값	분산 설명력	KMO와 Bartlett의 검정	신뢰도
사주인식	긍정	역사 · 정통성	0.874	2.031	40.61	KMO=.749, Bartlett의 구형성검정:근사 카이제곱= 380.385, 자유도=10, 유의확률=.000***	0.734
		길흉예측	0.856				
	부정	미신	0.826	1.621	32.41		0.771
		종교적 문제	0.811				
		관심 없음	0.776				
상담 목적	개인 상담	적성 · 진로	0.767	2.537	31.71	KMO=.785, Bartlett의 구형성검정:근사 카이제곱= 666.151, 자유도=28, 유의확률=.000***	0.816
		재물 · 사업	0.691				
		연애 · 혼인	0.675				
		건강 · 질병	0.649				
		대인관계	0.617				
	가족 상담	작명 · 개명	0.833	2.145	26.80		
		택일	0.818				
		가족관계	0.684				
상담 후 생활 변화	내적 변화	불확실성 대응 자신감	0.874	3.257	40.71	KMO=.852, Bartlett의 구형성검정: 근 사카이제곱= 751.579, 자유도=28, 유의확률=.000***	0.886
		문제해결 자신감	0.841				
		심리상태안정	0.780				
		반성과 위로	0.673				
	외적 변화	대인관계개선	0.607	2.294	28.67		
		날짜선택도움	0.904				
		재물사업도움	0.753				
		가족문제도움	0.636				
향후 사주 상담학의 발전성 석 · 박사 배출 직업위상제고 국가인증 자격증 제도 심리상담확대 인사직무기여		전공학과개설	0.864	3.798	63.30	KMO=.853, Bartlett의 구형성검정:근사 카이제곱= 836.011, 자유도=15, 유의확률=.000***	0.881
			0.862				
			0.811				
			0.790				
			0.723				
			0.710				

*** p<0.01, **p<0.05

위의 표를 보면, 분석결과 모든 설문문항의 요인적재치는 0.6을 상회하였고, KMO계수는 사주인식 문항은 0.749, 상담목적 문항은 0.785, 상담 후 생활변화 문항은 0.852, 향후 사주 상담학의 발전가능성 문항이 0.853이며, 유의확률은 모두 $p < 0.000$으로 99% 신뢰수준에서 요인분석이 적절한 것으로 나타났다. 또한, 이들 요인에 대한 신뢰도 분석결과 크론바하 알파값은 모두 0.7 이상으로 나타나 적절하였다.

2. 연구가설 검증

가설에 따른 검증은 성별, 혼인별의 경우 2개의 범주이므로 t-검정을 실시하였다. 총수입별, 직업, 종교별의 경우에는 3개 이상의 범주이므로 일원배치분산을 실시하였다.

가. 〈가설 1〉 성별에 따른 사주인식, 상담목적, 사주상담 후 생활의 변화, 사주상담이 상담학으로서의 미래발전성에 대한 차이가 있을 것이다.

가설 1-1. 성별 사주 인식에 차이가 있을 것이다.
　　　1-2. 성별 상담목적에 차이가 있을 것이다.
　　　1-3. 성별 상담 후 생활의 변화에 차이가 있을 것이다
　　　1-4. 성별 사주상담의 발전성에 차이가 있을 것이다.

아래의 표에서 나타난 바와 같이 개인적 상담, 가족상담, 내적변화, 발전성은 통계적 유의수준을 벗어나 성별에 따른 차이는 없었다. 그러나 사주에 대한 부정인식은 99% 신뢰수준하에서 남성(2.899)이 여성(2.593)보다 높은 것으로 나타났다.

표 21-5. 성별에 따른 차이 분석

종속변수	성별	N	평균	표준편차	t	p
긍정인식	남성	116	3.482	0.812	-0.810	0.419
	여성	146	3.568	0.880		

종속변수	성별	N	평균	표준편차	t	p
부정인식	남성	116	2.899	0.946	2.623	0.009***
	여성	146	2.593	0.930		
개인적 상담	남성	116	3.238	0.850	1.608	0.109
	여성	146	3.060	0.918		
작명 · 택일 · 가족 상담	남성	116	2.540	0.962	-0.583	0.561
	여성	146	2.614	1.089		
내적 변화	남성	71	3.065	0.771	-0.230	0.818
	여성	106	3.092	0.792		
외적 변화	남성	71	2.831	0.747	-0.774	0.440
	여성	106	2.931	0.898		
발전성	남성	116	3.369	0.690	-0.056	0.955
	여성	146	3.374	0.779		

*** $p < 0.01$, ** $p < 0.05$

나. 〈가설 2〉 혼인별 사주인식, 상담목적, 사주상담 후 생활의 변화, 사주상담이 상담학으로서의 미래발전성에 대한 차이가 있을 것이다.

가설 2-1. 혼인별 사주 인식에 차이가 있을 것이다.

2-2. 혼인별 상담목적에 차이가 있을 것이다.

2-3. 혼인별 상담 후 생활의 변화에 차이가 있을 것이다.

2-4. 혼인별 사주상담의 발전성에 차이가 있을 것이다.

아래의 표에서 보는 바와 같이 개인적 상담, 내적 변화, 발전성은 통계적 유의수준을 벗어나 혼인별 차이가 없었다. 그러나 긍정인식은 99% 신뢰수준하에서 기혼(3.706)이 미혼(3.334)보다 높게 나타났으며, 부정인식은 99% 신뢰수준하에서 미혼(2.970)이 기혼(2.512)보다 높게 나타났다. 가족상담은 99% 신뢰수준하에서 기혼(2.848)이 미혼(2.285)보다 높게 나타났으며, 사주상담 후 외적 변화에서는 99% 신뢰수준하에서 기혼(3.048)이 미혼(2,626)보다 높게 나타났다.

표 21-6. 혼인별 차이 분석

종속변수	혼인	N	평균	표준편차	t	p
긍정인식	미혼	124	3.334	0.835	-3.614	0.000***
	기혼	138	3.706	0.828		
부정인식	미혼	124	2.970	0.943	4.021	0.000***
	기혼	138	2.512	0.902		
개인적 상담	미혼	124	3.215	0.980	1.303	0.194
	기혼	138	3.071	0.801		
가족 상담	미혼	124	2.285	0.992	-4.567	0.000***
	기혼	138	2.848	1.000		
내적 변화	미혼	66	3.015	0.870	-0.868	0.386
	기혼	111	3.121	0.725		
외적 변화	미혼	66	2.626	0.846	-3.322	0.001***
	기혼	111	3.048	0.799		
발전성	미혼	124	3.345	0.666	-0.553	0.581
	기혼	138	3.396	0.802		

*** $p < 0.01$, ** $p < 0.05$

다. 〈가설 3〉 연 총수입별 사주인식, 상담목적, 사주상담 후 생활의 변화, 사주상담이 상담학으로서의 미래발전성에 대한 차이가 있을 것이다.

가설 3-1. 연 총수입별 사주 인식에 차이가 있을 것이다.
　　3-2. 연 총수입별 상담목적에 차이가 있을 것이다.
　　3-3. 연 총수입별 상담 후 생활의 변화에 차이가 있을 것이다.
　　3-4. 연 총수입별 사주상담의 발전성에 차이가 있을 것이다.

아래의 표에서 보는 바와 같이 연간 총수입별 차이는 일원배치분산분석 결과 99% 신뢰수준하에서 긍정인식의 차이가 존재하였으며, 다른 변수는 통계적 유의수준을 벗어나 차이가 없는 것으로 나타났다. 총수입별 차이를 검정하기 위해 사후분석을 실시한 결과 긍정인식에서는 1천만 원 미만(3.306)〈4천~6천만 원 미만(3.643)〈6천만 원 이상(3.850)으로 나타나 소득이 높을수록 긍정인식이 강한 것으로 나타났다.

표 21-7. 연 총수입별 차이 분석

종속변수	소득	N	평균	표준편차	표준오차	F/유의확률	Duncan
긍정인식	1천만 원 미만	90	3.306	0.923	0.097	3.751 /0.006***	a⟨d, e 1.=0.103 2.=0.123
	1천만~2천만 원 미만	22	3.864	0.727	0.155		
	2천만~4천만 원 미만	92	3.533	0.841	0.088		
	4천~6천만 원 미만	28	3.643	0.731	0.138		
	6천만 원 이상	30	3.850	0.658	0.120		
	합계	262	3.531	0.850	0.053		
부정인식	1천만 원 미만	90	2.830	1.035	0.109	1.701 /0.150	-
	1천만~2천만 원 미만	22	2.379	1.009	0.215		
	2천만~4천만 원 미만	92	2.804	0.852	0.089		
	4천~6천만 원 미만	28	2.702	0.818	0.155		
	6천만 원 이상	30	2.478	0.974	0.178		
	합계	262	2.729	0.948	0.059		
개인적 상담	1천만 원 미만	90	3.083	1.026	0.108	1.029 /0.393	-
	1천만~2천만 원 미만	22	3.591	0.908	0.194		
	2천만~4천만 원 미만	92	3.288	0.959	0.100		
	4천~6천만 원 미만	28	2.946	1.083	0.205		
	6천만 원 이상	30	3.150	1.092	0.199		
	합계	262	3.191	1.013	0.063		
가족 상담	1천만 원 미만	90	3.533	1.163	0.123	2.140 /0.076	-
	1천만~2천만 원 미만	22	3.318	1.086	0.232		
	2천만~4천만 원 미만	92	3.554	1.235	0.129		
	4천~6천만 원 미만	28	3.393	1.197	0.226		
	6천만 원 이상	30	3.067	1.363	0.249		
	합계	262	3.454	1.211	0.075		
내적변화	1천만 원 미만	46	3.122	0.750	0.111	1.520 /0.382	-
	1천만~2천만 원 미만	20	3.230	0.706	0.158		
	2천만~4천만 원 미만	69	3.072	0.833	0.100		
	4천~6천만 원 미만	20	2.980	0.748	0.167		
	6천만 원 이상	22	2.982	0.816	0.174		
	합계	177	3.081	0.782	0.059		

종속변수	소득	N	평균	표준편차	표준오차	F/유의확률	Duncan
외적변화	1천만 원 미만	46	2.935	0.848	0.125	1.925 /0.822	-
	1천만~2천만 원 미만	20	3.217	0.767	0.171		
	2천만~4천만 원 미만	69	2.802	0.862	0.104		
	4천~6천만 원 미만	20	2.750	0.779	0.174		
	6천만 원 이상	22	2.909	0.856	0.182		
	합계	177	2.891	0.840	0.063		
발전성	1천만 원 미만	90	3.283	0.662	0.070	1.198 /0.312	-
	1천만~2천만 원 미만	22	3.606	0.736	0.157		
	2천만~4천만 원 미만	92	3.348	0.773	0.081		
	4천~6천만 원 미만	28	3.399	0.829	0.157		
	6천만 원 이상	30	3.517	0.765	0.140		
	합계	262	3.372	0.740	0.046		

*** $p < 0.01$, **$p < 0.05$

라. 〈가설 4〉 직업별 사주인식, 상담목적, 사주상담 후 생활의 변화, 사주상담이 상담학으로서의 미래발전성에 대한 차이가 있을 것이다.

가설 4-1 직업별 사주 인식에 차이가 있을 것이다.

　　4-2 직업별 상담목적에 차이가 있을 것이다.

　　4-3 직업별 상담 후 생활의 변화에 차이가 있을 것이다.

　　4-4 직업별 사주상담의 발전성에 차이가 있을 것이다.

아래의 표에 나타난 바와 같이 직업별 차이는 일원배치분산분석 결과 99% 신뢰수준하에서 긍정인식, 부정인식, 가족 상담의 차이가 존재하였다. 직업별 차이를 검정하기 위해 사후분석을 실시한 결과 긍정인식에서는 학생(3.208)〈주부(3.547)〈자영업(3.924)〈전문직(3.962)으로 나타나 직업을 가진 부류에서 긍정인식이 높은 것으로 나타났다. 그리고 부정인식의 경우 자영업(2.313)〈학생(3.107)으로 학생의 부정적 인식이 높은 것으로 나타났다. 직업별 상담목적에 있어 가족 상담의 경우 공무원(1.889)〈주부(2.977) 간의 통계적 유의성이 확인되었다.

표 21-8. 직업별 차이 분석

종속변수	직업	N	평균	표준편차	표준오차	F/유의확률	Duncan
긍정인식	공무원	6	3.500	0.632	0.258	4.156 /0.001***	e, g⟨b, d 1.=0.263 2.=0.115
	자영업	33	3.924	0.686	0.119		
	회사원	88	3.489	0.773	0.082		
	전문직	26	3.962	0.811	0.159		
	학생	53	3.208	0.823	0.113		
	주부	43	3.547	1.034	0.158		
	기타무직	13	3.231	0.725	0.201		
	합계	262	3.531	0.850	0.053		
부정인식	공무원	6	2.889	0.502	0.205	2.835 /0.011**	b⟨e 1.=0.095 2.=0.117
	자영업	33	2.313	0.913	0.159		
	회사원	88	2.716	0.825	0.088		
	전문직	26	2.795	1.084	0.212		
	학생	53	3.107	1.043	0.143		
	주부	43	2.597	0.939	0.143		
	기타무직	13	2.564	0.896	0.249		
	합계	262	2.729	0.948	0.059		
개인적 상담	공무원	6	3.167	1.162	0.474	0.684 /0.663	–
	자영업	33	3.321	0.485	0.084		
	회사원	88	3.084	0.886	0.094		
	전문직	26	3.308	1.045	0.205		
	학생	53	3.177	1.032	0.142		
	주부	43	2.991	0.828	0.126		
	기타무직	13	3.031	0.912	0.253		
	합계	262	3.139	0.891	0.055		
가족 상담	공무원	6	1.889	0.544	0.222	3.672 /0.002 ***	a⟨f 1.=0.056 2.=0.067 3.=0.244
	자영업	33	2.818	0.950	0.165		
	회사원	88	2.545	1.037	0.111		
	전문직	26	2.744	1.171	0.230		
	학생	53	2.151	0.898	0.123		
	주부	43	2.977	1.019	0.155		
	기타무직	13	2.667	1.027	0.285		
	합계	262	2.581	1.033	0.064		

종속변수	직업	N	평균	표준편차	표준오차	F/유의확률	Duncan
내적변화	공무원	6	2.833	0.763	0.312	0.450 /0.844	-
	자영업	26	3.192	0.699	0.137		
	회사원	60	3.057	0.840	0.108		
	전문직	22	3.045	0.915	0.195		
	학생	19	3.211	0.891	0.204		
	주부	35	2.989	0.630	0.107		
	기타무직	9	3.267	0.686	0.229		
	합계	177	3.081	0.782	0.059		
외적변화	공무원	6	2.389	0.647	0.264	1.210 0.303	-
	자영업	26	3.103	0.678	0.133		
	회사원	60	2.778	0.922	0.119		
	전문직	22	2.864	0.883	0.188		
	학생	19	2.772	0.802	0.184		
	주부	35	3.019	0.808	0.137		
	기타무직	9	3.185	0.801	0.267		
	합계	177	2.891	0.840	0.063		
발전성	공무원	6	3.111	0.735	0.300	1.323 /0.247	-
	자영업	33	3.515	0.813	0.141		
	회사원	88	3.337	0.709	0.076		
	전문직	26	3.673	0.950	0.186		
	학생	53	3.277	0.661	0.091		
	주부	43	3.349	0.722	0.110		
	기타무직	13	3.231	0.559	0.155		
	합계	262	3.372	0.740	0.046		

*** p〈0.01, **p〈0.05

　마. 〈가설 5〉 종교별 사주인식, 상담목적, 사주상담 후 생활의 변화, 사주상담이 상담학으로서의 미래발전성에 대한 차이가 있을 것이다.

　가설 5-1 종교별 사주 인식에 차이가 있을 것이다.
　　5-2 종교별 상담목적에 차이가 있을 것이다.
　　5-3 종교별 상담 후 생활의 변화에 차이가 있을 것이다.

5-4 종교별 사주상담의 발전성에 차이가 있을 것이다.

   아래의 표에서 보는 바와 같이 종교별 차이는 일원배치분산분석 결과 99% 신뢰수준하에서 긍정인식, 부정인식, 개인상담, 가족상담, 발전성의 차이가 존재하였으며, 다른 변수는 통계적 유의수준을 벗어나 차이가 없는 것으로 나타났다. 종교별 차이를 검정하기 위해 사후분석을 실시한 결과 긍정인식에서는 원불교(3.000), 기독교(3.069), 〈유교(3.857), 불교(4.017)로 나타나 불교와 유교 신자의 인식이 높았다. 그리고 부정인식의 경우 불교(2.311)〈원불교(2.778)〈무교 및 기타(2.792)〈천주교(2.929)〈기독교(2.991)〈유교(3.000)의 순으로 천주교, 기독교, 유교가 부정인식이 높았다.

   상담목적에서 개인상담은 기독교(2.739)〈유교(2.886)〈천주교(3.207)〈불교(3.437)〈원불교(3.467)의 순으로 천주교, 불교, 유교의 평균값이 높았다. 가족상담에서는 기독교(2.065)〈불교(3,043)〈유교(3.095)로 나타났다. 발전성에 대해서는 기독교(2.065)〈천주교(3.625〈무교 및 기타(3.592)〈원불교(3.333)〈유교(3.095)〈불교(3.033)로 나타났으며 불교, 유교가 가장 높은 발전 가능성을 보여주었다.

표 21-9. 종교별 차이 분석

종속변수	종교	N	평균	표준편차	표준오차	F/유의확률	Duncan
긍정인식	기독교	36	3.069	1.008	0.168	7.799 /0.000 ***	d, a〈e, b 1.=0.149 2.=0.120
	불교	60	4.017	0.504	0.065		
	천주교	28	3.554	0.774	0.146		
	원불교	3	3.000	0.000	0.000		
	유교	7	3.857	0.900	0.340		
	기타	128	3.422	0.852	0.075		
	합계	262	3.531	0.850	0.053		

종속변수	종교	N	평균	표준편차	표준오차	F/유의확률	Duncan
부정인식	기독교	36	2.991	1.172	0.195	3.521 /0.004 ***	b⟨d⟨f⟨c⟨a⟨e 1.=0.137
	불교	60	2.311	0.669	0.086		
	천주교	28	2.929	0.999	0.189		
	원불교	3	2.778	0.509	0.294		
	유교	7	3.000	0.430	0.163		
	기타	128	2.792	0.957	0.085		
	합계	262	2.729	0.948	0.059		
개인적 상담	기독교	36	2.739	1.176	0.196	3.187 /0.008 ***	a⟨e⟨f⟨c⟨b⟨d 1.=0.094
	불교	60	3.437	0.543	0.070		
	천주교	28	3.207	0.956	0.181		
	원불교	3	3.467	0.611	0.353		
	유교	7	2.886	0.620	0.234		
	기타	128	3.103	0.894	0.079		
	합계	262	3.139	0.891	0.055		
가족 상담	기독교	36	2.065	1.083	0.181	5.854 /0.000 ***	a⟨b, e 1.=0.098 2.=0.116
	불교	60	3.033	0.874	0.113		
	천주교	28	2.845	1.052	0.199		
	원불교	3	2.333	0.577	0.333		
	유교	7	3.095	1.228	0.464		
	기타	128	2.435	0.989	0.087		
	합계	262	2.581	1.033	0.064		
내적변화	기독교	14	3.357	0.831	0.222	1.520 /0.186	-
	불교	53	3.177	0.774	0.106		
	천주교	19	2.989	0.719	0.165		
	원불교	3	2.933	0.306	0.176		
	유교	7	2.457	0.838	0.317		
	기타	81	3.052	0.783	0.087		
	합계	177	3.081	0.782	0.059		

종속변수	종교	N	평균	표준편차	표준오차	F/유의확률	Duncan
외적변화	기독교	14	3.000	1.021	0.273	1.925 /0.093	-
	불교	53	3.145	0.854	0.117		
	천주교	19	2.789	0.924	0.212		
	원불교	3	2.333	0.667	0.385		
	유교	7	2.524	1.184	0.448		
	기타	81	2.782	0.719	0.080		
	합계	177	2.891	0.840	0.063		
발전성	기독교	36	3.278	0.739	0.123	3.393 /0.025 **	a〈c〈f〈d〈e〈b 1.=0.114
	불교	60	3.750	0.781	0.101		
	천주교	28	3.625	0.843	0.159		
	원불교	3	3.333	0.520	0.300		
	유교	7	4.107	0.537	0.203		
	기타	128	3.592	0.704	0.062		
	합계	262	3.599	0.749	0.046		

*** $p < 0.01$, ** $p < 0.05$

3. 가설검증 결과에 따른 논의

가설검증의 결과는 아래의 표와 같이 정리된다.

표 21-10. 가설검증의 결과 정리

가설		가 설 내 용	세부 분류	채택	기각
1	1-1	성별 사주 인식에 차이가 있을 것이다.	긍정		○
			부정	○	
	1-2	성별 상담목적에 차이가 있을 것이다.	개인적 상담		○
			가족 상담		○
	1-3	성별 생활 변화에 차이가 있을 것이다.	내적 변화		○
			외적 변화		○
	1-4	성별 사주발전성에 차이가 있을 것이다.	.		○

가설		가 설 내 용	세부 분류	채택	기각
2	2-1	혼인별 사주 인식에 차이가 있을 것이다.	긍정	○	
			부정	○	
	2-2	혼인별 상담목적에 차이가 있을 것이다.	개인적 상담		○
			가족 상담	○	
	2-3	혼인별 생활 변화에 차이가 있을 것이다.	내적 변화		○
			외적 변화	○	
	2-4	혼인별 사주발전성에 차이가 있을 것이다.			○
3	3-1	연 총수입별 사주 인식에 차이가 있을 것이다.	긍정	○	
			부정		○
	3-2	연 총수입별 상담목적에 차이가 있을 것이다.	개인적 상담		○
			가족 상담		○
	3-3	연 총수입별 생활 변화에 차이가 있을 것이다.	내적 변화		○
			외적 변화		○
	3-4	연 총수입별 사주발전성에 차이가 있을 것이다.			○
4	4-1	직업별 사주 인식에 차이가 있을 것이다.	긍정	○	
			부정	○	
	4-2	직업별 상담목적에 차이가 있을 것이다.	개인적 상담		○
			가족 상담	○	
	4-3	직업별 생활변화에 차이가 있을 것이다.	내적 변화		○
			외적 변화		○
	4-4	직업별 사주발전성에 차이가 있을 것이다.			○
5	5-1	종교별 사주 인식에 차이가 있을 것이다.	긍정	○	
			부정	○	
	5-2	종교별 상담목적에 차이가 있을 것이다.	개인적 상담	○	
			가족 상담	○	
	5-3	종교별 생활변화에 차이가 있을 것이다.	내적 변화		○
			외적 변화		○
	5-4	종교별 사주발전성에 차이가 있을 것이다.		○	

분석 결과를 종합해 보면, 성별에서는 남성이 여성보다 부정적인 인식이 높은 유의성을 보였다. 긍정인식, 사주상담 목적, 사주상담 후의 생활 변화, 사주상담이 상담학으로서의 미래발전성에는 성별의 차이가 없는 것으로 나타났다. 이는 김미라 · 백용매(2010)의 연구[22]에서 사주에 대한 태도에서 성별의 차이가 없는 것으로 조사된 결과와 거의 동일하다. 혼인별에서는 기혼이 미혼보다 긍정적 인식, 가족상담, 외적변화에서 높은 유의성을 보였다. 그 이유는 자녀, 배우자 및 가정생활에서 다양한 요인의 변수가 있는 것으로 보인다.

연 총수입별에서는 긍정적 인식에서 유의성을 보였는데 6천만 원 이상에서 가장 높은값을 보였고, 1천만 원 미만에서 가장 낮은 값을 보였다. 이는 학생, 실업자 등은 현실적인 당면과제에 더 관심을 두는 요인으로 보인다. 상대적으로 6천만 원 이상의 소득자는 안정된 생활을 유지하기 위해서 사주상담 등에 관심을 두는 것으로 판단된다.

직업별에서는 전문직, 자영업, 학생, 기타 무직 순으로 긍정적 인식을 보였으며, 가족상담에서는 주부, 자영업이 관심도가 높게 나타났다. 자영업과 전문직의 경우 사주에 대해 긍정적 인식이 높은 것은 경기 변화에 따른 사업의 불안정성에 기인한 것으로 보인다. 특히 전문직의 위상은 예전과 달리 경쟁이 치열해진 시장 환경을 반영한 것으로 보인다.[23] 긍정적 인식이 낮은 학생이나 무직이었다. 학생은 부모의 영향력 아래 있고, 무직은 경제적, 사회적 불만, 운명에 대한 불신 등의 기인하는 것으로 보인다.

종교별에서는 긍정적 인식, 부정적 인식, 개인상담, 가족상담, 사주의 상담학으로의 발전성에서 불교가 높은 유의성, 기독교가 낮은 유의성을 보였는데, 이는 종교 간의 교리 해석 차이와 한국불교의 운명 접근법의 관용성 차이에 기인하는 것으로 보인다. 천주교에서도 긍정인식이 높게 나온 것은 천주교가 제2차 바티칸 공의회를 통해 그리스도의 메시지를 그 나라에 알맞은 방법으로 표현할 수 있는 능력을 길러 주고 여러 민족 간의 문화와 교회와의 교류를 촉진 시킬 수 있다[24]는 천주교의 토착화와 관련이 있는

---

22 김미라 · 백용매, 「사주경험과 사회적 문제해결, 의존성 및 독립성과의 관계에 관한 연구」, 『한국동서정신과학학회지』 13권 2호, 한국동서정신과학회, 2010.

23 www.shindonga.donga.com/3/all/13/1658098/1/(검색일: 2019.03.19.) 국세청 자료에 따르면 회계사 · 변리사 · 법무사등 전문직 개인사업자 약 15%의 월수입이 200만 원을 밑돈다.

24 함세웅, 「한국기독교의 존재이유: 천주교의 수용과정과 토착화의 문제」, 『한국기독교연구논총』 3권, 숭실대 한국기독교

고객 관점에서 바라본 사주 상담기법의 향후 발전과제　**509**

것으로 보인다. 이에 따라 한국의 천주교는 한국민족문화 및 민속문화를 토착문화로 간주하고 이에 대한 거부감이 희석된 것으로 볼 수 있다.

V. 결론 및 시사점

고객의 관점에서 성별·혼인별·소득별·직업별·종교별로 분류하여 사주에 대한 인식, 상담의 목적, 사주상담 후 생활의 변화, 현대적 상담학으로서의 사주상담에 대한 발전과제를 조사해 보았다. 이를 바탕으로 사주상담의 학문화와 현대화를 위한 시사점을 제시할 수 있는데 그 내용은 다음과 같다.

첫째, 성별에서는 남성이 여성보다 부정적인 인식이 높은 유의성을 보이지만, 그 외 항목에서는 성별에 따른 차이가 없었다. 이는 성별의 평준화가 이루어지고 있는 과도기로 볼 수 있다.

둘째, 혼인별에서는 기혼이 긍정적 인식, 가족상담, 외적 변화에서 높은 유의성을 보였다. 미혼은 부정적 인식, 개인적 상담에서 높은 유의성을 보였다. 향후 진로문제, 학업문제, 직장문제, 결혼 문제 등 사주상담을 다양화하고 서양의 심리학이나 상담학 분야와 융합한다면 미혼의 부정적 인식이 낮아질 수도 있을 것이다.

셋째, 연 총수입별에서는 6천만 원 이상에서 긍정적 인식이 높은 유의성을 보였고, 1천만 원 미만에서 가장 낮은 유의성을 보였다. 사주상담 비용을 차등화하는 등 소득 최하위 계층의 사주상담에 대한 접근성을 높이는 방안이 적극적으로 모색되어야 할 것으로 보인다.

넷째, 직업별에서는 전문직, 자영업, 학생, 기타 무직 순으로 긍정적 인식을 보였으며, 가족상담에서는 주부, 자영업이 관심도가 높게 나타났다. 사주상담의 목적과 주제가 보다 세분화되어 자영업과 주부, 학생, 공무원 등을 위한 직업별 맞춤 마케팅 방안이 필요한 것으로 볼 수 있다.

다섯째, 종교에서는 긍정적 인식, 상담목적, 사주상담의 발전성에서 불교가 높은 값

문화연구원, 1985, 111면.

을 보이고, 기독교에서 낮은 값을 보였다. 향후 사주에 대한 인식이 낮은 기독교 등에서도 수용할 수 있는 상담윤리와 상담기법의 개발이 필요하다.

설문 응답자 중 상당수가 사주상담에 대해서 긍정적 인식을 하고 있었다. 그러나 상담 외적인 금전 요구, 상담자마다 운에 대한 해석이 다른 부분 등을 지적하기도 하였다. 사주상담의 방향성에서 조사된 바와 같이 일반인들은 주어진 운명에 대한 이해와 문제를 극복할 수 있는 조언을 원하고, 상담을 통해서 마음의 치유를 받고자 하는 부분에 높은 응답을 보였다. 이는 내담자 중심의 상담으로 전환되어야 한다는 로저스(C. Rogers)의 주장처럼 사주상담도 내담자가 자신의 잠재력을 개발하고 정서적, 심리적 문제를 긍정적으로 대처하고 해결하는 능력을 길러주는 상담으로 변화되어야 함을 시사한다. 사주상담은 미래예측의 가능성을 열어둔 희망적, 긍정적 상담으로 발전해 가야 하며 상담자는 윤리의식, 상담기법에 관한 심층 연구가 필요할 것으로 보인다.

사주상담의 미래발전성에서는 심리 · 적성 상담 영역으로 확대해 나가는 부분에서 가장 높은 응답을 했다. 사주상담이 운명예측의 장점과 함께 상담학의 한 분야로 나아가야 함을 보여준다. 따라서 사주명리학과 상담학 · 심리학 · 교육학 · 직업학 · 의학 · 경영학 등과 융합한 새로운 형태의 학문적 영역이 구축되어야 함을 의미한다. 명리 상담업 관련 위상 제고를 위해서는 독립된 직업군으로의 편성, 대학 및 대학원의 사주상담 관련 학과 개설, 민간자격증의 내실화, 국가공인 자격증 제도로의 전환 등으로 사주상담 전문가를 육성해야 할 것이다. 또한, 사주상담은 수요자에게 편안하게 다가갈 수 있는 상담으로 발전하고 일회성 상담이 아닌, 수요자와 꾸준하게 교감을 나누고 소통하는 상담, 고객의 마음을 헤아리는 상담으로 나아가야 한다.

이번 연구는 양적 측면과 질적 측면에서 선행연구가 미비한 현실에서 기초자료를 제시하였다는 데 의미가 있다. 향후 후속 연구에서는 운명상담의 양적, 질적 연구가 진행되고 설문 문항의 객관화 및 연구 방법의 근거 제시를 명확히 할 필요가 있다. 또한, 명리 이론의 다양성으로 인한 해석체계의 혼란이 상담으로 연결되고 있는 현실에서 일관되고 체계화된 이론체계의 정립과 기법의 개발이 요구된다. 본 연구는 고객의 관점에서 진행된 사주상담에 대한 선행연구가 미미하여 결과를 비교할 수 없었다는 점, 설문지의 문항이 양적 조사에 국한되어 있다. 향후 질적 조사가 병행되어 더 향상된 연구 결과가 나오길 기대한다.

〈참고문헌〉

『간헌서』

『다산시문집』

『성소부부고』

『성호사설』

『세종실록』

『승정원일기』

『순암집』

『악천집』

『우계집』

『정조실록』

『태종실록』

김만태, 「한국 사주명리의 활용양상과 인식체계」, 안동대학교 대학원, 박사학위논문, 2010.

김만태, 「한국 사주명리 연구의 현황과 과제」, 『동방문화와 사상』 제1집, 2016.

김미라, 백용매, 「사주경험과 사회적 문제해결, 의존성 및 독립성과의 관계에 관한 연구」, 『한국동서정 신과학학회지』 13권 2호, 한국동서정신과학학회, 2010.

나경수, 「21세기 민속문화와 정책방향」, 『한국민속학』, 12집, 한국민속학회, 2004.

장성숙, 「한국문화에서의 상담자의 초점: "개인 중심" 또는 '역할 중심'」, 『사회 및 성격』 18집 3호, 한 국심리학회, 2004, 16-17면

함세웅, 「한국기독교의 존재이유: 천주교의 수용과정과 토착화의 문제」, 『한국기독교연구논총』 3권, 숭실대 한국기독교문화연구원, 1985.

김현주, 『세계일보』, www.segye.com/newsView/20190831503767?OutUrl=daum.

임재관, 『메디칼 월드뉴스』, www.medicalworldnews.co.kr/news/view.php?idx=1510932932.

한국일보, "온·오프 점술시장 4조 원", (2019.01.29.)

사주의 재물운이 좋으면 부자가 될까?

천인호[*]

Ⅰ. 서론

사람은 모두 부자가 되고 싶어 한다. 물론 명예나 출세를 더 소중히 여기는 사람들도 있지만 기본적으로 경제적 능력이 인간의 여유 있는 생활과 품위 있는 생활을 즐길 수 있는 기초가 되기 때문에 더욱 그러하다.

여러 학문 영역에서 부자가 되는 사람의 특징에 대한 논의가 있었다. 특히 인적자본론에서는 대체로 소득과 재산형성에 영향을 미치는 요인으로서는 학력, 직업, 유산, 교육훈련 등을 들고 있다. 인적자본론에서는 개인이 자신의 미래의 소득을 위해 스스로에게 다양한 투자(교육, 훈련, 자격증, 각종 시험 등)를 하고 이러한 투자행위가 개인의 소득을 결정한다고 본다. 따라서 인적자본론에서의 단순화된 소득결정요인은 개인의 가정배경과 기회, 기능, 지식 등이며 이것을 통해 개인소득수준을 결정된다고 본다.

외국의 여러 연구에서는 인간의 생산능력을 소득의 원천으로 파악함으로써 소득결정이론의 새로운 분석수단을 제공하였다.[1] 이후 직업 훈련이 개인 소득에 영향을 미친

---

[*] 동양문화융합학회 회장, 동방문화대학원대학교 교수

[1] Becker, G.S., "Under Investment in College Education", *American Economic Review*, Vol.50, May, (1960), Schultz, T.W., "Investment in Human Capital", *American Economic Review,* Vol.51, (1961), Hansen, W.L., "Total and Private Rates of Return to Investment in Schooling", *The Journal of Political Economy,* Vol.81, N0.2, (1963), Mince, J., "The Distribution of Labor Incomes: A Survey with Special Reference to the Human Capital Approach", *Journal of Economic Literature,* March, Vol.8, No.1.

다고 본 견해,[2] 교육훈련이 개인 소득에 영향을 미친다고 본 견해[3] 등 교육훈련의 효과에 대한 연구가 있었다.

한국에서는 직업훈련 및 교육훈련의 소득효과에 대한 연구,[4] 자격증의 소득효과에 대한 연구,[5] 자영업자의 소득결정요인을 분석한 연구,[6] 남녀 간의 교육투자수익률을 학위효과(sheepskin effect)를 추정한 연구[7] 등이 있었다.

대체로 소득수준이 높은 사람은 고학력, 의사나 변호사와 같은 전문직, 각종 자격증을 가진 사람, 자영업자 중에서도 사업 능력이 특출한 사람들이 대부분이다. 그런데 같은 직업이라도 같은 자영업이라도 소득수준이 다른 것은 개인의 능력의 차이에서 비롯되었을 수도 있다.

동양의 전통적인 명리학에서는 개인의 노력이나 의지력과 아울러 타고난 능력도 중요하다고 본다. 즉 재물에 능력이 있는 사람, 권력에 능력이 있는 사람, 명예에 능력이 있는 사람, 남을 교육하는데 능력이 있는 사람 등은 같은 직종에 근무하거나 사업을 하더라도 더 높은 지위와 더 높은 소득을 얻는다고 보는 것이다. 특히 재물운에 대해서는 명리학에서는 개인의 능력, 노력도 중요하지만 이와 동시에 재물운을 가진 사람은 그렇지 않은 사람에 비해 재산축적이나 소득이 높다고 예상하는 것이다.

현재까지 학계에서 명리학에 대해 부정적인 시각을 가져온 것은 상당수 술사(術士)

2   Ashenfeltr O.C.,, "Estimating the Effects of Training Programs on Earning", *Review of Economics and Statistics,* 60, (1978). Dolton P.J. Makepeace G.H and Treble J.G., "Measuring the Effects of Training the Youth Cohort Study", *The Market for Training,* London: Avebury, (1994), Lillard Lee A. and W.T. Hong, "Private Sector Training: Who gets it and What are its effects?", *Research in Labor Economics* 13, (1992). Bartel, A. P., "Training, Wage Growth and Job Performance", *Journal of Labor Economics* 13(3), (1995).

3   Krueger A. and C. Rouse, "The Effect of Workplace Education on Earnings, Turnover and Job Performance", *Journal of Labor Economics* 16(1), (1998). Marcotte D.E., "Continuing Education, Job Training and the Growth of Earnings Inequality", *Industrial and Labor Relations Review*, 53(4), (2000).

4   강순희 · 노홍성, 「직업훈련의 취업 및 임금효과」, 『노동경제논집』 23권 2호, 한국노동경제학회, (2000). 김안국, 「교육훈련의 경제적 성과 −임금근로자를 중심으로」, 『노동경제논집』, 25권 1호, 한국노동경제학회, (2002).

5   이상준, 「자격증이 임금, 노동이동에 미치는 효과: 기능사 2급 자격증을 중심으로」, 『노동경제논집』, 29권 2호, 한국노동경제학회, (2006).

6   최강식 · 정진욱 · 정진화, 「자영업 부문의 소득분포 및 소득결정요인: 분위회귀분석」, 『노동경제논집』, 28권 1호, 한국노동경제학회, (2005).

7   한성신 · 조인숙, 「한국의 교육투자수익률 및 학위효과: 남녀비교」, 『노동경제논집』, 30권 1호, 한국노동경제학회, (2007)

들이 명리학을 운명결정론적 입장에서 해석하여 인간의 주체적 노력을 과소평가하였고 이것이 술수(術數)로 연결되어 일반 국민들의 상식과 괴리되었기 때문이다. 또한 명리학은 나름대로의 경험과학적인 논리를 가지고 있다고 해도 이를 증명하는 것이 매우 어렵고 까다로웠기 때문이다.

따라서 이 글은 사주의 재물운이 높은 사람은 실제 소득과 재산수준이 높은 것일까? 라는 것을 증명하고자 하는 것이다. 이에 따라 첫째, 명리학으로 볼 때 재물운이 높다면 소득과 재산이 많다는 것이 사실인가? 둘째, 학력, 성별, 직업, 학력, 소득년수 등의 소득 요소와 재물운을 비교할 때 어느 쪽이 소득과 재산형성에 높은 기여를 할 것인가?에 대해 판단하고자 한다.

Ⅱ. 사주의 재물운이란 무엇인가?

사주의 재물운이란 재물을 많이 얻을 수 있는가? 그렇지 못한가?를 판단하는 것이다. 그런데 재물이 들어올 때 인간이라는 그릇이 그 재물을 제대로 담을 수 있는가를 살펴야 한다. 즉, 그릇이 작은데 많은 재물이 들어올 경우 그 재물이 자신의 재물이 아니게 되며, 반대로 그릇은 큰데 재물이 적게 들어올 경우도 문제가 생기게 된다.

여기서 재물을 담을 그릇을 사주상 몸이 강한 것을 신왕(身旺), 사주상 몸이 약한 것을 신약(身弱)이라고 표현한다. 신약과 신왕, 재물운을 보는 방법은 현재는 다양한 알고리즘을 가진 앱이나 사이트들이 개발되면서 간편하게 결과를 보여주기도 하지만 원래의 명리학적 판단은 다양하면서도 복합적이다.

먼저 신왕과 신약에 대한 명리학적 판단이다. 대체적으로 신왕과 신약으로 구분하지만 구체적으로는 극신왕, 최신왕, 신왕, 신약, 극신약 등으로 구분하기도 한다. 신왕과 신약으로만 구분하면 명리학적으로는 그 사람이 태어난 날짜의 천간을 일간이라 한다. 이 일간이 강할 경우를 신왕, 약할 경우를 신약이라고 하는데 대체로 자신을 의미하는 일간 오행을 중심으로 일간 오행과 같거나 보강해 주는 오행이 많은 것을 신강, 일간오행을 중심으로 일간오행을 보강해 주는 것이 적고 오히려 일간오행을 이기려(剋) 하거나 일간오행이 이겨야 하는 오행이 많은 것을 신약하다고 표현한다.

재물운에 대한 판단은 상당히 복잡하고 난해할 수도 있다. 사주에는 재성(財星), 즉 정재와 편재라는 것이 있다. 이는 재물을 의미하는 별이라는 것이다. 먼저 정재라고 하는 것은 일간오행이 이겨야(剋) 하는 음 또는 양이 같은 오행이고, 편재라는 것은 일간 오행이 이겨야 하는 음 또는 양이 다른 오행이다. 일반적으로 정재는 월급, 이자, 배당 등 안정적인 수입을 의미하고, 편재는 사업, 투기적 소득, 요행이 따르는 소득 등을 의미 하기도 한다.

사주상의 재물운에 대한 판단은 전문적인 지식이 없이는 판단하기도 어렵고 판단에 대한 내용을 이해라는 것도 어렵다. 다만 사주의 용어가 대개 한자로 되어 있고 이것을 무리하게 한글로 직역 또는 의역할 경우 원래의 의미를 상실할 가능성이 높기 때문에 비록 사주 전문 용어이지만 재물운 판단에 대한 내용을 소개한다.

재물복이 있으려면 식상(食傷) 즉 식신, 상관이 힘이 있어 재(財)를 생해주고 식상이 없을 경우에는 관성(官星), 즉 정관, 편관이 재(財)를 호위해주는 경우, 일주 및 인성(印 星) 즉 인수, 편인이 왕성하고 식신, 상관이 경미하나 재성(정재, 편재)이 있을 경우, 신 왕사주에 식신, 상관과 재가 있을 경우, 신왕사주에 식신, 상관이 없지만 재가 있고 관성 이 비겁(比劫) 즉 비견과 겁재를 제압할 경우, 그리고 신약하지만 재가 왕성하고, 비겁 이 있어 재를 제압하면 재물운이 있다고 본다.

반면 재물운이 약한 사주는 재성이 없거나 약한 경우를 의미하는데 사주상의 판단으 로는 재성이 없는데 관성이 약할 경우, 신약하고 관살이 태왕한데 식상도 태왕하고 인 수가 없을 경우, 신약하고 재성이 경미하고 관살만 중첩된 경우, 식상이 길신인 사주에 재성이 경미하고 인수 및 편인만 왕성할 경우, 재성이 경미하고 비겁이 왕성한 사주에 식상이 없을 경우, 신약하고 비겁 또한 경미하나 재성이 왕성한 경우, 신약하고 인수 및 편인이 경미하고 식상이 중할 경우, 비겁이 없고 관살과 인수가 모두 왕성할 경우, 관이 약한데 인수와 비겁이 왕성할 경우는 재물운이 약한 것으로 본다.

앞서 언급한 일간과 재성을 통합하여 구분하면 신왕재왕, 신왕재약, 신약재왕, 신약 재약의 4가지로 나눌 수 있다. 대개 명리학에서는 재성이 왕하면 재물이 많다고 판단하 지만 일간도 신왕해야 한다는 조건이 따른다. 즉 신왕재왕이 되어야 하는 데 이 경우 그 릇만큼 재물을 가질 수 있다고 본다. 신왕재약의 경우 그릇만큼 재물을 가지지는 못하는 것으로 판단하며, 신약재왕은 그릇보다 재물을 많이 가지는 것으로, 신약재약은 그릇이 작은 만큼 재물도 적게 가지는 것으로 본다.[8]

재물운이 많은 사람이 실제 소득과 재산이 많은가를 알기 위해 총 599명을 대상으로 설문조사를 하였다. 이 설문조사에는 생년월일과 태어난 시간에 대한 질문과 아울러 학력, 연령, 현재의 월소득, 부동산과 동산을 포함한 총 재산규모에 대한 질문을 하였다.

현재 한국에서 사주를 판단하는 데 몇 가지의 논점이 있다. 첫째, 한 해의 시작을 음력 1월 1일로 보느냐 또는 입춘으로 보느냐에 대한 논쟁이다. 둘째, 태어난 시간을 판단할 때 현재 한국의 표준시로 보느냐 또는 실제 태양시(太陽時)로 보느냐는 문제이다. 셋째, 자시(子時)를 하나로 판단하느냐 전·후로 나누어 판단하느냐는 문제이다.

이에 따라 사주판단은 먼저 한 해의 시작을 입춘으로, 월의 시작을 절입으로 판단하였고, 태어난 시간은 한국의 태양시를 적용하였으며, 자시를 한국의 태양시에 맞추어 전·후로 나누어 판단하였다. 사주추출에 사용한 만세력은 비교적 정확성이 높은 것으로 평가받고 있는 김상연[9]의 『컴퓨터 만세력』을 사용하였다.

III. 재물운이 부자를 결정하는가?

설문조사는 실제 태어난 정확한 날짜와 시간을 근거로 하였는데 총 854개의 표본 중에서 무성의한 응답, 정확한 날짜와 시간을 모르는 응답 등을 제외하였다. 그리고 필자의 능력으로 사주 판단이 불가능하다고 판단되는 자료를 제외하고 총 599개를 표본대상으로 하였다.[10]

소득 모형은 Mincer의 소득함수모형을 선택하고 아울러 개인의 조사시점의 월소득과 총재산을 조사하였다. 〈표 22-1〉과 같이 월소득은 조사시점의 정규소득, 이전소득,

---

8   재물운에 대해 여러 가지를 소개하였지만 엄밀히 본다면 재물운은 대운이나 시기에 따라 달라지게 된다. 즉 신왕재약 또는 신약재왕은 대운에서 재성이나 인성, 비겁의 운이 와야 재물운을 타게 되는데 그 대운이 지나면 재물운이 다시 약해지게 된다. 따라서 어떤 특정한 시점(stock)에서 특정인의 소득뿐만 아니라 일정한 기간(flow)의 특정인의 재산을 파악하는 것이 재물운을 좀 더 세밀하게 추출할 수 있을 것이다.

9   김상연, 『컴퓨터 만세력』, 서울: 갑을당, (1996)

10   사주판단은 개인적 임상경험과 경력에 따라 다르게 해석할 수 있기 때문에 이에 대한 검증이 필요하다. 그러나 비용 등의 문제로 필자의 견해만을 반영한 것은 본 연구의 한계점으로 지적할 수도 있을 것이다.

연금소득 등을 모두 합한 금액이다. 소득년수는 현재까지 금전적인 소득이 있는 기간을 합계한 기간이며, 연령은 만 연령이다. 총재산은 동산, 부동산, 유산 등을 모두 합한 조사시점의 총재산이다.

월소득 모형은 소득년수, 연령, 학력, 성별, 직업, 사주 재물운이며 총재산 모형은 월소득, 소득년수, 연령, 학력, 성별, 직업, 사주 재물운이다. 재물운은 실제 태어난 날과 시간을 토대로 사주를 세워 신왕재왕, 신약재왕, 신왕재약, 신약재약으로 구분하였고, 직업은 전문직, 임금근로자, 자영업자, 노무직으로 구분하였다. 특히 여성의 경우는 무직과 전업주부는 제외하고 과거와 현재 직업에 종사한 사람으로 과거소득이 있었거나 현재 소득이 있는 사람만을 대상으로 하였다.[11]

〈표 22-1〉 각종 변수의 설명

변수명		단위	변수설명
총재산		연속변수 (만 원)	조사시점의 동산, 부동산의 총합계 금액
월소득		연속변수 (만 원)	월평균 근로소득, 연금소득, 이전소득 등
소득년수		연속변수 (년)	조사시점까지 직업존속기간
연령		연속변수 (세)	만연령
학력점수		연속변수	초등졸=6, 중학교중퇴=7.5, 중졸=9, 고등학교중퇴=10.5, 고졸=12, 전문대중퇴=13, 전문대졸=14, 대학교중퇴=15, 대졸=16, 대학원졸=18
성별		더미	남=1, 여 =0
직업	전문직	더미	전문직 = 1, 기타 = 0
	임금근로자	더미	임금근로자 = 1, 기타 =0
	자영업	더미	자영업 = 1, 기타 = 0
	노무직	더미	기준

11　사주판단에 있어 주부의 경우 남편의 소득이 자신의 재물운으로 파악될 수도 있다. 그러나 본 연구에서는 이를 엄격히 제한하여 소득이 있었거나 직업이 있었던 여성만을 대상으로 함으로써 여성의 재물운을 판단하였다.

변수명		단위	변수설명
재물운	신왕재왕	더미	신왕재왕 = 1, 기타 = 0
	신약재왕	더미	신약재왕 = 1, 기타 =0
	신왕재약	더미	신왕재약 = 1, 기타 =0
	신약재약	더미	기준

　　599명을 대상으로 조사한 결과 〈표 22-2〉와 같이 총재산은 최소 1,500만 원에서 최대 50억 원으로 평균 3억 5,810만 원, 월소득은 최소 40만 원에서 최대 3천만 원으로 평균 341만 원, 소득년수는 최소 2년에서 최대 50년으로 평균 18.29년, 연령은 최소 40세에서 최대 73세로 평균 50.88세, 성별로는 남자가 84.51%, 여자가 15.49%였다. 직업별로는 전문직 종사자가 전체의 7.01%, 임금근로자가 33.22%, 자영업자가 39.07%, 노무직종사자가 20.7%였다. 재물운에 있어서 신왕재왕한 사주는 전체의 23.04%이며, 신약재왕한 사주는 22.2%, 신왕재약한 사주는 23.54%, 신약재약한 사주는 31.22%였다.

〈표 22-2〉 기초통계량

구 분		최소값	최대값	평균	표준편차
총재산(만 원)		1500	500000	36081.64	57743.57
월소득(만 원)		40	3000	341.21	279.36
소득년수		2	50	18.29	8.34
연령		40	73	50.88	5.30
학력		6	18	12.3756	2.6690
성별		0	1	0.8464	0.3609
직업	전문직	0	1	0.0701	0.2556
	임금근로자	0	1	0.3322	0.4714
	자영업	0	1	0.3907	0.4883
	노무직	0	1	0.2070	0.4055

재물운	신왕재왕	0	1	0.2304	0.4214
	신약재왕	0	1	0.2220	0.4160
	신왕재약	0	1	0.2354	0.4246
	신약재약	0	1	0.3122	0.4638

또한 〈표 22-3〉과 같이 남자의 경우 조사대상 507명 중 신왕재왕이 24.9%, 신약재왕이 22.7%, 신왕재약이 20.7%, 신양재약이 31.8%였으나 여자의 경우는 조사대상 92명 중 신왕재왕이 13.0%, 신왕재약이 19.6%, 신왕재약이 39.1%, 신약재약이 28.3%로서 남자에 비해 여자의 재물운이 상대적으로 약한 것으로 나타났다.

재물운과 재산상태별 분포를 살펴보면 재산이 많을수록 재물운이 강하고, 재산이 적을수록 재물운이 약한 것으로 나타났다. 총재산 5천만 원 미만의 경우 신약재약이 54.5%를 차지하였으며, 5천만 원 이상 1억 원 미만의 경우는 신약재약이 64.1%, 신왕재약이 30.8%인 반면 신왕재왕은 3.4%에 불과하였다. 그러나 총재산 10억 원 이상의 경우에는 신왕재약과 신약재약은 없었으며, 신왕재왕이 66.7%, 신약재왕이 22.2%를 차지하였다. 총재산 1억 5천만 원 이상 2억 원 미만의 경우 신왕재약이 45.2%, 신약재왕이 23.8%로 대다수를 차지하였고, 총재산 2억 원 이상 3억 원 미만의 경우 신왕재왕이 34.4%, 신약재왕이 41.9%였으나 신약재약은 8.6%에 불과하였다.

재물운과 월소득 분포를 살펴보면 월소득 100만 원 미만의 경우 신약재약이 63.5%로 대다수를 차지하였으며, 월소득 400만 원 이상의 경우는 신왕재왕이 54.1%, 신약재왕이 32.4%인 반면, 신약재약은 5.4%에 불과하였다. 반면 월소득 200만 원 이상, 250만원 이하의 경우는 신왕재왕이 21.0%이고 신약재약이 19.0%였으며, 신약재왕과 신왕재약은 각각 22.6%, 19.4%로 비슷한 수준이었다.

직업별로 보면 전문직 종사자의 경우는 신왕재왕이 47.6%인 반면, 신약재약은 9.5%에 불과하였고 노무직 및 기타의 경우는 신왕재왕이 4.8%인 반면, 신약재약은 54.0%의 수준이었다. 임금근로자의 경우는 신왕재왕 22.1%, 신약재왕 25.6%, 신왕재약 22.1%, 신약재약 30.2%로서 비슷한 비중을 보였으며, 자영업의 경우 신왕재왕이 29.1%, 신약재왕이 28.2%로 비슷한 비중이었으며 신약재약은 23.9%, 신왕재약은 18.8%의 수준이었다.

<표 22-3> 명리학의 재물운과 성별, 재산별, 소득별, 직업별 분포 ( )는 비중, %

	구 분	신왕재왕	신약재왕	신왕재약	신약재약	전체
성별	여자	12(13.0)	18(19.6)	36(39.1)	26(28.3)	92(100.0)
	남자	126(24.9)	115(22.7)	105(20.7)	161(31.8)	507(100.0)
	전체	138(23.0)	133(22.2)	141(23.5)	187(31.2)	599(100.0)
	구 분	신왕재왕	신약재왕	신왕재약	신약재약	전체
총재산별	5천만 원 미만	0(0.0)	6(7.8)	29(37.7)	42(54.5)	77(100.0)
	5천만 원-1억 원 미만	4(3.4)	2(1.7)	36(30.8)	75(64.1)	117(100.0)
	1억 원-1억5천만 원 미만	0(0.0)	4(5.4)	22(29.7)	48(64.9)	74(100.0)
	1억5천만 원-2억 원 미만	14(16.7)	20(23.8)	38(45.2)	12(14.3)	84.(100.0)
	2억 원-3억 원 미만	32(34.4)	39(41.9)	14(15.1)	8(8.6)	93(100.0)
	3억-5억 원 미만	36(50.0)	34(47.2)	2(2.8)	0(0.0)	72(100.0)
	5억-10억 원 미만	30(61.2)	17(34.7)	0(0.0)	2(4.1)	49(100.0)
	10억 이상	22(66.7)	11(33.3)	0(0.0)	0(0.0)	33(100.0)
	전체	138(23.0)	133(22.2)	141(23.5)	18(31.2)	599(100.0)
	구 분	신왕재왕	신약재왕	신왕재약	신약재약	전체
월소득별	100만 원 미만	2(3.2)	6(9.5)	15(23.8)	40(63.5)	63(100.0)
	100만 원-150만 원 미만	6(9.4)	6(9.4)	24(37.5)	28(43.8)	64(100.0)
	150만 원-200만 원 미만	12(9.9)	23(19.0)	44(36.4)	42(34.7)	121(100.0)
	200만 원-250만 원 미만	26(21.0)	28(22.6)	24(19.4)	46(37.1)	124(100.0)
	250만 원-300만 원 미만	26(31.0)	24(28.6)	18(21.4)	16(19.0)	84(100.0)
	300만 원-400만 원 미만	22(34.9)	20(31.7)	10(15.9)	11(17.5)	63(100.0)
	400만 원-500만 원 미만	40(6.7)	24(4.0)	6(1.0)	4(0.7)	74(12.4)
	500만 원 이상	4(66.7)	2(33.3)	0(0.0)	0(0.0)	6(100.0)
	전체	138(23.0)	133(22.2)	141(23.5)	187(31.2)	599(100.0)
	구 분	신왕재왕	신약재왕	신왕재약	신약재약	전체
직업별	전문직	20(47.6)	6(14.3)	12(28.6)	4(9.5)	42(100.0)
	임금근로자	44(22.1)	51(25.6)	44(22.1)	60(30.2)	199(100.0)
	자영업	68(29.1)	66(28.2)	44(18.8)	56(23.9)	234(100.0)
	노무직	6(4.8)	10(8.1)	41(33.1)	67(54.0)	124(100.0)
	전체	138(23.0)	133(22.2)	141(23.5)	187(31.2)	599(100.0)

구분		신왕재왕	신약재왕	신왕재약	신약재약	전체
학력별	초등졸	4(20.0)	2(10.0)	2(10.0)	12(60.0)	20(100.0)
	중학교중퇴	6(42.9)	2(14.3)	2(14.3)	4(28.6)	14(100.0)
	중졸	12(16.7)	12(16.7)	20(27.8)	28(38.9)	72(100.0)
	고등학교중퇴	4(2.9)	9(32.1)	11(39.3)	4(14.3)	28(100.0)
	고졸	40(14.6)	63(23.0)	68(24.8)	103(37.6)	274(100.0)
	전문대중퇴	0(0)	2(50.0)	2(50.0)	0(0)	4(100.0)
	전문대졸	24(41.4)	10(17.2)	10(17.2)	14(24.1)	58(100.0)
	대학중퇴	2(20.0)	4(40.4)	2(20.0)	2(20.0)	10(100.0)
	대졸	40(30.0)	25(25.3)	18(18.2)	16(16.2)	99(100.0)
	대학원졸	6(4.3)	4(20.0)	6(30.0)	4(20.0)	20(100.0)
	전체	138(23.0)	133(22.2)	141(23.5)	187(31.2)	599(100.0)

학력별로 보면 신왕재왕의 경우 중학교 중퇴(42.9%), 전문대졸(41.4%), 대졸(30.0%)의 비중이 가장 높았고, 신약재왕은 대학중퇴(40.4%)이 가장 높았다. 신왕재약의 경우는 중졸(27.8%), 고등학교 중퇴(39.3%), 대학원졸(30.0%)이 가장 높았으며, 신약재약의 경우는 초등학교 졸(60.0%), 중졸(38.9%), 고졸(37.6%)이 가장 높았다.

이상을 종합할 때 명리학의 재물운으로 볼 때는 남자가 여자보다 재물운이 높았으며, 총재산이 많을수록, 월소득이 많을수록 재물운이 좋은 비중이 높았다. 직업별로는 전문직 종사자의 재물운의 비중이 높았으며 자영업자 역시 비교적 재물운이 높은 수준에 속하였고, 학력별로는 학력이 높다고 해서 반드시 재물운이 좋다고는 볼 수 없었다.

먼저 월소득과 재물운과의 관련성은 〈표 22-4〉와 같은 다중선형회귀방정식으로 표현되었다.

<표 22-4> 월소득에 대한 실증분석결과

Ln월소득=a_0+$a1$소득년수+a_2연령+a_3학력+a_4성별$_{(dummy)}$+a_5직업$_{(dummy)}$+a_6재물운$_{(dummy)}$+ε						
		비표준화 계수		표준화계수	t	유의확률
		B	표준오차	베타		
(상수)		4.745	0.245		19.368	0
소득년수		0.011	0.003	0.139	3.965	0
연령		-0.017	0.004	-0.13	-3.864	0
학력		0.048	0.009	0.191	5.601	0
성별		0.587	0.064	0.313	9.228	0.
직업	전문직	0.26	0.098	0.098	2.65	0.008
	임금	0.15	0.063	0.105	2.392	0.017
	자영업	0.333	0.06	0.24	5.549	0
재물운	신왕재왕	0.478	0.06	0.297	7.903	0
	신약재왕	0.286	0.059	0.175	4.836	0
	신왕재약	0.108	0.056	0.068	1.943	0.052
모형적합		R^2	Adj-R^2	F	유의확률	
		0.482	0.473	54.776	.000	

주 1) 재물운은 신약재약 기준, 직업은 노무직 기준, 성별은 여성기준임

주 2) 종속변수는 로그월소득임

종속변수의 월소득에 로그를 적용시켰기 때문에 계수값을 해석하면 다른 변수들이 통제된 상태에서 소득년수가 1단위 증가할 때 월소득은 1.1% 증가하였고, 연령은 1살 증가할 때 월소득은 1.7% 감소하였으며, 학력이 1단위 증가할 때 월소득은 4.8% 증가하였다. 직업별로는 전문직 종사자는 노무직 종사자에 비해 26.0%, 자영업자는 33.3%, 임금근로자는 15.0% 높았으며, 남성은 여성에 비해 재산이 58.7% 높게 나타났다. 월소득의 경우 신약재약에 비해 신왕재왕은 47.8% 많은 것으로 나타났으며, 신약재왕은 28.6%, 신왕재약은 10.8% 많은 것으로 나타났다.[12]

월소득의 분석결과로 볼 때 월소득은 소득년수가 높을수록, 학력이 높을수록 높게 나타났다. 또한 남성의 경우, 자영업자의 경우, 신왕재왕의 경우 월소득이 높은 것으로 나타났다.

---

12   더미변수의 경우 [exp(c)-1] x 100으로 추정하였다.

다음으로 총재산과 재물운과의 관련성은 〈표 22-5〉과 같은 다중선형회귀방정식으로 표현되었다. 종속변수의 재산은 로그를 적용시켰기 때문에 계수값을 해석하면 다른 변수들을 통제된 상태에서 월소득이 1단위 증가할 때 재산은 0.1% 증가하고, 소득년수가 1단위 증가할 때 재산은 0.8% 증가하며, 연령이 1살 증가할 때 재산은 0.1% 증가하였으며, 학력이 1단위 증가할 때 재산은 4.0% 증가하였다. 직업별로는 노무직 종사자에 비해 전문직 종사자는 총재산이 48.0%, 자영업자는 40.4%, 임금근로자는 11.1% 높았으며 남성은 여성에 비해 재산이 87.1% 높게 나타났다. 본 연구의 관심사인 재물운의 계수값을 해석하면 먼저 신왕재왕은 신약재약에 비해 재산이 60.4% 많은 것으로 나타났으며 신약재왕은 42.6%, 신왕재약은 14.3% 많은 것으로 나타났다.

〈표 22-5〉 총재산에 대한 실증분석결과

Ln재산=a_0+a_1월소득+a_2소득년수+a_3연령+a_4학력+a_5성별$_{(dummy)}$+a_6직업$_{(dummy)}$+a_7재물운$_{(dummy)}$+ε		비표준화 계수		표준화계수	t	유의확률
		B	표준 오차	베타		
(상수)		7.681	0.289		26.593	0
월소득		0.001	0	0.292	10.816	0
소득년수		0.008	0.003	0.063	2.357	0.019
연령		0.001	0.005	0.005	0.183	0.855
학력		0.04	0.01	0.101	3.838	0
성별		0.626	0.076	0.217	8.257	0
직업	전문직	0.292	0.116	0.072	2.523	0.012
	임금	0.105	0.074	0.048	1.426	0.054
	자영업	0.239	0.071	0.112	3.345	0.001
재물운	신왕재왕	0.473	0.074	0.434	14.406	0
	신약재왕	0.355	0.07	0.341	12.169	0
	신왕재약	0.134	0.065	0.055	2.047	0.041
모형적합		R^2	Adj-R^2	F	유의 확률	
		0.697	0.691	122.817	.000	

주 1) 재물운은 신약재약 기준, 직업은 노무직 기준, 성별은 여성기준임

주 2) 종속변수는 로그총재산임

월소득과 총재산을 비교할 때 나이가 들수록 월소득은 감소하였으나, 총재산은 증가하였다. 이는 퇴임 등으로 소득은 감소하였지만 동산, 부동산 등의 축적된 자산이 증가하였음을 의미하는 것이다. 그리고 학력의 경우 월소득과 총재산에 비슷한 영향을 미쳤으며, 성별로는 남성이 여성에 비해 월소득과 총재산 모두 많았다. 재물운에 있어서는 신약재약에 비해 신왕재왕, 신약재왕, 신왕재약의 사주가 월소득과 총재산이 모두 높은 것으로 나타났다.

Ⅳ. 결론

본 연구는 명리학의 재물운이 실제소득과 재산형성에 어떠한 영향을 미치는가를 실증분석한 것이다. 조사대상으로서는 총 599명을 대상으로 하였고 재물운을 사주의 격과 재물운을 종합적으로 판단한 신왕재왕, 신약재왕, 신왕재약, 신약재약으로 나누어 분석하였다. 재물운에 소득과 재산형성에 미치는 영향을 구체적으로 규명하기 위해 먼저 월소득과 총재산을 각각 종속변수로 두고 소득년수, 연령, 학력, 성별, 직업별 모형과 이에 재물운을 추가한 모형으로 나누어 분석하였다.

그 결과 월소득의 경우 연령이 높을수록 월소득은 감소하였으나, 소득년수와 학력은 높을수록 월소득이 증가하였고, 남자가 여자보다 월소득이 높다는 것이 확인되었다. 직업별로는 자영업자의 월소득이 가장 높았으며 다음으로 전문직 종사자, 임금근로자, 노무직의 순서였다. 그리고 명리학의 재물운을 추가하여 분석한 결과 신왕재왕이 월소득이 가장 높았고, 다음으로 신약재왕, 신왕재약, 신약재약의 순서였다.

총재산의 경우 연령, 월소득, 소득년수, 학력이 높을수록 총재산이 많았으며, 남자가 여자보다 총소득이 높다는 것이 확인되었다. 그리고 직업별로는 총소득은 전문직 종사자가 가장 많았으며 다음으로 자영업자, 임금근로자, 노무직의 순서였다. 재물운은 신왕재왕이 총재산이 가장 많았으며 다음으로 신약재왕, 신왕재약, 신약재약의 순서였다.

따라서 명리학적으로 재물운이 높다면 소득과 재산이 많다는 것은 유의한 것으로 나타났다. 그리고 학력, 성별, 직업 등의 요인 역시 재물운과 아울러 소득과 재산형성에 영향을 미쳤다. 이에 따라 개인의 소득과 재산형성에 있어 선천적인 재물운과 아울러 인간의 후천적인 노력도 중요한 것으로 판단할 수 있었다.

여기서 재물운 외에 눈여겨볼 요인이 학력이다. 즉, 학력의 경우 한 단위 증가할수록 월소득은 4.8%, 총재산은 4% 증가하는 것으로 나타났다. 따라서 대학원 졸업의 경우 월소득은 초등학교 졸업자에 비해 월소득은 48.0%, 총재산은 40.0%가 더 많은 것으로 나타났다. 즉 신왕재왕의 경우 신약재약에 비해 월소득은 47.8%, 총재산은 47.3% 많은 것과 거의 비슷한 수준이다. 이는 결국 재물운이 좋은 사람과 학력이 높은 사람은 월소득과 총재산이 비교대상에 비해 비슷한 수준으로 많다는 점을 의미한다.

따라서 학력과 관련한 교육훈련은 타고난 사주의 재물운과 유사한 것임을 의미함으로써 선천적으로 타고난 운세와 아울러 후천적인 교육훈련도 재물 형성에 중요한 기여를 하게 된다는 것을 의미한다. 이는 결국 타고난 선천적인 운보다는 한 인간의 주체적인 노력과 의지와 같은 후천적인 요인도 더욱 중요하다는 점을 의미한다. 따라서 사주가 운명결정론이 아니라 인간의 노력과 집념, 의지 등으로 더 나은 삶을 영위할 수 있다는 운명가능론적 구조임을 입증하고 있다.

명리학은 기본적으로 선천적인 운도 중요하지만 후천적인 노력이 중요하다는 점을 강조하고 있고, 재물운이 있지만 게으른 사람보다는 재물운이 약해도 부지런한 사람에게 더 높은 평가를 하고 있다는 사실에 비추어 볼 때 재물운이 높다는 이유만으로 인간의 의지력과 성실성 등의 노력을 폄하하는 결론을 내려서는 안 될 것이다.

그리고 재물운이 약한 사람의 경우 명예운이나 건강운 등 다른 조건이 더 뛰어난 경우가 많고 특히 명예운이 높은 사람의 경우 재물운이 약한 경우가 많아 재물운만으로 한 인간의 모든 것을 판단하는 것은 분명한 문제점이 될 수 있을 것이다.

따라서 본 연구에서 나타난 바와 같이 직업이나 성별, 학력 역시 재물축적에 있어 중요한 요인임에 비추어 본다면 소득과 재산에 재물운이 가장 중요하다고 판단한다든가, 재물운이 있어야만 부자가 될 수 있다는 결론은 현대에 있어서는 기각되어야 함을 의미한다.

〈참고문헌〉

강순희 · 노홍성, 「직업훈련의 취업 및 임금효과」, 『노동경제논집』 23권 2호, 한국노동경제학회, (2000), pp.127-151.

김상연, 『명 1』, 서울: 갑을당, (1995).

김상연, 『컴퓨터만세력』, 서울: 갑을당, (1996).

김안국, 「교육훈련의 경제적 성과 - 임금근로자를 중심으로」, 『노동경제논집』, 25권 1호, 한국노동경제학회, (2002), pp.131-160.

이상준, 「자격증이 임금, 노동이동에 미치는 효과: 기능사 2급 자격증을 중심으로」, 『노동경제논집』, 29권 2호, 한국노동경제학회, (2006), pp.145-169

이은우, 「지역간 인구이동이 소득결정에 미친 영향」, 『경제발전연구』, 11권 1호, 한국경제발전학회, (2005), pp.171-197

최강식 · 정진욱 · 정진화, 「자영업 부문의 소득분포 및 소득결정요인: 분위회귀분석」, 『노동경제논집』, 28권 1호, 한국노동경제학회, (2005), pp.135-156.

한성신 · 조인숙, 「한국의 교육투자수익률 및 학위효과: 남녀비교」, 『노동경제논집』, 30권 1호, 한국노동경제학회, (2007), pp.1-30.

Ashenfeltr O.C.,, "Estimating the Effects of Training Programs on Earning", *Review of Economics and Statistics*, 60, (1978), pp.47-57.

Bartel, A. P., "Training, Wage Growth and Job Performance", *Journal of Labor Economics* 13(3), (1995), pp.401-425.

Becker, G.S., "Under Investment in College Education", *American Economic Review*, Vol.50, May, (1960), pp.346-354.

Dolton P.J. Makepeace G.H and Treble J.G., "Measuring the Effects of Training the Youth Cohort Study", *The Market for Training*, London: Avebury, (1994)

Hansen, W.L., "Total and Private Rates of Return to Investment in Schooling", *The Journal of Political Economy*, Vol.81, N0.2, (1963), pp.146-149.

Krueger A. and C. Rouse, "The Effect of Workplace Education on Earnings, Turnover and Job Performance", *Journal of Labor Economics* 16(1), (1998), pp.61-94.

Lillard Lee A. and W.T. Hong, "Private Sector Training: Who gets it and What are its effects?", *Research in Labor Economics* 13, (1992), pp.1-62.

Marcotte D.E., "Continuing Education, Job Training and the Growth of Earnings Inequality", *Industrial and Labor Relations Review*, 53(4), (2000), pp.602-623.

Mince, J., "The Distribution of Labor Incomes: A Survey with Special Reference to the Human Capital Approach", *Journal of Economic Literature*, March, Vol.8, No.1. (1971).

Schultz, T.W., "Investment in Human Capital", *American Economic Review*, Vol.51, (1961).

저자 약력

천인호

동아대 경제학사, 동아대 대학원 경제학석사 및 박사

전) 일본가나자와대학 초빙연구원, 동아대 국제대학원 교수

현) 동방문화대학원대학교 교수, 한국부동산경영학회 부회장, 동양문화융합학회 회장

허영훈

한성대학교 부동산대학원 부동산학석사, 국방대학교(안보과정) 졸업, 동방문화대학원대학교 철학박사

전) 수협중앙회 기획조정실장 및 수협사업구조개편단장

현) 수협중앙회 조합감사위원, 백년풍수지리연구소 소장, 동양문화융합학회 상임이사

김덕동

동방문화대학원대학교 동양철학박사

현) 동우수출포장공업 대표, 동양문화융합학회 부회장

김헌철

경희대 정치외교학사, 미국 폴로리다 국제대학 호텔경영석사, 동방문화대학원대학교 박사과정 수료

전) 포천아도니스리조트 운영 본부장, 평창동계올림픽조직위원회 숙박운영팀장

현) 국선도 본원 경주센터 원장, 동양문화융합학회 지역이사

정다은

부산외국어대학교 컴퓨터공학사, 공주대학교 동양학석사, 동방문화대학원대학교 동양철학박사

전) 한국명과학연구 편집간사, 양재정보통신 근무

현) 휴먼DNA출판사 대표, 동양문화융합학회 상임이사

박보빈

영남대학교 환경보건대학원석사, 동방문화대학원대학교 동양철학박사

현) 동양문화융합학회 상임이사

김대우

동방문화대학원대학교 동양철학박사
현) 동양문화융합학회 상임이사

지영학

동방문화대학원대학교 동양철학박사
현) 숭실사이버대학교 부동산학과 교수, 동양문화융합학회 지역이사

신현주

세한대 전통연희한국음악학사, 동방문화대학원대학교 경영학박사
전) 고구려대 겸임교수, (사)국제헬뷰티힐링협회 회장
현) (사)국제헬스뷰티힐링총연합회 총회장, 동방문화대학원대학교 겸임교수, 동양문화융합학회 상임
이사

이출재

연세대 산업대학원 환경공학석사, 동방문화대학원대학교 동양철학박사
전) 상지대학교 환경공학과 겸임교수, 중국 칭화대 건축물리학과 국제포럼 교수
현) AsiaEcoEng 원장, 소음진동기술사, 시인, 동방문화융합학회 상임이사

손진수

충남대학교 행정학사, 동방문화대학원대학교 철학박사
전) 기업은행 지점장, IBK Luxembourg S.A. 매니저
현) 시인, 문학평론가, 동양문화융합학회 상임이사

김동영

연세대 경영경제학사, 연세대학원 경제학석사, 런던대 LLM, 동방문화대학원대학교 철학박사
전) 무역보험공사 근무, OECD 정책분석관
현) GuarantCo 투자팀장, 동양문화융합학회 국제이사

임병술

동방문화대학원대학교 동양철학박사
현) 동양문화융합학회 상임이사

서춘석

동방문화대학원대학교 철학박사

전) 대한공인중개사협회 전임교수

현) 동양문화융합학회 부회장

최승규

동방문화내학원내학교 철학박사

전) 수목장실천회사 이사

현) 우성상사 대표, 수목장문화연대 이사, 동양문화융합학회 상임이사

박선영

조선대 건축공학사, 건국대 공학석사, 동방문화대학원대학교 동양철학박사

현) 인테리어디자인 꽃피는봄 대표, 동양문화융합학회 상임이사

성낙권

서강대학교 경제학석사, 동방문화대학원대학교 동양철학박사

전) 한국전력공사 북한 KEDO, 품질검사소장

현) 삼성생명 명동법인지점 고문(GFC), 동양문화융합학회 부회장

김은숙

조선대 산업공학사, 동방문화대학원대학교 동양철학석사 및 철학박사

전) 진로적성상담연구소 강남지부장

현) 행복한사주&작명연구소 원장, 동양문화융합학회 편집이사

김은선

동방문화대학원대학교 동양철학박사

현) 한국안전기술원 생명존중센터 소장, 동양문화융합학회 지역이사

노희범

동방문화대학원대학교 철학박사

현) 행복한사주&작명연구소 소장, 동양문화융합학회 상임이사

風 水 / 人 相 / 命 理 / 四 柱

동양학의
현재와 미래

초판인쇄 2025년 1월 3일
초판발행 2025년 1월 3일

지은이   천인호 · 허영훈 · 김덕동 · 김헌철 · 정다은
        박보빈 · 김대우 · 지영학 · 신현주 · 이출재
        손진수 · 김동영 · 임병술 · 서춘석 · 최승규
        박선영 · 성낙권 · 김은숙 · 김은선 · 노희범
펴낸이   채종준
펴낸곳   한국학술정보(주)
주 소   경기도 파주시 회동길 230(문발동)
전 화   031-908-3181(대표)
팩 스   031-908-3189
홈페이지 http://ebook.kstudy.com
E-mail   출판사업부 publish@kstudy.com
등 록   제일산-115호(2000. 6. 19)

ISBN   979-11-7318-124-5 93150